William J. R. Curtis
Architektur im 20. Jahrhundert

William J. R. Curtis
Architektur im 20. Jahrhundert

Deutsche Verlags-Anstalt
Stuttgart

Aus dem Englischen übertragen
von Antje Pehnt

CIP-Titelaufnahme der Deutschen Bibliothek

Architektur im 20. [zwanzigsten] Jahrhundert /
William J. R. Curtis.
[Aus d. Engl. übertr. von Antje Pehnt]. –
Stuttgart: Deutsche Verlags-Anstalt, 1989
Einheitssacht.: Modern architecture <dt.>
ISBN 3-421-02951-2
NE: Curtis, William [Mitverf.]; EST

© 1987 Phaidon Press, Ltd., Oxford
© 1989 Deutsche Verlags-Anstalt GmbH, Stuttgart
      (für die deutsche Ausgabe)

Alle Rechte vorbehalten
Umschlaggestaltung: Hans Peter Willberg, Eppstein
Lektorat: Nora von Mühlendahl
Satz: Fotosatz Sauter, Süßen
Druck und Bindearbeit: Friedrich Pustet, Regensburg
Printed in Germany

Inhalt

Vorwort	7
Einleitung	8
Teil I: Die Vorgeschichte der modernen Architektur	**13**
1. Die Idee einer modernen Architektur im 19. Jahrhundert	14
2. Die Suche nach neuen Formen und das Problem des Ornaments	21
3. Rationalismus, Ingenieurtradition und Stahlbeton	37
4. Arts-and-Crafts-Ideale in England und den USA	48
5. Antworten auf die Technisierung: Deutscher Werkbund und Futurismus	60
6. Das Architektursystem Frank Lloyd Wrights	75
7. Kubismus und neue Raumkonzeptionen	91
Teil II: Die Kristallisation der modernen Architektur zwischen den beiden Weltkriegen	**103**
8. Le Corbusiers Suche nach der idealen Form	104
9. Walter Gropius, der deutsche Expressionismus und das Bauhaus	118
10. Architektur und Revolution in Rußland	132
11. Wolkenkratzer und Vorstadt: Amerika zwischen den Kriegen	144
12. Die ideale Gemeinschaft: Alternativen zur Industriestadt	159
13. Der Internationale Stil, das individuelle Talent und der Mythos des Funktionalismus	174
14. Le Corbusiers Villa Savoye in Poissy	186
15. Wright und Le Corbusier in den dreißiger Jahren	196
16. Totalitäre Kritik an der Moderne	211
17. Die Verbreitung der modernen Architektur in England und Skandinavien	223
18. Die Kontinuität älterer Traditionen	234
19. Moderne Architektur in Amerika: Immigration und Konsolidierung	258
20. Form und Bedeutung im Spätwerk Le Corbusiers	271
21. Die Unité d'Habitation in Marseille als kollektiver Wohnungsbautyp	284
22. Alvar Aalto und die skandinavische Tradition	296
23. Louis I. Kahn und die neue Monumentalität	306
24. Architektur und Anti-Architektur in England	317
25. Das Problem der regionalen Identität	331
26. Krisen und Kritik in den sechziger Jahren	344
27. Moderne Architektur und Entwicklungsländer seit 1960	356
28. Die Traditionen der modernen Architektur in der jüngsten Vergangenheit	367
Zusammenfassung: Modernität, Tradition und Authentizität	386
Addendum – Die Suche nach der Substanz: neue Weltarchitektur	389
Bibliographische Anmerkung	404
Anmerkungen	406
Bildquellen	421
Index	422

Vorwort

Die moderne Architektur, deren Anfänge weniger als ein Jahrhundert zurückliegen, hatte sich zum Ziel gesetzt, eine idealisierte Gesellschaft mit den Einflüssen der industriellen Revolution in Einklang zu bringen. Sie brach zwar drastisch mit der Vergangenheit, ließ aber auch zu, daß die Grundregeln der Baukunst neu interpretiert wurden. Inzwischen sind die Auswirkungen dieses großen Wandels weltweit zu spüren, und es mag sein, daß wir eher am Anfang als am Ende einer Tradition stehen. Selbst die jüngsten negativen Reaktionen auf die moderne Architektur beziehen sich von der intellektuellen Definition her weitgehend auf ihr eigenes Feindbild: Wo immer neue Formen entstehen, erweist sich bald, daß sie jene Entdeckungen fortentwickeln, die zu Beginn unseres Jahrhunderts gemacht wurden. So erscheint es angebracht, eine Besinnungspause einzulegen und über die neue Tradition nachzudenken. Dies ist das Ziel meines Buches, das die Architektur der letzten achtzig Jahre im Detail behandelt.

Ich entschuldige mich nicht dafür, daß ich mich auf Bauten hoher visueller und intellektueller Qualität konzentriert habe: Tradition entsteht aus einer Folge solcher Höhepunkte. Besonders wichtig erschien mir das Problem der architektonischen Sprache. Ich habe zu zeigen versucht, wie einige außergewöhnlich kreative Architekten den Geist ihrer Zeit in symbolischen Formen ausdrückten. Es ging mir darum, Mythen zu entzaubern und das komplexe Bild der modernen Architektur so einfach und wahrheitsgetreu wie möglich zu zeichnen. Soweit ich weiß, lassen sich die hier dargelegten Gedanken keiner bestimmten »Schule« zuordnen. Ich habe dieselben historischen Grundfragen gestellt – »was, warum und wie?« –, die man bei jeder Epoche stellt.

Dieses Buch will weder ein historisches Dogma propagieren noch den Leser überzeugen, daß ein Stil besser sei als der andere. Immerhin vertritt es aber einen Standpunkt und verfolgt seine eigene Strategie. Ich habe mich damit auseinandergesetzt, wie Ideen zu Formen werden und wie sich das Wechselspiel zwischen individueller Erfindung und den Konventionen von Zeitstil und Tradition entwickelte. Es ging mir besonders um die Authentizität eines persönlichen Vokabulars, das Form, Funktion, Konstruktion und Bedeutung mit Überzeugungskraft und Konsequenz zu einer Synthese bringt. Die übliche Beschreibung von »Tendenzen« mit der oberflächlichen Aufzählung von Architekten und Einzelbauten wollte ich vermeiden. Statt dessen habe ich bewußt von Kapitel zu Kapitel die Betrachtungsweise variiert, um hier eine Einzeldarstellung und dort einen ausführlichen Überblick zu bieten. Denn eine Tradition ist nie eine geradlinige Entwicklung, die von einheitlichen Impulsen getragen wird.

Geschichtsschreibung ist insofern eine gemeinschaftliche Leistung, als man immer wieder auf frühere Ergebnisse zurückgreifen muß. Deshalb sind die bibliographischen Anmerkungen am Ende dieses Buches den Hinweisen auf wissenschaftliche Arbeiten vorbehalten. Aber ich habe auch direktere Dankesschulden abzutragen. So bin ich Mark Ritchie von Phaidon verpflichtet, der mich in einen Verlag einführte, mit dem die Zusammenarbeit eine Freude war; außerdem danke ich allen Mitarbeitern des Verlags, die an der Durchführung dieses Projekts beteiligt waren. James Ackerman, las den vorletzten Entwurf und machte einige gute Vorschläge, während Karen Harder meine Notizen in ein lesbares Manuskript verwandelte.

Schließlich danke ich meiner Frau Catherine für die Gelassenheit, die sie gegenüber jenen merkwürdigen Geisteszuständen aufbrachte, die beim Schreiben eines großen Buches innerhalb eines relativ kurzen Zeitraums zwangsläufig auftreten. Ich widme ihr dieses Buch mit einem Gedanken Le Corbusiers: Wer einen Plan macht, hat auch Ideen gehabt.

William Curtis

Einleitung

»Wir haben seit langem erkannt, daß Kunst nicht im leeren Raum produziert wird, daß kein Künstler unabhängig von Vorgängern und Vorbildern ist und daß er nicht anders als der Wissenschaftler und der Philosoph einer bestimmten Tradition angehört und in einem strukturierten Problembereich arbeitet!«

E. Kriz, 1952

Der Historiker, der sich daran begibt, eine Geschichte der modernen Architektur zu schreiben, hat mit einer Definition seines Themas anzufangen. Viele vergangene Epochen haben ihre eigene Architektur als »modern« bezeichnet, so daß der Begriff an sich kaum Unterscheidungsmöglichkeiten bietet. Die »moderne Architektur«, die das Thema dieses Buches darstellt, war eine Erfindung des späten 19. und frühen 20. Jahrhunderts und entstand als Reaktion auf das vorgebliche Chaos, den Eklektizismus und den Historismus des vorigen Jahrhunderts. Dem Ideal einer modernen Architektur lag die Auffassung zugrunde, daß jede Periode der Vergangenheit ihren eigenen authentischen Stil hervorgebracht hat, der den jeweiligen Zeitgeist widerspiegelt. Außerdem ging man davon aus, daß sich irgendwann in der Mitte des 18. Jahrhunderts ein Bruch vollzogen hatte. Nach dem Niedergang der klassischen Tradition war ein Vakuum entstanden, das zahlreiche »nicht authentische« Adaptionen und neue Kombinationen vergangener Formen ausgefüllt hatten. Man mußte also den wahren Weg der Architektur wiederentdecken, Formen finden, die den Bedürfnissen und Zielen der modernen Industriegesellschaft entsprachen, und Bilder schaffen, in denen sich die Ideale eines »modernen Zeitalters« verkörpern ließen.

Schon um die Mitte des 19. Jahrhunderts diskutierten französische Theoretiker wie César Daly und Eugène Viollet-le-Duc über die Möglichkeiten eines genuin modernen Stils, aber sie hatten keine klare Vorstellung davon, wie er aussehen sollte.

Erst kurz vor der Jahrhundertwende, als neue konstruktive Erfindungen wichtige Impulse gaben, unternahm man phantasiereiche Versuche, eine neue Architektur visuell auszudrücken. Diese Pionierphase, die unter anderem in den Art Nouveau mündete, vollzog sich in den fortschrittlichen Industrienationen Westeuropas und in den Vereinigten Staaten.

Selbst in jener Zeit gab es relativ wenig Konsens über das Erscheinungsbild einer neuen Architektur: Gemeinsam waren den Architekten höchstens allgemeine Vorstellungen, die sich auf unterschiedliche Weise ins Visuelle übertragen ließen. Eine »moderne Architektur«, so war die Meinung, sollte direkt von neuen Konstruktionsmethoden ausgehen und sich den Anforderungen der Funktion unterwerfen; ihre Formen sollten vom Beiwerk historischer Erinnerungen gereinigt und ihre Bedeutungen den für die Moderne typischen Mythen und Erfahrungen angepaßt werden; ihre Moral sollte die – allerdings vage – Vision eines besseren Menschen enthalten. Die Elemente dieser Architektur sollten sich auf neue Situationen anwenden lassen, die sich aus dem Einfluß der Maschine auf die Kultur und das Leben des Menschen ergaben. Mit anderen Worten, von der modernen Architektur wurden neue symbolische Formen erwartet, die der Realität der Zeit deutlicher Ausdruck verliehen, als es der Mischmasch »historischer Stile« getan hatte.

So entstand zwischen etwa 1890 und den zwanziger Jahren eine Reihe von Stilen, die »Modernität« auf ihr Panier geschrieben hatten, bis es im dritten Jahrzehnt unseres Jahrhunderts schien, als sei endlich eine allgemeine Übereinstimmung erreicht. Dies zumindest wollten einige Praktiker und Propagandisten ihre Zeitgenossen glauben machen. Sie gaben sich große Mühe, die Charakteristika des »Internationalen Stils« zu definieren – jener expressiven Sprache einfacher, fließender Volumen und präziser geometrischer Formen, die von so unterschiedlichen Architekten wie Le Corbusier, J.P. Oud, Gerrit Rietveld, Walter Gropius, Mies van der Rohe und anderen angewandt wurde. So mußte ihrer Meinung nach die einzig mögliche wahre Architektur des 20. Jahrhunderts beschaffen sein. Andere zeitgenössische Entwicklungen übersahen sie deshalb geflissentlich und taten alles, um Differenzen zu überspielen und den Eindruck einer einheitlichen Front aufrechtzuerhalten.

Doch die Geschichte blieb nicht stehen, und dieselben kreativen Künstler, die zuvor einem gemeinsamen Ziel verpflichtet schienen, gingen nun ihre eigenen Wege; ihre ursprünglichen Ideen wiederum wurden von den Nachfolgern verändert. So begründete gerade die Architektur, von der man annahm (zu Unrecht, wie sich herausstellte), sie habe die Tradition ausgetilgt, ihre eigene Tradition. In den Jahren nach dem Zweiten Weltkrieg entwickelten sich überall in der Welt zahlreiche Nebenströmungen und Variationen. Reaktionen, Kritiken und Krisen – ganz zu schweigen von völlig unterschiedlichen Voraussetzungen und Absichten – trugen zu der Vielfalt bei. Blickte ein Historiker in einem Jahrhundert auf die Zeit zwischen 1900 und heute zurück, so sähe er deshalb nicht eine Hauptentwicklungslinie, die von den »Wegbereitern moderner Formgebung« (um Nikolaus Pevsners Bezeichnung zu benutzen) zur Architektur im letzten Viertel des 20. Jahrhunderts führt. Er wäre vielmehr überrascht über die Entstehung neuer Traditionen, die allmählich das aus dem 19. Jahrhundert überkommene Vokabular ablösten. Diese neuen Ideen, die sich Schritt für Schritt ihren Weg in unterschiedliche nationale und regionale Traditionen bahnten, sie veränderten und durch sie verändert wurden, verbreiteten sich weltweit. Das vorliegende Buch geht von einer solchen langfristigen Perspektive aus.

Es sei zugegeben, daß jeder Interpret der jüngeren Vergangenheit mit besonderen Schwierigkeiten zu kämpfen hat. Wer eine Geschichte der modernen Architektur schreibt, schildert und interpretiert Ereignisse, die noch nicht abgeschlossen sind. Es besteht die Gefahr, daß er die neuesten Geschehnisse in ein zu enges Muster preßt, so daß sie ausschließlich auf jene Aspekte der Architektur seiner Zeit hinweisen, die er zufällig selbst bewundert. Geschichte degeneriert dann zur Polemik. Dies ist bei der modebewußten Literatur, die offenbar stets mit zeitgenössischen Bewegungen einhergeht, zu erwarten; aber auch bei sorgfältig ausgewogenen wissenschaftlichen Werken, die als Standardwerke der modernen Architektur gelten, finden sich ähnliche Mängel.

So neigten frühe Chronisten wie Sigfried Giedion, Henry-Russell Hitchcock und Nikolaus Pevsner bei aller Kraft und Klarheit ihrer Darstellung dazu, die leidenschaftliche Fortschrittsfreudigkeit ihrer Protagonisten zu teilen. Im vorhinein der Idee eines einheitlichen »Zeitgeistes« verpflichtet, glaubten sie, seinen architektonischen Ausdruck in den Werken der zwanziger Jahre zu erkennen, und sahen es als ihre Aufgabe an, Glaubensbekenntnisse zugunsten der »wahren Architektur aller Zeiten« abzulegen (vgl. *Bibliographische Anmerkungen,* S. 404).

Dieser Saga will ich nicht noch einige weitere enthusiastische Kapitel hinzufügen; auch möchte ich nicht jener ständig wachsenden Zahl »revisionistischer« Architekturgeschichten nacheifern, die zu beweisen suchen, daß die moderne Architektur so etwas wie ein zeitweiliger Sündenfall war. Der Historiker der Gegenwart hat die vielleicht einmalige und zuvor kaum je vorhandene Chance, sein Thema (oder zumindest dessen frühe Phasen) mit einer gewissen leidenschaftslosen Distanz betrachten zu können, und diese Chance sollte nicht durch die Verbreitung von Propaganda geschmälert werden. Jedes Jahr entstehen mehr Bauten, werden mehr Quellen über Entwicklungen des frühen Jahrhunderts entdeckt, und das allein macht eine Revision des Gesamtbildes notwendig. Aber die Geschichte bedarf einer ständigen Neuinterpretation ebenso wie der Darstellung neuer Fakten, und selbst Bauwerke, Persönlichkeiten oder Ereignisse, die einst eine unverrückbare Position einzunehmen schienen, müssen überprüft und eingeordnet werden. Unter der zunehmenden Zahl qualitätvoller Spezialmonographien und allgemeinerer, aber häufig widersprüchlicher Überblicke können nur wenige Arbeiten als ausgeglichene, lesbare Gesamtbilanzen der modernen Architektur von ihren Anfängen bis in die jüngste Gegenwart betrachtet werden. Dieses Buch ist ein Versuch, die Lücke zu schließen.

Frühere Historiker der modernen Architektur (vielleicht sollte man sie »Mythographen« nennen) neigten dazu, ihr Thema zu isolieren, zu stark zu vereinfachen, seine Einmaligkeit hervorzuheben, um zu demonstrieren, wie stark sich deren Schöpfungen von früheren unterschieden. Parallele Entwicklungen wie Art Deco, Nationalromantik oder die Fortführung des klassischen Beaux-Arts-Stils wurden in eine Art Rumpelkammer verbannt, als müsse ein Bauwerk im »falschen Stil« zwangsläufig wertlos sein. Das war so arrogant wie irreführend. Mir scheint, daß die verschiedenen Strömungen der modernen Architektur sich am besten verstehen und bewerten lassen, wenn man sie mit anderen parallelen Entwicklungen vergleicht; nur dann wird deutlich, was Bauherren und soziale Gruppen mit den modernen Formen ausdrücken wollten. Im übrigen geht künstlerische Qualität hier wie überall über jede bloße stilistische Anwendung hinaus. Ein weiterer Mythos, den die frühesten Chronisten der modernen Architektur pflegten – wiederum, um die neuen Formen von ihren »eklektizistischen« Vorgängern zu unterscheiden –, war die Vorstellung, daß diese Formen »unbefleckt« von Vergangenem erstanden wären. Das entsprach zwar ebenfalls der Fortschrittsgläubigkeit ihrer Geschichtsschreibung, war aber kaum ein vernünftiger Weg der Formerklärung. Sicherlich spielten viele Architekten zwischen 1900 und 1930 den Einfluß früherer Architektur auf ihre Arbeit herunter, um zu demonstrieren, daß sie einen neuen Anfang machten. Aber diese Behauptungen muß man nicht wörtlich nehmen. Tatsächlich waren die seriösesten Architekten der letzten achtzig Jahre der Tradition eng verbunden. Was sie ablehnten, war weniger die Geschichte *per se* als deren leichtfertige und oberflächliche Wiederverwertung. Die Vergangenheit wurde also nicht verworfen, sondern übernommen und neu interpretiert. Im übrigen schuf auch die moderne Architektur selbst die Grundlage für eine neue Tradition mit ihren eigenen Themen, Formen und Motiven.

Die Architektur ist eine komplexe Kunst, sie umfaßt Form und Funktion, Symbol und sozialen Zweck, Technik und Glauben. Es wäre unangemessen, hier nur das Auf und Ab der Stile zu registrieren oder die moderne Architektur auf ein Schachspiel zwischen Klasseninteressen und konkurrierenden gesellschaftlichen Ideologien zu reduzieren. Ebenso falsch wäre es, technischen Fortschritt isoliert zu behandeln oder die Bedeutung der sozialen Veränderungen und der individuellen Phantasie zu stark hervorzuheben. Manchmal werden biographische Fakten besonders wichtig (wie bei Le Corbusier und Frank Lloyd Wright), oder es empfiehlt sich eine Analyse von Struktur oder Typus (wie bei dem amerikanischen Wolkenkratzer zwischen den Weltkriegen). Ein Buch dieser Art kann natürlich nicht die gesamte kulturelle Szene der Architektur im 20. Jahrhundert porträtieren. Aber es sollte auch nicht glauben lassen, daß Bauwerke in einem sozialen Vakuum entstehen, und muß sich deshalb in einigen Fällen auf Bauherrenschaft, politischen Zweck und ideologischen Ausdruck konzentrieren. An dieser Stelle muß ich mich zu einem starken Interesse an Fragen der Form und der Bedeutung bekennen. Die meisten in diesem Buch diskutierten Bauten sind bedeutende Kunstwerke, die sich einer vereinfachenden Kategorisierung entziehen. Weder plakatieren sie politische Bekenntnisse, noch sind sie bloße gestylte Behälter von Funktionen, sondern sie stellen eine ausdrucksstarke und differenzierte Synthese von Ideen und Formen dar. Ich meine, eine Architekturgeschichte sollte in erster Linie zu erklären suchen, warum bestimmte Formen für eine bestimmte Aufgabe angemessen erschienen und welche Bedeutungen dahinter stehen. In dem einfachen und irreführenden Wort »Stil« sind viele Fallstricke verborgen, und wenn man sich mit einem qualitätvollen Künstler auseinandersetzt, entdeckt man so etwas wie einen mythischen Inhalt, der die Formen durchdringt. Letzten Endes geht es darum, in welcher Weise Ideen und Phantasien in ein Vokabular übersetzt werden.

Schwierig ist weiterhin das Problem, wo man beginnen sollte: Wann trat eine spezifische »moderne Architektur« zum erstenmal auf? Auf diese Frage findet sich natürlich nicht ohne weiteres eine Antwort. Interessant sind hier die zahlreichen unterschiedlichen Ansatzpunkte früherer Architekturgeschichten, die verständlicherweise die verschiedenartigen Auffassungen der Autoren reflektierten. So begann Nikolaus Pevsner, dem die gesellschaftlichen und moralischen Grundlagen der neuen Architektur am Herzen lagen, seine *Pioneers of Modern Design* (1936) mit William Morris und der Arts-and-Crafts-Bewegung der 1860er Jahre. Sigfried Giedion, der, von der geistigen Zersplitterung seiner Zeit betroffen, die moderne Architektur als Möglichkeit einer Synthese sah, stellte das 19. Jahrhundert in seinem Werk *Space, Time and Architecture* (1941) als zerrissenes Zeitalter dar – einerseits die »degenerierten« Formen des Eklektizismus, andererseits jene »neuen Tendenzen« (viele von ihnen im Bereich des Ingenieurwesens), die auf eine neue Zusammenführung von Form, Konstruktion und kultureller Ehrlichkeit hinwiesen. Henry Russell-Hitchcock, der sich besonders mit den visuellen Aspekten des neuen Stils auseinandersetzte, vertrat in *The International Style* (1932, mit Philip Johnson) die Ansicht, die moderne Architektur vereinige klassische Proportionen mit gotischen Konstruktionselementen. In seinen späteren Schriften wurde Hitchcock freilich zurückhaltender. Den weit ausholenden Ursprungstheorien zog er nun eine penible, enzyklopädische Katalogisierung der Stilfolge vor.

Als die moderne Tradition länger bestand und vielfältiger wurde, mußten sich natürlich die Akzente der Geschichtsschreibung verschieben. Die Historiker nach dem Zweiten Weltkrieg wie Colin Rowe und Reyner Banham (dessen *Theory and Design in the First Machine Age* 1960 erschien) forschten nach den hinter den Formen stehenden Ideen und suchten die komplexe Ikonographie der modernen Architektur zu erklären. Sie wollten die vereinfachenden Ableitungen ihrer Vorgänger nicht akzeptieren, sondern wiesen darauf hin, daß die modernen Architekten dem 19. und früheren Jahrhunderten verpflichtet waren. In diesem Zusammenhang muß auch Peter Collins' *Changing Ideals in Modern Architecture* (1965) erwähnt werden, ein Buch von hohem intellektuellem Rang, das viele ideologische Wurzeln der modernen Architektur bis ins 18. Jahrhundert zurückverfolgte. Andere Autoren wie Leonardo Benevolo und Manfredo Tafuri gingen von diesen Grundlagen aus, um ihre eigenen Versionen der Vorgeschichte zu artikulieren; sie setzten sich freilich eingehender mit der politischen Anwendung und Bedeutung der Architektur auseinander.

In dem vorliegenden Buch befasse ich mich bewußt weniger mit den Quellen der modernen Architektur als mit ihrer späteren Entwicklung. Einerseits möchte ich es vermeiden, wohlbekannte Fakten zu wiederholen, andererseits sind bisher gerade die späten und nicht die früheren Phasen der modernen Architektur vernachlässigt worden. So grundlegende Werke wie die Villa Savoye oder der Barcelona-Pavillon wurden vor mehr als einem halben Jahrhundert geschaffen; doch durch die vergangenen dreißig Jahre findet man nur mit Hilfe einiger irreführender Landkarten, auf denen modische Ismen abgesteckt sind. Eine umfassende Darstellung der Zeit nach dem Zweiten Weltkrieg ist immer noch unmöglich, aber man kann zumindest einen Weg aufzeigen, der nicht nur als Einbahnstraße zu der einen oder anderen Tendenz der jüngsten Vergangenheit führt.

Außerdem funktioniert die Geschichte nicht wie ein Fließband, das sich zwischen zwei Punkten bewegt. Jeder Künstler hat seine eigenen komplexen Verbindungen zu verschiedenen Perioden der Vergangenheit. Eine persönliche Architektursprache kann Bilder des antiken Griechenland mit Anspielungen auf moderne Garagenbauten verbinden: Das individuelle Kunstwerk ist auf vielen verschiedenen Ebenen in die Struktur der Zeit eingebettet. Es führt nur in die Irre, wenn Bauten als Teil einheitlicher »Bewegungen« porträtiert werden. Je interessanter die individuelle Schöpfung ist, desto schwieriger wird es, sie in entsprechende Kategorien einzustufen. Deshalb wird das Problem der Ursprünge im ersten Teil des Buches nicht als eine fruchtlose Suche nach dem ersten wirklich modernen Bauwerk (was immer das sein mag) abgehandelt. Ich hielt es für sinnvoller zu verfolgen, wie überkommene geistige Strömungen im letzten Jahrzehnt des 19. Jahrhunderts und in den ersten beiden Dekaden des 20. Jahrhunderts bei verschiedenen individuellen Künstlern zusammentrafen. Denn in dieser Zeit kristallisierten sich die *Formen* heraus, die einerseits eine Auflehnung gegen die oberflächliche Neubelebung von Stilen und andererseits Vertrauen in die Dynamik und Bedeutung des »modernen Lebens« ausdrückten. Es war die Zeit des Art Nouveau, Hortas, Mackintoshs und Hoffmanns; die Zeit, in der Sullivan und Wright in Chicago eine »organische« moderne Architektur zu schaffen suchten; die Zeit, in der Perret und Behrens neue Methoden und Materialien im Dienste nüchterner Ideen und abstrahierter klassischer Grundwerte anwendeten. Es war auch die Zeit künstlerischer Experimente der Kubisten und Futuristen. Pevsner beschrieb sie mit Recht als die »Pionierphase« der modernen Architektur. Diese Bezeichnung erscheint berechtigt, sofern man nicht versucht ist, die Schöpfungen jener Phase als bloße »Vorwegnahme« dessen abzuschreiben, was danach kam.

Man muß nicht unbedingt den Begriff des »klassischen Augenblicks« in der Kunst verfechten, um die zwanziger Jahre als Periode der Konsolidierung zu betrachten, vor allem in Holland, Deutschland, Frankreich und Rußland. Diese Jahre gelten verständlicherweise als die »heroische Phase« der modernen Architektur. Le Corbusier, Mies van der Rohe, Walter Gropius, Gerrit Rietveld (um nur einige zu nennen) schufen in dieser Zeit eine Reihe von Meisterwerken, die den Zwang früherer Traditionen durchbrachen und neue Regeln für die Zukunft setzten.

Zum Aufbau einer Tradition gehören Führer und Anhänger, und dies muß in einem weiteren Zusammenhang als eine bloße interne Stilentwicklung erklärt werden. Im Mittelteil meines Buches liegt daher der Akzent auf der Vielfalt der individuellen Konzepte und der ideologischen Überzeugungen zwischen den beiden Weltkriegen. Diskutiert wird auch das problematische Verhältnis zwischen moderner Architektur und revolutionärer Ideologie in der Sowjetunion während der zwanziger Jahre und zwischen moderner Architektur und totalitären Regimen während der dreißiger Jahre. Es handelt sich um mehr als nur um einen Kampf der Stile: Die moderne Architektur war Ausdruck einer Vielfalt neuer sozialer Visionen, die den Status quo in Frage stellten und alternative Lebensmöglichkeiten vorschlugen. Eine Darstellung der Jahre zwischen den Kriegen wäre zweifellos unvollständig, zöge man nicht auch die Entwicklung in England und Skandinavien und bestimmte städtebauliche Experimente heran, wie die »Ville Radieuse« von Le Corbusier und »Broadacre City« von Wright.

Ist eine Tradition einmal begründet, so wandelt sie sich, wenn neue Ausdrucksmöglichkeiten sich ankündigen, wenn die Werte sich ändern oder wenn neue Probleme auftreten. Neue individuelle Künstler übernehmen den Stil und entwickeln ihn in ihrer Richtung weiter. Der letzte Teil des Buches setzt sich mit der weltweiten Verbreitung von Prototypen in den vierziger, fünfziger, sechziger und siebziger Jahren auseinander. Wir werden hier mit Problemen konfrontiert, die mit Transplantation zusammenhängen (da die moderne Architektur Kulturen aufgepfropft wurde, die mit ihren Ursprüngen wenig gemeinsam haben), und auch mit Entwertung (da symbolische Formen allmählich ihres anfänglichen polemischen Inhalts beraubt und durch kommerzielle Interessen oder staatliche Bürokratie absorbiert wurden). Zudem traten innerhalb der modernen Bewegungen Krisen und Reaktionen auf, die eine stärkere Rückbesinnung auf die Vergangenheit nahelegten.

Ebenso wie das Spätwerk der alten »Meister« der modernen Architektur behandelt dieser Teil des Buches auch Bewegungen wie den New Brutalism und Gruppen wie Team X und die New York Five; Themen wie Regionalismus und Anpassung an die lokale Kultur und das Klima in Entwicklungsländern; Bautypen wie das Miethochhaus und den verglasten Wolkenkratzer und einzelne Architekten wie Louis Kahn, Kenzo Tange, James Stirling, Denys Lasdun, Jørn Utzon, Aldo van Eyck, Robert Venturi, Michael Graves und Aldo Rossi.

Sobald das Buch sich der Gegenwart nähert, läßt sich wohl kaum vermeiden, daß der Autor wie manche seiner Vorgänger den Fehler begeht, einige Aspekte der heutigen Situation hervorzuheben und andere zu vernachlässigen. Zumindest war es aber mein Ziel, ein ausgeglichenes Bild zu präsentieren und die Grundlage meiner Urteile klarzulegen. Die moderne Architektur befindet sich zur Zeit in einer neuen kritischen Phase, in der viele ihrer Doktrinen in Frage gestellt oder abgelehnt werden. Es bleibt abzuwarten, ob dies zum Zusammenbruch einer Tradition führen wird oder zu einer Krise, die einer neuen Phase der Konsolidierung vorausgeht.

Wir leben in einer verworrenen architektonischen Gegenwart, die – mit einer Mischung von Romantik, Furcht und Schrecken – durch einen Schleier von Mythen und Halbwahrheiten (viele von ihnen sind Historikern zu verdanken) auf ihre eigene Vergangenheit zurückblickt. Eine Freiheit der Wahl für die Zukunft ist am ehesten dann möglich, wenn der eigene Ort innerhalb der Tradition sensibel, exakt und differenziert beschrieben wird. Diesem Buch liegt der Gedanke zugrunde, daß eine historische Brücke über den Strom vorübergehender intellektueller Moden von der fernen bis zur jüngsten Vergangenheit errichtet werden und sich daraus eine neue Integration ergeben könnte. Aber solche Hoffnungen kommen erst in zweiter Linie: Die erste Pflicht des Historikers ist zu erklären, was geschah und warum, gleichgültig, wie die Menschen heute darüber denken.

nächste Seite:
Antoni Gaudí, Casa Milá, Barcelona, 1905–07, Detail der Dachlandschaft.

Teil I:
Die Vorgeschichte der modernen Architektur

1. Die Idee einer modernen Architektur im 19. Jahrhundert

»Angenommen, ein Architekt dieser Zeit (des 12. oder 13. Jahrhunderts) käme zu uns zurück...und würde in unsere modernen Ideen eingeweiht: Stellte man ihm die neuen Errungenschaften der Industrie zur Verfügung, so würde er nicht ein Bauwerk aus der Zeit von Philippe-Auguste oder St. Louis errichten, weil er damit das oberste Gesetz seiner Kunst verfälschte: sich den Bedürfnissen und den Gebräuchen der Zeit anzupassen.«

E. Viollet-le-Duc, 1863

Es gibt eine ebenso säuberliche wie irreführende Analogie zwischen Geschichte und Menschenleben, nach der Architekturstile geboren werden, heranwachsen, reifen und schließlich absterben. Der historische Prozeß, der zur Entstehung der modernen Architektur führte, besaß nichts von dieser biologischen Unvermeidbarkeit; er hatte auch keinen Anfang, der sich präzise festlegen ließe. Statt dessen gab es vielerlei Voraussetzungen, Ursachen und Ideen, die alle jeweils ihre eigene Vorgeschichte haben. Denn obwohl die entscheidende Synthese um die Jahrhundertwende einsetzte, hatte der Gedanke einer *modernen* Architektur (im Gegensatz zu einem wiederbelebten Stil aus einer früheren Epoche) bereits seit nahezu einem halben Jahrhundert existiert.

Dieser Begriff einer »modernen« Architektur beruhte seinerseits auf Entwicklungen des späten 18. Jahrhunderts, vor allem auf dem damals vorherrschenden Fortschrittsglauben. Die Geschichte, so nahm man an, bewege sich durch verschiedene »Epochen« hindurch vorwärts, deren jeweiliger geistiger Kern sich unmittelbar im kulturellen Geschehen manifestiere. Von diesem Standpunkt aus konnte man davon sprechen, daß ein griechischer Tempel oder eine gotische Kathedrale »Ausdruck ihrer Zeit« gewesen waren. Man konnte annehmen, daß für moderne Bauten Entsprechendes galt. Daraus folgte, daß die Wiederbelebung von Stilen dem Scheitern des Versuches gleichkam, eine wahre Ausdrucksform zu finden. Die geschichtliche Notwendigkeit erforderte einen authentischen Stil der eigenen Zeit, anders als vergangene Stile, aber ebenso selbstverständlich und scheinbar unausweichlich wie sie. Die Frage war nur: Wie ließen sich die Formen dieses »zeitgenössischen« Stils finden?

Parallel zu der Entstehung progressiver Ideale verlief eine andere Strömung des 18. Jahrhunderts, die das 19. Jahrhundert übernahm: das schwindende Vertrauen in die Tradition der Renaissance und in die Theorien, die sie gestützt hatten. Dieser Vertrauensverlust ging unter anderem auf ein neues empirisches Verhalten zurück, das die idealistische Struktur der Renaissance-Ästhetik unterminierte, wie auch auf die Tatsache, daß Geschichte und Archäologie sich als Disziplinen etablierten. So schärfte sich das Unterscheidungsvermögen gegenüber vergangenen Epochen. Es entstand eine relativistische Einstellung zur Tradition, deren unterschiedliche Phasen nun als gleichwertig angesehen werden konnten. Der Begriff »Antike« als einziger Bezugspunkt wurde daher immer weniger haltbar. John Summerson charakterisierte diese Entwicklung als »Verlust der absoluten Autorität« der Renaissance-Normen. Es entstand ein Vakuum, das zahlreiche zeitgenössische Stildiktaturen zu füllen suchten, doch ohne die Überzeugungskraft ihres Vorgängers. Im 19. Jahrhundert war schließlich der Punkt erreicht, an dem der Rückgriff auf griechische, ägyptische, gotische oder Renaissance-Vorbilder bei der Formulierung eines Stils gleichermaßen schlüssig schien (Abb. 1.1).

Ein anderer bedeutender Faktor für die Idee einer modernen Architektur war die industrielle Revolution. Sie brachte neue Konstruktionsmethoden mit sich (zum Beispiel beim Eisenbau), ermöglichte neue Lösungen, schuf neue Probleme, brachte neue Bauherren zum Zuge und inspirierte neue Formen. So entstand eine Spaltung zwischen Ingenieurbau und Architektur, wobei die Ingenieurkonstruktionen häufig erfindungsreicher und den zeitgenössischen Bedürfnissen besser angepaßt schienen. Da die Industrialisierung mit einer tiefgreifenden Veränderung der Lebensformen verbunden war, ergaben sich neue Bauaufgaben – Bahnhöfe, Vorstadtsiedlungen, Hochhäuser –, für die sich keine Vorbilder fanden. Die Krise um die Einbeziehung der Tradition verschärfte sich durch die Entstehung neuer Bautypen, die keine Geschichte aufzuweisen hatten. Zudem zerstörte die Mechanisierung die Struktur des Handwerks

Die Idee einer modernen Architektur im 19. Jahrhundert 15

1.1 Thomas Cole, *Der Traum des Architekten,* 1840. Öl auf Leinwand, 134,7 x 213,4 cm, Kunstmuseum Toledo, Stiftung Florence Scott Libbey: Das Dilemma des Stils im 19. Jahrhundert.

und beschleunigte den Zusammenbruch der regionalen Traditionen. Maschinelle Arbeit und Standardisierung schufen bei der Herstellung von Gebrauchsgegenständen einen Konflikt zwischen Hand, Geist und Auge, mit der Folge, daß lebendige Impulse und Qualitäten verlorengingen. Moralisten aus der Mitte des 19. Jahrhunderts wie John Ruskin und William Morris in England glaubten, die Technisierung werde in allen Bereichen des Lebens, im kleinsten wie im größten Maßstab, zu einem Niedergang führen. Deshalb setzten sie sich für eine Neubelebung des Handwerks und für eine Reintegration von Kunst und Gebrauchswert ein. Sie wollten der Entfremdung entgegenwirken, die nach ihrer Meinung automatisch aus den zerstörerischen Wirkungen des Kapitalismus entstand. Die Architekten und Autoren, die später die Ideologien der modernen Architektur formulierten, fanden diese Einstellung zu nostalgisch und versuchten statt dessen, sich den Möglichkeiten der Technisierung zu stellen und sie mit neuem Formensinn zu erfüllen. Dieses Drama blieb für das 20. Jahrhundert charakteristisch: Im wesentlichen ging es darum, angesichts der brutalen Aspekte der Massenproduktion eine genuine Kultur zu entwickeln.

Nicht zuletzt schuf die Industrialisierung neue wirtschaftliche Strukturen und Machtzentren. Während die Bauaufträge der Architektur im 18. Jahrhundert vorwie-

gend von Kirche, Staat und Aristokratie kamen, traten nun immer stärker Reichtum und Wünsche der neuen Mittelklassen in den Vordergrund. Auch diesmal wieder sahen die Eliten in der Baukunst die Möglichkeit, eigene Vorstellungen zum Ausdruck zu bringen und damit ihre Position zu stärken. Andererseits bildete die Mechanisierung die unteren Gesellschaftsschichten um und griff in das Bild der Stadt ein. Wiederum war die Architektur betroffen. Ein wichtiges Thema der modernen Architektur waren deshalb die Reform der industriellen Stadt und die Wiederherstellung einer harmonischeren, humaneren Ordnung. Man ging dabei von den zahlreichen Kritikern einer ungerechten und chaotischen sozialen Struktur aus, die sich schon von Beginn des 19. Jahrhunderts an zu Wort gemeldet hatten. In der Tat war der Glaube an eine gerechte und rationale Gesellschaft ein weiterer Aspekt des progressiven Mythos, der hinter dem Konzept der modernen Architektur stand. Deshalb überrascht es nicht, daß die Sozialutopien eines Charles Fourier und Henri Saint-Simon Einfluß auf die moralische Haltung späterer moderner Architekten ausübten, die auf der Suche nach alternativen sozialen und städtischen Strukturen waren.

So war der Begriff einer modernen Architektur untrennbar mit den tiefgreifenden Wandlungen in Gesellschaft und Technik verbunden. Das Problem des architektonischen Stils existierte nicht isoliert. Es stand vielmehr in Zusammenhang mit geistigen Strömungen, die neue Formen nicht als Imitationen vergangener Stile, sondern als ehrlichen Ausdruck der Gegenwart erstrebten. Doch was waren die wichtigsten Realitäten der Gegenwart? Vielen Diskussionen des 19. Jahrhunderts über die Angemessenheit der Formen lag die nagende Ungewißheit über den wahren Inhalt der Architektur zugrunde. So gab es eine Tendenz, das Ideal in irgendeiner Epoche der Vergangenheit zu suchen, oder man träumte von einer nebelhaften, unklar definierten Zukunft als Alternative zu einer düsteren, trostlosen Gegenwart.

Solchen Problemen standen also die ersten Theoretiker einer »modernen Architektur« gegenüber. Viollet-le-Duc zum Beispiel, der in den sechziger und siebziger Jahren des vorigen Jahrhunderts schrieb, vertrat die Ansicht, das 19. Jahrhundert müsse seinen eigenen Stil formulieren, der den neuen gesellschaftlichen, ökonomischen und technischen Gegebenheiten »angemessen« sei. Das erschien theoretisch durchaus überzeugend, doch die Frage blieb, wo die Formen dieses Stils zu finden waren. Mehrere Antworten boten sich an. Das eine Extrem vertraten jene, die an große Entwicklungssprünge der individuellen Phantasie glaubten, das andere jene, die annahmen, alles werde sich sozusagen von selbst regeln, wenn die Architekten nur fortführen, die neuen Probleme logisch und vernünftig zu lösen. Nur wenig war davon die Rede, daß selbst eine »neue« Architektur sich letzten Endes wahrscheinlich aus alten Elementen, wenn auch stark abstrahierten, zusammensetzen würde.

Immerhin führte aber die Idee einer neuen Architektur zu einer Haltung gegenüber der Genesis von Formen, die sich deutlich von der vorhergehender Jahrzehnte unterschied. Eine Richtung befürwortete die Wiederbelebung dieser oder jener vergangenen Epoche, wobei einige historische Stile von vornherein als überlegen galten. Durch die Nachahmung des auserwählten Stils, so hoffte man, ließen sich auch seine vorzüglichen Qualitäten reproduzieren. Dabei bestand freilich die Gefahr, daß man Äußerlichkeiten kopierte, ohne seine eigentlichen Qualitäten wiederzugeben, und daß man deshalb bei müdem Akademismus oder schierer Imitation endete. Zudem stellte sich natürlich die Frage: Wenn bestimmte Formen in einem bestimmten Zusammenhang richtig gewesen waren (sei es Antike, Gotik, Ägypten oder Renaissance), konnten sie dann auch in einem anderen angemessen sein?

Eine liberalere Auffassung der Vergangenheit zielte auf einen Stil, der die besten Elemente vergangener Epochen zu einer neuen Synthese vereinigen sollte. Diese Position war als »Eklektizismus« bekannt und hatte zumindest die Wirkung, daß sie ein umfassenderes Verständnis der Tradition förderte. Doch dem Eklektizismus waren weder Regeln für neue Stilkombinationen zu entnehmen noch klare Hinweise auf den Unterschied zwischen einer authentischen Symbiose und der bloßen bizarren Zusammenfügung vergangener Elemente. Das Problem der Wiederbelebung von Stilen ließ sich in der Tat nicht isoliert von dem Problem der Angemessenheit betrachten. Willkür war kaum zu vermeiden, denn es gab nur wenige allgemeine Konventionen, die sich auf Form, Funktion und Bedeutung bezogen. Zwar hatte der englische Architekt A.W. Pugin in den 1830er Jahren mit tiefer moralischer Überzeugung den Standpunkt vertreten, die Gotik sei der geistig höchststehende und rationalste aller Stile; doch ähnliche Argumente ließen sich auch für klassische Formen anführen. So wurden häufig intellektuelle Schachzüge benutzt, um nachträglich zu rechtfertigen, was in Wirklichkeit auf intuitive Vorlieben zurückging. Deterministische Argumente waren verführerisch, weil sie Klarheit in eine extrem unsichere Situation zu bringen versprachen. Wenn man behaupten (und möglicherweise glauben) konnte, daß die Formen durch den vorherbestimmten Gang der Geschichte, den nationalen Geist, die Naturgesetze, das Diktat der Wissenschaft oder irgendwelche anderen wichtigen Faktoren beeinflußt wurden, dann konnte man zeitweilig jeden Zweifel an der Willkür der Formen verdrängen.

Im konfusen Pluralismus dieser »Schlacht der Stile« geriet in Vergessenheit, daß herausragende architektonische Leistungen seit jeher auf Eigenschaften gründeten, die über oberflächliche stilistische Kostümierung hinausgingen. Im 19. Jahrhundert entstanden viele Meisterwerke, die sich keiner bestimmten Kategorie zuordnen ließen. Die besondere architektonische Qualität der Bibliothèque Ste. Geneviève in Paris aus den vierziger Jahren von Henri Labrouste war schließlich nicht darauf zurückzuführen, daß dieses »neoklassische« Bauwerk

1.2 Marc Antoine Laugier, die »Primitive Hütte«, aus *Essai sur l'architecture*, 1753: Die Suche nach den Anfängen.

Die Idee einer modernen Architektur im 19. Jahrhundert   17

sich auf bestimmte akzeptable und erbauliche Prototypen berief, sondern darauf, daß es eine außerordentlich überzeugende Synthese von Form und Inhalt darstellte. Entsprechend beruhte die architektonische Schwäche von George Scotts Foreign Office in London, das ein Jahr später entstand, nicht auf der Verwendung minderwertiger Quellen; vielmehr war der Architekt nicht in der Lage, anerkannte Prototypen in eine authentische Ausdrucksform zu verwandeln. Den wichtigsten Begabungen des 19. Jahrhunderts – man denke an Karl Friedrich Schinkel, Henri Labrouste, Henry Hobson Richardson – ging es darum, die *Prinzipien* vergangener Stile zu erproben (also nicht nur einfach diese Stile zu imitieren) und sie dann in ihr eigenes Vokabular zu übertragen. So erreichten sie bei ihren Werken eine erstaunliche künstlerische Einheitlichkeit. Das war ihnen nicht zuletzt deshalb möglich, weil sie einen intuitiven Blick für das besaßen, was den gesellschaftlichen Verhältnissen ihrer Zeit entsprach.

Eine andere Form des Umgangs mit historischen Prototypen war bestimmt durch die Vorliebe für mythische »Ursprünge« und die Annahme, man könne authentische Ergebnisse erzielen, wenn man zu den »Anfängen« zurückkehre. Diese Position, als »Primitivismus« bekannt, spielte in der Mitte des 18. Jahrhunderts eine Rolle, vor allem in den Schriften des Abbé Laugier. Er sah den Beginn der Architektur in einer archetypischen »primitiven Hütte«, aus der sich seiner Meinung nach die kunstvolleren Elemente der klassischen Ordnung entwickelt hatten (Abb.1.2). Man ging davon aus, daß das Einfachere auch das Bessere sei und daß die Form um so authentischer werde, je weiter man zurückginge. Doch Laugiers »Urhütte« fand wenig Zustimmung bei der Altertumsforschung und nicht viel mehr Rückhalt in jenen Texten, die über die Anfänge der Architektur spekuliert hatten. Seine Version des Prototyps spiegelte einen im wesentlichen klassischen Zwiespalt wider. Laugiers Primitivismus mündete allzu schnell in einen Kampf der Stile ein, der lediglich auf einer abstrakten Ebene geführt wurde.

Obwohl Laugiers Ideen weniger fundiert waren, als er selbst behauptete, hatten ähnliche Vorstellungen später großen Einfluß. Laugier glaubte, es gebe in der Architektur keine absoluten Regeln, und lehnte jeden durch Bildung erworbenen Geschmack ab. Seiner Meinung nach gingen die besten Formen auf funktionelle oder konstruktive Anforderungen zurück. Diese Auffassung erhielt zu Beginn des 19. Jahrhunderts neuen Auftrieb in den Schriften von J.N.L. Durand und schlug sich danach in den disziplinierten (wenn auch keineswegs phantasielosen) Arbeiten der Ingenieure nieder. Im extremen Fall führte die Doktrin des sogenannten Rationalismus zu der zweifelhaften Annahme, daß schöne und angemessene Formen sich automatisch ergeben, wenn Probleme »um ihrer selbst willen« und nicht durch den Filter der Vergangenheit analysiert werden. Diese Position enthielt eine Menge von Trugschlüssen, zum Beispiel die Vorstellung, daß Formen allein aus den Notwendigkeiten der Funktion entstehen, ohne daß ein a priori gefaßtes Bild

Die Vorgeschichte der modernen Architektur

dazwischentritt. Immerhin ließ sich dieser Gedanke gegen die launischen Einfälle jener Architekten verwenden, die sich der Inspirationen der Vergangenheit willkürlich bedienten.

Einer der großen Vertreter des »rationalistischen« Standpunkts war in der Mitte des 19. Jahrhunderts Eugène Viollet-le-Duc, ein französischer Theoretiker, der viel zur Idee einer »modernen« Architektur beitrug. Es beunruhigte Viollet-le-Duc, daß das 19. Jahrhundert nicht zu einem eigenen Stil fand. Er glaubte, die Antwort müsse in Formen liegen, die »wahrhaft gegenüber Programm und Konstruktion« seien. Wie diese Wahrhaftigkeit aussehen sollte, erklärte er nicht genau. Seiner (manchmal irrigen) Meinung nach bestanden die hervorragenden Eigenschaften früherer Meisterwerke vor allem darin, daß sie die programmatische und konstruktive »Wahrheit« ihrer Zeit zum Ausdruck brachten. Obwohl er also der vagen Vision einer neuen Architektur anhing, glaubte er, die Vergangenheit könne bei der Entdeckung dieses neuen Stils von Nutzen sein. Viollet-le-Duc stellte sich sogar eine Situation vor, in der einer der Erbauer der großen gotischen Kathedralen wieder zum Leben erweckt und mit einem modernen Bauproblem und modernen Konstruktionsmitteln konfrontiert würde. Seiner Meinung nach wäre das Ergebnis kein imitiertes gotisches Bauwerk gewesen, sondern ein authentisch modernes, das auf analogen intellektuellen Verfahrensweisen beruhte. Die Vergangenheit sollte also nicht wegen ihrer äußeren Effekte geplündert, sondern wegen ihrer Methoden und Prinzipien überprüft werden.

Natürlich hatten die meisten bedeutenden Architekten früherer Zeiten immer gewußt, daß die Vergangenheit von ihren Prinzipien her definiert werden muß. Immerhin wurden sie aber noch von einer vorherrschenden Stilvorstellung geführt, einer gemeinsamen architektonischen Sprache, in die sie ihre Funde einbringen konnten. Viollet-le-Duc zeichnete eine Methode für die intellektuelle Analyse vor, konnte aber noch nicht den Weg zur neuen Form weisen. Seine Phantasie blieb hinter seinem Intellekt zurück, und die wenigen Bauten und Projekte, die er hinterließ, waren unbeholfene Assemblagen alter Vorbilder und moderner Konstruktionsmethoden, die gewöhnlich seine Vorliebe für mittelalterliche Stile widerspiegelten (Abb. 1.3). Bei ihm war wenig von jenem Sinn für die »unausweichliche Einheit« des wahren Stils zu spüren – Teile, die sich mit anderen Teilen in einem geordneten und dennoch intuitiven System verbinden.

Doch wenn auch Viollet-le-Ducs *Formen* wenig dazu beitrugen, das Problem einer modernen Architektur zu lösen, so lebten seine *Ideen* fort. Sie übten einen starken Einfluß auf jene Architekten aus, die zu »Pionieren« der modernen Architektur wurden, vor allem, als sie neuen Konstruktionsmethoden wie dem Stahlbeton oder neuen Bautypen wie den Wolkenkratzern architektonischen Ausdruck zu verleihen suchten. Selbst die neuen Formen des Art Nouveau waren zum Teil von Viollet-le-

Die Idee einer modernen Architektur im 19. Jahrhundert

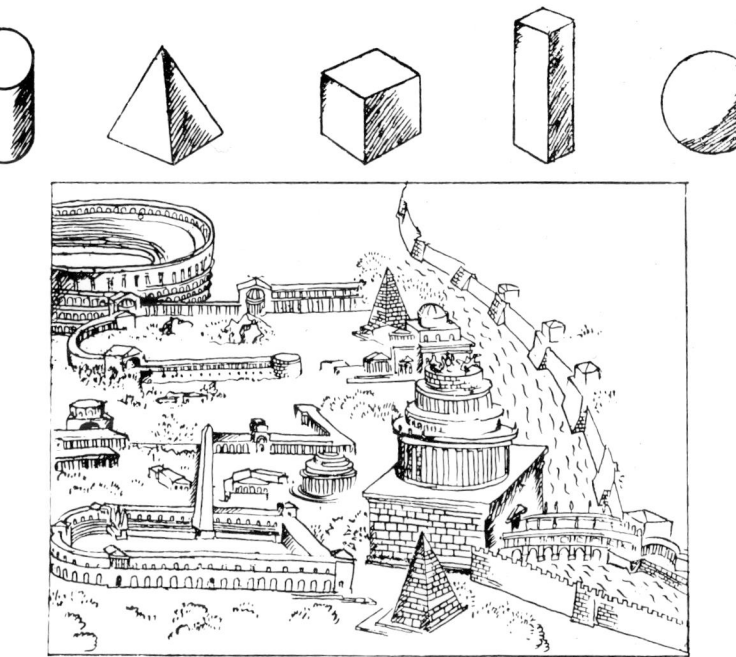

1.3 *(links)* Eugène Viollet-le-Duc, Entwurf für eine Konzerthalle aus Eisen, ca. 1864, aus *Entretiens sur l'architecture*, 1872: Der Versuch, einen Stil auf der Basis neuer Materialien zu formulieren.

1.4 *(oben)* Le Corbusier, Skizze der primären geometrischen Körper mit einer Ansicht des alten Rom, aus *Vers une architecture*, 1923: Abstraktion der fundamentalen Lektionen der Vergangenheit.

Ducs Idealen inspiriert. Er lieferte starke Argumente gegen die schlimmsten Auswüchse der Beaux-Arts-Lehre, die sich häufig (wenn auch nicht immer) in die Richtung des Akademismus verirrte. Außerdem gab er der Idee Auftrieb, daß der große Stil der modernen Zeit sich nicht aus individuellen formalen Experimenten, sondern auf der Grundlage neuer Konstruktionsmethoden entwickeln würde, wie es auch bei den bedeutenden Stilen der Vergangenheit geschehen war. So halfen die historischen Parallelen, die Viollet-le-Duc zog, die Idee einer modernen Architektur zu fördern.

Doch die Frage blieb: Wie sollte diese moderne Architektur aussehen? Woher sollten ihre Formen abgeleitet werden? Es lag auf der Hand, daß die Tradition nicht völlig über Bord geworfen werden konnte, weil es sonst überhaupt keine Formen gegeben hätte; die Idee einer *völlig neuen* Architektur war illusorisch. War es also vielleicht möglich, aus den wichtigsten Lehren früherer Architektur Konsequenzen so zu ziehen, daß eine wirklich neue Kombination entstand? Tatsächlich haben sich später die zwanziger Jahre und die Hauptwerke der Moderne in diesem allgemeineren Sinn auf die Tradition bezogen. Es ist erstaunlich, mit welcher Sicherheit Architekten wie Le Corbusier und Mies van der Rohe davon ausgingen, die eigentlich zentralen, abstrakten Werte der Architektur entdeckt zu haben. Sie waren überzeugt, daß sie weniger einen neuen Stil als vielmehr den Stil als solchen geschaffen hatten – eine Qualität, die allen bedeutenden Werken der Vergangenheit gemeinsam war (Abb. 1.4).

Diese abstrakte Sicht der Architekturgeschichte, die Vorstellung, daß die Bedeutung früherer Bauwerke in ihren Proportionen, ihrer Anordnung, ihrer Betonung formaler Themen lag und nicht in Säulen oder Spitzbögen, konnte sich bis zu einem gewissen Grad auf die Tendenz zur Vereinfachung berufen, die im späten 18. und frühen 19. Jahrhundert vorherrschte. Besonders drastisch wurde die Vergangenheit in den abstrahierenden geometrischen Visionen von Claude-Nicolas Ledoux und Etienne-Louis Boullée neu formuliert. Im späten 19. Jahrhundert wurde die Idee einer universalen Formensprache vor allem von Kunsthistorikern wie Heinrich Wölfflin und Adolf von Hildebrand vertreten, die den literarischen Werten in der Kunst architektonische Qualitäten vorzogen und die vergangene Stile als abstrakte, formale Muster beschrieben. Es ist kein Zufall, daß diese Auffassung der Vergangenheit so eng mit dem Aufkommen der modernen Kunst zusammenhing: Sowohl die neue Sicht auf die Vergangenheit als auch die neuen Raum- und Formenkonzeptionen der Maler und Bildhauer waren wichtige Elemente für die Entstehung der modernen Architektur.

Aber auch andere Faktoren spielten bei der Formulierung einer modernen Architektur eine Rolle – Faktoren, die schon bei zahlreichen Bauwerken der Vergangenheit Bedeutung gehabt hatten. Man denke insbesondere an Analogien zu anderen Realitätsbereichen, die nicht der Architektur angehören, zu den Formen und Vorgängen der Natur oder zu den Formen von Objekten, Bildern und Skulpturen. Peter Collins hat darauf hingewiesen, wie wichtig »technische« und »biologische« Analogien für Theorie und Praxis der Architektur im 19. Jahrhundert waren. In gewisser Weise kann man von einer Mimesis der Architekturformen sprechen: Durch einen Prozeß der Abstraktion können sie Bilder und Bezüge vermitteln. Immer wieder verbirgt sich hinter dem individuellen Stil moderner Architekten eine reiche Welt der Metaphern und Anspielungen.

Als die Architekten der 1890er Jahre und der ersten Dekade des 20. Jahrhunderts nach Formen suchten, die den Zielen einer modernen Architektur entsprachen, bezogen sie sich immer wieder auf Tradition wie auch Natur. Aber sie gingen anders als ihre unmittelbaren Vorgänger vor, denn ihre Methode führte zu einem weitaus höheren Grad der Abstraktion. In dieser Hinsicht stand ihre Suche nach dem Neuen in Verbindung mit den avantgardistischen Entwicklungen der anderen Künste: Man kann sogar behaupten, daß einige der radikalsten Neuerer (man denke besonders an Wright und Perret in diesen beiden Jahrzehnten) im Grunde zugleich Traditionalisten waren. Zwar hofften sie ein Vokabular zu finden, das völlig mit den modernen Mitteln und Verhältnissen übereinstimmte; zugleich wollten sie ihren Werken aber auch eine gewisse Universalität verleihen. Es ging ihnen um eine architektonische Sprache mit der Tiefe, Strenge und breiten Anwendbarkeit der großen vergangenen Stile.

So wurde nicht die Tradition über Bord geworfen, sondern die sklavische, oberflächliche Abhängigkeit von der Tradition. Als »Schurke des Stücks« wurde häufig (und

20 Die Vorgeschichte der modernen Architektur

1.5 Charles Garnier, Oper, Paris 1861: Beaux-Arts-Klassizismus im großen Stil, wie er im frühen 20. Jahrhundert von der Avantgarde verworfen wurde.

1.6 »La Recherche du Style Nouveau«, aus *Revue des Arts Décoratifs,* 1895: Die langsame Fortentwicklung zu einem neuen Stil.

manchmal unfairerweise) die Ecole des Beaux-Arts in Paris identifiziert. Die Ecole galt als Symbol für alles, was überholt und zurückgeblieben war (Abb. 1.5, 1.6). Auch abgesehen von solchen Karikaturen der Akademie müssen die wichtigen Entwicklungen der neunziger Jahre vor einem Hintergrund der Konfusion und Willkürlichkeit gesehen werden. Das Problem des Stils wurde viel diskutiert, aber selten gelöst. Für die jungen Architekten, die Pioniere des Art Nouveau und der neuen Richtungen bis zum Ersten Weltkrieg waren, stellten Autoren wie Viollet-le-Duc immens einflußreiche Katalysatoren dar. In der unmittelbaren Vergangenheit fanden sie nicht viel mehr als gefälligen Eklektizismus. Sie suchten eine neue Richtung, indem sie zu alten Grundlagen zurückkehrten und zugleich neue Inspirationen aufnahmen. Quellen standen ihnen genug zur Verfügung; die Frage war nur, wie sich eine neue Synthese erreichen ließ, die den modernen Lebensbedingungen angemessen war.

2. Die Suche nach neuen Formen und das Problem des Ornaments

»Bedürfnis, Zweck, Construction und Idealismus sind die Urkeime des künstlerischen Lebens.«

Otto Wagner, 1895

Die Anfänge der modernen Architektur lassen sich nicht auf eine bestimmte Zeit, einen Ort oder eine Persönlichkeit festlegen. Dennoch fällt auf, wie viele Strömungen, die sich zum Wert des »Neuen« bekannten, in den 1890er Jahren entstanden. Offenbar machte sich in so verschiedenartigen Städten wie Paris, Berlin, Wien, Brüssel und Chicago eine Reaktion auf abgenutzte soziale, philosophische und ästhetische Vorstellungen bemerkbar. Das »Neue« hatte freilich in jeder Umgebung und vielleicht auch für jeden einzelnen Architekten eine unterschiedliche Bedeutung.

Immerhin gab es auch Bereiche, die sich überschnitten. Nach einer Phase des angeblichen Niedergangs begegnet uns immer wieder das Thema der Erneuerung; immer wieder hören wir den Ruf, ein neuer, moderner Mensch möge entstehen, dessen Charakter die Avantgarde am besten kennt. Setzt man also die Fragmente der Architekturszene vor dem Ersten Weltkrieg zu einem Bild zusammen, so muß man auch den lokalen Kontext und die individuellen Absichten der Architekten bei ihren Beiträgen zu einer neuen Tradition berücksichtigen. Wir haben es hier nicht mit einer einzigen geradlinigen Entwicklung zu tun, sondern mit vielen Experimenten, die auf eine spätere Übereinstimmung hinzielen.

Da der Akzent auf Formen und nicht nur Ideen oder Techniken liegt, scheint es angebracht, mit dem Art Nouveau zu beginnen. Das entspricht Hitchcocks Einschätzung, der Art Nouveau habe »das erste internationale Programm für eine grundlegende Erneuerung geboten, die das 19. Jahrhundert zu verwirklichen begann.« Er stellte »im Grunde die erste Phase der modernen Architektur in Europa dar«, wenn man unter moderner Architektur vor allem die völlige Ablehnung des Historismus versteht. Aber wenn die Künstler des Art Nouveau den Historismus verwarfen, so konnten sie doch nicht ganz auf die Tradition verzichten; auch wer neue Formen zu schaffen sucht, hängt in gewissem Maße von alten ab. Die Behauptung, die eine oder andere Strömung sei »neu«, meint in Wirklichkeit häufig, daß sie nicht mehr auf jüngere und naheliegende Traditionen zurückgreift, sondern auf zeitlich oder örtlich entfernter liegende.

Dennoch läßt sich unterscheiden zwischen Neuerungen, die nur die Voraussetzungen einer bestehenden Tradition erweitern, und radikalen Durchbrüchen. Der Art Nouveau gehörte der letzteren Kategorie an und verkörperte eine starke Reaktion auf den kraftlosen Beaux-Arts-Klassizismus, wie er in den siebziger und achtziger Jahren des vorigen Jahrhunderts allgemein praktiziert wurde. So stellte der Art Nouveau eine wichtige Phase in der intellektuellen und stilistischen Emanzipation der modernen Architektur dar. Doch der Weg von der kurvenreichen Abstraktion des Art Nouveau zu den nackten, weißen, geometrischen Bauten der zwanziger Jahre war weder einfach noch geradlinig.

In der Architektur fiel die produktivste Zeit des Art Nouveau in die Jahre zwischen 1893 und etwa 1905 – wenig mehr als ein Jahrzehnt. Die Anfänge dieses Stils werden unterschiedlich datiert. Umstritten ist die These, daß er zum erstenmal in der Graphik und den dekorativen Künsten auftauchte. Pevsner spricht von einem Beginn in England in den frühen achtziger Jahren.

»Wenn die lange, sensitive Kurve, die bald an den Stengel einer Lilie erinnert, bald an den Fühler eines Insekts, die Staubfäden einer Blüte oder hin und wieder an eine steil aufschießende Flamme – diese wellige Kurve, die fließend und unregelmäßig alle vorhandenen Oberflächen bedeckt, als Leitmotiv des Jugendstils betrachtet werden darf, dann muß als erstes Beispiel Arthur H. Mackmurdos Titelblatt zu seinem Werk über Wrens Kirchen in der Londoner City genannt werden, das 1883 veröffentlicht wurde.«

Dies ist natürlich aus späterer Erkenntnis heraus geschrieben worden: Mackmurdos Entwurf wäre als marginaler Versuch abgetan worden, der auf bestimmte Arabesken der Präraffaeliten, auf die linearen Muster William Blakes und auf John Ruskins starkes Interesse an Naturformen zurückging, hätte sich nicht anschließend eine allgemeine Vorliebe für jene formalen Qualitäten entwickelt, die Pevsner beschrieb. Es gibt wenig Anhaltspunkte dafür, daß Mackmurdos Entwurf der Beginn einer folgerichtigen Entwicklung war. Er belegt vielmehr sehr früh eine allgemeine Veränderung der Sensibilität in den achtziger Jahren, die auch in so unterschiedlichen Beispielen wie den ornamentalen Entwürfen von Louis Sullivan, Antoni Gaudí und William Burges, den melancholischen erotischen Zeichnungen von Aubrey Beardsley (Abb. 2.1) oder den symbolistischen Bildern von Paul Gauguin und Maurice Denis deutlich wurde. Eine Konsolidierung trat erst in den frühen 1890er Jahren ein, vor allem in Brüssel im Werk von Fernand Khnopff, Jan Toorop und einer als Les XX bekannten Malergruppe. Die Architektur Victor Hortas schien eine dreidimensionale Entsprechung zu den linearen zweidimensionalen Erfindungen der Maler zu liefern.

Im Rückblick wirkt Hortas Durchbruch so revolutionär, daß es irritiert, so wenig über seine frühere Entwicklung zu wissen. Er wurde 1861 in Gent geboren, studierte Kunst an der dortigen Akademie, arbeitete im Atelier eines Künstlers namens Jules Debuysson in Paris, trat in die Ecole des Beaux-Arts in Brüssel ein und wurde schließlich Zeichner bei dem wenig bedeutenden klassizistischen Architekten Alphonse Balat. In der Mitte der achtziger Jahre entwarf er einige unwichtige Häuser in Gent. Dann entstand 1892–93 das Hôtel Tassel, ein selbstsicheres Bauwerk, bei dem eine Synthese von Architektur und dekorativen Künsten gelang und neue formale Prinzipien auftraten.

Sie fanden sich weniger in der relativ nüchternen Fassade mit ihrer vorgewölbten zentralen Partie, der zurückhaltenden Verwendung von Naturstein und dem diskret offengelegten Eisenträger, sondern in dem großzügigen Treppenhaus (Abb.2.3). Neu waren vor allem der freie Ausdruck der Metallkonstruktion und die rankenähnlichen Ornamente, die sich in den vegetabilen Formen der Geländer, Tapeten und Bodenmosaike fortsetzten. Die offene Verwendung eines modernen Materials wie auch die von Naturformen inspirierten Metallornamente lassen an Viollet-le-Ducs Versuche mit Eisen denken (Abb. 2.2), während die betonten Wachstums- und Spannungseffekte an das zeitgenössische Interesse für »Einfühlung« und die Faszination organischer Analogien erinnert.

Offenbar kannte Horta Voyseys Tapetenentwürfe und vielleicht sogar Owen Jones' *Grammar of Ornament* (1856); jedenfalls hatte er wohl ein Gefühl für frische und zugleich exotische natürliche Formen. So war die erste überzeugende Äußerung des neuen Stils eine Synthese der Anregungen aus der Arts-and-Crafts-Bewegung, der konstruktiven Prinzipien des französischen

2.1 Aubrey Beardsley, *Toilette der Salome II*, 1894. Zeichnung, 22,2 x 16 cm, London, British Museum.

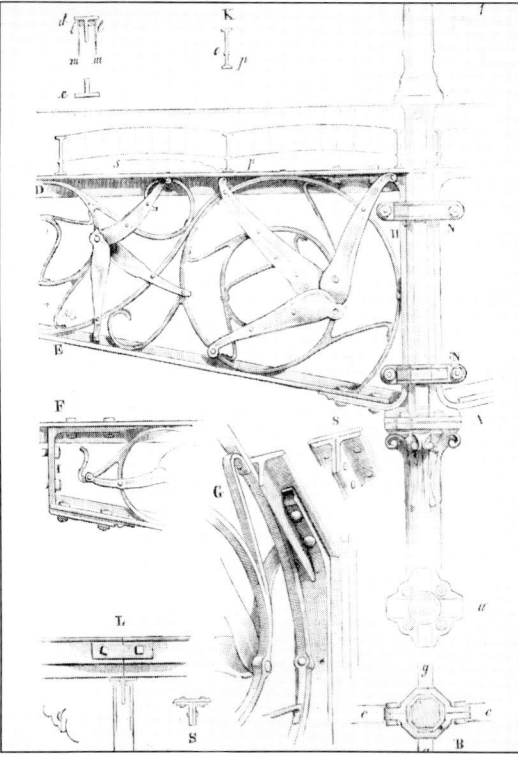

2.2 Eugène Viollet-le-Duc, Entwurf für schmiedeeiserne Verbindungen, aus *Entretiens sur l'architecture*, 1872.

Die Suche nach neuen Formen und das Problem des Ornaments

2.3 Victor Horta, Hôtel Tassel, Brüssel, 1892–93, Treppenhaus.

24 Die Vorgeschichte der modernen Architektur

Rationalismus und der von der Natur hergeleiteten Formen und Strukturen.

Bei einer Reihe weiterer Stadthäuser, die er in den 1890er Jahren in Brüssel errichtete, erweiterte Horta sein Stilrepertoire. Diese Häuser beschworen eine nach innen gerichtete Welt herauf. Sie bildeten Szenarios für die wohlhabende, urbane Klientel des Fin de siècle, die sich exotischen Geschmack und feinsinnigen Ästhetizismus leisten konnte. Für die Einstimmung sorgten geräumige Eingangshallen und lange Durchblicke zu Speiseräumen und Wintergärten, die Kontraste von farbigem Glas, Seidenstoffen, Gold, Bronze und freiliegendem Metall und die leicht dekadenten vegetabilen Formen. Dennoch waren Hortas Bauten nie rein theatralisch inszeniert, sondern beruhten stets auf einer straffen inneren Ordnung. Die Abfolge der Räume von den Eingangshallen ins Treppenhaus hinauf und über die Galerien hinweg war exakt orchestriert. Bei dem meisterhaften Hôtel Solvay von 1895 konnte Horta seinen neu gefundenen Stil in allen Bereichen des Entwurfs anwenden, vom Raumfluß des Inneren bis zur Behandlung der Fassade, die lineare Ornamente trug.

Horta war sich zwar über die luxuriöse Lebensweise seiner Bauherren im klaren, aber seine sozialen Interessen und seine Ausdrucksskala blieben nicht auf diese Klasse beschränkt. Das wird am Maison du Peuple von 1896–98 deutlich, das in Brüssel als Hauptquartier der belgischen Sozialistenpartei errichtet wurde. Das Grundstück war schwierig, es erstreckte sich um das Segment eines kreisförmigen Platzraumes und zum Teil an zwei radialen Straßen entlang. An der Fassade waren konvexe und konkave Kurven kombiniert; der Haupteingang lag an einer der kürzeren konvexen Stellen. Das offen gezeigte Eisenskelett war ebenso »radikal« wie Sullivans gleichzeitige Wolkenkratzer in Chicago (wo die Konstruktion gewöhnlich hinter einer Terrakotta-Verkleidung verborgen blieb). Hortas Lösung war zweifellos von Ingenieurbauten des 19. Jahrhunderts wie Bahnhofshallen und Ausstellungsgebäuden inspiriert; aber die Wahl der Materialien und die Belichtung des Inneren durch eingesetzte Glasflächen hatten offenbar auch moralische Gründe, die mit der Institution zusammenhingen:

> »Es war ein interessanter Bauauftrag, das sah ich gleich – einen Palast zu bauen, der kein Palast sein sollte, sondern ein ›Haus‹, dessen Luxus in dem Licht und der Luft bestand, die der Arbeiterklasse in den Elendsquartieren so lange gefehlt hatten...«

Die Integration von Material, Konstruktion und Ausdruck war im Inneren noch besser gelungen, vor allem bei dem Hauptsaal im Obergeschoß des Bauwerks, dessen Dach eine Art Kragarm-System in Stahl bildete (Abb.2.4). Seitenwände und Fenster waren auf dünne Ausfachungen reduziert. So entstand eine organische Einheit, bei der die Ornamentierung und die visuelle Betonung der Konstruktion eng zusammenwirkten. Die Deckenelemente

Die Suche nach neuen Formen und das Problem des Ornaments 25

2.4 *(oben)* Victor Horta, Maison du Peuple, Brüssel, 1896–98, Ansicht des Saales.

2.5 *(links)* Henry van de Velde, Möbelentwürfe für Haus Bloemenwerf, 1895. An der Wand *Engelswache,* eine Applikations-Stickerei des Künstlers (Zürich, Kunstgewerbemuseum).

waren gewellt, um die Nachhallzeiten zu beeinflussen, und eine von den Dachträgern abgehängte Doppelgalerie nahm die Heizungsröhren auf. So war dieser »Attika«-Bereich trotz seines phantastischen Charakters von praktischen Anforderungen geprägt. Der Architekt selbst gab die Meinung eines Betrachters wieder:

»Was für ein Phantast dieser Architekt ist – er muß seine wechselnden Linien und Kurven haben – aber dann ist er wirklich ein ›Meister‹...Doch ich sage aufgebracht: ›Sie Idiot, sehen Sie nicht, daß alles von der Architektur als Konstruktion ausgeht und dem Programm bis zur Aufopferung getreulich entspricht?‹«

Bei einem weiteren großen Projekt, dem Kaufhaus Innovation in Brüssel von 1901, setzte Horta seine Experimente mit Eisen und Stahl fort. Diese Materialien erschienen hier angemessen, weil sie große innere Spannweiten und breite Öffnungen ermöglichten. Die Komposition der Fassade ging wiederum über solche praktischen Erwägungen hinaus: Dünne Paneele und große Glasflächen verliehen dem relativ neuen Gebäudetypus ein progressives Image.

Horta war weitere dreißig Jahre in Brüssel tätig, erreichte aber nur noch selten die Frische seiner frühesten Experimente. Der belgische Künstler, der die neue architektonische Sprache weit ins 20. Jahrhundert hinein fortführte, war Henry van de Velde. Er hatte offenbar stärkere theoretische Interessen als Horta und wandte sich einer breiteren Skala von Aktivitäten zu. Van de Velde, Sohn eines Chemikers und Apothekers aus Antwerpen, wurde Maler und war besonders von den Impressionisten, den sozial-realistischen Werken Millets und schließlich von den Bildern Gauguins inspiriert. In den neunziger Jahren entwickelte er unter dem Einfluß der Theorien von William Morris eine Vorliebe für das Kunsthandwerk, dem er sich fortan widmete. Viollet-le-Duc war wichtig für einen Zweig des Art Nouveau gewesen, weil er einen neuen Stil gefördert hatte, der auf dem direkten Ausdruck der konstruktiven Möglichkeiten neuer Materialien wie Eisen beruhte. Morris dagegen spielte eine bedeutende Rolle, weil er das Ideal der ästhetischen und moralischen Qualität für alle Gegenstände des täglichen Gebrauchs formuliert hatte. Bald zählte zu den Zielen der Art-Nouveau-Künstler (man spürt es bereits bei Hortas Häusern) jenes »Gesamtkunstwerk«, in dem jeder Beleuchtungskörper den gleichen ästhetischen Charakter aufweisen sollte wie das gesamte Bauwerk.

1894–95 entwarf van de Velde sein eigenes Haus in Uccle bei Brüssel, für das er selbst die Möbel schuf. Seine Stuhlentwürfe zeugen von seinem Interesse an expressiven, organischen Konstruktionen: Dynamische Kräfte sollten die Funktionen der einzelnen Elemente betonen und den Stühlen einen bewußt vitalen oder anthropomorphen Charakter verleihen (Abb.2.5). Van de Velde machte einen Unterschied zwischen Ornamentierung und Ornament. Die Ornamentierung war seiner Ansicht nach nur appliziert, das Ornament dagegen ein Mittel, die inneren Konstruktionskräfte oder die funktionelle Identität der Form zum Ausdruck zu bringen. Diese Auseinandersetzung mit dem freien Ausdruck von Konstruktion und Funktion brachte ihn bei seinem Friseursalon Haby in Berlin (1901) dazu, Wasser-, Gas- und Elektroleitungen offenzulegen. Van de Velde bewunderte die Leistungen der Maschine in der Massenproduktion, solange der Handwerker, von dem der Prototyp stammte, die Kontrolle über die Qualität behielt. Seiner Ansicht nach mußte immer ein subjektives künstlerisches Element vorhanden sein, wenn Banalität vermieden werden sollte. Der französische Kritiker Edmond de Goncourt prägte den Ausdruck »yachting style«, als er van de Veldes Entwürfe bei ihrer ersten Vorstellung in Paris charakterisierte. Der Künstler selbst behauptete, seine Mittel seien »dieselben wie die der ganz frühen und volkstümlichen Epochen des Kunstgewerbes...nur, weil ich begreife oder bewundere, wie einfach und logisch und schön der Bau eines Schiffes, eines Gerüstes, eines Wagens oder eines Schubkarrens ist, (bin ich befähigt), einigen gesund gebliebenen Menschen zu Gefallen zu arbeiten..., aus einer Logik, die bedingungslos und ohne Zaudern dem Zwecke nachgeht; und aus einer rückhaltlosen Offenheit in Bezug auf die angewandten Mittel.«

Van de Velde war Sozialist und hoffte, daß die industrielle Serienproduktion seiner Objekte breiten Bevölkerungsschichten visuelle Qualität zugänglich machen würde. Seine architektonischen Absichtserklärungen blieben dennoch einem erlesenen Kreis von Bauherren vorbehalten. Bei dem Kölner Werkbundtheater von 1914 versuchte er, seine Version eines Gemeinschaftsgebäudes zu schaffen und allgemein anerkannte soziale Werte auszudrücken. Aber sein »Gesamtkunstwerk« erreichte nur die kultivierte Elite.

Trotzdem zeigte es sich bald, daß der Art Nouveau nicht nur eine avantgardistische Erfindung war. Der Stil wurde schnell popularisiert, in der Graphik, im Industriedesign, bei Glaswaren, Möbeln, Schmuck und sogar bei der Bekleidung. Die schnelle Verbreitung dieser Ideen wurde von Zeitschriften wie *The Studio* gefördert, die großen Einfluß auf die Mode hatten, aber auch durch die kommerziellen Pioniertaten von Männern wie Samuel Bing, der 1895 in Paris an der Rue de Provence ein Geschäft für moderne Kunst mit dem Namen »L'Art Nouveau« eröffnete. Bing und der deutsche Kunstkritiker Julius Meier-Graefe hatten van de Veldes Haus in Uccle entdeckt und luden den Künstler ein, einige Räume für das Geschäft zu gestalten. Die Mode verbreitete sich schnell. Zu denen, die sich davon beeinflussen ließen, gehörten Glaskünstler wie Emile Gallé und Architekten wie Hector Guimard. In New York entwarf in dieser Zeit Louis Comfort Tiffany Gläser mit delikaten vegetabilen Formen und üppigen Farbeffekten. Er hatte diesen Stil freilich unabhängig entwickelt, was der Vorstellung Gewicht verlieh, hier sei endlich die wahre Ausdrucksform des Zeitgeistes gefunden worden. Triumphe feierte der neue Stil auf der Pariser Ausstellung von 1900 und der Turiner Ausstellung von 1902, bei denen »Art Nouveau«, »Jugendstil« oder »Stile Liberty« (unter diesen verschiedenen Bezeichnungen trat er auf) vorherrschte. Um die Jahrhundertwende hatte der Art Nouveau also internationalen Charakter angenommen. Er wies, so schien es, einen Weg aus dem unendlichen Wirrwarr eklektizistischer Stile und reflektierte die exotischen, manchmal eskapistischen und manchmal fortschrittsgläubigen Vorstellungen des Fin de siècle. Der italienische Kritiker Silvius Paoletti schrieb über die Turiner Ausstellung:

> »Anstelle erbarmungsloser Autorität und kalter, königlicher Pracht, überfrachteter oder dekorloser Ausstellungsobjekte finden wir sensibles, intimes Raffinement, frische, freie Gedanken, einen subtilen Enthusiasmus für neue und fortdauernde Empfindungen. Alle Aktivitäten des Menschen sind komplexer, schneller, intensiver und führen zu neuen Reizen, neuen Horizonten, neuen Höhen. Und die Kunst hat neue Stimmen, neue Ziele und strahlt in einem völlig neuen Licht.«

Ein Ideal des Art Nouveau war das handwerklich perfekt gestaltete, einheitliche Interieur. Doch der Stil bot auch sehr viel breitere Anwendungsmöglichkeiten. Am bekanntesten sind wohl Hector Guimards Entwürfe für die Pariser Métro von 1900 (Abb. 2.6). Die von der Natur inspirierten Formen der Eingänge wurden in Massenproduktion aus Gußeisen hergestellt. Wie Horta hatte Guimard die Akademie absolviert; von 1885 bis in die frühen neunziger Jahre besuchte er die Ecole des Beaux-Arts. Schon an der Ecole des Arts Décoratifs war er mit Viollet-le-Ducs gotischem Rationalismus bekannt geworden, den er damals auf höchst persönliche Weise neu zu interpretieren suchte. Ein weiterer wichtiger Einfluß war die englische Arts-and-Crafts-Bewegung, die er bei Aufenthalten in England und Schottland in den 1890er Jahren studierte. Ein Besuch bei Horta vermittelte ihm dann die entscheidenden Impulse.

Guimard begann seine Experimente mit dem neuen Stil bei seinem Entwurf für ein exklusives Mietsgebäude, das Castel Béranger, Rue la Fontaine, in dem neu erschlossenen 16ème Arrondissement. Die Eingangsdetails und der Dekor waren hier freilich isolierte Art-Nouveau-Elemente eines sonst in sich widersprüchlichen Entwurfs. Ein Jahrzehnt später, bei einem sehr viel kleineren Projekt, der nahegelegenen Villa Flore (Abb. 2.7), gelang es Guimard, dem ganzen Gebäude den Charakter fruchtartig schwellenden natürlichen Wachstums zu verleihen und Ziegelflächen wie Eisendetails so zu gestalten, daß sie einem einzigen ästhetischen Impuls zu gehorchen schienen. Der Grundriß mit seinen geschmeidigen Verbindungen zwischen ovalen Formen und diagonalen Achsen läßt vermuten, daß Guimard sich mit den ausgeklügelten Lösungen der auf engen Stadtgrundstücken errichteten Pariser Hôtels des 18. Jahrhun-

derts beschäftigt hat. Vielleicht gehören auch die kurvenlinearen Spielereien des Rokoko zu den Quellen des Art-Nouveau-Ornaments.

Bei den bedeutenden Architekten war der Art Nouveau allerdings weit mehr als ein Wandel des architektonischen Gewandes, weit mehr als ein neues Dekorationssystem. In den besten Werken Hortas, Guimards und van de Veldes wurden die Anatomie und der räumliche Charakter der Architektur fundamental verändert. Ihre Formen waren gewöhnlich beherrscht von funktionaler Disziplin und von der rationalistischen Tendenz, Konstruktion und Material zum Ausdruck zu bringen. Außerdem versuchte jeder Künstler auf seine Weise, eine soziale Vision zu realisieren und die Institutionen, für die er baute, ins rechte Licht zu rücken.

Ähnliches trifft auch auf den katalanischen Architekten Antoni Gaudí zu, dessen Originalität und Eigenwilligkeit sich aber nur lose mit den Idealen des Art Nouveau verknüpfen lassen. Überhaupt muß man sich davor hüten, die historische Abstraktion zu weit zu treiben. Eine Stilphase in der Architektur ist so etwas wie eine breite Basis für gemeinsame Motive, Ausdrucksformen und Themen, von der vielfältige persönliche Idiome ausgehen können.

Gaudí wurde 1852 geboren und starb 1926. Seine frühesten Entwürfe gehen auf die siebziger Jahre zurück und zeugen von seiner Abneigung gegen den vorherrschenden Second-Empire-Stil und seiner Tendenz zur Neugotik. Er war fasziniert von Ruskins Schriften, und seine frühen Werke sind deutlich vom Mittelalter inspiriert. Aber schon bald traten jene bizarren Elemente auf,

Die Suche nach neuen Formen und das Problem des Ornaments

2.6 *(links)*
Hector Guimard,
Métro-Station,
Paris, 1900.

2.7 *(unten)*
Hector Guimard,
Villa Flore,
Paris, 1909.

2.8 *(rechts)*
Antoni Gaudí,
Kirche Sagrada
Família, Barcelona,
1884–1925,
Fassade des
Querschiffs.

28 Die Vorgeschichte der modernen Architektur

die seinen sehr persönlichen Stil nach der Jahrhundertwende kennzeichneten. Beim Palau Güell (1885–89) nahmen die Innenräume einen nahezu klerikalen Charakter an, während die Fassaden mit wellenförmigen Eisenarbeiten dekoriert waren, die Hortas Experimente in Brüssel um einige Jahre vorwegnahmen. Wie bei Guimard ging also auch Gaudís Stil zum Teil auf eine Abstrahierung mittelalterlicher Formen zurück. Gaudí wandelte diese Vorbilder phantasievoll in seine eigene Formensprache um. Er war selbst fasziniert von der Vorstellung, einen wahrhaft katalanischen »Regionalstil« zu schaffen.

Im Jahre 1884 erhielt er den Auftrag, Francisco del Villars Projekt für den Sühnetempel der Heiligen Familie (»Sagrada Familia«) in Barcelona fortzuführen (Abb.2.8). Die Krypta folgte Villars Entwurf, der auf gotischen Quellen des 13. und 14. Jahrhunderts fußte. Die untersten sichtbaren Bereiche wurden 1893 nach Gaudís Plänen in einem gotischen Übergangsstil vollendet. Wenn man dann die verschiedenen Bauphasen bis zur Fertigstellung der Vierung nach oben hin verfolgt, erkennt man, wie sich Gaudí nach und nach zu einem der eigenwilligsten und merkwürdigsten Architekten der letzten zweihundert Jahre entwickelte. Elemente, die eine vage Verwandtschaft mit dem Art Nouveau aufweisen, weichen schließlich einer Sprache der reinen Phantasie, die an Gewächse und Kreaturen aus dem Reich des Traumes erinnert. Diese surrealen Schöpfungen waren freilich nicht völlig ohne Vorbild, denn Gaudí (der kurze Zeit in Nordafrika arbeitete) kannte offenbar die Lehmbauten

Die Suche nach neuen Formen und das Problem des Ornaments 29

2.9 *(links außen)*
Antoni Gaudí,
Konstruktionsmodell
aus Draht
für die Kapelle
der Colonia Güell,
1898-1900.

2.10 *(links)*
Antoni Gaudí,
Casa Batlló,
Barcelona, 1905–07.

2.11 *(rechts)*
Antoni Gaudí,
Casa Milá,
Barcelona, 1905–07,
Schornsteine.

2.12 *(unten rechts)*
Antoni Gaudí,
Casa Milá, Barcelona,
1905–07, Detail
der Fassade im
Erdgeschoß.

der Berber mit ihren von der Natur inspirierten Formen und ihrer eigenartigen, von animistischen Vorstellungen geprägten Bildwelt.

Gaudís Kunst vereint das Phantastische und das Praktische, das Subjektive und das Wissenschaftliche, das Geistige und das Materielle. Seine Formen waren niemals willkürlich, sondern wurzelten in Prinzipien der Konstruktion und in einer privaten Welt gesellschaftlicher und emblematischer Bedeutungen. Die Sagrada Familia und Entwürfe wie der für die Krypta von Santa Coloma de Cervelló (begonnen 1898) beruhen auf der Optimierung konstruktiver Kräfte, die den Architekten zu Variationen über parabolische Formen führte. Gaudí war also in weit stärkerem Maße »Rationalist«, als es sein Werk auf den ersten Blick vermuten läßt. Aber auch diese Bezeichnung wird ihm nicht gerecht. Gaudí war tief religiös und glaubte, in den materiellen Qualitäten der Architektur müsse sich eine geistige Ordnung offenbaren. Er erkannte diese Ordnung in den Strukturen der Natur, die er als direkte Spiegelung des Göttlichen ansah. Die »Gesetze« der Strukturen waren nicht bloße materialistische physikalische Gesetze, sondern legten Zeugnis vom Schöpfer ab. Vor allem die Parabel in der Schönheit ihrer Ökonomie wurde zum Emblem des Sakralen (Abb.2.9).

So war Gaudís Vokabular von einem Symbolismus geprägt, der von den neugotischen Einflüssen seiner Jugendzeit ausging. Sein Pantheismus erstreckte sich wie bei Ruskin von den kleinsten mineralogischen Wundern bis zu den stärksten Naturgewalten. Gaudí abstrahierte diese Elemente der Natur und brachte sie in einer mit Metaphern und Assoziationen befrachteten Sprache zum Ausdruck. Es überrascht nicht, daß die surrealistische Generation der zwanziger Jahre (insbesondere sein katalanischer Landsmann Salvador Dalí) so fasziniert von seinem Werk war. Denn in Gaudís bizarrsten Schöpfungen offenbaren sich tiefe psychische Kräfte und irrationale, phantastische Gedankenmuster.

Gaudís völlig individueller Spätstil manifestierte sich zum erstenmal in dem Entwurf für den Park Güell, der zwischen 1900 und 1911 ausgeführt wurde. An Tierleiber erinnernde Bänke mit eingelegten Mosaiken aus farbigen Fliesen markieren die Ränder der abgestuften Terrassen, die einen Ausblick über die Stadt bieten. Treppen fließen wie Lava, und unheimliche Grotten lassen an finstere Lichtungen in einem unterirdischen Wald denken.

Gaudís wichtigste Profanbauten entstanden zur gleichen Zeit wie der Park, beginnend mit der Casa Battló von 1905–07, dem Umbau eines Mietshauses (Abb. 2.10). Hier kann man sich einen regelrechten Sport daraus machen, Analogien zu entdecken (und hat es auch getan). Einige Kritiker wiesen auf maritime Bildwelten wie Wellen, Korallen, Fischgräten und aufgerissene Rachen hin, während andere das drachenähnliche Dach und seine mögliche religiöse Bedeutung als Allegorie von Gut und Böse kommentierten. Ob solche Analogien Gaudís Absichten nahekommen, werden wir wohl nie erfahren. Immerhin machen sie deutlich, wie stark die

30   Die Vorgeschichte der modernen Architektur

Formen des Architekten auf die Vorstellungskraft wirken.

Bei der Casa Milá von 1905–07 wurden schwingende Kurven nicht lediglich plastisch auf die Fassade appliziert (Abb. 2.12), sondern auch auf Grundriß und Innenräume übertragen. Die Fassade mit ihren tief eingeschnittenen, überhängenden Fensterbrüstungen scheint in ständiger Bewegung. Auch hier werden wieder Assoziationen an Wellen und Klippen heraufbeschworen. (Das Gebäude war im Volksmund als »La Pedrera« bekannt – der Steinbruch.) Doch handelt es sich um einen Naturalismus, der durch die kompliziertesten Ornamente und Steinmetzarbeiten erreicht wurde. Die Strukturen der Brüstungen vermitteln den Eindruck, als seien diese Formen im Laufe der Jahre durch einen allmählichen Erosionsprozeß entstanden. Gaudís Bauten waren so bizarr, daß sie sich jeder Nachahmung entzogen (Abb. 2.11). Deshalb konnte sein Stil sich nicht zu einer lokalen Tradition entwickeln.

Im ersten Jahrzehnt dieses Jahrhunderts warf man dem Art Nouveau vor, seine Ideen hingen zu stark von der subjektiven Haltung der Künstler ab und eigneten sich wenig für Prototypen der standardisierten Massenfabrikation. Diese Kritik muß jedoch mit einigen Einschränkungen versehen werden. Sowohl Guimard als auch van de Velde waren, wie schon erwähnt, durchaus in der Lage, visuell einprägsame Modelle für die Serienherstellung zu entwerfen. Außerdem ließ sich der Art Nouveau gut für Massendrucke wie etwa Plakate verwenden, so daß er zu einem populären, leicht konsumierbaren Stil wurde. Um die Jahrhundertwende war er bereits in viele Provinzzentren vorgedrungen, die ihre eigenen regionalen Beiträge leisteten. Dennoch gab es Widerstände. In England zum Beispiel wurde der Art Nouveau mißtrauisch als dekadente Abkehr von den nüchternen Zielen der Arts-and-Crafts-Bewegung betrachtet. In Schottland schuf dagegen ein weiterer Künstler, der sich in keine Kategorie einordnen läßt, der Glasgower Architekt Charles Rennie Mackintosh, einen außerordentlich originellen, dem Art Nouveau verwandten Stil.

Mackintosh ist in diesem Zusammenhang nicht nur wegen seiner erfindungsreichen eigenen Entwürfe von Bedeutung, vor allem seiner Kunstschule in Glasgow (1897–1909), sondern weil er den Weg über den Art Nouveau hinaus zu einer strengeren Ausdrucksform wies, bei der die großzügige Anordnung einfacher Baukörper und die Abfolge dynamischer Räume im Vordergrund standen. Seine Handschrift entwickelte sich unabhängig von Horta, war aber von annähernd ähnlichen Quellen beeinflußt. Zum erstenmal zeigte sie sich bei der Ausstattung von Miss Kate Cranstons Teesalons in Glasgow (1897–98). Diese Entwürfe waren linear, abstrakt und mit gälischem Symbolismus und keltischen Anspielungen befrachtet. Es überrascht nicht, daß für Mackintosh und seinen Kreis (darunter seine Frau) die Bezeichnung »Spukschule« geprägt wurde. Im Jahre 1897 gewann er den Wettbewerb für die neue Kunstschule in Glasgow. Das Gebäude sollte auf einem außerordentlich steil abfallenden Gelände errichtet werden. Es lag nahe, die' Hauptfassade an den höchstgelegenen Teil des Grundstücks zu plazieren (Abb. 2.13) und von dort die Innenräume zu erschließen. Auch das Programm war anspruchsvoll: Zu den erwünschten Funktionen zählten mehrere Ateliers, ein Vortragssaal, eine Bibliothek und ein Raum mit Privatatelier für den Direktor sowie Bereiche für Ausstellungen und eine Sammlung von Abgüssen.

Mackintosh löste diese Probleme, indem er zwei Reihen Ateliers an die Nordseite zur Renfrew Street (den höchstgelegenen Teil des Geländes) legte. Weitere Ateliers, die Anatomieschule, die Aktklasse, die Architekturschule und die Entwurfsklassen waren an der Ost- und Westseite angeordnet. Büro und Atelier des Direktors lagen über dem Eingang, während das Museum an der Rückseite untergebracht wurde, auf der oberen Ebene,

2.13 Charles Rennie Mackintosh, Kunstschule, Glasgow, 1897–1909, Fassade.

Die Suche nach neuen Formen und das Problem des Ornaments 31

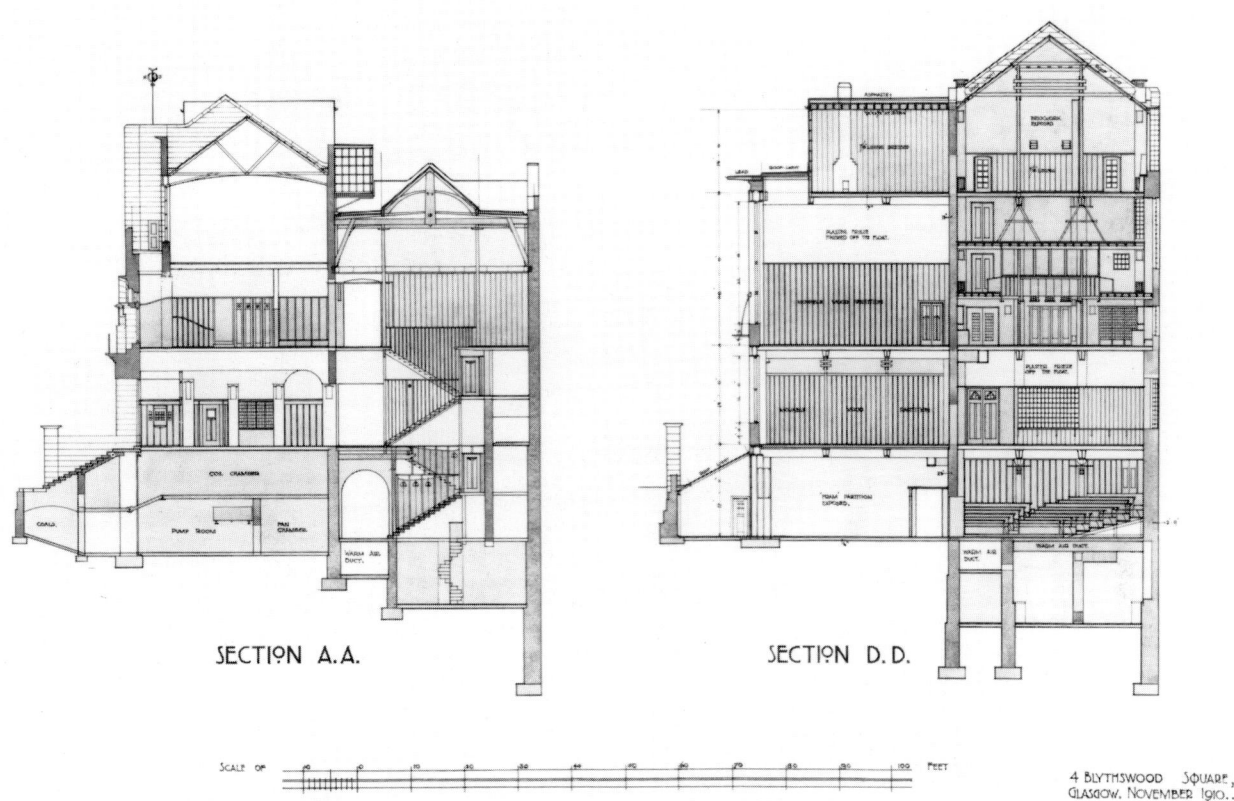

2.14 Charles Rennie Mackintosh, Kunstschule, Glasgow, 1897–1909, Schnitte.

damit es Oberlicht erhalten konnte. Die Komplexität des Projekts ergab sich aus der Abfolge unterschiedlich großer Räume und der Ausnutzung wechselnder Lichtqualitäten, aus den geschickten Überschneidungen der Räume im Schnitt (Abb. 2.14) und aus der Anordnung der Treppen, Korridore und Ausstellungsräume, die einen kontinuierlichen Raumfluß schuf. Die inneren Bewegungsabläufe waren zum Teil auch an der Dynamik der äußeren Formen ablesbar. So stellte sich die Nordfassade als subtile Mischung von Symmetrie und Asymmetrie dar. Die großen oberen Fenster der Hauptateliers waren in strenge, massive Mauervolumen eingeschnitten. Der Eingang, über dem das zurückgesetzte Atelier des Direktors lag, war durch einen Bogen und charakteristische Motive markiert. An den Seitenfronten fiel der Bau zum unteren Teil des Grundstücks in behutsam artikulierten Steinflächen ab und erinnerte (unter anderem) an Mackintoshs Vorliebe für das regionale Bauernhaus und schottische Adelssitze. Die Eisenarbeiten der Geländer und der Reinigungskonsolen vor den Hauptfenstern zeigen in ihrer Abstrahierung natürlicher Motive eine lose Verwandtschaft zum Art Nouveau. Doch wie das Gebäude als Ganzes stellen sich auch diese Details weniger in kraftlosen Kurven dar als in straffer plastischer Disziplin (Abb. 2.15).

Diese Eigenschaft kennzeichnet auch den Bibliotheksflügel der Schule (entworfen um 1908). Den eingeschnittenen und hervortretenden abstrakten Formen und den vertikalen Fenstergruppen des Äußeren (Farbtafel I) entspricht ein rechtwinklig miteinander verklammertes Holzgerüst im Inneren der Lesesäle. Die vertikalen Proportionen erinnern an Art Nouveau, aber die archaische Einfachheit und Rechtwinkligkeit deutet auf eine neue Richtung hin.

Es ist verständlich, daß Pevsner den Innenraum der Bibliothek als frühes Beispiel für jene räumlichen Wirkun-

2.15 *(links)*
Charles Rennie Mackintosh, Kunstschule, Glasgow, 1897–1909, Detail des Eisenwerks.

2.16 *(rechts)*
Otto Wagner, Postsparkassenamt, Wien, 1904–1906, Einrichtung.

gen heranzog, die später eine so wichtige Rolle spielen sollten.

Paradox also, daß Mackintosh von englischen Kritikern als gefährlich exotischer Architekt abgeschrieben wurde. Denn gerade seine geometrische Präzision und seine Tendenz zur Abstraktion fanden in den europäischen Kunstzentren Anklang - nicht zuletzt deshalb, weil sie selbst den Exzessen des Art Nouveau ablehnend gegenüberstanden. Mackintosh wurde in London weniger geschätzt als in Wien, wo er durch Publikationen seiner Pläne und Zeichnungen bekannt und einflußreich geworden war, vor allem im secessionistischen Kreis um Joseph Maria Olbrich. Olbrich wie auch der ältere Otto Wagner schätzten weder die pompösen Entwürfe der klassischen Akademie noch die »neue Dekadenz« des Art Nouveau. Olbrichs Secessions-Gebäude an der Friedrichstraße in Wien (1898–99) war ein (leicht bizarrer) Versuch, mit reiner Geometrie und massiven Pylonenformen eine expressive Sprache zu formulieren. Auch Wagners Majolikahaus, ein Mietshaus, das zwischen 1898 und 1900 entstand, bezeugte eine Rückkehr zu den fundamentalen Werten der Architektur und zu einer strengen Rechtwinkligkeit, obwohl in einigen Details immer noch pflanzliche Motive anklingen. In den späten 1890er Jahren sprach der deutsche Architekt August Endell in der Münchner Zeitschrift *Dekorative Kunst* von einer »ganz neuen Kunst«, deren Formen »nichts bedeuten und nichts darstellen« und die Seele ähnlich der Musik zu erregen vermögen:

> »Sie lehren uns, daß es keine neuen Formen mehr geben könne, alle Möglichkeiten seien in den Stilen der Vergangenheit erschöpft, alle Kunst bestehe in einer individuell getönten Verwendung aller Formen. Ja man geht so weit, uns den jammervollen Eklektizismus der letzten Jahrzehnte für den neuen Stil zu verkaufen. Dem Wissenden kann diese Mutlosigkeit nur lächerlich scheinen. Denn er sieht klar, daß wir nicht nur im Anfang einer neuen Stilperiode, sondern zugleich im Beginn der Entwicklung einer ganz neuen Kunst stehen, der Kunst, mit Formen, die nichts bedeuten und nichts darstellen und an nichts erinnern, unsere Seele so tief, so stark zu erregen, wie es nur immer die Musik mit Tönen vermag… Das ist die Macht der Form über unser Gemüt, ein direkter, unmittelbarer Einfluß ohne alle Zwischenglieder.«

Im Jahre 1895 veröffentlichte Otto Wagner sein Werk *Moderne Architektur*, in dem er forderte, daß die Baukunst sich am »modernen Leben« orientieren müsse, und in dem er Einfachheit und eine nahezu militärische Uniformität empfahl. Außerdem sollte der neue Stil »realistisch« sein, was für Wagner einen direkten Ausdruck der Konstruktionsmittel und eine Hinwendung zu modernen Techniken und Materialien bedeutete. Ebenso setzte er sich für flache Gesimse und horizontale Linienführung ein.

Wagners Laufbahn von seinen Entwürfen aus dem späten 19. Jahrhundert bis zum Wiener Postsparkassenamt von 1904–06 (Abb. 2.16) führt in eine Welt, die weit von der des Art Nouveau entfernt ist – eine Welt, in der die Rationalität von Schrauben und Bolzen und eine klare, würdevolle Ordnung an die Stelle dynamischer Ranken und Kurvenlinien getreten sind. Tatsächlich zählte Wien wie wenig später auch Berlin und Paris zu den Hochburgen einer Reaktion gegen den Art Nouveau, die in der ersten Dekade unseres Jahrhunderts Auftrieb gewann. Diese Reaktion hatte verschiedene Ursachen: die Einfachheits- und Integritätsideale der Arts-and-Crafts-Bewegung; eine abstrakte Auffassung des Klassizismus als eines Stils, der weniger mit der Anwendung der Ordnungen zu tun hatte als mit den »wesentlichen« klassischen Werten Symmetrie und Klarheit der Proportionen; und schließlich die Erkenntnis, daß der Architekt den Anforderungen des modernen Lebens mit freien, konsequenten Lösungen begegnen muß, bei denen Funktion und Konstruktion eine zunehmend wichtige und applizierte Ornamente eine immer weniger bedeutende Rolle spielen.

Abgesehen von Wagner, der kurz nach der Jahrhundertwende bereits das sechzigste Lebensjahr überschritt, waren die beiden wichtigsten Vertreter der neuen Architektur in Wien Josef Hoffmann (1870–1954) und Adolf Loos (1870–1933). Hoffmann gründete 1903 die Wiener Werkstätte als Zentrum der Einrichtungskultur. Bei seinem Entwurf für das Sanatorium Purkersdorf (1903) reduzierte er die Wände auf dünne Flächen.

2.17 *(links)*
Josef Hoffmann,
Palais Stoclet, Brüssel,
1905,
Eingangsdetail.

Seine große Chance kam im Jahre 1905, als er den Auftrag erhielt, für einen belgischen Bankier, der zuvor in Wien gelebt hatte, ein luxuriöses Haus in Brüssel zu errichten. Das Palais Stoclet sollte eine Art vorstädtischer Kunstpalast werden, in dem Adolphe und Suzanne Stoclet ihre Schätze versammeln und die künstlerische Elite Europas um sich scharen wollten. Das Gebäude mußte also die Aufgaben eines Museums wie auch eines luxuriösen Wohnsitzes erfüllen und zugleich die exemplarische Aura modernen Geschmacks vermitteln.

Von diesem Programm ausgehend, schuf Hoffmann ein außerordentlich vielschichtiges Bauwerk, bei dem sich Formalität und Informalität, repräsentative und bescheidenere Elemente vereinen (Abb. 2.17, 2.18). Die Räume sind *en suite* miteinander verbunden, wobei der Grundriß ingeniöse Richtungs- und Achsenänderungen aufweist. Größere Bereiche wie die Eingangshalle, der Speisesaal und der Musiksaal (mit seiner kleinen Bühne) treten als Volumen aus der Fassade heraus. Die Gesamtkomposition ist kunstvoll ausbalanciert, aber asymmetrisch. Wichtigste Akzente sind der phantastische abgestufte Treppenturm mit seinen Statuen, die Erkerfenster und die *porte-cochère*. Das Gebäude ist mit dünnen Marmorplatten verkleidet, deren lineare Einfassungen die Flächigkeit betonen. Die Innenausstattung mit Materialien wie poliertem Marmor und kostbaren Hölzern war streng, präzis und rechtwinklig. Man spürt den Einfluß Mackintoshs (offenbar war dessen »Haus für einen Kunstliebhaber« von 1902 ein Vorbild); aber wo der Schotte das Rustikale, Bescheidene betont hätte, hob Hoffmann das Grandiose, Kosmopolitische hervor. Zur disziplinierten Eleganz des Palais Stoclet tragen auch die Möbel und Klimts großartige Wandbilder bei. Aber nicht nur an Mackintosh fühlt man sich erinnert, sondern auch an Olbrich und vielleicht sogar an Schinkel. Dennoch gehört das Palais Stoclet zu den Bauten, bei denen es wenig sinnvoll erscheint, Quellen und Einflüsse nachzuweisen, denn sie sind in einen überzeugenden persönlichen Stil umgesetzt worden. Atmosphäre und Ästhetik des Hauses spiegeln eine exklusive Lebensform wider, die mit dem Ersten Weltkrieg verschwand – eine Art aristokratische Bohème.

Adolf Loos' Hinwendung zu einer rechtwinkligen, volumetrischen Vereinfachung war noch radikaler als die Hoffmanns. Loos war wenig am Art Nouveau interessiert, zum einen, weil er sich in der Mitte der neunziger Jahre in Amerika aufhielt (einem Land, das er wegen seiner Installationstechnik und seiner Brücken aufs höchste pries), und zum anderen, weil er offenbar spürte, daß die Reaktion dieser Bewegung auf die »toten Formen« der Akademie sich zu sehr dem Willkürlichen, Persönlichen und Dekorativen zuneigte – lauter Eigenschaften, die sich seiner Ansicht nach nicht mit großen künstlerischen Leistungen vereinen ließen. Aber Loos hatte auch über

Die Suche nach neuen Formen und das Problem des Ornaments 35

2.18 *(unten)*
Josef Hoffmann,
Palais Stoclet,
Brüssel, 1905.

die Formen alltäglicher Gebrauchsgegenstände reflektiert und sie den prätentiösen Erfindungen selbstgefälliger Künstler gegenübergestellt. Einige seiner scharfsinnigsten Essays behandeln Themen wie Herrenanzüge, Sportkleidung und Michael Thonets in Serie hergestellte Bugholzstühle. Diese Gegenstände zeugten, so glaubte er, von etwas wie einem unbewußten Stil.

Bis 1910 führte Loos hauptsächlich kleinere Umbauten aus. Seine wenigen Hausentwürfe aus dieser Zeit waren auf rechteckige, von einfachen Öffnungen durchbrochene verputzte Kästen reduziert, ohne auch nur einen Anklang von Simsen oder Sockeln. Seine Innenausstattungen waren gewöhnlich aufwendiger, aber stets vom rechten Winkel beherrscht und im Falle der Kärntner Bar von 1907 deutlich von einer zurückhaltend klassischen Tendenz beeinflußt. Das wohl bedeutendste Projekt aus Loos' reiferen Jahren war das Haus Steiner in Wien von 1910 (Abb. 2.19) mit seinen exakt plazierten großen Fenstern und den undekorierten, glatten Flächen. Von dieser Villa, ihrem »neoklassischen Grundriß« und ihrer strikten Symmetrie führt zwar (was Bedeutung wie Form betrifft) noch ein weiter Weg zu den sich durchdringenden Flächen und den dynamischen Asymmetrien des Internationalen Stils in den zwanziger Jahren. Dennoch ist eine so konsequente Einfachheit fünfzehn Jahre nach den Anfängen des Art Nouveau und ein

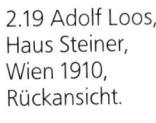
2.19 Adolf Loos, Haus Steiner, Wien 1910, Rückansicht.

volles Jahrzehnt vor Le Corbusiers weißen, kubischen Villenentwürfen der zwanziger Jahre höchst bemerkenswert.

Es ist aber keineswegs sicher, daß Loos' Entwürfe aus der Vorkriegszeit einen nennenswerten Einfluß auf die Entstehung des Internationalen Stils nach dem Ersten Weltkrieg ausübten. Weitaus bekannter waren seine Theorien, vor allem die über das Ornament – vielleicht, weil sie gleichzeitige, aber nicht unbedingt in Zusammenhang stehende Vorurteile in Worte faßten, in denen die folgende Generation eine einheitliche Doktrin sehen wollte. Als Polemiker war Loos brillant. In einem Artikel mit dem Titel »Ornament und Verbrechen« (1908) lästerte er über das Ornament mit der Begründung, es zeuge von einer dekadenten Kultur:

»Das kind ist amoralisch. Der papua ist es für uns auch. Der papua schlachtet seine feinde ab und verzehrt sie. Er ist kein verbrecher. Wenn aber der moderne mensch jemanden abschlachtet und verzehrt, so ist er ein verbrecher oder ein degenerierter. Der papua tätowiert seine haut, sein boot, sein ruder, kurz alles, was ihm erreichbar ist. Er ist kein verbrecher. Der moderne mensch, der sich tätowiert, ist ein verbrecher oder ein degenerierter. Es gibt gefängnisse, in denen achtzig prozent der häftlinge tätowierungen aufweisen. Die tätowierten, die nicht in haft sind, sind latente verbrecher oder degenerierte aristokraten. Wenn ein tätowierter in freiheit stirbt, so ist er eben einige jahre, bevor er einen mord verübt hat, gestorben…Was aber beim papua und beim kinde natürlich ist, ist beim modernen menschen eine degenerationserscheinung. Ich habe folgende erkenntnis gefunden und der welt geschenkt: *evolution der kultur ist gleichbedeutend mit dem entfernen des ornaments aus dem gebrauchsgegenstande.*«

Auf Loos' eigene Situation übertragen, bedeutete dies, daß der Art Nouveau trotz seiner Emanzipation von der Akademie als ein weiterer oberflächlicher und vergänglicher »Stil« angesehen werden mußte. Ein neuer, wahrer Ausdruck der Zeit würde sich finden, wenn das Ornament abgeschafft wäre und wesentliche Eigenschaften von Form, Proportion, Klarheit und Maß undekoriert hervortreten könnten. Das glaubte zumindest Adolf Loos, und eine ganze Architektengeneration war bereit, ihm auf der Suche nach dem »Universalstil« für die Moderne zu folgen.

3. Rationalismus, Ingenieurtradition und Stahlbeton

»Lebendige Architektur ist getreulicher Ausdruck ihrer Zeit. Wir werden sie in allen Bereichen der Konstruktion suchen. Wir werden Werke wählen, die streng ihrem Zweck gewidmet und mit kluger Verwendung des Materials realisiert sind und Schönheit aus der Anordnung und den harmonischen Proportionen der Elemente beziehen, aus denen sie sich zusammensetzen.«

Auguste Perret, 1923

Obwohl der Art Nouveau sich scheinbar aus den Fesseln der Vergangenheit löste, um als völlig neuer Stil aufzutreten, zeigte sich bald, daß es sich hier um eine subjektive Formensprache handelte, die nicht ausreichend in zeitlosen Prinzipien verwurzelt war und den Bedürfnissen und Möglichkeiten einer Industriegesellschaft nur unvollkommen entsprach. Unter diesem Aspekt gerieten selbst Architekten wie Horta und Guimard, die einem neuen Stil sehr nahe gekommen waren, in die Gesellschaft oberflächlicher Art-Nouveau-Dekorateure. Die Reaktion auf diese Entwicklung entspach teils einer vagen, moralisch begründeten Sehnsucht nach Strenge und Schmucklosigkeit und teils rationalistischen Ideen, die für formale Effekte eine praktische Rechtfertigung verlangten. Das war insofern paradox, als der Rationalismus seinerseits die disziplinierteren Schöpfungen des Art Nouveau beeinflußt hatte.

Um 1903 begann also der Stil, der so schnell aufgeblüht war, bereits wieder zu verfallen; dennoch blieb nichts mehr, wie es vorher gewesen war. Eine neue Sprache der Abstraktion entwickelte sich, und man suchte neue Wege, die Lektionen der Natur in die Architektur einzubeziehen. Eine fruchtbare Tradition expressiver, organischer Formen wurde begründet, die in den freien Experimenten Erich Mendelsohns und in den Arbeiten der sogenannten Amsterdamer Schule gegen Ende des Ersten Weltkrieges ihren Höhepunkt erreichte. Wichtiger noch war auf kurze Sicht die Reaktion *gegen* den Art Nouveau, die unterschiedliche Formen annahm. In Wien vertraten Hoffmann und Loos die Ansicht, der Weg zu einem wahren modernen Stil führe über eine zunehmende formale Vereinfachung. In Berlin griff Behrens auf klassische Prinzipien zurück, die er neu zu formulieren suchte. In Paris entdeckte Perret in den Zwängen und kreativen Möglichkeiten neuer Konstruktionssysteme, vor allem des Stahlbetons, eine neue Formendisziplin, aus der sich, wie er glaubte, eine genuine architektonische Sprache von bleibendem Wert entwickeln werde. Dieser Gedanke ging auf die Ideen Viollet-le-Ducs zurück, der den konstruktiven Erfindungsgeist des Art Nouveau zum guten Teil inspiriert hatte. Seine Theorien waren manchmal allzu mechanistisch gedacht. Sie übten aber eine große Wirkung auf jene Architekten aus, die um die Jahrhundertwende die Ansicht vertraten, eine auf »Wahrhaftigkeit gegenüber der Konstruktion und Wahrhaftigkeit gegenüber dem Programm« basierende Architektur sei das beste Gegenmittel gegen Historismus einerseits und persönliche Willkür andererseits. Eine wichtige Rolle spielt in diesem Zusammenhang die Ingenieurbautradition des 19. Jahrhunderts, die bereits die Möglichkeiten neuer Formen in neuen Materialien demonstriert hatte und die Viollet-le-Duc der »toten Sprache« der Architekten gegenüberstellte:

»Wenn Schiffbauarchitekten und Ingenieure einen Dampfer oder eine Lokomotive bauen, so versuchen sie nicht, die Formen von Segelschiffen oder Pferdekutschen aus der Zeit Ludwigs XIV. heraufzubeschwören. Sie gehorchen ohne Frage den neuen Prinzipien, die ihnen gegeben sind, und schaffen ihren eigenen, charakteristischen Stil.«

Unter Viollet-le-Ducs Einfluß entstand also eine Architekturtradition, die bei den großen Werken der Vergangenheit deren Funktionstüchtigkeit in den Mittelpunkt stellte. Auguste Choisy bezeichnete in seiner *Histoire de l'architecture* von 1899 die gotische Baukunst als »Triumph der Logik in der Kunst«. Ihre Formen seien »nicht aus traditionellen Vorbildern hervorgegangen, sondern aus der Funktion und allein aus der Funktion«. Diese Ansicht bekräftigte er durch verblüffend simple Zeichnungen, in denen die Bauwerke als Konstruktionsdiagramme dargestellt wurden, als hätte den Architekten nichts anderes als die Konstruktion interessiert

(Abb. 3.1). Die Rationalisten suggerierten, daß die modernen Architekten nur ebenso klar wie ihre Vorgänger denken und sich auf Funktion und Konstruktion konzentrieren müßten, um gleicherweise authentische Ergebnisse zu erzielen.

Viollet-le-Duc wie auch Choisy projizierten gewissermaßen die Wertvorstellungen der zeitgenössischen Ingenieure auf die Geschichte. Zwar waren die überraschende visuelle Leichtigkeit und Transparenz von Bauten wie Paxtons Kristallpalast von 1851 (Abb. 3.2) oder Baltards Markthallen in Paris offenbar tatsächlich auf ein exaktes Bau- und Konstruktionsprogramm zurückzuführen; aber begründeten diese Eisenbauten und spätere Nutzbauten aus Stahl wirklich eine neue *Architektur*? Selbst jene Kritiker, die sich von technischen Leistungen (und gelegentlich formaler Eleganz) beeindrucken ließen, vermißten eine gewisse Poesie der Form. Den Rationalisten und Ingenieuren gelang es, sich jeweils auf ihre Weise vom Historismus zu befreien. Doch sie waren mit einer neuen Gefahr konfrontiert: der Entstehung eines gefälligen, materialistischen Funktionalismus, dem die Eigenschaften eines wirklich expressiven Stils fehlten.

Besonders intensiv setzte sich gegen Ende des Jahrhunderts mit diesem Dilemma der amerikanische Architekt Louis Sullivan auseinander, der neue Formen für Bürohochhäuser in Stahlskelettkonstruktion suchte. Von Viollet-le-Duc beeinflußt, wollte er die »Form« der »Funktion« folgen lassen, entdeckte aber, daß eine Vielzahl gleichwertiger Lösungen möglich ist und daß die ungefüge Masse eines Hochhauses nur durch den intuitiven Eingriff des Künstlers ästhetischen Wert erwerben konnte. Obwohl Sullivan sich gegen »Regeln und andere Beschränkungen« wehrte, waren seine Hochhausentwürfe von der Dreiteilung der klassischen Ordnung (Basis, Säule und Kapitell) bestimmt und wiesen Analogien zu natürlichen Formen auf (Abb. 3.3). Sullivan hatte erkannt, daß Funktion und Konstruktion allein ohne stark abstrahierte historische oder natürliche Elemente nicht zu einer angemessenen Gestalt führen konnten. In der Tat waren auch Viollet-le-Ducs unbeholfene Versuche, ein »dem Eisen gemäßes« System zu entwickeln, von

3.1 *(unten links)* Auguste Choisy, Illustration der Hagia Sophia aus *Histoire de l'architecture*, 1899.

3.2 *(unten)* Joseph Paxton, Kristallpalast, London, 1851.

Rationalismus, Ingenieurtradition und Stahlbeton

3.3 *(unten)* Louis Sullivan, Wainwright Building, St. Louis, Missouri, 1895.

3.4 *(unten rechts)* François Hennebique, Monolithische Stahlbetonverbindung, 1892.

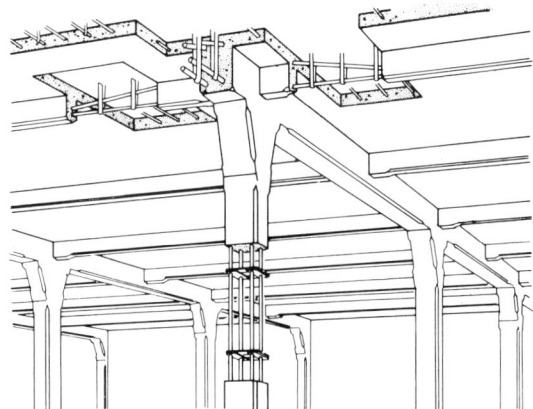

mittelalterlichen Vorbildern und vielleicht sogar von Knochenformen inspiriert worden.

Die Geschichte war also nicht ganz aus dem Blickfeld verschwunden. Im Gegenteil erhob sich die Frage: Welche von der Tradition abstrahierten Eigenschaften entsprachen am ehesten den Formen, die mit neuen Konstruktionsmethoden verbunden waren? Diese Frage lag vielen Experimenten der Pioniere im Stahlbetonbau zugrunde.

Beton wurde schon von römischen und frühchristlichen Baumeistern verwendet, geriet aber im Mittelalter und in der Renaissance weitgehend in Vergessenheit. Erst in der zweiten Hälfte des 19. Jahrhunderts wurde das Material wieder allgemein benutzt, hauptsächlich bei Profanbauten, wo es sich durch seine Billigkeit, seine Feuerfestigkeit und seine großen Spannweiten empfahl. Die Armierung des Betons – Verstärkung durch eingelegte Eisenstäbe – wurde in den 1870er Jahren erfunden. Sowohl Ernest Ransome in Amerika als auch François Hennebique in Frankreich entwickelten Gerüstsysteme für dieses Prinzip (Abb. 3.4). Sie eigneten sich besonders für Arbeitsbereiche mit offenem Grundriß mit großen Fenstern, die zuvor stark feuergefährdet waren. Hennebique benutzte schmale, vertikale Stützen, dünne Balken auf Konsolen und Bodenplatten. Das Ergebnis erinnert an Holzfachwerk, was nicht weiter verwunderlich ist, weil die Schalformen gewöhnlich aus Holz bestanden. Doch Beton war ein ungemein flexibles Material, das sich allen Formen anpaßte. Entscheidend waren die Form der Verschalung und der Gestaltungswille des Architekten. Manche Lösungen waren in bestimmten Situationen logischer als andere, aber das Material selbst konnte nicht aus sich heraus ein neues Vokabular erzeugen.

Das wurde besonders deutlich, als die Architekten in den letzten Jahren des 19. Jahrhunderts einen auf dem Material basierenden Stil zu entwickeln suchten. Während der eine argumentierte, Beton sei wegen seines formbaren Charakters ideal für die Sprache des Art Nouveau, pries der andere das Skelettbausystem und verwies auf gotische Vorbilder – oder sogar auf Stahl- und Glasbauten. Unterschiedliche Positionen gab es auch beim Ausdruck des Materials: Der eine Architekt hielt Beton für ordinär und verkleidete ihn mit Ziegeln oder Fliesen, während der andere ihm seine eigene Schönheit zusprach und ihn offen zeigte.

Zu den richtungsweisenden Experimenten in Frankreich zählt die Kirche St. Jean de Montmartre, begonnen 1897, vollendet 1905 und entworfen von Anatole de Baudot (Abb. 3.5). Zwar bestand das Bauwerk aus

Die Vorgeschichte der modernen Architektur

Dieses Problem beschäftigte auch Auguste Perret in denselben Jahren. Perret war vierzig Jahre jünger als Baudot, aber ebenfalls von den Ideen Viollet-le-Ducs beeinflußt. Andererseits hatte er in den neunziger Jahren an der Ecole des Beaux-Arts unter Julien Guadet, dem Autor des Buches *Eléments et théorie de l'architecture* (1904) Unterweisung in den klassischen Prinzipien erhalten. Die Methode, die Guadet seinen Schülern nahezulegen suchte, war das Gegenteil jener sklavischen Imitation der Vergangenheit, die von Gegnern der Ecole so gern parodiert wurde. Er setzte sich in seinen Vorlesungen mit den klassischen Prinzipien der Komposition und Proportion und mit der Analyse von Bautypen auseinander; es lag ihm daran, ein Gefühl für die wesentlichen Eigenschaften des Klassizismus zu übermitteln und nicht blinden Respekt für die oberflächlichen Anwendungsmöglichkeiten. Wichtig für Perrets Entwicklung war zudem die Tatsache, daß sowohl er selbst wie auch sein Bruder Gustave in der Firma ihres Vaters schon früh in die Grundlagen der Baukonstruktion eingeführt wurden. Diese Mischung von praktischer Erfahrung, rationalistischer Theorie und einer starken, intuitiven Beziehung zu den fundamentalen Prinzipien des Klassizismus bestimmte Perrets Schaffen sein Leben lang.

Bei seinem Appartementgebäude in der Rue Franklin 25 bis in Paris (1902) nutzte Perret die Möglichkeiten der rechteckigen Stahlbeton-Rahmenkonstruktion (Abb. 3.8). Das Bauwerk erhebt sich in einer vertikal gegliederten Zeile grauer, ziemlich düsterer Steinbauten, mit herrlichem Ausblick zur Seine und dem Eiffelturm in der Ferne. Wegen dieses Ausblicks machte Perret die Fensteröffnungen so groß, wie es die Baugesetze erlaubten. Außerdem legte er den vorgeschriebenen Lichthof an der Vorderseite und nicht an der Rückseite des Gebäudes an. Der Grundriß (Abb. 3.7) entsprach den Standardvorstellungen der Mittelklasse: Die Salons lagen im Zentrum der Fassade, aber die Betonrahmen-Konstruktion ermöglichte dünne Raumteilungen und dadurch Platzersparnis. Das zeigte sich besonders im Erdgeschoß, in das Perret mit seinem Büro einzog. Die Stützen im freien Raum wirkten wie Vorwegnahmen der *pilotis,* die in der Architektur der zwanziger Jahre eine so wichtige Rolle spielten. Die Rücksprünge im Obergeschoß und die Flachdächer, die durch sein Konstruktionssystem entstanden, nutzte Perret für Dachterrassen.

Was das Gebäude in der Rue Franklin über die praktischen Intentionen der Konstruktion hinaus zu Architektur machte, waren seine klaren, tektonischen Formen. Das unterste Geschoß war als separate Einheit ausgebildet, höher als die darüberliegenden Geschosse. Die oberen sechs Stockwerke kragten leicht aus und wiesen innerhalb des U-förmigen Rücksprungs unterschiedliche Fenstertiefen auf. Der rechteckige Konstruktionsrahmen wurde nicht unmittelbar gezeigt, deutete sich aber in den kontrastierenden Farben und Strukturen der Fassadenverkleidung aus Keramikfliesen an. Die Füllungen, also die nicht-tragenden Wandtafeln, waren durch zurückgesetzte Keramikmosaike mit floralen Mustern

armiertem Zement und nicht aus Beton, aber der Eindruck von Leichtigkeit und die große Spannweite bei schlanken Stützen sind in beiden Materialien gleichermaßen zu erzielen. Beim Äußeren gab sich der Architekt relativ wenig Mühe, die Skelettkonstruktion zum Ausdruck zu bringen, aber im Innenraum ist die Unterscheidung zwischen Stützen und Ausfachungen deutlich zu erkennen. Die flachen Spitzbogen und die artikulierten Rippen erinnern an mittelalterliche Vorbilder, was nicht weiter überrascht, wenn man bedenkt, daß Viollet-le-Duc Baudots Mentor gewesen war. Doch der Kirche St. Jean fehlt es an formaler Überzeugungskraft. Sie ist eine merkwürdige Mischung aus mittelalterlichen und exotischen Elementen mit leichten Anklängen an den Art Nouveau und mit völlig neuartigen Konstruktionsideen.

Aber wenn die Konstruktion auch logisch sein mag, so ist ihr visueller *Ausdruck* doch unentschieden. Immerhin lieferte die Kirche eine Reihe von Anregungen, wie sich die Lektionen früherer Stile auf eine moderne Situation anwenden ließen.

3.5 *(links)* Anatole de Baudot, St. Jean de Montmartre, Paris, 1897–1905, Innenansicht.

3.6 *(oben)* Auguste Perret, Appartementgebäude Rue Franklin 25 bis, Paris, 1902, Detail des oberen Fassadenteils.

3.7 *(rechts)* Auguste Perret, Appartementgebäude Rue Franklin 25 bis, Paris, 1902, Grundriß.

3.8 *(rechts außen)* Auguste Perret, Appartementgebäude Rue Franklin 25 bis, Paris, 1902.

Rationalismus, Ingenieurtradition und Stahlbeton

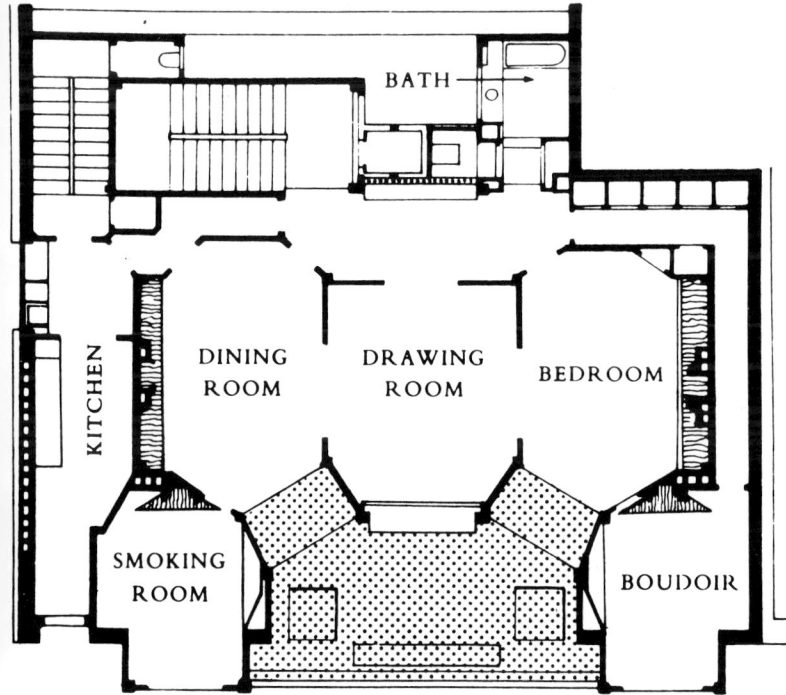

42 Die Vorgeschichte der modernen Architektur

gekennzeichnet. Im siebten Geschoß löste sich jedoch der Rahmen von den Wandflächen – eine Vorwegnahme jener luftigen, transparenten Effekte, die eine Generation später eine wichtige Rolle in der modernen Architektur spielten (Abb. 3.6). Das schlichte, nüchterne Bauwerk zeugt von Perrets Sinn für Proportion, Detail und Gliederung. Trotz klassizistischer Einflüsse ist die offene Anwendung der klassischen Ordnungen vermieden. Das Mietshaus in der Rue Franklin gehört zusammen mit dem späteren Flügel der Kunstschule in Glasgow von Mackintosh, dem Palais Stoclet von Hoffmann, dem Larkin Building von Wright, der AEG-Turbinenfabrik von Behrens und vielleicht einigen wenigen anderen Bauten zweifellos zu den bedeutsamsten Werken der frühen Moderne. Seine Stärke lag freilich in der autoritativen Art, mit der es die Möglichkeiten eines neuen Materials in einer *der Tradition verpflichteten* Phraseologie ankündigte (Farbtafel 2).

Im Jahre 1905 ging Perret bei der Garage in der Rue Ponthieu 51 einen Schritt weiter, indem er den Beton völlig offenlegte (wenn auch durch weißen Farbanstrich geschützt). Vielleicht fiel ihm dies leichter bei einem Gebäude, dessen Funktion der Beton-»Lagerhausästhetik« Hennebiques näherstand als der eines bürgerlichen Appartementgebäudes. Und möglicherweise ließ Perret sich bei der Fassade der Garage (Abb. 3.9) auch von Skelettkonstruktionen aus Chicago inspirieren. Auf jeden Fall weist aber das Bauwerk mit seiner klaren Gliederung und seiner individuellen Formensprache weit über seine Einflußquellen hinaus. Das Betonskelett im Inneren erlaubte große Flexibilität bei der Planung der Zirkulations- und Abstellflächen. Bei einem weniger sensiblen Architekten hätte diese Innenorganisation sich in der Fassade leicht in einer grobschlächtigen Abfolge von Stützen und rechteckigen Öffnungen abzeichnen können. Perret brachte Ordnung in den Entwurf, indem er die Fensterflächen so placierte, daß sie den richtigen Eindruck von Tiefe vermittelten, und indem er die vertikalen und horizontalen Akzente – die äußeren und nicht nur die der Konstruktion – in einem simplen Rhythmus primärer und sekundärer Elemente gliederte. Die Gesamtkomposition wurde durch die glatten »Pilaster« definiert, die von unten bis oben durchliefen und ein abstrahiertes »Gesims« trugen. Offenbar hatte Perret zu dieser Zeit entschieden, daß dem Beton rechteckige Formen angemessen waren, einerseits wegen seiner ästhetischen Vorurteile, andererseits, weil rechteckige Holzschalungen, mit denen der Beton in einfache Standardelemente gegossen wurde, leicht herzustellen waren. Sein Betonvokabular erinnerte also bis zu einem gewissen Grade an die hölzernen Fachwerkbauten der Vergangenheit. Aber sein Vater hatte ihn mit den Feinheiten der Steinmetzarbeit und der Stereotomie vertraut gemacht, und die Gesimse wie auch bestimmte Details in Perrets Werken, die er mit rein praktischen Gründen rechtfertigen konnte (wie zum Beispiel Tropfleisten), weisen eine historische Verwandtschaft mit den flachen Wand- und Konsolenelementen auf, wie sie seit dem 17. Jahrhun-

3.9 Auguste Perret, Garage, Rue de Ponthieu 51, Paris, 1905, Fassade.

3.10 Auguste Perret, Théâtre des Champs-Elysées, Paris, 1911, Diagramm des Betonrahmens.

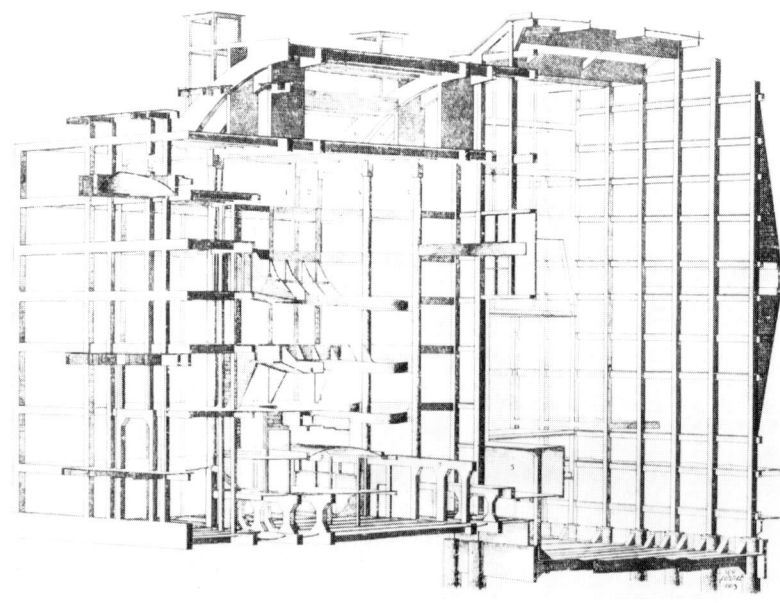

3.11 Albert Kahn, Automobilfabrik, Detroit, Michigan, ca. 1909.

dert in der französischen klassischen Tradition zu beobachten sind. Interessant ist die Überlegung, wie der Abbé Laugier (der im 1. Kapitel erwähnte Theoretiker) reagiert hätte, wäre er im Jahre 1902 wieder zum Leben erweckt worden. Vielleicht hätte er sogleich Perrets Absicht erkannt, bestimmte Züge des Klassizismus auf neue Zwecke und neue Materialien zu übertragen. Vielleicht hätte er auch Perrets Ausspruch respektiert: »Man darf in einem Bauwerk niemals Elemente zulassen, die nur dem Ornament dienen, sondern muß alle für die Konstruktion wichtigen Teile in Ornamente verwandeln.«

Im Jahre 1911 hatten die Brüder Perret im Betonbau Frankreichs unbestritten die führende Rolle übernommen. Um diese Zeit trat der Impresario Gabriel Anstuc an sie heran, der ein neues Theater errichten wollte und hoffte, Perret könne einen Entwurf von Henry van de Velde ausführen. Diese Zusammenarbeit war – wie sich denken läßt – von kurzer Dauer. Das Théâtre des Champs-Elysées wurde nach Perrets Entwürfen gebaut, mit Fassaden, die auf van de Veldes Aufrissen basierten. Auch hier demonstrierte Perret mit der Verwendung von Elementen, die an glatte Pilaster oder Gesimse erinnern, seine starke Verbundenheit mit dem Klassizismus. Im Inneren wurde die große Spannweite des Betons ausgenutzt, um einen möglichst ungehinderten Blick auf die Bühne zu ermöglichen. Das Betonskelett des Bauwerks war geradezu ein Kunstwerk für sich (Abb. 3.10) und lieferte der Generation, die in den zwanziger Jahren die moderne Bewegung schuf, wichtige Anregungen. Sie zog es freilich vor, das Äußere zu vergessen, weil sein Traditionalismus nicht ihren Zielen entsprach.

In den Vereinigten Staaten entdeckten, parallel zu Hennebiques bahnbrechenden Experimenten, der Ingenieur Ernest Ransome und der Architekt Albert Kahn viele Anwendungsmöglichkeiten für das neue Material im Fabrik-, Kaufhaus- und sogar Getreidesilo-Bau. Kahn widmete sich vorwiegend dem Entwurf von Autofabriken, arbeitete eng mit Henry Ford zusammen und errichtete bereits um 1908 seine charakteristischen Skelettbauten in und um Detroit (Abb. 3.11). Für ihn entsprach Beton geradezu ideal fundamentalen Anforderungen wie Billigkeit, Standardisierung, klarer Lichtführung, guter Belüftung und freien, flexiblen Innenräumen, durch die sich die Fließbänder ziehen konnten. Daraus ergab sich seine typische Formensprache mit Rastergrundrissen und einfachen rechteckigen Aufrissen in angenehmen Proportionen. Kahn selbst hielt freilich seine Nutzbauten nie für große Kunstwerke. Es war vielmehr die europäische Avantgarde, die seine durch Fotos bekannten Werke als Ikonen einer neuen, universalen Architektursprache betrachtete.

3.12 Robert Maillart, Betonbrücke, Tavanasa, Schweiz, ca. 1905.

Der bedeutendste Architekt in den USA, der sich mit den Möglichkeiten des neuen Materials auseinandersetzte, war Frank Lloyd Wright. Er schätzte den Beton, weil er billig war, große Spannweiten erlaubte und sich darüber hinaus leicht nach seinen räumlichen Vorstellungen formen ließ. Aufgrund seiner von den Arts and Crafts inspirierten Vorstellungen von der »Natur der Materialien« hielt Wright es für das beste, die Oberfläche des Betons unbehandelt zu belassen. Eines seiner frühen Meisterwerke, der Unity Temple in Oak Park (1906), war in Stahlbeton errichtet. Dieses Bauwerk wird im Zusammenhang mit Wrights Philosophie und seinem Vokabular abstrahierter Formen noch ausführlicher erörtert; hier sei nur gesagt, daß es wie Perrets Appartementgebäude das Prestige des Betons förderte und den Eindruck verstärkte, die »richtigen« Formen für dieses Material seien rechteckig, glatt und abstrakt, obwohl Wright nicht wie Perret allein dem Gerüstbau vertraute.

Doch rechteckige Formen waren keineswegs die einzige dem Beton angemessene Lösung. Das zeigte sich in den ersten beiden Jahrzehnten dieses Jahrhunderts besonders deutlich bei den Ingenieurbauten von Eugène Freyssinet in Frankreich und den Brückenbauten Robert Maillarts in der Schweiz. Freyssinets große Flugzeughallen in Orly (1916) waren im Schnitt parabolisch, während Maillarts Brücken meist auf schlanken, sich verjüngenden Traggliedern ruhten (Abb. 3.12). Auch Max Berg nutzte bei seiner Jahrhunderthalle in Breslau von 1911 die großen Spannweiten von Stahlbetonbögen und erzielte damit – ganz anders als Perret – eine expressive, dynamische Wirkung. Diese breite Skala der Anwendungsmöglichkeiten läßt erkennen, daß es eine grobe Vereinfachung wäre, die rechteckigen Formen der Moderne als ein unvermeidliches Ergebnis des Materials Beton zu sehen. Die Generation, die aus unterschiedlichen ästhetischen und symbolischen Gründen dünne Flächigkeit, auskragende Horizontalität und geometrische Einfachheit anstrebte, sah in Wright wie Perret ihre Vorväter, ignorierte aber eine ebenso lebendige Tradition der Kurvenlinearität.

Zu den Ahnherren der späteren Rechteck-Ästhetik zählte der Franzose Tony Garnier. Er brachte das neue Material auch mit einer anderen Entwicklung in Verbindung, die in den zwanziger Jahren zunehmend an Bedeutung gewann: Stadtplanung für eine Industriegesellschaft. Garnier wurde 1869 geboren, fünf Jahre früher als Perret. Auch er besuchte in den 1890er Jahren die Vorlesungen Guadets an der Ecole des Beaux-Arts. Im Jahre 1899 gewann er den Prix de Rome mit einem Entwurf für eine Staatsbank, der mit der Verwendung primärer und sekundärer Achsen, absoluter Symmetrie und der Trennung von Verkehrs- und Dienstleistungsbe-

Rationalismus, Ingenieurtradition und Stahlbeton   45

reichen exemplarisch die Planungstraditionen der Ecole des Beaux-Arts demonstrierte. An sich sollte Garnier seine Zeit in Rom mit dem Studium antiker Monumente verbringen und Rekonstruktionen von Herculaneum herstellen; statt dessen beschäftigte er sich mit dem Entwurf einer modernen Idealstadt, der »Cité Industrielle«. Sein Projekt wurde erst 1917 publiziert, als der Architekt bereits einige seiner Ideen in einem neuen Vorort von Lyon verwirklicht hatte. Die Cité Industrielle (Abb. 3.13) basierte auf der klaren Unterscheidung von Wohn-, Industrie-, Transport- und Gesundheitszonen und griff mit ihren grandiosen Achsen auf städtebauliche Vorbilder aus Frankreich zurück. Auch die Ideale der englischen Gartenstadtbewegung und der Sozialutopisten bezog er in den Entwurf ein. Dennoch waren die Bauten weit von der Arts-and-Crafts-Tradition entfernt: Garnier sah Flachdächer, eine einfache kubische Geometrie, Beton und Standardelemente vor. Die Häuser hatten rechteckige, tief in die Flächen eingeschnittene Fenster, und an einigen Stellen erhoben sich Betonrahmen über die Dächer, die horizontale Sonnenschutzelemente trugen und dem Gesamtbild den Eindruck der Transparenz verliehen. Auch der Hauptbahnhof (Abb. 3.14) mit seinen dramatischen horizontalen Auskragungen sollte aus Stahlbeton errichtet werden. Garniers Cité Industrielle stellte die Funktionen einer modernen Stadt überzeugend dar und bestärkte viele Architekten in ihrer Ansicht, daß rechteckige, kubische Formen den Stahlbetonkonstruktionen und der Standardisierung am ehesten ange-

3.13 Tony Garnier, Cité Industrielle, Stadtzentrum, Wohnbezirk, ca. 1904–17 (aus *Cité Industrielle*, 1917).

3.14 Tony Garnier, Cité Industrielle, Stadtzentrum, Bahnhof, ca. 1904–17 (aus *Cité Industrielle*, 1917).

46 Die Vorgeschichte der modernen Architektur

messen wären. Zudem betonte sein Projekt, daß die Nüchternheit klarer geometrischer Repetition den Bedürfnissen des beginnenden technischen Zeitalters entsprach.

Zu den Architekten, die sich von solchen Vorstellungen beeinflussen ließen und sich teilweise auch auf Perrets Konzept einer Stahlbeton-Architektur bezogen, zählte Charles Edouard Jeanneret, der sich später Le Corbusier nannte. Er spielt in der Architekturgeschichte eine so wichtige Rolle, daß von ihm in einem späteren Kapitel noch ausführlich die Rede sein wird. Jeanneret wurde 1887 in La Chaux-de-Fonds in der Schweiz geboren. Seine ersten Entwürfe stellen eine Mischung aus Art Nouveau und regionalen Einflüssen dar. In seinen frühen zwanziger Jahren arbeitete er eine Zeitlang in Perrets Atelier, wo er seine Grundlektionen in Stahlbeton erhielt und die Ideen Viollet-le-Ducs aufnahm. Zwei Jahre später (1910) war er in Peter Behrens' Büro in Berlin tätig, wo er lernte, daß eine neue Architektur auf der Idealisierung von Typen und Normen basieren muß, die der modernen Gesellschaft gerecht werden und zugleich den Möglichkeiten der Massenproduktion entsprechen. Diese Angaben müssen genügen, um sein wichtiges Projekt »Dom-Ino«, ein Hausbausystem in Stahlbeton (1914–15), in einen Zusammenhang zu stellen. Jeanneret entwarf diesen Prototyp für den schnellen Wiederaufbau des kriegszerstörten Flandern, in der Hoffnung, daß der Krieg bald enden werde. Aus einem Satz von Grundelementen einschließlich der notwendigen Schalformen sollten in Serienproduktion einfache, an sechs Punkten gestützte Skelettkonstruktionen aus Stahlbeton mit auskragenden Geschoßflächen hergestellt werden. Die Montage der Häuser konnte dann in weniger als drei Wochen erfolgen; für die Ausfachung sollte Trümmerschutt verwendet werden. Fenster und andere Ausstattungsobjekte, ebenfalls in Serien produziert, sollten der lokalen Tradition entsprechend gestaltet und in den Konstruktionsrahmen eingefügt werden. Die Bezeichnung »Dom-Ino« erinnerte an das lateinische Wort für Haus (domus) und an das Domino-Spiel (denn der Plan eines ganzen Vorortes erinnerte von fern an eine Reihe von Dominosteinen mit sechs Punkten). Das Konzept sah vor, einfache, rechteckige, in Serienproduktion herstellbare Elemente zu modernen Wohnungen und Siedlungen zusammenzustellen. Schon hier läßt sich absehen, wie intensiv Le Corbusier sich später mit neuen architektonischen und urbanistischen Lösungen auseinandersetzte.

Von zentraler Bedeutung für das Dom-Ino-System wie auch für Le Corbusiers weiteres architektonisches und städtebauliches Schaffen war die Skelettkonstruktion (entworfen in Zusammenarbeit mit Max Dubois). Sie bestand aus drei an der Ober- und Unterseite glatten horizontalen Platten. Die beiden oberen Scheiben wurden von Betonstützen mit quadratischem Grundriß getragen, während die untere Ebene sich auf vierschrötigen Betonklötzen über den Boden erhob (Abb. 3.16). Bei der perspektivischen Zeichnung dieser Skelettkon-

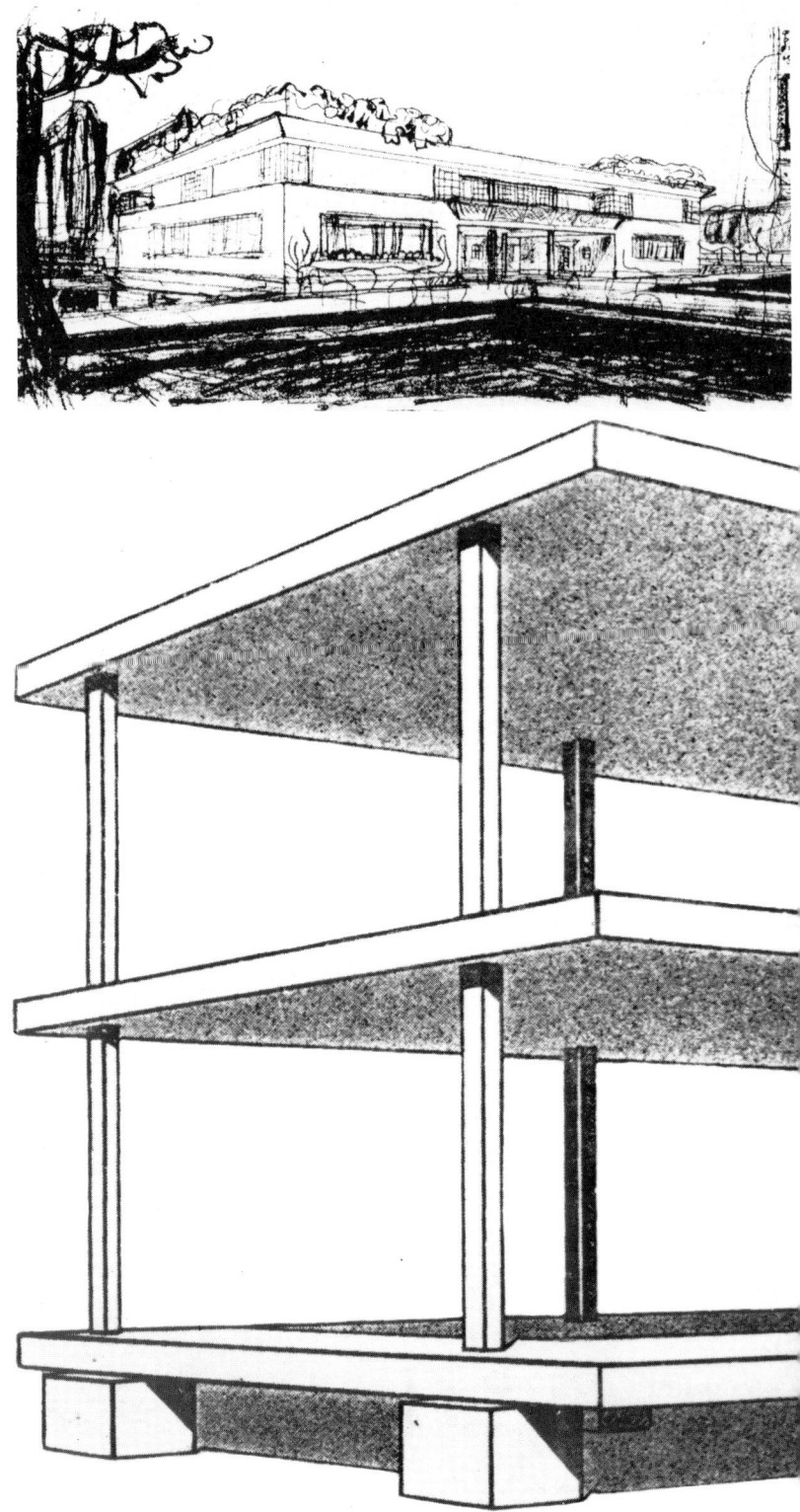

Rationalismus, Ingenieurtradition und Stahlbeton 47

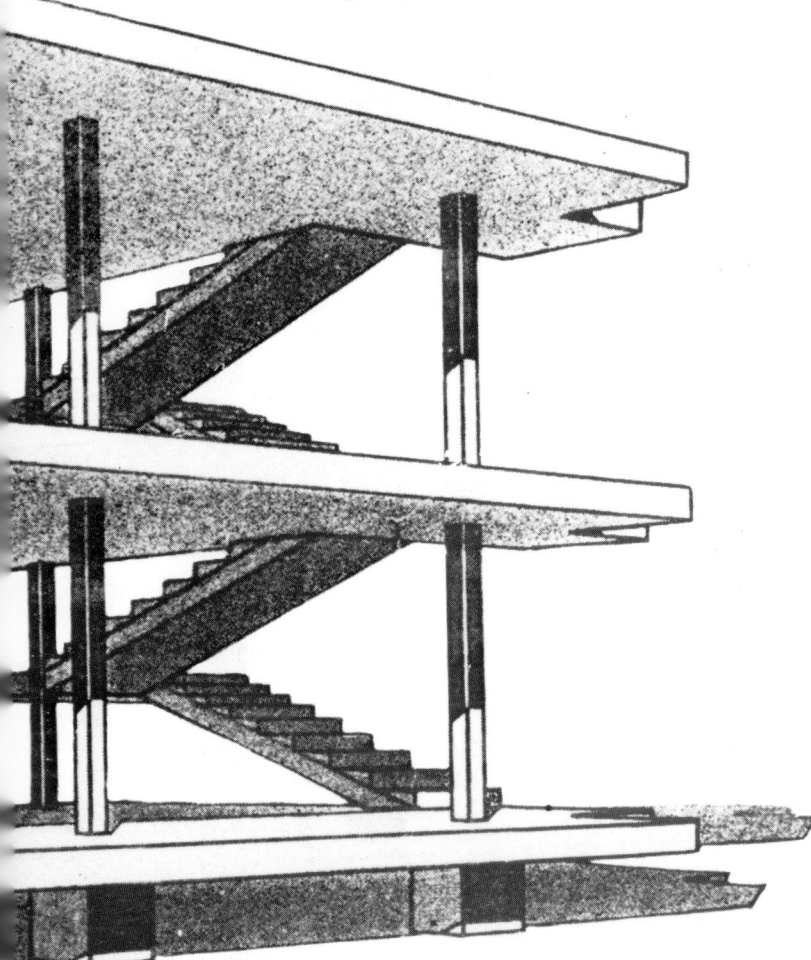

3.15 Charles Edouard Jeanneret (Le Corbusier), Dom-Ino-Häuser, 1914–15.

3.16 Charles Edouard Jeanneret (Le Corbusier), Dom-Ino-Skelett, 1914–15 (nach Œuvre complète, Bd. 1, 1910–29).

struktion (die erst in den zwanziger Jahren veröffentlicht wurde) verbanden Betontreppen die einzelnen Niveaus. Im Gegensatz etwa zu dem System Hennebiques wurden bei Le Corbusiers Dom-Ino-Konstruktion keine Konsolen oder Balken verwendet. Die auskragenden Geschoßflächen gingen weit über die Linien der Stützen hinaus. Sie sollten übrigens nicht aus monolithischem Beton bestehen, sondern aus Terrakotta-Fliesen, die mit Beton umhüllt und innen von Stahlträgern verstärkt wurden.

Ein Vorteil von Jeannerets System wäre die Beschleunigung des Bauverfahrens gewesen, was aber in der Praxis nie erprobt wurde. Zudem ging er mit dem Beton anders um als Perret: Er sonderte die konstruktiven und die abschirmenden Funktionen der Wand aus, indem er die Füllung vom Rahmen trennte. Die Füllung sollte nun an der Peripherie der Stockwerksplatten angebracht werden und konnte auch als Fläche über einem Luftraum schweben. Da das Gewicht des Gebäudes vom Skelett getragen wurde, ließ sich die äußere »Wand« (oder eine andere Form der Verkleidung) ohne Rücksicht auf die Belastung und das konstruktive Gerüst gestalten. Sie war also eine Art Membrane, die dort durchbrochen wurde, wo es funktionale Notwendigkeiten oder Kompositionsprinzipien erforderten. Einige Ecken der Dom-Ino-Häuser waren provokativ mit Glas verkleidet, genau dort, wo traditionelles Mauerwerk die solideste Stärke verlangt hätte.

Auch im Inneren erlaubte das Dom-Ino-System neue Freiheiten. Trennwände konnten nach Wunsch eingesetzt werden, innerhalb oder außerhalb des Stützenrasters. Dadurch wurde Raum gespart und zugleich eine neue funktionale Flexibilität erzielt. Im ästhetischen Bereich verlagerten sich die Akzente: Räume wurden hier nicht aus Volumen ausgeschnitten, sondern in weitgehend stützenfreie Bereiche eingezogen.

Eine solche Betrachtung des Dom-Ino-Rahmens profitiert freilich von unseren heutigen Einsichten, denn uns sind inzwischen die Leichtigkeit und Transparenz des späteren »Internationalen Stils« bekannt. Deshalb sollte darauf hingewiesen werden, daß die Dom-Ino-Häuser von 1915 bei aller Einfachheit der Volumen visuell schwerfällig wirkten und daß ihre Innenräume trotz der räumlichen Möglichkeiten des Konstruktionssystems eng und traditionell gestaltet waren. Vielleicht spiegelten die Häuser Jeannerets Bewunderung für die schmucklosen Bauten des Mittelmeerraumes mit ihren Flachdächern und vom Licht modellierten kubischen Formen wider. Tatsächlich war das Dom-Ino-System der erste Versuch des Architekten, den Traditionen der Vergangenheit ein modernes, industrialisiertes Äquivalent gegenüberzustellen (Abb. 3.15).

Doch obwohl das Dom-Ino-Konzept einige Aspekte der zwanziger Jahre vorwegnahm, blieb es zugleich der rationalistischen Konvention verhaftet. Als Jeanneret 1908 für Perret arbeitete, gab er sein erstes Gehalt für den Kauf von Viollet-le-Ducs Dictionnaire de l'architecture aus. In einer Randbemerkung bezog er sich auf Perrets starkes Interesse am »Konstruktionsskelett«. Seine eigene Dom-Ino-Theorie bildete die Grundlage seiner späteren Architektur, war aber auch von früheren und zeitgenössischen Mentoren beeinflußt. Rationalismus und Stahlbeton waren zwei unterschiedliche Elemente, aber nur zwei unter vielen, die erst in der »heroischen« Phase der modernen Architektur, in den zwanziger Jahren, miteinander verschmolzen.

4. Arts-and-Crafts-Ideale in England und den USA

»Das Kunstgewerbe hat das Ziel, die heutigen Gesellschaftsklassen zur Gediegenheit, Wahrhaftigkeit und bürgerlichen Einfachheit zurückzuerziehen. Gelingt ihm das, so wird es aufs tiefste in unser Kulturleben eingreifen…Es wird nicht nur die deutsche Wohnung und das deutsche Haus verändern, sondern es wird direkt auf den Charakter der Generation einwirken…Sind diese Triebkräfte echt, so wird ein echter, d.h. ein originaler, nachhaltiger Stil entstehen.«

H. Muthesius, 1907

Die Suche nach Einfachheit und Direktheit, die so viele künstlerische Strömungen in der ersten Dekade des 20. Jahrhunderts inspirierte, setzte unterschiedliche intellektuelle Positionen der Vergangenheit voraus. Im letzten Kapitel wurde eine dieser Positionen – der Rationalismus – beschrieben. Er führte zur Entdeckung von Formen, die auf der Stahlbeton-Konstruktion basierten. Es gab aber noch eine andere Gedankenlinie, die auf Pugin, Ruskin und Morris zurückging: Dem »Verfall der Stile im 19. Jahrhundert« sollte kreative handwerkliche Arbeit entgegenwirken, und aus dem direkten Ausdruck alter moralischer Werte sollte eine authentische Architektur entstehen. Jeder dieser englischen Denker war auf seine Weise angewidert von den Auswirkungen der industriellen Revolution auf die Gesellschaft, von den Baumethoden und den mangelnden geistigen Grundlagen der Kultur. Vor allem Morris hatte gehofft, eine neue Phase der Integration herbeiführen zu können, in der die höchsten ästhetischen Werte nicht mehr auf den Museumssockel gestellt und wieder mit den Werkzeugen und Gebrauchsgegenständen des täglichen Lebens in Verbindung gebracht würden. Der Architekt mußte deshalb ein Meister des Handwerks sein. Wie Philip Webbs und Morris' Red House von 1859 (Abb. 4.1) belegt, äußerte sich diese Einstellung formal in einem vom Mittelalter inspirierten Vokabular. Traditionelle Elemente galten als passende Symbole für das gute, einfache Leben.

Nikolaus Pevsner hat die Entwicklung der Arts-and-Crafts-Ideale in den letzten drei Jahrzehnten des 19. Jahrhunderts beschrieben und darauf hingewiesen, welchen Einfluß Morris' Denken in der ersten Dekade unseres Jahrhunderts auf Walter Gropius und den Deutschen Werkbund in Deutschland ausübte. Erst als man die Ideen, die sich bei Morris auf eine neue Verbindung von Kunst und Leben, Handwerk und Nützlichkeit bezogen, so weiterentwickelte, daß sie auch die Technisierung einschlossen, konnten sie für die moderne Architektur eine Rolle spielen. Aber die Geschichte verläuft nicht in geraden Linien, und die Arts-and-Crafts-Tradition beeinflußte um die Jahrhundertwende eine Reihe von Richtungen, die nicht unbedingt in eine spezifisch »moderne« Architektur mündeten.

In England bietet es sich an, die Geschichte mit den Idealen des Wohnungsbaus beginnen zu lassen, die Webb, Shaw, Godwin und Mackmurdo an die folgende Generation – darunter Voysey, Lutyens, Baillie-Scott, Mackintosh, Ashbee und Lethaby - weiterreichten. Charles Francis Voysey wurde 1857 geboren und entwickelte noch vor der Jahrhundertwende mit Entwürfen wie dem für ein Haus in Bedford Park (1891) oder für ein Ateliergebäude in St. Dunstan's Road, West Kensington, aus dem gleichen Jahr seinen eigenen unverwechselbaren Stil. Die ästhetische Wirkung ergab sich hier aus der Anordnung der einfachen, mit Rauhputz beworfenen, weiß geschlämmten Volumen, den Fensterreihen und dem geometrischen Spiel von Schornsteinen und flach geneigten Dächern. Historiker, die sich an der Form orientierten, stießen bei der Suche nach den Vorbildern der nackten, weißen Flächen in der späteren modernen Architektur verständlicherweise auf Voysey. Den Architekten selbst brachte es in Verlegenheit, daß ihm diese Rolle eines »Wegbereiters der modernen Formgebung« zuerteilt wurde. Seine Vorliebe für die einfachen Freuden der lokalen englischen Architekturtradition, seine Direktheit und sein geradezu kindliches Interesse an der Anordnung von Regentonnen und Fallrohren vor der Fassade haben wenig mit dem Gedankengut einer späteren Generation gemein, für die Einfachheit eine völlig andere, universale und mechanistische Bedeutung besaß.

Voysey entwickelte seine Vorstellungen bei seinen großen Wohnhäusern in ländlicher Umgebung, wie Perrycroft, 1893 für ein Grundstück in den Malvern Mills entworfen (Abb. 4.2), oder Haus Sturgess von 1896, ent-

4.1 Philip Webb, »Red House«, Bexley Heath, Kent, 1859.

worfen für den »Hog's Back« in Surrey. Bei Perrycroft verwendete Voysey geböschte Pfeiler und weit überhängende Dächer, nicht nur aus konstruktiven, klimatischen und kompositionellen Gründen, sondern auch, um das Gebäude an den Boden zu binden und ein Fortleben lokaler Traditionen zu suggerieren. Dies war ein zentrales Thema der Arts-and-Crafts-Architektur: Materialien und Bräuche des Ortes sollten vom modernen Praktiker übernommen und neu interpretiert werden.

Obwohl Voysey selbst kein Kunsthandwerker war, wandte er sich dem Entwurf von Tapeten, Möbeln, Beleuchtungskörpern und anderen Einrichtungsgegenständen zu. Dieselben Impulse, die für die Gesamtform bestimmend gewesen waren, sollten auch das Innere des Hauses durchdringen. Auch hier äußerte sich wieder eine rhetorische Einfachheit (Abb. 4.3), die in starkem Kontrast zu dem Wirrwarr und der Komplexität früherer viktorianischer Entwürfe stand. Pevsner brachte diese jugendliche Frische mit einer allgemeinen Tendenz in Verbindung:

»Es ist bekannt, daß sich überall im englischen Kulturleben am Ende von Queen Victorias Regierungszeit ein Verlangen nach frischer Luft und Heiterkeit durchsetzte.«

Neuartig an Voyseys Entwürfen war auch die Öffnung der Innenräume, die ineinanderzufließen schienen. In Broadley's, einem Haus oberhalb des Lake Windermere, hatte die Halle doppelte Geschoßhöhe. Die Hauptele-

50 Die Vorgeschichte der modernen Architektur

4.2 Charles Francis Voysey, Perrycroft, Malvern, Worcestershire, 1893.

4.3 Charles Francis Voysey, The Orchard, Chorleywood, Hertfordshire, 1893, Innenansicht.

Arts-and-Crafts-Ideale in England und den USA

4.4 Charles Rennie Mackintosh, Hill House, Helensburgh, Glasgow, Perspektive von Südwesten, 1903.
Bleistift und Tusche, 33,6 × 57,2 cm, Glasgow School of Art.

mente des Grundrisses waren behutsam einer Ordnung eingefügt, die eine gewisse Symmetrie und Formalität mit asymmetrischen und informellen Elementen verband. Voysey verhalf dem sozialen Muster der englischen Oberschicht um die Jahrhundertwende zum Ausdruck. Seine Bauten besaßen eine Art gewollter Rustikalität, sie ahmten mit voller Absicht die »gewöhnliche Sprache« der einheimischen Tradition nach.

M.H. Baillie-Scott war neun Jahre jünger und arbeitete im Gegensatz zu Voysey häufig auf dem Kontinent. Bei seinem Haus Blackwell (1900), ebenfalls am Lake Windermere, versuchte er, den Innenraum zu öffnen. Es ging ihm dabei nicht nur um Ästhetik, sondern auch um den Ausdruck einer Lebensform. Baillie-Scott hat das Leben in einem Haus der Mittelklasse einfühlsam beschrieben, mit dem Feuer, das in der Halle prasselt, den Wohnräumen, die sich ineinander öffnen, den Kaminnischen, der Musikgalerie und den breiten, geschwungenen Treppen. Solche Bauten waren mit Anspielungen auf Herrenhaus-Architektur und eine romantisierte nationale Vergangenheit schwer befrachtet. Sowohl Voysey als auch Baillie-Scott beschwören ein eindrucksvolles Bild des englischen Wohnhauses, das schließlich in die Baukataloge Eingang fand und zur Verbreitung vieler Klischees in den Vorstadtsiedlungen zwischen den beiden Weltkriegen beitrug.

Charakteristisch für viele Hausentwürfe der Edwardianischen Periode war auch die Verbindung des Gebäudes mit dem Garten durch Pergolen, Wege, abgesenkte Beete und dergleichen. Freilich durfte die »Rustikalität« der Arts-and-Crafts-Häuser nicht zu krass in Erscheinung treten und sich nicht zu weit von den urbanen Gewohnheiten der mittelständischen Bewohner entfernen. Beim Hill House in Helensburgh von 1903 (Abb. 4.4), das Charles Rennie Mackintosh für den Verleger Blackie errichtete, entwarf der Architekt nicht nur das Haus und seine sämtlichen Einrichtungsgegenstände, sondern auch die Nebengebäude, Gartentore, Terrassen und Pergolen als Teil einer einheitlichen ästhetischen Konzeption. Das Ergebnis war ein Gesamtkunstwerk, eine Inszenierung aller Rituale des Familienlebens, von dem »öffentlichen Gesicht«, das ankommenden Gästen in der Eingangshalle präsentiert wurde, über die relative Formalität des Speise- und Wohnraumes bis zu der informellen, privaten Welt der Kaminnischen, Schlafzimmer, Bibliotheken und Sitzecken im Garten.

Einige der großzügigsten Schöpfungen dieses Typus in England wurden von Edwin Lutyens (1869–1944) entworfen, der häufig mit seiner Kusine, der Gartenarchitektin Gertrude Jekyll, zusammenarbeitete. Für sie baute er eines seiner ersten Häuser in Munstead Wood bei Godalming, Surrey. Danach folgte eine Reihe weite-

4.5 *(links)*
Edwin Lutyens,
Tigbourne Court,
Surrey, 1898,
Ansicht des Eingangs.

4.6 *(rechts)*
Edwin Lutyens,
The Plaisaunce,
Overstrand,
Norfolk, 1901,
Ansicht der Gartentreppe.

rer wichtiger Häuser in derselben Gegend, darunter The Orchards in Godalming und Tigbourne Court (Abb. 4.5), ebenfalls in Surrey und ebenfalls von 1898. Lutyens bezog Anregungen von Shaw und Webb, übertraf aber beide in der intensiveren Ausnutzung von Quellen, der Skala seiner Phantasie und seiner Fähigkeit, eine lokale Tradition geistreich für seine eigenen Zwecke zu nutzen. Er glaubte an die Einbeziehung einheimischer Materialien und handwerklicher Verfahren, einerseits aus praktischen Gründen und andererseits, weil dadurch Harmonie zwischen dem Haus und seiner architektonischen Umgebung erzielt werden konnte. So benutzte er bei seinen frühen Entwürfen Bänder aus Surrey-Fliesen und Holzrahmen, wie sie in Bauernhäusern verwendet wurden. Die Tiefe der Dachtraufen variierte je nach der lokalen Tradition. Bei Overstrand Hall in Norfolk (1901) griff er auf die lokal übliche Kombination von Flint und roten Ziegellagen zurück, übertrug sie aber in ein gefälliges Vokabular, bei dem er klassische und mittelalterliche Fragmente geschickt vereinte.

Es wäre freilich völlig unangemessen, Lutyens als bloßen Eklektiker abzutun, der die Geschichte plünderte, um seinen überaus wohlhabenden Bauherren exotische Wochenend-Szenarios zu verschaffen. Bei ihm wurde das Spielerische von einem Sinn für Proportionen und Organisationsprinzipien kontrolliert, und hinter dem äußeren Glanz verbarg sich ein nüchterner, experimentierfreudiger Geist, der sich schließlich auf die Suche nach der Ordnung des klassischen Entwurfs machte. Die Einheitlichkeit von Lutyens' Bauten beruhte zudem auf einer sorgfältigen Kombination von Achsen und sich wiederholenden geometrischen Motiven. So finden sich »Themen«, die in Grundriß, Aufriß und Baukörper durchgespielt sind, zum Beispiel, wenn ein Bogen sich in eine halbkreisförmige Treppe verwandelt, um dann zu einer Mauernische, einer Kuppel oder zu einem luxuriösen hemisphärischen edwardianischen Bad mit Mosaikmuster variiert zu werden. Die geometrischen Spiele erstreckten sich auch auf die Gartengestaltung. In Plaisaunce (ebenfalls in Norfolk, 1901) spiegelte sich die konvexe sphärische Form des Backofens in der konkaven Halbkugel des Daches über dem Sitzplatz aus Backstein wider. Die Gartenterrassen waren wiederum durch amphitheatralisch angeordnete Stufen (Abb. 4.6) und kreisförmige Plattformen mit dem Haus verbunden.

Lutyens interessierte sich stets für die Persönlichkeit des Bauherrn und die Beschaffenheit des Grundstücks und bemühte sich, angemessene und unverwechselbare Lösungen zu finden. Als er in Lindisfarne den Auftrag erhielt, ein schottisches Schloß auf einem Felsvor-

sprung über dem Meer umzubauen, schuf Lutyens ein Juwel von Festung. Die Wehrmauern harmonisierten mit den Felsen der Umgebung, die Bildersprache war völlig im Einklang mit dem Genius loci. In Heathcote, Ilkley (1906), erwartete der Bauherr ein prächtigeres und anspruchvolleres Konzept, als Lutyens es gewohnt war. Zudem legte das Grundstück, dicht an der Vorstadt und auf beiden Seiten von Bauten umschlossen, einen formal anspruchsvollen Villenbau nahe. Deshalb variierte der Architekt seinen Stil, um Elemente des englischen Barock mit Zitaten von Vanbrugh und Hawksmoor einzubringen. Das Haus war durch Parterres, einen apsidenförmigen »großen Rasen« und angedeutete Querachsen geschickt mit den Gartenanlagen verbunden. Dennoch stammte das Material aus der Umgebung: Guiseley-Stein mit grauen Verkleidungen aus den Steinbrüchen um Morley. Dadurch erhielt das massive Bauwerk eine gewisse Strenge, die gut zu seiner Lage und Umgebung paßte. Beim Haus »Salutation« in Sandwich, Kent, sorgten einheimische Fliesen und weiß gestrichenes Holzwerk für die harmonische Einbindung des Pförtnerhauses in eine Stadt an einem Flußufer Kents. Die Materialien waren mit einer Art künstlicher Unregelmäßigkeit angewendet, so daß sie sich den älteren Bauten der Umgebung hervorragend anpaßten. Nirgendwo ist bei Lutyens zu spüren, daß er sich durch neue gesellschaftliche Entwicklungen oder durch die Industrie, deren Vertreter ja häufig seine Bauherren waren, beeindrucken ließ. Seine Entwürfe beschworen eine sichere, stabile Welt nationaler Kontinuität. Sie legten den Trugschluß nahe, das Handwerk sei im Laufe der Jahrhunderte in den einzelnen Regionen stets das gleiche geblieben.

Voysey, Lutyens, Baillie-Scott, Prior und die anderen englischen Architekten, die sich mehr oder weniger als Arts-and-Crafts-Künstler in der ersten Dekade des 20. Jahrhunderts zusammenfassen lassen, waren kühne Neuerer im Wohnhausbau, doch in mancher Hinsicht Traditionalisten. Die »Freiheit« ihrer Planung und ihre Direktheit und »Ehrlichkeit« in der Verwendung von Materialien waren wahrscheinlich eine typische Reaktion auf das Chaos und den Pomp der vorangegangenen englischen Hausbauten; aber es lag diesen Architekten sicherlich fern, eine schöne neue Welt zu schaffen. In gewisser Weise waren ihre Bauten Mikrokosmen jener Werte, die den Begriff des Heimes ausmachten: Miniaturwelten, in denen Details wie Türklinken oder Taubenschläge und auch die allgemeine Atmosphäre von einem Sinn für die Ideale eines glücklichen Familienlebens in natürlicher Umgebung sprachen.

Vor dem Ersten Weltkrieg wurde der neue Stil gewöhnlich als »English Free Architecture« bezeichnet. Doch um 1910 hatte sich bereits eine starke Gegenbewegung formiert, die sich für den Neoklassizismus einsetzte und ausländische oder »kosmopolitische« Vorbilder den regionalen vorzog. Ungefähr zur gleichen Zeit machte sich französischer Beaux-Arts-Einfluß in England bemerkbar, während Arts and Crafts sozusagen nach Deutschland exportiert wurde. Eine Schlüsselfigur war hier Hermann Muthesius, der als Attaché an der Deutschen Botschaft in London den englischen Wohnhausbau studierte. Sein Buch *Das englische Haus* von 1902 war ein meisterhafter Überblick über die nationale Tradition des Häuserbaus. Zweifellos kam er damit dem Interesse der Deutschen an englischen Häusern und Gärten entgegen, das weit in das 19. Jahrhundert zurückreichte. Aber es waren auch noch gewichtigere Ideale im Spiel. Muthesius arbeitete für eine deutsche Elite, die sich der Unterlegenheit ihrer Kultur und deren Zerstörung durch die Industrialisierung deutlich bewußt war. Sie erkannte den nüchternen, gelassenen Charakter der englischen Bewegung und die intelligente formale Gestaltung alltäglicher Bauaufgaben.

Muthesius mythologisierte den Engländer und sein Heim:

»Die englische moderne Kunstbewegung hat aber, das sei hier nochmals wiederholt, nichts von dem Phantastischen, Überflüssigen und vielfach Gesuchten, in dem sich ein Teil der neuen kontinentalen Richtung noch bewegt. Weit hiervon entfernt, hängt sie vielmehr am Primitiven, Bäuerischen; und hier geht sie vorzüglich zusammen mit dem Typus des altüberlieferten ländlichen Hauses. Überdies entspricht das Ergebnis recht eigentlich dem englischen Geschmack, dem nichts über die schlichte Einfachheit geht... Ein Mindestmaß von ›Formen‹ und ein Höchstmaß von ruhiger, behäbiger, aber dennoch frischer Stimmung, das strebt er an... Jeder solche Anklang scheint ihm ein Band an die geliebte Mutter Natur zu sein, der das englische Volk trotz aller hohen Kultur treuer geblieben ist als irgendein anderes Volk. Das heutige Haus ist ein Zeugnis dafür... - Wie es lustig in der Farbe und massig in der Form sich der umgebenden Natur trefflich anpaßt, so steht es heute da als ein Kulturerzeugnis der gesunden Neigungen eines Volkes, das sich bei allem Reichtum und aller vorgeschrittenen Kultur den Sinn für das Natürliche in bewunderswertem Maße bewahrt hat. Die Stadtkultur mit ihren verbildenden Einflüssen, mit ihrem sinnlosen Hasten und Drängen, mit ihrer treibhausartigen Entwicklung der im Menschen schlummernden Eitelkeitstriebe, mit ihrer Steigerung ins unnatürlich Verfeinerte, Nervöse und Krankhafte, sie hat dem englischen Volk noch so gut wie nichts anhaben können.«

Die Bewunderung der Deutschen für die englische Arts-and-Crafts-Bewegung ging noch weiter. Begriffe wie etwa Materialehrlichkeit wurden bei der Gestaltung von Gebrauchsgegenständen ebenso angewendet wie in den Lehrprogrammen der Kunstgewerbeschulen, und schließlich entstand ein allgemeines Interesse an der guten formalen Qualität des Industriedesigns. Als William Lethaby, der eng mit der Arts-and-Crafts-Bewegung verbunden gewesen war, im Jahre 1915 zurückblickte, äußerte er sich betrübt über die »zurückhaltende

Arts-and-Crafts-Ideale in England und den USA 55

Reaktion und das Wiederaufleben der Katalog-Stile« in England; zugleich sprach er bewundernd von den »Fortschritten im deutschen Industriedesign, die auf die englische Arts-and-Crafts-Bewegung zurückgehen«. Wie eine Bewegung, die sich ursprünglich gegen die häßlichen Auswüchse der Technisierung gerichtet hatte, zur Grundlage einer nationalen Philosophie des industriellen Designs werden konnte, wird in einem späteren Kapitel zu erläutern sein. Jedenfalls wurde Arts and Crafts, exportiert und umgewandelt, zu einem weiteren wichtigen Teil im Puzzle der Moderne.

Das traf nicht nur auf Europa zu, sondern auch auf Amerika, wo Frank Lloyd Wright die Rolle des Katalysators spielte. Er war zweifellos der originellste Architekt, der von der Arts-and-Crafts-Bewegung beeinflußt wurde, und kann deshalb kaum als typisch gelten. Immerhin fiel aber seine Entwicklung in eine Zeit, in der viele Ideen des frühen 19. Jahrhunderts aufgenommen wurden. Zwar gab es in der amerikanischen Tradition kein Äquivalent für William Morris, doch dessen Gedanken waren wohlbekannt. Ein Theoretiker und Entwerfer in der Mitte des Jahrhunderts war Andrew Jackson Downing, der das mit Holzlatten verkleidete Wohnhaus – die ländliche Zuflucht – als Quintessenz des Amerikanischen und Demokratischen betrachtete. Vincent Scully hat beschrieben, wie sich daraus in den letzten drei Jahrzehnten des 19. Jahrhunderts der sogenannte »Pfostenstil« (stick style) und »Schindelstil« (shingle style) entwickelte. Kennzeichen waren der direkte Ausdruck der Holzkonstruktion, informelle offene Grundrisse sowie romantische Walmdächer, Kamine und Türmchen. Sicherlich hatte Shaw großen Einfluß auf diese Entwicklung, und auch regionale Holzbau-Traditionen hatten ihren Anteil. Aber es gab auch etwas, das sich nicht leicht definieren ließ – ein Ethos der Freiheit und das Interesse an der Einbindung des Wohnhauses in seine natürliche Umgebung. Wie immer war das Fehlen einer langen, kontinuierlichen Nationaltradition für die amerikanische Architektur zugleich hilfreich und hinderlich; hilfreich, weil dadurch Experimente gefördert wurden, und hinderlich, weil es kaum Orientierung an früheren Normen gab. Eine überzeugende Synthese einheimischer und importierter Elemente findet sich in den Arbeiten Henry Hobson Richardsons. Er hatte die Akademie absolviert, schätzte das Mittelalter hoch und besaß einen feinen Instinkt für das, was die neue Gesellschaft der Vereinigten Staaten brauchte. Sein Ames Gate Lodge von 1882 in North Easton, Massachusetts (Abb. 4.7), bezieht sich mit seiner physischen Präsenz und seiner übertriebenen Verwendung einheimischen Steins auf die Umgebung. Doch die Rustikalität des Bauwerks wird veredelt und formalisiert durch Richardsons Kenntnis ferner Traditionen, darunter so exotische wie frühchristliche Bögen aus Syrien und das französische mittelalterliche Bauernhaus.

So ging es bei der Suche nach einem vorbildlichen Wohnhaustyp in Amerika stets auch um die Frage der amerikanischen Architektur im allgemeinen. In rascher Folge entstanden Formulierungen, die von unterschiedlichen Ideen ausgingen: eine pastorale Landschaftsidylle für die Mittelklasse; ehrliche Ausdrucksformen, frei von europäischer Dekadenz; regionaler Funktionalismus; ein Streben nach Angemessenheit und Zweckmäßigkeit, Eigenschaften, die sich in der Natur finden und aus denen sich Schönheit und tiefere Bedeutungen ergeben sollten. In diesem Wunsch nach einer Einfachheit, die im Einklang mit der Natur stand, klangen alte Hoffnungen auf ein Paradies in der »Neuen Welt« an. Was dann entstand, waren jene überaus kultivierten und artifiziellen »natürlichen« Umgebungen: die Vororte, die von den 1880er Jahren an die mechanisierten amerikanischen Cities umwucherten. Wright erkannte die Situation und wob eine Mythologie um das vorstädtische Einfamilienhaus. Seine ersten Entwürfe bezogen sich auf den Schindelstil, auf japanische Quellen, den Regionalismus des Mittelwestens und den Queen-Anne- und Kolonialstil, der in den achtziger Jahren und zu Beginn der neunziger Jahre noch einmal wieder auflebte (Abb. 4.8). Die aus England importierten Ideale der Arts-and-Crafts-Bewegung – Rücksicht auf das Material und ganzheitliche Gestaltung des Bauwerks, seiner Einrichtung und seiner Umgebung – beeindruckten ihn schon früh. Doch im Gegensatz zu Morris und zu seinen englischen Zeitgenossen Voysey, Webb und Lutyens war er sich auch über die positive Bedeutung der technischen Entwicklung im klaren. In seinem Essay »The Art and Craft of the Machine« von 1901 stellte er fest, daß »die Maschine da ist und da bleiben wird«. Dies werde nicht nur die Bautechniken beeinflussen (zum Beispiel durch die Geradlinigkeit maschinengesägten Holzes), sondern auch die gesamte Struktur der Gesellschaft, für die der Architekt baut. Wright blieb in mancher Hinsicht ein Traditionalist.

4.7 Henry Robson Richardson, Ames Gate Lodge, North Easton, Mass., 1882.

Aber mit seinem ausgeprägten Gefühl für abstrakte Formen und seiner Vision einer neuen Gesellschaftsordnung wurde er zum Verbindungsglied zwischen dem Handwerksideal des 19. Jahrhunderts und den progressiven Ideen der späteren Moderne in Europa.

Außer Wrights Prairie-School-Architektur gab es in den Vereinigten Staaten noch andere Strömungen, die sich auf Arts and Crafts beriefen, vor allem an der Westküste. Der Westen galt immer noch als »letzte Grenze« und hatte sich Reste von mehr als einem Jahrhundert Pioniermythologie bewahrt. Zwischen 1901 und 1916 verbreitete Gustav Stickley in einer Zeitschrift mit dem Titel *The Craftsman* die Botschaft vom handwerklichen Schaffen. Er berichtete über Entwicklungen im Haus- und Möbelentwurf und bildete Idealprojekte für Einfamilienhäuser ab (Abb. 4.10). Zu den Vorschlägen gehörten ein- und zweigeschossige Häuser mit weit auskragenden Dachtraufen, Veranden, Kletterpflanzen und rustikalen Kaminen. Die Innenräume mit freiliegenden Balken und Holzstützen, Nischen und eingebauten Bänken, »bescheidenen« Materialien und Kaminen in der Eingangshalle symbolisierten das einfache »Heim«. Vorbilder für dieses Vokabular waren unter anderem Schweizer Chalets, japanische Holzhäuser und verschiedene regionale Haus- und Hüttentypen aus Amerika.

In Kalifornien herrschte die Aufbruchsstimmung einer neuen Gesellschaft, die nicht von Konventionen eingeengt und (noch nicht) von der Industrialisierung betroffen war. Zudem stand viel Land zur Verfügung, und das Klima begünstigte eine Architektur, die sich nach außen öffnete. Meister des luxuriösen, aber dennoch »einfachen« kalifornischen Bungalows waren die Brüder Charles und Henry Greene (geboren 1868 und 1870). Von den späten siebziger Jahren an besuchten sie Calvin Woodwards Manual Training School in St. Louis, wo sie darin unterwiesen wurden, mit natürlichen Materialien (vor allem Holz) umzugehen und ihre Vorstellungen in visuelle Formen umzusetzen. Gegen Ende der achtziger Jahre zogen die Brüder in den Osten und studierten am MIT (Massachusetts Institute of Technology), wo sie sich mit den axialen Anordnungen und dem intellektuellen Konzept der Beaux-Arts-Schule vertraut machten. Nach dem Examen arbeiteten sie eine Zeitlang in der Umgebung von Boston. Zweifellos lernten sie dort auch die Werke Richardsons und regionale Beispiele für den Schindelstil kennen. Danach siedelten sie wieder in den Westen über. Es dauerte ein Jahrzehnt, bis sie zu einer Formensprache gefunden hatten, die sich aus ihren früheren Quellen speiste: den hybriden kalifornischen Stilen (vor allem jenen, bei denen einfache Holzkonstruktionen und tiefe, auskragende Balkons bestimmend waren), und sogar japanischen Vorbildern, die sich durch elegante Proportionen, delikate Verbindungen und die feinfühlige Kombination formeller und informeller Elemente auszeichneten. Ein Meisterwerk ihres neuen Regionalismus war das Haus Gamble in Pasadena von 1907–08 (Abb. 4.9), errichtet für einen millionenschweren Partner der Waschmittelfirma Procter and Gamble. Das Bauwerk war eine veredelte und vergrößerte Version des kalifornischen Bungalows, besaß aber dennoch eine überraschende Intimität, Komplexität und Maßstäblichkeit. Einen noblen Effekt erzielten die Architekten dadurch, daß sie das Haus auf eine Art Terrassensockel setzten, der sich über die umgebenden Rasenflächen und Farnböschungen erhob. Gegen die Solidität der Giebelpartien hoben sich die transparenten, ausladenden Veranden im Pfostenstil ab. Die auskragenden Dachbalken und die tiefen Rücksprünge gaben den Schlafplätzen auf den Veranden Schatten. Die wichtigsten Materialien des Außenbaus waren das Redwood der Balken und des Traggerüsts und die übergroßen olivgrünen Schindeln, die gut mit den natürlichen Farben der Umgebung harmonierten. Im Inneren wurden diese Materialien und Oberflächentexturen durch farbige Verglasung, handpolierten Marmor und farbglühende Tiffany-Lampen ergänzt. Das Raffinement der Gestaltung war bis ins letzte Detail zu spüren, wie etwa in der Ausbildung der erdbebensicheren elastischen Gelenke aus Zapfen und Schlaufen oder bei den sich verjüngenden Balkenköpfen der Balkone. Wie die meisten Entwürfe der Brüder Greene wurde auch dieser noch während der Bauarbeiten verändert, wobei die Architekten selbst häufig an der Baustelle die Holzdetails überprüften, um präzise Wirkungen zu erzielen.

Der Grundriß des Hauses Gamble gibt weiteren Aufschluß über die Absichten der Architekten. Man kommt auf einer offenen Terrasse an. Durch die Eingangstür gelangt man in eine weite Halle und direkt geradeaus zu einer weiteren Terrasse auf der Rückseite. Speisezimmer, Wohnraum (beide mit Ausblick auf Schwimmbecken und Farngarten) und Treppenhaus sind durch diesen

4.8 *(oben)* Frank Lloyd Wright, Eigenes Haus, Oak Park, Illinois (bei Chicago), 1893.

4.9 *(rechts)* Charles und Henry Greene, Haus Gamble, Pasadena, California, 1907–08.

4.10 *(unten rechts)* Gustav Stickley, Entwurf eines Bungalows, aus *The Craftsman*, ca. 1905, Innenansicht.

Arts-and-Crafts-Ideale in England und den USA 57

Zentralbereich miteinander verbunden. Der Wohnraum ist wie so viele zeitgenössische Entwürfe Frank Lloyd Wrights symmetrisch und axial zu dem großen Kamin angelegt, der den Hauptakzent setzt. Zwar fehlen dem Grundriß und der räumlichen Gliederung die Disziplin und Spannung von Wrights Prärie-Häusern, aber die Verbindung formeller und informeller Elemente, die einem Haus dieser gesellschaftlichen Bedeutung entspricht, findet sich auch in vielen Arts-and-Crafts-Entwürfen der gleichen Zeit. Ebenfalls von Arts and Crafts inspiriert ist die Einbindung des Bauwerks in seine Umgebung: überwiegende Horizontalität, Eingangsbereiche, die halb innen, halb außen liegen, Auswahl der Materialien, Einbeziehung der Bepflanzung und ein unregelmäßiger Grundriß, der mit dem Garten harmoniert. Hier fand das Thema des »natürlichen Hauses« eine extreme Lösung, die durch Klima und Flora Kaliforniens ermöglicht wurde.

Doch Handwerksideale wurden nicht nur im Wohnhausbau verwirklicht: Auch im öffentlichen Bereich gingen Bauten wie Mackintoshs Kunstschule oder Wrights Unity Temple von ähnlichen Vorstellungen aus. In Nordkalifornien war Bernard Maybecks First Church of Christ Scientist in Berkeley von 1909–11 (Abb. 4.11) ein exemplarisches Beispiel. Das Bauwerk läßt sich freilich nicht leicht einordnen: Es ist unverwechselbar und exzentrisch. Maybeck, gelernter Möbelbauer, hatte in Paris eine Beaux-Arts-Ausbildung erhalten. Seine Kirche ist der Tradition eng verhaftet und basiert auf den zeremoniellen akademischen Achsen- und Kompositionsprinzipien. Doch die architektonischen Elemente, die über diesem hieratischen Grundriß zusammengefügt sind, haben wenig mit der großen klassischen Manier gemeinsam (obwohl die Entwürfe desselben Architekten für die Pacific Exhibition von 1915 ihn als Meister einer individuellen, von der Klassik ausgehenden Sprache zeigen); statt dessen sind wir mit einer Mischung von Stilen konfrontiert – Gotik, Pfostenstil, kalifornische Suburbia – und mit einer geradezu phantastischen Vielfalt von Materialien, darunter geschnitztes Holz, industriell hergestellte Schiebefenster, Asbest und Glyzinien. Dennoch hat der Entwurf eine überzeugende Einheitlichkeit und geht weit über seine Quellen hinaus.

Im Gegensatz zu Maybeck vertrat Irving Gill die Position der Nüchternheit und Einfachheit. Er wurde 1870 geboren, war weitgehend Autodidakt und profitierte davon, daß sein Vater, ein Bauunternehmer, sich für alle Neuheiten im Bauwesen interessierte. Gill selbst trat schon früh für die Verwendung von Stahlbeton im Wohnhausbau ein und fand wie Perret, das Material verlange schlichte Rechtwinkligkeit. Bestärkt wurde er in dieser Auffassung durch seine persönliche Vorliebe für die regionalen Traditionen des Südwestens, vor allem die Luftziegelbauten und die Missionsstationen mit ihren weiß geschlämmten Wänden, niedrigen Dächern und ausgreifenden Pergolen. Dennoch setzte Gill sich nicht für einen primitiven Romantizismus ein, sondern ließ sich von einer weiterreichenden sozialen Vision bestimmen. Für ihn war Kalifornien die »letzte Grenze« und daher der richtige Ort für eine neue Lebensweise auf der Grundlage der besten alten demokratischen Ideale Amerikas. So hatte die klare Einfachheit seiner Bauten zum Teil moralische Gründe, war aber weit von der Maschinenidolatrie jener europäischen Avantgarde entfernt, die in den zwanziger Jahren die internationale Moderne schuf. Gill versuchte im Gegenteil, die Volumen seiner Bauten den Strukturen der Natur gleichzusetzen:

»Wir sollten unser Haus so einfach, schmucklos und massiv wie einen Felsblock bauen und dann die Ausschmückung der Natur überlassen, die es mit Flechten schattieren und in Stürmen ziselieren wird. Sie wird es mit Weinranken und Blumenschatten freundlich und anmutig machen, wie sie es mit dem Stein auf der Wiese tut. Ich glaube auch, Häuser sollten solider gebaut werden und müßten absolut gesund sein. Würden die Kosten für unwichtige Ornamente in den Bau gesteckt, so erhielten wir ein dauerhafteres und würdigeres Haus.«

Gills Interpretation der »Natur« bedeutete mehr als sensible Einordnung in die Landschaft und Witterungseinflüsse auf den Oberflächen. Wie Wright und Sullivan glaubte er, die beste Geometrie sei jene, die aus den Strukturen und Prozessen der Natur abstrahiert werde. Die Formen der Kunst sollten die Zweckmäßigkeit der Naturformen nachahmen.

Für Gill entsprachen die Grundfiguren der architektonischen Grammatik natürlichen Elementen und konnten die Emotionen eines Betrachters auf präzise Weise beeinflussen (Abb. 4.12):

»Jeder Künstler muß sich früher oder später direkt mit diesen vier Prinzipien auseinandersetzen – den wichtigsten aller Linien. Die vom Horizont hergeleitete gerade Linie ist ein Symbol für Größe und Würde; der Bogen der Himmelskuppel stellt Triumph, Ehrfurcht und Sehnsucht dar; der Kreis ist das Zeichen für Vollendung, Bewegung und Fortschritt, wie man bemerkt, wenn man einen Stein ins Wasser wirft; das Quadrat ist ein Symbol für Macht, Gerechtigkeit, Aufrichtigkeit und Stärke. Dies sind die Grundlagen, die Einheiten der architektonischen Sprache, und ohne sie kann es keine direkte oder inspirierte architektonische Rede geben.«

Die Arts-and-Crafts-Bewegung war, wie viele andere Strömungen auch, am Übergang der »Stile« aus dem 19. Jahrhundert beteiligt und brachte Einzelleistungen von überragender Qualität hervor. Es handelte sich hier weniger um eine einheitliche Formensprache als um die

4.11 Bernard Maybeck, First Church of Christ Scientist, Berkeley, California, 1909–11.

Arts-and-Crafts-Ideale in England und den USA 59

4.12 Irving Gill, Dodge House, Los Angeles, California, 1914–16.

Verwirklichung gemeinsamer Vorstellungen. Zwar nahm Gill einige oberflächliche Aspekte der weißen, geometrischen Architektur der zwanziger Jahre vorweg, aber seine Arbeiten waren in Europa praktisch unbekannt, und er ging von völlig anderen Voraussetzungen aus. Tatsächlich wendete sich die Generation, die in Europa die Moderne schuf, *gegen* die Betonung des Handwerklichen.

Dennoch ging von den Arts-and-Crafts-Idealen reinigende Kraft aus, weil sie Aufrichtigkeit und Funktionstüchtigkeit schätzten. Diese Ideen lagen auch dem Deutschen Werkbund in Deutschland zugrunde, einer Organisation, die eine direkte Konfrontation mit der technischen Entwicklung suchte.

5. Antworten auf die Technisierung: Deutscher Werkbund und Futurismus

»Das Problem der neuen Architektur ist nicht ein Problem der Neuordnung ihrer Konturen, nicht eine Frage der Erfindung neuer Formen oder neuer Architrave für Türen und Fenster; es bezieht sich nicht darauf, Säulen, Pilaster und Konsolen durch Karyatiden oder andere Figuren zu ersetzen...Es handelt sich vielmehr darum, die neuerbauten Gebäude auf einem vernünftigen Plan aufzubauen und dabei jeden nur möglichen wissenschaftlich und technisch bedingten Fortschritt auszunutzen; in nobler Weise alle durch unsere Lebensgewohnheiten und unsere Geisteshaltung bedingten Forderungen zu berücksichtigen; alles, was uns schwerfällig, grotesk und unsympathisch erscheint (Tradition, Stil, Ästhetik, Proportion) zu verwerfen, neue Formen, neue Linien, neue Existenzgründe ausschließlich aus den besonderen Umständen der modernen Lebensweise heraus zu entwickeln und sie als ästhetischen Wertbegriff in unser Empfindungsvermögen zu übertragen.«

Antonio Sant'Elia, 1914

Die Arts-and-Crafts-Bewegung hatte von Anfang an mit Nostalgie auf eine angeblich heile Gesellschaft zurückgeblickt, die ihrer Meinung nach vor den chaotischen Auswirkungen der Industrialisierung bestanden hatte. Dagegen kamen vor allem in Deutschland und Italien in dem Jahrzehnt vor dem Ersten Weltkrieg philosophische, poetische und schließlich auch formale Tendenzen auf, die sich von der Faszination der Technik beeindrucken ließen. Wie schon erwähnt, setzte allein der Begriff einer »modernen« Architektur eine fortschrittsgläubige Geschichtsauffassung voraus. Die Theorien des Deutschen Werkbundes und der Futuristen in Italien (die sich deutlich voneinander unterschieden) und die Ideen von Architekten wie Peter Behrens, Walter Gropius oder Antonio Sant'Elia lassen erkennen, daß die Technisierung mehr und mehr als wichtiger Impuls für den Fortschritt der Geschichte betrachtet wurde, der auch in Architektur und Design einen angemessenen Ausdruck finden sollte.

Das bedeutet freilich nicht, daß ein Konsens darüber bestand, wie dieses Ziel erreicht werden sollte. In Deutschland, wo die Industrialisierung später eingesetzt hatte als in England und Frankreich und wo ihre Chancen und Traumata tiefe Spuren hinterlassen hatten, gab es heftige Debatten über das ideale Verhältnis zwischen Kunst und Industrie. Vier unterschiedliche Positionen kristallisierten sich heraus: zum ersten eine direkte Fortführung der Arts-and-Crafts-Ideale in den Kunstgewerbeschulen, wo man glaubte, daß Qualität nur durch eine Konzentration auf handwerkliche Arbeit erreicht werden könne. Zum zweiten die höchst individualistische Vorstellung, daß authentische Formen in der Architektur nur aus einem expressiven Temperament erwachsen, also eine Übernahme der subjektivsten Aspekte des Art Nouveau, die zum Expressionismus führte. Die dritte Position war dagegen materialistisch und praxisnah und ging davon aus, daß die besten Formen aus der logischen Verwendung neuer Baumaterialien hervorgehen würden, mit anderen Worten: eine funktionalistische Einstellung. Bei der vierten Position (die uns hauptsächlich beschäftigen wird) galt der Funktionalist als unkultivierter Rohling, der Expressionist als unwichtiges Überbleibsel des Geniekults und der Handwerker als ausgestorbene Spezies, wenn es nicht gelang, ihn für Objekte der Serienproduktion zu interessieren. So wurde es Aufgabe des Künstlers oder Architekten, die »Normen« – seien es Industrieprodukte, Bauelemente oder Teile der Stadtstruktur – einer neuen, technisierten und in gewisser Weise deutschen Kultur zu entwickeln. Der Künstler sollte eine Art Mittler zwischen formaler Erfindung und Standardisierung sein, zwischen persönlichem Stil und der angemessenen Form für den »Zeitgeist«, zwischen einem Sinn für die moderne Welt und dem Vertrauen auf uralte künstlerische Prinzipien.

Einer der konsequentesten Vertreter dieser Richtung war Hermann Muthesius, der Begründer des Deutschen Werkbundes im Jahre 1907. Diese Organisation verfolgte das Ziel, engere Bindungen zwischen der deutschen Industrie und den Künstlern zu knüpfen, um die Qualität der nationalen Produktion dem Standard anzupassen, den Muthesius in England kennengelernt hatte. Es ging dabei von Anfang an weniger um rein wirtschaftliche Erwägungen als um die tiefschürfende Erforschung des »deutschen Geistes«, die Rolle der Form in der Industrie und das Seelenleben der Nation.

»Weit wichtiger als das Materielle ist das Geistige, höher als Zweck, Material und Technik steht die Form. Diese drei können tadellos erledigt sein, und wir würden, wenn die Form nicht wäre, doch noch in einer Welt der Roheit leben. So stellt sich uns als Ziel immer deutlicher die weit größere und weit wichtigere Aufgabe vor die Augen: die Wiedererweckung des Verständnisses und die Neubelebung des architektonischen Empfindens.«

Muthesius vertraute auf die kultivierte industrielle Elite, die, so hoffte er, dazu erzogen werden konnte, die deutsche Nation ihrer eigentlichen Mission zuzuführen: Hebung des allgemeinen Geschmacks, der auf den Weltmärkten Geltung erhalten sollte, und Pflege einer einflußreichen, echten Kultur. Moralischen Einfluß im täglichen Leben sollten gut gestaltete Objekte auf dem Marktplatz, im Haus und an der Arbeitsstätte ausüben – kurz, die Umgebung in ihrer Gesamtheit. Offenbar hatte Muthesius eine Art vereinheitlichten Stil im Sinne, der den massenfabrizierten Eklektizismus des 19. Jahrhunderts ersetzen und sich ebenso deutlich in einer Straßenlaterne und einer Teetasse wie in einem Monument oder sogar einem Fabrikgebäude äußern sollte. Muthesius glaubte an eine Rückkehr zu grundlegenden Formwerten, die dem neuen selbstbewußten Nationalgefühl in Deutschland architektonischen Ausdruck verleihen sollten. In diesen Vorstellungen findet sich ein Echo der Schriften Gottfried Sempers, der nach seinem Besuch des Kristallpalastes und der Ausstellung von 1851 vorausgesehen hatte, daß ein neuer, den technischen Möglichkeiten angemessener Stil notwendig werden würde. Und es überrascht nicht, daß Muthesius große Bewunderung für die Grandeur der klassischen Tradition – besonders im Werk Karl Friedrich Schinkels – hegte. Diese Tradition schien auf überzeugende Weise kriegerische Werte und unpersönliche Macht, Gelehrsamkeit und formale Abstraktion zu vereinen, Elemente, die Muthesius auch für den neuen Stil seiner eigenen Zeit unerläßlich fand.

»So ist die Wiedergewinnung einer architektonischen Kultur für alle Künste die Grundbedingung...
Es handelt sich darum, wieder jene Ordnung und Zucht in unsere Lebensbedingungen zu bringen, deren äußeres Merkmal die gute Form ist.«

Von der englischen Arts-and-Crafts-Tradition übernahm Muthesius den Glauben an den moralischen Einfluß des Designs auf das menschliche Leben, ein Gefühl für den konsequenten Ausdruck des Materials und der Funktion und Abscheu gegen die »Unehrlichkeit« des Eklektizismus. Zugleich aber setzte er sich mit Gestaltungsmöglichkeiten für Industrieprodukte mit philosophischen Konzepten der deutschen idealistischen Tradition auseinander. Dabei ging es vor allem um die Vorstellung, daß es Deutschlands Bestimmung sei, einen höheren Beitrag zur Weltgeschichte zu leisten, und daß ein »Wille zur Form« mit starker nationaler Färbung zu einem genuinen Stil führen würde. Ein solcher Stil wäre dann nicht nur persönlich, konventionell oder willkürlich, sondern stellte eine unausweichliche Schicksalskraft dar: eine universale Notwendigkeit.

»Sicherlich ist das Flüchtige mit dem innersten Wesen der Architektur unvereinbar. Sie hat das Stetige, Ruhige, Dauernde zu eigen. Repräsentiert sie doch in der durch die Jahrtausende reichenden Tradition ihrer Ausdrucksformen selbst gleichsam das Ewige der Menschheitsgeschichte...Wenn irgendeine Kunst, so strebt die Architektur nach dem Typischen. Nur hierin kann sie ihre Vollendung finden. Allein durch das allseitige und stetige Verfolgen desselben Zieles kann jene Tüchtigkeit und unzweifelhafte Sicherheit zurückerobert werden, die wir an den Leistungen vergangener, in einheitlichen Bahnen marschierender Zeiten bewundern.«

Es wäre allzu einfach, die Architektur von Peter Behrens als direkte Demonstration von Muthesius' Zielen zu sehen. Doch noch etwa 1907 fanden sich erstaunliche Übereinstimmungen in den Positionen, vor allem bei den Entwürfen, die Behrens für den Elektrokonzern AEG ausführte; dazu zählten Objekte für die Massenproduktion wie Lampen (Abb. 5.1), Plakate und Möbel ebenso wie ganze Fabrikgebäude. Zuvor war seine künstlerische Entwicklung ähnlich wie die mancher anderer Architekten verlaufen. Als er an der Darmstädter Künstlerkolonie

5.1 *(unten)*
Peter Behrens,
Lampenentwürfe für die Serienproduktion, ca. 1908.

nächste Seite:
5.2 Peter Behrens,
AEG-Turbinenfabrik,
Berlin, 1908.

mitwirkte, die 1899 von Großherzog Ernst Ludwig von Hessen begründet wurde, stand er den Arts-and-Crafts-Idealen nahe. Behrens gehörte (wie auch J.M. Olbrich) zu den sieben Gründungsmitgliedern der Kolonie. Das physische Wohlbefinden existiere im Nützlichen und Angemessenen, schrieb er damals, und man müsse eine Verbindung zwischen beidem finden. Sein eigenes Haus von 1902 mit seinen kurvigen Formen und melancholischen Stimmungen, wie sie einem introvertierten Geist entspringen, macht deutlich, daß er eine träumerische Phase des Art Nouveau durchlaufen hatte. Behrens' Suche nach einer typisch deutschen Kunst führte ihn dann offenbar zu einem *rappel à l'ordre*, der sich in der stereometrischen und flächigen Geometrie seiner romanisch inspirierten Bauten auf der Oldenburger Ausstellung im Jahre 1905 manifestierte. Als er für die AEG zu arbeiten begann, war er reifer geworden, und sein Vokabular wies deutliche klassizistische Elemente auf. Wie Muthesius sah Behrens bei Schinkel eine Verbindung nationalistischer und idealistischer Gedanken, die er nutzen konnte, um seine neuen Vorstellungen für eine industrielle Elite zu formulieren. Zu seinem Glück fand er Unterstützung und Förderung bei dem AEG-Direktor Emil Rathenau, der sich für kulturelle ebenso wie für technische Belange interessierte.

Rathenau und Behrens waren der Ansicht, die Aufgaben der Industrie müßten als wichtige kulturelle Aufgaben ihrer Zeit betrachtet werden. So erhielt der Fabrikbau weit mehr Bedeutung, als er zuvor besessen hatte. Behrens war sich darüber im klaren, daß seine Auftraggeber Wert auf eindrucksvolle, kultiviert wirkende Bauten im großen Stil legten. Viele der Fabrikgebäude und Lagerhäuser, die er zwischen 1908 und 1914 für die AEG errichtete, verbanden auf ingeniöse Weise ein abstrahiertes klassisches Vokabular mit klarem Ausdruck der Konstruktion. So hatte die Berliner Turbinenfabrik von 1908 (Abb. 5.2) den Charakter eines Tempels, der einem industriellen Kult geweiht ist. Die kolossalen Turbinen mußten während der Bearbeitung gehoben und von einem Ende der Halle zum anderen bewegt werden, so daß ein durchlaufender Mittelgang und ein erhöhtes Kranportal erforderlich waren. Behrens' Lösung war eine Reihe eleganter, parallel laufender zweiseitiger Kräne, die an der Spitze des Daches aufeinandertrafen. Das Gebäude erhielt dadurch einen großartigen, ja edlen Charakter. Visuelle Leichtigkeit und Massivität wechselten sich ab und gliederten das Volumen. Wäre Behrens ein reiner Funktionalist gewesen, so hätte er nur die Funktionen optimal herausgearbeitet und das Gebäude mit billigen Materialien verkleidet, ohne Rücksicht auf die Proportionen oder gar auf die Wirkung der Formen zu nehmen. Wäre er ein »Expressionist« gewesen (wie sein Zeitgenosse Hans Poelzig in Breslau), so hätte er vielleicht den Prozeß der Bewegung durch eine skulpturale formale Anordnung zu dramatisieren versucht. Aber Behrens hielt sich bei seiner Suche nach einer nüchternen und »typischen« Form im »klassischen deutschen Geist« zwischen diesen beiden Polen. Die Stützen und

64 Die Vorgeschichte der modernen Architektur

Profile waren so abgestimmt, daß ein würdevoller Rhythmus und ein Eindruck der Ruhe entstanden. Die Kranportal-Form war geschickt mit einem klassischen Giebel verblendet, und die freiliegenden Stahlstützen an den Seiten wirkten wie eine Abfolge klassischer Säulen. Die große Glasfläche der Hauptfassade ging mit der Giebelfläche bündig, so daß sie wie ein dünner Schirm vor den massiven Eckpfeilern aus Beton lag, die dem Auge konstruktive Stabilität suggerierten.

Behrens' Vorliebe für geometrische Primärformen (die vielleicht auch durch seine Lektüre formenbewußter Kunsthistoriker wie Heinrich Wölfflin gefördert wurde) führte auch bei anderen Typen von Industriebauten zu geschickt ausgewogenen Proportionen. Sein Gaswerk in Frankfurt von 1911 (Abb. 5.3) bestand zum Beispiel aus einfachen Zylindern in dramatischer Gegenüberstellung. Überhaupt bildete die Ingenieurästhetik ein ständig wiederkehrendes Thema des Deutschen Werkbundes, und es war durchaus nicht ungewöhnlich, daß Debatten über den relativen ästhetischen Wert der einen oder anderen Grundform stattfanden. Die Jahrbücher des Deutschen Werkbundes von 1913 und 1914 zeigten sogar Getreidesilos und Kriegsschiffe als Beispiele für die Verbindung funktionaler Logik und eindrucksvoller abstrakter Formen (Abb. 5.4).

Das Jahrbuch von 1913 veröffentlichte unter dem Titel »Die Entwicklung moderner Industriebaukunst« den Artikel eines jungen Architekten namens Walter Gropius, der die AEG-Fabriken als »Baugebilde von wahrhaft klassischer Gebärde, die souverän ihre Umgebung beherrschen«, pries. Weiter sagte er:

»Die Getreidesilos von Kanada und Südamerika... und die modernsten Werkhallen der nordamerikanischen Industrietrusts halten in ihrer monumentalen Gewalt des Eindrucks fast einen Vergleich mit den Bauten des alten Ägyptens aus.«

Er lobte den natürlichen »Sinn für große, knapp gebundene Form« und fügte hinzu:

»Darin liegt aber ein wertvoller Hinweis für uns, den historischen Sehnsüchten und den anderen Bedenken intellektueller Art, die unser modernes europäisches Kunstschaffen trüben und künstlerischer Naivität im Wege sind, für immer die Achtung zu versagen.«

Aber Gropius ging noch weiter und forderte, der moderne Zeitgeist müsse seinen Ausdruck in einem neuen Stil finden. Er sei charakterisiert durch »exakt geprägte Form, jeder Zufälligkeit bar, klare Kontraste, Ordnen der Glieder..., Einheit von Form und Farbe«. Diese Eigenschaften müßten »entsprechend der Energie und Ökonomie unseres öffentlichen Lebens das ästhetische Rüstzeug des modernen Baukünstlers werden«. Unter jenen, die diesen »wertvollen Hinweis« aufgriffen, war der junge Charles Edouard Jeanneret (später Le Cor-

5.3 *(links)* Peter Behrens, Gaswerke, Frankfurt/Main, 1911.

5.4 *(unten links)* Amerikanischer Getreidesilo, aus *Jahrbuch des Deutschen Werkbundes,* 1913.

busier), der 1910 in Behrens' Büro arbeitete und danach über die Entwicklung in Deutschland auf dem laufenden blieb.

Instruktiv ist ein Vergleich von Behrens' Gaswerk mit Hans Poelzigs Wasserturm in Breslau (1908) oder mit dessen Chemischem Werk in Luban bei Posen von 1911 (Abb. 5.5), weil sich daraus ersehen läßt, was es mit dem »expressionistischen Flügel« des Werkbundes auf sich hat. »Expressionismus« ist eine vage Bezeichnung und hat als stilistisches Etikett wenig Aussagekraft. Im Zusammenhang mit dem Industriedesign bedeutet es, daß an die Stelle von Nüchternheit und Stabilität unruhige, dynamische und weitgehend emotionale Formen traten. Zwar waren die funktionalen Prinzipien bei Poelzig ebenso streng wie bei Behrens, doch der formale Ausdruck war unterschiedlich. Die Quellen des expressionistischen Vokabulars liegen in diesem Fall im Art Nouveau – jenem betont individuellen Stil, der Muthesius so sehr beunruhigte. Bei der Werkbundtagung von 1914 fand eine berühmte Debatte zwischen Henry van de Velde und Muthesius statt, bei der es um die Frage »Typus oder Individualität« ging. Im Grunde handelte es sich hier um Angemessenheit: Wie sollte der »wahre« moderne Stil aussehen?

Behrens' Büro, das alle Bereiche des Industriedesigns bearbeitete, war Ausbildungsstätte für eine Reihe von Künstlern, die sich mit den Spannungen und Erfolgen der Vorkriegszeit auseinandersetzten und zu der überaus schöpferischen Phase der zwanziger Jahre beitrugen. Die wichtigsten dieser Architekten waren der spätere Le Corbusier, Mies van der Rohe und Walter Gropius; möglicherweise sind sich die drei im Jahre 1910 kurz begegnet. Gropius wurde 1884 geboren und studierte an den Hochschulen in Charlottenburg und München. Seine frühesten Hausentwürfe konzentrieren sich auf einfache Volumen und Formen. 1911 erhielt er nach gründlicher Ausbildung in Behrens' Büro den Auftrag, einen Entwurf für die Schuhleistenfabrik Fagus in Alfeld

5.5 Hans Poelzig, Chemiefabrik, Luban, 1911.

66 Die Vorgeschichte der modernen Architektur

(Abb. 5.6) zu überarbeiten. Die Fabrik gehörte Carl Benscheidt, dem bereits ein Projekt des Industriearchitekten Eduard Werner aus Hannover vorlag. Grundriß und Aufrisse waren festgelegt und hatten sogar schon die örtlichen Baubehörden passiert, als Gropius hinzugezogen wurde, um die Außengestaltung zu verbessern. An der Innenorganisation, wie sie Werner vorgesehen hatte, nahm er nur wenige Änderungen vor. Mit der visuellen Behandlung des Werkstattblocks schuf er dagegen einen industriellen Stil, ja eine »Fabrikästhetik«, die schließlich den Maschinenstil ein Jahrzehnt später beeinflußte. Die äußere Hülle ist eine intelligente Adaption von Behrens, doch die Wirkung ist völlig anders, weil hier nicht ein Gefühl der Masse, sondern der Leichtigkeit und Transparenz vorherrscht. Die Wandpfeiler treten zurück, so daß die Verglasung wie eine durchsichtige, schwebende Haut wirkt. Fenstersprossen und Backsteinflächen gliedern die Proportionen. Das Gesamtbild erscheint als eine symbolische Reaktion auf die Idee der Mechanisierung. Freilich griff Gropius auch wichtige Punkte des Bauprogramms auf, das die neuesten Errungenschaften der amerikanischen Industrieplanung einschloß: gute Ventilation, ein logischer offener Grundriß für die Serienproduktion und gut beleuchtete Plätze für die Zeichner und Angestellten, die zum Wohle des gesunden Fußes arbeiteten.

Interessant ist ein Vergleich des Faguswerks mit Albert Kahns gleichzeitigen Ford-Automobilwerken in Detroit (im 3. Kapitel im Zusammenhang mit Stahlbetonkonstruktionen erwähnt). Die Entwürfe dieser Fabriken basierten auf rein kommerziellen und funktionalen Erwägungen. Zwar wurde auf die Relation zwischen Baumasse und Nutzflächen geachtet, aber offenbar kam es weder Kahn noch Ford in den Sinn, daß ihre Bauten »Schlüssel zum Geist der neuen Zeit« waren! In Deutschland war das Fabrikdesign dagegen von philosophischen Spekulationen umwoben. Wie Gropius nach dem Krieg darlegte, war seine Architektur ein Versuch, den Funktionen der modernen Welt gerecht zu werden, zugleich aber auch diese Welt zu symbolisieren. Im Jahre 1914 erhielten Gropius und Adolf Meyer den wichtigen Auftrag, die Musterfabrik für die Kölner Werkbundausstellung zu entwerfen. Hier sollten Objekte des deutschen Industriedesigns in einem Rahmen ausgestellt werden, der selbst die Werkbundideale exemplarisch demonstrierte. Die größte Anlage des Komplexes war die Maschinenhalle, die in der Hauptachse lag und wie eine einfache, klassizistische Eisenbahnhalle aussah. Man betrat sie durch einen Hof, der von einem symmetrischen Eingangsgebäude mit zwei flankierenden verglasten Treppenhäusern abgeschlossen war. Die Symmetrie wurde durch den Pavillon der Deutzer Gasmotoren (Abb. 5.8) unterbrochen, der am hinteren Ende der Maschinenhalle auf einer Querachse angeordnet war. Die Disziplin des Grundrisses (Abb. 5.7) erinnerte an die Beaux-Arts-Tradition, und das Arrangement hatte einen ausgeprägten Prozessionscharakter.

Die Volumen, die sich über diesem Grundriß erhoben, hatten freilich kein erkennbares historisches Vorbild. Die glatten Backsteinflächen des Eingangsblocks, die auskragenden Dächer und die horizontalen Gesimse erinnerten vielleicht an Frank Lloyd Wright. Doch die Glashaut der Rückseite und die transparenten, stromlinienförmigen Treppentürme (deren Spiraltreppen sichtbar blieben) waren überraschende Erfindungen. Sie schufen nicht nur ein Gefühl der Schwerelosigkeit und Räumlichkeit, sondern auch eine Aura von präziser, disziplinierter Maschinensphäre, von der Eleganz, Würde und Kontrollierbarkeit einer industrialisierten Welt. Hier war ein weiteres nahezu sakrales Bauwerk entstanden, das die Werte der industriellen Elite Deutschlands feierte. Es war typisch für den Geschmack und die Stimmung des Ganzen, daß eine klassische Liegefigur an das Ende eines Wasserbeckens gesetzt wurde, das auf den Deutzer Pavillon zuführte; dahinter stand als »sakrales Objekt« eine Gasturbinenmaschine (Abb. 5.9).

Dieser transparente Pavillon könnte von einer noch phantastischeren Beschwörung der Industrialisierung inspiriert worden sein, von Bruno Tauts Pavillon für den Stahlwerks-Verband auf der Leipziger Messe von 1913 (Abb. 5.10). Er war in der Form einer Ziggurat errichtet und von einer Kugel überkrönt. Das Bauwerk bestand aus einem eleganten Konstruktionsrahmen in jenem Material, für das es warb. Tauts Entwurf hatte mehr Verwandtschaft mit dem »expressionistischen« Flügel des Werkbundes als mit Gropius. Seine mystische, wenn nicht sogar utopische Ausstrahlung paßte nicht ohne weiteres zu der Nüchternheit und Zurückhaltung und

Antworten auf die Technisierung: Deutscher Werkbund und Futurismus 67

5.6 *(links)*
Walter Gropius
und Adolf Meyer,
Schuhleistenfabrik,
Alfeld, 1911,
Ansicht mit Curtain
Wall aus Glas.

5.7 *(rechts)*
Walter Gropius,
Modellfabrik,
Werkbundausstellung,
Köln, 1914, Grundriß.

5.8 *(unten)*
Walter Gropius,
Modellfabrik,
Werkbundausstellung,
Köln, 1914,
Ansicht der
Glastreppe und des
Gasmotoren-Pavillons im Hintergrund.

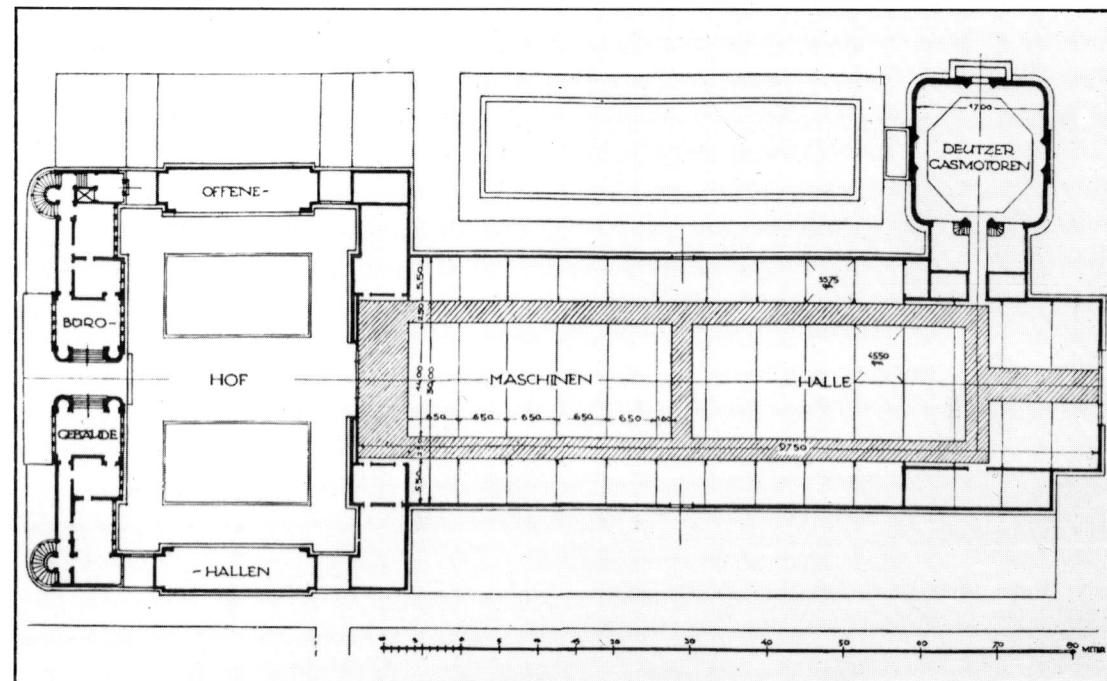

68 Die Vorgeschichte der modernen Architektur

Die Vorgeschichte der modernen Architektur

der Vorliebe für standardisierte und normierte Lösungen von Männern wie Behrens und Muthesius. Tauts Entwurf für den Glaspavillon in Köln (Abb. 5.11) machte den Unterschied noch deutlicher. Er war eine Art industrielles Mausoleum – eine geodätische Kuppel aus unterschiedlich gefärbtem Glas auf einem hohen Sockel, der über eine Treppenflucht zu erreichen war. Das Innere erstrahlte in vielfarbigen Lichteffekten, die von Stufen aus Glasbausteinen und schlanken Stahlprofilen reflektiert und von beweglichen Linsen verstärkt wurden. Das Bauwerk besaß die vollendete Kunstfertigkeit eines fein ziselierten Tafelgeschirrs des Art Nouveau. Doch darüber hinaus hatte es utopische, in die Zukunft weisende Aspekte. Es steht fest, daß der Dichter und phantastische Schriftsteller Paul Scheerbart, der Glas als das Material der Zukunft sah, Tauts Bilderwelt beeinflußt hat.

»Wir leben zumeist in geschlossenen Räumen. Diese bilden das Milieu, aus dem unsere Kultur herauswächst. Unsere Kultur ist gewissermaßen ein Produkt unserer Architektur. Wollen wir unsre Kultur auf ein höheres Niveau bringen, so sind wir wohl oder übel gezwungen, unsre Architektur umzuwandeln. Und dieses wird uns nur dann möglich sein, wenn wir den Räumen, in denen wir leben, das Geschlossene nehmen. Das aber können wir nur durch Einführung der Glasarchitektur, die das Sonnenlicht und das Licht des Mondes und der Sterne nicht nur durch ein paar Fenster in die Räume läßt - sondern gleich durch möglichst viele Wände, die ganz aus Glas sind – aus farbigen Gläsern. Das neue Milieu, das wir uns dadurch schaffen, muß uns eine neue Kultur bringen.«

Gropius und Taut suchten, jeder auf seine Weise, die Industrialisierung zu feiern, ihre poetischen Möglichkeiten freizulegen und auf ihr progressives kulturelles Potential hinzuweisen. Doch auf die Dauer erwies sich Gropius' Vorstellung, daß Rechtwinkligkeit und Transparenz wichtige visuelle Faktoren einer neuen Industriearchitektur seien, als einflußreicher. Bevor sich freilich die fragmentarischen Andeutungen in Gropius' Vorkriegsbauten zu dem reifen Stil der zwanziger Jahre verdichten konnten, waren noch einige Katalysatoren notwendig: insbesondere die Raum- und Formkonzepte der abstrakten Kunst und die poetischen Aspekte des Futurismus, die ihrerseits gegen Ende der zweiten Dekade des 20. Jahrhunderts in Philosophie und Formen des Stijl mündeten.

Der Futurismus war eine Bewegung der Dichter, bevor er auf Malerei und Plastik übergriff. Eine architektonische Tendenz war er insoweit, als 1914 ein futuristisches Manifest der Architektur erschien und der Architekt Antonio Sant'Elia in seinen Zeichnungen die futuristischen Ideale in das Bild einer neuen Stadt übertrug – *La Città Nuova*. Das Gründungsmanifest der Futuristen, von dem Dichter Tommaso Filippo Marinetti verfaßt, wurde am 20. Februar 1909 in *Le Figaro* veröffentlicht. Es griff den Traditionalismus in der Kultur an und forderte eine

vorherige Seite:
5.9 Walter Gropius, Modellfabrik, Werkbundausstellung, Köln 1914, Ansicht der Rückseite mit dem Deutzer Gasmotoren-Pavillon rechts und der Maschinenhalle links.

5.10 *(links)* Bruno Taut, Pavillon des Stahlwerks-Verbandes, Leipzig 1913.

5.11 *(unten links)* Bruno Taut, Glaspavillon, Köln, 1914.

5.12 Umberto Boccioni, *Geistige Zustände. Der Abschied*, 1911. Öl auf Leinwand, 70,5 × 96,2 cm, New York, Museum of Modern Art, Stiftung Nelson A. Rockefeller.

Auseinandersetzung mit den modernen Kräften und poetischen Erfahrungen der neuen industriellen Umwelt. Der Futurismus war anarchistisch und vertrat keine bestimmte politische Richtung, sondern befürwortete revolutionäre Veränderung, Schnelligkeit, Dynamik jeder Art und einen aggressiven Maschinenkult. Bezeichnenderweise schlug das Gründungsmanifest die Zerstörung von Museen und Akademien vor. Die Vitalität des modernen Lebens wurde der Erschlaffung der überkommenen Kunstformen gegenübergestellt:

»Wir erklären, daß sich die Herrlichkeit der Welt um eine neue Schönheit bereichert hat: die Schönheit der Geschwindigkeit. Ein Rennwagen, dessen Karosserie große Rohre schmücken, die Schlangen mit explosivem Atem gleichen…ein aufheulendes Auto, das auf Kartätschen zu laufen scheint, ist schöner als die Nike von Samothrake.«

Marinettis Schriften gehörten freilich dennoch einer literarischen Tradition an, die über den französischen Symbolismus bis zurück zu Baudelaire reichte, dem »Dichter des modernen Lebens«. Ziel der Futuristen war es also eher, die Grenzen der Kunst zu erweitern als sie ganz zu beseitigen. Ein typisches Thema der Futuristen war die moderne Großstadt als eine Art kollektiver Ausdruck der gesellschaftlichen Kräfte.

»Wir werden die großen Menschenmengen besingen, die die Arbeit, das Vergnügen oder der Aufruhr erregt; besingen werden wir die vielfarbige, vielstimmige Flut der Revolutionen in den modernen Hauptstädten; besingen werden wir die nächtliche, vibrierende Glut der Arsenale und Werften, die von grellen elektrischen Monden erleuchtet werden; die gefräßigen Bahnhöfe, die rauchende Schlangen verzehren; die Fabriken, die mit ihren sich hochwindenden Rauchfäden an den Wolken hängen; die Brücken, die wie gigantische Athleten Flüsse überspannen, die in der Sonne wie Messer aufblitzen; die abenteuersuchenden Dampfer, die den Horizont wittern; die breitbrüstigen Lokomotiven, die auf den Schienen wie riesige, mit Rohren gezäumte Stahlrosse einherstampfen, und den gleitenden Flug der Flugzeuge, deren Propeller wie eine Fahne im Winde knattert und Beifall zu klatschen scheint wie eine begeisterte Menge.«

Die Manifeste der futuristischen Maler (1910) und Bildhauer (1912) gingen noch weiter. Ihr gemeinsames Hauptkonzept war Dynamismus. Die frühen Maler der Bewegung interpretierten das futuristische Ethos nicht nur, indem sie Themen wählten wie Züge, die den Bahnhof verlassen, Baustellen am Rande von Industriestädten oder Streiks, sondern auch, indem sie diese Themen in einem vitalen Spiel von Komplementärfarben, divisionistischen Lichteffekten und instabilen diagonalen Kompositionen darstellten. Im Jahre 1911 griffen die futuristischen Maler Aspekte des analytischen Kubismus auf: Fragmentierung, gegenseitige Durchdringung von Raum und Form, Abstraktion und Einfügung von Realitätsfragmenten. Sie übernahmen die kubistische Manier, verschiedene Seiten eines Objekts zu zeigen, um Dauer und die unterschiedlichen Zustände von Gegenständen auszudrücken, die sich in ihrer Umgebung entfalten (Abb. 5.12). Dies war nicht zuletzt deshalb ein Schlüsselelement der futuristischen Doktrin, weil die Künstler Henri Bergsons philosophischen Thesen von Zeit und Fluß anhingen. Bergson betonte den Vorrang der Veränderung in der Realität, wobei die Intuition in deren Wahrnehmung eine wichtige Rolle spielte. Die futuristischen Maler gingen weit über einen banalen »Realismus der modernen Erscheinungsformen« hinaus. Sie suchten *symbolische Äquivalente* für die Erregung zu schaffen, die sie angesichts völlig neuer Stimuli wie Geschwindigkeit, künstliches Licht, Stahl und schnelle Autofahrten empfanden.

Auch die futuristische Plastik eröffnete ein neues Ausdrucksfeld. Ihr ging es darum, den »universalen Dynamismus« auszudrücken – den Fluß des modernen Lebens schlechthin. Das Manifest der Bildhauer kün-

Die Vorgeschichte der modernen Architektur

digte an, daß diese neue Form »architektonisch« begründet sein würde:

> »...deren Grundlage architektonischer Natur ist, nicht nur als eine Konstruktion aus Massenteilen, sondern auch, weil der Skulpturenblock die architektonischen Elemente der skulpturellen Raumhülle, in der der Gegenstand existiert, mit einschließen wird.«

Boccionis Zeichnung *Bottiglia + Tavola + Cassegiata* von 1912 demonstriert diese »Feldtheorie« des Raumes und macht deutlich, wie wichtig Transparenz und die Überschneidung von Flächen als Prinzipien der futuristischen Komposition waren. Als er diese Vorstellungen in die Plastik umsetzte, mußte der Künstler natürlich andere Techniken anwenden. Seine Zeichnung *Entwicklung einer Flasche im Raum* (Abb. 5.13) suchte die sich verlagernden Energien eines Gegenstandes darzustellen, seine Schwingungen und seine Bewegung im Raum. Boccionis Plastik *Formen der Kontinuität im Raum* – eine dynamische menschliche Figur, vorwärts schreitend, mit ausgreifenden Bronzeflächen an den Rändern – nutzte die Lichteffekte polierter Flächen, um Dynamik hervorzurufen. Dennoch stand das Manifest der Bildhauer der traditionellen Hierarchie in der Bewertung der Materialien (Bronze, Marmor und andere) im Prinzip kritisch gegenüber. Es schlug statt dessen die Einbeziehung neuer Stoffe vor (zweifellos in Anlehnung an die Nebeneinanderstellung bescheidener und heroischer Werte im Kubismus):

> »Zerstört die rein literarische und traditionsbedingte Vornehmheit von Bronze und Marmor. Weigert euch, ein einziges Material ausschließlich für den gesamten Aufbau eines Skulpturenwerks zu mißbrauchen. Bestätigt, daß auch zwanzig verschiedene Materialsorten sich in einem einzigen Werk vereinigen können, um seinen plastischen Emotionsbereich zu vergrößern. Wir zählen hier einige auf: Glas, Holz, Eisen, Zement, Haar, Leder, Tuch, elektrisches Licht etc.«

Obwohl keine eigentlich »futuristische Architektur« existierte, gab es eine Art futuristisches Manifest zu diesem Thema. Es wurde wahrscheinlich von Antonio Sant'Elia, einem jungen Architekten, mit Hilfe Marinettis verfaßt. In der ersten Version – als *Messagio* bekannt – fungierte es als Einleitung zu einer Ausstellung von Sant'Elias Zeichnungen der Città Nuova im Jahre 1914 (Abb. 5.14). Es überrascht nicht, daß diese theoretische Architektur als direkter Ausdruck moderner Kräfte konzipiert war, als dynamische Eloge auf die entwurzelte, widernatürliche moderne Stadt.

> »Diese Architektur kann nicht den Gesetzen der geschichtlichen Kontinuität unterliegen. Sie muß neu sein, wie unser Gemütszustand neu ist... Das moderne Leben hat den Prozeß einer folgerichtigen stilistischen Weiterentwicklung in der Architektur zum Stillstand kommen lassen. Die Architektur löst sich von der Form. Man muß zwangsläufig von vorn anfangen.«

So sollte die neue Architektur »neue Gemütszustände« ausdrücken, doch sie sollte auch Formen finden, die den neuen Materialien und Konstruktionsmethoden entsprachen:

> »Die Berechnung der Widerstandsfähigkeit des Materials, der Gebrauch von Beton und Eisen schließen eine im klassischen und traditionellen Sinne verstandene Architektur aus. Die modernen Baustoffe und unsere wissenschaftlichen Kenntnisse eignen sich in keiner Weise für die Disziplin der historischen Stile und sind der Hauptgrund für den grotesken

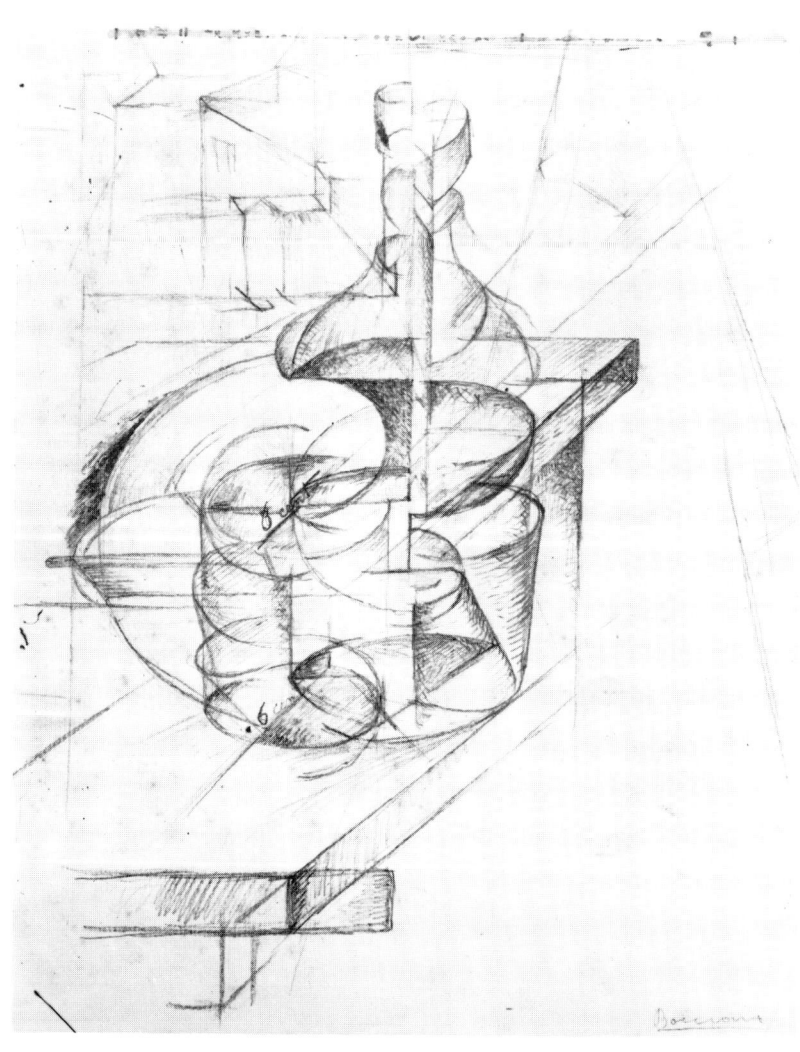

5.13 Umberto Boccioni, *Entwicklung einer Flasche im Raum*, 1912. Kreidezeichnung, 33,4 x 23,9 cm, Mailand, Raccolta Bertarelli.

Antworten auf die Technisierung: Deutscher Werkbund und Futurismus

Aspekt aller Bauten *à la mode*, bei denen man mit der Leichtigkeit und der wundervollen Schlankheit der *poutrelle* und mit der Zerbrechlichkeit des Betons die schwere Krümmung des Bogens und den massiven Anblick des Marmors erreichen möchte.«

Aus dieser negativen Definition ging nicht hervor, welche Formen vorgeschlagen wurden, abgesehen davon, daß die neuen Bauten leichter und offener und nicht mehr von überkommenen Ideen beeinflußt sein sollten. An späterer Stelle des *Messagio* findet sich jedoch eine klarere Vorstellung davon, wie der Stil dieses neuen Zeitausdrucks beschaffen sein sollte:

»Wir müssen die futuristische Stadt wie einen riesigen, lärmenden Bauplatz planen und erbauen, beweglich und dynamisch in allen ihren Teilen, und das futuristische Haus wie eine gigantische Maschine. Die Aufzüge dürfen sich nicht wie einsame Würmer in die Treppenhäuser verkriechen, sondern die Treppen, die überflüssig geworden sind, müssen abgeschafft werden, und die Aufzüge müssen sich wie Schlangen aus Eisen und Glas an den Fassaden hinaufwinden. Dieses Haus aus Zement, Glas und Eisen, ohne Malerei und ohne Skulpturen, das nur die angeborene Schönheit seiner Linien und seiner Formen ziert, das außerordentlich *häßlich* in seiner mechanischen Einfachheit und so hoch und so breit wie erforderlich ist, nicht wie es die Vorschriften der Baubehörde befehlen, dieses Haus muß sich am Rande eines lärmenden Abgrundes erheben: der Straße, die sich nicht mehr wie ein Fußteppich auf dem Niveau der Portierslogen dahinzieht, sondern die mehrere Geschosse tief in die Erde hinabreicht, und diese Geschosse werden für die erforderlichen Übergänge durch Metall-Laufstege und sehr schnelle Rolltreppen verbunden sein.
Das Dekorative muß abgeschafft werden. Das Problem der futuristischen Architektur läßt sich nicht durch Anleihen von Photographien aus China, Persien und Japan lösen, nicht länger durch ein dummes Festhalten an den Kegeln des *Vitruv*. Es bedarf genialer Entwürfe und einer wissenschaftlichen und technischen Erfahrung. Alles muß revolutioniert werden. Die Dächer müssen ausgenutzt, die Kellergeschosse verwendbar gemacht werden, den Fassaden muß weniger Bedeutung zugemessen werden, und die Probleme des guten Geschmacks müssen vom Gebiet der einzelnen Umrißlinie, des Kapitellchens, des Türchens in das bedeutend weitere der *großen Massengruppierungen, der großzügigen Disposition der Grundrisse* verlagert werden. Machen wir endlich Schluß mit der Architektur des Monumentalen, der Friedhöfe und Gedenkstätten. Werfen wir Denkmäler, Fußgängersteige, Säulenhallen und breite Treppen über den Haufen, versenken wir die Straßen und die Plätze, und heben wir das Niveau der Städte.«

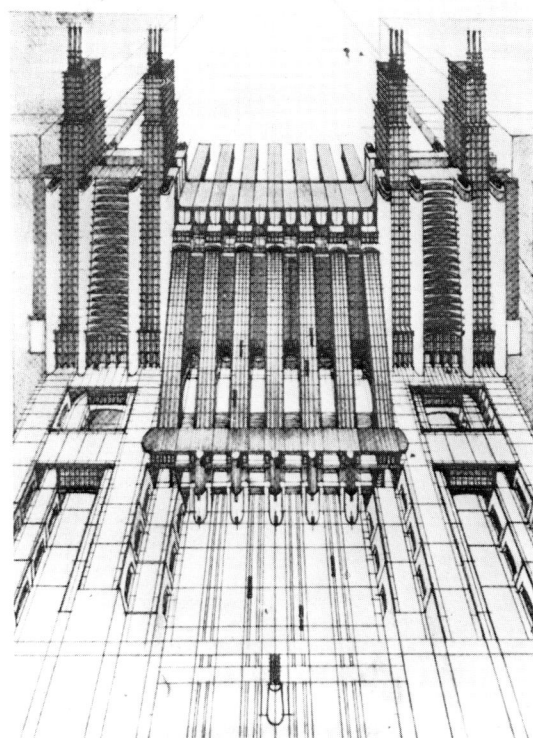

5.14 Antonio Sant'Elia, La Città Nuova, 1914, Hauptbahnhof und Flughafen, Como, Museo Civico.

Der *Messagio* schließt dann mit einer Forderung nach »rohem, nacktem oder grellbuntem Material«. Wahre Architektur gehe über den Funktionalismus hinaus, und Inspiration komme aus der »völlig neuen mechanischen Welt, die wir geschaffen haben und deren schönster Ausdruck, vollkommenste Synthese und wirksamste Ergänzung die Architektur sein muß.«

Möglicherweise war der *Messagio* eher von Sant'Elias Skizzen beeinflußt als umgekehrt, aber die Zeichnungen stellten ihrerseits Reaktionen auf frühere futuristische Ideen dar. Obwohl das Thema der Ausstellung die Città Nuova war, gab es keinen Gesamtplan, sondern eher eine Ansammlung neuer Gebäudetypen und Vorschläge für Projekte wie Kraftwerke (Abb. 5.16), Flughäfen, Luftschiffhallen, Bahnhöfe auf verschiedenen Ebenen und abgetreppte Appartementgebäude, die sogenannte *Casa a Gradinate* (Abb. 5.15). Zwar wurde behauptet, diese Bauten wurzelten nicht in der Tradition, aber einige Skizzen wirkten wie purifizierter Art Nouveau. Sant'Elia war – wie Gropius, Behrens und Muthesius – deutlich von den kühnen und dramatischen Formen der Lagerhäuser und Brücken aus dem 19. Jahrhundert beeinflußt. Es ist auch möglich, daß das Thema der mehrgeschossigen Stadt, die wie ein kolossaler dynamischer Mechanismus erscheint, von Fotografien oder Schnitten der Stadt New York mit Wolkenkratzern und Hochbahnen auf verschiedenen Ebenen inspiriert war. Bei einigen Skizzen

Sant'Elias bestanden die Bauformen nur noch aus Rechtecken, Zylindern und Kegeln. Sie waren nie so statisch wie Behrens' Industrieprojekte aus der gleichen Zeit, aber sie erinnerten daran, daß die Futuristen wie die deutschen Architekten der Ansicht waren, reine Formen und klare, gerade Linien seien der Technisierung angemessen. Das futuristische Manifest der Skulptur hatte festgestellt:

> »Für uns wird die gerade Linie immer lebenswichtig sein; sie wird allen Ausdrucksforderungen unseres Materials entgegenkommen, und ihr zugrundeliegender schmuckloser Ernst wird ein Symbol für die metallische Strenge der Linien im modernen Maschinenwesen sein.«

Sant'Elia fiel im Krieg, aber seine Ideen und einige seiner Bilder lebten in avantgardistischen Kreisen in Holland, Rußland, Deutschland und Frankreich fort. Im Zusammenhang der modernen Kunstgeschichte ist die Bedeutung des Futurismus klar erwiesen: Er führte eine Reihe progressiver Strömungen, anti-traditioneller Posi-

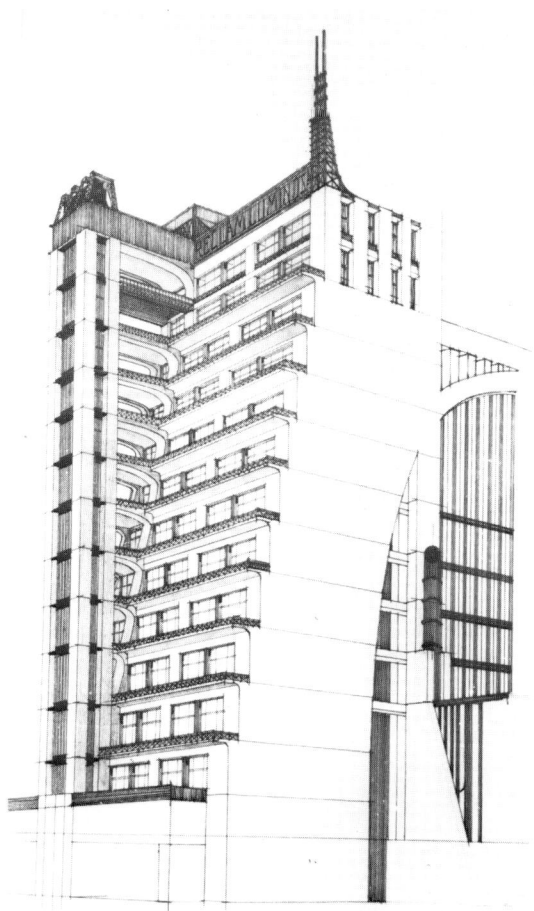

tionen und Tendenzen zur abstrakten Form zusammen, feierte die modernen Materialien und berief sich auf technische Analogien. Der Kontrast zwischen den dynamischen und anarchischen Elementen des Futurismus und den solideren, wohlorganisierten Grundsätzen des Deutschen Werkbundes ist offensichtlich. Immerhin gingen aber beide Bewegungen davon aus, daß der Zeitgeist unvermeidlich mit der Entwicklung der Technisierung verknüpft war und daß eine authentische moderne Architektur in ihren Funktionen, ihren Konstruktionsmethoden, ihrer Ästhetik und ihren symbolischen Formen darauf Rücksicht zu nehmen hatte.

5.15 *(links)*
Antonio Sant'Elia,
Casa a Gradinate,
1914, Como,
Museo Civico.

5.16 *(oben)*
Antonio Sant'Elia,
Kraftwerk, 1913,
Como, Museo Civico.

6. Das Architektursystem Frank Lloyd Wrights

»Obwohl das hier illustrierte Werk radikal erscheinen mag, ist es einer im besten Sinne des Wortes konservativen Sache gewidmet. An keinem Punkt widerspricht es dem grundlegenden Recht und Gesetz, dem alle große Architektur gehorcht, es ist vielmehr eher eine Liebeserklärung an diesen Geist von Gesetz und Ordnung und eine ehrfürchtige Anerkennung jener Elemente, die ihren alten Inhalt einst lebendig und schön machten.«

Frank Lloyd Wright, 1908

Hin und wieder tritt ein einzelner Künstler auf, der die Prinzipien seiner Epoche so gründlich neu formuliert, daß er gesondert gewürdigt zu werden verdient. Die Schöpfungen solcher Künstler zeichnen sich durch außergewöhnliche Konsequenz und Integrität aus. Sie beherrschen ihre Mittel und verstehen es, einem idealistischen Weltbild gültigen Ausdruck zu verleihen. In ihren Arbeiten finden sie Lösungen, die weit über den jeweiligen Anlaß hinausgehen. Künstler mit einem solchen Charisma begründen neue Traditionen, ob sie es beabsichtigen oder nicht. In der Entwicklung der modernen Architektur ragen zwei Persönlichkeiten dieser kreativen und intellektuellen Größenordnung heraus: Le Corbusier und Frank Lloyd Wright.

Frank Lloyd Wrights Werk hat in den Darstellungen der modernen Architektur eine merkwürdige Position eingenommen. Er wurde als einer der ersten Architekten porträtiert, der mit dem Eklektizismus brach und einen neuen Stil begründete. Dieser Stil basierte auf dem räumlichen Konzept sich durchdringender Flächen und abstrakter Volumen und entwickelte sich dann – so heißt es – besonders dank seines Einflusses in den Niederlanden zum Internationalen Stil. Bei dieser Betrachtungsweise werden Wrights gelegentliche Bemerkungen über die Bedeutung der Maschinenproduktion zum Beweis für die Progressivität seiner Bauten herangezogen. Aber es gibt noch eine andere Version, die Wrights Verpflichtung gegenüber den sozialen Idealen Amerikas, seine regionalistischen Züge und seine Nähe zur Arts-and-Crafts-Bewegung hervorhebt. Hier ist Wright ein Traditionalist, der die Werte eines individualistischen und dennoch demokratischen Amerika vor den Auswirkungen der Technisierung zu bewahren sucht. Beide Ansichten enthalten etwas Wahres – und schon die Tatsache, daß das Denken eines einzelnen Künstlers so viele Interpretationen zuläßt, sollte uns auf mögliche Polaritäten aufmerksam machen. Dieses Kapitel setzt sich damit auseinander, wie sich eine mythische und idealistische Auffassung von der Gesellschaft in einer Architektur verdichtete, die auf intuitiven Regeln basierte und dennoch über reiche, vielfältige Ausdrucksformen verfügte.

Wright wurde 1867 geboren. Sein Vater war Prediger, und seine Mutter glaubte fest daran, daß er ein großer Architekt werden würde. Seine Eltern trennten sich schließlich. Es ist nicht auszuschließen, daß Wrights spätere Vorliebe für den Ausdruck idealisierter Familienbeziehungen ein Ausgleich für die Wirkung war, die ein unglückliches, entwurzeltes Familienleben auf sein sensibles Gemüt ausgeübt hatte. Ein starker früher Einfluß war die Arbeit auf der Farm seines Onkels in Wisconsin. Wright erinnerte sich später daran, wie er seine Aufmerksamkeit auf einen Baum, einen Hügel oder eine Blume konzentrierte und von abstrakten Formen träumte. Einen nachhaltigen Eindruck übten auch die Fröbel-Bausteine auf ihn aus, die seine Mutter auf der Ausstellung in Philadelphia von 1879 für ihn kaufte (Abb. 6.9). Wright fand großes Vergnügen daran, diese einfachen geometrischen Klötze in formalen Mustern anzuordnen, die seinem Gefühl für Komposition entsprachen. Es gehörte zu Fröbels Methode, Figuren mit kosmischen Themen zu verbinden. Vielleicht gehen das spätere Formenrepertoire des Architekten und sein Glaube an die Universalität geometrischer Grundfiguren auf diese frühen Erfahrungen zurück.

Wrights Architekturausbildung war keineswegs orthodox. Er nahm 1885 das Ingenieurstudium an der Universität Wisconsin auf, brach es aber bald wieder ab und zog nach Chicago, wo er im Büro von Joseph Lyman Silsbee arbeitete, einem Architekten vorstädtischer Häuser. Hier lernte er viel über die Grundlagen des Hausbaus und die vorherrschenden Moden der Vorstadtarchitektur. Im Jahre 1887 wechselte er zu Louis Sullivan über, der damals die Prinzipien und Formen einer organischen

76 Die Vorgeschichte der modernen Architektur

Architektur insbesondere für Hochhäuser entwickelte. Sullivan war ein Idealist, der glaubte, der Architekt im Mittelwesten besitze einzigartige Chancen, die Ausdrucksformen einer Kultur zu beeinflussen, ohne Rücksicht auf importierte ausländische Vorbilder und dennoch auf den alten Architekturprinzipien basierend. In der häufigen Verwendung organischer Analogien in seinen Schriften, Bauten und Ornamenten drückte sich sein Glaube an eine natürliche Ordnung als Wurzel der Architektur und der Gesellschaft aus. Durch visionäre Abstraktion sollte der Architekt unter die Oberfläche seiner Gesellschaft gelangen, die innere Bedeutung der menschlichen Institutionen erkennen und ihnen dann eine angemessene Form verleihen. Sullivan war besessen von der Idee, der Architekt besitze die besondere Gabe, die »wahre« Gestalt der Demokratie zu prophezeien.

Wright nahm viele dieser Gedanken auf und entwickelte sie auf seine Weise weiter, allerdings im Bereich

Das Architektursystem Frank Lloyd Wrights

6.1 (oben)
Frank Lloyd Wright,
Haus Winslow,
River Forest
bei Chicago,
Illinois, 1893:
klare Dreiteilung
der Fassade
(Grundriß vgl.
Abb. 6.10).

6.2 (links)
Frank Lloyd Wright,
Haus Winslow,
River Forest,
Illinois, 1893,
Ansicht der Rückseite.

des Wohnhausbaus. Er erhielt im Büro schnell eine verantwortliche Position, verließ es aber nach etwa fünf Jahren, um eine eigene Praxis im Ateliergebäude neben seinem Wohnhaus in Oak Park, einem Vorort Chicagos, einzurichten. Sein eigenes Haus, das er im Alter von 22 Jahren entworfen hatte, gibt eine Vorstellung von seiner Entwicklungszeit. Einflüsse des Schindel-Stils, die von Silsbee stammten, wurden durch eine strenge formale Disziplin kontrolliert. Elemente wie die Veranda und das überhängende Dach gehörten zum Vokabular der Chicagoer Vorstadtarchitektur, weil sie klimatische Extreme milderten und das Haus mit dem Garten verbanden. Die zentrale Position des Kamins war ein weiteres traditionelles Charakteristikum des amerikanischen Hauses, das Wright später in seiner eigenen Sprache interpretierte. Aber die Räume des unteren Geschosses gingen offener als sonst üblich ineinander über, und die Achsen waren so angelegt, daß der Eindruck der Rotation um einen zentralen Kern entstand. Hier sind also schon Tendenzen angedeutet, die sich später deutlicher ausprägen.

Wrights bahnbrechendes Gebäude war das Haus Winslow von 1893 in River Forest, einem Vorort Chicagos nahe Oak Park. Mr. Winslow war ein Geschäftsmann, der kurz zuvor nach Chicago gezogen war und sich ein Haus ohne modische Schnörkel, aber von solider Eleganz wünschte. Die Organisation des Hauses wird auf den ersten Blick offenbar. Die Hauptfassade (Abb. 6.1) ist völlig symmetrisch, mit der Haustür in der Mitte, die in einen leicht hervortretenden Steinrahmen gesetzt ist. Das Obergeschoß ist mit dunklem Terrakotta verkleidet und tritt hinter die helle Backsteinfassade der unteren Zone zurück. Die Komposition wird von einem dritten Element bekrönt, einem weit überhängenden Dach, das ebenfalls die Horizontale betont. Die Details sind sparsam, die Linien präzise, die Verbindungen deutlich ausgedrückt. Die Gesamtform wirkt nüchtern und würdig, aber dennoch vital. An der Front ist der Schornstein über der Mitte des Hauses sichtbar. Wenn man das Innere betritt, steht man einem Kamin gegenüber, der hinter einer Art Lettner zurückgesetzt ist – der Herd als geradezu sakrales Symbol für das moralisch intakte Heim. Der Kamin steht im Mittelpunkt des Gebäudes und zwingt den Besucher zu einer rotierenden Bewegung durch den Empfangsbereich, die im Speisezimmer auf der Hauptachse kulminiert. Dieser Raum ist außen an der Rückseite als apsidales Volumen artikuliert. Die Rückseite mit ihren asymmetrischen Raumteilen wirkt nicht so geschlossen wie die Vorderfront (Abb. 6.2). Es war typisch für Wrights Planungskonzept, daß er das Elternschlafzimmer über dem formellsten Raum unten – dem Speisezimmer – und in der gleichen Achse anordnete. An der Rückseite des Grundstücks hinter der *porte cochère* ist ein kleiner Stall, der das Vokabular des Hauses in Miniaturform wiederholt. Hier bearbeiteten Mr. Winslow und Wright zusammen eine limitierte Ausgabe hervorragend gedruckter und illustrierter Bände von William Channing Gannetts *House Beautiful*. Die Themen dieses Werkes sind Wrights eigener Einstellung zum Haus verwandt, das er offenbar als eine nahezu geheiligte Stätte empfand, die einer noblen Architektur bedurfte. Die Auffassung vom Heim als einer moralischen und religiösen Institution entsprang Wrights Kulturkreis, hatte aber für ihn vielleicht eine besondere persönliche Bedeutung. Norris Kelly Smith ging sogar so weit zu behaupten, die Verbindung von formellen und informellen Elementen in Wrights Hausentwürfen sei als institutionelle Metapher zu lesen. In ihr äußere sich seine Vorstellung von Freiheit und Abhängigkeit im Familienleben.

Doch Themen allein machen ohne Formen noch keine Architektur. Am Haus Winslow ist besonders bemerkenswert, wie es Einflüsse aufgreift und doch darüber hinausgeht und so die Elemente von Wrights Stil zum Ausdruck bringt. Silsbee spielte kaum noch eine Rolle. Der klassischen Tradition war die axiale Anordnung entnommen, dem Schindel-Stil der rotierende Grundriß. Sullivans Naturabstraktion wurde neu interpretiert, ebenso seine Vorstellung, Häuser müßten eine Basis, eine Mitte und einen Kopf haben (ebenfalls eine Idee mit klassischen Anklängen – die Säule mit Basis, Schaft und Kapitell). Aber Wrights Formen führten über diese überkommenen Schemata zu einem instinktiven Sinn für natürliche Ordnung, wie ein Kommentator bemerkte:

»Es ist die klarste, befriedigendste Sache, die er gemacht hat... Auf dem ausgewählten Grundstück war die Natur seit vielen Jahren an der Arbeit, indem sie die wunderbare Ulme wachsen ließ – und der Charakter des Hauses wurde in gewisser Weise vom Charakter des Baumes bestimmt. Die Sympathie zwischen ihnen empfindet der Gebildete wie der Ungebildete... eine bestimmte einfache Kraft der organischen Natur, die ebenso viel Recht auf ihren Ort hat und ebenso sehr zum Grundstück gehört wie der Baum. Die Analogie beginnt hier und führt weiter, denn auch die Details des Hauses sind an ihrem Platz und in sich und in ihrer Beziehung untereinander so übereinstimmend wie das Haus mit seiner Umgebung... Der Architekt zeigt seine Zuneigung zur Natur.«

Dieser Kritiker hätte in seinen Analogien zur Natur noch weiter gehen können. Die Baummetapher spielte in Wrights Denken später eine wichtige Rolle, weil sie Ordnung und Verwurzelung, zugleich aber die Fähigkeit zu Wachstum und Veränderung verkörperte. Das dreiteilige Schema von Wurzeln, Stamm und Zweigen ging ebenfalls in Wrights Formensprache über. Bei dem Haus Winslow kam die dreifache Unterteilung in Basis, Mitte und überhängendes Dach erstmals klar zum Ausdruck.

Ohne Bauherren gäbe es keine Architektur, und es ist deshalb interessant, darüber nachzudenken, wieso Wright in den folgenden fünfzehn Jahren mehr als hundert Aufträge erhielt. Chicago entwickelte sich in dieser Zeit rapide, vor allem die Vororte. Hier ließen sich wohlhabende Bürger der Mittelklasse nieder, die über neues Geld verfügten, aber im Ganzen konservativ waren.

Viele von Wrights Bauherren waren Selfmademen, von denen der Architekt selbst sagte, sie hätten »unverdorbene Instinkte und unbefleckte Ideale«. Leonard K. Eaton charakterisierte sie vor einiger Zeit als »äußerlich konventionell, aber mit einer Tendenz zu künstlerischen oder technischen Interessen, die sie dazu befähigten, neue und radikale Lösungen für das architektonische Problem des Wohnhauses zu akzeptieren.« Außerdem erwarteten Wrights Bauherren einen Gegenwert für ihr Geld, und seine Bauten waren frei von jenem nutzlosen Pomp, der so viele Häuser vom Ende des 19. Jahrhunderts in diesem Gebiet kennzeichnete. Seine gut ausgearbeiteten Grundrisse waren logisch und entsprachen den Anforderungen eines jeden Bauherrn. Außerdem paßten sie sich den Gegebenheiten an, so daß sie die normalerweise verfügbaren rechtwinkligen Grundstücke optimal ausnutzten. Wright widmete seine besondere Aufmerksamkeit dem Entwurf von Kalt- und Warmwassersystemen und sah in einigen Fällen eine einfache Form der Klimaanlage vor. Nach Möglichkeit verfolgte er die Bauarbeiten genau und überwachte alle Details seiner Entwürfe.

Sein Erfolg ist freilich wohl auch anderen als diesen pragmatischen Erwägungen zuzuschreiben. Mit ihren ausgreifenden horizontalen Linien, ihren elegant proportionierten Details, ihren eingebauten Möbeln und überhängenden Dächern und ihren ständig wechselnden Stimmungen und Raumeindrücken waren Wrights Häuser zugleich einfach und phantasievoll. In der Mitte stand gewöhnlich ein breiter Kamin, mit schmalen römischen Ziegeln verkleidet und mit Pfosten direkt auf den Boden der Prärie gesetzt. Im Sommer fiel das wechselnde Licht der bunten Glasfenster mit ihren abstrahierten vegetabilen Formen in die Innenräume. Wrights Präriehäuser kamen den Bedürfnissen und Ritualen (Dinnerparties und ähnliches) einer neuen vorstädtischen Bourgeoisie entgegen, aber sie entwickelten auch ein traditionelles Bild des amerikanischen Wohnhauses. In gewisser Weise halfen die Häuser einer aufsteigenden Klasse, ihre eigene Identität zu finden.

Der Weg von Haus Winslow zu dem ausgereiften Typ des »Präriehauses« fast zehn Jahre später verlief nicht geradlinig. Es war ein Prozeß der endlosen Experimente. Jede neue Aufgabe führte zur Ausweitung und Verfeinerung seiner Prinzipien. Wrights Vorstellungen waren offenkundig von Arts-and-Crafts-Idealen geprägt: Einfachheit, ehrliche und direkte Anwendung des Materials, Einbeziehung des Bauwerks in die Natur, Vereinheitlichung der Ausstattung und Ausdruck einer höheren Moral. Doch er interpretierte diese Ideale auf radikale Weise neu. Er war mehr an der Technik interessiert als die meisten seiner Vorgänger und Zeitgenossen in der Arts-and-Crafts-Tradition. Im Jahre 1901 legte Wright in einem Aufsatz mit dem Titel »The Art and Craft of the Machine« dar, daß einfache geometrische Formen am besten von Maschinensägen produziert werden konnten. Er forderte, daß der Architekt offen gegenüber der Dynamik eines neuen technischen Zeitalters sein müsse.

Damit meinte er nicht, daß die Maschine direkt in technischen Analogien gefeiert werden solle. Er wollte die Industrialisierung als Mittel für den höheren Zweck verstanden wissen, eine angenehme, erbauliche Umgebung für neue Lebensstrukturen zu schaffen.

Die japanische Architektur half Wright, seine eigene Synthese zu verwirklichen. Er besuchte das Land erst 1905, aber schon lange zuvor hatte er fernöstliche Beispiele in Büchern und japanischen Drucken (Abb. 6.11) studiert. Offenbar bewunderte er die raffinierten Proportionen, die hervorragende Zimmermannsarbeit, die Verwendung bescheidener Materialien und die behutsame Einordnung in die Natur. Japanische Architektur gliederte den Raum und verlieh ihm einen durchgeistigten Charakter: seiner Meinung nach das Gegenteil der Renaissance, die Wände um schachtelartige, geschlossene Räume errichtete und diese dann mit Ornamenten schmückte. Wright suchte eine einheitliche dreidimensionale Ausdrucksform, bei der das Äußere die inneren Volumen und der menschliche Maßstab alle Elemente beherrschte. Zudem zeigten die japanischen Drucke – auch abgesehen von ihren Architekturdarstellungen – eine Farb- und Formensprache, die direkt an die Sinne appellierte (ähnlich wie die Fröbel-Bausteine in seiner Kindheit). Mit anderen Worten, die Drucke erteilten ihm weitere Lektionen im Abstrahieren: Sie gewährten Wright Einblicke in die intuitive Erkenntnis »höherer« geistiger Werte.

Darüber hinaus ermutigten die Drucke Wright, eine Art Idealtyp für das Wohnhaus zu formulieren. Sullivan hatte für den Wolkenkratzer etwas Ähnliches versucht, eine Lösung, die »so einleuchtend war, daß sie keine Ausnahme zuließ«. Für Wright lag die entscheidende Phase offenbar um 1901, als er seinen Entwurf für »Ein Haus in einer Präriestadt« im *Ladies' Home Journal* veröffentlichte (Abb. 6.3). Im Rückblick kann man diesen Entwurf als eine Art Theorem betrachten, in dem er seine vorherigen Erfahrungen zusammenfaßte, und als Grundlage für eine sehr schöpferische Periode von 1901 bis 1910, in der Meisterwerke wie das Haus Martin, das Haus Coonley, das Haus Robie, das Larkin Building und der Unity Temple entstanden. Das »Haus in einer Präriestadt« setzte sich aus langen, niedrigen Horizontalen zusammen, die sich parallel zu dem flachen Gelände erstreckten. Die Dächer waren breit ausgelegt und faßten die Veranden, die *porte cochère* und die Hauptvolumen zu einer vitalen, asymmetrischen Einheit zusammen. Die Fenster waren in eine Art einfache Schirme verwandelt – es gab wenig massives Mauerwerk –, und die Räume im Inneren gingen ineinander über. Viele Möbel waren eingebaut, die Innenräume wirkten behaglich und dennoch elegant. Im Kern des Hauses stand der Kamin als zentrales Element, um das sich die verschiedenen Bereiche anordneten. Axiale Kontrolle und Hierarchie waren noch spürbar, doch die rotierenden, asymmetrischen Elemente verbanden sich mit ihnen zu einer rhythmischen Architektur gleitender, sich überschneidender Flächen.

Das Architektursystem Frank Lloyd Wrights 79

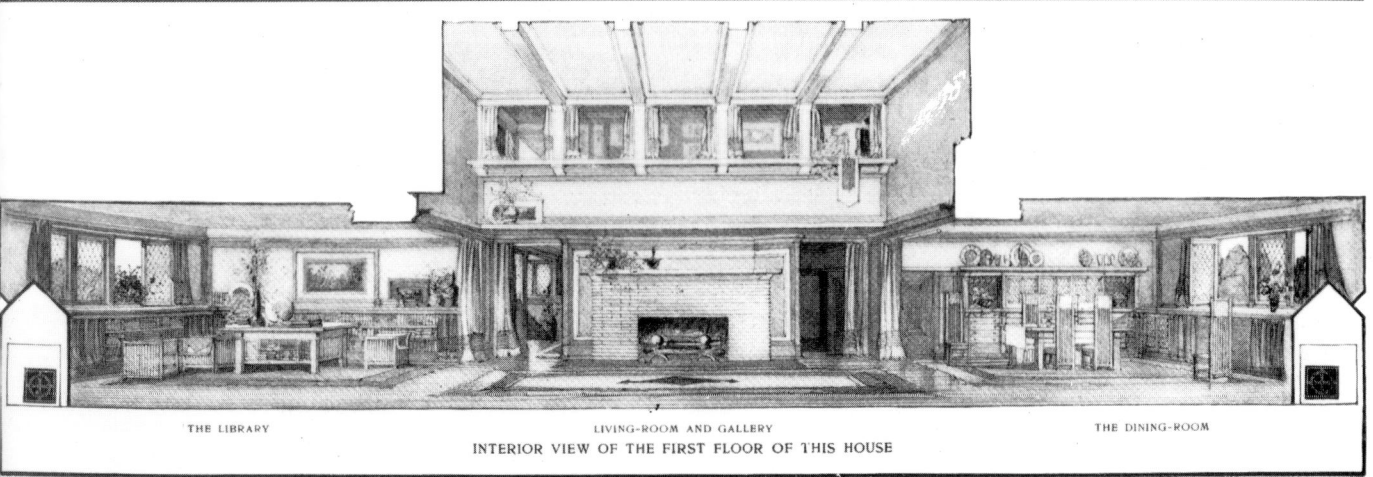

THE LIBRARY — LIVING-ROOM AND GALLERY — THE DINING-ROOM
INTERIOR VIEW OF THE FIRST FLOOR OF THIS HOUSE

6.3 Frank Lloyd Wright, Entwurf für »Haus in einer Präriestadt« (aus *Ladies' Home Journal*, 1901), Außenansicht und Schnitt.

Das Haus Ward Willitts von 1902 (Abb. 6.4) in dem Vorort Highland Park im Norden Chicagos war eines der ersten in Wrights Reifephase. Es tritt von der Straße zurück, beim ersten Eindruck nimmt man vor allem niedrige Dächer hinter den Bäumen und dunkle Glasschlitze wahr, die unter tiefen Traufen eingesetzt sind. Das Gebäude ist in vier Flügel unterteilt, so daß es trotz seiner Größe nicht überwältigend wirkt. Man tritt durch eine *porte cochère* zur Rechten ein und geht einige Stufen hoch. Wrights Häuser hatten gewöhnlich einen »Pfad«, der durch sie hindurchführte. In diesem Fall hat man sogleich die Wahl, entweder über die rechteckig gebrochene Treppe in das Schlafzimmergeschoß zu gelangen oder die prominentere Route aus dem Vestibül zu nehmen, indem man dem diagonalen Blick in den Wohnraum folgt. Dieser Raum liegt in der Hauptachse, ist anderthalb Geschosse hoch und hat vertikale Fenster. Der Kamin ist in derselben Achse angeordnet. Die Wände sind glatt verputzt. Holzriemen vermindern optisch die Ausmaße und verbinden Konstruktion, Einrichtung und Details mit den größeren Proportionen. Von diesem Bereich aus blickt man über eine andere Diagonale in das Speisezimmer, das an einer Querachse angeordnet ist und auf drei Seiten Ausblick auf den Garten hat. Im rückwärtigen Flügel des Hauses liegt die Küche.

Details wie Gitter, Backsteinmuster am Kamin, Fenstersprossen, selbst die Linien der Bleiverglasung zeugen von der gleichen formalen Intelligenz, die das Ganze prägte – als ob auch die kleinsten Teile von der Idee künden sollten, die sie geschaffen hatte. So sind auch die abstrakten Formen des Grundrisses und die Ornamentierung der Fenster als Varianten des gleichen geometrischen Musters zu sehen. Der Grundriß ist in der Tat ein eigenständiges Kunstwerk und illustriert zugleich Wrights Kompositionsprinzipien (Abb. 6.5). Er enthält primäre und sekundäre Achsen, die durch die Mittellinien der Dächer und die Anordnung des Kamins betont werden. Doch viele Räume sind an zusätzliche Achsen verlegt, die parallel zu den Hauptachsen verlaufen. So

6.4 Frank Lloyd Wright, Haus Ward Willitts, Highland Park bei Chicago, Illinois, 1902.

entsteht eine windmühlenartige Rotation, die dreidimensional als räumliche Spannung empfunden wird und beim Durchschreiten der inneren Bereiche variiert. Die Teile und das Ganze sind in einem dynamischen Gleichgewicht gehalten. Für Wright entsprach diese Dynamik vielleicht der Lebenskraft, die er in der Natur spürte: Sie erfüllte seine Wohnbauten mit einer Art von Raummusik, bei der Rhythmus, Bewegung, Wiederholung und Variation ähnlicher Elemente unterschiedliche Stimmungen hervorriefen.

Das Haus Willitts war ein frühes Experiment in Wrights neu konzipierten Ideen. Er erprobte dabei die verschiedenen Elemente seines »Präriehaustyps«. Mehr als zwanzig Jahre später schrieb er im Rückblick auf diese Zeit die Leitprinzipien seiner Wohnhausbauten nieder:

»Erstens. Die Zahl der notwendigen Gebäudeteile und der gesonderten Räume sollte auf ein Minimum beschränkt, alle Einzelteile sollten zu einem umschlossenen Raum vereinigt und so gegliedert werden, daß Licht, Luft und Ausblick ein Gefühl der Einheitlichkeit hervorriefen.

Zweitens. Das Bauwerk sollte durch Ausdehnung und Betonung aller Flächen, die parallel zum Boden verliefen, im Ganzen mit seinem Grundstück verbunden werden, wobei aber die Geschoßflächen den besten Teil des Geländes freilassen sollten, damit dieser bessere Teil in Verbindung mit dem Leben des Hauses genutzt werden konnte. In diesem Zusammenhang erwiesen sich weit ausgreifende Niveauflächen als nützlich.

Drittens. Damit die Räume nicht als Schachteln und das Haus als weitere Schachtel erschienen, wurden die Wände zu umschließenden Schirmen – Decken und Böden und umschließende Schirme gingen als eine große Raumumschließung mit lediglich inneren Unterteilungen ineinander über. Mache alle Proportionen des Hauses großzügiger und menschlicher. Für die Konstruktion soll weniger Fläche verschwendet werden, und sie soll auch dem Material besser entsprechen, damit das Ganze besser bewohnbar wird. Großzügig ist das beste Wort. Gestreckte gerade Linien oder Stromlinien waren dabei nützlich.

Viertens. Das ungesunde Basement sollte zur Gänze aus dem Boden emporgehoben werden, als niedriger Sockel für die Wohnräume des Hauses. Das Fundament selbst wird so als niedrige Mauerwerks-Plattform sichtbar, auf der das Gebäude sich erhebt.

Fünftens. Alle notwendigen Öffnungen nach ›außen‹ oder ›innen‹ sollten mit guten menschlichen Proportionen harmonisieren, sie sollten natürlich wirken – einzeln oder als Reihe im Schema des gesamten Gebäudes. Gewöhnlich erschienen sie wie ›Lichtschirme‹ statt Wänden. Die ganze ›Architektur‹ des Hauses bestand darin, wie diese Öffnungen als umschließende Hüllen um die Räume angeordnet waren. Der *Raum* als solcher war nun der wesentliche architektonische Ausdruck. Es sollte keine in die Wand eingeschnittenen Löcher geben, wie Löcher in eine Schachtel geschnitten werden, weil dies nicht im Einklang mit dem Ideal des ›Plastischen‹ stand. Löcher einzuschneiden war ein Akt der Gewalt.

Sechstens. Kombinationen verschiedener Materialien sollten zugunsten eines einheitlichen Materials so weit wie möglich vermieden werden. Man sollte

Das Architektursystem Frank Lloyd Wrights 81

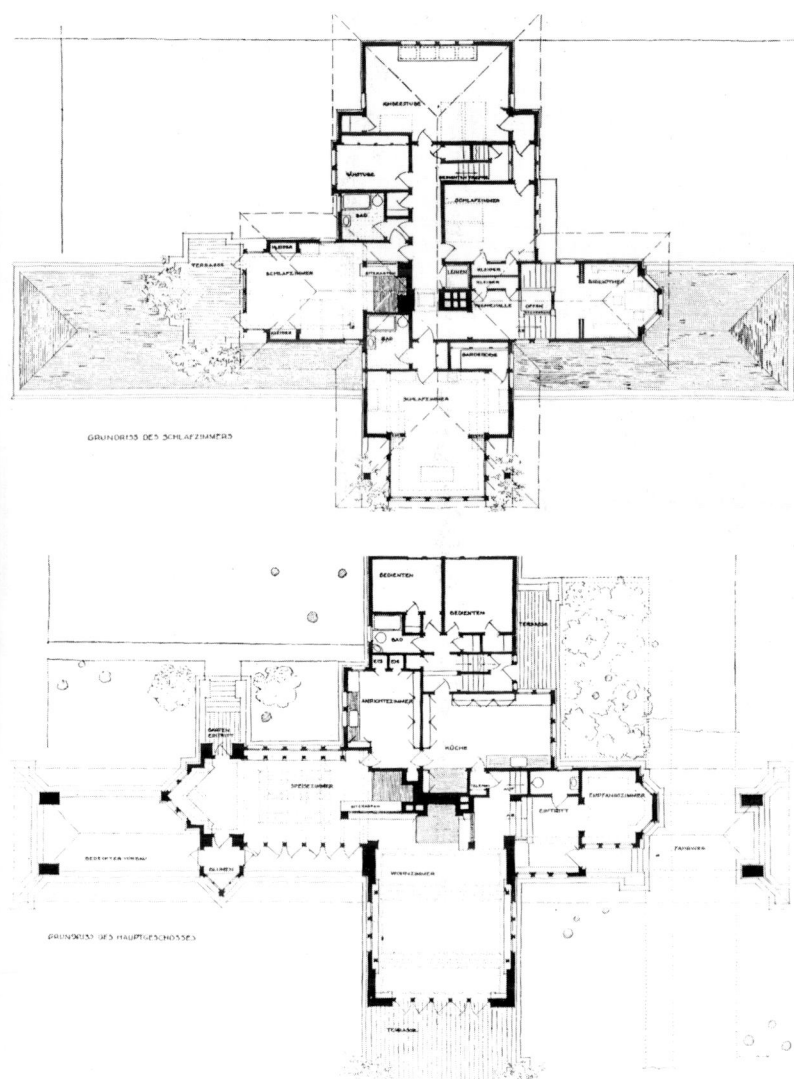

6.5 Frank Lloyd Wright, Haus Ward Willitts, Highland Park bei Chicago, Illinois, 1902, Grundrisse Erdgeschoß (unten) und erstes Geschoß (oben) (aus dem Wasmuth-Band).

kein Ornament verwenden, das nicht aus der Natur der Materialien kommt, um das gesamte Bauwerk klarer und als Wohnstätte ausdrucksvoller zu gestalten und das Konzept des Hauses offenzulegen. Damals waren geometrische oder gerade Linien den Maschinen des Baugewerbes angemessen, deshalb nahmen auch die Innenräume natürlicherweise diesen Charakter an.

Siebtens. Heizung, Beleuchtung und Sanitäranlagen sollten so eingefügt werden, daß sie zu Bestandteilen des Gebäudes wurden. Damit wurden diese Nebenfunktionen zu Architektur. Bei diesem Versuch war das Ideal einer organischen Architektur am Werk.

Achtens. Als organische Architektur sollten – so weit wie möglich – die Möbel einbezogen werden, die alle in Einklang mit dem Gebäude stehen und für die Maschinenbearbeitung in einfachen Formen gestaltet sein sollten. Auch hier nur gerade Linien und rechteckige Formen.

Neuntens. Der Dekorateur sollte ausgeschaltet werden. Er war ganz auf Kurven und Üppigkeit eingestellt, wenn nicht sogar auf ›Stil‹.«

Das bedeutet nicht, daß Wrights »System« strenge Vorschriften erließ; es verhalf ihm aber zu einer festen Basis, von der aus er experimentieren konnte. Die Flexibilität seines Konzepts zeigt sich in Wrights Reaktionen auf die unterschiedlichen Grundstücksgrößen. Viele seiner frühen Häuser hatten bescheidene Ausmaße, aber als sein Ansehen wuchs, wuchs auch der Umfang seiner Aufträge, so daß er bald für eine sehr wohlhabende Klientel arbeitete. Beim Haus Martin in Buffalo (1904) mußte er alle Funktionen eines luxuriösen Anwesens berücksichtigen: Ställe, ein Gästehaus, einen großzügigen Hauptwohnbereich, Pergolen, Gärten, einen Wintergarten und so weiter. Hier half ihm seine Methode, Grundrisse mit Hilfe eines geometrischen Rasters zu organisieren, die Dimensionen gleichmäßig zu halten und Achsen und Richtungen logisch anzuordnen. Der Grundriß des Hauses Martin (Abb. 7.3) bildet ein höchst kompliziertes abstraktes Muster, einem Bild Piet Mondrians nicht unähnlich, bei dem Innen- und Außenräume, Figur und Grund gleichrangig sind (Abb. 7.2). Bei Wright waren Rasen, Pergolen und die Räume dazwischen nach den gleichen formalen Prinzipien organisiert wie die Räume des Hauptgebäudes. Das Haus Coonley in Riverside von 1908 (Abb. 6.6) bot ein weiteres Beispiel für die Vereinheitlichung eines großen luxuriösen Anwesens, bei vollem Respekt vor den einzelnen funktionalen Anforderungen. Von diesen palastartigen Präriehäusern ging eine Aura der Würde und Pracht aus, wie es die Bauherren erwarteten, aber zugleich waren auch Maßstab und Details mit Raffinement ausgearbeitet (Abb. 6.7). Wright zeigte hier, daß er sein Vokabular »ausweiten« konnte, ohne den Sinn für den Zusammenhang zu verlieren.

Ein anderes neues Problem stellte die Grundstücksgröße. Viele von Wrights frühen Häusern lagen auf flachen, rechteckigen Grundstücken geringer bis mittlerer Größe. Aber im Jahre 1904 wurde er mit einer völlig neuen Art von Terrain konfrontiert, als er den Auftrag erhielt, das kleine Haus Glasner in Glencoe im Norden Chicagos zu entwerfen (Abb. 6.8). Das Grundstück lag am Rande eines dicht bewaldeten Steilhanges. Das übliche Arrangement des auf einem Sockel ohne Basement ruhenden Hauses war in diesem Falle nicht angebracht. Deshalb plante Wright das Haus so, daß die horizontale Linie vom Dachfirst ausging; von dieser Linie staffelte sich das Haus kaskadenförmig abwärts, so daß es auf verschiedenen Niveaus mit dem Hang in Berührung kam. Man trat von der Rückseite auf der oberen Ebene

Die Vorgeschichte der modernen Architektur

6.6 Frank Lloyd Wright, Haus Coonley, Riverside bei Chicago, Illinois, 1908: Das Präriehaus in palastartigem Maßstab (Grundriß vgl. Abb. 6.10).

neben der Küche ein und war mit dem kombinierten Wohn- und Speiseraum sowie dem Elternschlafzimmer konfrontiert. Die anderen Räume lagen im Untergeschoß. Die Volumen wurden durch drei vertikale, im Grundriß polygonale Elemente am Ort verankert: die Bibliothek auf einer Seite, ein Teehaus über einer Brücke auf der anderen Seite (nicht gebaut) und ein Nähraum neben dem Elternschlafzimmer (Abb. 6.10).

Da der Wohnbereich in Höhe der Baumwipfel lag und von Büschen umgeben war, mußte man in den Sommermonaten mit Fliegen und anderen Insekten rechnen. Wären alle Fenster zu öffnen gewesen, hätte man Fliegengitter gebraucht, die den Ausblick behindert hätten. Wright löste das Problem, indem er seine üblichen »Präriehaus«-Fenster mit dem wohlerprobten »Chicago-Fenster« kombinierte (einem feststehenden Mittelflügel, der nur der Belichtung diente, und zwei schmalen vertikalen, mit Gittern versehenen Seitenflügeln, die ausschließlich der Ventilation vorbehalten waren). Wright entnahm diese Elemente ihrem üblichen kommerziellen Kontext und konnte dadurch weite Bereiche frei von Fliegendraht halten. Der Blick durch die lange Folge der Fenster mit ihren abstrahierten Baummotiven in Buntglas hatte eine magische Wirkung. Jeder Wechsel von Licht und Farbe am Steilhang wirkte sich im Inneren aus (Abb. 6.8). Das Haus schien eher rustikal als vorstädtisch, ein Eindruck, der durch die horizontale Lattenverkleidung des unteren Teils und durch die Balkone der polygonalen Volumen noch verstärkt wurde. Das auskragende Dach, das über dem unebenen Terrain schwebte, war ein Element, das Wright noch öfter verwenden sollte.

Wrights Stil läßt sich als ein Satz typischer Formen definieren, die sich zu Ensembles zusammenfügen und

Das Architektursystem Frank Lloyd Wrights

6.7 *(oben rechts)*
Frank Lloyd Wright, Haus Coonley, 1908, Innenansicht.

6.8 *(rechts)*
Frank Lloyd Wright, Haus Glasner, Glencoe, Illinois, 1904, Blick durch die Fenster des Wohnraumes (Grundriß vgl. Abb. 6.10).

dadurch wiederum charakteristische Strukturen bilden. Ein auf Prinzipien beruhender Stil enthält eine Art »System« von Bauformen, die sich entsprechend den grammatikalischen und intuitiven Regeln immer wieder neu kombinieren lassen (Abb. 6.9–6.11). Solche »Formeln« sind das Gegenteil eines trockenen, sich wiederholenden »Klischees«. Sie sind eine Abstraktion, die zahlreiche kreative Variationen über wenige zentrale Themen erlaubt. Für den Künstler – und Wright war ein Künstler – ist jede neue Bauaufgabe eine weitere Gelegenheit, den Idealtypus zu erforschen (Farbtafel 3).

Das Haus Robie von 1908 (Abb. 6.12) zählt wahrscheinlich zu Wrights klarsten Formulierungen des Präriehaus-Ideals, wie die Villa Malcontenta am konsequentesten Palladios Traum von der Villa ausdrückte. Der Bauherr Robie war Fahrradfabrikant und erst 27 Jahre alt, als er Wright damit beauftragte, ein Haus auf einem extrem schmalen Grundstück im Süden Chicagos für ihn zu entwerfen. Gewünscht waren ein Dienstbotenflügel und ein Billardzimmer wie auch die üblichen Wohn- und Speiseräume, Schlafzimmer, Küche und Badezimmer. Außerdem wollte Robie »die Nachbarn auf dem Bürgersteig sehen, ohne selbst gesehen zu werden« und möglichst auch auf den Park blicken, der einen Block entfernt schräg gegenüber lag. Wright arrangierte den Grundriß als zwei schmale, gegeneinander verschobene Rechtecke, die sich teilweise überlappten (Abb. 6.14). Das kleinere Rechteck lag auf der Rückseite und enthielt Garage, Heizraum, Waschküche, den Eingang zum Erdgeschoß, Dienstbotenräume, die Küche und ein Gästezimmer im ersten Geschoß. Das andere »Band« war prominenter. Kamin und Treppen waren als eine Einheit geplant, die durch das Zentrum nach oben führte. Billardraum und Kinderzimmer lagen im Untergeschoß, Wohn- und Speisezimmer dagegen im ersten Geschoß, das zu einer Art *piano nobile* wurde. Der Wohn-Eß-Bereich bestand eher aus einem als aus zwei Räumen – eine einzige Zone, die bis zu einem gewissen Grade durch den Kamin aufgegliedert war. Man hatte den Eindruck, daß die Deckenfläche den Raum von einem Ende zum anderen überspannte (Abb. 6.15). An den Stirnseiten dieses langen Raumes lagen bugartig vorstoßende Fensternischen, die die Wirkung der Längsachse verstärkten und die dreieckigen Flächen der Walmdächer darüber reflektierten. Von diesem Raum aus konnte Mr. Robie hinunterblicken, ohne gesehen zu werden, denn die Brüstungen und Auskragungen sorgten für optische Abschirmung.

Der Hauptwohnraum des Hauses Robie zeigt, wie geschickt Wright in formaler, funktionaler, konstruktiver wie symbolischer Hinsicht seine üblichen Lösungen einem neuen individuellen Fall anzupassen vermochte. An den Seiten des Wohnraumes liefen Ränder entlang, die noch tiefer als die restliche Decke lagen. Sie betonten den Eindruck der Geschlossenheit und die Horizontalität des Raumes. Zugleich erfüllten sie aber auch andere Funktionen, weil sie kleine japanische Kugelleuchten, deren Kabel sowie Lüftungsschlitze aufnahmen. Das

84 Die Vorgeschichte der modernen Architektur

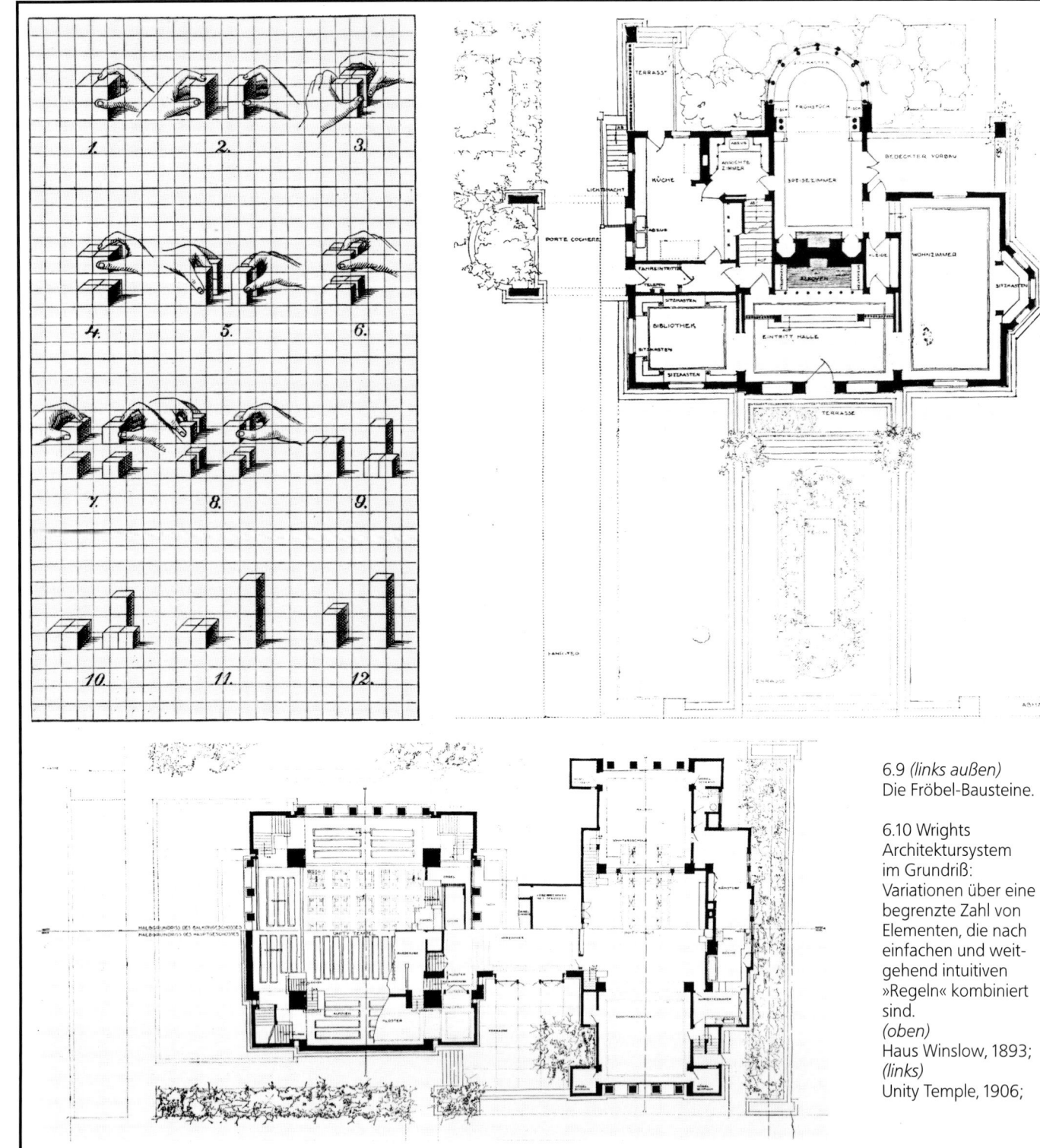

6.9 *(links außen)*
Die Fröbel-Bausteine.

6.10 Wrights Architektursystem im Grundriß: Variationen über eine begrenzte Zahl von Elementen, die nach einfachen und weitgehend intuitiven »Regeln« kombiniert sind.
(oben)
Haus Winslow, 1893;
(links)
Unity Temple, 1906;

Das Architektursystem Frank Lloyd Wrights 85

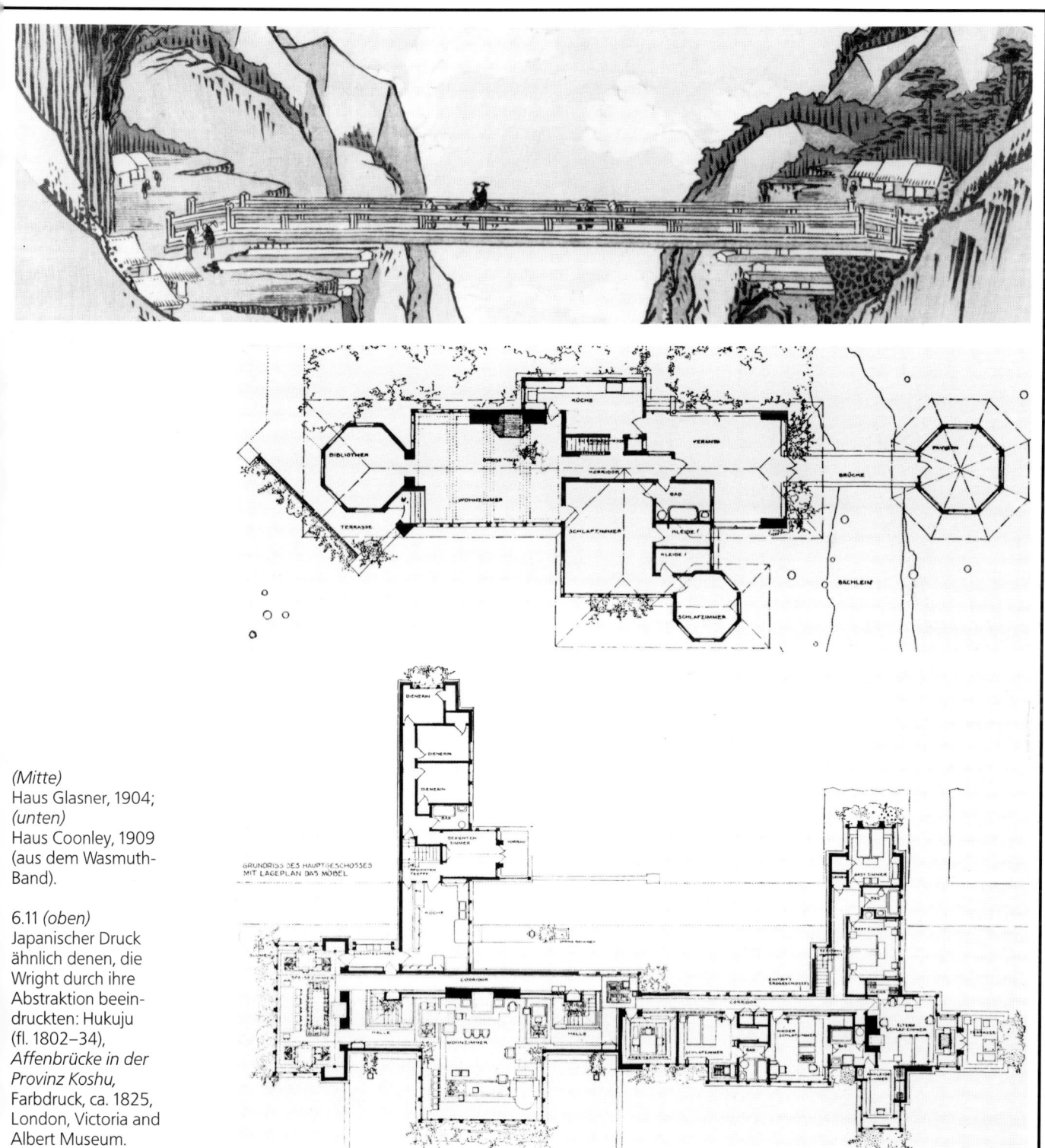

(Mitte)
Haus Glasner, 1904;
(unten)
Haus Coonley, 1909
(aus dem Wasmuth-Band).

6.11 *(oben)*
Japanischer Druck ähnlich denen, die Wright durch ihre Abstraktion beeindruckten: Hukuju (fl. 1802–34), *Affenbrücke in der Provinz Koshu*, Farbdruck, ca. 1825, London, Victoria and Albert Museum.

86 Die Vorgeschichte der modernen Architektur

Dach war eine ingeniöse, umweltbewußte Einrichtung: Im Winter bildete es eine Art Heizkissen, im Sommer eine Art Absaugvorrichtung. Die dramatischen Auskragungen wurden am Punkt ihrer größten Spannweite von einem Stahlträger gestützt, der aus einer Schiffswerft stammte. Aber auch dies geschah nicht allein aus optischen Gründen. Die auskragenden Flächen verstärkten das Gefühl der Geborgenheit, sie schützten die Fenster vor Regen, Schnee und Blendreflexen, hielten die Gebäuderänder von schwereren konstruktiven Lasten frei (so daß breite Fensterwände möglich waren) und vermittelten zwischen Innen- und Außenraum. So entstand die Antithese der umschlossenen Schachtel – als sei das fünfzehn Jahre zuvor entstandene Haus Winslow nach außen explodiert.

Bei einem Architektursystem spielen auch die Details eine große Rolle, denn wie sich die gesamte »Formel« jedem neuen Element anpassen sollte, müssen auch typische Einzelheiten angeglichen und verändert werden. Beim Haus Robie verwendete Wright längliche »römische« Ziegel mit tiefen Schattenfugen, die mit den vorherrschenden horizontalen Linien übereinstimmten

Das Architektursystem Frank Lloyd Wrights 87

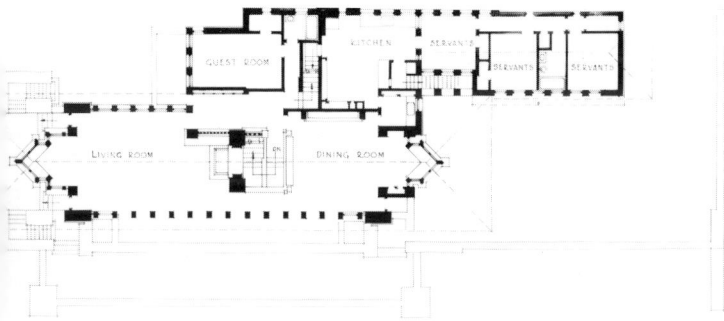

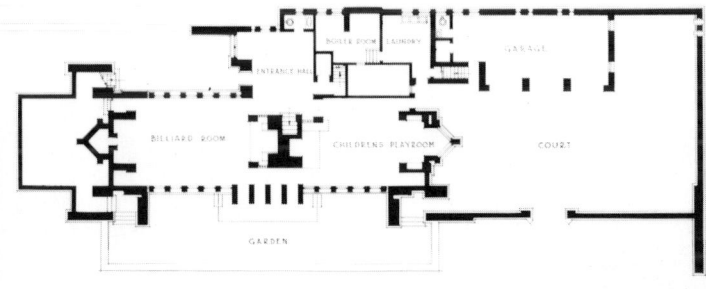

6.12 *(oben links)*
Frank Lloyd Wright,
Haus Robie, Chicago,
1908.

6.13 *(links)*
Haus Robie, 1908,
Detail mit
Pflanzenbecken.

6.14 *(oben)*
Haus Robie,
Chicago, 1908,
Grundrisse
Hauptebene und
Erdgeschoß.

6.15 *(rechts)*
Haus Robie, 1908,
Innenansicht des
Wohn-Eßbereichs.

6.16 *(außen rechts)*
Haus Robie, 1908,
Detail des
bleiverglasten
Fensters.

(Abb. 6.13). Ein anderes charakteristisches Detail war der Pflanzenbehälter mit der Steinabdeckung. Solche Elemente wurden beim Haus Robie in die Komposition eingefügt, um die Linien des Daches und der Brüstungen aufzunehmen. Typisch für Wright war das Buntglasfenster mit von der Natur abstrahierten Formen. Beim Haus Robie paßte er die Muster der vorherrschenden Horizontalität und den dreieckigen Motiven des Grundrisses an (Abb. 6.16). So vereinigten sich alle Einzelteile zu einer großen Symphonie – ein Meisterwerk, das weit über jede Zeitströmung hinausging. Daneben verblaßten die Entwürfe der sogenannten Prärie-Schule, der Nachfolger Wrights.

Bis 1910 baute Wright hauptsächlich Häuser, aber er erhielt auch Aufträge für andere Bauten. In solchen Fällen mußte er sein »System« ausweiten, um neuen Forderungen an Funktion und Ausdruck zu begegnen. So bat ihn zum Beispiel im Jahre 1904 die Firma Larkin in Buffalo, New York, ein Bürogebäude für sie zu entwerfen. Das Grundstück lag an einer Bahnstrecke und in der Nähe eines Gaswerks. Eine nach innen gerichtete, hermetisch abgeschirmte Lösung schien angebracht. Aus dem Vokabular des Präriehauses übernahm Wright die von vertikalen Pfeilern abgehängten Platten, die er um ein hohes, von oben erhelltes Atrium anordnete. Treppen und Lüftung waren in Türmen an den Ecken untergebracht. Sie gaben dem Gebäude einen massiven,

88 Die Vorgeschichte der modernen Architektur

monumentalen Charakter und sorgten für ausreichende vertikale Energie, um die kleineren Elemente zu vereinigen und Zusammenhang in die Gesamtform zu bringen. Angesichts seiner strengen Silhouette, seines stark axialen Charakters und seines luftigen, kirchenschiffartigen Innenraumes (Abb. 7.4) nimmt es nicht wunder, daß das Larkin Building als »Kathedrale der Arbeit« bezeichnet wurde (es war mit moralisierenden Sprüchen beschriftet, die den religiösen Wert der Arbeit hervorhoben). Aber das Larkin Building erinnerte auch an Wrights Entwürfe für Schränke oder andere Möbelstücke. Ob groß oder klein, jeder Entwurf ging von konsequenten Formprinzipien aus.

Im Jahre 1906 erhielt Wright den Auftrag, ein Bauwerk mit wirklich sakraler Bestimmung zu errichten. Die Unitarier in Oak Park brauchten einen neuen Versammlungsort. Offensichtlich hatten sie zunächst traditionelle Vorstellungen einschließlich eines Kirchturms. Aber Wright bestand darauf, das Programm neu zu definieren und seine Voraussetzungen neu zu überdenken. Er beschloß, in der Architektur »Literatur in welcher symbolischen Form auch immer« nicht zuzulassen und einen würdigen Ort zu schaffen, »an dem der Mensch sich um seines Gottes willen selbst erkennen kann«. Er begann mit einem *Raum*, der den formellen Empfangs- oder Speiseräumen seiner Häuser nicht unähnlich war – symmetrisch, hieratisch, durch Emporen auf die Kanzel konzentriert:

> »...ein nobler Raum für die geistige Andacht. Möge dieser Raum das ganze Gebäude formen.«

Während des Entwurfs stieß Wright auf O. Kakuzos *Book of Tea*, in dem der Autor von den Ritualen der traditionellen japanischen Teezeremonie berichtete und das Teehaus als »Stätte der Leere« bezeichnete. Für den Hauptraum des Unity Temple wählte Wright ein Quadrat, vielleicht deshalb, weil es eine zentralisierte und konstante Form mit der Assoziation von Ganzheit und Einheit war. Dieser Form verlieh er durch subtile Proportionen und Filterung des Lichts einen numinosen Charakter. Das Volumen des Raumes ließ sich dank der klaren Geometrie des Gebäudes und der Hierarchie der Stützen auch vom Außenbau direkt ablesen (Abb. 6.17).

Außer einem »Tempel« brauchten die Unitarier einen Raum für die Sonntagsschule der Kinder und einen Gemeindesaal. Wright brachte diese Räume in einem Längsrechteck unter, dessen kurze Achse an das Quadrat anschloß. Die Eingangshalle zwischen den beiden Bereichen war als »Hals« zwischen sie gelegt und von der Straße über einige Stufen und eine Terrasse zu erreichen. Wright fertigte mehr als 34 Studien an, ehe er mit der Beziehung zwischen den beiden Volumen zufrieden war. Die Überzeugungskraft des Gebäudes beruht auf der straffen, elementaren räumlichen Organisation und auf der Art, wie die Hauptthemen in allen kleineren Elementen wiederholt sind. Wright wählte als Baumaterial Beton, weil er billig und einfach anzuwenden war. Das war (wie schon erwähnt) im Jahre 1906 ein sehr kühner Schritt, besonders bei einem religiösen Bauwerk. Zudem hatte Wright sich entschlossen, das Material unverputzt zu belassen.

Wright wendete sein Vokabular ingeniös an, um Übergänge zwischen der unterschiedlichen Größe der Volumen zu schaffen. Der Unity Temple erinnerte erneut an die typischen Elemente der Präriehäuser: Eckpfeiler (mit den Treppen), Wände, Fensterbänder und schmalere Versionen der Hauptpfeiler zur Abstützung des Daches. Diese Pfeiler waren flach und traten aus dem kastenartigen Volumen dahinter hervor, so daß der Eindruck einer Art klassischer Auskragung an der Spitze der Komposition entsteht. Das Bauwerk hatte auch eine klar definierte Basis – auch hier also wieder die dreiteilige

6.17 Frank Lloyd Wright, Unity Temple, Oak Park bei Chicago, Illinois, 1906, Außenansicht. Der Hauptbereich liegt links, die Sonntagsschule rechts, der Eingang dazwischen (Grundriß vgl. Abb. 6.10).

durch sie hindurchführte – ein weiteres Thema der Präriehäuser. Der Weg ins Innere ging durch die Halle, dann einige Schritte hinunter zu einem Umgang auf halber Höhe, durch den man in den Durchgang und an der Kanzel vorbei zu dem Raum unter den Seitenemporen gelangte. Die Emporen waren von vier kräftigen Pfeilern abgehängt, durch die Leitungen führten. Die Dynamik des Innenraumes ergab sich unter anderem aus dem sekundären Rhythmus der Zwischenebenen und dem Charakter des Lichts, das durch Bleiglasfenster im Obergaden gefiltert wurde. Sie vermittelten den Eindruck, als schwebe die Decke (Abb. 6.18).

So beruhte der Unity Temple auf der Anwendung der Prinzipien, die Wright schon zuvor entwickelt hatte, und auf ihrer Umsetzung in eine sakrale Bauaufgabe. Er verließ sich nicht auf einen oberflächlichen Symbolismus, sondern auf die direkte Wirkung der Räume, beleuchteten Flächen und Formen, die von einem spirituellen Charakter erfüllt waren. Ob Wright eine Kirche wirklich für sakraler hielt als ein Wohnhaus, ist vielleicht fraglich, aber beim Unity Temple verlieh er seinem Hausbausystem eine ungewöhnlich hieratische, formelle, symmetrische Grandeur. Wie beim Haus Winslow wurden klassische Elemente abstrahiert und so weit transformiert, daß die Formen des Architekten nahezu natürlich erschienen. Diese Synthese erinnert erneut daran, daß Wright bei aller Neuerungskraft ein Traditionalist war, der sich für »das elementare Gesetz und die Ordnung« interessierte, »die jeder großen Architektur innewohnen«.

Im Jahre 1909 verließ Wright seine Frau, um mit Mamah Borthwick Cheney, der Ehefrau eines seiner Bauherren, zusammenzuleben. Im folgenden Jahr reiste er mit ihr einige Monate nach Europa. In dieser Zeit stellte er Zeichnungen seiner früheren Arbeiten zusammen und veröffentlichte sie bei dem Verleger Wasmuth. Nach seiner Rückkehr in die Vereinigten Staaten zog er sich aus dem vorstädtischen Leben und der familiären Verantwortung aufs Land nach Wisconsin zurück. Hier errichtete er »Taliesin«, ein Haus auf dem Hügel, bei dem das Präriehaus-System aufgrund des unregelmäßigen Terrains weiterentwickelt wurde. Dieses Haus wurde seine Zuflucht und seine Hymne an die Natur. Er entfernte sich immer weiter von dem Milieu, in dem er seine Architektur anfangs formuliert hatte. Im Jahre 1914 brach eine Tragödie über Taliesin herein, als Wrights neue Familie von einem verrückten Diener umgebracht wurde und das Haus bis auf die Grundmauern niederbrannte. Die möglichen Auswirkungen der darauf folgenden seelischen Desorientierung auf Wrights Architektur werden in einem späteren Kapitel behandelt.

Vor dem Ausbruch des Ersten Weltkrieges hatte Wright mehr als ein Dutzend Meisterwerke geschaffen und eine auf Prinzipien beruhende architektonische Sprache entwickelt. Wie seine Zeitgenossen in Europa hatte er sich mit der Konfusion der »Stile«, mit Viollet-le-Duc, den Arts and Crafts sowie mit typisch amerikanischen Einflüssen auseinandergesetzt und eine Grammatik formuliert, die mit ihren universalen Lösungen weit

»Grammatik« des Aufrisses. Das entging Wrights Zeitgenossen nicht. Einer seiner Zeichner sprach über den abstrahierten Klassizismus des Gebäudes und bezog sich dabei immer wieder auf den »Tempel«. Wright war sich offenbar selbst über die klassischen Anklänge seines Entwurfs im klaren. David Handlin wies darauf hin, daß Wright möglicherweise von dem damals in Chicago wohlbekannten puristisch-klassizistischen Werk des deutschen Architekten Schinkel aus dem frühen 19. Jahrhundert beeinflußt sein könnte. Für Wright war der Unity Temple zweifellos eine Übung in »ersten Prinzipien«.

Die reiche Form des Unity Temple ging auch darauf zurück, daß die symmetrischen Räume sich in diagonalen Blickachsen auf dem Rundweg erschlossen, der

über die Chicagoer Vorstadtsituation hinausging. Sein Einfluß in Amerika war bereits groß, vor allem bei den Anhängern der sogenannten »Prärie-Schule« im Mittelwesten. Einige dieser Architekten (man denke besonders an Walter Burley Griffin) schufen durchaus beachtenswerte eigene Werke, die freilich den Stempel des Meisters tragen, aber die meisten brachten nur Klischees hervor. Wrights Einfluß war nicht auf Amerika beschränkt. Die Wasmuth-Bände und gelegentliche ausländische Besucher sorgten dafür, daß sein Werk auch in Europa bekannt wurde. Das geschah hauptsächlich durch Fotografien und Zeichnungen. So entstand, vor allem in Holland, bei manchen Architekten eine Art Wright-Mythos. Auf der Suche nach einem modernen Stil gingen aus dieser Legende eine Reihe von Theorien und Idealen hervor.

6.18 Frank Lloyd Wright, Unity Temple, Oak Park bei Chicago, Illinois, 1906, Innenansicht.

7. Kubismus und neue Raumkonzeptionen

»Die neue Architektur ist anti-kubisch, d.h. sie versucht nicht, die funktionellen Raumzellen in einem geschlossenen Kubus zusammenzufassen, sondern sie wirft die Raumzellen nach der Peripherie des Kubus, wodurch Höhe, Tiefe, Breite, Tiefe und Zeit zu einem ganz neuen plastischen Ausdruck im offenen Raum kommen. Hierdurch bekommt die Architektur ein mehr oder weniger schwebendes Aussehen, im Gegensatz zu der natürlichen Trägheit und Schwerkraft.«

Theo van Doesburg, 1924

Versetzte sich ein Architekturhistoriker, der eng mit seinen eigenen zeitgenössischen Strömungen vertraut ist, ins Jahr 1914 und blickte zurück auf die beiden vorherigen Jahrzehnte in Westeuropa und den USA, so würde er vor allem einen vielfältig differenzierten Pluralismus wahrnehmen. Er sähe, wie der Beaux-Arts-Klassizismus in Frankreich, den USA und England und die Mittelalter-Stile sich stellenweise behaupteten; auch Strömungen der Nationalromantik, verbunden mit Arts and Crafts und den Idealen des Regionalismus, würden ihm auffallen. Gegen diese Tendenzen hätten sich die in den vorigen Kapiteln erwähnten Neuerungen – von Art Nouveau zum Futurismus, von Gaudí zu Wright – deutlich abgehoben. Aber selbst diese »modernen« Ideen hätten unter sich eine große Vielfalt aufgewiesen.

Hätte derselbe Historiker zwanzig Jahre später die zurückliegenden Jahrzehnte überblickt, so hätte ihn überrascht, wie die unterschiedlichen Vorkriegsströmungen um 1920 zusammenflossen und in einem allgemeinen »Internationalen Stil« kulminierten. Die architektonische Landschaft hätte zwar immer noch Spuren des Historismus aufgewiesen, aber in weitaus geringerem Umfang. Außerdem traten auch Art Deco und die verschiedenen Formen des Expressionismus als parallele Bewegungen der modernen Architektur auf, die sich bald mit dem Internationalen Stil überschnitten, bald von ihm abwichen.

Einige der Elemente, die zur Synthese der Nachkriegszeit beitrugen, sind bereits erwähnt worden: die Idee einer modernen Architektur; die rationalistische Einstellung gegenüber Geschichte und Konstruktion; das visuelle und philosophische Interesse an der Mechanisierung; Versuche, bestimmte Züge des Klassizismus herauszukristallisieren; ein moralisches Verlangen nach Aufrichtigkeit, Integrität und Einfachheit. Doch ohne den Einfluß des Kubismus und der abstrakten Kunst hätte die Architektur der zwanziger Jahre vermutlich ganz anders ausgesehen. Es ging nicht darum, daß Architekten Motive aus Bildern übernahmen und deren Formen nachahmten. Vielmehr nahm die gesamte dreidimensionale Anatomie der Architektur einen geometrisch-räumlichen Charakter an, *analog* zu dem, den die Künstler in der illusionistischen Welt hinter der Bildfläche entdeckt hatten.

Die verschiedenen Wege, die von den Funden der Maler und Bildhauer zum Vokabular der Architekten führten, verliefen selten geradeaus. Abgesehen von bestimmten konkreten Entwicklungslinien, die etwa den Kubismus mit der geometrischen Abstraktion in Rußland und dem Konstruktivismus oder den Kubismus mit dem Purismus und der Architektur Le Corbusiers verbanden, kann man davon ausgehen, daß die avantgardistischen Künstler und Architekten im ersten Teil des Jahrhunderts weitgehend gemeinsame Interessen hatten. Immer wieder findet sich das Thema der Purifizierung der Ausdrucksmittel durch Abstraktion. Die Betonung einer »architektonischen« Ordnung des Kunstwerks geht wiederum häufig mit dem Glauben an eine »höhere« geistige Bedeutung zusammen, die über eine bloße Reproduktion der Erscheinungsform hinausführt. Der Ablehnung traditioneller Darstellungsmittel wie der Perspektive steht häufig die Wiederentdeckung »primitiver« und »exotischer« Quellen gegenüber – afrikanische Skulptur, japanische Drucke, Orientteppiche. Mit beträchtlichem emotionalem Engagement wird der Gedanke verfolgt, der kreative Künstler müsse gegenüber den verfallenden Formen der offiziellen, akademischen und bürgerlichen Kultur seine Integrität bewahren.

Kennzeichnend für diese intellektuelle Szene war auch die Idee einer Avantgarde, deren Aufgabe es sein sollte, auf einer ständigen Suche nach Neuerung tote Formen zu beseitigen. Merkwürdigerweise bestand neben dieser Bilderstürmerei und der Verachtung für die jüngere Vergangenheit häufig ein allgemeiner Respekt

92 Die Vorgeschichte der modernen Architektur

vor den fernen Epochen der Geschichte. »Modernität«, so schien es, bedeutete, zu den Ursprüngen der Kunst zurückzukehren und sie von Grund auf neu zu überdenken.

Überdies sollte der moderne Künstler – wie Kandinsky in seiner Schrift *Über das Geistige in der Kunst* (1912) darlegte – zu einer Art Hohepriester und Prophet einer neuen Kultur werden. Auch hier findet sich eine von Fortschrittsdenken beseelte Einstellung zur Geschichte, der Glaube an einen Zeitgeist – der Mythos vom modernen Künstler, der den inneren Sinn seiner eigenen Zeit sichtbar macht. Vergangene Stile waren deshalb zumindest theoretisch Hindernisse bei der Mission, die abstrakte Form in ihrem universalen Charakter freizulegen. Es schien, als solle der wahre moderne Stil der Stil sein, der am Ende aller Stile stand, als solle er eine Art Esperanto des Ausdrucks darstellen und die Grenzen der Länder und Konventionen überspringen – ein Ergebnis wesentlicher geistiger Strukturen des Menschen. Ohne solche transhistorischen und pankulturellen Ziele sind die klare weiße Geometrie der Moderne und die Polemik um das »Wesentliche« kaum zu verstehen.

Paradoxerweise wurden die rebellischen Positionen der Avantgarde ausgerechnet von Wissenschaftlern und Kunsthistorikern beeinflußt. Im späten 19. Jahrhundert hatten Autoren wie Heinrich Wölfflin und Konrad Fiedler den Stil diskutiert, als könne er als vorherrschende Form des räumlichen oder formalen Ausdrucks definiert werden. Sie glaubten sogar, daß sich der Zeitgeist früher in solchen visuellen Strukturen geäußert habe. Für einen Vertreter der Avantgarde, der ähnliche Vorstellungen von der Verbindung zwischen Kultur und Form hatte, war die Lehre deshalb eindeutig: Der wahre Sinn einer modernen Architektur war in einer neuen räumlichen Konzeption zu suchen, die dem »Geist der modernen Zeit« Ausdruck geben würde.

Eine weitere Strömung, die zur Idee der Abstraktion beitrug, ging auf symbolistische Vorstellungen des 19. Jahrhunderts und auf den Begriff der »Einfühlung« zurück. In diesem Sinne hatte August Endell in München von einer »neuen Kunst« geschrieben, die ohne Anekdoten zu ihren Ausdrucksmöglichkeiten finden müsse. Um die Jahrhundertwende traten zahlreiche weitere Konzepte für eine Malerei auf, die der Musik entsprechen solle, für eine reine Sprache der Linien, Formen, Volumen, Farben und Klänge – zweifellos eine Reaktion auf die moralischen und literarischen Vorlieben der Kunst in der Mitte des 19. Jahrhunderts. Selbst ein Vertreter des Klassizismus wie Geoffrey Scott schrieb in *The Architecture of Humanism* (1914) von der unmittelbaren Wirkung des Raumes, des visuellen Gewichtes und der tektonischen Struktur auf die sinnliche Wahrnehmung: »In ihrer direkten und spontanen Wirkung ist Architektur eine Kombination von Massen, Räumen und Linien.«

Der Einfluß des Kubismus auf die Architektur war nicht direkt, sondern nahm den Weg über verwandte künstlerische Strömungen. In der entscheidenden Phase zwischen 1907 und 1912 entwickelten Pablo Picasso und

Kubismus und neue Raumkonzeptionen

7.1 *(links)*
Pablo Picasso,
L'Aficionado, 1912.
Öl auf Leinwand,
134 x 81 cm, Basel,
Kunstmuseum.

7.2 *(rechts)*
Piet Mondrian,
Komposition in Blau, A.
Öl auf Leinwand,
50 x 44 cm, Otterlo,
Rijksmuseum Kröller-Müller.

7.3 *(unten)*
Frank Lloyd Wright,
Martin Estate, Buffalo,
New York, 1904,
Grundriß (aus dem
Wasmuth-Band).

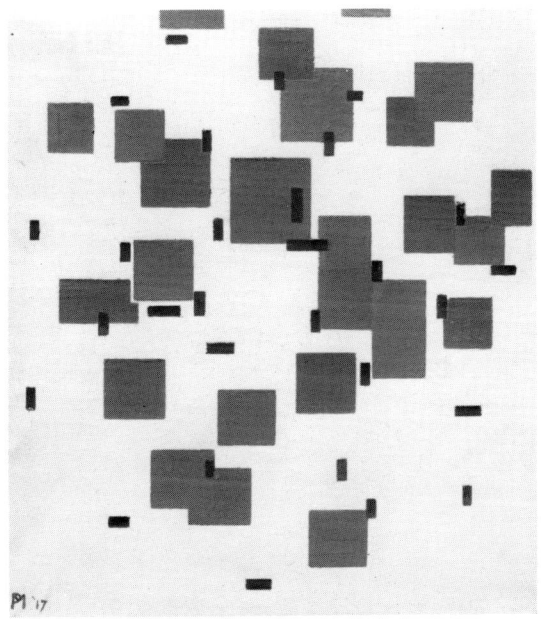

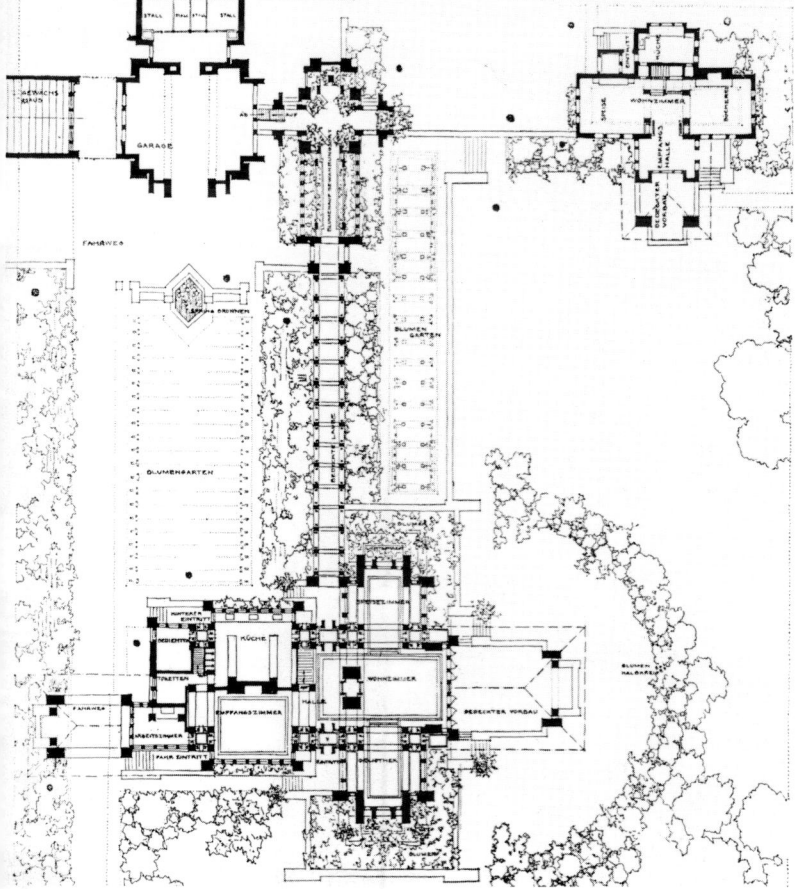

Georges Braque, vom Spätwerk Cézannes und der Negerskulptur inspiriert, eine visuelle Sprache, bei der sich Abstraktion mit Fragmenten der beobachteten Realität verband. Raum und Form traten in eine neue Beziehung, heroische und einfache Themen gingen neue Kombinationen ein (Abb. 7.1). Diese visuelle Revolution machte sich in Skulptur, Film, Graphik und auch der Architektur bemerkbar. In Frankreich fand zwischen 1912 und 1920 ein Übergang vom Kubismus zu einem straffer geordneten Vokabular statt – den Doktrinen und Formen des Purismus und schließlich der Architektur Le Corbusiers. Die vom Kubismus hergeleiteten Formen wurden allmählich vereinfacht und erhielten einen technoiden Charakter. Eine ähnliche Entwicklung war gegen Ende des zweiten Jahrzehnts und in den frühen zwanziger Jahren in Deutschland und Rußland zu beobachten (man denke an Kasimir Malewitsch, Laszlo Moholy-Nagy, El Lissitzky und ihren späteren Einfluß auf die Architektur). Zuvor hatte allerdings De Stijl in Holland den Weg ebnen müssen. Die Gruppe De Stijl wurde 1917 gegründet und führte Maler, Bildhauer, einen Kunsttischler und Architekten zusammen, denen ein abstrakter, vom Rechteck ausgehender Stil gemeinsam war. Die wichtigsten Maler waren Theo van Doesburg und Piet Mondrian.

Schon 1907 hatte Mondrian bei seinen Bildern von Bäumen und Naturszenen zur Abstraktion tendiert. Um 1914 war es ihm mit Hilfe des Kubismus gelungen, seine Sprache bis zu dem Punkt zu vereinfachen, daß er nur noch Kombinationen vertikaler und horizontaler Linien verwendete. Doch diese Linien bezogen sich, wenn auch schematisch, immer noch auf sinnliche Wahrnehmungen. Allmählich gewannen die Elemente seiner Malerei jedoch Autonomie. Mondrian begann zu spüren, daß eine reine Sprache aus Form, Farbe und Rhythmus – eine visuelle, mit Emotionen verbundene Musik – möglich war (Abb. 7.2). Angeregt wurde er zweifellos durch seine theosophischen Anschauungen und durch Schoenmaekers' Schriften über eine »spirituelle Mathematik«: Der Maler suchte nach »Denkformen«, die seiner Idee einer höheren, die bloße Erscheinungswelt überschreitenden Ordnung entsprachen. Überhaupt war die abstrakte Kunst für die Stijl-Bewegung, der Mondrian angehörte, eine Art Schlüsselerlebnis.

Theo van Doesburg und Gerrit Rietveld erkannten am deutlichsten die dreidimensionalen Möglichkeiten einer solchen geometrischen Abstraktion. Ihr Ziel war es, das moderne Bauwerk nicht mit aufgemalten Wandbildern zu verzieren, sondern es als eine Art abstrakte Skulptur zu behandeln, als »Gesamtkunstwerk«, als einen Organismus aus Farbe, Form und sich überschneidenden Flächen. Um 1918–20 reduzierten Mondrian und van Doesburg ihre Bilder auf Schwarz, Weiß, die Primärfarben und die einfachste rechteckige Geometrie. So lag es nahe, solche Elemente in eine funktionierende Architektur zu übersetzen, bei der Wände, Böden, Dächer oder Fenster einen ähnlichen formalen Charakter annehmen wie die Figuren der Bilder. Im Jahre 1923 stellte van

94 Die Vorgeschichte der modernen Architektur

Doesburg bemerkenswerte Modelle und Diagramme für ein Haus her, in denen er frühere Experimente des Stijl zusammenfaßte (Abb.7.12). Die so gefundene Ordnung bedeutete einen völligen Bruch mit der Axialität des Beaux-Arts-Klassizismus. An die Stelle simpler Symmetrie trat ein dynamisches, asymmetrisches Gleichgewicht; statt der Leerräume innerhalb massiver Volumen entstanden intensive Wechselbeziehungen zwischen Form und Raum; und anstelle geschlossener Formen griffen farbige Flächen auf die Umgebung über.

Dieses neue »Raumkonzept« war freilich mehr als nur eine dreidimensionale Projektion von Mondrians Malerei. Es zeigte auch, daß die europäische Avantgarde sich mit Frank Lloyd Wrights Architektur auseinandergesetzt hatte (Abb. 7.3). Wrights Arbeiten wurden in Holland in den Jahren 1910 und 1911 durch die hervorragend ausgestatteten Wasmuth-Bände bekannt. Besonders schätzte ihn Hendrik Petrus Berlage, eine Art Vaterfigur der modernen Architektur in Holland, dessen kühne, einfache Formen (zum Beispiel die Börse in Amsterdam von 1897- 1904, Abb. 7.5) sich mit den Werken Mackintoshs oder Richardsons vergleichen lassen. Berlage setzte sich intensiv mit dem Problem eines genuin modernen Stil auseinander, bei dem er klare Proportionen, flächige Wände und die Dominanz des Raumes voraussetzte. Es überrascht also nicht, daß er die Architektur Wrights bewunderte, die er sogar aus erster Hand erlebt hatte. Über das Larkin Building von 1904 (Abb. 7.4) sagte er, er sei mit der Überzeugung fortgegangen, ein wahrhaft modernes Gebäude gesehen zu haben. Ihn erfüllte Respekt für einen Meister, der ein solches Werk zu schaffen vermochte und in Europa noch nicht seinesgleichen gefunden hatte.

Berlage entdeckte also bei Wright Qualitäten, die seinen eigenen Idealen entsprachen. Auch holländische »Expressionisten« wie Michel de Klerk und Piet Kramer bewunderten in Wrights Arbeiten Elemente, die ihren eigenen, wenn auch völlig andersartigen Zielen entsprachen. Selbst ein so charakteristisches Bauwerk wie de Klerks Postamt an der Zaanstraat in Amsterdam von 1917 (Abb.7.6) mit seinen bizarren Backsteinmustern, seinem buckligen Dachprofil und seinem strukturierten Turm erinnert in seiner horizontalen Dynamik, seiner räumlichen Gliederung und der Verwendung der Materialien an das Beispiel Wrights. In diesem Fall galt die Wertschätzung vielleicht eher dem »handwerklichen« als dem »abstrakten« Wright.

Auch die Generation Gerrit Rietvelds, Theo van Doesburgs und J.P. Ouds, die der Gruppe De Stijl angehörten und den Expressionismus als altmodische, von Individualismus und Kunstgewerbe beherrschte Richtung ablehnten, sah in Wright eine Leitfigur. Sie ignorierten Wrights vorstädtische und naturalistische Bilderwelt und konzentrierten sich ausschließlich auf den räumlichen Charakter und die schwebenden, sich überschneidenden Flächen, während sie den ursprünglichen sozialen Kontext kaum zur Kenntnis nahmen. Es mag hier eine Rolle spielen, daß sie Wrights Werk hauptsächlich durch

Kubismus und neue Raumkonzeptionen 95

7.4 *(links)*
Frank Lloyd Wright, Larkin Building, Buffalo, New York, 1904, Innenansicht.

7.5 *(oben rechts)*
Hendrik Petrus Berlage, Börse, Amsterdam, 1897–1904, Ansicht des Börsensaales.

7.6 *(rechts)*
Michel de Klerk, Wohnbebauung, Zaanstraat, Amsterdam, 1917, Postamt.

7.7 Rob van t'Hoff, Villa in Huis ter Heide, 1916.

Zeichnungen und Fotografien kannten, und es mag auch sein, wie Banham bemerkte, daß dieser Aspekt Wrights durch C.R. Ashbees Einführung zum zweiten Wasmuth-Band beeinflußt wurde; Ashbee hatte Wrights »Kampf um die Beherrschung des Maschinellen« hervorgehoben. Die Interpretation Wrights in der Stijl-Gruppe, die seine Formen als Symbole einer fortschreitenden Maschinenkultur sah, war reichlich willkürlich, aber dennoch fruchtbar.

Die Niederlande konnten sich zwischen 1914 und 1918 aus dem Krieg heraushalten, so daß Ideen aus der Vorkriegszeit sich allmählich weiterentwickelten, was an anderen Orten Europas kaum möglich war. Die Synthese von Wrights und Mondrians Abstraktionen fand in einer Atmosphäre des ständigen Experimentierens statt. Typisch für diese Phase ist die Villa in Huis ter Heide (1916) von Rob van t'Hoff (Abb. 7.7). Das Flachdachhaus aus Stahlbeton war durch einfache Rechtecke bestimmt. In mancher Hinsicht war es Le Corbusiers wenig früheren Dom-Ino-Häusern ähnlich. Wrights Einfluß zeigte sich in den Auskragungen, den ausgreifenden Horizontalen und den gleitenden Volumen. In der Tat war t'Hoff einer der wenigen modernen Architekten, der das Werk des Amerikaners selbst gesehen hatte. Er wendete nur wenige Ornamente an: Die Wirkung ging hauptsächlich von der subtilen Massengliederung und dem Spiel von Licht und Schatten aus. In diesem Bauwerk kamen Ideen zum Ausdruck, die in der Zeit vor dem Ersten Weltkrieg von der europäischen und amerikanischen Avantgarde diskutiert worden waren.

J.P. Ouds Entwurf für die Bebauung an einem Strandboulevard von 1917 (Abb. 7.8) war ebenfalls auf die wichtigsten geometrischen Formen reduziert, sah Flachdächer vor und wies einen Rhythmus auf, der sich aus der Wiederholung gleicher Elemente ergab. Bei seinem Projekt für eine kleine Fabrik von 1919 (Abb. 7.9) suchte er durch sich überschneidende, asymmetrische Formen eine räumliche Beziehung zwischen den Flächen herzustellen. Doch der Entwurf wirkte im Vergleich zu Wrights mehr als ein Jahrzehnt zuvor entstandenen Bauten schwerfällig und gezwungen. Erst einige Jahre später zeigten sich, nunmehr voll und ganz auf die Dimensionen bezogen, die Auswirkungen eines offenen, dynamischen Raumkonzepts bei van Doesburgs zuvor erwähnten Modellen, bei den architektonischen Konstruktionen von Malewitsch und El Lissitzky, bei Rietvelds Haus Schroeder von 1924, bei Friedrich Kieslers ungewöhnlicher, schwebender *Cité dans l'Espace* von 1926 und schließlich bei Gropius' Bauhausbauten in Dessau aus dem gleichen Jahr. Ouds bemerkenswerte Wohnsiedlung in Hoek van Holland von 1924–28 ging noch auf die traditionellen Planungselemente einer regelmäßigen Symmetrie zurück.

In der Zeit zwischen dem Ende des Krieges und der Entstehung dieser Werke fand in Holland ein reger Gedankenaustausch zwischen den Künstlern des Stijl statt. Wegen ihrer unterschiedlichen Quellen und Erfahrungen konnten sie sich auf die meisten avantgardistischen Strömungen der Vorkriegszeit berufen. De Stijl bedeutet schlicht Der Stil oder, genauer gesagt, *Der Stil*. Es war das gemeinsame Ziel aller Mitglieder, eine Formensprache zu schaffen, die ihrer Realität entsprach und frei von den historischen Relikten des Eklektizismus im 19. Jahrhundert war. Um 1917 war unter dem Einfluß Wrights und Mondrians ein Vokabular entstanden, zu dem einfache geometrische Formen, rechtwinklige Raster und sich überschneidende Flächen gehörten – ein Stil, der sich nahezu überall anwenden ließ, von der Malerei über Typographie, Plastik und Möbeldesign bis zur Architektur. Bezeichnenderweise sahen die frühen Polemiken von De Stijl in dieser durch glückliche Zufälle entstandenen Einheit nahezu eine göttliche Fügung, als hätte der »Zeitgeist« einige Männer in Holland zu dieser heroischen Tat auserkoren. Sie betrachteten ihr gemein-

Kubismus und neue Raumkonzeptionen

7.8 J.P. Oud, »Strandboulevard«, Entwurf für eine Wohnbebauung, 1917.

7.9 J.P. Oud, Projekt für eine Fabrik, 1919.

sames Vokabular als der Zeit am besten angemessen und befrachteten es mit moralischen Thesen und utopischen Vorstellungen, die mit der »archaischen Konfusion des modernen Barock« (wie etwa dem Backstein-»Expressionismus« Kramers und de Klerks) kontrastierten. Um 1920 war es De Stijl gelungen, die Strömungen der abstrakten Kunst in einem vielschichtigen Konzept zusammenzufassen: die futuristischen Ideale, den Spiritualismus Mondrians und Gropius' Streben nach einfachen, typischen Formen, das schon auf die Vorkriegszeit zurückging. Ähnlich verlief zur gleichen Zeit die Entwicklung des Purismus in Paris. Ein *rappel à l'ordre* überführte die kubistische Tradition in eine symbolische Formensprache, die dem »Maschinenzeitalter« entsprechen sollte. Der Unterschied lag im »nicht-objektiven« Charakter des Stijl und in seiner Vermeidung von Kurven.

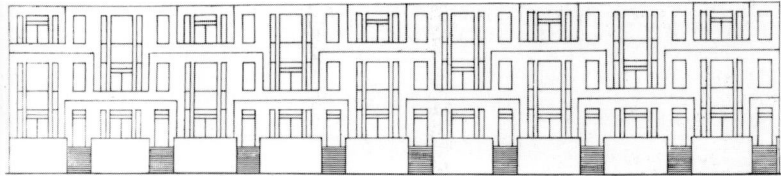

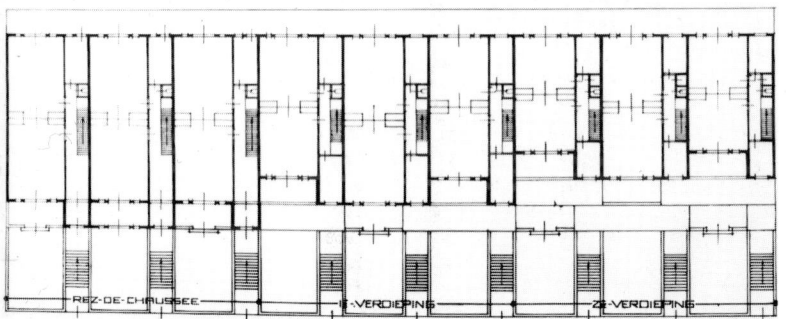

Die Proklamationen des Stijl forderten von Anfang an das Entstehen einer neuen Ordnung, bei der eine vergeistigte, technisierte Abstraktion den »Materialismus« ersetzen sollte.

»Die Maschine ist das Phänomen geistiger Disziplin par excellence. Materialismus als Lebens- und Kunstauffassung hat das Handwerk als unmittelbaren seelischen Ausdruck betrachtet. Die neue geistige Kunstauffassung hat nicht nur die Maschine als Schönheit empfunden, sondern sie hat ihre unendlichen Ausdrucksmöglichkeiten für die Kunst sofort anerkannt... Das Handwerk hat durch die Vorherrschaft des Materialismus den *Menschen* zur Maschine erniedrigt; die richtige Verwendung der Maschine (im Sinne kulturellen Aufbaus) ist das einzige Medium, das das Gegenteil erwirkt: die soziale Befreiung.«

Angemessenen symbolischen Ausdruck fanden diese Vorstellungen in einem Stil, den Oud später als »unhistorischen Klassizismus« bezeichnete – der also, mit anderen Worten, die Vereinfachung noch weiter trieb, als es die Vorkriegsgeneration getan hatte. Hier lag die Bedeutung von Mondrians Bildern und Wrights Architektur für De Stijl, denn beide benutzten eng aufeinander bezogene, einfache Formen, die sich zu einer zwingenden Einheit zusammenfügten. Ihre kontrollierte Asymmetrie und der lebendige Kontrast schwebender Flächen besaßen für die Stijl-Künstler offenbar einen geradezu sakralen Sinn. Sie sahen darin die Möglichkeit, den Charakter der neuen Epoche auszudrücken (Abb.7.11).

Raumkonzepte, die später in die Architektur eingingen, traten häufig zuerst in der Malerei oder Plastik auf oder auch in Architekturskizzen, bei denen die technischen Probleme der Realisierung ausgeklammert blieben. Ein wichtiges Werk der frühen Stijl-Phase war Rietvelds Stuhl-Entwurf von 1917–18 (Abb.7.10), weil hier der Versuch unternommen wurde, ein funktionierendes dreidimensionales Äquivalent für eine rechtwinklige

98 Die Vorgeschichte der modernen Architektur

abstrakte Malerei zu finden. Rietveld ließ sich zweifellos von Wrights früheren Möbelentwürfen anregen (die ihrerseits auf Arts-and-Crafts-Ideale, die Verwendung maschinengeschnittenen Holzes und japanische Einfachheit zurückgingen), verfolgte aber andere Intentionen. Obwohl der Stuhl ein handgemachtes Einzelstück war, sollte er ein symbolischer Prototyp der Maschinenkunst sein und den Charakter eines standardisierten Objekts tragen. Es ging dabei um Zahl und Maß, Klarheit und Ordnung, Standardisierung und Wiederholung, Perfektion und qualitätvolle Ausführung.

Die Querhölzer und Verstrebungen waren so angeordnet, daß die Elemente unabhängig voneinander in einem räumlichen Kontinuum zu schweben schienen – eine Art dreidimensionales Gegenstück zu Mondrians Bildern, deren Linien sich »in die Unendlichkeit fortsetzen«. Für die Stijl-Künstler hatte dieses Raumkonzept jedenfalls epochale Bedeutung. Es schien dem 20. Jahrhundert gemäß – ein »optisch immaterielles, nahezu schwebendes Gebilde«. Ein solches Idealmöbel paßte besonders gut zu den auskragenden Betonkonstruktionen und der schimmernden, transparenten Verglasung der Industriearchitektur.

Theo van Doesburgs bemerkenswerte Raumdiagramme (Abb.7.12) und seine Modelle von 1923 wurden nie als Architektur realisiert. So war das erste Gebäude, das die formalen, räumlichen und ikonographischen Vorstellungen des Stijl in vollem Umfang in die Realität umsetzte, wahrscheinlich das Haus Schröder von 1923–24 (Abb.7.13). Rietveld entwarf es für ein Grundstück am Ende einer Vorstadtstraße in Utrecht. Mit seinen glatten, rechteckigen Formen und den leuchtenden Primärfarben der linearen Glieder bildet das Haus einen scharfen Kontrast zu den Nachbarhäusern aus dunklem Backstein. Das Bauwerk besteht aus sich überschneidenden Wandflächen, die so angeordnet sind, daß einige im Raum zu schweben scheinen, andere horizontal gelagert sind und wieder andere schmale Volumen definieren. Es gibt keine Achsen, keine einfache Symmetrie; vielmehr stehen die Teile in einer dynamischen, asymmetrischen Beziehung zueinander, wie bei Mondrians Bildern sieben Jahre zuvor. Die Flächen werden wiederum durch die dünnen Linien der Fenstersprossen, Balkongitter und vertikalen Stützen artikuliert, die schwarz, blau, rot und gelb gestrichen sind und sich klar von den grauen und weißen Wänden abheben Auch hier kommt einem die Stijl-Malerei in den Sinn. Doch der unabhängige Ausdruck der einzelnen Elemente erinnert ebenso an den »Elementarismus« von Rietvelds Stuhl. Einige der schlanken Metallstützen sind vorgelegte Träger – Zitate aus der Welt der industriellen Standardisierung –, die den Eindruck der Schwerelosigkeit vermitteln. Die Freiräume und die Volumen sind als aktive Bestandteile in die Komposition einbezogen.

Im Inneren des Hauses Schröder werden die gleichen ästhetischen Themen weiterverfolgt. Details wie die Beleuchtungskörper und das verglaste Treppenhaus fügen sich in das Gesamtbild und die Porportionen des

Kubismus und neue Raumkonzeptionen 99

Hauses ein. Das untere Geschoß enthält zwei Schlafzimmer und ein Atelier sowie eine Wohnküche an der Südostecke, die ursprünglich Ausblick auf die umgebende flache Landschaft hatte (heute führt dort eine Autostraße vorbei). Im Obergeschoß liegen die Arbeits- und Schlafbereiche, die an Balkons grenzen, und ein Wohnraum. Die Trennwände können entfernt werden, so daß ein völlig freier Grundriß entsteht (Abb.7.14). Die Bauherrin Frau Schröder war selbst eine Avantgardistin und wünschte sich eine unkonventionelle Umgebung für ihre drei Kinder und ausreichend Platz für ihre eigene künstlerische Tätigkeit. Es scheint möglich, daß sie einige der »revolutionären« Aspekte des Hauses inspirierte, etwa den offenen Grundriß im Obergeschoß und einige der ingeniösen eingebauten Möbel.

Rietveld arbeitete beim Entwurf eng mit der Bauherrin zusammen, indem er zerlegbare Papp- und Holzmodelle verwendete. Das erste Projekt war kubischer und geschlossener als das endgültige, und die dreidimensionale Dynamik kam erst allmählich zustande. Ein Vorteil dieser Arbeitsmethode war die konsequente Entwicklung vom Kleinen zum Großen. In der Tat ist der Maßstab des Hauses kleinteilig und kompliziert. Details wie

7.10 *(links oben)* Gerrit Thomas Rietveld, »Rot-blauer« Stuhl, 1917–18.

7.11 *(links unten)* Ausstellung der Gruppe De Stijl bei Léonce Rosenberg, Paris, 1925.

7.12 *(rechts oben)* Theo von Doesburg, Raumdiagramm für ein Haus, 1923: zentrifugales Raumkonzept mit Flächen die in die Umgebung vordringen. Gouache auf Papier, 56,3 x 56 cm, Amsterdam, Stedelijk Museum.

7.13 *(rechts)* Gerrit Thomas Rietveld, Haus Schröder, Utrecht, 1923–24.

Beschläge, Treppen, Regale und Fenstersprossen wirken selbst wie kleine »Modelle« des Ganzen und offenbaren die zugrundeliegenden Formvorstellungen (Abb. 7.15). Man wird immer wieder an Rietvelds Arbeit als Kunsttischler erinnert: Es scheint, als sei das Haus ein raffiniertes Stijl-Möbel in Übergröße. Das Haus Schröder ist ein Gesamtkunstwerk, bei dem Einzelteile und Gesamtform derselben Idee verpflichtet sind. Malerei, Plastik, Architektur und die praktischen Künste verschmelzen miteinander.

Wie Rietvelds frühere Möbelentwürfe war auch das Haus Schröder nach der Trial-and-Error-Methode, doch in sorgfältigster handwerklicher Manier ausgeführt worden. Seine symbolische Botschaft zielte auf eine neue Lebensweise, die auf der erhofften geistigen Befreiung durch die Mechanisierung beruhte. Hätten diese klaren, sensibel proportionierten Räume nur angenehme Formen gehabt, so hätten sie wahrscheinlich keine bleibende Wirkung ausgeübt. So aber manifestiert sich in ihnen ein polemischer Inhalt, ein über sie hinausweisendes soziales Ideal. Sie verkörpern eine Version des »guten Lebens«, und dadurch erhalten sie eine besondere Kraft. Schließlich ist Architektur eine Kunst, eine expressive Sprache für die Artikulierung von Ideen und Gefühlen, muß aber zugleich technische Funktionen erfüllen. Die Wirkung des Hauses Schröder beruht darauf, wie Funktion, Konstruktion und so einfache Elemente wie die Pfosten oder die Wandscheiben eine zusätzliche, tiefere Bedeutung erhalten (Farbtafel 4). Oud hatte einige Jahre zuvor eine solche Baukunst vorausgesehen:

»Ohne in dürren Rationalismus zu verfallen, wird sie vor allem sachlich sein, in dieser Sachlichkeit jedoch schon sofort das Höhere erleben... Im schärfst möglichen Gegensatz zu den untechnischen, form- und farblosen Erzeugnissen augenblicklicher Eingebung... wird sie die ihr gestellten Aufgaben in vollkommener Hingabe an das Ziel auf eine beinahe unpersönliche, technisch gestaltende Weise zu Organismen von klarer Form und von reinem Verhältnis bilden. Anstelle des Natürlich-Anziehenden des unkultivierten Materials... wird sie den Reiz entfalten des kultivierten Materials, der Klarheit des Glases, des Blinkenden und Rundenden der Oberfläche, des Glänzenden und Leuchtenden der Farbe, des Glitzernden des Stahls usw. So weist die Tendenz der architektonischen Entwicklung auf eine Baukunst, welche im Wesen mehr als früher an das Stoffliche gebunden, in der Erscheinung darüber mehr hinaus sein wird; welche sich, frei von aller impressionistischen Stimmungsgestaltung, in der Fülle des Lichtes entwickelt zu einer Reinheit des Verhältnisses, einer Blankheit der Farbe und einer organischen Klarheit der Form, welche durch das Fehlen jedes Nebensächlichen die klassische Reinheit wird übertreffen können.«

7.14 Gerrit Thomas Rietveld, Haus Schröder, Utrecht, 1923–24, Innenansicht des oberen Niveaus ohne Trennwände.

7.15 Gerrit Thomas Rietveld, Haus Schröder, Utrecht, 1923–24, Detail eines Beleuchtungskörpers.

In dieser Passage gibt es vieles, das sich ohne Schwierigkeiten auf die Arbeiten von Walter Gropius, Mies van der Rohe und Le Corbusier in den frühen zwanziger Jahren anwenden ließe. Jeder dieser Architekten versuchte seinen poetischen Reaktionen auf die technologische und soziale Realität Formen zu verleihen. Jeder von ihnen war im ausklingenden Art Nouveau aufgewachsen und hatte sich mit den Ideen des Rationalismus und des Deutschen Werkbundes auseinandergesetzt. Darüber hinaus hatte jeder vom Klassizismus des ersten Jahrzehnts und von der Syntax des Kubismus gelernt, bevor er zu seiner eigenen Version einer Architektur fand, die »durch das Fehlen jedes Nebensächlichen die klassische Reinheit« übertreffen konnte. Und schließlich hatte jeder der drei Architekten das Trauma des Ersten Weltkrieges erfahren und hoffte voller Optimismus darauf, daß eine neue Welt sich aus der Asche erheben werde. Deshalb nimmt es nicht wunder, daß sich in der zweiten Hälfte der zwanziger Jahre eine gewisse Einheitlichkeit der Formensprache bemerkbar machte. Doch es genügt nicht, diese Strömungen unter der Bezeichnung »Neue Sachlichkeit« oder »Internationaler Stil« zusammenzufassen: Individuelle Leistungen und individuelle Bauaufgaben sind am besten geeignet, die gemeinsamen Motive zu veranschaulichen.

Teil II:

Die Kristallisation der modernen Architektur zwischen den beiden Weltkriegen

8. Le Corbusiers Suche nach der idealen Form

»Architektur ist das kunstvolle, korrekte und großartige Spiel der unter dem Licht versammelten Baukörper.«

Le Corbusier, 1923

Die zwanziger Jahre waren in Europa, Rußland und in gewisser Weise auch in den Vereinigten Staaten eine jener seltenen Epochen der Architekturgeschichte, in der neue Formen entstanden, die nichts mehr mit früheren Stilen gemeinsam hatten und eine neue Grundlage für die individuelle Arbeit schufen. Diese neue allgemeine Ausdrucksweise, als »Internationaler Stil« bekannt, war mehr als ein bloßes stilistisches Etikett. Sie war auch mehr als eine Revolution der Bautechnik, obwohl die charakteristischen schwebenden Volumen und sich überschneidenden Flächen nicht ohne die Materialien des technischen Zeitalters – Beton, Stahl und Glas – zustande gekommen wären. Wie die meisten größeren Umwälzungen in der Stilgeschichte brachte auch die Architekturmoderne neue Ideen hervor. Sie vertrat polemische oder utopische Vorstellungen, und wenn auch den Bauten manche Eigenschaften gemeinsam waren, so blieben sie doch Einzelleistungen von Künstlern mit persönlicher Eigenart und eigenem Konzept. Erst wenn man sich mit den Phantasien auseinandersetzt, die hinter den Formen stehen, erkennt man ihre Bedeutung. Das trifft besonders auf Le Corbusier zu, in dessen Vorstellungswelt nicht nur Visionen einer idealen Stadt, sondern auch Naturphilosophie und klassische Tradition Platz hatten. Er gehörte zu den wenigen Individualisten, denen es gelang, ihren Schöpfungen eine universale Bedeutung zu verleihen.

Le Corbusier (in Wirklichkeit Charles Edouard Jeanneret) wurde 1887 in der Schweizer Uhrmacherstadt La Chaux-de-Fonds geboren. Er war also zwanzig Jahre jünger als Frank Lloyd Wright, eine Generation jünger als Hoffmann und Perret und etwa gleich alt wie Walter Gropius und Mies van der Rohe. Er ließ sich als Graveur ausbilden; ein Uhrengehäuse, das er im Alter von 15 Jahren herstellte, erhielt auf der Turiner Ausstellung von 1902 einen Preis. Es ist noch vom Art Nouveau inspiriert, wie auch der Dekor einer Reihe von kleinen Chalets, die er kurz vor und nach seinem 20. Lebensjahr in der Umgebung seiner Heimatstadt errichtete. Einen wichtigen Einfluß auf seine Entwicklung übte Charles L'Eplattenier aus, sein Lehrer an der örtlichen Kunstschule. Er ermutigte Jeanneret zu einer genauen Naturbeobachtung, lehrte ihn, die inneren Strukturen von Pflanzen und Fossilien zu erkennen, und wies ihn auf die Schönheit von klaren geometrischen Formen hin. Jeannerets Entwurf für eine Kunstschule von 1910 (Abb. 8.1), ein gutes Beispiel für sein frühes Denken, setzt sich aus einfachen Kuben und einer Pyramide zusammen und hat undekorierte Flächen. Das Projekt ist vielleicht der ägyptischen Architektur verpflichtet oder sogar dem purifizierten Klassizismus des Architekten Ledoux aus dem 19. Jahrhundert. Doch man sollte sich davor hüten, die Entwicklung in

(vorige Seite:) Frank Lloyd Wright, Haus Barnsdall, Los Angeles, California, 1920, Ansicht des Hofes mit Wassergarten.

8.1 Charles Edouard Jeanneret (Le Corbusier), Entwurf für eine Kunstschule, 1910.

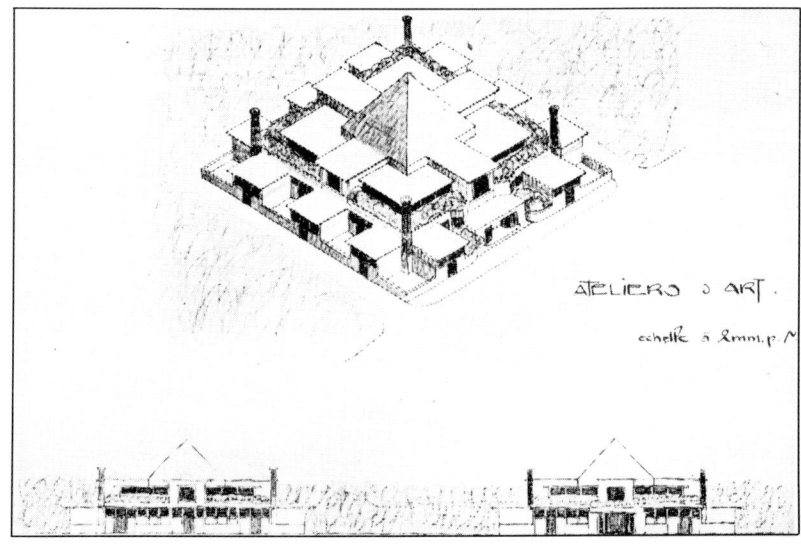

Jeannerets frühen Jahren zu geradlinig zu sehen: Er versuchte sich in vielen verschiedenen Formen, ehe er seinen eigenen Weg fand.

Der junge Jeanneret schwankte zwischen Phasen großer Unsicherheit und Phasen übersteigerten Selbstvertrauens, wenn er glaubte, zu einem olympischen Schicksal bestimmt zu sein. Er las Nietzsche und hatte eine messianische Vorstellung vom Künstler als jemandem, der einer höheren Ordnung verbunden ist und das erlösende Wort für die niedere Welt findet. Jeanneret stand dem konventionellen System der Beaux-Arts-Ausbildung mißtrauisch gegenüber (obwohl einige Elemente sich später dennoch in sein Werk einschlichen). Er zog es vor, durch Tun zu lernen, und bildete sich durch viel Lektüre, Reisen und praktische Erfahrung in verschiedenen Architekturbüros. Offenbar hatte er ein geradezu unheimliches Talent, jeweils an den Orten aufzutauchen, die sich in der Geschichte inzwischen als die »richtigen« erwiesen haben. Als er 24 Jahre alt war, hatte er bereits in den Büros von zwei Architekten gearbeitet, die Pevsner in seinen *Wegbereitern der modernen Architektur* behandelte: bei Auguste Perret und Peter Behrens.

Wie schon im 3. Kapitel erwähnt, lehrte Perret Jeanneret die Stahlbetonkonstruktion und führte ihn in die Tradition der französischen Rationalismustheorie ein, die auf Auguste Choisy und Eugène Viollet-le-Duc zurückging. Jeanneret war erst zwanzig Jahre alt, als er für einige Monate im Büro des Meisters arbeitete. Aber seine Arbeit dort überzeugte ihn, daß er sich diese Lektionen in gewisser Hinsicht zu eigen machen konnte. Im Jahre 1914 hatte er mit Hilfe von Max Dubois das Dom-Ino-System entwickelt, das in seinen Auskragungen und seinen schwebenden, horizontalen Volumen weit über Perret hinausging. Das Dom-Ino-Skelett wurde zu einem wichtigen Instrument in Le Corbusiers Architektur wie in seinen städtebaulichen Planungen.

Im Jahre 1910 arbeitete Jeanneret bei Peter Behrens in Berlin, der damals seine Fabriken für die AEG entwarf. Behrens hatte Verbindungen zu Hermann Muthesius und dem Deutschen Werkbund. In der Mechanisierung erblickte er einen wichtigen positiven Impuls für die Entstehung einer neuen Kultur, solange der Künstler die höheren Werte der Form in den industriellen Prozeß einbringen konnte. In Deutschland begegnete Jeanneret dem Einfluß der Großindustrie und auch der Vorstellung, daß der Architekt die kleinsten wie die größten Entwurfsfaktoren im Auge behalten müsse. Vielleicht wurde er hier auch von der Notwendigkeit der »Typenformen« überzeugt – standardisierter Elemente, die sich einerseits für die Massenproduktion und andererseits für die Zwecke der Gesellschaft eigneten. Er sah und bewunderte die Fagus-Fabrik und den Werkbund-Pavillon von Gropius mit ihren aufregenden Glashüllen und begann die Notwendigkeit eines Bündnisses zwischen Kunst und Maschine zu begreifen.

Geht man den frühen Einflüssen auf den Künstler nach, kann man sich freilich nicht nur auf zeitgenössische Strömungen beschränken. Schon in jungen Jahren hatte Jeanneret Skizzen von Bauten aller Zeiten angefertigt, um ihre Organisation und ihre Prinzipien zu erfassen. 1911 unternahm er eine lange Reise durch Italien, Griechenland und Kleinasien, die er später als seine »Voyage d'Orient« bezeichnete – in der Tradition des romantischen Nordeuropäers, der auf der Suche nach den Quellen der westlichen Kultur ins Mittelmeergebiet zieht. Er wollte die ewigen Werte der Architektur entdecken, und seine Skizzenbücher sind gefüllt mit Zeichnungen der Moscheen in Istanbul, der weißen kubischen Häuser an der griechischen Küste und der römischen Bauten in Pompeji. Doch die stärkste Wirkung hinterließ bei ihm die Akropolis in Athen. Er besuchte den Parthenon jeden Tag, manchmal stundenlang, und zeichnete ihn aus allen Winkeln (Abb. 8.2). Er war beeindruckt von der Kraft der Bauidee, der strukturellen Dynamik, der Präzision der Formen (schon damals verglich er den Parthenon mit einer »Maschine«), von der Beziehung zum Baugelände und dem Ausblick auf das ferne Meer und Gebirge. Auch den zeremoniellen Aufstieg über sich türmende Felsschichten vergaß Jeanneret nie. Der Parthenon ließ schwer definierbare absolute Werte erahnen, die ihn zeit seines Lebens beschäftigten.

Jeannerets Einstellung zur Tradition war weit von der eines oberflächlichen Kopisten entfernt. Er fertigte ausdrucksvolle Skizzen an, um wichtige Züge hervorzuheben und die Bilder seinem Gedächtnis einzuprägen. Er versuchte, bis zur *Anatomie* der alten Architektur vorzudringen, ihre Organisationsprinzipien aufzudecken und die Grundrißform in Beziehung zu der dynamischen, sinnlichen Erfahrung der Baukörper zu setzen. Bald erregte das Innere eines türkischen Holzhauses seine Aufmerksamkeit, bald der symphonische Charakter der Süleyman-Moschee (die er bezeichnenderweise als Axonometrie zeichnete, vielleicht in Erinnerung an schematische Darstellungen Choisys). Alle diese Eindrücke

8.2 Charles Edouard Jeanneret (Le Corbusier), Skizze der Akropolis in Athen, entstanden während der »Voyage d'Orient«, 1911.

fügten sich zu einem reichen Formenvorrat zusammen – als Anregung für die Phantasie des späteren Le Corbusier.

In Italien fühlte er sich abgestoßen von den Bauwerken der dekadenten Barockzeit und von manchen Scheußlichkeiten des 19. Jahrhunderts. Er lehnte auch die *intellektuellen* »Verkrustungen« der Akademiker ab, die seiner Meinung nach die klassische Antike entstellten, indem sie das Altertum als »geschmackvolles« und »richtiges« Rezept anboten. Jeanneret selbst fand seine Genugtuung darin, die formale Vitalität der Antike zu erforschen. Wenn zutrifft, daß »jeder große Künstler seine eigene Antike findet«, wie es ein bedeutender Historiker der Renaissance formulierte, dann bezog sich Le Corbusiers »Version« auf die riesigen Backsteinvolumen der Thermen, den Zylinder des Pantheons, die dramatischen Raumfolgen der Hadriansvilla in Tivoli und die systematische Ordnung der klassischen Bauelemente. Im Jahre 1911 schrieb er über die italienische Phase seiner großen Reise:

»Italien ist ein Friedhof, wo nun das Dogma meines Glaubens verwesend liegt. All das bric-à-brac, das meine Freude war, erfüllt mich jetzt mit Schrecken. Ich rattere die elementare Geometrie herunter; ich bin besessen von der Farbe weiß, dem Kubus, der Kugel, dem Zylinder und der Pyramide. Prismen steigen auf und halten sich im Gleichgewicht, sie setzen Rhythmen in Gang... In der Mittagssonne werden die Kuben zu einer Fläche, bei Anbruch des Abends scheint sich ein Regenbogen über die Formen zu erheben, am Morgen sind sie real, werfen Licht und Schatten und sind scharf umrissen wie eine Zeichnung... Wir sollten nicht länger *Künstler* sein, sondern lieber in das Zeitalter eindringen, mit ihm verschmelzen, bis wir ununterscheidbar eins mit ihm sind... Auch wir haben unseren Rang, sind groß und der vergangenen Zeiten würdig. Wir werden sogar noch Besseres schaffen, das glaube ich fest...«

Jeanneret verbrachte die ersten beiden Kriegsjahre in der Schweiz und arbeitete an der Gründung einer regionalistischen Bewegung des Juragebiets mit, die eine »mediterrane« Synthese germanischer und französischer Ideen zu erreichen suchte. Daraus wurde nicht viel. Dennoch hilft diese Aktivität die Villa Schwob zu verstehen, ein Privathaus, das er am Rande von La Chaux-de-Fonds errichtete (Abb. 8.3). Es bestand aus Stahlbeton, hatte einen zweigeschossigen Zentralraum mit ausgekragten Galerien, ein Flachdach und doppelt verglaste Fenster. Perrets und vielleicht auch Tessenows Einfluß zeigt sich im Aufriß und in der Verwendung von Beton, das geräumige Innere läßt an Wright denken (vielleicht kannte Jeanneret Publikationen des Amerikaners in den Wasmuth-Bänden), und Gesimse, Symmetrie wie Proportionen erinnern an klassische Vorbilder. Einige Skizzen des Architekten lassen vermuten, daß das Gesims von türkischen Holzbauten inspiriert war. Doch dieses Gebäude war mehr als die Summe seiner Quellen. Die kraftvolle Vereinigung gekurvter und rechteckiger Formen zeugte von einem großen Talent zur räumlichen Organisation – einem Talent freilich, das noch seinen eigenen Ausdruck finden mußte.

Im Jahre 1917 ließ sich Jeanneret in Paris nieder. Es hatte juristische Probleme mit der Villa Schwob gege-

8.3 Charles Edouard Jeanneret (Le Corbusier), Villa Schwob, La Chaux-de-Fonds, Schweiz, 1916.

Le Corbusiers Suche nach der idealen Form 107

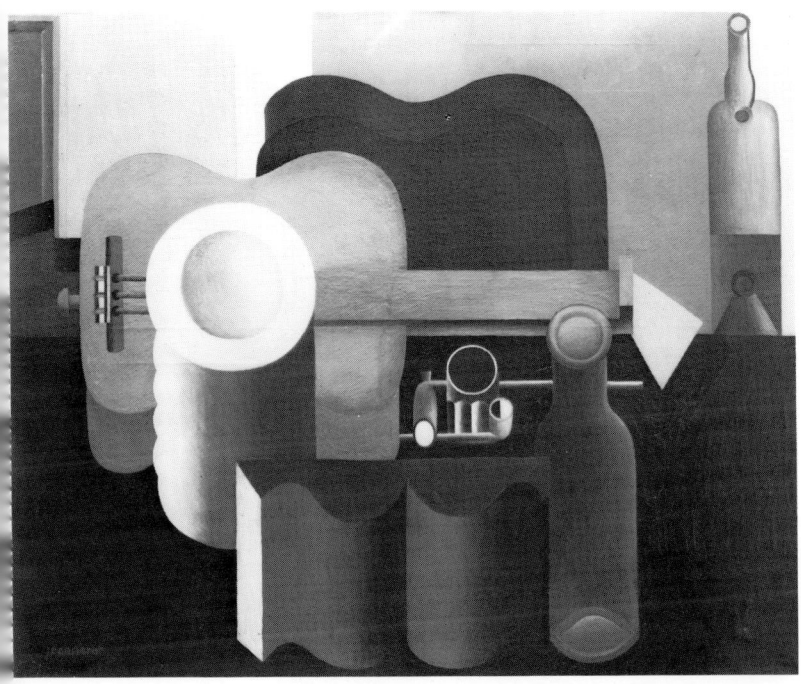

8.4 Charles Edouard Jeanneret (Le Corbusier), *Stilleben*, 1920. Öl auf Leinwand, 80,9 × 99,7 cm, New York, Museum of Modern Art. Van Gogh Purchase Fund.

ben, und vielleicht fand er auch das Leben in der Provinz zu wenig anregend. Bald begegnete er Amédée Ozenfant, der ihn mit der postkubistischen Avantgarde – darunter auch Künstler wie Fernand Léger und Dichter wie Guillaume Apollinaire – bekanntmachte. Ozenfant, ein geübter Polemiker, der später ein Buch über die Grundlagen der modernen Kunst schrieb, hatte viele Interessen: Malerei, Fotografie, Psychologie, Anthropologie. Wie Jeanneret war er von der Schönheit der Maschinen fasziniert. Wie kurz zuvor die Futuristen behandelte er sie als Übermittler romantischer Empfindungen. Doch in diesem intellektuellen Milieu, das sich intensiv mit dem Goldenen Schnitt und den angeblich konstanten Wahrnehmungsgesetzen beschäftigte, erhielten die Vorstellungen der Futuristen eine geometrisch disziplinierte Form. In Bildern wie *Die Stadt* (1917) von Fernand Léger zeigt sich deutlich die Synthese von industriellen Themen und hierarchischem Denken.

Ozenfant ermutigte Jeanneret zum Malen und führte ihn in die Ideen der modernen Kunst ein, die sich seit Cézanne in Paris entwickelt hatten. Offenbar hatte Jeanneret über diese Strömungen wenig erfahren, als er 1908 bei Perret arbeitete und viele einsame Stunden damit verbrachte, durch die Museen zu wandern oder neue Stahl- und Glaskonstruktionen zu betrachten. Jeanneret fühlte sich in der neuen Bewegung sofort zu Hause, und im Jahre 1918 hatten er und Ozenfant genug Arbeiten zusammen, um eine Ausstellung zu veranstalten. Sie nannten sich »Puristen«, und ihr Katalog war eine Art Manifest mit dem Titel *Après le Cubisme*. In ihrer Malerei übernahmen sie vom Kubismus Elemente wie die Verbindung abstrakter Formen mit darstellenden Fragmenten und knappen, vieldeutigen Raumschichten. Zugleich verwarfen sie aber Picassos und Braques bizarre Formenwelt zugunsten einer mathematischen Ordnung und Präzision. Dieser *rappel à l'ordre* drückte vielleicht ein Gefühl der Konsolidierung nach dem Chaos des Krieges aus. Zudem sahen die Puristen ihre Wurzeln in der Tradition der Klassik: Sie bewunderten Poussin, Seurat und Piero della Francesca und deren würdevolle, von kühlem Intellekt kontrollierte Werke.

Ozenfant und Jeanneret nahmen die Abstraktionen des Stijl zur Kenntnis, lehnten aber ihrerseits eine gegenstandslose Kunst ab. Ihre Themen waren, wie im Kubismus, banale Objekte des Caféhaustisches, des Ateliers und der Fabrik: Gitarren, Flaschen und Röhren wurden in ihren typischen Formen dargestellt. Ein platonischer Aspekt des Purismus führte die Künstler dazu, wichtige Grundideen zu untersuchen und sich mit der Klassifizierung von Idealtypen auseinanderzusetzen. Jeannerets Stilleben von 1920 (Abb. 8.4) ist ein gutes Beispiel für seine Arbeit in dieser Zeit. Die Umrisse der Flasche und der Gitarre sind auf einfache geometrische Formen reduziert, die parallel zur Bildfläche verlaufen; Formen und Farben treten scharf und deutlich hervor; durch Überschneidungen und räumliche Mehrdeutigkeit entsteht visuelle Spannung; das kubistische Prinzip, verschiedene Ansichten eines Objekts ineinander übergehen zu lassen, ist auch hier realisiert – so besteht zum Beispiel die Flaschenöffnung aus einem einfachen Kreis. Dem Künstler ging es darum, die heroischen Eigenschaften alltäglicher Massenartikel vor Augen zu führen.

Als aus Jeanneret der Architekt Le Corbusier wurde, erwies sich seine malerische Tätigkeit als besonders wichtig. Sie stellte für ihn ein Laboratorium der Formen dar. Da er den Eklektizismus des 19. Jahrhunderts, den Art Nouveau und die verschiedenen »Stile« ablehnte, brauchte er ein Vokabular, das seinen eigenen Vorstellungen und seiner Vorliebe für einfache Geometrie entsprach, zugleich aber auch mit der technisierten Welt in Verbindung stand, in der er lebte. Zudem benötigte er Formen von universalem Charakter, in denen sich über die Epoche hinaus jene ästhetischen Grundwerte ausdrückten, die er in der Tradition erkannt hatte. Puristische Bilder erfüllten alle diese Voraussetzungen. Von nun an war er überzeugt, die reinen, präzisen geometrischen Formen seien dem Maschinenzeitalter angemessen.

In seinen ersten Jahren in Paris hatte Jeanneret viele Sorgen und keine Aufträge, aber um 1920 begann er endlich seine wahre Berufung als Architekt zu erkennen. In dieser Zeit nahm er den Namen »Le Corbusier« an und gründete zusammen mit Ozenfant die Zeitschrift *L'Esprit Nouveau*. Sie setzte mit einer positiven Note ein, die sich wiederum aus der Konsolidierung nach dem Aufruhr der Kriegsjahre erklären mag:

»Es gibt einen neuen Geist: einen Geist der Konstruktion und Synthese; er ist geleitet von einer klaren Konzeption.«

Einige Artikel, die Le Corbusier in dieser Zeitschrift publiziert hatte, wurden später in einem Buch versammelt, das 1923 unter dem Titel *Vers une Architecture* (dt. *Kommende Baukunst*, 1926, Neuauflage *Ausblick auf eine Architektur*, 1963) erschien. Diese Publikation gehört zu den einflußreichsten Architekturveröffentlichungen des Jahrhunderts. Es verrät tiefe Einsichten und poetische Beobachtungen, trägt reich illustrierte Ideen vor und spricht sich zugunsten einer architektonischen Sprache aus, die dem neuen technischen Zeitalter angemessen ist. Aber ebenso, wie er sich für eine neue Architektur einsetzte, betonte Le Corbusier auch die Rolle der Tradition, indem er große Beispiele vorführte, aus denen sich für die Gegenwart lernen ließ. *Vers une architecture* war keineswegs ein Plädoyer für den Funktionalismus (wie einige Kommentatoren annahmen); es war von einer hochgemuten Auffassung über die Rolle der Kunst durchdrungen und betonte den poetischen Wert der plastischen Form.

> »Der Architekt verwirklicht durch seine Handhabung der Formen eine Ordnung, die reine Schöpfung seines Geistes ist; mittels der Formen rührt er intensiv an unsere Sinne und erweckt unser Gefühl für die Gestaltung; die Zusammenhänge, die er herstellt, rufen in uns tiefen Widerhall hervor...«

Le Corbusier übertrug einige Ideen der puristischen Malerei auf die Architektur und argumentierte, es gebe absolut schöne Grundformen, die über bloße zeitliche und stilistische Konventionen hinausgingen. Wie seine Zeitgenossen in Holland, die Künstler des Stijl, glaubte er an eine Art universale visuelle Sprache.

> »Architektur ist das kunstvolle, korrekte und großartige Spiel der unter dem Licht versammelten Baukörper. Unsere Augen sind geschaffen, die Formen unter dem Licht zu sehen: Lichter und Schatten enthüllen die Formen; die Würfel, Kegel, Kugeln, Zylinder oder die Pyramiden sind die großen primären Formen, die das Licht klar offenbart; ihr Bild erscheint uns rein und greifbar, eindeutig. Deshalb sind sie *schöne Formen, die allerschönsten*. Darüber ist sich jeder einig, das Kind, der Wilde und die Metaphysiker. Hierin liegt die Grundbedingung der bildenden Kunst.«

Le Corbusier fand Primärformen in den Pyramiden, im Parthenon, in römischen Thermen, im Pantheon, im Pont du Gard, bei Michelangelo, Mansart und so weiter, doch die Architektur der jüngeren Vergangenheit erschien ihm verarmt und bleibender Werte beraubt. Aber in einigen Ingenieurwerken entdeckte er die Harmonie, die er anstrebte, und so illustrierte er sein Buch mit Getreidesilos, Fabriken, Schiffen, Flugzeugen und Autos. Die Silos und Fabriken pries er zum Beispiel wegen ihrer klaren Artikulation der Volumen und Flächen, die Schiffe und Flugzeuge wegen ihres kompromißlosen Ausdrucks der Funktion (Abb. 8.5). Natürlich entsprachen alle diese abgebildeten Objekte seinen puristischen Vorurteilen, aber er hielt sie auch für Symptome des neuen Zeitgeistes – ähnlich den Vorstellungen des Deutschen Werkbundes von der Ingenieurästhetik. Die Lösung des Problems, die Architektur des »neuen Zeitalters« zu definieren, schien also in der *Umwandlung* solcher Bilder in die symbolischen Formen der Kunst zu liegen. Hier zeigte der Purismus den Weg. Es verstand sich von selbst, daß das so entstandene Vokabular zugleich auf jene klassischen Werte verwies, die er in der Vergangenheit schätzen gelernt hatte.

Die Gleichsetzung von Maschinenkunst und Klassik erreichte ihren Höhepunkt in der Mitte des Buches, wo Bilder eines Tempels in Paestum (von Le Corbusier auf 600–550 v.Chr. datiert) und der spätere Parthenon auf gegenüberliegenden Seiten einem Humber-Automobil von 1907 und einem Delage-Sportwagen von 1921 konfrontiert waren (Abb. 8.6). Dieser brillante fotografische Vergleich sollte die Idee der »Standards« bekräftigen – Grundelemente wie Säulen, Triglyphen und so weiter bei den Tempeln und Räder, Chassis und so weiter bei den Autos. Diese »Typenformen« konnten sich, sobald sie definiert und als System aufeinander bezogen waren, zur Perfektion entwickeln.

> »Deshalb wollen wir hier Parthenon und Auto nebeneinander vorführen, damit man versteht, daß es sich um zwei Ausleseprodukte auf zwei verschiedenen Gebieten handelt, das eine vollendet, das andere auf der Bahn des Fortschritts. Dies

8.5 Illustration eines Ozeandampfers, aus *Vers une architecture*, 1923.

Le Corbusiers Suche nach der idealen Form

adelt das Auto! Wir brauchen mithin nichts anderes zu tun, als unsere Häuser und Paläste mit den Autos zu vergleichen. Und da stimmt es eben nicht mehr.«

Was wären also die modernen Äquivalente für die Standardelemente des klassischen Systems? Le Corbusier fand dies heraus, indem er in der Tat ein Auto mit einem Haus verglich. Der daraus resultierende Prototyp, das Maison Citrohan von 1922 (Abb. 8.7), war eine Art Paestum oder Humber im Vergleich zu den späteren Villen, die verfeinerte Versionen des gleichen Systems darstellen. »Citrohan« ist ein Wortspiel mit »Citroën«. Wie Gropius und Oud in der gleichen Zeit wollte auch Le Corbusier Prozesse der Massenfabrikation ähnlich denen von Fords Autoproduktion anwenden, um die Wohnungsnot der Nachkriegszeit zu lindern. Sein Prototyp war ein weißer Kasten auf Stelzen mit einem flachen Dach, rechteckigen Industriefenstern und einem zweigeschossigen Wohnraum mit einem großen Atelierfenster. Im hinteren Teil des Hauses lagen in kleineren Unterteilungen Küche, Badezimmer und Schlafräume, und im untersten Geschoß war ein Heizraum untergebracht. Autos konnten in dem Bereich zwischen den Pilotis aus Beton parken. Auf halber Höhe und im Obergeschoß lagen Terrassen. Die Konstruktion bestand aus Beton – daher die großen Spannweiten der Innenräume – und hätte weitgehend an Ort und Stelle gegossen werden müssen. Doch die *Idee* der Massenfabrikation war wichtiger als ihre Ausführung. Das Maison Citrohan propagierte eine Lebensform, die frei war vom überflüssigen Wirrwarr der bürgerlichen Wohnhäuser in dieser Zeit. In *Vers une architecture* hatte Le Corbusier von der neuen Wohnung als einer »Wohnmaschine« gesprochen. Er meinte damit ein Haus, dessen Funktionen von Grund auf geprüft und auf das Wesentliche reduziert waren. Der Idealbewohner, gesund an Leib und Seele, sollte zweifellos vom »Esprit Nouveau«, vom neuen Geist, erfüllt werden, wenn er aus seinen weißen Wänden auf das »großartige Spiel« von Licht, Raum und Grün blickte. Freilich blieb die durch das Maison Citrohan symbolisierte Lebensform bei allem Anspruch auf universale Bedeutung eine Projektion der mönchischen, einsiedlerischen Züge eines Architekten der Pariser Avantgarde.

Das Maison Citrohan faßte die früheren Vorstellungen Le Corbusiers zusammen: die in Serie produzierten Dom-Ino-Häuser; die kubischen Häuser des Mittelmeeres mit ihren weißgetünchten Flächen, die er auf seinen Reisen gesehen hatte; die Ozeandampfer, die er wegen ihrer »Kühnheit, Zucht und Harmonie« so sehr bewunderte. Es hat auch Anklänge an die ornamentlosen Formen von Adolf Loos und die Betonhäuser mit Flachdächern, die in Garniers *Cité Industrielle* abgebildet sind. Ebenso war Le Corbusier von den Atelierhäusern mit ihren großen Glasflächen beeindruckt worden, die zu Beginn des Jahrhunderts in Paris entstanden; und den zwei Geschosse hohen Raum mit einem Balkon im Hintergrund hatte ein Pariser Café inspiriert.

Erst 1925 fand Le Corbusier jemanden, der bereit war,

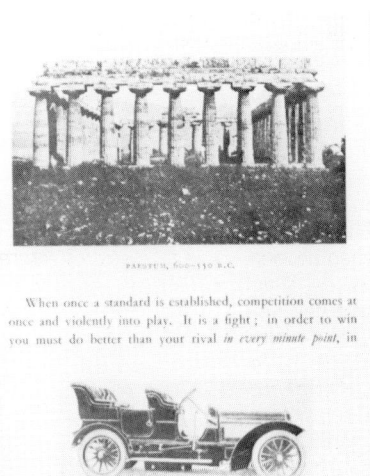

8.6 *(oben)* Gegenüberliegende Seiten aus *Vers une architecture*, 1923. Griechische Tempel und Automobile: links ein Tempel in Paestum und ein Humber von 1907; rechts der Parthenon und ein Delage von 1921.

8.7 *(rechts)* Le Corbusier, Maison Citrohan, 1922.

seine Ideen für die Serienfabrikation von Häusern in großem Umfang zu realisieren: Er konnte Henri Frugès, einen exzentrischen Industriellen aus Bordeaux, überreden, Wohnungen für seine Arbeiter nach den Prinzipien des Citrohan-Hauses zu errichten. Bis dahin hatte Le Corbusier sich damit begnügen müssen, seinen Prototyp den jeweiligen Umständen entsprechend zu verändern. Da seine Bauherren vorwiegend aus jenem Teil der Pariser Gesellschaft kamen, die Wyndham Lewis so treffend »Bohème der oberen Mittelklasse« nannte, mußte Le Corbusier seinen Ehrgeiz aufgeben, große Veränderungen zu bewirken. Er hatte sich damit zu begnügen, elegante Demonstrationen seiner Ideen auf kleinen vorstädtischen Grundstücken im Umkreis von Paris zu liefern. So baute er zwischen 1920 und 1924 Häuser oder Ateliers für seinen Freund Ozenfant, für den Bildhauer Lipchitz und für den Schweizer Bankier und Bildersammler Raoul La Roche.

Das Maison La Roche/Jeanneret wurde 1923 entworfen, als Le Corbusiers Architekturvorstellungen sich zu kristallisieren begannen. Es steht am Ende einer Sackgasse im 16e Arrondissement, und sein L-förmiger Grundriß fügt sich in zwei Seiten eines längsrechteckigen Grundstücks ein. Im Grunde sind hier zwei Häuser vereinigt, eines für La Roche, das andere für Le Corbusiers Schwägerin. Ein großes Problem bei dem Bauauftrag war es, die unterschiedlichen Bedürfnisse von Le Corbusiers Verwandter, die jung verheiratet war und ein kompaktes Haus wünschte, mit denen eines Sammlers zu koordinieren, der seine Wohnung zur Ausstellung seiner hervorragenden puristischen und kubistischen Kunstwerke nutzen wollte. Die Hauptvolumen des Hauses sind der längliche Quader mit Mme Jeannerets Wohnung und dem Privatbereich von La Roche und ein gekurvter Baukörper, der sich auf schlanken Stützen über dem Boden erhebt und ein Studio enthält (Abb. 8.8). Dazwischen liegt La Roches Eingangshalle und Ausstellungsbereich. Dieser Ausstellungsraum ist drei Geschosse hoch und wird durch auskragende Balkone und eine Art Brücke gegliedert, die direkt innerhalb der Verglasung verläuft und vielfältige Blickpunkte vermittelt. Sie erinnert an das Deck eines Dampfers in *Vers une architecture* mit der Unterschrift:

> »An die Architekten: Der Vorzug eines langen Wandelgangs, ein befriedigender, interessierender Raum; Einheit des Baumaterials, schöne Anordnung der konstruktiven Elemente, die vernünftig zur Geltung gebracht und zu einer Einheit zusammengefaßt sind.«

Die Fenster sind bündig mit der Fassade, so daß der Eindruck einer dünnen Haut entsteht, die straff um eine Folge von Innenräumen gehüllt ist. Die Räume haben glatte, weiß, grün oder braun gestrichene Wände. Die Überschneidung der Flächen und die transparente Verglasung erinnern an puristische Bilder. Tatsächlich besteht eine Verbindung zu den Themen des Purismus, denn die Ausstattung des Hauses – Heizungen, nackte Glühbirnen, einfache Thonet-Stühle, Türgriffe, Metallfenster – stammt offensichtlich von der Industrie ab. Wie die Flaschen und Maschinenteile der Bilder sind sie *objets-types* – Objekte, die »nach einem Typus hin tendieren, der bestimmt wird von der Evolution der Formen zwischen dem Ideal der größtmöglichen Nützlichkeit und der Befriedigung der Bedürfnisse wirtschaftlicher Herstellung.« Hier war freilich auch Rhetorik im Spiel, denn der große Fensterrahmen mußte speziell so angefertigt werden, daß er wie ein industrielles Produkt aus der Serienherstellung aussah.

Le Corbusier verband die Räume des Maison La Roche ingeniös miteinander, um eine allmähliche Erforschung des Inneren zu ermöglichen. Eine solche Wegführung bezeichnete er als *promenade achitecturale* und kritisierte die Sternformen und Achsen der Ecole des Beaux-Arts, weil sie reine Muster auf Papier seien. Ein guter Grundriß sollte »eine Menge Ideen enthalten« und die Volumen in einer subtileren Hierarchie in den Raum projizieren. Das Grundstück, das Spiel des Lichts und die allmähliche Entwicklung von Form und Idee eines Bauwerks in einem zeitlichen Vorgang sollten Berücksichtigung finden. Geht man durch den dreigeteilten Bau des Maison La Roche, so beginnt man Le Corbusiers Absichten zu begreifen. Die Elemente fügen sich gleitend zu neuen Verbindungen, und zeitweilig verschmelzen Innen und Außen miteinander: Man blickt auf die von Schatten gemusterten, gekurvten weißen Außenwände des Studios, denen im Inneren Wände von ähnlichem Charakter entgegenwirken. Die *promenade* führt dann über eine geschwungene Rampe, die sich dem Wandprofil anschmiegt (Abb. 8.9), in diesen gekurvten Baukörper hinein und hinauf zum obersten Niveau. Man macht kehrt, sieht unten die sich überschneidenden Balkone und gelangt schließlich zur Dachterrasse, die an ein Schiffsdeck erinnert. In der Höhe der benachbarten Dachfirste ist hier ein kleiner Garten mit immergrünen Pflanzen eingerichtet. Die Idee eines Bauwerks, das in den Raum gehoben ist, wird vor allem beim Studioflügel deutlich. Die gekurvten Flächen im Licht kontrastieren deutlich mit den verschatteten Rücksprüngen darunter. In der Mitte steht, unter die Scheibe gerückt, ein einzelner zylindrischer *pilotis*. Er ist in der Achse des langen Zugangsweges angeordnet; man sieht ihn vor dem Hintergrund einer efeubedeckten Wand, die das Grundstück begrenzt. Der schwebende Baukörper erinnert an Rietvelds Haus Schroeder aus der gleichen Zeit, das im vorigen Kapitel analysiert wurde. Die Illusion der Schwerelosigkeit zählte zu den wichtigsten formalen Charakteristika des Internationalen Stils.

Es war kennzeichnend für Le Corbusier, daß er in der Zeit, in der er das Maison Citrohan entwarf, eine völlig moderne Stadt plante, die Ville Contemporaine für drei Millionen Einwohner. Das Projekt wurde 1922 im Salon d'Automne ausgestellt. Der politische und philosophische Hintergrund von Le Corbusiers städtebaulichem Konzept wird im 12. Kapitel ausführlich behandelt. Hier

Le Corbusiers Suche nach der idealen Form   111

8.8 Le Corbusier, Maison La Roche-Jeanneret, Auteuil, Paris, 1923, Blick auf den Studioflügel.

sei nur darauf hingewiesen, daß Architektur und Urbanismus sich für ihn weitgehend deckten. Bei beiden war der progressive Impuls die Technologie, die – falls sie den richtigen Idealen folgte – eine neue natürliche und harmonische Ordnung herstellen konnte. Diese utopische Vision ging zurück auf Denker des 19. Jahrhunderts wie Charles Fourier, Henri Saint-Simon und Ebenezer Howard. Sie verdichtete sich in der Ville Contemporaine, einer Stadt mit Wolkenkratzern in einem Park. Moderne Bautechniken, Automobile und Flugzeuge wurden in einem geordneten Schema zusammengeführt, das Natur und Maschine in Einklang brachte. Bei einem späteren ähnlichen Projekt, der Ville Voisin, drückten sich Le Corbusiers kapitalistische Neigungen dramatisch in einem Entwurf für riesige Glashochhäuser im Zentrum von Paris aus. Dieser Entwurf wurde 1925 im Pavillon de l'Esprit Nouveau auf der Exposition des Arts Décoratifs ausgestellt. Der Pavillon hatte die Form einer Wohnung

8.9 Le Corbusier, Maison La Roche, Paris, 1923, Innenansicht des gekurvten Studioflügels; links die Rampe.

in der Idealstadt und erinnerte an das Maison Citrohan. Er war mit modernen, von der Technik inspirierten Objekten und puristischen Kunstwerken ausgestattet. Es schien, als hätte der Utopist seine Vision des Jahrtausends – sein Gedicht auf das moderne Leben – gleichzeitig auf die kleinsten Details des privaten Innenraums wie auf die größte öffentliche Planung übertragen wollen. Die latente Diktatur, die von Le Corbusiers irdischem Paradies ausgegangen wäre, begann sich erst später zu zeigen.

Die Zeit zwischen 1918 und 1923 war für Le Corbusier besonders turbulent und kreativ. In diesen Jahren schuf er die Grundlagen für sein Lebenswerk. Als er 1925 seinen nächsten Auftrag für ein Wohnhaus in Paris erhielt, wußte er seine Ausdrucksmittel weitaus besser zu kontrollieren. Das Grundstück inmitten einer Reihenhausbebauung war wiederum sehr begrenzt, bot aber einen Ausblick auf den nahegelegenen Bois de Boulogne. Da nur die Hauptfassade zu sehen war, spielte diese Ansicht eine besonders wichtige Rolle. Bauherr war ein amerikanischer Maler namens Cook, der Le Corbusier freie Hand für seine Experimente ließ.

Die Fassade (Abb. 8.10) ist, wie der Grundriß, nahezu quadratisch. Der Baukörper bildet also fast einen Kubus, eine jener Idealformen, die in den ästhetischen Diskussionen der Zeitschrift *L'Esprit Nouveau* eine hervorgehobene Rolle spielten. Die Symmetrie wird betont durch Fensterbänder, die von einer Seite zur anderen durchlaufen, und durch einen zylindrischen *pilotis* in der Mittelachse. Innerhalb dieses statischen Rahmens findet sich eine Reihe asymmetrischer Rhythmen. Die gekurvte Pförtnerloge kontrastiert mit den rechteckigen Flächen, und der Balkon an der oberen linken Seite ist aus der Fassade herausgezogen. Spannung entsteht durch das Spiel von Licht und Schatten, durch strenge verglaste Rechtecke, die in verputzte Flächen gesetzt sind, und durch die schmalen Profile von Geländern, Kanten und Gelenken. Seitlich und in der Tiefe entwickeln sich Zug- und Druckkräfte um den Angelpunkt des zentralen *pilotis*.

Geht man durch die Innenräume oder befragt man Schnitt und Grundriß, so bemerkt man, daß die Funktionen des Hauses ingeniös in den kubischen Baukörper geschachtelt wurden, ähnlich wie die Teile eines dreidimensionalen Puzzles. Die herkömmliche Anordnung wurde umgekehrt, denn Schlafzimmer und Mädchenzimmer liegen im ersten Geschoß, während Wohnraum, Küche und Speisezimmer im zweiten Geschoß untergebracht sind. Im zweigeschossigen Wohnraum führen an der Rückseite Stufen hinauf zu der kleinen Bibliothek im Obergeschoß neben der Dachterrasse, die einen Ausblick auf den Bois de Boulogne bietet. Steigt man die Treppe an der Rückseite empor, die in der zentralen Achse liegt, wird man auf jedem Niveau von neuen

Le Corbusiers Suche nach der idealen Form 113

Raumarrangements überrascht. Der Architekt nutzte das Betonskelett, um eine Folge engerer und weiterer Räume mit unterschiedlichen Proportionen, Belichtungsverhältnissen und Ausblicken zu schaffen. Die gekurvten Trennwände dramatisieren den »freien Grundriß«, fangen das Licht auf und stehen wie Objekte im Raum. Sie erinnern an die Flaschen und Gitarren der puristischen Bilder. Einheitlichkeit wird durch die strenge Geometrie und durch die konsequente Dimensionierung von Elementen wie den Fensterbändern erreicht.

Bei diesem Haus zeigt sich, daß der Architekt nun sein Vokabular souverän beherrscht. Seine »Quellen« (wie das Cockpit des Farman-Goliath-Flugzeugs, das mit der kleinen Pförtnerkabine zitiert ist) sind völlig in seine Formensprache integriert, der Stil ist jetzt selbstsicher. Le Corbusier hat dies offenbar erkannt, denn er schrieb später:

> »Hier sind sehr klar die bis zu diesem Zeitpunkt erworbenen Gewißheiten angewendet: die *pilotis*, die Dachgärten, der freie Grundriß, die freie Fassade, das Fensterband, das sich seitlich verschieben läßt. Der *tracé régulateur* ist hier eine ›automatische Regellinie‹, die durch einfache architektonische Elemente *in menschlichem Maßstab* wie Etagenhöhe, Maße der Fenster, Türen und Balustraden entsteht. Der klassische Grundriß ist umgekehrt; der untere Teil des Hauses ist frei. Der Empfangsraum liegt im obersten Geschoß. Man tritt direkt auf den Dachgarten, von dem man einen Ausblick auf den riesigen Hochwald des Bois de Boulogne genießt; man ist nicht mehr in Paris, man ist wie auf dem Lande.«

Die »bis zu diesem Zeitpunkt erworbenen Gewißheiten«, nämlich *pilotis*, Dachgarten, freier Grundriß, freie Fassade und Fensterbänder, hatte Le Corbusier 1926 in den *5 Points d'une architecture nouvelle* (Abb. 8.11) niedergelegt. Sie führten die Dom-Ino-Prinzipien weiter und blieben bis zum Ende seines Lebens Le Corbusiers wichtigste Entwurfselemente. Es war bezeichnend für ihn, daß er eine universale Lösung suchte, eine Lösung, die über Einzelfälle hinausging. Die Festsetzung gerade von *Fünf Punkten* bedeutet möglicherweise, daß er ein modernes Äquivalent für die fünf klassischen Ordnungen schaffen wollte. Zweifellos bot sein System eine Lösung für das Problem, mit dem er sich viele Jahre zuvor auseinandergesetzt hatte: die Entwicklung eines Vokabulars, das auf der Stahlbetonkonstruktion basierte und sich auf alle Bereiche der modernen Industriegesellschaft anwenden ließ.

Bei den *Cinq Points* war der *pilotis* der zentrale Punkt, von dem alle anderen ausgingen: Er hob die Bauten über

8.10 Le Corbusier, Maison Cook, Boulogne-sur-Seine, 1926.

den Erdboden, so daß Landschaft oder Verkehr darunter hindurchgeführt werden konnten, und spielte sowohl eine architektonische als auch eine städtebauliche Rolle. Auch die Dachterrasse hatte eine doppelte Bedeutung. Der Architekt wollte mit ihrer Hilfe die Natur wieder in die Stadt einführen; zugleich trug die Bepflanzung zur Isolierung des Daches bei. Wenn *pilotis* das Gebäude stützten, konnten die Außen- und Innenwände sich den funktionalen oder ästhetischen Bedürfnissen anpassen. Der freie Grundriß erlaubte Räume unterschiedlicher Größe, die in das Stahlbetongerüst eingefügt wurden und als Raumfolgen orchestriert werden konnten. Die freie Fassade konnte aus einem Leerraum zwischen den Stockwerksflächen bestehen, aus einer dünnen Membrane oder einem beliebig großen Fenster. Theoretisch war jede Art von Öffnung möglich, je nach den Anforderungen an Ausblick, Klima, Intimität und Komposition. In den zwanziger Jahren zog Le Corbusier meist ein horizontales Fensterband vor, das über die gesamte Längsfront des Hauses lief. Hauptgrund war offensichtlich, daß das *fenêtre en longueur* am meisten Licht einließ; aber horizontale Fensterbänder verliehen der Fassade auch eine gewisse Ruhe und riefen den Eindruck von Transparenz und Flächigkeit hervor. Die meisten dieser Vorstellungen hatten sich schon in früherer Architektur angedeutet: Le Corbusiers Neuerung bestand darin, daß er sie zu einem einzigen System mit breiten Anwendungsmöglichkeiten zusammenfaßte – einem System, das auf formaler, symbolischer und konstruktiver Ebene funktionierte.

Bei dem Maison Cook hatte Le Corbusier die *Cinq Points* auch rhetorisch demonstriert. Der *pilotis* steht im Mittelpunkt und ist von der Fassade zurückgesetzt. Dadurch wird die Trennung der Konstruktion von der äußeren Hülle dramatisch dargestellt. Die Passage unter dem Haus wird durch den Fußweg auf einer Seite und die Autozufahrt auf der anderen Seite betont, als sollte eine neue Form nicht nur für das Gebäude, sondern auch für die Stadt vorgeschlagen werden. Überdies weist ein Pflanzbecken unter der Auskragung darauf hin, daß auch die Natur sich unter dem Haus ausbreiten konnte. Der Dachgarten wird durch Öffnungen sichtbar gemacht, und die freie Fassade ist durch die Fenster akzentuiert, die von einer Seite zur anderen verlaufen. Selbst im Inneren äußert sich der freie Grundriß in den gekurvten Formen, die als konkave und konvexe Elemente innerhalb der »Schachtel« in Erscheinung treten.

Nachdem Le Corbusier seine *Cinq Points* beim Haus Cook angewendet hatte, konnte er weitere Möglichkeiten seines Systems erproben. Bei einem Entwurf für ein Haus bei Karthago, Tunesien (1926), spielte das Konstruktionsgerüst eine dominierende Rolle, so daß unter den Auskragungen schattige Terrassen entstanden, die sich zu Meeresbrise und Ausblick öffneten. Die inneren Funktionen waren von gekurvten Wänden umschlossen, die von außen zu erkennen waren (Abb.8.12). Im folgenden Jahr zeigte er bei seinem Entwurf für den Völkerbundpalast in Genf, wie sein System im monumenta-

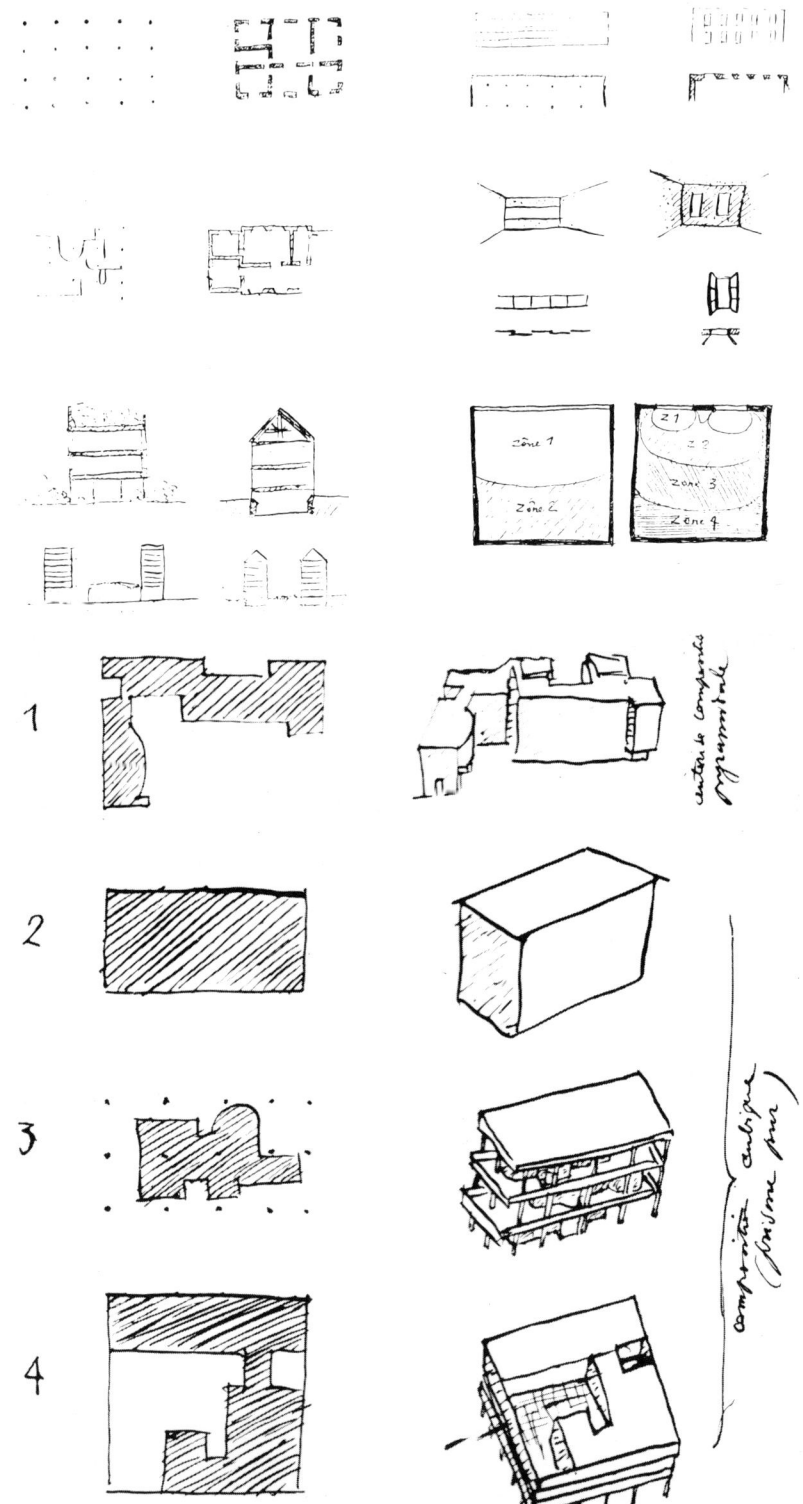

Le Corbusiers Suche nach der idealen Form

8.11 *(links)* Le Corbusier, »Fünf Punkte einer neuen Architektur«, 1926: Diagramme vergleichen die Möglichkeiten von Stahlbetonkonstruktionen und traditionellen Mauerwerksystemen.

8.12 *(links unten)* Le Corbusier, Vier Studien über die Möglichkeiten der »Fünf Punkte«; (von oben nach unten): Maison La Roche–Jeanneret, 1923, Villa Stein, 1927, Villa in Karthago, 1927, Villa Savoye, 1929. Wie Wright verfügte Le Corbusier über ein konsequentes architektonisches System, das mit wenigen Standardelementen zahlreiche Variationen erlaubte.

8.13 *(rechts)* Le Corbusier, Villa Stein, Garches bei Paris, 1926–27, Frontfassade.

len Maßstab angewendet werden konnte und wie sich eine Vielzahl unterschiedlicher Programmelemente komplex ausdrücken ließ. Bei einem anderen Entwurf, für die Villa Meyer (1926), schuf er phantasievolle Dachterrassenbereiche, die durch Treppen und subtil placierte Öffnungen mit dem Inneren verbunden waren.

Seinen nächsten größeren Bauauftrag erhielt Le Corbusier im Jahre 1926, als Verwandte Gertrude Steins ihn baten, eine große Villa in Garches, einige Kilometer, westlich von Paris, zu errichten (Abb. 8.13). Das Grundstück war ein langer, schmaler Landstreifen, von einer Seite erschlossen und mit Platz für einen Vor- und Wintergarten. Hier bot sich Le Corbusier endlich die Möglichkeit, ein unabhängiges, freistehendes Bauwerk zu errichten.

Von der Portiersloge am Eingang fällt der erste Blick auf »Les Terrasses« (wie die Villa Stein später genannt wurde). Im Vergleich zum Maison Cook wirkt das Haus ausgesprochen luxuriös. Man nähert sich über eine Anfahrt und erfaßt nach und nach die komplexe Fassadengestaltung. Zwei durchgehende Fensterbänder sind von einer nahezu kopflastigen Wandfläche überkrönt. Die Öffnung in deren Mitte weist auf eine Dachterrasse hin, hat aber auch den Charakter einer Benediktionsloggia. Im unteren Niveau ist eine Reihe von Öffnungen eingeschnitten: ganz links eine Garage; ein Dienstboteneingang unter einem kleinen Balkon (allerdings in der Achse leicht versetzt); eine größere Fläche mit Industrieverglasung, die auf eine dahinter liegende Halle hinweist; der Haupteingang mit einem Vordach und schließlich rechts außen eine weitere Verglasung mit schmalen horizontalen Sprossen. Wie beim Maison Cook sind unterschiedliche Achsen und Nebenachsen zu erkennen. Rechtecke verschiedener Größe gliedern die Fassade rhythmisch und sorgen für ein spannungsvolles Gleichgewicht innerhalb der simplen geometrischen Form. *Pilotis* sind nicht zu sehen, doch schon die Fortführung der Fensterbänder bis zu den Ecken läßt erkennen, daß die Fassade eine nichttragende Haut ist.

Tritt man durch die Haupttür ein, so gelangt man in ein Foyer, in dem gleich rechts eine Treppe nach oben geht. Diese Treppe führt zu einer Art *piano nobile,* das festlichen Anlässen vorbehalten ist. Hier liegt der große Salon; nach der vergleichsweise engen Eingangshalle unten und dem schmalen Durchgang auf der Höhe der Treppe erweitert sich der Raum dramatisch. Sobald man eintritt, hat man zudem einen Ausblick auf Garten und Terrasse. Die Steins waren Kunstsammler. Ihre Kunstwerke sind wie Hausgötter strategisch an dem Prozessionsweg durch das Haus placiert. Der innere Bereich der Villa Stein wird durch das Raster der *pilotis* kontrolliert: Sie geben den Räumen »einen konstanten Maßstab, einen Rhythmus, eine Kadenz der Entspannung.«, um mit dem Architekten zu sprechen.

Im unteren Niveau des Hauses sind die Dienstbotenzimmer untergebracht, zu denen man durch die in Abb. 8.13 sichtbare kleinere Tür Zugang erhält. Küche, Speisezimmer und Bibliothek sind dagegen um den Salon im *piano nobile* angeordnet. Das zweite Obergeschoß enthält Schlafzimmer, Boudoirs und Badezimmer. Der Grundriß unterscheidet sich deutlich von dem des darunterliegenden Geschosses. Zwei Räume führen auf ein offenes Deck, das über der Hauptplattform der rückwärtigen Terrasse abgehängt ist. Das Elternschlafzimmer betritt man von der Hauptachse des Hauses her über einen kleinen Flur mit zwei gleich langen gekurvten Wänden, die eine Art Vestibül bilden. Die Einfügung der kurvigen Trennwände in die Gesamtform erinnert an eine puristische Komposition, wo Kurven und Rechtecke sich gleitend überschneiden und innerhalb eines rechteckigen Rahmens zu einer harmonischen Einheit zusammenfinden (Abb. 8.14).

Im obersten Geschoß des Hauses sind weitere Schlafzimmer und zwei Dachterrassen untergebracht – eine auf der Vorderseite, eine auf der Rückseite. Ein gekurvtes Volumen, das an den Schlot eines Dampfers erinnert, nimmt Vorrats- und Abstellräume auf. Auch die Geländer, die Spiraltreppen und die knappen Formen rufen Assoziationen zur Seefahrt hervor. Die Unterschrift unter der Abbildung eines Dampfers in dem Kapitel »Augen, die nicht sehen« aus *Vers une Architecture* lautet: »Eine reine, klare, saubere und gesunde Architektur«. So ließe sich auch die Villa Stein beschreiben.

Die Gartenfront von »Les Terrasses« (Abb. 8.16) hat eine stärkere horizontale Gliederung und ist weiter aufgebrochen als die Hauptfassade. Die Terrasse ist in den Hausquader eingeschnitten und schlägt das Thema übereinander gelagerter horizontaler Ebenen an, die sich bis zum Kern des Gebäudes zurückstaffeln. Hier wird deutlich, daß im Inneren ein Konstruktionsrahmen existiert, denn die hervortretenden Teile, die räumlichen Durchdringungen und die Illusion der Transparenz hängen von den ausgekragten Stockwerksflächen ab. Der Rhythmus dieser schwebenden Elemente wird von den flankierenden Seitenwänden abgefangen, die hier als schmale Scheiben erscheinen, während sie an der vorderen Front als Begrenzungen eines Volumens auftreten. Wie bei dem Maison Cook bilden gekurvte Formen einen Kontrapunkt über den Abstand hinweg: Der »Schlot« im obersten Geschoß entspricht dem Zylinder unterhalb der Terrassentreppe. Als dieses Haus entstand, wurden Le Corbusiers Bilder immer komplexer und vieldeutiger. Er ersetzte die strengen Formen des Purismus durch eine flüssigere und fließendere visuelle Sprache. Die Villa Stein bestätigt, daß der Künstler um 1927 auch in seiner Architektur komplexe räumliche Ideen zu einem harmonischen Ganzen zu vereinigen wußte.

Doch das Haus in Garches zeigt auch, wie Le Corbusier mit der Tradition umging. Es entspricht seiner Vision einer *machine à habiter*, doch das *piano nobile*, der zeremonielle Eingang, die Raumfolgen und ihre Proportionen sowie die noble Atmosphäre erinnern an eine Renaissance-Villa. Ein Historiker wies sogar darauf hin, daß das Proportionssystem 2:1:2:1:2, das die Fassade

8.14 Le Corbusier, Villa Stein, Garches bei Paris, 1926–27, axonometrische Zeichnung.

8.15 Le Corbusier, Frühe Skizzen der Villa Stein, 1926.

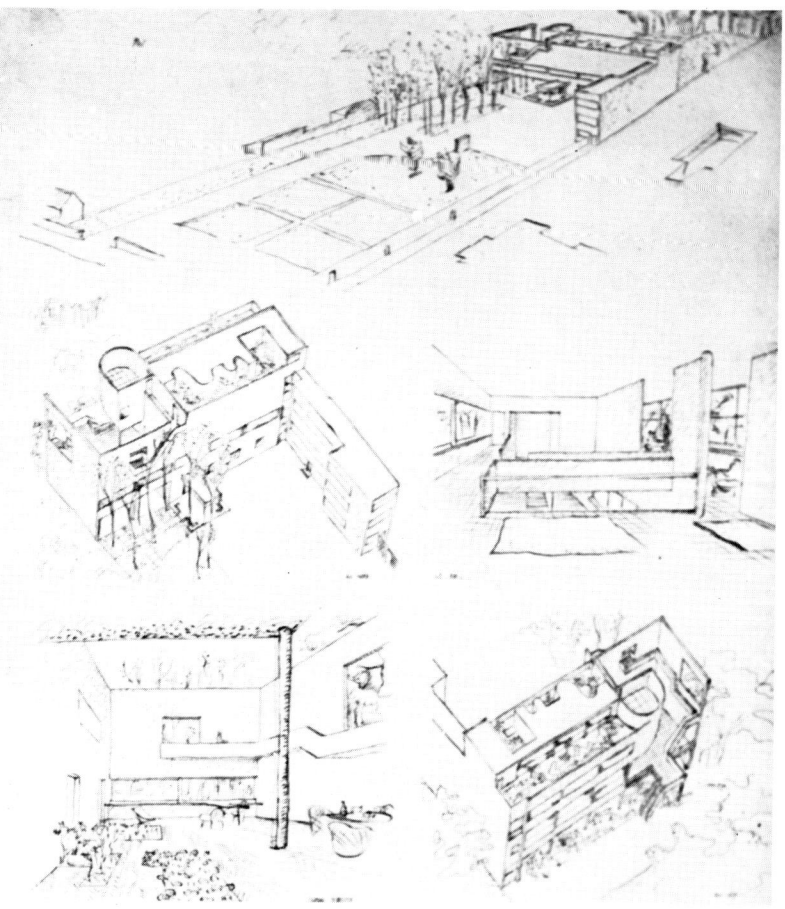

Le Corbusiers Suche nach der idealen Form

8.16 Le Corbusier, Villa Stein, Garches bei Paris, 1926–27, Gartenfassade.

organisiert, dem Rhythmus Palladios bei der Villa Malcontenta entspricht. Es gibt keinen direkten Hinweis darauf, daß Le Corbusier dieses Vorbild im Sinn hatte. Aber es gelang ihm zweifellos, eine moderne Villa zu schaffen, deren Harmonie und Ordnung an Vorgänger aus der Renaissance denken läßt. Es fragt sich freilich, ob den Steins, die den Sommer gelegentlich in einer Villa bei Florenz verbrachten, je deutlich wurde, daß ihr neues Haus ebenso der Klassik wie dem »Esprit Nouveau« verpflichtet war.

1927, im Alter von vierzig Jahren, hatte Le Corbusier also bereits eine Reihe von Meisterwerken in einem neuen Stil geschaffen. Dieser Stil ging auf Prinzipien zurück, die von der Tradition abstrahiert waren, aber er reagierte auch kreativ auf Anregungen des täglichen Lebens. Wie Wright hatte Le Corbusier ein architektonisches System entwickelt, das logische, konstruktive und intuitive Gesetze miteinander verband und bei dem sich Typenelemente scheinbar endlos kombinieren ließen. Außerdem hatte er eine Reihe moderner Prototypen geschaffen, die vom Fenster bis zur gesamten Stadt reichten. Dieses System spielte weiterhin eine wichtige Rolle in seiner Architektur, veränderte sich aber später beträchtlich. Dennoch führten seine Entdeckungen zwischen 1914 und 1927 über sein persönliches Repertoire hinaus, weil sie auch Lösungen für das allgemeinere Problem einer authentischen modernen Architektur boten.

9. Walter Gropius, der deutsche Expressionismus und das Bauhaus

> »Die neue Form fordert den eigenen Sinn. Exakt geprägte Form, jeder Zufälligkeit bar, klare Kontraste, Ordnen der Glieder, Reihung gleicher Teile und Einheit von Form und Farbe...«
>
> W. Gropius, 1913

Wichtige Voraussetzungen für die moderne Architektur in Deutschland waren schon vor dem Ersten Weltkrieg geschaffen worden, aber die Zeit der Reife fiel erst in die Mitte der zwanziger Jahre. Mit der Niederlage der deutschen Armee 1918 und dem Zusammenbruch des Kaiserreiches zerfiel auch Muthesius' Traum von einer einheitlichen, durch eine Elite künstlerischer Technokraten angeführten Nationalkultur. Statt auf dem Markt zu konkurrieren, trafen die technischen Erfindungen der großen Industrienationen auf den Schlachtfeldern aufeinander. Wohl hatten die Alliierten den Krieg »gewonnen«, doch dabei war auch das Bollwerk der zuvor schon angegriffenen liberalchristlichen Kultur empfindlich ins Wanken geraten. In Deutschland herrschten Revolution und wirtschaftliches Chaos. In ihrem Gefolge polarisierten sich extrem rechts- und linksgerichtete Gruppen. Bei den Künstlern orientierten sich einige Visionäre in ihren Manifesten an jenen der radikalen Arbeiter und hofften, die politische Revolution werde von einem kulturellen Umsturz begleitet. Gropius traf diese zwiespältige Stimmung – die Verzweiflung über den inneren Zusammenbruch und die Hoffnung auf ein strahlendes neues Gesellschaftsleben –, als er 1919 schrieb:

> »Der heutige Künstler lebt in einer dogmalosen Zeit der Auflösung. Er steht geistig allein da. Die alten Formen sind zerbrochen, die erstarrte Welt ist aufgelockert, der alte Menschengeist ist umgestoßen, und mitten im Umguß zu neuer Gestalt. Wir schweben im Raum und kennen noch nicht die neue Ordnung.«

Vor diesem Hintergrund konnten sich Utopien entwickeln, die von geheimer Angst geprägt waren. Die Inflation trug dazu bei, weil sie die Chancen zum realen Bauen auf ein Minimum reduzierte. So mußten sich die deutschen Architekten damit begnügen, ihr Bild einer neuen Gesellschaft auf dem Papier zu entwerfen. Bruno Taut porträtierte in den bizarren Aquarellen seiner *Alpinen Architektur* Gemeinschaftsbauten mit Glasfacetten, die sich wie Kristalle aus Gletschern und Berggipfeln erhoben (Abb. 9.1). Sie sollten einen apolitischen Sozialismus verkünden, ein ideales Reich für die Bruderschaft der Menschen. In ihm würden nationale Grenzen und persönliches Besitzstreben verschwinden, würde eine »natürliche« Gesellschaft ohne die überkommene Klassentrennung entstehen. In seinem Werk *Die Stadtkrone* versuchte der Architekt sogar, die neue Kollektivreligion in einem Stadtplan zu verankern, der einen symbolischen Mittelpunkt in Form einer abgestuften Pyramide aufwies. Dieses Zentrum war deutlich darauf angelegt, den »Verlust der Mitte« bei dem entfremdeten modernen Menschen wettzumachen und ihn in einer integrierten Gesellschaft zu verwurzeln. Wie Paul Scheerbart und Wassily Kandinsky, die Visionäre der Vorkriegszeit, hielt Taut es für eine Aufgabe des *Künstlers,* die Form dieser neuen Polis zu definieren, die aus den Ruinen der europäischen Zivilisation erstehen sollte.

Die Vorstellung, daß die Architektur selbst gesellschaftsprägende Kräfte besitze, erinnert an den Moralismus Pugins. Pugin glaubte, gute christliche Formen (wie zum Beispiel gotische) könnten eine moralische Erneuerung beschleunigen. Es ist verständlich, daß solche Ideen in einer Situation aufgegriffen wurden, in der sich der kreative Künstler von der Welt abgeschnitten fühlte. Dennoch überrascht es, daß auch Walter Gropius in der Zeit der Bauhausgründung, das heißt um 1919, ähnlichen Phantasien nachging. Immerhin hatte er zu den Verfechtern von Muthesius' Standardisierungsidealen gehört und ein Zusammenwirken zwischen dem Architekten, dem industriellen Prozeß und den Vorstellungen technokratisch orientierter Bauherren befürwortet.

Das Bauhaus entstand aus der Fusion zweier in Weimar bestehender Institutionen: der Großherzoglich-

Walter Gropius, der deutsche Expressionismus und das Bauhaus 119

Architektur und Plastik und Malerei, der aus Millionen Händen der Handwerker einst gen Himmel steigen wird als kristallenes Sinnbild eines neuen kommenden Glaubens.«

Gropius war zu dieser Zeit von Bewunderung für die gotischen Kathedralen erfüllt, die seiner Überzeugung nach das tiefste innere Streben des Volkes im Mittelalter verwirklichten. Zu diesem Mythos kam bei Gropius noch ein weiterer: daß die Kathedralen von Handwerkern errichtet worden waren, ohne die Mitwirkung selbstbewußter Baumeister. Wenn eine Gruppe von Handwerkern sich mit den Bedürfnissen und Möglichkeiten der modernen Zeit auseinandersetzte, dann konnte sie, so glaubte er, ein authentisches kollektives Bild ihrer Epoche schaffen. Auf dem Titelblatt des Bauhaus-Programms war ein Holzschnitt von Lyonel Feininger abgebildet, der die »Kathedrale des Sozialismus« darstellte (Abb. 9.2) – eine expressionistische Vision in gezackten Formen, die Gefühle evozieren und nicht zum Bauen anleiten wollte. Mit ihren kristallinen Figuren erinnerte sie an Tauts Phantasien. Sowohl Gropius als auch Taut waren wohlvertraut mit Scheerbarts Lobpreisung des Glases, die aus der Vorkriegszeit datierte, und mit Adolf Behnes jüngeren Äußerungen in der gleichen Richtung:

Sächsischen Hochschule für Bildende Kunst und der Großherzoglich-Sächsischen Kunstgewerbeschule, die Henry van de Velde 1906 gegründet hatte. Diese merkwürdige Vereinigung, die eher von der Staatsregierung als vom Weimarer Establishment unterstützt wurde, war der erste Schritt auf Gropius' Weg zu einer Erneuerung der deutschen visuellen Kultur durch eine Verschmelzung von Kunst und Kunsthandwerk. Das erste Bauhaus-Programm war durchdrungen vom Ideal einer neuen gesellschaftlichen und geistigen Integration, bei der Künstler und Handwerker sich vereinigten, um eine Art kollektives symbolisches Bauwerk der Zukunft zu schaffen:

»Das Endziel aller bildnerischen Tätigkeit ist der Bau!...Architekten, Maler und Bildhauer müssen die vielgliedrige Gestalt des Baues in seiner Gesamtheit und in seinen Teilen wieder kennen und begreifen lernen, dann werden sich von selbst ihre Werke wieder mit architektonischem Geiste füllen, den sie in der Salonkunst verloren... die Grundlage des Werkmäßigen aber ist unerläßlich für jeden Künstler...
Bilden wir also eine neue Zunft der Handwerker ohne die klassentrennende Anmaßung, die eine hochmütige Mauer zwischen Handwerkern und Künstlern errichten wollte! Wollen, erdenken, erschaffen wir gemeinsam den neuen Bau der Zukunft, der alles in einer Gestalt sein wird:

9.1 *(oben)*
Bruno Taut,
Der Kristallberg,
aus *Alpine Architektur,*
1919.

9.2 *(rechts)*
Lyonel Feininger,
Zukunftskathedrale,
Titelblatt des ersten
Bauhaus-Manifests,
1919.

120 Die Kristallisation der modernen Architektur zwischen den beiden Weltkriegen

»Es ist keine verdrehte Poetenmarotte, daß die Glasarchitektur uns eine neue Kultur bringen würde. *Es ist so!*«

Gropius' Vorstellung, daß ästhetische Sensibilität und zweckgerechtes Design wieder auf einen gemeinsamen Nenner gebracht werden sollten, entsprach seinen Erfahrungen beim Werkbund; doch in seinem Manifest war keine Rede von Typen und Massenproduktion. Es schien, als sei er zu den Anfängen der Arts-and-Crafts-Bewegung zurückgekehrt, zu William Morris, der das Handwerk als die einzige Garantie für die Qualität des Entwurfes betrachtete. Das erste Curriculum des Bauhauses spiegelte diese Position wider: Der Student wurde als eine Art Lehrling in einer moderneren Form der Gilde angesehen. Man erwartete, daß er Weben und andere Fertigkeiten erlernte, die später bei der Ausstattung von Wohnräumen und Bauten nützlich sein könnten. Parallel zu diesen Kursen fand die Formlehre statt – die Unterweisung in den Grundlagen formaler Anordnung einschließlich Komposition und dem Studium von Farbe, Struktur und Ausdruck. Als die besten Lehrer für solche Kurse erwiesen sich bildende Künstler wie Paul

9.3 *(unten)*
Walter Gropius, Haus Sommerfeld, Berlin, 1921.

9.4 *(links)*
Erich Mendelsohn, Skizze einer Fabrik, ca. 1915.

Klee, Wassily Kandinsky, Oskar Schlemmer und Gerhard Marcks. Doch vor dieser mittleren Stufe der Bauhausausbildung mußten alle Studenten den Vorkurs unter der Leitung von Johannes Itten (und später von Josef Albers und László Moholy-Nagy) durchlaufen. Hier wurden sie dazu ermutigt, die Klischees der europäischen »akademischen« Traditionen zu »verlernen« und durch Experimente mit natürlichen Materialien und abstrakten Formen zu neuen Anfängen zu finden. Jeder Student sollte bei der Definition von Formen auf seine tiefsten instinktiven Ausdrucksmöglichkeiten zurückgreifen, die nicht von der Konvention geprägt waren. Es handelte sich hier um die Ideologie eines reinen Primitivismus: Die Innenwelt der Psyche sollte sich in ihrer ganzen Natürlichkeit offenbaren. Aus der Arbeit mit den reinen Materialien sollten authentische Formen entstehen, die tief empfundene universale Gedanken wiedergaben. Johannes Itten, der erste Lehrer des Vorkurses, war ein Schweizer Maler, der in der Vorkriegszeit die Ideen Adolf Hölzels und Franz Cizeks in Wien aufgenommen hatte und an die zentrale Bedeutung des Formen- und Sensibilitätstrainings in der Ausbildung glaubte. Von den symbolistischen Theorien der Vorkriegszeit ausgehend (vor allem von einigen Thesen Kandinskys in *Über das Geistige in der Kunst*), sah er eine innere Verbindung zwischen bestimmten visuellen Erscheinungen und geistigen Zuständen. Offenbar glaubte Itten seine Studenten zu einer Art religiöser Initiation zu führen. Meditation, Atemübungen und körperliches Training sollten in seinen Klassen zu geistiger Entspannung und Selbsterkenntnis führen. Viele Studenten gehörten der Mazdaznan-Bewegung an, die für Fasten, vegetarische Ernährung und verschiedene spirituelle Disziplinen eintrat. Man stelle sich vor, wie Muthesius, der Werkbundtheoretiker, oder Rathenau auf solche Vorstellungen von der Ausbildung der Designer der Zukunft reagiert hätten!

Die Arbeiten, die unter Itten in den Anfängen des Vorkurses entstanden, hatten durchweg einen primitiven Charakter. Sie spiegelten möglicherweise eine gewisse Untergangsstimmung angesichts des Niedergangs der westlichen Kultur wider und nahmen sich häufig magische Stammesattribute zum Vorbild (Abb. 9.3). Itten bestand darauf, daß diese Arbeiten nicht als fertige Kunstwerke betrachtet werden sollten. Sie waren jedoch deutlich vom Zürcher Dada beeinflußt, vor allem von Kurt Schwitters' Konstruktionen aus Abfällen und Max Ernsts phantastischen Maschinencollagen. Ihnen lag eine Art kultivierter Verzweiflung zugrunde, ein Gefühl der Absurdität gegenüber einem voll technisierten Kriegsapparat. Zudem interessierten sich Ittens Studenten wie die Dadaisten offensichtlich für afrikanische Masken und Fetische. Primitivismus scheint ein wichtiges Element der expressionistischen Strömungen in der Vor- und Nachkriegszeit gewesen zu sein.

Während die Töpferwerkstatt des Bauhauses wenigstens ihre Waren verkaufen konnte, hatten die meisten Bauhaus-Studenten in dem von Inflation und Armut heimgesuchten Deutschland kaum Chancen, mit ihren Entwürfen zur »neuen Kathedrale der Zukunft« beizutragen. Immerhin erhielt Gropius 1920 den Auftrag, ein Haus für Adolf Sommerfeld zu bauen, einen Holzindustriellen, dem es in einer Zeit, in der Baumaterialien extrem schwierig zu beschaffen waren, gelang, die gesamte Teakverkleidung eines Schiffes zu erwerben. Gropius zog bei seinem Entwurf von 1920 einige Studenten hinzu, die bei der Gestaltung von Einrichtungsgegenständen und bei der Ausstattung der Innenräume mitwirkten. Das Haus Sommerfeld (Abb. 9.4) ist ein raffinierter Versuch in scheinbarer *naïveté*: Es vereinigt Gropius' Formen- und Kompositionsideen aus der Vorkriegszeit mit mittelalterlichen Anklängen, heimischer Tradition und Elementen, die möglicherweise von Wrights Ornamentierung der Midway Gardens beeinflußt waren. Im Rückblick erscheint das Bauwerk sehr weit entfernt von der Architektur des Maschinenzeitalters, die Gropius nur wenige Jahre später schuf. Doch man muß auch die Besonderheiten des Auftrages berücksichtigen, ehe man Gropius allzu eilfertig dem sogenannten »Expressionismus« in den Jahren nach dem Ersten Weltkrieg zurechnet.

Expressionismus ist in jedem Fall eine ungenaue Bezeichnung. Sie wird allgemein verwendet, um eine Reihe von Künstlern zu charakterisieren, die etwa zwischen 1910 und 1925 in Holland und Deutschland arbeiteten. Zugleich wird damit eine »anti-rationale« Kunsttendenz beschrieben, die sich, wie es heißt, in Werken mit komplexen, gezackten oder frei fließenden Formen manifestiert. Diese These, daß sich »rationale« Tendenzen in entgegengesetzten Stileigenheiten wie Einfachheit oder Rechtwinkligkeit äußern, scheint zu stark vereinfacht. Schwierigkeiten treten dann auf, wenn man Raserei, Emotionen und Bizarrerie einem bestimmten Stil zuweist und wenn man nicht zur Kenntnis nimmt, daß die meisten wichtigen Kunstwerke eben aus der Spannung zwischen Gefühlsausdruck und formaler Kontrolle leben. »Expressionismus« ist also ein Begriff, der um so unzuverlässiger scheint, als er sich manchmal auf die geistige und manchmal auf die formale Ebene bezieht. Er wird hier nur mit Vorsicht gebraucht, in widerstrebender Fortführung der abgenutzten Konvention, nach der Architektur von Künstlern wie de Klerk und Kramer in Holland oder Poelzig, Taut, Bartning, Mendelsohn und Gropius in Deutschland (in bestimmten Phasen ihres Schaffens) gewöhnlich als »expressionistisch« gilt.

Der vereinfachende Charakter solcher Einordnungen wird deutlich, wenn man sich mit den großen Talenten auseinandersetzt. Das trifft besonders auf Erich Mendelsohn zu, dessen Entwicklung unter dem Einfluß des Art Nouveau vor dem Ersten Weltkrieg ihren Anfang nahm. Mendelsohn war Jude, und neuere Versuche, seine Formensprache mit dem geometrischen Symbolismus alter jüdischer mystischer Texte in Verbindung zu bringen, sind nicht von der Hand zu weisen. Sicherlich glaubte er an die Aufgabe der Kunst, eine geistige Ordnung sichtbar zu machen und die inneren Vorgänge und Rhythmen der Natur offenzulegen. Er setzte sich auch mit der

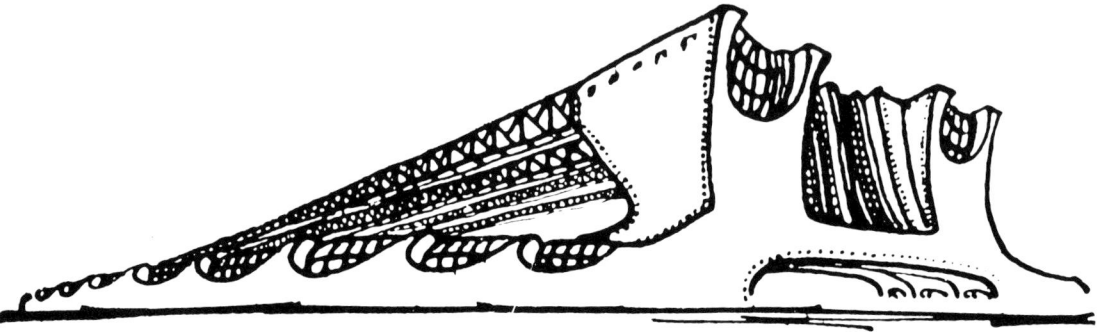

9.5 *(links)*
Erich Mendelsohn,
Skizze einer Fabrik,
ca. 1915.

9.6 *(unten)*
Erich Mendelsohn,
Einstein-Turm,
Potsdam, 1919–22.

Theorie der Einfühlung auseinander, nach der sich der Grundcharakter der Formen durch eine mimetische Übertragung des Tastsinns in Architektur erfahren ließ. Einige dieser Ideen treten bereits bei einer Reihe bemerkenswerter Skizzen auf, die Mendelsohn während des Ersten Weltkriegs im Schützengraben anfertigte (Abb. 9.5). Diese Skizzen umfassen Bautypen wie Filmstudios, eine Karosseriefabrik und ein Krematorium. Die Formen stehen unter einer extremen Spannung (»Dynamik« war das Wort, das der Künstler bevorzugte), und die strukturellen Kräfte sind so stark dramatisiert, daß die Teile und das Ganze miteinander verschmelzen. Mendelsohn kritisierte Behrens' Entwürfe wegen ihrer additiven Pappkarton-Manier. Er selbst suchte alle Details in den Rhythmus eines dominierenden Gesamtbildes einzufügen. Die extremeren Arbeiten der expressionistischen »Wendingen«-Anhänger (einer holländischen Gruppe, die sich mit exzentrischen Entwürfen hervortat), lehnte er ab, weil sie seiner Meinung nach zu unkontrolliert waren. Mendelsohn glaubte, die Spannung eines Werkes werde durch die Vereinigung des Organischen mit stark axial betonten geometrischen Elementen verstärkt.

Als Mendelsohn 1919 den Auftrag erhielt, ein Observatorium in Potsdam zu entwerfen, hatte er die Möglichkeit, eine seiner phantastischen biomorphen Skizzen in die Wirklichkeit umzusetzen. Der Einstein-Turm (Abb. 9.6) war eine frei geformte Plastik, deren eingeschnittene Öffnungen die Dynamik des Baukörpers betonen. Der Grundriß dagegen bot ein Musterbeispiel für axiale Anordnung und funktionale Hierarchie. Die Außenform war keineswegs die einheitliche Skulptur, als die sie erschien, sondern eine mit Gips und Zement kosmetisch verkleidete Backsteinkonstruktion. Die *Idee* des Turmes nahm offensichtlich auf Einsteins Thesen von Materie und Energie Bezug:

> »Seit der Erkenntnis, daß die zwei bisher von der Wissenschaft streng getrennten Begriffe – Materie und Energie – nur zwei verschiedene Erscheinungsformen des gleichen Grundstoffes sind und daß nichts im Universum ohne Bezug zum Kosmos, ohne Bezug zum Ganzen ist – seither haben die Ingenieure die Theorie vom leblosen Stoff aufgegeben – und sich dem ehrerbietigen Dienst an der Natur verschrieben.«

Walter Gropius, der deutsche Expressionismus und das Bauhaus   123

9.7 Ludwig Mies van der Rohe, Entwurf für ein Hochhaus aus Glas, 1921.

Als Mendelsohn 1923 die Hutfabrik in Luckenwalde entwarf, war sein Stil disziplinierter und weitgehend stereometrisch geworden. Und in der zweiten Hälfte der zwanziger Jahre waren in seinem Vokabular bei den zahlreichen Kaufhäusern, Kinos und Villen, die er in Berlin und Umgebung errichtete, viele der technischen Analogien und charakteristischen Elemente des Internationalen Stils (wie Fensterbänder und auskragende gekurvte Treppen) zu finden. Dennoch wiesen seine Formen immer noch eine unverwechselbare innere Dynamik und Spannung auf.

Auch Ludwig Mies van der Rohe durchlief zwischen dem Ende des Krieges und seinen abstrakten, rechtwinkligen Arbeiten ab 1923 eine »expressionistische« Phase. Er hatte vor dem Krieg zunächst in der Firma seines Vaters, bei Bruno Paul und im Büro von Peter Behrens gearbeitet. Schon früh hatte er seine Vorbilder in der klassizistischen Strenge und geometrischen Präzision Schinkels und in der Flächigkeit und direkten Materialverwendung Berlages gefunden. Bei Kriegsausbruch besaß Mies sein eigenes Büro und entwarf eine Reihe von Bauten (darunter das Haus Kröller-Müller von 1913) in einer rechtwinkligen, knappen Formensprache, die von Ordnung, Ruhe, Symmetrie und Disziplin bestimmt war.

Nach dem Krieg engagierte sich Mies van der Rohe in einer der radikalen Künstlervereinigungen, der November-Gruppe für Architektur. Den visionären Vorstellungen von Taut, Behne und Gropius stand diese Gruppe nicht fern. Sein Entwurf für ein Hochhaus aus Glas (1921) läßt sich dagegen geradezu rationalistisch interpretieren: Hier war ein Hochhausbau auf die wichtigsten Konstruktionselemente reduziert, die dann in einer »minimalistischen« Lösung mit Glas umhüllt wurden – eine scheinbar endgültige Form des Wolkenkratzers als Stahlgerüst. Doch die scharf gezackten Formen, die romantische Silhouette und das Spiel der reflektierenden und transparenten Flächen erinnern eher an eine kristallene Kathedrale als an ein Bürohochhaus. Der Glasturm beschwört utopische Bilder herauf, die an Le Corbusiers kartesianische Wohntürme über den Parks der Ville Contemporaine oder an Tauts Glasvisionen denken lassen. Das Hochhaus erscheint nahezu als Sinnbild progressiven Denkens, als Symbol für einen vage definierten neuen Staat. Um so paradoxer ist es, daß in späteren Jahren das reine Glasprisma, das einstige Kennzeichen eines neuen Glaubens, zur banalen Formel des Big Business und der Bürokratie wurde.

Bei seinem zweiten Entwurf eines Hochhauses änderte Mies den Grundriß und gab ihm eine kurvenreiche Linienführung, die von einem Verkehrskern ausging. Über seine Experimente mit Glas und Transparenz (Abb. 9.7) schrieb er:

»Bei oberflächlicher Betrachtung erscheint die Umrißlinie des Grundrisses willkürlich, und doch ist sie das Ergebnis vieler Versuche an dem Glasmodell. Für die Kurven waren bestimmend die Belichtung des Gebäudeinneren, die Wirkung der Baumasse im Straßenbild und zuletzt das Spiel der erstrebten Lichtreflexe.«

Die Faszination, die vom *Glas* ausgeht, erinnert wiederum an Scheerbarts poetische Träume oder an die Bewunderung glänzender, künstlicher und schwebender Materialien in den Schriften des Stijl. Mies ging es offenbar um eine Art Rechtfertigung mit technologischen Mitteln. Seine Architektur begann den Charakter transzendenter Symbolik anzunehmen. Le Corbusier erklärte diese »Idealisierung« kurz und knapp:

› Die architektonische Abstraktion hat das Eigentümliche und Großartige an sich, daß sie, im rohen Tatsächlichen wurzelnd, dieses vergeistigt.«

Mies van der Rohes Entwurf für ein Bürohaus aus Beton von 1922 (Abb. 9.8), zeugte von einem Wandel in seiner Formensprache. Der Akzent liegt nun auf der horizontalen Schichtung scheinbar schwebender Flächen. Die Geschoßebenen ruhen auf Pfeilern mit ausgreifenden Armen. Der Grundriß besteht aus einem Raster konstruktiv tragender Pfeiler mit dazwischengesetzten Trennwänden. Dennoch weist das Bauwerk mit seiner Symmetrie, der Betonung der zentralen Achse und einer Art schwebendem Gesims (das vielleicht von Sullivans ähnlicher Lösung bei dem Carson Pirie Scott Store von 1905 beeinflußt wurde) noch Anklänge an Mies' klassizistische Phase auf.

Visuelle »Korrekturen« und Spannungen entstanden auch dadurch, daß jedes Geschoß nach oben hin etwas weiter auskragte als das vorhergehende, was möglicherweise auf Mies' »expressionistische« Neigungen zurückzuführen ist oder eine intelligente Neuinterpretation der klassischen Entasis darstellt. Das Bürogebäude aus Beton stand in engerem Zusammenhang mit dem technischen Potential dieser Zeit als die sublimen »Glashochhäuser«.

Im Jahre 1923 wurde Mies Gründungsmitglied der Gruppe »G« in Berlin, die sich dem »Formalismus« entgegenstellte und Formen befürwortete, die von der Konstruktion und dem Verwendungszweck ausgingen. Mies schrieb über sein Betongebäude:

»Das Bürohaus ist ein Haus der Arbeit, der Organisation, der Klarheit, der Ökonomie. Helle weite Arbeitsräume, übersichtlich, ungeteilt, nur gegliedert wie der Organismus des Betriebes. Größter Effekt mit geringstem Aufwand an Mitteln. Die Materialien sind Beton, Eisen, Glas.«

Offenbar war der Träumer nun zur Erde zurückgekehrt. Die wirtschaftliche Situation in Deutschland hatte sich im Jahre 1923 deutlich verbessert, so daß eine Anpassung der Avantgarde an die Realität wünschenswert erschien.

Das Vokabular eines Künstlers braucht Zeit zum Reifen. Es kann Schlüsselwerke geben, die ein bestimmtes Konzept enthalten, sich aber erst im Laufe der Jahre mit anderen Entdeckungen des Künstlers verbinden. Mies van der Rohes Entwurf für ein Landhaus aus Backstein von 1923 (Abb. 9.9) hat offenbar eine solche Rolle in seiner Entwicklung gespielt. Der Grundriß bestand aus einer Komposition von Wandflächen, die zum Teil in die Umgebung vorstießen. Die Räume dazwischen über-

schnitten sich und hatten keinen Bezug auf eine dominierende Achse. Es schien, als habe Mies einige Elemente des Kröller-Müller-Projekts aus der Vorkriegszeit mit den Formvorstellungen der modernen Kunst in Verbindung gebracht. Sein Entwurf wirkte wie eine Kombination klassischer Konzepte, der Windmühlengrundrisse Frank Lloyd Wrights und der abstrakten Bilder von Mondrian, Doesburg oder Lissitzky. Wieder ist die abstrakte Malerei erfolgreich in Architektur übersetzt. Doch die Volumen sind hier erdgebunden, und es dauerte einige Jahre, bis Mies einen Weg fand, seine räumlichen Ideen so auszudrücken, daß sich das Muster zur Dreidimensionalität entwickelte. In seinen späteren Jahren schwankte er beständig zwischen symmetrischen, axialen und kryptoklassischen Grundrissen und solchen, die auf dynamischer Rotation und der zentrifugalen Ausbreitung von Flächen beruhten.

Die Zeit zwischen 1922 und 1923 war in Deutschland (wie in Frankreich) eine wichtige Phase der modernen Architektur und der Entwicklung des Internationalen Stils. Am Bauhaus und in Gropius' Arbeiten begann sich eine neue Orientierung abzuzeichnen. Im Jahre 1922 besuchte van Doesburg Weimar und übte einen starken Einfluß auf die Schule aus. Von nun an wurden vom Stijl inspirierte Formen zur Grundlage des Designvokabulars, und die Verbindung von Formgebung und Industrie wurde wieder stärker betont. Itten spürte, daß seine Zeit vorüber war, und verließ das Bauhaus. Die Leitung des Vorkurses übernahm László Moholy-Nagy, dessen »elementaristische« rechtwinklige Maschinen-Abstraktionen (Abb. 9.11) Verwandtschaft mit van Doesburg und den künstlerischen Experimenten des nachrevolutionären Rußland (zum Beispiel der Wchutemas) hatten. Die Einrichtung von Gropius' eigenem Büro (Abb. 9.10) war eine dreidimensionale Übersetzung solcher Ideen, wie auch sein Entwurf für einen Wolkenkratzer der *Chicago Tribune* von 1922. Gropius' neuer Stil, mit dem er den Traum von einer neuen Gemeinschaftskunst zu verwirklichen suchte, konzentrierte sich immer mehr auf Grundformen wie Kreise, Kugeln, Rechtecke, Kuben, Dreiecke

9.8 (oben) Ludwig Mies van der Rohe, Entwurf für ein Bürogebäude aus Stahlbeton, 1922.

9.9 (oben rechts) Ludwig Mies van der Rohe, Entwurf für ein Landhaus aus Backstein, 1923, Ansicht und Grundriß.

9.10 (rechts) Walter Gropius, Direktorenbüro im Weimarer Bauhaus, 1923: Die Gestaltung spiegelt den Einfluß der elementaristischen abstrakten Kunst wider.

9.11 (rechts außen) László Moholy-Nagy, *Licht-Raum-Modulator*, 1923–30. Stahl, Kunststoff und Holz, Höhe 151 cm. Cambridge, Mass., Busch-Reisinger Museum, Harvard University, Stiftung Sibyl Moholy-Nagy.

Walter Gropius, der deutsche Expressionismus und das Bauhaus 125

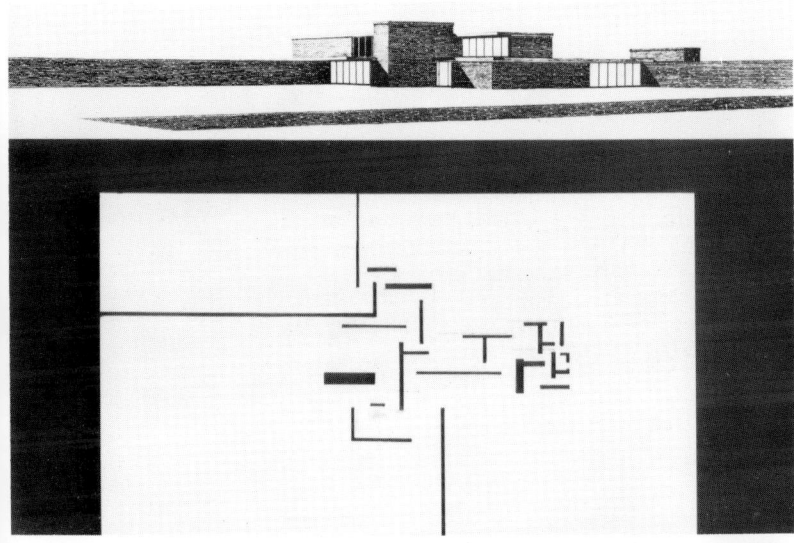

und Pyramiden. Zwar leugneten die Bauhauslehrer die Existenz eines »Bauhaus-Stils«. Doch die von der geometrischen abstrakten Kunst abgeleiteten Formen und Ideen, die ab 1923 epidemisch im Vorkurs auftraten, lieferten den Beweis dafür, daß Künstler und Handwerker bei ihren späteren Entwürfen für Keramik, Textilien, Einrichtungsgegenstände (Abb. ˙9.12) und sogar Bauten von einer gemeinsamen visuellen Grammatik ausgingen.

Im Jahre 1923 veröffentlichte Gropius auch *Idee und Aufbau des Weimarer Bauhauses,* eine Proklamation der Bauhaus-Philosophie als Einführung in die Bauhaus-Ausstellung desselben Jahres. Der Aufsatz war nüchterner und optimistischer als das Gründungsmanifest. Wieder finden sich an Hegel erinnernde Ideen über den »Zeitgeist« und die Erfindung von Formen, die diesem Geist entsprechen:

> »Die Idee der heutigen Welt ist schon erkennbar, unklar und verworren ist noch ihre Gestalt. Das alte dualistische Weltbild, das Ich – im Gegensatz zum All – ist im Verblassen, die Gedanken an eine neue Welteinheit, die den absoluten Ausgleich aller gegensätzlichen Spannungen in sich birgt, tauchen an seiner Statt auf.«

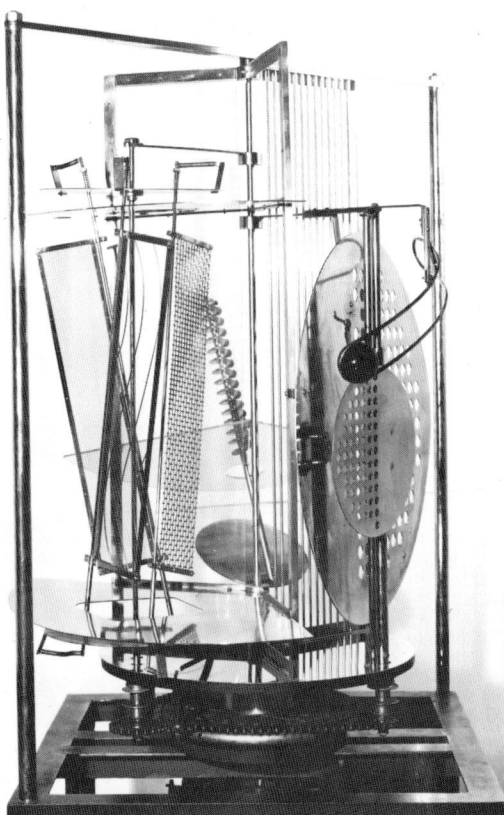

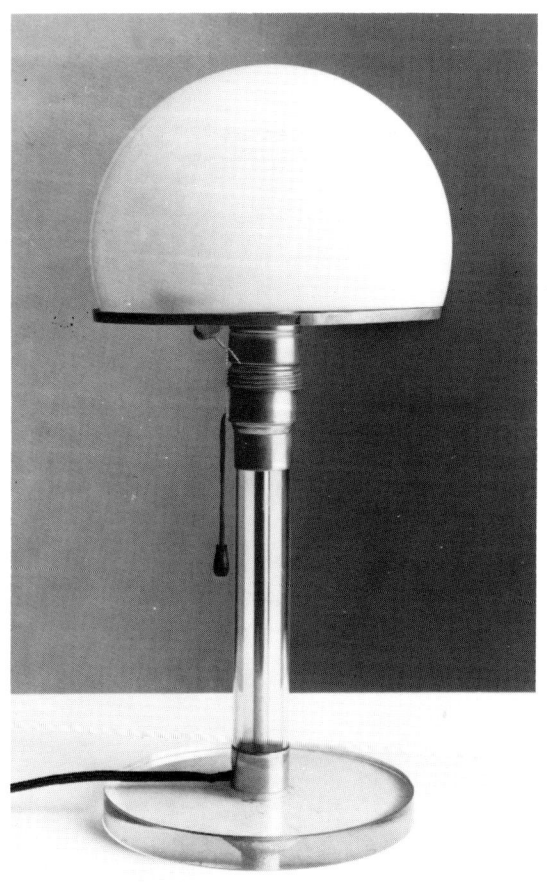

9.12 Lampe, Bauhaus, ca. 1923.

die Synthese aller Künste im Gesamtkunstwerk: ein Bau, bei dem sich Malerei, Plastik und Architektur zu einem Ganzen vereinigten, das ein Symbol für die Kultur dieser Zeit war.

Es wurde Gropius nun immer deutlicher, welche Form diese architektonische Synthese annehmen könnte:

»Die Kunst des Bauens versank in den letzten Generationen in einer schwächlich sentimentalen, ästhetisch-dekorativen Auffassung... Dieses Bauen lehnen wir ab. Wir wollen den klaren organischen Bauleib schaffen, nackt und strahlend aus innerem Gesetz heraus ohne Lügen und Verspieltheiten, der unsere Welt der Maschinen, Drähte und Schnellfahrzeuge bejaht... Mit zunehmender Festigkeit und Dichte der modernen Baustoffe (Eisen, Beton und Glas) und mit wachsender Kühnheit neuer schwebender Konstruktionen wandelt sich das Gefühl der Schwere, das die alte Bauform entscheidend bestimmte.«

In mancher Hinsicht handelte es sich hier natürlich um eine Mischung von Ideen des Futurismus, des Deutschen Werkbundes und des Stijl. Interessant ist in diesem Zusammenhang, daß die Traumata des Krieges und der Nachkriegszeit bei Gropius zu einer eher mystischen Einstellung und zum Verzicht auf die Axialität von Beaux-Arts geführt hatten. Nun aber entwickelte er ein Raumkonzept, das deutlich von Rietveld, van Doesburg, Lissitzky und Moholy-Nagy beeinflußt war:

»Die Symmetrie der Bauglieder, ihr Spiegelbild zu einer Mittelachse, schwindet in logischer Folge vor der neuen Gleichgewichtslehre, die die tote Gleichheit der sich entsprechenden Teile in eine unsymmetrische, aber rhythmische Balance wandelt.«

Später heißt es:

»Das Bauhaus bejaht die Maschine als modernstes Mittel der Gestaltung und sucht die Auseinandersetzung mit ihr.«

Die Akzente hatten sich also seit 1919 eindeutig verlagert. Die »Versöhnung« mit der Maschine hatte für Gropius die Konsequenz, daß die Studenten einerseits Typen für die Massenproduktion entwickeln und andererseits Formen suchen sollten, in denen sich die Werte des technischen Zeitalters kristallisierten. Deshalb setzte Gropius sich für einen in Formlehre und Werklehre unterteilten Studienplan ein. Der Lehrling sollte nach einem sechsmonatigen Vorkurs drei Jahre in einem Handwerk unterwiesen werden, bevor er sich im Meisterkurs mit Architektur und der Technologie der Massenproduktion befaßte. Denn Gropius ging von der These aus, daß die Brutalität des bloß zweckgebundenen Designs wie auch der Konsumkitsch sich vermeiden ließen, wenn es den sensibelsten Entwerfern gelänge, die formalen Eigenschaften aller Gebrauchsgegenstände ihrer Zeit grundsätzlich zu verbessern. Wie zuvor war das höchste Ziel

Bis 1925 hatte Gropius wenig Möglichkeiten, sein neues architektonisches Konzept zu realisieren, mit Ausnahme von Modellbauten, die das Bauhaus betreut hatte. Doch in diesem Jahr nahm die Kritik der Rechten am Bauhaus ein solches Ausmaß an, daß er beschloß, mit der Schule umzuziehen. Zu den Beschuldigungen zählten kulturelle Degeneration und Bolschewismus. Das Bauhaus war ein Fremdling in Weimar geblieben, den braven Bürgern der Stadt mit ihrem Sinn für eine von Goethe und dem Klassizismus geprägte nationale Kulturtradition blieb es unheimlich. Einige Anwürfe nahmen die heftige Kritik in den dreißiger Jahren vorweg, die von den Nationalsozialisten unterstützt wurde:

»Was das Bauhaus bei diesen ersten öffentlichen Veranstaltungen bot, steht so außerhalb aller Kunst, daß es nur pathologisch bewertet werden kann... Die deutlich erkennbare, lediglich auf Verneinung des Bestehenden gerichtete Weltanschauung läßt die Bauhausleute allen gesellschaftlichen Zusammenhang im weitesten Sinne mit der übrigen Welt verlieren... Das Bauhausschaffen trägt die Zeichen tiefster geistiger Entrücktheit und Zersetzung an sich. Die Öffentlichkeit wehrt sich daher mit vollem Recht dagegen, daß auf diese Weise in Thüringen der jungen Künstler- und Handwerkerschaft, die noch ein nüchternes, ehrliches Streben hat, der Weg zum gründlichen Lernen einfach verrammelt wird, wenn das staatliche Bauhaus in seiner bisherigen Verfassung bestehen bleibt. Die dünne Schicht von Interessenten, welche auch zum wichtigsten Teil Ausländer sind, darf nicht wie das Petroleum auf dem Wasser die gesunde Masse der deutschen Kunstjünger unter sich ersticken. Das Unternehmen war auch nur scheinbar auf künstlerischer Basis und in Wirklichkeit von vornherein parteipolitisch gedacht, denn es kündigte sich selbst als Sammelpunkt zukunftsgläubig himmelstürmender Sozialisten an, die die Kathedrale des Sozialismus bauen wollten. Nun, wie diese aussieht, zeigt die Wirklichkeit um uns her, auch das Bauhaus in Weimar gibt mit seinen ›Kunstwerken‹, die aus den Bestandteilen eines Kehrrichthaufens zusammengesetzt sind, eine passende künstlerische Note dazu.«

Der Oberbürgermeister von Dessau zeigte dagegen große Sympathie für die Ideale der Schule. Innerhalb eines Jahres war ein Grundstück am Rande der Stadt gefunden, für das Gropius ein neues Schulgebäude entwerfen sollte. Dadurch hatte er die Möglichkeit, ein exemplarisches modernes Bauwerk zu schaffen, das alle Künste vereinigte und die Philosophie der Schule ausdrückte.

Das Grundstück lag frei und offen, und das Bauprogramm war umfangreich. So bot es sich an, die Hauptvolumen so zu ordnen, daß sie von jedem Blickwinkel aus erfahrbar waren, ohne daß der Gesamtzusammenhang verlorening. Gropius drückte die einzelnen Elemente als rechtwinklige Baukörper unterschiedlicher Größe aus, die durch Trakte mit Korridoren oder kleineren Räumen miteinander verbunden waren. So führte zwischen Werkstattgebäude und den übrigen Flügeln eine Brücke über die Straße, die das Gelände durchquerte. Ein anderes Kompositionsmittel war die Artikulation von Volumen und Flächen, Vertikalen und Horizontalen durch die Anordnung der Fenster – eine Bauhaus–Übung im Ausdruck dreidimensionaler Spannungen im Raum, bei der freilich auch die Nutzbarkeit berücksichtigt werden mußte. Gropius variierte die Fenster entsprechend der Größe der Innenräume und entsprechend der Lichtqualität, die für die unterschiedlichen Aktivitäten benötigt wurde (Abb. 9.13, 9.14).

Offensichtlich wurde Gropius eine große Menge Glas zugestanden, als er mit dem Entwurf begann. Doch die »Pflicht«, es einzubeziehen, beeinträchtigte sein ästhetisches Konzept nicht im mindesten.

Über ihre rein formalen oder funktionalen Eigenschaften hinaus wurde die Verglasung zu einem Symbol des technischen Zeitalters. Teilweise lag das Glas bündig mit der Fassade und wirkte dadurch wie eine raumumschließende Haut; teilweise war es zurückgenommen und betonte die schwebenden weißen horizontalen Geschoßflächen. Im Rückblick fallen bei den Bauhaus-Bauten die formale Präzision und die Einbeziehung früherer Vorstellungen auf: das Vokabular des Fagus-Werks aus der Vorkriegszeit, die Erfahrungen im Deutschen Werkbund, der Idealismus und Utopismus der Nachkriegszeit, die Suche nach einer Sprache, die Abstraktion und Technisierung miteinander verbindet. Alle diese Elemente sind gegenwärtig, aber zugleich wurden sie zu einem Ganzen zusammengefaßt, das sich in dieser Entwicklungsphase der modernen Architektur wohl nur mit dem Haus Schroeder oder dem Maison Cook vergleichen läßt.

Freilich waren die Bauhaus-Bauten mehr als eine selbstbewußte persönliche Lösung: Sie stellten einen wichtigen Schritt innerhalb des neuen Formenrepertoires dar, das viele Architekten zu entwickeln begannen. Und ähnlich wie in den Frühzeiten etwa der Gotik oder der Renaissance verschiedene Quellen zu einem zusammenhängenden Ausdruckssystem zusammenflossen, begann beim Bauhaus der Internationale Stil zu reifen. Es gab hier Anregungen für alle, die im Geist der neuen Zeit ihr eigenes Vokabular suchten, und der Gebäudekomplex war bald nach seiner Fertigstellung weltweit publiziert. Auf den Luftaufnahmen machte er den Eindruck einer riesigen elementaristischen Plastik.

Gropius entwarf auch Wohnhäuser für die Lehrer und für sich selbst in der Nähe der Schule, so daß Ende 1926 eine neue Kolonie im Umkreis von Dessau entstanden war, die anfangs offenbar größerer Toleranz begegnete als in Weimar. Es war die Blütezeit des Bauhauses: Wassily Kandinsky und Paul Klee arbeiteten in der Formlehre, László Moholy-Nagy und Marcel Breuer in der Metall- und Tischlerwerkstatt, Oskar Schlemmer schuf seine Ballette, und die ersten Studierenden begannen sich in der Außenwelt bemerkbar zu machen. Die deutsche Öffentlichkeit setzte sich sehr intensiv mit der Schule auseinander, die ständig wegen ihrer angeblich »dekadenten« und »subversiven« Tendenzen attackiert wurde. Das Interesse wurde auch durch die Flut von Artikeln und Büchern der Bauhaus-Mitarbeiter gefördert, vor allem durch die *Bauhausbücher*, in denen die Ideen von Klee, Kandinsky, Moholy-Nagy, Gropius und anderen vorgestellt wurden.

Die künstlerischen und intellektuellen Produkte der späteren Bauhauszeit machen den Wandel gegenüber den frühen Jahren in Weimar deutlich. So entwickelten beispielsweise Marcel Breuer und Mart Stam in der Möbelwerkstatt Stühle aus Stahlrohr (Abb. 9.15) als Modelle für die Serienfabrikation. Mit ihren schwebenden, leichten Formen entsprachen die Sessel Gropius' Wunsch, Symbole für die moderne Welt zu finden. Sie standen in starkem Kontrast zu Breuers Entwürfen für Holzstühle von 1921 mit ihren schwerfälligeren Formen und ihrem übertrieben handwerklichen Charakter. Eine ähnliche Entwicklung in der Zeit zwischen 1920 und

128　Die Kristallisation der modernen Architektur zwischen den beiden Weltkriegen

9.13 Walter Gropius, Bauhaus, Dessau, 1926.

9.14 Walter Gropius, Bauhaus, Dessau, 1926, Luftansicht.

9.15 Marcel Breuer, Stahlrohrsessel, ca. 1926. New York, Museum of Modern Art, Stiftung Herbert Bayer.

1926 läßt sich auch bei Beleuchtungskörpern, Aschenbechern, Teppichen und anderen Objekten feststellen. Ebenso instruktiv ist es, die »Bauhütten«-Ideologie des Hauses Sommerfeld mit der »Lehrmaschine« des Bauhaus-Geländes zu vergleichen.

Als das Bauhaus schließlich in seinen neuen Gebäuden untergebracht war, wendete Gropius sich zunehmend den Problemen der Standardisierung in der Architektur zu.

Das zeigte sich bei den Hausstudien, die er in der Schule durchführte, wie zum Beispiel Wohnblöcken in Siedlungen mit viel Raum, Luft, Licht und Ausblicken. Im Jahre 1928 baute er für die Firma Siemens Arbeiterwohnungen in einem Außenbereich Berlins (Abb. 9.17). Schon ab 1925, als sich die deutsche Währung stabilisierte, hatten Städte wie Frankfurt unter Ernst May mit dem Entwurf großer, preisgünstiger Siedlungen begonnen, so daß eine Reihe von Standardmodellen entstanden war.

In Berlin arbeitete neben anderen jungen Architekten Bruno Taut, der nach seiner expressionistischen Phase nüchterner geworden war. Die Gesamtanlage war häufig von Idealen der englischen Gartenstadt beeinflußt, doch die Formen der Häuser waren einfach und kubisch. Kritiker glaubten deshalb antideutsche Tendenzen zu erkennen, und auch Gropius wurde wegen des angeblich »unnatürlichen«, »inhumanen« und »technischen« Charakters seiner Bauten getadelt.

Je mehr also die neue Architektur über die Zeichenbrettentwürfe und kleinen privaten Aufträge hinausgelangte, desto eher wurde sie mißverstanden, vor allem, wenn die »Fabrikästhetik« in den häuslichen Bereich eindrang. Insbesondere bei den konsequentesten Vertretern der Neuen Sachlichkeit in Berlin, die »Formalismus«

9.16 *(links)*
Weißenhofsiedlung,
Stuttgart, 1927.

9.17 *(oben)*
Walter Gropius,
Siemensstadt,
Berlin, 1928.

und »höhere geistige Ziele« mit Mißtrauen betrachteten, bestand ständig die Gefahr, daß die beabsichtigte ästhetische Wirkung von Nüchternheit und kontrollierter Wiederholung als Langweiligkeit und Leblosigkeit interpretiert wurde. Der Konflikt zwischen den Normen der Architekten und des Publikums nahm oft drastische Formen an.

Die Debatte über den modernen Wohnungsbau in Deutschland machte unterschiedliche Positionen deutlich, von den kompromißlosen Streitern der Zeitschrift »G« in Berlin, die Funktionalismus und Rationalismus proklamierten, bis zu eher »geistig« orientierten Architekten wie Gropius und Mendelsohn, denen eine Poetik der Form notwendig erschien. Selbst Mies van der Rohe (der in Wirklichkeit dem letzteren Lager näher stand als dem ersteren) vertrat die Haltung der strikten Sachlichkeit:

»Jede ästhetische Spekulation, jede Doktrin und jeden Formalismus lehnen wir ab.«
Und:
»Wir kennen keine Form-, sondern nur Bauprobleme. Die Form ist nicht das Ziel, sondern das Resultat unserer Arbeit. Es gibt keine Form an sich...
Form als Ziel ist Formalismus; und das lehnen wir ab.«

Im Jahre 1925 war Mies vom Deutschen Werkbund beauftragt worden, die Planung der ersten größeren Werkbundausstellung seit 1914 zu leiten. Für die Ausstellung waren unterschiedliche Wohnhaustypen vorgesehen, die auf einem Hügel oberhalb Stuttgarts zu einer Siedlung zusammengefaßt werden sollten (Abb. 9.16, vgl. 13. Kapitel). Die meisten Teilnehmer waren Deutsche und stammten zudem aus Berlin (wie Mies selbst, Gropius, Hilberseimer, Taut, Scharoun). Doch eingeladen waren auch J.P. Oud und Mart Stam aus Holland, Victor Bourgeois aus Belgien und Le Corbusier aus Frankreich. Mies' Lageplan wirkte wie eine abstrakte Skulptur unterschiedlich großer Blocks, die der Formation des Geländes folgten. Sein eigenes Appartementhaus mit 24 Wohnungen lag auf der Höhe – ein einfacher geometrischer Baukörper mit festen Installationskernen und einer ingeniösen Grundrißgestaltung. Le Corbusier entwarf zwei Projekte, ein stark artikuliertes »Citrohan«-Haus und eine größere Version auf dramatisch betonten *pilotis*. Scharouns Entwurf am anderen Ende des Geländes mit seinen gekurvten Balkonen und seinem völlig andersartigen räumlichen Konzept machte die Vielfalt der individuellen Lösungen innerhalb der modernen Architektur deutlich. Dennoch herrschte insgesamt der Eindruck allgemeiner Übereinstimmung vor. Gemeinsame Merkmale waren einfache kubische Baukörper,

Walter Gropius, der deutsche Expressionismus und das Bauhaus 131

weniger Skrupel als Gropius: Er setzte sich für den Entwurf billiger Sperrholzmöbel ein und änderte die Bezeichnung »Architekturabteilung« bewußt in »Bauabteilung«. Solche Aktionen nährten den Verdacht, das Bauhaus sei eine Art trojanisches Pferd des Bolschewismus. Die Kritik an der Schule wurde in den späten zwanziger Jahren und zu Beginn der dreißiger Jahre immer heftiger, vor allem, als den Nationalsozialisten klar wurde, wieviel politisches Kapital sich aus nationalistischen oder »völkischen« Dogmen schlagen ließ. Schließlich übernahm Mies van der Rohe die Schule bis zu ihrer Schließung im Jahre 1933.

Aber der Bauhausgedanke starb nicht. Als Gropius, Mies, Moholy-Nagy, Breuer und Albers in den späten dreißiger Jahren in die Vereinigten Staaten emigrierten, nahmen sie ihre Ideen mit.

glatte Flächen, offene Grundrisse und technisch inspirierte Details. Die extreme Rechte in Deutschland brandmarkte das ganze Unternehmen sogleich als weiteren Beweis für eine internationale bolschewistische Verschwörung, und es gab sogar Karikaturen der Siedlung, in denen Araber und Kamele durch die vorgebliche «Kasba» wanderten. Den Anhängern der Moderne machte die Ausstellung freilich über faszinierende Lektionen im Wohnhausbau hinaus den Charakter eines Stiles deutlich, der später (im Jahre 1932 von Alfred Barr) als »Internationaler Stil« bezeichnet wurde.

Im Jahre 1928 verließ Gropius das Bauhaus und übergab die Leitung an Hannes Meyer. Meyers Philosophie unterschied sich deutlich von der seines Vorgängers: Er verachtete die Formalisten wegen ihres vorgetäuschten »Humanismus« und definierte die Architektur lakonisch als Resultat der Gleichung: »funktion mal ökonomie«. Man könnte diese Äußerung als reinste Unterwerfung unter den Kapitalismus interpretieren. Doch in Wirklichkeit zeugte sie von sozialistischem Puritanismus. Meyer drückte sich (auch wenn er es leugnete) in einer architektonischen Sprache aus, die gerade durch ihre Anspruchslosigkeit und durch den direkten Ausdruck der Funktionen wie auch der »ordinären« maschinell hergestellten Elemente eloquent wirkte. Was die Radikalisierung des Bauhauses anging, hatte Meyer sehr viel

10. Architektur und Revolution in Rußland

»Wir sind davon überzeugt, daß die neue sowjetische Architektur nicht aus der Imitation der Vergangenheit entsteht, sondern auf einer Grundlage kritischen Denkens... durch ein tiefes Verständnis der Lebensprozesse und deren Übertragung in architektonische Formen.«

A. und W. Wesnin, 1926

Die Architekturformen der zwanziger Jahre lassen sich zwar nur von den sozialen Idealen her verstehen, denen sie ihre Entstehung verdanken. Dennoch wäre es eine grobe Vereinfachung, Ideologie und Formengebrauch gleichzusetzen. Die im vorigen Kapitel angeführten Beispiele zeigen ein breites Spektrum politischer Positionen, von Gropius' vergeistigtem »apolitischen Sozialismus« bis zu der weitaus radikaleren Linksorientierung Hannes Meyers. Welche utopischen Visionen ihnen auch immer gemeinsam waren – die Vorstellungen eines idealen Lebens variierten bei Künstlern wie Le Corbusier, Gerrit Rietveld oder Erich Mendelsohn beträchtlich. Man sollte sich deshalb davor hüten, der gesamten modernen Architektur eine monolithische Ideologie zu unterlegen.

Das gilt auch für die sowjetische Architektur der zwanziger Jahre. Sie entstand in einer nachrevolutionären Atmosphäre, die zu Dogmen über die »wahre« Architektur und deren Verhältnis zur neuen sozialen Ordnung ermutigte. Kreative Künstler sahen sich vor der schwierigen Aufgabe, eine Architektur zu formulieren, die weniger die Werte einer bestehenden Ordnung als vielmehr die Ziele des revolutionären Fortschritts ausdrücken sollte. Hier ergaben sich zahlreiche Probleme. Zunächst einmal war klar, daß frühere nationale Traditionen nur eine geringe Rolle spielen durften, weil sie mit dem Makel des alten Regimes oder mit einem engstirnigen Nationalismus behaftet waren, der sich nicht mit dem Ruf nach einer Weltrevolution vereinbaren ließ. Dann stellte sich die Frage, welche Funktionen die Architektur im allgemeinen Emanzipationsprozeß übernehmen sollte und welche Formen sich zur Definition einer proletarischen Kultur eigneten. Vor allem aber stand noch nicht fest, ob die Architektur bei der Gestaltung der neuen Ordnung eine führende oder dienende Rolle spielen sollte. Es gab eine Vielzahl von Positionen, angefangen bei denen, die der Architektur in der sozialen Reform wenig Bedeutung beimaßen, bis hin zu denen, die im Gegenteil fanden, der künstlerische Wille müsse an der Spitze der Bewegung stehen.

Die Debatten in den zwanziger Jahren lassen sich nur vor dem Hintergrund der russischen Kultur im 19. Jahrhundert verstehen. Vorherrschend war ein Eklektizismus, der europäische Tendenzen nachahmte und dem mehr oder weniger degenerierten Geschmack der Aristokratie entsprach. Obwohl Graf Anatoly Nikolajewitsch Demidow für eine Wiederbelebung der slawischen Tradition eintrat, setzte sich die Imitation des monumentalen westeuropäischen Klassizismus bis nach der Jahrhundertwende fort; später, unter der Diktatur Stalins, wurde dieser Stil sogar für Staatszwecke genutzt. So bildeten die Aktivitäten der Avantgarde in den zwanziger Jahren nur ein kurzes Zwischenspiel. Freilich waren sie in mancher Hinsicht schon von der populistischen Bewegung im späten 19. Jahrhundert vorweggenommen worden, die ihre Aufmerksamkeit den Realitäten der Volksmasse widmete. Wichtig waren auch die Arbeit der Gruppe Ropetskaia (die sich von der Folklore anregen ließ) und vor allem die Proletkult-Bewegung, gegründet 1906, die eine nicht sehr stabile Allianz zwischen den Gewerkschaften und der Avantgarde herstellte.

Auch unter dem alten Regime hatte also eine Art avantgardistische Kultur existiert, die stark von Westeuropa beeinflußt war, vor allem im Bereich der Malerei und Skulptur. Diese Kunstformen ließen sich zwar im privaten Bereich verwirklichen; in der Architektur waren dagegen nur geringfügige Abweichungen vom reaktionären Eklektizismus des 19. Jahrhunderts zu verzeichnen. Es fiel der späteren Generation nicht schwer, diesen erschlafften Ästhetizismus als getreuliches Porträt eines verbrauchten Gesellschaftssystems zu interpretieren. Bemerkenswerte Talente traten in diesen wenigen Jahrzehnten vor der Revolution nicht auf. Aber der Umsturz der alten Ordnung führte nicht notwendigerweise zu einer konsequenten Neuorientierung des Kunstschaf-

Architektur und Revolution in Rußland 133

fens. In der Zeit nach 1917 fanden viele Experimente statt, die eher auf dem Papier als sonstwo realisiert wurden. Das war nur natürlich angesichts der verworrenen wirtschaftlichen Verhältnisse in den Jahren bis etwa 1924, die jede Bautätigkeit nahezu unmöglich machten. In dieser Atmosphäre gediehen, ähnlich wie in Deutschland, vor allem hochgestimmte und undurchführbare utopische Projekte.

Der Zwang, alle Brücken zu der reaktionären Vergangenheit abzubrechen, brachte Probleme für jene Architekten mit sich, die eine den neuen Idealen entsprechende Ausdrucksform suchten. Sie konnten nicht *ex nihilo* schöpfen, selbst wenn sie nie »ein tiefes Verständnis für die Lebensprozesse« hatten (um die Brüder Wesnin zu zitieren). Sie mußten ein Vokabular erfinden, das der neuen Situation entsprach. Aber wo konnte der Künstler nun seine Anregungen herbeiziehen? Konnten die Realitäten der Zeit zu einem eigenen Vokabular führen, oder sollte der einzelne zugeben, daß er die Ereignisse auf seine Weise interpretieren mußte? Sollte der Einzelbau als neutrale Lösung für ein sorgfältig analysiertes, vor allem auf optimale Nutzbarkeit angelegtes Programm behandelt werden? Oder sollte der Künstler Metaphern und Bilder suchen, in denen sich seine Begeisterung für die Möglichkeiten nach der Revolution äußerte? Vielleicht sollte er versuchen, provokative Embleme zu schaffen, die einen Ausblick auf den künftigen Staat eröffneten; vielleicht sollte er sich auch auf die Entwicklung von Prototypen für eine spätere Massenproduktion konzentrieren. Mit solchen Fragen und Problemen setzte man sich in den Debatten um 1920 auseinander. »Bibeln« wie die Schriften von Marx und Engels boten wenig Anhaltspunkte, weil sie sich in viele Richtungen hin interpretieren ließen. Beide Autoren hatten nur eine verschwommene Vorstellung davon entwickelt, wie die »Kunst« in vergangenen Kulturen funktioniert hatte.

Die ersten wichtigen Diskussionen, die sich unmittelbar auf Architektur und Stadtplanung auswirkten, fanden im Februar 1918 statt, als der bolschewistische Rat der Volkskommissare das Privateigentum abschaffte und die Sozialisierung von Grund und Boden proklamierte. Die Künstler reagierten sofort mit dem Entwurf von Plakaten und Propaganda-Zügen und überzogen die Wände mit grellen visuellen Kommentaren. Neu gegründete Kunstschulen in Moskau und der Provinz verwarfen die Beaux-Arts-Tradition und führten Ideen ein, die sich von der abstrakten Kunst herleiteten. Ihre Theorien basierten auf dem Glauben an eine universale künstlerische Sprache, wie er sich auch schon in Malewitschs Suprematismus findet. Konstruktivistische Künstler wie Naum Gabo und Antoine Pevsner schufen technisch-wissenschaftliche Skulpturen aus Stahl, Glas und Kunststoff, bei denen bildhauerische Konzepte des Kubismus und Futurismus zu Raum- und Formrhythmen erweitert wurden, die physikalische Strukturen wiedergeben sollten. Es gab heftige Debatten über die kommende bürgerliche »geistige« Ästhetik: Sollte der Künstler sich mit den sozialen Aufgaben identifizieren, indem er sich auf den Entwurf von Gebrauchsgegenständen konzentrierte? Vermittler zwischen Idealisten und Pragmatikern war El Lissitzky, dessen abstrakte »Prouns« als Ideogramme mit utopischem Inhalt konzipiert waren, aber auch als Grundformen für Plastiken, Möbel, Typographie oder Bauten (Abb. 10.1). In N.A. Ladowskys psycho-technischem Labor an der Wchutemas-Schule experimentierten die Studenten frei mit geometrischen Grundformen, um neue Kompositionsregeln zu entdecken. Diese Sprache sollte, sobald der wirtschaftliche Wiederaufbau es erlaubte, das architektonische Denken und selbst die Form der Stadt bestimmen.

Eine Teillösung für das Problem, ein zeitgenössisches architektonisches Vokabular zu schaffen, ohne auf die Institutionen des zaristischen Rußland zurückzugreifen, fand sich im Vorbild Westeuropas. Man übernahm futuristische Ideen, befreite sie von ihrem faschistischen Charakter und verband sie mit marxistischen Idealen, um passende Metaphern für die innere Dynamik des Revolutionsprozesses zu finden. Die Maschine wurde vergöttert, als sei die Technisierung identisch mit dem sozialen und historischen Fortschritt. Angesichts der industriellen Rückständigkeit der Sowjetunion war diese Tendenz wohl kaum verwunderlich. Aber es bedeutete auch, daß eine Bilderwelt entstand, die der überwiegend ländlichen Bevölkerung sehr fremd war. Die Aktivitäten der Avantgarde beschränkten sich fast ausschließlich auf die Städte und vermochten wenig zu den aufkommenden lokalen Traditionen beizutragen.

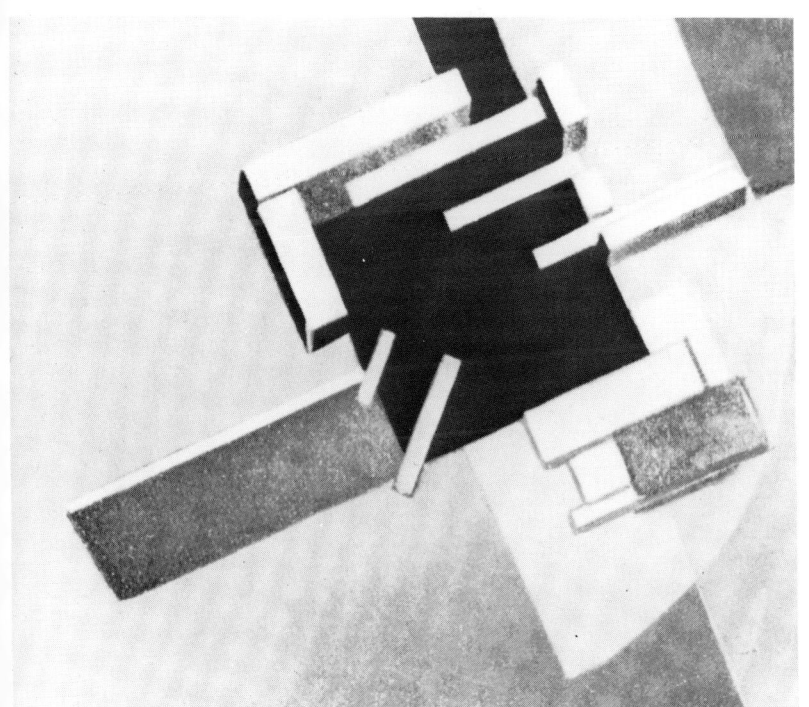

10.1 El Lissitzky, »Proun« (Stadt), 1920.

134 Die Kristallisation der modernen Architektur zwischen den beiden Weltkriegen

So suchte die Avantgarde, die eine Minderheit für sich bildete, eine visuelle Sprache zu formulieren, die den Zielen der gesamten sowjetischen Gesellschaft gerecht werden sollte. Sie ging davon aus, daß Künstler intuitiv tiefer in jene gesellschaftlichen Prozesse eindringen könnten, die sich einem rein populistischen Ausdruck entzogen. Es entwickelte sich eine Ikonographie, bei der die schwebenden Flächen der abstrakten Kunst sich mit direkten Zitaten aus Fabrik und Arbeitswelt verbanden (Abb. 10.3). Oft entstand daraus ein rhetorischer, sehr demonstrativer Maschinenfetischismus: Fabrikästhetik, Dampferschlote und Drahtgeflechte wurden zum Beispiel zu dramatischen Architekturcollagen zusammengefaßt und bildeten theatralische Bühnenbilder (wie bei Meyerholds Entwürfen um 1920) oder ganze Bauten. Daß diese Phantasiewelt wenig in einem Land bedeutete, dessen Technologie weit hinter der Westeuropas zurückstand und dessen Intelligenzschicht bei allen guten Absichten weit von der Mehrheit des Volkes entfernt war, hat damals offenbar keine große Rolle gespielt.

Einen Eindruck von der neuen Orientierung in Rußland gibt Tatlins Entwurf für ein Monument auf der III. Internationale von 1920 (Abb. 10.2). In zwei miteinander verschlungene Spiralen aus offenem Raumtragwerk waren vier Volumen gehängt – ein Zylinder, eine Pyramide, ein schmaler Zylinder und eine Halbkugel –, in denen die verschiedenen Institutionen des Staates untergebracht werden sollten. Jede dieser Kammern sollte mit unterschiedlicher Geschwindigkeit rotieren – einmal im Jahr, einmal im Monat und einmal am Tag –, entsprechend der jeweiligen kosmischen Bedeutung der einzelnen Funktionen. Tatlin sah vor, daß das Monument mehr als 300 m hoch (höher als der Eiffel-Turm) und rot gestrichen werden sollte, in der Symbolfarbe der Revolution. Anregungen für diese romantische Darstellung der Ingenieurstechnik lieferten offenbar Bohrtürme, Jahrmarktkonstruktionen oder futuristische Bilder wie Boccionis spiralförmige *Entwicklung einer Flasche im Raum*. Doch die transparenten Gitterwerke und die plastischen abstrakten Formen waren mehr als der Ausdruck individueller Virtuosität. Die Spiralen sollten als Symbol der neuen Ordnung dienen. Nikolai Punin schrieb über den vitalen, dynamischen Charakter der Spirale:

»Die Spirale ist für die Menschheit eine Linie der Befreiung. Mit einem Punkt haftet sie am Boden, mit dem anderen flieht sie die Erde und wird damit zum Symbol des Losgelöstseins, zum Gegenteil irdischer Kleinlichkeit.«

In diesem Fall waren die Hauptvolumen freilich in einer *doppelten* Spirale eingefangen, die sich zur Spitze emporschraubte. Möglicherweise sollten damit auch der dialektische historische Prozeß zwischen These und Antithese und die schließlich erreichte Harmonie als Synthese dargestellt werden. Dann müßte man Tatlins Turm als Emblem der marxistischen Ideologie interpretieren,

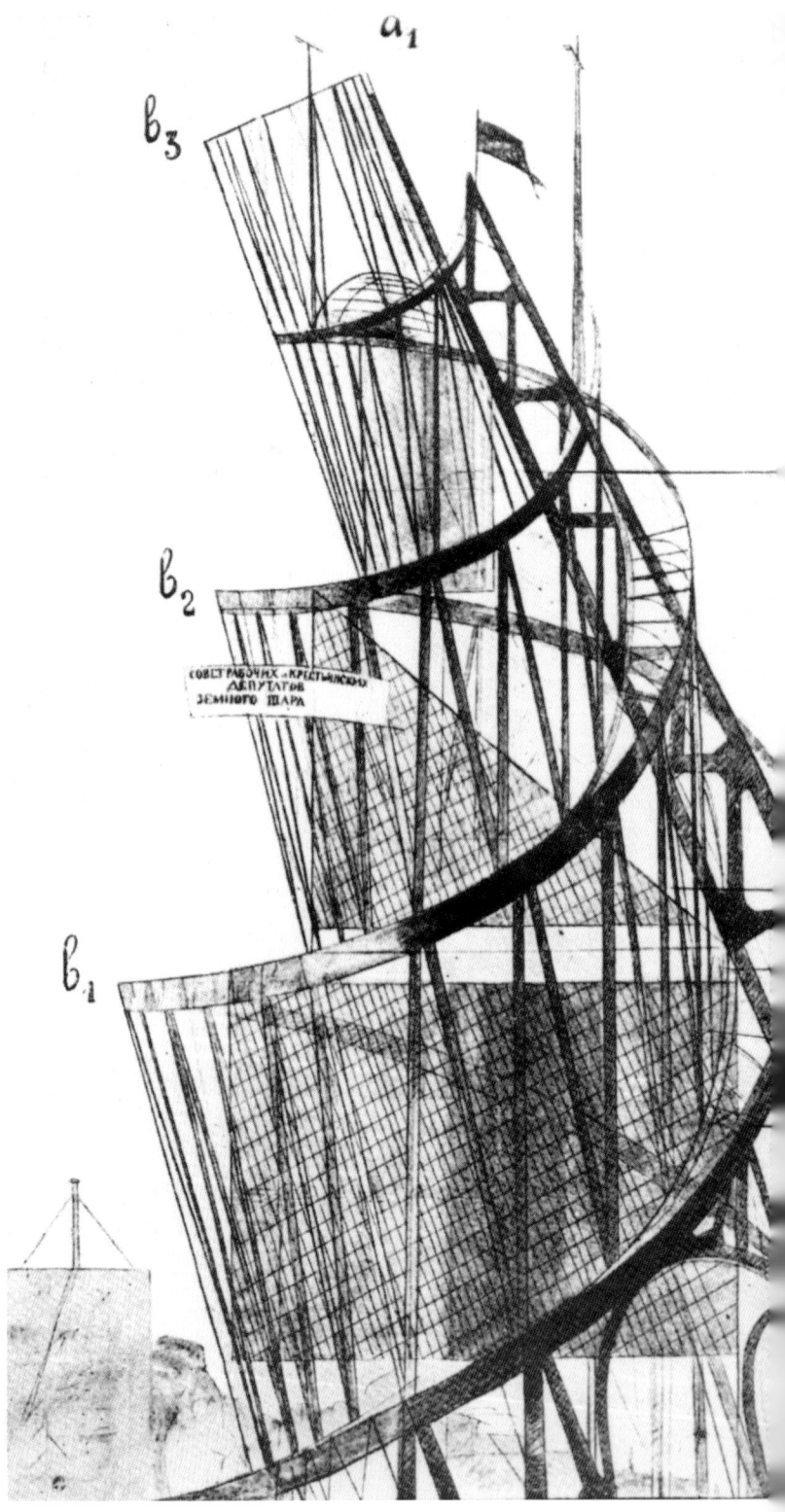

Architektur und Revolution in Rußland 135

10.2 *(links)*
Vladimir Tatlin,
Monument für die
III. Internationale,
Entwurf, 1920.

10.3 *(unten rechts)*
El Lissitzky, Entwurf
für Lenins Tribüne,
Anfang der
zwanziger Jahre.

bei dem die Bewegungen der einzelnen Teile und die plastische Dynamik des Gerüsts die Idee einer revolutionären Gesellschaft verkündeten, die nach dem höchsten Ziel eines egalitären, proletarischen Utopia strebte.

Wie Boullées grandiose Visionen aus dem späten 18. Jahrhundert war auch Tatlins Turm zur Zeit des Entwurfs kaum realisierbar. Das Modell selbst bestand aus dem Holz alter Zigarrenkisten und aus Blechdosen. Dennoch hatte die Idee Überzeugungskraft. Wäre der Entwurf ausgeführt worden, so hätte er alle Bauten der Umgebung winzig erscheinen lassen und die monumentalen Kirchen und Paläste des *ancien régime* bei weitem übertroffen.

So könnte man von der Ikonographie her Tatlins Entwurf als weiteren Versuch bezeichnen, eine »Kathedrale des Sozialismus« zu verwirklichen, die in diesem Fall für eine Art neuer Religion bestimmt wäre. Der Historiker, der gern nach Parallelen in anderen Medien forscht, könnte Vergleiche mit Sergej Eisensteins nur wenig späterem Film *Panzerkreuzer Potemkin* ziehen. Auch hier wurde die Rettung durch die Revolution in technischen Bildern (zum Beispiel dem Panzerkreuzer) und in kontrastreichen Montagen dargestellt. Faszinierend an diesen Kunstwerken ist die Sublimierung revolutionärer Ideen, die weit über eine banale realistische Porträtdarstellung hinausgeht.

Die wenigen Bauten, die in den frühen zwanziger Jahren in Rußland entstanden, hatten weitgehend konservativen Charakter, aber nach und nach gewann auch die Avantgarde an Boden, vor allem bei den Architekturwettbewerben. Bei dem Wettbewerb für den Palast der Arbeit von 1923–24 waren die vielfältigsten Lösungen vertreten. Das Programm sah ein riesiges Auditorium mit 8000 Plätzen vor, ein weiteres mit 2500 Sitzen, ein meteorologisches Observatorium, ein astrophysikalisches Laboratorium, ein Museum der Gesellschaftswissenschaft, ein Museum der Arbeit, eine Bibliothek, ein Restaurant für 6000 Besucher und unzählige Büros. Da die Bauaufgabe neu war, konnten traditionelle Vorbilder wenig Hilfe geben. Der Entwurf der Brüder Wesnin (Abb. 10.4) artikulierte die unterschiedlichen Funktionen in einfachen, kontrastierenden Formen, die durch dramatische Brücken miteinander verbunden waren. Die Auditorien und die wichtigsten Gemeinschaftsräume lagen in einem ovalen Bereich, während die Verwaltung in einem rechteckigen Turm untergebracht war. Die Stahlbetonkonstruktion wurde durch das Gitterwerk der vertikalen und horizontalen Elemente plastisch hervorgehoben. Wichtig waren den Brüdern Wesnin auch die dynamische Durchdringung der Volumen und eine gewisse axiale Formalität, die dem institutionellen Charakter des Bauwerks entsprechen sollte. Sie garnierten die Volumen großzügig mit Radioantennen, gespannten Drähten und Schiffsschornsteinen: Wieder einmal wurde ein Gemeinschaftsgebäude als eine Art soziale Maschine konzipiert. Aber wie so viele andere Projekte jener Zeit wurde auch dieses nicht gebaut.

Im Jahre 1924 machten die Brüder Wesnin auch einen Entwurf für das Prawda-Gebäude (Abb. 10.7). Es besaß eine neue formale Disziplin – eine besser geglückte Verbindung von abstrakter Kunst, betonter Funktion und beweglichen technischen Elementen. Das Zeitungsgebäude, eine Art Kiosk in der Gestalt eines Hochhauses, läßt deutlich erkennen, wie sehr die Architekten von der Idee eines modernen Kommunikationszentrums fasziniert waren. Der Scheinwerfer, die Schriftbänder und die gläsernen Aufzüge erinnerten an die Futuristen, die Gebäude als Maschinen verstanden, wenn nicht sogar an Sant'Elias Bilder einer neuen Architektur aus leichten Materialien, an der sich die Fahrstühle hinauf- und herunterwanden. Doch die rhetorische Sprache war hier einer rigorosen geometrischen und funktionellen Kontrolle unterworfen, wobei die Geschoßdecken sich als schmale Streifen und die Dachscheibe als kräftiges Gesims abzeichnen. Es erscheint paradox, daß eine solche Zelebration der modernen Technik in einem Land stattfand, in dem bis in die zwanziger Jahre hinein sogar Stahlbetonbauten mit den primitivsten handwerklichen Mitteln und einem Masseneinsatz von Arbeitern realisiert werden mußten. Ebenso paradox erscheint es, daß in den Vereinigten Staaten, wo die Technologie vorhanden war, nur wenige Versuche unternommen wurden,

136 Die Kristallisation der modernen Architektu

sie entsprechend in Szene zu setzen. So war der avantgardistische Architekt der Sowjetunion in einem utopischen Spiegelkabinett gefangen und träumte von nicht realisierbaren Projekten für eine noch nicht klar definierte Gesellschaft. Ein Beispiel dafür sind El Lissitzkys ungewöhnliche »Wolkenbügel«-Entwürfe, die auf riesigen Pfeilern wichtige Straßenkreuzungen in Moskau überspannen (Abb. 10.6).

Die Exposition des Arts Décoratifs in Paris im Jahre 1925 gab der Sowjetunion die Möglichkeit, ein Schaufenster ihrer Industrieprodukte zu zeigen. Gleichzeitig mußte das Ausstellungsgebäude natürlich auch die sowjetische Ideologie verkünden. Architekt des Bauwerks war Konstantin Melnikow, Mitglied der Asnowa (Assoziation Neuer Architekten) und ehemaliger Lehrer an der Wchutemas. Melnikow glaubte, eine dynamische, plastisch bewegte Baumasse entspreche der neuen Ordnung am besten. Sein Pavillon (Abb. 10.5) war ein meisterhaftes Propagandainstrument. Ein diagonal ansteigender Weg führte durch das Gebäude, so daß die Ausstellungsobjekte zu beiden Seiten zu betrachten waren und eine Durchdringung von Innen- und Außenraum stattfand. Die Volumen des Hauptpavillons waren nicht rechteckig, sondern rhombisch zugeschnitten. Daraus ergaben sich perspektivische Illusionen, die zur

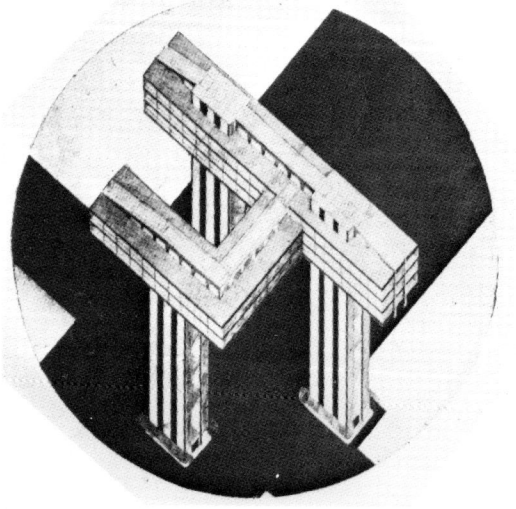

Architektur und Revolution in Rußland 137

Bekundungen eines kommerzialisierten Mittelklassegeschmacks.

So war die Zeit bis 1925 für die sowjetische Avantgarde eine Zeit der Experimente oder kleinerer Projekte. Die zweite Hälfte der zwanziger Jahre wurde dagegen – wie in Deutschland – eine Periode der Realisationen. Die modernen Architekten entdeckten neue Funktionen wie auch neue Formen. Melnikow zählte zu den ersten, die »soziale Kondensatoren« entwickelten – Klubs oder öffentliche Gebäude mit Theatern, Gemeindebüchereien und Gesellschaftsräumen. Wieder konnte Melnikow sich solche Funktionen nicht in neutrale Formen gebunden vorstellen: Er setzte die Bauprogramme in gezackte, plastische Volumen um. In seinem Entwurf für den Arbeiterklub Rusakow in Moskau von 1927–28 (Abb. 10.8) ging der Saal in die Bühne über, die an der Rückseite des Gebäudes dramatisch auskragte. Die scharfen Überschneidungen und Kontraste äußerten sich auch in den Details. Wie andere Mitglieder der Asnowa-Schule glaubte Melnikow an eine Formensprache, die beim Betrachter bestimmte Assoziationen hervorrief. Er sah es als die Aufgabe der Architektur an, dieses universale Vokabular in den Dienst der Revolution zu stellen.

Diese Position wurde heftig attackiert, weil sie angeblich auf einer irreführenden, bourgeoisen, »idealistischen« Ästhetik beruhte. Typisch war die Kritik der OSA (Verband Moderner Architekten) – darunter M. Ginzburg, M.O. Barstsch, W. Wladimorow, A. und W. Wesnin –, die Asnowa der Großspurigkeit und der mangelnden Praxisnähe bezichtigten.

Auf einer wohldokumentierten Debatte im Jahre 1929 wendete F. Yalowkin vom OSA sich gegen die Anhänger des »formalistischen Lagers:«

»Der Hauptunterschied zwischen den gegenwärtigen Vereinigungen liegt in ihren Zielen. Für die Konstruktivisten (OSA) besteht die gesellschaftliche Rolle der Architektur im wesentlichen darin, daß sie eines der Instrumente zum Aufbau des Sozialismus ist; ihm dienen die Kollektivierung des Lebens, die Rationalisierung der Arbeit, die Verwendung wissenschaftlicher Daten und so weiter. Bei (den Formalisten) dagegen erhält die gesellschaftliche Rolle ›eine besondere Bedeutung‹, und damit ist gemeint, daß die Architektur zu einer nicht kontemplativen, sondern ›aktiven‹ Kunst wird. Sie soll als ›Mittel‹ für die Befreiung der Massen bilden, eine kraftvolle Unterstützung für den Aufbau des Sozialismus und einer neuen kollektiven Lebensform darstellen. Sie soll auf die Psyche einwirken und das Wollen und Fühlen der Massen auf dem Wege zum Kommunismus aktiv beeinflussen…Die pathetischen Äußerungen der Formalisten zur Kunst erinnern an die vorsintflutliche Suche nach einem Gott. Denn wir glauben, daß nicht die Erfindung einer Kunst nötig ist…, sondern eine Organisation der Architektur, die von ökonomischen, wissenschaftlichen und technischen

10.4 *(unten links außen)* Brüder Wesnin, Palast der Arbeit, Wettbewerbsentwurf, 1923.

10.5 *(oben links)* Konstantin Melnikow, Pavillon der UdSSR, Exposition des Arts Décoratifs, Paris 1925.

10.6 *(links außen)* El Lissitzky, »Wolkenbügel«, Projekt, 1926.

10.7 *(links)* Brüder Wesnin, Prawda-Gebäude, Projekt 1924.

10.8 *(oben)* Konstantin Melnikow, Arbeiterklub Rusakow, Moskau, 1927–28.

visuellen Spannung des Entwurfs beitrugen. Das demontierbare Hauptgebäude bestand aus Holz, aber sein Erscheinungsbild sollte die Maschinenästhetik feiern. Denjenigen, die sich in den Bedeutungsassoziationen der modernen Architektur nicht auskannten (wahrscheinlich die Mehrheit der Besucher), wurde die Identität des Bauwerks durch eine Art Pergola über dem Treppengang verdeutlicht: Sie bestand aus sich überschneidenden Trägern, Hammern und Sicheln. Der Kontrast zwischen dieser bewußt bescheidenen, auf das Notwendige reduzierten Lösung und dem plüschigen Kitsch der meisten anderen nationalen Pavillons trug sicherlich noch zur Verdeutlichung der Botschaft bei. Nur Le Corbusiers Pavillon de l'Esprit Nouveau am Rande des Ausstellungsgeländes vermittelte einen vergleichbaren Eindruck der Aufrichtigkeit. Die Entwürfe beider Künstler waren merkwürdige Mikrokosmen. In ihnen stellte sich eine andere Welt dar, die nach sozialer Gestaltung verlangte. Wie die Fragmente einer Utopie erhoben sich ihre Bauten unter den raffinierten, aber oberflächlichen

Fakten ausgeht. Zu diesem großen Unternehmen rufen wir alle Architekten der Sowjetunion auf.«

Am anderen Ende des Spektrums, am entgegengesetzten Pol zum Formalismus, fanden sich funktionalistische Tendenzen, denen zufolge Soziologie und Technik von sich aus die neuen Formen diktieren würden. In diesem Fall konnte die Kritik darauf hinweisen, daß der Funktionalist die Verarmung des Lebensstils in den westlichen Industrienationen nachahmte. Der Gruppe OSA gelang es, mit ihrer Ideologie und ihrer Architektur vorsichtig zwischen diesen Extremen hindurchzusteuern, obwohl sie eher zu einem strengen Puritanismus tendierte.

Architekten der Gruppe wie Moisej Ginzburg wendeten sich dem kollektiven Wohnungsbau zu. Seinen Entwürfen und den theoretischen Untersuchungen des OSA lag die Überzeugung zugrunde, eine klare, logische Planung und geordnete Formen könnten bis zu einem gewissen Grade eine moralische Wirkung auf die allmählich entstehenden Gesellschaftsformen ausüben.

Eine typische Arbeit der Gruppe war der Mietshausblock Narkomfin in Moskau von 1928 (Abb. 10.9). Er markierte den Übergang vom traditionellen Mietshaus mit abgeschlossenen privaten Wohnungen zu einem neuen Typus des Gemeinschaftsgebäudes, in dem einige Bereiche allen Bewohnern zur Verfügung standen und in dem ein behutsames Gleichgewicht zwischen Individuum, Familie und größerer sozialer Gruppe hergestellt wurde. Der Einfluß Le Corbusiers ist unverkennbar: Die Wohnungen waren in einem langen, niedrigen Kasten untergebracht, der sich auf Stützen über den Boden erhob, und zur Gliederung des Baukörpers wurden in erster Linie horizontale Fensterbänder verwendet.

Der OSA setzte sich intensiv mit dem Wohnungsbau auseinander, vor allem mit Fragen der funktionalen Familienzelle, Minimalstandards für die Massenproduktion und der Anlage von Korridoren und Zugangsbereichen. In dem Narkomfin-Gebäude waren ihre sozialen Untersuchungen in die Tat umgesetzt. Es enthielt den »Typus F«, die kleinste Familieneinheit (Abb. 10.10), sowie den größeren »Typus K« mit drei Räumen auf zwei Niveaus. Der Schnitt des Gebäudes zeigt eine ingeniöse Verzahnung von jeweils drei und zwei Geschossen. So waren die Wohnräume auf der einen Seite des Gebäudes höher und gut belichtet, während die Schlaf- und Badezimmer auf der anderen Seite kleiner waren und den Raum ökonomischer nutzten. Doch diese zweckbedingte Anordnung hatte auch noch andere Vorteile: Das 3/2-System ermöglichte es, die Zugangsdecks in jedem dritten Geschoß an der gesamten Länge des Gebäudes vorbeizuführen und die Wohnungen so gegeneinander zu versetzen, daß beide Seiten Licht und Ausblick erhielten. Diese »Straßendecks« waren freilich mehr als bloße Zugangskorridore: Sie ließen sich zugleich als Symbole für das Leben in der Gemeinschaft verstehen. Bei dem Narkomfin-Gebäude waren sie

10.9 (links) Moisej Ginzburg und I. Mijinis, Miethausblock Narkomfin, Moskau, 1928.

10.10 (oben rechts) OSA, Studie einer Wohnung »Typus F«, Schnitt, 1928.

10.11 (Mitte rechts) I. Nikolajew, Studentenwohnheim, Moskau, 1929, Modell.

10.12 (unten rechts) I. Nikolajew, Studentenwohnheim, Moskau, 1929, Wohnblock.

sogar geheizt, um das ganze Jahr über Möglichkeiten der Begegnung zu bieten.

Die anderen Gemeinschaftszonen wie Kantine, Küche, Turnhalle, Bibliothek und Kinderhort waren in einem ebenerdigen Block untergebracht, den eine Brücke mit dem Hauptgebäude verband. Eine Dachterrasse nach den Vorstellungen Le Corbusiers bot in den Sommermonaten einen weiteren gemeinschaftlichen Bereich.

Es wäre absurd zu behaupten, daß Ginzburg und seine Mitarbeiter sich bei diesem klaren, wohlproportionierten Bauwerk nicht mit ästhetischen Fragen auseinandergesetzt hätten. Aber der Kontrast zu der plastischen Akrobatik der Asnowa-Architekten ist dennoch unübersehbar: Der OSA entwickelte das Gesamtvolumen der Bauten aus einem strengen Grundprinzip, das Zirkulation, Lebensmuster, Kosten, Bauverfahren und so weiter einbezog. Dieses »Diagramm« wurde dann in eine zurückhaltende ästhetische Terminologie übertragen, die soziale Werte wie Zusammenarbeit und moralische Stabilität übermitteln sollte.

Wohnblocks mit angeschlossenen Bauten für Gemeinschaftseinrichtungen wurden in den späten zwanziger Jahren in der Sowjetunion häufig für Studentenheime verwendet (Abb. 10.11, 10.12) und haben möglicherweise auch Le Corbusiers Pavillon Suisse in der

Architektur und Revolution in Rußland 139

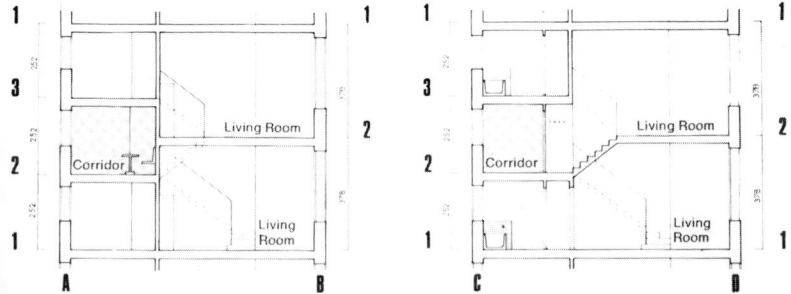

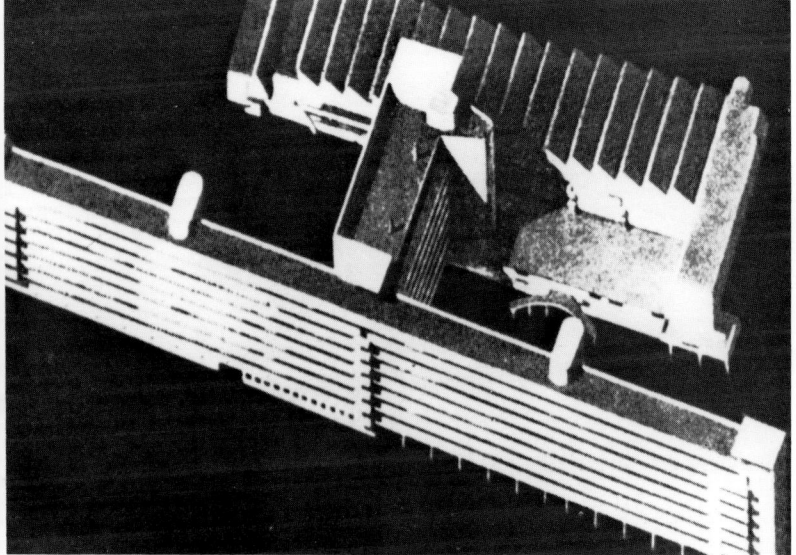

Cité Universitaire, Paris, von 1930–31 beeinflußt. Um 1927 war die sowjetische Architektur in Europa durch Publikationen wohlbekannt, und es gab einen regelrechten Austausch von Ideen in beiden Richtungen. Von der Rolle, welche die abstrakte russische Kunst am Bauhaus spielte, war bereits die Rede. Eine gewisse Wirkung hatte sicherlich auch die Berliner Ausstellung sowjetischer Kunst (einschließlich El Lissitzkys »Proun«-Raum) im Jahre 1922 ausgeübt.

Doch es gab auch umgekehrte Einflüsse: Ohne Le Corbusier wäre es den sowjetischen Architekten gegen Ende der zwanziger Jahre wahrscheinlich sehr viel schwerer gefallen, ihre Visionen in Formen und dann in die dreidimensionale Realität umzusetzen. Im Jahre 1927 erhielt Le Corbusier den Auftrag für ein größeres Projekt in Moskau, die Hauptverwaltung des Zentralverbandes der Konsumgenossenschaften (Centrosoyus). Das Programm sah eine Verbindung von Büroräumen mit Vortragssälen, Konferenzräumen und großen öffentlichen Foren vor.

Es stellte Le Corbusier in mancher Hinsicht vor ähnliche Probleme wie der Wettbewerb für den Völkerbundpalast aus der gleichen Zeit. Der Architekt mußte ein architektonisches Konzept erweitern, das ursprünglich aus Einfamilienhäuser angewendet worden war. Im Laufe dieses Entwicklungsprozesses hatte er Mittel zu finden, mit denen er die Hierarchie der unterschiedlichen Funktionen artikulieren und die Gesamtform in Einzelteile gliedern konnte, ohne die Harmonie des Ganzen zu gefährden. Bei beiden Projekten mußte er zudem die Gegebenheiten des jeweiligen Geländes berücksichtigen. Im Entwurf des Centrosoyus spielte die Zirkulation eine wichtige organisatorische Rolle: Primäre und sekundäre Achsen definierten die Hauptverkehrswege und setzten die Akzente (Abb. 10.13). Die stärkere räumliche Komplexität, die bei diesem Entwurf deutlich wird, hatte sich schon seit zwei oder drei Jahren in Le Corbusiers Bildern angekündigt. Seine puristische Formensprache war vielseitiger und mehrdeutiger geworden. Doch der Centrosoyus zeigt auch, daß Le Corbusier die Konstruktivisten auf ihrem eigenen Terrain zu übertreffen suchte, indem er von ihnen Elemente wie den plastischen Ausdruck der Zirkulationszonen und das dynamische Gleichgewicht asymmetrischer Volumen im Raum übernahm, aber mit größerer Disziplin und Überzeugung anwendete. Der Centrosoyus war auch einer der ersten Versuche des Architekten, eine voll verglaste Fassade einzuführen, zusammen mit einem relativ primitiven Heizungs- und Ventilationssystem, das den extremen Klimabedingungen der Moskauer Sommer und Winter kaum gewachsen war. Die gerundeten Formen der Auditorien und Verkehrsrampen wurden bald in das Vokabular der modernen Architektur aufgenommen und bei vielen späteren Staatsaufträgen zu offiziellen Klischees abgewertet.

Der Traum von einer Art säkularisiertem Gegenstück zur Kathedrale – ein kollektivistisches Emblem für eine integrierte Kultur – hat in der sowjetischen Architektur

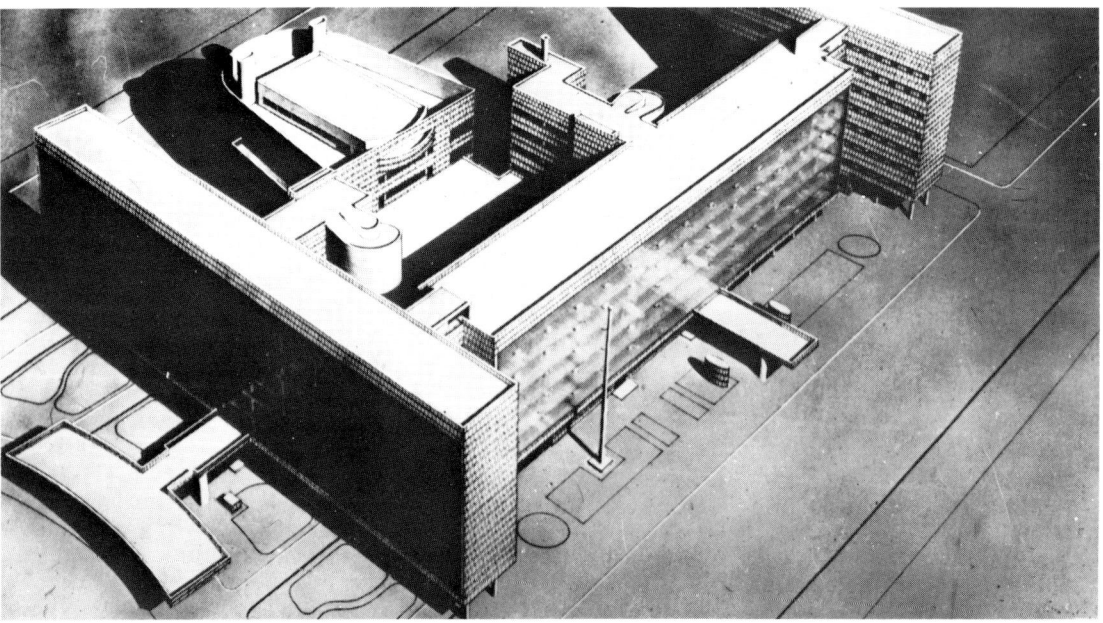

10.13 Le Corbusier, Centrosoyus, Moskau, Modell des zweiten Entwurfs, 1928.

im Laufe der zwanziger Jahre offenbar stets fortgewirkt. Aber es gab nur wenige Künstler, die einer solchen Herausforderung gerecht werden konnten. Iwan Leonidow war ein Architekt, dessen Arbeit weit über jene Zweiteilung in formalen Ausdruck und funktionale Notwendigkeit hinausreichte, die in den hitzigen Debatten zwischen OSA und Asnowa eine vorherrschende Rolle spielte. Wie Le Corbusier, den er sehr bewunderte, erreichte er eine Synthese von Poesie und Realität, von Form und Funktion, die tiefer ging als die pantomimischen Anstrengungen der Technokraten. Das zeigt sich besonders bei seinem Entwurf für ein Lenin-Institut von 1927 (Abb. 10.14). Der Lesesaal besteht aus einer Glaskugel, einer Form, die man als Symbol für Universalität und Aufklärung zugleich deuten möchte. Doch dieses Weltbild ist nicht erdgebunden: Es wirkt geradezu wie ein Ballon, der sich von seinen Seilen befreien und in die Luft erheben will. Die verwandten Themen der visuellen Leichtigkeit und des Schwebens im Raum scheinen sich mit einem metaphysischen Inhalt zu verbinden, als versuche der Architekt, dem Pantheon sowjetischer Helden und marxistischer Ideen eine nahezu sakrale Bedeutung abzugewinnen. Der Bibliotheksturm ist ein schlanker Wolkenkratzer mit delikaten Kraftlinien und radialen Antennen. Der Raum zwischen und um diese beiden Formen wird durch horizontale Büroflächen aktiviert, die sich mit dem runden Podest der Hauptbauten überschneiden. Die Elemente sind gegeneinander verschoben wie bei einer abstrakten Zeichnung El Lissitzkys oder sogar bei einem der »windmühlenförmigen« Grundrisse Wrights. Leonidows Projekt enthält eine Fülle konstruktivistischer Kompositionsprinzipien und zeugt von der Reife dieser Stilphase. Aber eine bloße Aufzählung der einzelnen Elemente wird der Kraft der Idee nicht gerecht. Wieder einmal stellt sich die Frage, wie der Architekt diese Phantasie in die Realität übertragen hätte.

Die Architekten der Sowjetunion setzten sich also in den zwanziger Jahren mit allen Bereichen des sozialen Lebens auseinander, einschließlich Wohnungsbau, Klubs, Theater, Bürobau, Bibliotheken, Dämmen, Fabriken und staatlichen Einrichtungen. Sie befaßten sich auch mit Städteplanung und sogar mit der räumlichen Neuordnung der ländlichen Regionen. Es ging ihnen darum, eine neue visuelle Kultur zu schaffen, bei der künstlerische Imagination sich mit einer umfassenden Reorganisation verband (Abb. 10.15). Unter den verschiedenen Formen der Gartenstadt, die sie vom Westen übernahmen, erschien ihnen offenbar die lineare Stadt als die am besten geeignete, weil sie die landwirtschaftlichen und industriellen Produktionsmittel mit dem Energie- und Verkehrsnetz verknüpfte, die Durchdringung von Natur und Stadt ermöglichte und die Integration des ländlichen und industriellen Proletariats in eine räumlich geordnete Lebenswelt förderte. Soziale Verdichtungspunkte und Wohnungen ließen sich gleichmäßig in Bändern parallel zu den Hauptstraßen verteilen. Der lineare, nicht-hierarchische Charakter einer solchen Stadtform entsprach zudem den egalitären Ideen der Bewohner (Abb. 10.16).

So wurde die lineare Form auch beim Entwurf der neuen Stadt Magnitogorsk in den späten zwanziger Jahren angewendet.

Gegen Ende der zwanziger Jahre wurden die verschiedenen Avantgarde-Gruppen freilich von den zentralen Kontrollorganen immer mißtrauischer beobachtet.

10.14 Iwan Leonidow, Lenin-Institut, Entwurf, 1927.

142 Die Kristallisation der modernen Architektur zwischen den beiden Weltkriegen

Das Politbüro fand offenbar, daß traditionelle Bilder der nationalen Konsolidierung einschließlich der klassizistischen und eklektizistischen Monumentalität seinen Zwecken besser diente als das Vokabular der modernen Architektur. Der Unterschied zwischen den Vorstellungen der Avantgarde und der Masse des Volkes wurde immer deutlicher. Paradoxerweise wurden die Arbeiten der sowjetischen Moderne des bürgerlichen Formalismus bezichtigt, während nahezu zur gleichen Zeit die Werke der deutschen Moderne als »bolschewistisch« und undeutsch beschimpft wurden. Die totalitäre Manipulation der Kultur nahm unterschiedliche Formen an, doch der Druck der staatlichen Kontrolle, die Betonung regionaler Werte und das Bedürfnis nach traditionsgebundenem Ausdruck der Staatsgewalt hatten in Stalins Rußland und Hitlers Deutschland eine gespenstische Ähnlichkeit.

Der letzte Akt im Drama der Moderne war der Wettbewerb für den Palast der Sowjets im Jahre 1931. Das Programm sah ein riesiges Gebäude mit zwei Auditorien, Pressegalerien, Versammlungsräumen und Bibliotheken vor. Es sollte ein monumentales Symbol des technischen und sozialen Fortschritts in der Sowjetunion darstellen. Aus allen Teilen der Welt trafen Beiträge ein, darunter auch von Gropius, Mendelsohn, Perret und Le Corbusier. Einige Architekten brachten die Funktionen in einer einzigen dynamischen, plastischen Form unter, während andere die Volumen der beiden Hauptsäle voneinander trennten und kolossale technoide Skulpturen vor der Silhouette Moskaus errichteten.

Ähnlich ging auch Le Corbusier vor, dessen Entwurf zu seinen Meisterwerken zählt (Abb. 10.17). Die beiden Auditorien lagen auf derselben Achse und waren direkter plastischer Ausdruck der akustisch optimierten Innenraumprofile. Le Corbusier hatte dieses Konzept schon drei Jahre zuvor bei seinem Projekt für den Völkerbundpalast angewendet. Statt auf Kuppeln oder eine andere veraltete Ikonographie zurückzugreifen, erfand Le Corbusier eine neue Symbolik, die deutlich von Tatlin und früheren Phantasien des Konstruktivismus beeinflußt war.

Das Dach der Haupthalle war an Seilen von einem parabolischen Bogen abgehängt, der das Bild der Stadt beherrscht hätte. Das untere Auditorium wirkte kaum weniger dramatisch: Auskragende Flügel waren so auseinandergespreizt, daß sie auf einen Brennpunkt zwischen den beiden Hauptvolumen zielten. So entstand ein Freiluftbereich – eine Art moderne Agora –, der durch Rampen und Gänge mit der Stadt verbunden war. Im Inneren waren große Hallen aus *pilotis* vorgesehen, in denen wohl die Diskussionen zwischen den Sitzungen stattfinden sollten. Auch hier bewies Le Corbusier wieder seine Fähigkeit, die Bedeutung eines sozialen Programms zu analysieren und eine entsprechende Ästhetik zu finden.

Doch dieser Palast wurde nie gebaut. Das Modell ging zurück nach Paris, wie Gropius' Entwurf nach Berlin zurückkehrte. Der offizielle Geschmack gewann die

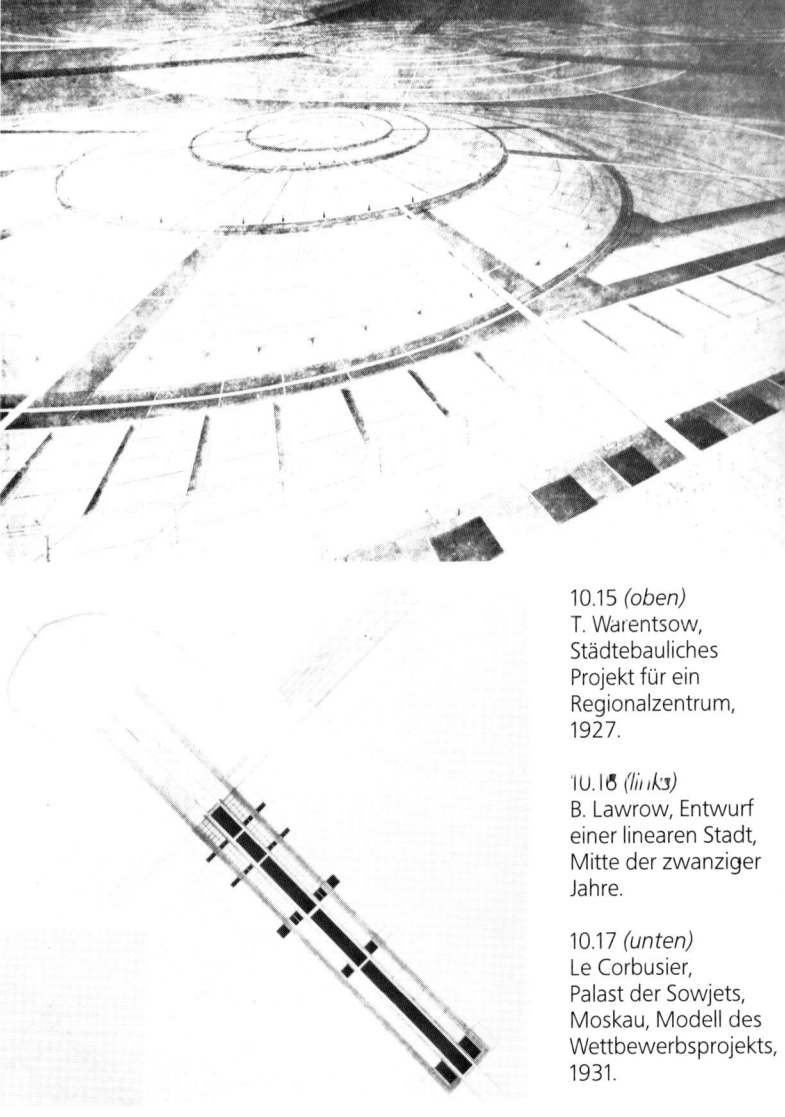

10.15 *(oben)*
T. Warentsow, Städtebauliches Projekt für ein Regionalzentrum, 1927.

10.16 *(links)*
B. Lawrow, Entwurf einer linearen Stadt, Mitte der zwanziger Jahre.

10.17 *(unten)*
Le Corbusier, Palast der Sowjets, Moskau, Modell des Wettbewerbsprojekts, 1931.

Architektur und Revolution in Rußland 143

sie wandten sich den offiziellen, aber offenbar wenig inspirierenden Doktrinen des Realismus zu. Ein repräsentatives Werk dieser Phase der Kompromisse ist Melnikows Entwurf für ein Ministerium der Schwerindustrie (1934) mit seinen grotesken statuarischen und schwerfälligen Maschinenornamenten.

Aber dieses Projekt macht nicht nur die staatlichen Interventionen deutlich, sondern läßt sich vielleicht auch als Epitaph für den voreiligen Versuch der Avantgarde deuten, ohne ausreichende Unterstützung durch die Allgemeinheit neue Formen der Kultur zu erfinden. Obwohl sie ständig das Gegenteil beteuerten, hatten die modernen sowjetischen Architekten in ihrem Aufstieg und Niedergang jenen Konflikt zwischen Geschichte und Modernität, zwischen dem Künstler und dem »Volk« übernommen, der für die westliche Industriekultur typisch war. Allzu oft hatten die Architekten auf Kandinskys Konzept des Künstlers als eines Propheten neuer Formen zurückgegriffen. Klee hatte in seinen Tagebüchern geschrieben, das Volk sei nicht mit dem Künstler. Das galt in den zwanziger Jahren für viele Bereiche der modernen Kultur.

10.18 *B.M. Iofan*, Palast der Sowjets, Wettbewerbsentwurf, 1934.

Oberhand, und den Preis erhielt der sowjetische Beitrag von B.M. Iofan und I.V. Zholtowsky (Abb. 10.18). Das Gebäude wirkte wie ein protziger, banaler Hochzeitskuchen in Form eines abgetreppten Mausoleums und war von einer gigantischen Statue Lenins bekrönt, größer noch als die Freiheitsstatue in Manhattan (von der es kurioserweise sogar Einflüsse übernommen haben dürfte). Der konstruktive Stahlrahmen verbarg sich hinter einer massiven, schlecht proportionierten Steinverkleidung, und die Ikonographie grenzte bei allem akzeptierbaren Realismus an Kitsch. Offenbar waren die Träumer moderner Visionen den Vorstellungen ihrer potentiellen Bauherren vorausgeeilt. So wurde deutlich, welche Verständigungsprobleme zwischen einer zur Abstraktion tendierenden Avantgarde und der Massenkultur bestanden, wie sie der zentralisierte Staat forderte. Im Jahre 1932 wurden die übriggebliebenen Architekten der Avantgarde unter staatliche Kontrolle gestellt. Entweder zogen sie sich von der Architektur zurück, oder

11. Wolkenkratzer und Vorstadt: Amerika zwischen den Kriegen

»Die Architekten dieses Landes und dieser Generation stehen nun vor etwas ganz Neuem – nämlich der Evolution und Integration sozialer Verhältnisse und ihrer ganz besonderen Gruppierung, die die Errichtung großer Bürogebäude erforderlich macht…Das Problem ist dieses: Wie sollen wir diesem sterilen, groben, rohen, brutalen Haufen, dieser starren, widerspenstigen Fratze ewigen Kampfes die Anmut jener höheren Formen der Empfindung und Kultur geben, die sich über die niedrigen und primitiven Leidenschaften erheben? Wie sollen wir aus der schwindelnden Höhe dieses so andersartigen, unheimlichen, modernen Hauses die frohe Botschaft des Gefühls, der Schönheit – den Kult eines höheren Lebens verkündigen?«

L. Sullivan, 1896

Das Jahrzehnt zwischen dem Ende des Ersten Weltkrieges und dem Zusammenbruch in der Wall Street von 1929 war für die Bauwirtschaft in den Vereinigten Staaten eine Blütezeit. Das spiegelte sich direkt im Profil der großen Städte wider, in den Wolkenkratzern, die wie Pilze aus der Erde schossen, im schnellen Wachstum der Autostraßen und in der Ausdehnung der Vorstädte. Daraus ergaben sich enorme Anforderungen an die städtische Infrastruktur. Aber die meisten Architekten interessierten sich wenig für diese Folgen der Technisierung. So entstand eine ungezügelte Expansion, deren Motive weitgehend unerforscht blieben. Für die von Besorgnis getriebenen Experimente und die apokalyptischen Utopien der europäischen Avantgarde gab es in den Vereinigten Staaten wenig Gegenbeispiele. Im allgemeinen waren reformistische Ideen den Träumen von einem Leben auf dem Land vorbehalten. Oft galten sie dem Mikrokosmos des Einfamilienhauses, das, fern von der Stadt, den Menschen – der amerikanischen Tradition gemäß – die sublimen Schönheiten der Natur nahebrachte.

Die Suche nach alternativen sozialen und städtebaulichen Strukturen, die in der europäischen Moderne eine so große Rolle spielte, war diesem konservativen Land fremd. Hier gab man sich der beruhigenden Vorstellung hin, alle notwendigen revolutionären Entwicklungen im Staatswesen hätten bereits vor mehr als einem Jahrhundert stattgefunden. Zudem existierte in den visuellen Künsten kaum eine Entsprechung zu den großstädtischen avantgardistischen Zentren in Frankreich und Deutschland. Die Armory Show von 1913 hatte Kubismus und Abstraktion in Amerika bekannt gemacht, doch diese Bewegungen galten bei der Mehrheit als verdächtige ausländische Importe. Selbst Alfred Stieglitz' Galerie 291, die akademische und sentimentale Klischees beiseite ließ und zur Imaginationskraft der Neuen Welt vordrang, hatte wenig Einfluß auf die Architektur. Trotz der futuristischen Anklänge und der urbanen Romantik mancher Fotos von Stieglitz und Steichen und vieler Bilder von Charles Sheeler, Joseph Stella und Marsden Hartley zeigten die Architekten wenig Interesse an den technologischen Wundern ihres Landes. Das Ingenieurwesen erschien ihnen lediglich als materielles Hilfsmittel bei der Realisierung historisch bewährter Stilkombinationen. Hartley sprach es deutlich aus:

»Ich wundere mich oft, warum Amerika…nicht wie Europa den Mut und die Fähigkeit zu frischen kulturellen Entwicklungen hat…Es herrscht…offensichtlich Lethargie gegenüber schöpferischen Neuerungen. Man glaubt, obwohl dies überholt ist, immer noch an die Notwendigkeit des Imports. Amerika hat eine große Zahl von Vermittlern und Verwertern, und aus dieser Tendenz zur unkreativen Anpassung ist der Kunsttypus entstanden, den wir als unseren eigenen akzeptieren sollen.«

Kulturkritiker wie Lewis Mumford (zum Beispiel in *The Brown Decades*, 1931) schrieben über die erschreckende Abkehr von Rechtschaffenheit und Integrität, Tugenden, die sie drei Jahrzehnte zuvor in der Architektur von Henry Hobson Richardson, John Wellborn Root, William Le Baron Jenney, Louis Sullivan und Frank Lloyd Wright wahrgenommen hatten. In diesem Zusammenhang galt meist die Columbia World Exposition von 1893 als das Ereignis, das den »Sündenfall« ausgelöst hatte. Denn diese gigantische »Weiße Stadt« weckte das Interesse an einem pompösen Eklektizismus, von dem Sullivan in der Verbitterung des Alters später sagte, er habe die amerikanische Architektur um fünfzig Jahre zurückgeworfen. Das war freilich eine grobe Vereinfachung: Sullivans und Wrights beste Werke entstanden nach dieser Zeit. Aber die amerikanische Renaissance war auch nicht immer oberflächlich. Bis etwa 1914 exi-

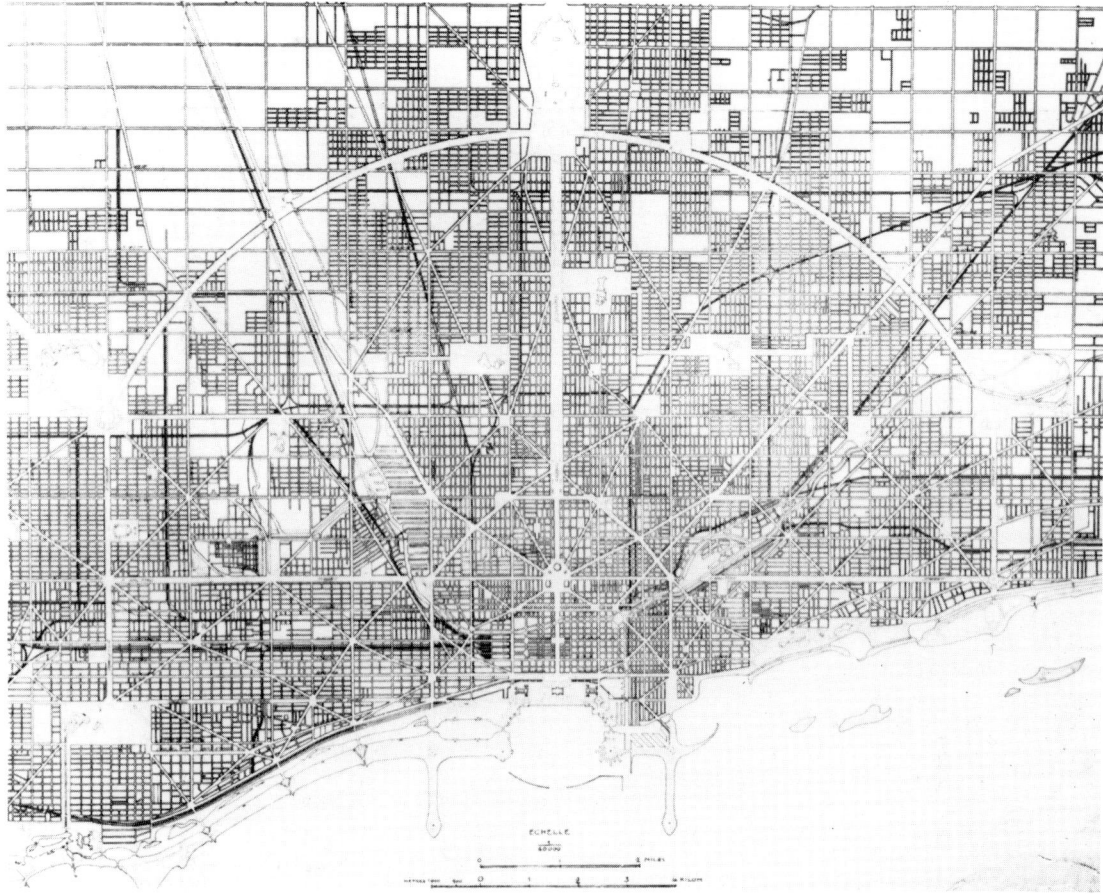

11.1 Daniel Burnham, Stadtverschönerungsplan für Chicago, 1909.

stierte eine Reihe paralleler Bewegungen (einschließlich der Fortentwicklung der Prärieschule nach Wright). Zudem muß gefragt werden, welche Bedürfnisse der akademische Stil erfüllte.

Der amerikanische Beaux-Arts lieferte eine Reihe von Rezepten für öffentliche Institutionen wie Museen, Stadtbibliotheken, Opernhäuser, Klubs und Universitätsgebäude. Er berief sich auf die klassische Kultur und stellte dem Staat traditionelle Herrschaftssymbole zur Verfügung, in einer Zeit, in der sich die Vereinigten Staaten zum erstenmal ihrer Rolle als Weltmacht bewußt wurden. Im privaten Bereich der Plutokratie (Frick, Morgan, Rockefeller und so weiter) war der Klassizismus eine nützliche Hilfe und trug im »Zeitalter der Eleganz« zur Verschönerung bei. Die »City-Beautiful«-Bewegung zog Elemente aus dem kaiserlichen Rom oder aus Haussmanns Paris heran, um die utilitaristische Geldmaschinerie der amerikanischen Metropole ästhetisch aufzuwerten. Die Ziele der Bewegung lassen sich in Burnhams Plänen für Chicago von 1909 (Abb. 11.1) erkennen, auf denen nicht ein einziger Wolkenkratzer zu sehen ist (obwohl dieser Architekt selbst zahlreiche entworfen hatte). Im Herzen der Stadt erhob sich ein kuppelgekröntes Zentralgebäude. Die radialen Straßen und Parks sollten Freiräume öffnen und den Verkehr entlasten, aber auch theatralische Perspektiven schaffen. Burnhams Plan zeugt von nostalgischen Erinnerungen an eine vorindustrielle Kultur.

Spuren dieser Verschönerungsstrategie fanden sich noch bis in die zwanziger Jahre, wenn auch der moralische Einsatz für städtebauliche Verbesserungen nachließ. Es war eine merkwürdige Situation: Auf der einen Seite mühten sich die Amerikaner um eine Adaption der europäischen Kultur im Schnellverfahren; auf der anderen Seite sah die europäische Avantgarde in romantischer Verklärung Amerika als das gelobte Land der Moderne. Charakteristisch ist eine Unterschrift in Le Corbusiers *Vers une architecture*. Unter der Illustration eines Wolkenkratzers in San Francisco, der mit mittelmäßigen Renaissance-Ornamenten überzogen ist, steht zu lesen: »Hören wir auf die Ratschläge der amerikanischen Ingenieure, aber hüten wir uns vor den amerikanischen Architekten.«

Die wirtschaftliche Expansion in den Jahren des Aufschwungs beruhte vor allem auf Massenfabrikation, Reklame, der bewußten Förderung des Konsumdenkens und Kommunikationsmitteln wie Radio, Telefon und Auto. Neue Unternehmen von zuvor ungekannter Größe führten zu zunehmender Spezialisierung der Arbeitskräfte und benötigten riesige Verwaltungsbauten in den Stadtzentren. Gewünscht waren Hochhäuser, die auch ein Bild der Firma und ihrer Produkte vermittelten. Viele Probleme der Konstruktion und des Feuerschutzes waren schon von den beiden vorangehenden Generationen gelöst worden. Nun ging es in erster Linie um die stilistische Verpackung, um die symbolische Funktion des Bauwerks im Stadtbild.

Der Wolkenkratzer war in den 1870er Jahren in New York und Chicago als Reaktion auf die Lager-, Handels- und Verwaltungsprobleme der Eisenbahn- und Industriegesellschaften entstanden. Das Steigen der Grundstückspreise und funktionale Notwendigkeiten hatten die Bauten in die Höhe getrieben – eine Entwicklung, die durch Installationen, Aufzug und Stahlrahmen ermöglicht wurde. Die typische Konstruktion bestand aus einem Raster-Grundriß, unterteilbaren Geschoßflächen und offenen Fassaden, was zu den unterschiedlichsten Lösungen führen konnte. Hier lag der Kern des amerikanischen Dilemmas und der modernen Architektur im allgemeinen: Sollte man die Hochhäuser als simple Objekte des Ingenieurwesens abtun, wie es Funktion und Wirtschaftlichkeit nahelegten? Oder sollte man sie in ein von anderswoher importiertes kulturelles Gewand kleiden und sie mit dem Firnis der Zivilisation überziehen? Louis Sullivan suchte nach einer Antwort, indem er einen Weg zwischen dem Utilitaristischen und dem Dekorativen steuerte und (wie im 3. Kapitel gezeigt) die Bauaufgabe mit rationalistischen Methoden analysierte. In einem Essay mit dem Titel »The Tall Office Building Artistically Considered« (1896) schrieb er, die Form des Hochhauses resultiere aus sozialen Bedürfnissen, den Konstruktionsmitteln und einem funktionellen Grundriß und sei vom Prinzip her dreiteilig: ein unterer Bereich für Eingang, Ausstellungsräume und Räume im Zwischengeschoß, eine mittlere Zone für die Büroetagen und ein oberer Abschluß mit den Maschinenräumen und dem Wendepunkt der Paternoster. Andererseits bezeichnete er emporstrebende Vertikalität als das »Wesen« dieses Typus, behandelte also eine künstliche Form so, als eigne ihr eine organische Natur, die nach Ausdruck strebe.

Nur wenige Architekten besaßen Sullivans Talent zur Synthese. In den späten neunziger Jahren und den ersten beiden Dekaden dieses Jahrhunderts waren die Hochhausentwürfe gewöhnlich eklektizistische Experimente, die nichts mit dem Ideal eines authentischen Stils gemeinsam hatten. Die Architekten plünderten die Geschichte wie einen Laden für gebrauchte Kleider, ohne Rücksicht auf den neuen Körper, den sie zu bekleiden hatten. Zwischen 1900 und 1920 verwandelte sich Manhattan in eine Art historischen Märchenpark, in dem Majatempel sich neben gotischen Türmen und klassischen Mausoleen erhoben. Nach dem New Yorker Zonierungsgesetz von 1916, das Rücksprünge forderte, um Licht und Luft in die Straßen eindringen zu lassen, entstanden zudem abgetreppte Pyramidenformen, wobei häufig ein schaftartiger Turm einen breiteren Sokkel überragte. Bei diesen Bauten schienen Ziggurats und mittelamerikanische Extravaganz eine Verbindung einzugehen.

Soweit also die Geschichte des Wolkenkratzers bis zum Wettbewerb der *Chicago Tribune* im Jahre 1922. Die Zeitung wünschte sich »eines der schönsten Gebäude der Welt«. Das Grundstück lag nördlich des Chicagoer Loop, auf der anderen Flußseite, wo sich die Michigan Avenue krümmt. Es bot mehr Freiraum als sonst in der Rasterstadt üblich und einen ungewöhnlich weiten Blick in der Diagonalen. Das Programm sah hauptsächlich Büroräume vor. In den Anmerkungen, die an die Wettbewerbsteilnehmer versandt wurden, legten die Auslober großen Wert auf die visuelle Qualität des Entwurfs: Hier war eine Chance, Fragen der Form in den Vordergrund zu stellen und einen Prototyp für die Verschönerung amerikanischer Städte auszubilden.

Wettbewerbe geben wertvolle Hinweise auf den Geist einer Epoche, weil sie eine Vielzahl unterschiedlicher Antworten auf die gleichen Zwänge übermitteln. Insgesamt nahmen nahezu dreihundert Architekten am Wettbewerb der *Chicago Tribune* teil. Aus den Beiträgen geht hervor, daß es 1922 keinen amerikanischen – oder internationalen – Konsens in Stilfragen gab. Die Entwürfe lesen sich wie ein Lexikon des Eklektizismus. Nur wenige Beispiele variierten die historischen Formen mit Sensibilität. Typisch war ein Entwurf, der Giottos Campanile in Florenz nachempfunden war (Abb. 11.2). Um die Proportionen des Vorbildes zu erhalten und dennoch die vorgeschriebene Raumkubatur zu erreichen, mußte der Architekt an der Rückseite einen ungefügen Anbau vorsehen. Es gab auch viele »klassische« Lösungen mit einem Wirrwarr von Säulen, Giebeln, Tempelmotiven und Kuppeln. Hier wurde deutlich, daß die Dimensionen eines Wolkenkratzers sich nicht mit den klassischen Ordnungen vereinen lassen. Die Säulen waren entweder wie Streichhölzer angeklebt, ohne eine wirkliche tektonische Beziehung zur Gebäudemasse, oder sie waren zu kolossaler Größe aufgeblasen, um einen größeren Teil des Turmes zu verkleiden, was wiederum die Klarheit der Gesamtform beeinträchtigte (Abb. 11.3). Keiner dieser Entwürfe verlieh der Stahlrahmenkonstruktion im Inneren visuellen Ausdruck. Adolf Loos versuchte (möglicherweise in ironischer Absicht), das Problem der Dimensionen zu lösen, indem er den ganzen Schaft des Wolkenkratzers zu einer dorischen Säule machte (Abb. 11.4), als habe er Sullivans Vorschlag einer dreigeteilten Form für diesen Bautyp allzu wörtlich genommen. Andere Architekten gefielen sich in einem populistischen, aufgedonnerten Amerikanismus. Bei einem Gebäude war die Spitze als Indianer ausgebildet, der seinen Tomahawk über den Kopf hebt.

Die europäischen Beiträge waren vergleichsweise zurückhaltend, humorlos und seriös. Sie boten einen interessanten Querschnitt durch die Tendenzen der modernen Architektur. Bruno Tauts Entwurf, ein Hoch-

Wolkenkratzer und Vorstadt: Amerika zwischen den Kriegen   147

11.2 *(links)* Beitrag zum Wettbewerb der *Chicago Tribune,* 1922, nach dem Vorbild von Giottos Campanile in Florenz (Abb. 11.2– 11.6 stammen aus *Chicago Tribune Competition,* 1922).

11.3 *(Mitte)* Beitrag zum Wettbewerb der *Chicago Tribune,* 1922, nach Vorbildern der Renaissance.

11.4 *(rechts)* Adolf Loos, Beitrag zum Wettbewerb der *Chicago Tribune,* 1922.

haus, das sich nach oben hin allmählich verjüngte, war ein expressionistischer Zwitter mit Anklängen an seine Stahl- und Glaspavillons aus der Vorkriegszeit. Taut ging von völlig anderen ideologischen Voraussetzungen aus als die Amerikaner und hatte eine unbefangene, enthusiastische Einstellung. Sein Projekt war eher mit Mies van der Rohes gläsernen Hochhaus-»Kathedralen« verwandt als mit den eklektizistischen Türmen der amerikanischen Mitbewerber. Ludwig Hilberseimers Entwurf bestand aus strengen, rechteckigen Volumen, die lediglich durch das Schachbrett-Muster des Rahmens artikuliert wurden. Ein holländischer Beitrag (von Bijvoet und Duiker) schlug dagegen mit Auskragungen und sich überschneidenden Ebenen eine extravagante Note an. Auch Walter Gropius (Abb. 11.5) benutzte ein Vokabular, das auf dem rechteckigen Rahmen beruhte. Der Eingang war durch eine Art Portikus betont, und die Hauptbereiche unterschieden sich durch leichte Veränderungen im Rhythmus und im Abstand der Joche, durch Rücksprünge und Balkonflächen mit variierender Tiefe. So entstand eine spannungsreiche Verbindung asymmetrischer Elemente, der Dreiviertel-Ansicht angemessen, aus der sich das Gebäude präsentierte. Der innere Grundriß war offen und von allen Seiten gut belichtet. An der Rückseite paßte sich das Hochhaus der Konstruktion der bestehenden Druckerei an. Der Entwurf zeigte Anklänge an die frühere Chicago-Schule (wie zum Beispiel das typische dreigeteilte Chicago-Fenster), aber auch an das Bauhaus, das zu dieser Zeit unter dem Einfluß von Doesburgs, Moholy-Nagys und des Konstruktivismus stand. Gropius' Gebäude war als mechanistische Abstraktion konzipiert und verkörperte die Idee eines modernen Kommunikationszentrums. Seine Leichtigkeit und Transparenz waren Kennzeichen der neuen Architektur.

Die Jury dachte freilich anders. In ihren Augen erinnerte der Entwurf offenbar eher an ein Ingenieurwerk als an Architektur. Sie verlieh den ersten Preis an den neogotischen Entwurf von Raymond Hood und John Mead Howells (Abb. 11.6). Hier waren Probleme des Grundstücks und des Bautyps ähnlich geschickt wie bei Gropius gelöst. Der Akzent lag auf der Vertikalen; die Schäfte waren im oberen Abschnitt zurückgesetzt und wurden zu einer Art gezackter Krone, die Maschinenräume und ein kleines Museum aufnahm. Den hohen

148 Die Kristallisation der modernen Architektur zwischen den beiden Weltkriegen

Mittelteil betonten Pfeiler, während die untere Partie mit dem Eingang als Sockel fungierte und in der Höhe der Druckerei an der Rückseite entsprach. Zwar war der Konstruktionsrahmen unter einer Steinverkleidung verborgen, doch die gotischen Pfeiler der Fassaden machten die senkrechte Aufwärtsbewegung deutlich. Der Architekt konnte hier die modularen Probleme klassischer Ordnungen vermeiden, denn Pfeiler lassen sich in eine nahezu unendliche Höhe strecken. Aber Hoods Wahl des gotischen Vokabulars hatte vielleicht auch moralische Ursprünge. Eine der Präsentationszeichnungen zeigte das Gebäude der *Tribune* in der Perspektive, hoch über dem Dunst und Ruß Chicagos – eine weiße Kathedrale der Aufklärung, die sich über den Niederungen erhob. Solche Assoziationen kamen dem moralischen Selbstverständnis der Zeitungseigentümer nahe. Hoods und Howells Entwurf traf genau die erwünschte nostalgische und leicht romantische Stimmung. Sigfried Giedion rächte sich später für Gropius, indem er dessen Projekt neben dem Reliance Building von Burnham und Root aus dem Jahre 1893 publizierte (als wolle er sagen, der Gropius-Bau sei in der Entwicklung der »wahren« Moderne der nächste logische Schritt) und Hoods Entwurf völlig ausließ. Für die europäische Avantgarde war die Entscheidung der Jury natürlich nur ein Beweis reaktionären Denkens.

Der Entwurf, der den zweiten Preis erhielt, übte in den Jahren zwischen den Kriegen mehr Einfluß aus als alle anderen. Er stammte von dem finnischen Architekten Eliel Saarinen und ließ sich mit seinen teleskopartigen Formen, den leichten Rücksprüngen und der linearen vertikalen Gliederung nicht leicht in eine Kategorie einordnen. Interessanterweise pries Sullivan diesen Entwurf, vielleicht, weil er darin eine Abstraktion der Natur erkannte, die seinen früheren Theorien nahekam. Im folgenden Jahr arbeitete Saarinen einen Vorschlag für die Neugestaltung des Gebietes am Chicago Loop und dem Seeufer aus. Er bewies damit sein städtebauliches Ver-

11.5 *(links außen)* Walter Gropius, Beitrag zum Wettbewerb der *Chicago Tribune*, 1922.

11.6 *(links)* Raymond Hood und John Mead Howells, Preisgekrönter Beitrag zum Wettbewerb der *Chicago Tribune*, 1922.

ständnis für die Einordnung des Hochhauses, zugleich aber auch eine gewisse Naivität gegenüber der Mentalität der Spekulanten, die wohl kaum freies Gelände der Erholung zur Verfügung stellen würden, wenn es sich profitbringend nutzen ließ. Die Verfechter von Hochhausbauten ignorierten den Charakter des öffentlichen Raums und zerstörten nicht nur die Straße als sozialen Bereich, sondern auch die komplexen historischen und gesellschaftlichen Strukturen.

Zwei Jahre nach seinem Erfolg mit der *Chicago Tribune* entwarf Raymond Hood das American Radiator Building in New York (Abb. 11.7). Es folgte dem Muster seines früheren Gebäudes, doch das Vokabular war nun abstrakter und ging (unter anderem) von den Formen der Firmenprodukte aus. Mit seiner schwarzen Ziegelverkleidung, den vergoldeten Turmspitzen und den eleganten Proportionen stellte das Gebäude eine amerikanische Phantasie des Maschinenzeitalters dar, die geschmäcklerischer und dekorativer wirkte als die gläsernen und stählernen Techniksymbole in Europa. Von einer Suche nach Typenformen konnte bei Hood keine Rede sein. Es bereitete dem Architekten im Gegenteil ein gewisses Vergnügen, als ein Dilettant zu posieren, den die Suche nach dem authentischen Stil langweilte – eine lästige Bürde für jene Unglücklichen, denen keine prosperierende kapitalistische Metropole als Tummelplatz zur Verfügung stand. Selbst die Bildersprache der Moderne ließ sich auf reine Motive reduzieren, wie Hoods Entwurf für das McGraw-Hill Building von 1928–29 mit seinen »applizierten« Fensterbändern und den einfachen volumetrischen Formen zeigt (Abb. 11.8). Die Gesamtsilhouette ist eine raffiniert aus dem Zonierungsgesetz hergeleitete Komposition. Die stromlinienförmige Spitze erinnert an Raymond Loewys dynamische Industrieentwürfe oder an Fritz Langs expressionistische Stadt im Film *Metropolis*. Bei dem wenig späteren *Daily-News*-Gebäude schlüpfte Hood – vielleicht von Saarinens Entwurf für die *Tribune* beeinflußt – wieder in ein neues Gewand, indem er die Vertikalität extrem betonte. Die Eingangszone (zusammen mit der Spitze des Wolkenkratzers der publikumswirksamste Bereich) wurde zu einem populären Szenario über das Thema der *Daily News* als Informationsnetz, das die ganze Welt umspannte. Ein riesiger, matt erleuchteter Globus war in den Boden eingelassen, und Instrumente wie Thermometer, Windgeschwindigkeitsmesser und Uhren mit der genauen Zeit aller Welthauptstädte erzeugten eine an Science-Fiction erinnernde Atmosphäre. Wie immer man diese Phase der amerikanischen Architektur bezeichnen mag, ob »Moderne«, »Art Deco« oder »Jazz Modern«: Mit ihrer Ornamentik, Axialität, Polychromie und konsumorientierten Theatralik bildete sie einen krassen Gegensatz zum Puritanismus der europäischen Moderne.

Der Schwanengesang der zwanziger Jahre in New York war das Chrysler Building, das William van Alen zwischen 1928 und 1930 entwarf (Abb. 11.9). In seiner Verklärung des finanziellen Erfolges fing es die hitzige Atmosphäre des Kapitalismus vor der Weltwirtschaftskrise hervorragend ein. Das Gebäude ist 320 m hoch und war damit für kurze Zeit das höchste der Welt (bis zum Bau des Empire State Building Anfang der dreißiger Jahre). Silbergrau erhebt es sich auf einer Basis von 20 Geschossen. Der mittlere Abschnitt darüber ist weitere 168 m hoch und verjüngt sich nach einem Rücksprung zu einem Helm aus Edelstahl mit schuppenförmig angeordneten Fenstern, der in eine Turmspitze ausläuft. Die Eingangszone ist eine Märchenwelt mit Lichteffekten, rotbraunem Marmor und spiegelndem Metall und erinnert vage an eine Filmkulisse aus Hollywood. Alle Aufzüge haben unterschiedliche Holzintarsien mit ornamentalen Motiven, die sich auf die Heraldik des Hauptvolumens beziehen. Die Haut des Turmes ist mit dunkelgrauen Ziegeln gemustert, die sich gegen die silbrigen Flächen abheben. In der Mitte der Fassaden sind die Fenster so angeordnet, daß sie die Vertikalität in der gesamten Höhe des Schaftes betonen und in einem ge-

11.7 *(rechts)* Raymond Hood, American Radiator Building, New York, 1924, Detail der Spitze.

150 Die Kristallisation der modernen Architektur zwischen den beiden Weltkriegen

kurvten Mittelstück enden, als wollten sie die Bewegungen der Aufzüge verdeutlichen, die im Inneren auf- und abwärts eilen. Der Grundriß des Chrysler Building beruht auf primären und sekundären Achsen; nicht umsonst hatte van Alen eine Ausbildung an der Ecole des Beaux-Arts absolviert. Die sorgfältige Gestaltung der Außenhaut reflektiert sein Interesse an einer Art neuer »Wand«-Architektur, die sich angemessen auf die Stahlrahmenkonstruktion bezieht. Seine Ideen gingen möglicherweise unter anderem auf Web-, Textil- oder Korbflechtmuster zurück (Farbtafel 5).

Wie auch immer man das Chrysler Building stilistisch einordnet (Art Deco oder vielleicht sogar Expressionismus): Es zählte zweifellos zu den elegantesten Wolkenkratzern jener Zeit. Doch sein Erscheinungsbild zeugte auch von Vorstellungen über den Bauherrn, die zugleich eine allgemeinere soziale Bedeutung hatten. An den Ecken des 40. Geschosses, direkt unter der Basis des Hauptschaftes, sind vier gigantische Chrysler-Kühlerfiguren aus Metall angebracht. Ein Fries abstrahierter Auto-räder mit riesigen silbrigen Bolzen als Radkappen umzieht das gesamte Gebäude. Das Firmenzeichen von Chrysler kehrt in der Backsteinverkleidung auf verschie-

denen Ebenen wieder. An der Spitze unter der Turmnadel war ursprünglich ein Glaskasten mit Walter Chryslers ersten Werkzeugen eingebaut, der angeblich an dem Tag vermauert wurde, als das Empire State Building über die Höhe des Chrysler Building hinauswuchs. An der Basis der Kuppel stoßen kolossale amerikanische Adler wie Wasserspeier in den Himmel vor. Die Botschaft des Bauwerks war eindeutig: Es zelebrierte den durch Eigeninitiative erreichbaren Aufstieg im amerikanischen Wirtschaftssystem. Hier stellte sich eine »Kathedrale des Kapitalismus« dar – im Gegensatz zu den auf dem Papier verbliebenen, quasi sozialistischen Wolkenkratzer-Projekten, die früher in diesem Jahrzehnt in Europa entstanden waren.

Den amerikanischen Hochhausarchitekten der zwanziger Jahre gelang es zwar, dem Big Business ein attraktives Gewand zu verleihen, doch sie schufen nur selten überzeugende Werke. Es fehlte offenbar an jenen »höheren Formen der Empfindung und Kultur«, die Sul-

11.8 *(unten links)*
Raymond Hood,
McGraw-Hill Building,
New York, 1924,
Detail der Spitze.

11.9 *(links)*
William Van Alen,
Chrysler Building,
New York, 1928–30.

Wolkenkratzer und Vorstadt: Amerika zwischen den Kriegen

livan bei seinen Wolkenkratzerentwürfen der 1890er Jahre auszudrücken versucht hatte. Sullivan glaubte kaum noch an eine authentische amerikanische Architektur in der kapitalistischen Stadt, weil er erlebt hatte, wie um ihn herum der Eklektizismus immer neue Blüten trieb:

»Diese Bauten, deren Zahl ständig zunimmt, machen die Stadt moralisch und geistig ärmer: Sie ziehen sie immer tiefer in den Sumpf. Das ist keine amerikanische Kultur; es ist die Verderbtheit Gomorrhas. Das ist keine Demokratie – es ist Barbarei... So getreulich spiegelt diese Architektur die Ursachen wider, die zu ihrem Entstehen beigetragen haben.«

Sullivans Aufschrei reflektierte das Dilemma des Künstlerarchitekten in der kommerziellen Welt: Wie ließen sich die harten Fakten des Finanzmilieus in einen fundierten ästhetischen Symbolismus umsetzen? Ähnliche Fragen bewegten auch die vom Hochhaus faszinierten europäischen Architekten. Le Corbusier war ebenfalls entsetzt über das oberflächliche Design der Wolkenkratzer in Manhattan und ihre städtebauliche Rücksichtslosigkeit, bewunderte aber dennoch ihre romantische Skyline und die finanzielle Macht, das Organisationsvermögen und das technische Know-how, das solche Bauten entstehen ließ. Manhattan beschrieb er als das »Arbeitshaus der neuen Ära«. Im Gegensatz zu den amerikanischen Wolkenkratzern der zwanziger Jahre waren seine idealisierten Hochhäuser der Ville Contemporaine (1922) und der späteren Ville Voisin (1925) völlig verglast und von regelmäßiger Form. Sie waren nicht nur als Symbole technologischer Macht konzipiert (da sie die Elite à la Saint-Simon aufnahmen), sondern auch als urbanistische Instrumente, die den Grund der Stadt für Natur und Verkehr freihalten sollten:

»Der Wolkenkratzer ist ein Werkzeug. Ein herrliches Werkzeug für die Verdichtung der Bevölkerung und die Entvölkerung des Bodens; ein Werkzeug der Klassifikation und der inneren Effizienz; ein wunderbarer Impuls für die Verbesserung der Arbeitsbedingungen und der wirtschaftlichen Verhältnisse.«

So ließen sich Künstler der europäischen Avantgarde auf ihrer Suche nach utopischen Alternativen zur europäischen Industriestadt von den Emblemen Manhattans anregen.

Doch auch Amerika hatte seine Träumer. Der bekannteste war Hugh Ferriss, der 1929 ein Buch mit dem Titel *The Metropolis of Tomorrow* veröffentlichte. Es war großzügig mit seinen superben Ölkreideskizzen von Hochhäusern illustriert (Abb. 11.10). Einige Zeichnungen waren theoretische Baumassenstudien auf der Grundlage des Zonierungsgesetzes von 1916; manche gaben die Vorschläge anderer Architekten für Wolkenkratzer wieder. Doch gegen Ende des Buches findet sich eine Folge ungewöhnlicher Bilder, die Manhattan in biblischer, nahezu babylonischer Gestalt zeigten. Manche Bauten scheinen sogar in Kristalle oder magische geologische Fragmente verwandelt, eine Stadtlandschaft, die nicht von dieser Welt ist. Sie ist in drei Sektoren unterteilt – den wissenschaftlichen, den kulturellen und den kommerziellen –, die jeweils über ihren eigenen symbolischen Wolkenkratzer verfügen. Ferriss versuchte deutlich zu machen, daß sein Bild der Metropole von einer göttlichen Aura beseelt war – wieder ein Künstler, der an transzendente Werte glaubte, die über den rohen Materialismus der modernen Stadt hinausgingen.

Nach der Weltwirtschaftskrise von 1929 wurden weniger Hochhäuser gebaut, doch in Manhattan entstanden zwei bedeutende neue Wolkenkratzer. Das Empire State Building von Shreve, Lamb und Harmon wurde 1931 zum höchsten Gebäude der Welt. Es enthielt eine ganze vertikale Stadt der Funktionen, reichte aber vom Äußeren her nicht an die Eleganz des Chrysler Building heran. Das andere größere Projekt dieser Zeit war das Rockefeller Center – ein Gebäudekomplex mit Büros, dem RCA Building, einer Music Hall, einem Kinopalast (Radio City) und einer versenkten Plaza mit einem Kranz von Läden (die später zu einer Eislaufbahn wurde). Ein großes Team von Architekten war an dem Entwurf beteiligt – Reinhard, Hofmeister; Corbett, Harrison, Mac-

11.10 Hugh Ferriss, Idealisierter Wolkenkratzer, aus *The Metropolis of Tomorrow*, 1929.

11.11 *(links)*
Raymond Hood und Mitarbeiter, Rockefeller Center, New York, 1931–40.

11.12 *(oben rechts)*
Frank Lloyd Wright, National Life Insurance Building, Entwurf, 1924, Schnitt.

11.13 *(rechts)*
Frank Lloyd Wright, Barnsdall House, Los Angeles, California, 1920.

Wolkenkratzer und Vorstadt: Amerika zwischen den Kriegen

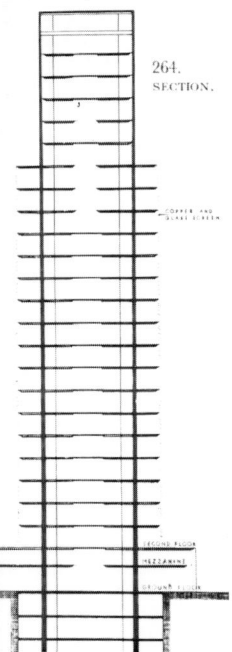

264. SECTION.

Murray; Fouilhoux und Hood als leitende Architekten. Hier wurde endlich der Versuch unternommen, die Bereiche um die Basis des Wolkenkratzers einzubeziehen. Hoods Entwurf sah sogar Dachterrassen auf den niedrigsten Baukörpern vor (Abb. 11.11).

Die wahrscheinlich interessantesten Wolkenkratzer-Projekte der zwanziger Jahre in den USA wurden nie gebaut. Sie stammten von Frank Lloyd Wright, der zwar die moderne Stadt zutiefst verachtete, aber in seinen Idealschemata dennoch den Hochhäusern eine Rolle zubilligte. Sein Entwurf für die National Life Insurance von 1924 (Abb. 11.12) griff auf einige Elemente seiner Vorkriegsarchitektur zurück, zum Beispiel auf die von Pfeilern gestützten auskragenden Geschoßflächen und die sich in Schichten überlagernden Innenräume. Bei dem Entwurf für den St. Mark's Tower von 1929 trat an die Stelle des Kastens mit Rahmenkonstruktion ein zentraler Kern mit ausstrahlenden Plattformen, versetzten Ebenen, gemischten Arbeits- und Wohnfunktionen und dreieckigen Geometrien. Hier erwachte eine alte Metapher Wrights zu neuem Leben: der Baum mit Stamm und ausgreifenden Ästen. In den zwanziger Jahren hatte Wright mit persönlichen, juristischen und finanziellen Schwierigkeiten zu kämpfen. Nachdem Taliesin 1914 abgebrannt war, verbrachte er viel Zeit in Japan, um den Bau des Imperial Hotel in Tokio mit seinem ingeniösen Pfahlwurz-Fundament zu überwachen, das dem Erdbeben von 1922 erfolgreich standhielt. In den Jahren vor und nach 1920 beschäftigte er sich wieder überwiegend mit Einfamilienhäusern. Er erhielt eine Reihe von Aufträgen für luxuriöse Häuser in Südkalifornien, darunter das Haus Barnsdall in Los Angeles (Abb. 11.13) für einen Bauherrn, der fast so exzentrisch war wie er selbst. Auf den ersten Blick schienen die massiven, festungsähnlichen Volumen mit ihren abgeschrägten Betonwänden, den Innenhöfen, Wasserbecken und Flachdächern auf einen Bruch mit den Prärie-Häusern hinzuweisen. Doch der Grundriß enthüllt die üblichen Organisationsprinzipien mit Achsen und Querachsen, formellen und informellen Zonen und der einheitlichen Gestaltung von Innen und Außen (vgl. S. 102–103).

Dennoch sollten die offensichtlichen Veränderungen nicht unterschätzt werden. Wrights Betonung der umschließenden Wand – im Gegensatz zu den Fensterreihen unter horizontalen Auskragungen aus der Phase der Prärie-Häuser – weist auf eine neue ideologische Richtung hin. Die kalifornischen Bauten drückten eine Distanz zur Außenwelt aus, die möglicherweise der Einstellung seiner einigermaßen arroganten Bauherren und seinem eigenen Gefühl der Isolation entsprach. Wright war nun der eng verflochtenen vorstädtischen Struktur von Oak Park entfremdet, die ihn vor dem Krieg gefesselt hatte.

Eine psychologische Erklärung für Wrights Stilwandel reicht freilich allein nicht aus. Sicherlich war auch das Klima des Südwestens ein Grund für die dicken Wände und die nach innen orientierten Höfe. Wright mußte sich auf neue regionale Gegebenheiten einstellen, wie etwa auf die traditionellen Luftziegelbauten mit ihren Flachdächern und dicken abgeschrägten Mauern. Eine Mittlerrolle spielte dabei Irving Gill, der bereits eine den örtlichen Verhältnissen angepaßte Betonarchitektur entwickelt hatte. Doch es ist anzunehmen, daß bei Wright noch weitere Faktoren hinzukamen und daß er vielleicht in panamerikanischen Visionen dachte; Die geböschten Formen und die unruhigen geometrischen Betonblockmuster (mit ihren abstrahierten Naturmotiven) zeugten von seinem starken Interesse an der Maya-Kultur. In *Ein Testament* schrieb er:

»Ich erinnere mich, daß die primitive amerikanische Architektur – die der Tolteken, Azteken, Maya

und Inka – in mir als Junge Staunen erweckte und meine sehnsüchtige Bewunderung erregte...Diese großen amerikanischen Abstraktionen waren alle erdgebundene Architekturen: gigantische Bauten, die sich auf ausgedehntem steinbelegtem Terrain erhoben...«

Das Haus Millard in Pasadena (Abb. 11.15) wirkt wie eine künstliche Ruine, wobei Klettergewächse die ornamentalen Effekte der Fassaden ergänzten. Das Haus Ennis, auf einem höherliegenden Grundstück mit weiter Aussicht errichtet, ist von geradezu zeremoniellen Terrassen umgeben. Der Maßstab eines Wohnhauses war zu grandioser Monumentalität gesteigert. Wieder einmal verfolgte Wright hier seine Idee einer Architektur, deren Ursprünge in der Natur liegen.

Nach 1910 und in den zwanziger Jahren machten sich zwei aus Österreich stammende Architekten, die in Wrights Atelier gearbeitet hatten, seine Prinzipien zu eigen, bewahrten dabei aber dennoch ihre künstlerische Identität. Der eine war Rudolf Schindler, der 1914 aus Wien kam nach einer Ausbildung unter dem Einfluß Otto Wagners und der Secession. Schindler hatte eine starke Sympathie für abstrakte Tendenzen, wie sie sich schon in der Wiener Vorkriegsarchitektur bemerkbar gemacht hatten. Nachdem er eine Zeitlang bei Wrights kalifornischen Bauten die Bauführung ausgeübt hatte, stellte er sich auf eigene Füße. Das Haus Schindler von 1921 (Abb. 11.14) zeigt, wie er auf die kalifornische Landschaft reagierte, die sich damals gerade noch als unberührt bezeichnen ließ. Er registrierte die Landschaft, die erdigen Farben, die Bäume und die weiten Flächen und versuchte, diese Erkenntnisse in ein nach innen orientiertes schützendes Haus mit Zugängen zu dicht bewachsenen Innenhöfen umzusetzen. Das Haus war für ihn selbst und seine Frau sowie für ein weiteres jungverheiratetes Paar gedacht, das Ehepaar Chase. Dank ingeniöser Planung entstanden separate Privatbereiche für jeden einzelnen. Im Obergeschoß waren niedrige vorstehende Dächer über Schlafveranden vorgesehen, die in den Sommermonaten genutzt wurden. Schindler übernahm Gills Betontechnologie und baute das Haus aus dünnen, leicht nach innen geneigten Scheiben mit kleinen Fensteröffnungen. Das Innere war deutlich von der japanischen Architektur beeinflußt, vor allem das kunstvoll-unvollendete Teehaus. Ursprünglich waren keine Fenster vorgesehen, sondern nur bewegliche Segeltuchschirme – inspiriert durch ein Zelt, in dem Schindler und seine Frau während der Bauzeit wohnten. Den Urtypus des umschließenden Raumes – eine merkwürdige Mischung von Höhle und Zelt – hatte Schindler offenbar bewußt gewählt, weil er sich wie Wright intensiv mit dem psychologischen Schutzbedürfnis des Menschen und der sinnlichen Erfahrbarkeit des Raumes auseinandersetzte.

Im Jahre 1922 erhielt Schindler von Dr. Phillip Lovell den Auftrag für ein Wochenendhaus in Newport Beach (Abb. 11.16). Es sollte Schlafräume, eine Halle, eine pro-

11.14 (links)
Rudolf Schindler,
Haus Schindler-Chase,
Los Angeles,
California, 1921,
Blick vom Haus in den Garten.

11.15 (unten)
Frank Lloyd Wright,
Haus Millard,
Pasadena,
California, 1921.

visorische Küche und Unterbringungsmöglichkeiten für Bootsausrüstung und Surfbretter enthalten. Um das Haus gegen Sturmfluten zu schützen und einen weiten Ausblick auf den Ozean zu ermöglichen, griff Schindler auf die lokale Pier-Architektur zurück und setzte das Gebäude auf massive Stelzen. Als Material wählte er Beton, weil dieser billig und robust war und (zum Beispiel durch Auskragungen) raumschaffende Qualitäten besaß. Die oberen Teile des Wochenendhauses Lovell bestanden aus ineinander verzahnten Geschoßflächen, die der Fassade einen starken horizontalen Akzent verliehen. Außerdem entstand dadurch eine zwei Geschosse hohe Wohnzone mit einem entsprechend großen Fenster zum Meer hin. Die Schlafräume lagen am Außenrand des Obergeschosses; zum Inneren hin bildete die gleiche Geschoßfläche eine Galerie mit Blick in den Wohnraum. Die Lösung des Architekten war unprätentiös und einfach. Zwar waren noch Anklänge an Wright zu spüren, aber insgesamt war der Charakter des Hauses eindeutig von Schindler geprägt. Sein Raumkonzept und die Reduktion auf einfache Volumen erinnern an Arbeiten der europäischen Avantgarde. Doch es gibt keinen Hinweis darauf, daß Schindler diese jüngsten Experimente kannte; offenbar gelangte er durch ähnliche Schlußfolgerungen auf seinen eigenen Weg. Seine Vorstellungen waren Wrights organischer Philosophie näher als den mechanistischen Abstraktionen der progressiven europäischen Architekten. Als er schließlich Abbildungen der kompromißlosen Architektur der zwanziger Jahre sah, die in mehr als 9000 km Entfernung entstanden war, sprach er von der Geistlosigkeit und Kälte dieser Bauten. Sie seien von Menschen geschaffen, so meinte er, die durch das Elend des Schützengrabens Schaden genommen hätten. Schindler hatte eine nahezu religiöse Neigung zum einfachen Leben und ein mystisches Verhältnis zur Natur. Insofern war Dr. Lovell ein idealer Bauherr für ihn, denn dieser betrieb ein »Zentrum für Körperkultur« und sah sich selbst als progressiven Intellektuellen.

Der andere Wiener Architekt, der über Wrights Büro nach Kalifornien kam, war Richard Neutra. Er arbeitete bei Schindler, bis er eigene Aufträge erhielt. Die beiden Architekten reichten 1927 einen gemeinsamen Entwurf für den Wettbewerb des Völkerbundes ein. Danach entwarf Neutra ein weiteres Haus für Lovell, diesmal an einem Steilhang über einem üppig bewachsenen Tal in Beverley Hills (Abb. 11.17). Das Gebäude wuchs aus dem Hang hervor, so daß man es im oberen Niveau betrat und über einen Vorplatz in ein dreigeschossiges Treppenhaus gelangte, bevor man die privateren Wohn-

11.16 Rudolf Schindler, Wochenendhaus Lovell, Newport Beach, California, 1923–24.

156　Die Kristallisation der modernen Architektur zwischen den beiden Weltkriegen

11.17 Richard Neutra, Haus Lovell, Beverly Hills, California, 1927.

11.18 *(rechts)* George Howe und William Lescaze, Philadelphia Savings Fund Society Building, Philadelphia, 1926–31.

bereiche mit ihrem herrlichen Ausblick auf die Landschaft erreichte. Die unterschiedlichen Funktionen drückten sich in variierenden Fenstergrößen aus. Schwebende weiße Horizontale aus Beton hoben sich von den Stahlstützen, den Fensterrahmen und den dunklen Schattenzonen ab und riefen den Eindruck von Leichtigkeit und Flächigkeit hervor. An einigen Stellen hatten diese Bänder keine umschließende Funktion mehr, sondern wurden zu lockeren Begrenzungen von Außenterrassen und Sonnenschutzelementen oder kragten teilweise über das Schwimmbecken aus. Die Details waren präziser und mechanistischer als bei Schindler: Neutra war mit der neueren Entwicklung in Europa vertraut und konnte sich deshalb an einer breiteren Skala von Experimenten orientieren (Farbtafel 6). Er trug selbst mit seinem Buch *Wie baut Amerika?* (1927) zur transatlantischen Mythologie bei. So war das Haus Lovell eine interessante Mischung aus Internationalem Stil, dem organischen Bauen Wrights und Neutras eigenen Vorstellungen von einem gesunden, natürlichen Leben. Die späteren Bauten Schindlers (zum Beispiel die Sachs Apartments von 1929, das Haus Wolfe von 1928, das Haus Oliver von 1933) wie auch Neutras (das Haus Kaufmann von 1946–47) lassen sich mit einiger Vorsicht als regionalistische Strömungen innerhalb der modernen Architektur bezeichnen.

Ein Überblick über die amerikanischen Experimente in den zwanziger Jahren wäre unvollständig ohne den Wolkenkratzer für die Philadelphia Savings Fund Society (PSFS), den George Howe und William Lescaze zwischen 1926 und 1931 errichteten (Abb. 11.18). Hier ergänzten sich die überkommene amerikanische Hochhaustypologie und das neue Vokabular des Internationalen Stils. Howe hatte eine akademische Ausbildung genossen, während Lescaze bereits Erfahrung im Umgang mit den neuen Formen aus Europa besaß. Das Studium des PSFS-Projekts von den ersten Skizzen im Jahre 1926 (als Lescaze noch nicht beteiligt war) bis zu den letzten im Jahre 1930 macht nicht nur die Schwierigkeiten eines Entwurfsprozesses deutlich, in dem formale und funktionale Konflikte nach und nach gelöst wurden, sondern auch den Übergang von einer architektonischen Stilphase zur nächsten. Aus einem axialen, eklektizistischen Wolkenkratzer der vom Wettbewerb der *Chicago Tribune* her nur allzu vertrauten Sorte wurde allmählich ein asymmetrisches Gebäude des Maschinenzeitalters, das Konstruktion, Volumen und unterschiedliche Funktionen auf disziplinierte und dennoch subtile Weise ausdrückte.

Selbst innerhalb der engen Grenzen des Internationalen Stils waren viele Variationen möglich. So suchten die Architekten zum Beispiel lange nach Wegen, die konstruktiven Vertikalen (die sie »ehrlich« auszudrücken wünschten) mit horizontaler Flächigkeit in Einklang zu bringen (die ihnen für ein modernes Gebäude angemessen erschien). Auch die Verbindung des vertikalen Hauptschaftes mit den Aufzügen an der Rückseite und dem »Sockel« der Bankzone bereitete den Architekten viel Kopfzerbrechen.

Als das PSFS Building 1932 fertiggestellt wurde, war es einer der ersten Wolkenkratzer im neuen Stil. Der untere Teil enthält einen Zugang zur Untergrundbahn, Läden und ein Zwischengeschoß für die Bank, das über eine Rolltreppe zu erreichen ist. Diese Repräsentationszonen sind in größerem Maßstab gehalten und mit wertvollen Materialien wie Marmor und Chrom verkleidet. Die darüberliegenden Geschosse enthalten gut belichtete offene Plüschbüros mit Klimaanlagen; das Stockwerk mit den technischen Einrichtungen macht sich in der Fassadenkomposition als klare Zäsur bemerkbar. Der Eindruck der Effizienz, den das Gebäude erweckt, ist keine Frage der »Stilisierung« wie bei Raymond Hoods Entwürfen); es handelt sich auch nicht um bloßen »Funktionalismus«. Hinter dem PSFS stand vielmehr eine konsequente Architekturphilosophie, die in höheren Bereichen abstruse Begriffe von »Raum und Zeit« im modernen Leben entwickelte, sich aber auf einer praktischeren Ebene intensiv mit den Aspekten funktionalen Designs auseinandersetzte. Howe schrieb über das PSFS:

> »Eine vernünftige Architektur muß der präzisesten analytischen Untersuchung standhalten, von innen und außen, von der Konstruktion und der Technik her. Jedes Problem, das im Laufe eines Entwurfsprozesses entsteht, muß nicht nur lösbar sein, sondern lösbar auch in einer klaren, geordneten Form, die sich aus der organischen Grundlage des ursprünglichen Konzepts ergibt...
> Die moderne Architektur entstand nicht aus der Suche nach einer rein praktischen Lösung moderner Konflikte, sondern aus der Unzufriedenheit mit der unorganischen oberflächlichen Ästhetik vorbestimmter traditioneller Architekturelemente und Ornamente. Natürlich mußte die Suche nach einer organischen Schönheit zu den Grundlagen des Entwurfs zurückführen, und es stellte sich heraus, daß Schönheit sich nur...aus dem Ausdruck der menschlichen, konstruktiven und technischen Funktionen der Architektur ergab. Wenn wir als Künstler, im Gegensatz zu bloßen Architekturproduzenten, diesen Funktionen Gestalt zu verleihen suchten, so ging es uns vor allem darum...Schönheit zu schaffen.«

Die experimentellen Arbeiten der modernen Architektur in den Vereinigten Staaten gingen auf vielfältige ideologische Quellen zurück. Im besten Falle handelte es sich um ernsthafte Versuche, eine neue architektonische Kultur zu entwickeln. Merkwürdigerweise war bei der Ausstellung des Museum of Modern Art in New York über moderne Architektur im Jahre 1932, die Alfred Barr, Henry-Russell Hitchcock und Philip Johnson organisierten und die den Begriff »Internationaler Stil« populär machte, keine Rede vom sozialen Inhalt der neuen Architektur. Hitchcocks und Johnsons Katalog *The International Style: Architecture Since 1922* illustrierte statt dessen die wichtigsten visuellen Motive und Ausdrucksformen, ohne Rücksicht auf Funktions- und Bedeutungsunterschiede. Vielleicht von Historikern der Renaissancekunst wie Heinrich Wölfflin beeinflußt, der die charakteristischen Formen einer vergangenen Epoche zu definieren versucht hatte, erläuterten die Autoren die wichtigsten Prinzipien des neuen Stils:

»Dazu gehört, erstens, das neue Verständnis von Architektur mehr als Raum denn als Masse. Zweitens dient modulare Regelmäßigkeit anstelle von axialer Symmetrie als ordnendes Gestaltungsmittel. Diese beiden Prinzipien kennzeichnen zusammen mit einem dritten, das willkürliche Ornamentierungen verbietet, die Produkte des Internationalen Stils.«

Es ist paradox, daß solche formalistischen Details ausgerechnet während der Depression und kurz vor Roosevelts New Deal diskutiert wurden – in einer Atmosphäre, in der stilistische Feinheiten kaum relevant erschienen, in der aber die ideologischen Experimente der Moderne durchaus einen neuen Beitrag hätten liefern können. In gewissem Sinne erwiesen Hitchcock und Johnson der modernen Architektur mit ihrer Art der Präsentation einen schlechten Dienst. Wright lehnte die abstrakte Kasten-Architektur wegen ihres oberflächlichen Formalismus und ihrer Rücksichtslosigkeit gegenüber einem integrierten Menschenbild ab; die Regionalisten beklagten sich über den Import weiterer kosmopolitischer Glanzstücke; Buckminster Fuller wendete sich gegen den Mangel an wirklicher Funktionalität und den oberflächlichen Flirt mit der Technologie.

Bei den öffentlichen Bauten beherrschten weiterhin die verschiedenen Spielarten des Eklektizismus das Feld. Abgesehen von einigen Experimenten der Architekten Kocher, Frey und Keck in der Mitte der dreißiger Jahre und von den (wenig beachteten) Werken Schindlers und Neutras an der Westküste war dies die Situation der »Internationalen Moderne« in den Vereinigten Staaten bis zum Ende der dreißiger Jahre. Wright schuf freilich in dieser Zeit einige seiner eigenwilligsten und bedeutendsten Bauten.

Insgesamt gesehen, wurden in der Phase zwischen 1920 und 1935 in den USA viele parallele Tendenzen deutlich, doch ihre Urheber ließen sich, wie immer, keiner Kategorie zuordnen. Das akademische Ausbildungssystem blieb in Amerika nahezu unverändert bestehen. Erst die Ankunft von Mies van der Rohe, Walter Gropius und Marcel Breuer gegen Ende der dreißiger Jahre schuf die Voraussetzungen für die Moderne nach dem Zweiten Weltkrieg. Paradoxerweise erwies sich der spätere »Sieg« der Moderne als wenig glanzvoll, denn die neue Architektur verkam bald zu einer kommerzialisierten Modeerscheinung. Aus den Glastürmen, die utopische Phantasten in den zwanziger Jahren auf dem Papier entworfen hatten, wurden Firmenembleme, und der Idealismus der frühen Moderne ging im Massenkonsum unter.

12. Die ideale Gemeinschaft: Alternativen zur Industriestadt

»Menschen, die eine neue Architektur zu formen suchen, eine freie Architektur für ein freies Volk, nehmen eine neue soziale Ordnung vorweg...«

K. Teige, 1928

Die Suche nach neuen Lebensformen, die so vielen modernen Bauten der zwanziger Jahre zugrunde lag, manifestierte sich auch in idealistischen Entwürfen für die Neugestaltung der Industriestadt. Doch während sozial engagierte Künstler bei Einzelaufträgen für Villen, Schulen, Fabriken und Studentenheime zumindest Fragmente ihrer großen Träume realisieren konnten, erhielten sie nur selten die Möglichkeit, größere städtebauliche Zusammenhänge herzustellen. Deshalb blieben die avantgardistischen Visionen der Stadt gewöhnlich auf dem Papier. Dennoch beeinflußten sie spätere Generationen und damit auch das Konzept und Erscheinungsbild der modernen Stadt.

Die zahlreichen idealen Stadtplanungen der zwanziger Jahre zeugen von dem Wunsch, die Welt neu aufzubauen, von vorn anzufangen, die Kultur ein für allemal von »toten Formen« zu befreien. Aber wie die neue Architektur häufig auf die Geschichte zurückgriff, so setzten sich auch die modernen Städte gewöhnlich aus vorhandenen urbanistischen Elementen zusammen, die sie neu ordneten. Utopien haben immer historische Quellen, einen ideologischen Unterbau und formale Vorgänger. Und wenn man die Rhetorik der »schönen neuen Welt« hinterfragt, so tritt oft eine nostalgische Ader zutage, die alle Futurismen durchzieht.

Die Kernprobleme, mit denen sich Städtebauer wie Garnier, Berlage, Le Corbusier, Gropius, May und Miljutin auseinandersetzten, waren untrennbar mit der Entwicklung der Industriestadt im 19. Jahrhundert verknüpft. Technisierung sowie neue Produktions- und Verkehrsmittel hatten die ehemalige Morphologie der Stadt in einen undefinierbaren Morast von Institutionen und Infrastrukturen verwandelt, die dem Fortschritt des Kapitalismus dienten. In den industrialisierten Gebieten Englands und Frankreichs waren die Städte unkontrolliert gewachsen, weil die Landbevölkerung dort in Scharen Arbeit suchte und nur unter erbärmlichsten Bedingungen Unterkunft fand. Zur gleichen Zeit nahm die Bevölkerung rapide zu. So entstanden Slumviertel mit Fabriken, Mietskasernen und schmutzigen Straßen, die weder kommunale noch private Unterstützung fanden. Friedrich Engels schrieb 1845 nach einem Besuch in Manchester, man gerate dort abseits der Hauptstraße »in einen Schmutz und eine ekelhafte Unsauberkeit, die ihresgleichen nicht hat«.

Doch die zerstörerische Wirkung der Industrialisierung beschränkte sich nicht auf die Arbeiterquartiere, sondern erfaßte auch andere Bereiche der Stadt. Grundstücksspekulation und Eisenbahnlinien vernichteten alte Strukturen und bestehende Hierarchien. Die neue Mittelklasse verlangte nach Wohnungen, die weit von dem Schmutz entfernt lagen, den die Quellen ihres eigenen Reichtums produzierten. So dehnten sich die Ränder der Stadt immer weiter aus, und das Land wurde von neuen Straßennetzen und vorstädtischen Ansiedlungen durchzogen. Sozialreformer des 19. und frühen 20. Jahrhunderts beklagten immer wieder, die angebliche Harmonie zwischen der Verfassung der Gesellschaft und der Natur sei verlorengegangen und müsse wieder hergestellt werden.

Die Kritiker der Industriestadt gingen von unterschiedlichen Ansatzpunkten aus. Marx und Engels argumentierten, die Wurzeln allen Übels lägen in der verrotteten kapitalistischen Gesellschaftsordnung. Deshalb sahen sie in der Revolution eine Voraussetzung für eine vernünftige politische *und* architektonische Umwelt. Zuvor hatten sich schon Sozialutopisten wie Henri Saint-Simon und Charles Fourier für alternative Gesellschaftsstrukturen ausgesprochen, die auf neuen Formen der Kooperation beruhen sollten. Saint-Simon hatte den Sturz der herrschenden Klassen gefordert. Sie sollten durch Technokraten ersetzt werden, die der Gesellschaft den Weg zum Fortschritt der Menschheit weisen würden. Nach Fouriers Theorie sollten die emotionalen Kräfte der menschlichen Natur zu einem Ausgleich der Gegensätze zwischen individuellen Wünschen und sozialen Erwartungen führen. Diesen Traum von einer natürlichen Kooperation, frei von den Banalitäten früherer Sozialverträge, stellte er in einem Entwurf für einen idealen Kollektivpalast dar: das »Phalanstère« (Abb. 12.1). Es sollte ländlich gelegen sein und alle Funktionen einer Gemeinschaft von etwa 1800 Menschen aufnehmen. Die Bewohner sollten den Gefahren der Arbeitsteilung dadurch entgehen, daß sie sich, ihren eigenen Talenten entsprechend, zu ganzheitlichen, unverkrampften Persönlichkeiten entwickelten. Das Phalanstère hatte eine geheime Verwandtschaft mit barocken Schloßanlagen, als hätte Fourier der gesamten Bevölkerung den Luxus der vorrevolutionären Aristokratie zur Verfügung stellen wollen. Die verschiedenen Abteilungen (mit Zimmern, Ballsälen, Gasthaus, Bibliothek und Observatorium) sollten durch eine lange innere Straße verbunden werden, dadurch die Idee einer egalitären Gemeinschaft verkörpern und zufällige Kontakte fördern.

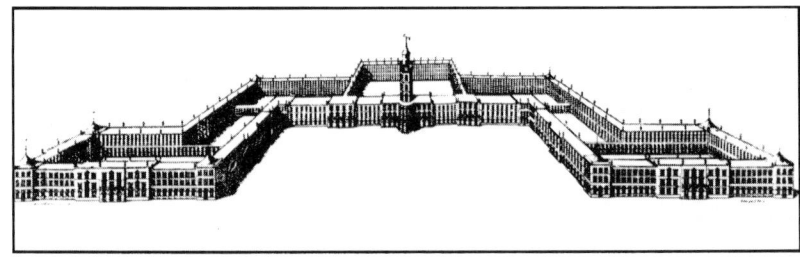

Andere Vorschläge, die sich gegen den Druck der Industrialisierung wendeten, waren weniger drastisch als die revolutionären oder utopischen Modelle und bezogen sich eher auf den Status quo. So gab es zahlreiche Versuche, menschenwürdige Arbeiterviertel zu schaffen – von Bournville bis zur Pullman City –, die das philanthropische Interesse der kapitalistischen Unternehmer bekundeten. Haussmann wiederum schnitt bei seiner Planung für Paris neue Boulevards durch die Stadt und ließ Parks anpflanzen. Diese Schneisen entstanden zweifellos aus unterschiedlichen Motiven, denn sie schufen nicht nur hygienischere Freiräume, sondern öffneten auch Wege für Handel und Militär und verbanden einen Bereich historischer Machtsymbole theatralisch mit dem anderen. In den Vereinigten Staaten entwarf Frederick Law Olmsted kurz nach der Jahrhundertmitte den Central Park in New York. Er wollte die Natur in das Herz New Yorks bringen und es menschlicher gestalten. Der Park erschien ihm als ein idealer öffentlicher Ort, um die fortschreitende Demokratisierung des Landes zu zelebrieren.

In Europa machten sich in der zweiten Hälfte des 19. Jahrhunderts andere Tendenzen bemerkbar, die das Denken des 20. Jahrhunderts beeinflussen sollten. Wichtig wurden zum Beispiel die Schriften des Wieners Camillo Sitte, der sich gegen großartige Blickachsen wendete und die Unregelmäßigkeiten früherer Stadtstrukturen in die Planung neuer Plätze und Stadträume einzubeziehen suchte. So wurde er, ohne es zu ahnen, zur Vaterfigur für spätere Planer, die das kleinmaßstäbliche Gewerbe der vorindustriellen Stadt gegen die *tabula rasa* des modernen Städtebaus verteidigten. Eine andere Theorie ging auf die Ideen des Spaniers Arturo Soria y Mata zurück. Er trat für eine »lineare Stadt« ein, die den starken Bevölkerungszuwachs in Ballungszentren auffangen, eine Anbindung von Wohn- und Arbeitsbereichen an den Verkehr erleichtern und eine bessere Verbindung von Stadt und Land fördern sollte. Seine

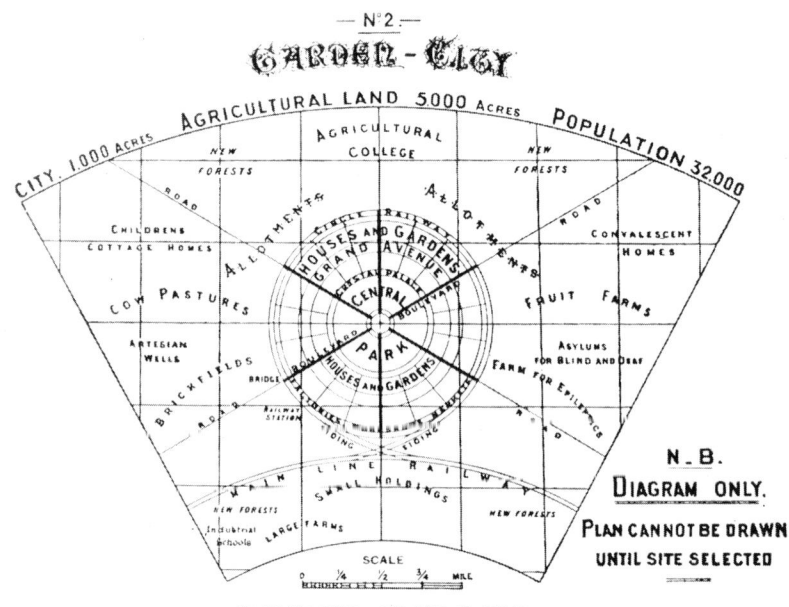

Bandstadt sollte parallel zu Verkehrswegen liegen und so weit voneinander entfernte Städte wie Barcelona und Moskau miteinander verbinden.

Ein weiteres Modell für Dezentralisierung und den Umgang mit dem Problem der Übervölkerung lieferte kurz vor der Jahrhundertwende der Engländer Ebenezer Howard mit seinen Schriften, vor allem mit dem Buch *Tomorrow: A Peaceful Path to Real Reform* (1898). Howard war beunruhigt über die Zerstörung und Verschwendung, die er in London und anderen Industriestädten erlebte. Er setzte sich für neue Gemeinden von überschaubarer Größe ein, die Stadt- und Landleben in einer glücklichen Synthese vereinen sollten (Abb. 12.2). Seine Vision war im Grunde eine Variante des englischen Dorfes, sollte aber über zusätzliche Einrichtungen wie Eisenbahnlinien und Kleinindustrie verfügen. Die Grundeinheit war die Familie im eigenen Heim. Die Häuser lagen an begrünten Straßen, die zu den größeren kommunalen Parks und den Gemeinschaftsbauten im Zentrum führten. Howard war stark von den moralischen Impulsen der Sozialkritik beeinflußt, die William Morris und John Ruskin formuliert hatten. Er hätte mit Ruskin übereingestimmt, der für »saubere Straßen mit freiem

12.1 Charles Fourier, »Phalanstère«, Radierung, ca. 1834.

12.2 Ebenezer Howard, Diagramm des Prinzips der Gartenstadt mit den Hauptelementen und ihrer Beziehung zueinander (aus *Garden Cities of Tomorrow*, 1902).

Die ideale Gemeinschaft: Alternativen zur Industriestadt

Land ringsum« plädierte, für »einen Gürtel von Gärten und Obstbäumen, so daß man von jedem Punkt der Stadt aus frische Luft, Wiesen und den fernen Horizont erreichen kann«. Howard ließ sich freilich auch von der konsequenteren utopischen Tradition »alternativer Gemeinschaften« inspirieren, wie sie Robert Owen früher im Jahrhundert entwickelt hatte. Nostalgische Erinnerungen an eine vorindustrielle Welt prägten Howards Entwürfe. Als dann in Letchworth tatsächlich eine Version der Gartenstadt entstand, trug Raymond Unwins Architektur entsprechend den Stempel der Arts-and-Crafts-Ideale.

Tony Garnier übernahm Prinzipien der Gartenstadt in seinen Vorschlägen für eine Cité Industrielle, an denen er ab 1901 arbeitete und die 1917 veröffentlicht wurden (Abb. 12.3). Es ging Garnier darum, Problemlösungen für den »allgemeinsten Fall« der Industriestadt zu finden. Er entwarf eine mittelgroße Stadt für etwa 35000 Einwohner, in der er alle Funktionen der Gemeinschaft, der Produktion und des Verkehrs zu koordinieren suchte. Industrie- und Wohnzonen waren getrennt, aber durch Eisenbahnen mit den Geschäftszentren verbunden. Der Idealplan sah eine terrassierte Landschaft vor, die eine Artikulierung der verschiedenen Bereiche erleichterte. Doch ihre Hierarchie wurde durch Achsen betont, die an Garniers Beaux-Arts-Ausbildung und sein Interesse an antiken Stadtformen erinnerten. In der Nähe des Zentrums lag ein großer Gemeinschaftsbereich, in dem Garnier jedoch keine religiösen Bauten vorsah. Nach seiner sozialistischen Überzeugung würde die neue Gesellschaft solche »Palliative« überflüssig machen. Wie in Howards Utopia lagen Einfamilienhäuser an baumbepflanzten kleinen Straßen, fernab der Menschenmassen, des Verkehrslärms und der Industrie. Es gab auch einige größere Mietshäuser, ebenfalls rechteckig und mit Flachdächern.

An allen Bauten führten Bürgersteige vorbei, so daß genügend Platz für Bäume vorhanden war und die Fußgänger ungehindert alle Punkte der Stadt erreichen konnten. Garnier sagte: »Die Stadtfläche ist insgesamt gesehen wie ein großer Park, ohne irgendwelche Umfriedungen, durch die einzelne Zonen begrenzt würden.« Auch hygienische Faktoren spielten bei seinem Entwurf eine wichtige Rolle.

Die Gartenstadt war hier in einer Weise neu interpretiert, die den Techniken, Möglichkeiten und Werten der industriellen Gesellschaft entsprach. Das nüchterne, aber dennoch romantische Erscheinungsbild der Bauten sollte die Errungenschaften des technischen Fortschritts zum Ausdruck bringen und die soziale Emanzipation fördern.

In diesem arkadischen Traum aus griechischen Villen, Gemeinschaftseinrichtungen und Alleen fanden Klassenkampf und divergierende Interessen keinen Platz. An die Stelle von Unwins Arts-and-Crafts-Vision, in der vernünftige englische Arbeiter ein gesundes und moralisches Leben in ländlicher Umgebung führen, trat eine Flachdacharchitektur, die an die größeren Organisationsstrukturen des Industriestaates erinnerte. Doch bei aller Progressivität war ein Hauch von Nostalgie zu spüren, wie Manfredo Tafuri feststellte, als er die City Industrielle mit einem »neuen Hellas« verglich:

12.3 (rechts) Tony Garnier, Cité Industrielle, 1901–17, Wohnviertel (aus Cité Industrielle, 1917).

162 Die Kristallisation der modernen Architektur zwischen den beiden Weltkriegen

»Die Zukunft wurzelt für ihn in einer als ›Goldenes Zeitalter‹, als ideale Ausgewogenheit umschwärmten Vergangenheit, die es wiederzuerlangen gilt.«

Dank seiner Verbindungen zu dem sozialistischen Bürgermeister Lyons, Edouard Herriot, konnte Garnier einen Teil seiner Idealstadt in die Realität umsetzen. Doch der traumartige Charakter der gezeichneten Version ging weitgehend verloren.

Ein weiteres wichtiges Städtebauprojekt, das Ideen des 19. Jahrhunderts mit den progressiven Konzepten der Planer im 20. Jahrhundert verband, war Berlages Wohnbebauung in Süd-Amsterdam zwischen 1902 und etwa 1920 (Abb. 12.4). Während des ganzen 19. Jahrhunderts war das Wachstum der Stadt außerhalb der Festungsmauern völlig ungeordnet vor sich gegangen. Im Zuge der Industrialisierung wurden jedoch viele neue Wohnungen im Maßstab von Nachbarschaftseinheiten notwendig. Mit Hilfe breiter Straßen, die größere Quartiere mit massiver Bebauung definierten, brachte Berlage Ordnung in das Chaos. Diese Areale waren von einem Sekundärsystem kleinerer Straßen und ruhiger Plätze durchzogen, an denen Läden, Schulen und öffentliche Einrichtungen lagen. Wichtiges Charakteristikum des kollektiven Wohnungsbaus war aber die Blockrandbebauung, die große innere Höfe mit Gartenanlagen umschloß. Viele dieser Anlagen waren nach symmetrischen Grundrissen mit massiven zentralisierenden Elementen gestaltet. Die Bauten waren in dunklem Backstein ausgeführt. Bögen, Fenster und Ecken sorgten für eine einheitliche, ruhige Wirkung – ein Gegensatz zu den lockerer angeordneten Bepflanzungen und Wegen.

Ähnlich gingen die »expressionistischen« Architekten Piet Kramer und Michel de Klerk bei ihren Wohnblocks in Amsterdam vor. De Klerks Siedlung Eigen Haard von 1919 (Abb. 12.5) lag ebenfalls außerhalb des historischen Stadtkerns, und der Architekt bemühte sich darum, eine städtische Struktur herzustellen. Die Wohnbebauung monumentalisierte er regelrecht und behandelte sie als zusammenhängende plastische Einheit. Der feinfühlige Wechsel von Rhythmus, Struktur, Maßstab und Farbe machte die unterschiedlichen inneren Funktionen deutlich und ging auf die Erfordernisse des dreieckigen Grundstücks ein. An einer Seite war in der Mitte der Dreiecksbasis ein Tor eingeschnitten, das von einem markanten Turm bekrönt wurde. Auch hier wirkte die Architektur nüchtern und solide, als wolle sie der Entwurzelung und Wechselhaftigkeit des städtischen Lebens ein stabilisierendes Element gegenüberstellen, das an den früheren Zusammenhalt der Zünfte erinnerte. Bei seinen Plänen für Amsterdam hatte Berlage

12.4 Hendrik Petrus Berlage, Luftaufnahme des neuen Wohnbezirks Amsterdam-Süd mit Blockrandbebauung, 1902–20.

Die ideale Gemeinschaft: Alternativen zur Industriestadt 163

2.5 Michel de Klerk, Wohnbebauung Eigen Haard, Amsterdam, 1915–19

von einer »Wiederbelebung der Stadtplanung« gesprochen. Auch de Klerk dachte offenbar an eine Lösung, die Kontinuität sicherte und zugleich neuen Anforderungen gerecht wurde.

Die städtebaulichen Planungen Le Corbusiers waren von vagen Zukunftsidealen und Erinnerungen an eine integrale Vergangenheit bestimmt. Die »Zeitgenössische Stadt für 3 Millionen Einwohner« von 1922 wurde schon zuvor im Zusammenhang mit der Suche des Architekten nach Harmonie in der modernen Kultur und seinem Konzept des Maschinenzeitalters erwähnt. Wie Garnier ging es Le Corbusier um nichts weniger als ein allumfas-

164   Die Kristallisation der modernen Architektur zwischen den beiden Weltkriegen

sendes Prinzip für sämtliche Prozesse der Industriegesellschaft. Es muß freilich gesagt werden, daß er diese Prozesse in seinen Entwürfen allzu drastisch vereinfachte.

Die Ville Contemporaine ist aus einer Serie von Zeichnungen bekannt, die Le Corbusier 1922 im Salon d'Automne in Paris ausstellte. Der Plan beruhte auf einem regelmäßigen geometrischen Raster, der von einer Hauptverkehrsachse durchschnitten war. Die Achse führte zu einem Verkehrszentrum mit verschiedenen Niveaus. Das oberste nahm einen Flugplatz auf. Dieses Zentrum umstanden, dem Raster der Stadt entsprechend, 24 gläserne Wolkenkratzer von 200 Meter Höhe. Sie sollten die »Hirne« der Gesellschaft beherbergen – Technokraten, Manager und Bankiers. Der Rest der Stadt war überwiegend mit stark verdichteten Appartementhäusern bebaut, die regelmäßig in einer parkähnlichen Umgebung angeordnet waren. Die Arbeitervororte und die Industriezone lagen in einiger Entfernung, so daß die Trennung der Managerelite von den niederen Rängen unterstrichen wurde. Die Stadt strahlte eine geradezu exzessive Rationalität und Disziplin aus: Es war kaum eine gekurvte Linie zu sehen.

Das Prinzip des Planes war eindeutig. Neue Techniken wie Stahl- und Stahlbetonkonstruktion und das Verkehrsmittel Automobil ermöglichten eine hochverdichtete Wohnbebauung in Verbindung mit einem Maximum von Freiflächen und frischer Luft. Der Straßenverkehr sollte mit Hilfe von *pilotis* der Fußgängerzirkulation enthoben werden. Überhaupt wollte Le Corbusier den ganzen grünen Grund der Stadt frei halten, da auch die Bauten sich auf Stützen erhoben. Die traditionelle Straße

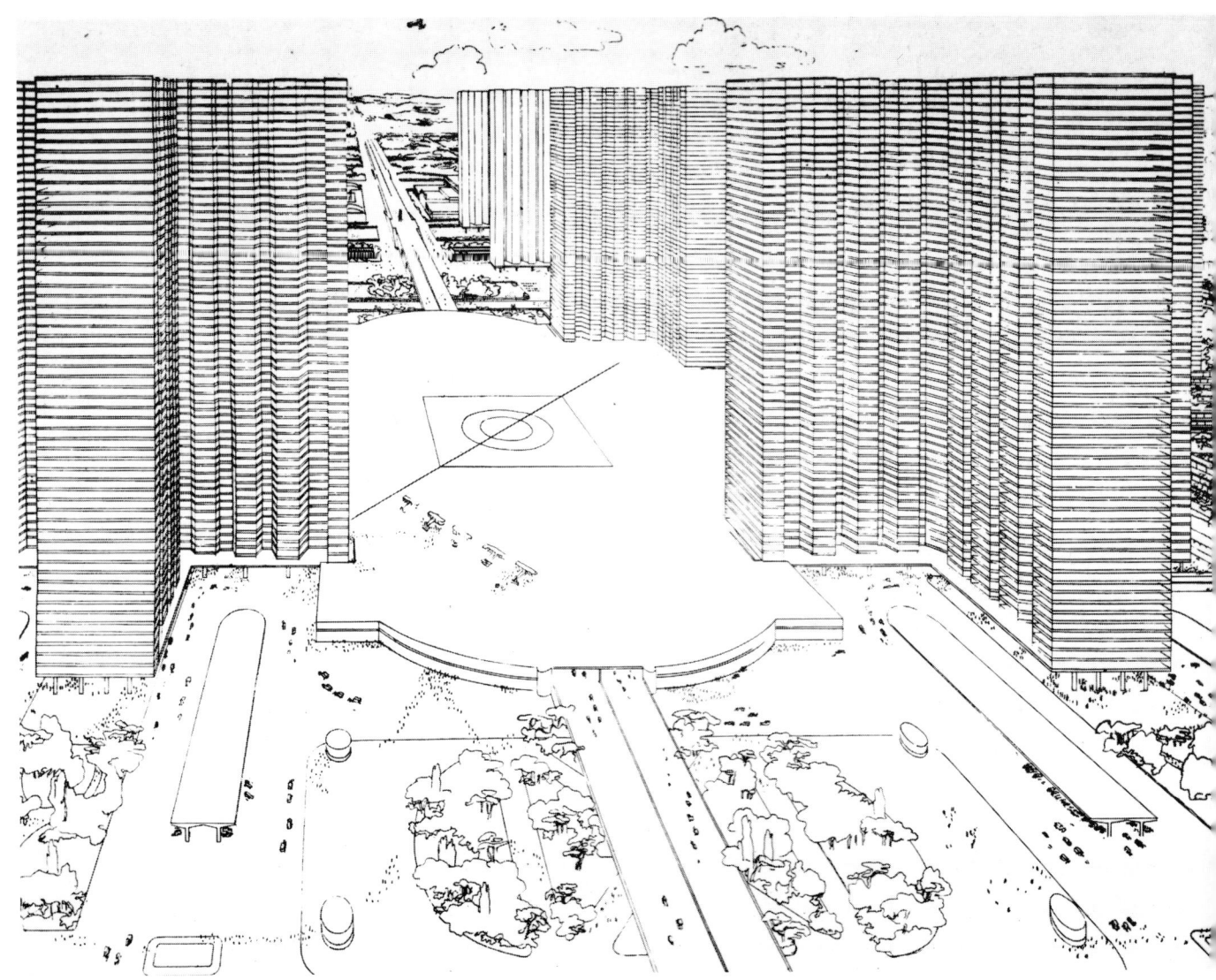

12.6 Le Corbusier, »Ville Contemporaine pour 3 millions d'Habitants«, 1922, Ansicht der Wolkenkratzer und des Verkehrszentrums.

Die ideale Gemeinschaft: Alternativen zur Industriestadt 165

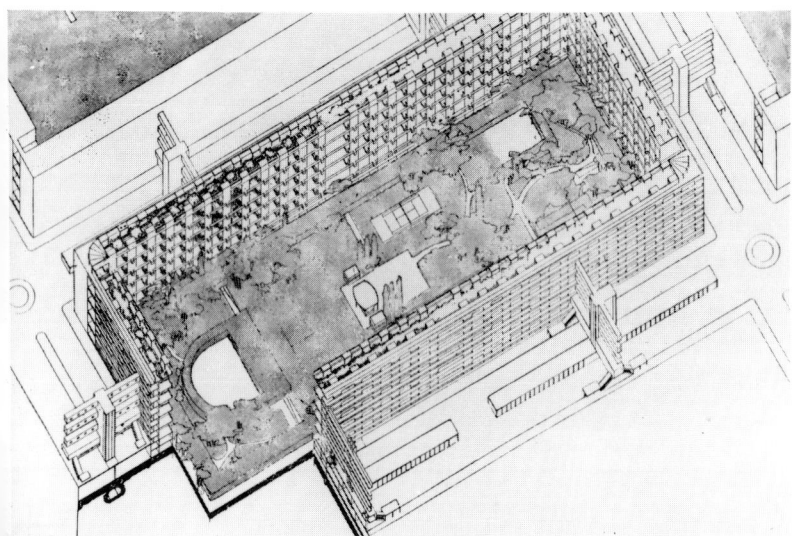

12.7 Le Corbusier, Ville Contemporaine, 1922, Immeubles-Villas.

existierte nicht mehr: Sie erinnerte Le Corbusier an die rauchenden Schornsteine und den Schmutz der Slums im 19. Jahrhundert. An die Stelle der rußigen Industriestadt sollte eine schöne neue Welt treten, mit Licht, Grünanlagen, Luft und Sauberkeit. Stadt und Land sollten wieder ineinander übergehen, so daß die City zu einem riesigen Park würde. Le Corbusier sah die Technik als janusköpfiges Wesen, das Gutes wie Böses bewirken konnte. Sein städtebauliches Projekt war ein Versuch, die Möglichkeiten der Industrie im Dienste der menschlichen Fortentwicklung auszuwerten und zu harmonisieren.

Dabei spielten mehrere ideologische Faktoren eine Rolle: Offenbar hatte Le Corbusier sich an den Ideen Saint-Simons orientiert, insbesondere an der Vorstellung einer wohlwollenden Elite von Technokraten, die Fortschritt für alle bewirken sollten. Diese Vision manifestierte sich in den Wolkenkratzern im Herzen der Stadt (Abb. 12.6) und in der Romantisierung der Technik, in den grandiosen Straßenachsen und dem technoiden Charakter der übrigen Bauten. Freilich konnte der Architekt in seiner Zeit nicht ohne weiteres eine Entsprechung zu der Elite Saint-Simons finden. Seine spätere Ville Voisin von 1925 (der Vorschlag, im Zentrum von Paris einen Geschäftsbezirk mit Hochhäusern zu schaffen) war ein unbeholfener Versuch, die Großindustrie für seine Projekte zu interessieren. Gegen Ende der zwanziger Jahre wurden Le Corbusier die Probleme einer kapitalistischen Wirtschaft immer deutlicher bewußt, und er begann sich politisch neu zu orientieren. Bis dahin hatte er das romantische Konzept einer den Fortschritt befördernden Technokratie vertreten – wiederum ein deterministischer Aspekt.

Auch die Bilderwelt von Le Corbusiers Ville Contemporaine hatte einen komplexen Hintergrund. Es schien, als habe er Fragmente von Städten, die er liebte, über einem einzigen regelmäßigen Grundriß zusammengefügt. Die technologische Aura Manhattans (die er von Fotos kannte) traf zusammen mit den Straßen und gläsernen Bauten von Sant'Elias Città Nuova. Die Boulevards, breiten Avenuen und Parks von Paris waren einer geometrischen Ordnung eingepaßt, die an die idealen Stadtgrundrisse der Renaissance erinnerten. Howards Gartenstadt und Garniers Cité Industrielle waren in einem sehr viel größeren Maßstab neu formuliert. Die Sensibilität des Purismus verband sich mit Erinnerungen an große klassische Städte der Vergangenheit. Es schien, als sei Le Corbusier nicht damit zufrieden gewesen, lediglich die »Standards« einer neuen Architektur zu definieren, sondern als habe er auch das Problem der typischen Elemente der Stadt – und letztlich der Gesellschaft – für die Zukunft lösen wollen. War dies nur eine theoretische Übung, oder hoffte er tatsächlich, das ganze Projekt bauen zu können? Wir wissen es nicht. Aber Le Corbusier war offensichtlich davon überzeugt, daß sein Utopia allen gerecht würde. Wäre die Ville Contemporaine gebaut worden, so hätte sie zweifellos eine erdrückende Uniformität besessen. Die Wohnbauten für Le Corbusiers Elite waren entweder auf Zahnschnittgrundriß geplant (der in den dreißiger Jahren bei der Ville Radieuse als A-redent-Bebauung wieder auftrat) oder als Blockrandbebauung mit Innenhöfen – Immeubles-Villas (Abb. 12.7). Die Immeubles-Villas bestanden aus Einheiten doppelter Geschoßhöhe mit großen Terrassen, die bis zu zwölf Geschossen hoch aufgetürmt waren. Das Innere der Maisonettes war dem des Maison Citrohan ähnlich. Es ging Le Corbusier offenbar darum, die Möglichkeiten der Massenproduktion für die Lösung des Wohnungsproblems zu nutzen. Auch Gemeinschaftseinrichtungen wie Restaurants, Tennisplätze, Dachterrassen und Liegewiesen waren vorgesehen. Die Atmosphäre war relativ luxuriös, sie ließ eher an ein Mittelklasse-Hotel denken als an die kommunistischen »sozialen Kondensatoren«, wie sie die Sowjetunion später in diesem Jahrzehnt plante. Ähnlich wie die Stadt selbst waren die Immeubles-Villas von unterschiedlichen Quellen inspiriert, die Le Corbusier während seiner Reisen beeindruckt hatten. Eine besondere Bedeutung besaß das Kloster Ema bei Florenz, das er als junger Mann besucht hatte. Es war ebenfalls um einen Innenhof angelegt und verfügte über zwei Geschosse hohe Einzelzellen mit eigenen Gärten. Eine solche Organisation kehrte in Le Corbusiers späteren Entwürfen für Kollektivwohnbauten immer wieder. Das Kloster war ein Typus, der ihn faszinierte, weil es den idealen Ausgleich zwischen öffentlichem und privatem Leben, zwischen der gebauten und der natürlichen Welt herstellte.

Obwohl Le Corbusier niemals eine komplette Version seiner Idealstädte realisierte, übten sie einen starken Einfluß auf sein späteres Schaffen aus. Ähnliches galt für viele andere Architekten der zwanziger Jahre, die einzelne Bauaufgaben als Experimente für das größere Ganze nutzten. In gewisser Hinsicht erfüllte die Weißenhofsiedlung in Stuttgart von 1927 diese Funktion für die Teilnehmer der Ausstellung. Doch in der Weimarer Repu-

blik gab es Institutionen, die den modernen Wohnungsbau auf breiter Front förderten. Die Verfassung der neuen deutschen Republik von 1919 betonte die staatliche Kontrolle des Grundbesitzes, unter anderem, um Wohnraum für alle zu schaffen. Die Reformen des Wohnungsbaus konnten freilich erst nach 1923 wirksam werden, als sich die wirtschaftliche Lage zeitweilig stabilisierte. Die Ergebnisse zeigten sich besonders eindrucksvoll in Städten wie Breslau, Hamburg, Celle, Berlin und Frankfurt.

Frankfurt war ein Sonderfall, weil die Gewerkschaften und die sozialdemokratischen Genossenschaften starken Einfluß auf die Politik ausübten. Ludwig Landmann, der Oberbürgermeister der Stadt, hatte ein spezielles Interesse am Wohnungsbau, das er auch in einem Buch mit dem Titel *Das Siedlungsamt der Großstadt* von 1919 ausdrückte. Im Jahre 1925 lud er den Architekten Ernst May nach Frankfurt ein, ernannte ihn zum Stadtbaurat und unterstützte ihn beim Erwerb von Grundstücken für die Stadterweiterungen. May hatte bereits zu Beginn der zwanziger Jahre in Schlesien eine Reihe kleinerer landwirtschaftlicher Siedlungen errichtet, die vom Einfluß Howards zeugten. Doch im Vergleich dazu nahm seine neue Aufgabe kolossale Dimensionen an. Die zahlreichen Siedlungen, die er mit seinen Mitarbeitern in den nächsten fünf Jahren für Frankfurt entwarf, hatten nur noch wenig mit den Prinzipien der Gartenstadt gemeinsam, obwohl natürliche Umgebung, hygienische Lebensbereiche und die Nähe zum Arbeitsplatz eine wichtige Rolle spielten. Ebenso wichtig war die industrielle Serienproduktion, die auf rationellen Haustypen basierte. May setzte sich überaus gründlich mit Nutzung und Produktion auseinander, von den Außenräumen über die Einzelwohnung bis hin zur kleinsten Armatur. So entstand zum Beispiel in Zusammenarbeit mit Grete Schütte-Lihotzky die berühmte »Frankfurter Küche«, ein kompakter und außerordentlich funktioneller Entwurf. Mays analytisches Vorgehen regte offenbar auch andere engagierte Architekten in Europa an, die darin eine Abkehr der Technik von ausbeuterischer Wirtschaft und eine Hinwendung zu sozialer Verantwortung sahen. Seine Gegner dagegen spotteten über »unmenschliche« und »wissenschaftliche« Eingriffe in das häusliche Leben.

12.8 *(links)*
Ernst May,
Siedlung Römerstadt,
Frankfurt, 1926–28.

12.9 *(rechts)*
Bruno Taut,
Siedlung Britz,
Berlin, 1928,
Luftansicht der
»Hufeisen«-Bebauung.

Die Siedlungen waren auch in Anlage und Erscheinungsbild weit entfernt von den freistehenden Einfamilienhäusern der Gartenstadt mit ihren Steildächern und ihrer rustikalen Stimmung. Charakteristisch waren langgestreckte, drei- bis fünfgeschossige Blocks mit Zugängen und Treppen zwischen den auf jedem Geschoß paarweise angeordneten Wohnungen. Das führte zu einer an Monotonie grenzenden Wiederholung standardisierter Moduln und Konstruktionselemente, die die Architekten dadurch zu humanisieren suchten, daß sie besondere Sorgfalt auf Proportion, Maßstab, Licht, Schatten und Details verwendeten. Das knappe Budget erlaubte nichts Überflüssiges, doch die Askese, die sich daraus ergab, hatte ihr Gutes: Sie brachte die Disziplin der Gemeinschaft und deren moralische Kraft zum Ausdruck. Die weiß oder farbig gestrichenen Wandflächen wurden ohnehin durch das Schattenspiel der Bäume und das Nebeneinander von Rasen und Bepflanzung belebt.

So vereinten sich Ideen der Gartenstadt und die abstrakten Formen der neuen Architektur zu einem zwingenden Erscheinungsbild, in dem sich die Werte des aufgeklärten Sozialismus widerspiegelten. Für kurze Zeit schien es, als seien die Utopien der Avantgarde und die soziale Realität jener Zeit im Einklang. Die Siedlungen Römerstadt (Abb. 12.8), Bruchfeldstraße und Praunheim wurden vielfältig publiziert und galten den Linken als Beispiel dafür, was sich erreichen ließe, wenn die moderne Architektur ihrer »wahren« Bestimmung folgte: nicht Verherrlichung der schicken Mittelklasse-Bohème, sondern Emanzipation der Arbeiterklasse, allgemeine Verbesserung der Umweltbedingungen, Harmonisierung von Technik und Natur. Doch schon am Ende des Jahrzehnts zerstoben die Träume, als steigende Materialkosten bald zu Qualitätsverlusten führten, als deutlich wurde (wie etwa in Rußland), daß das Formenvokabular keineswegs unbedingt bei der breiten Masse Beifall fand, und als die reaktionären Kräfte die neue Architektur wegen ihrer angeblich kommunistischen Gesinnung heftig befehdeten.

Obwohl in Berlin andere lokalpolitische Voraussetzungen als in Frankfurt gegeben waren, entstanden auch hier bemerkenswerte Siedlungsbauten. Zu den wichtigsten zählen die von Gropius für die Siemensstadt und Bruno Tauts und Martin Wagners Siedlung Britz. Taut hatte zu dieser Zeit die expressionistischen, nahezu sakralen Tendenzen seines Schaffens bis etwa 1920 aufgegeben. Statt dessen verschrieb er sich der Neuen Sachlichkeit, die ihm wahrscheinlich für das Sozialprogramm der neuen Siedlungen am angemessensten erschien. Dabei war er keineswegs ein reiner »Funktionalist«, sondern suchte den standardisierten Formen seiner Entwürfe eine Aura der Würde und des Gemeinschaftsgeistes zu geben. Der Plan von Britz war auf einen

Die ideale Gemeinschaft: Alternativen zur Industriestadt   169

12.10 *(links)*
J.P. Oud,
Wohnbebauung,
Hoek van Holland,
1924.

12.11 *(links unten)*
J.P. Oud,
Wohnbebauung,
Hoek van Holland,
1924, Zeichnung.

12.12 *(rechts)*
J.P. Oud, Siedlung
Kiefhoek, Rotterdam,
1925.

12.13 *(rechts unten)*
J.P. Oud, Siedlung
Kiefhoek, Rotterdam,
1925, Zeichnung aus
der Vogelperspektive.

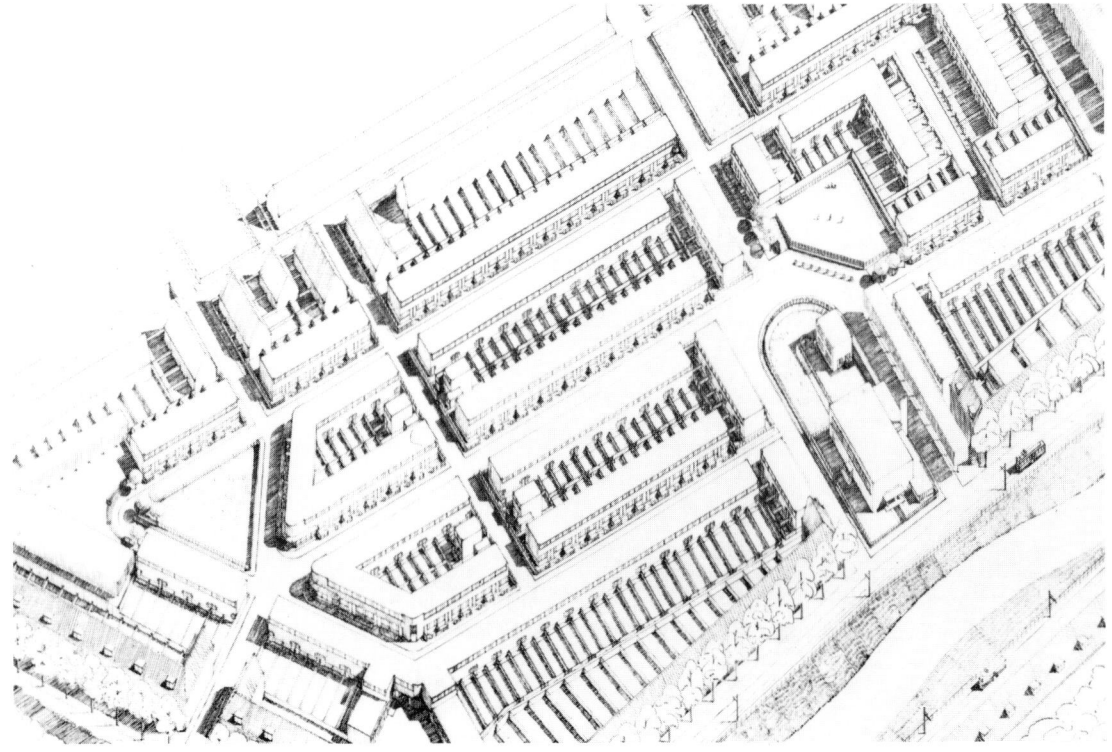

hufeisenförmigen, von einer Randbebauung umgebenen offenen Bereich zentriert (Abb. 12.9). Von diesem Mittelpunkt aus erstreckten sich weitgehend parallel verlaufende rechtwinklige Baukörper mit dazwischen liegenden Grünflächen. Der Typ des freistehenden »bürgerlichen« Einfamilienhauses wurde hier bewußt abgelehnt. Zugleich ging es den Architekten darum, ungesunde Verhältnisse wie in den Arbeiterbehausungen des 19. Jahrhunderts zu vermeiden. So war ihre Formensprache dazu bestimmt, eine Art »Reinigung« zu bewirken. Es bestand freilich die Gefahr, daß die ständige Wiederholung zu bloßer Banalität verkam, wenn nicht die Kraft der sozialistischen Vision dahintersteckte. Dies geschah bei vielen schwachen Kopien der klassischen Siedlungen.

Sowohl May als auch Wagner, Taut und die anderen Architekten waren möglicherweise von den etwas früheren Siedlungsprojekten J. J. P. Ouds beeinflußt. Schon 1918, im Alter von 28 Jahren, war Oud zum Stadtarchitekten von Rotterdam ernannt worden. Seine frühesten städtebaulichen Entwürfe basierten eindeutig auf Berlages Prototypen. Erst allmählich gelang es ihm, sich von stereotypen Planfiguren zu lösen und die Entdeckungen des Stijl in eine architektonische Sprache einzubeziehen, die auch den praktischen Notwendigkeiten von Arbeiterwohnungen entsprach. Zu einem Kristallisationspunkt wurde seine Siedlung in Hoek van Holland von 1924 (Abb. 12.10 und 12.11). Hier führte das Prinzip der Wohnhygiene zu bemerkenswert expressiven Bauformen. Die beiden identischen Blocks enthielten je zwei Geschosse mit Wohnungen und waren an den Ecken abgerundet. Die Wände waren verputzt und weiß getüncht. Der Sockel bestand aus gelbem, die Stufen aus rotem Backstein und die Türpfosten aus grauem Beton. Türen, Lampen, Stützen und andere Details waren blau, rot, schwarz und gelb gestrichen und erinnerten an Bilder Mondrians oder an die Farbgebung des Hauses Schroeder in Utrecht von Rietveld. Die asymmetrische Dynamik des Stijl war nicht ohne weiteres auf einen großen Maßstab zu übertragen, doch bei der Siedlung Kiefhoek in Rotterdam von 1925 gelang es Oud, die umgebenden Räume eng miteinander zu verzahnen (Abb. 12.12, 12.13). Auch hier waren die Häuser zweigeschossig. Die schmalen getünchten Kästen mit ihren sparsamen und klaren Details hoben sich präzise von den roten Backsteinbauten der Umgebung ab. Zugleich stellten sie eine dramatische Abweichung von Struktur und Volumen früherer holländischer Wohnbauexperimente im »expressionistischen« Stil dar. Probleme, die sich aus einem Konflikt mit der Nachbarbebauung ergeben konnten, wurden zu jener Zeit kaum wahrgenommen. Dennoch wurde deutlich, daß diese kühlen, abstrakten Prototypen, die so charakteristisch für die neue Ordnung waren, sich nicht zur Einfügung in den städtebaulichen Kontext eigneten. Im übrigen hatte Oud den Vorteil, daß regelmäßige Straßennetze und flaches Baugelände seinem Stil entsprachen. Es gab keine Gewähr dafür, daß die angeblich universalen Qualitäten der Entwürfe sich auch auf andere Verhältnisse übertragen ließen.

Das Dilemma der sozialen Interpretation, dem sich die Architekten der europäischen Avantgarde konfrontiert sahen, war dem ihrer sowjetischen Kollegen nicht unähnlich. Die fortschrittlichen Architekten gerieten ständig in die Gefahr, ihre eigenen Vorstellungen auf die Realität zu projizieren. Allzu vereinfachend behaupteten sie, gute Architektur sei in moralischer und sozialer Hinsicht gut für alle. Wie schon im 10. Kapitel erwähnt, untersuchten Gruppen wie der OSA Lebensmuster und Konstruktionstechniken, um Prototypen für Arbeiterwohnungen zu entwickeln und Formen zu entdecken, die den neuen Stand der Dinge zum Ausdruck brachten. Dies war nur Teil einer umfassenden Erneuerungsbewegung, die sich noch deutlicher im Städtebau manifestierte. In seinem Buch *Rußland – Architektur für eine Weltrevolution* von 1929 stellte El Lissitzky Bautyp um Bautyp die avantgardistischen Strömungen des vergangenen Jahrzehnts vor. Er neigte der Meinung zu, die Arbeiterklubs, Siedlungen, Fabriken und so weiter seien Grundelemente einer neuen städtebaulichen Ordnung. In einem Kapitel über die neue Stadt schrieb er, die gesellschaftliche Entwicklung führe zur Abschaffung des Gegensatzes zwischen Stadt und Land. Die Stadt versuche, die Natur in ihr Zentrum hineinzuziehen und andererseits mit Hilfe der Industrialisierung auf dem Lande ein höheres Zivilisationsniveau zu erreichen.

Dies entsprach den Forderungen von Marx und Engels, die Unterscheidung zwischen städtischem und ländlichem Proletariat aufzuheben, und auch Lenins Wunsch nach einer Verschmelzung von Industrie und Landwirtschaft. Aber selbst wenn diese Glaubensartikel akzeptiert waren, gab es immer noch eine Reihe von Möglichkeiten, solche Ideen in die urbanistische Praxis umzusetzen.

So entspannen sich zahlreiche Debatten über den Städtebau. In den späten zwanziger Jahren entwickelten Zelenko und L. Sabsowitsch ihre Theorien von Kommunebauten, die in neuen Wohn- und Industriebezirken jeweils etwa 40 km von den Städten entfernt entstehen sollten. Sie waren als Zentren für eine ideologisch neu orientierte Bauernschaft gedacht und erinnerten von fern an Fouriers Phalanstères. Dagegen wendeten sich die »Desurbanisten« (vor allem Ginzburg und Barstsch), die die Kommunehäuser als ländliche Kasernen karikierten. Sie argumentierten, Industrie und Landwirtschaft müßten über ganze Territorien hinweg verteilt werden. So sollte die alte Trennung von Stadt und Land aufgehoben werden. Das Projekt für ein »Grünes Moskau« von 1929–30 (Abb. 12.14) sah vor, den historischen Stadtkern kulturellen und Freizeit-Aktivitäten vorzubehalten und zugleich vom Zentrum radial ausstrahlende lineare Städte zu schaffen. Sie sollten aus mobilen Holzhäusern auf Stützen bestehen und durch kostenlosen Eisenbahnverkehr mit dem Zentrum verbunden werden. Eine noch extremere Fraktion der »desurbanistischen« Schule trat sogar für die völlige Auflösung aller zusammenhängenden formalen Strukturen ein.

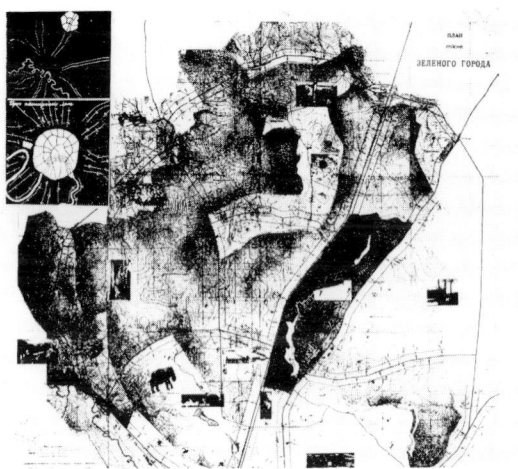

12.14 Moisej Ginzburg, Projekt für ein »Grünes Moskau«, 1929–30.

Ein besonders eifriger Befürworter der linearen Stadt war N.A. Miljutin, der die Industriebereiche parallel zu streifenförmigen Wohnzonen ansiedeln wollte und dazwischen einen breiten Grüngürtel vorsah. Die Eisenbahnlinien sollten abseits der Grünanlagen an der Außenseite des Industriegebiets entlangführen, die Wohnzonen durch eine Hauptverkehrsstraße erschlossen werden. Miljutin empfahl solche linearen Anlagen, weil sie ihm flexibel erschienen und keine zentralen Machtsymbole zuließen.

Ein Überblick über den Massenwohnungsbau in den zwanziger Jahren wäre unvollständig ohne die Erwähnung Wiens. Hier enthüllte eine Volkszählung im Jahre 1917, daß nahezu drei Viertel der Wiener Wohnungen unhygienisch und überbelegt waren. Unter dem Sozialdemokraten Otto Bauer kam es zu einer Mietpreisbindung, Privatgrundstücke wurden angekauft, ein Programm für den Bau von 5000 Wohnungen im Jahr wurde angekurbelt. Architekten wie Josef Frank und Adolf Loos reagierten auf die Krise, indem sie eine niedrige Bevölkerungsdichte in Vororten mit Einfamilienhäusern vorschlugen. Doch die Gemeinde folgte einem Konzept, wie es auch Peter Behrens vertrat: riesige Blocks mit eigenen kollektiven Einrichtungen. Diese Bebauungen wurden als »Höfe« bekannt – ein halb oder ganz geschlossener Wohnblock mit extrem hoher Verdichtung, errichtet in traditioneller Bauweise. Diese Riesenbauten galten als »rote Hochburgen«; tatsächlich wurde der Karl-Marx-Hof 1934 Schauplatz eines erbitterten Kampfes zwischen der Linken und der extremen Rechten.

Der Karl-Marx-Hof, 1927 von Karl Ehn entworfen, erstreckte sich über mehr als einen Kilometer (Abb. 12.15). Er enthielt 1382 Wohnungen sowie Büros, Wäschereien, eine Bibliothek, eine Ambulanz und Grünflächen auf einem Areal von etwa 156000 m². Probleme des Maßstabs, wie sie bei einem Bauwerk dieser Größe auftreten mußten, wurden mehr oder weniger geschickt durch eine lineare Blockanordnung gelöst, die der Architekt dann mit Hilfe breiter Eingangsbögen und massiver Türme artikulierte. Das Ganze erinnerte an einen Viadukt oder eine Festungsmauer – Prototypen, wie sie sich späteren Planern anboten, die Unités in gleicher Größenordnung zu entwerfen hatten. Stilistisch war der Karl-Marx-Hof ein linkisches Produkt der Wagner-Schule.

Im Jahre 1928 fand im Schloß von Mme de Mandrot in La Sarraz bei Lausanne das erste Zusammentreffen der Congrès Internationaux de l'Architecture Moderne statt. Die Diskussion führender europäischer Architekten der Moderne wandte sich bald dem Zusammenhang zwischen Architektur und Städteplanung zu. In der Schlußerklärung der Versammlung von La Sarraz (bei der Gropius und Le Corbusier zu den Protagonisten zählten) hieß es:

»Die Aufgabe der Architekten ist es deshalb, sich in Übereinstimmung zu bringen mit den großen Tatsachen der Zeit und den großen Zielen der Gesellschaft, der sie angehören.«

Und weiter:

»Stadtplanung ist die Organisation sämtlicher Funktionen des täglichen Lebens in der Stadt und auf dem Lande. Stadtbau kann niemals durch ästhetische Überlegungen bestimmt werden, sondern ausschließlich durch funktionelle Folgerungen.«

Das nächste CIAM-Treffen fand 1929 in Frankfurt statt. Hier konzentrierte sich die Diskussion auf die »Wohnung für das Existenzminimum«. Auch 1930 in Brüssel trat das Wohnproblem wieder in den Vordergrund, als sich eine Debatte über die Vorteile von Hoch-, Mittel- oder Flachbau entspann. Gropius präsentierte seine Studien über Lichteinfallswinkel und Flächenbeanspruchung, während andere erneut das schwierige Problem der politischen Durchsetzung aufwarfen. Der vierte Kongreß spielte sich 1933 an Bord eines Schiffes zwischen Marseille und Athen ab. Die Schlußerklärung (später als »Charta von Athen« bezeichnet) setzte sich wiederum mit den Problemen der modernen Stadt auseinander:

»Der heutige Zustand fast aller untersuchten Städte ist chaotisch und zum großen Teil im Widerspruch zu den wirklichen Bedürfnissen der Mehrzahl der Bewohner.
Er ist entstanden durch ein seit Beginn der Industrialisierung einsetzendes rein additives Aneinanderreihen von Privatinteressen...
Die funktionelle Stadt soll auf geistiger und materieller Basis das individuelle und das gemeinschaftliche Leben in Beziehung bringen.
Alle Maßnahmen und Planungen, die der funktionellen Stadt zu Grunde liegen, müssen ausgehen vom menschlichen Maßstab und den menschlichen Bedürfnissen.

172 Die Kristallisation der modernen Architektur zwischen den beiden Weltkriegen

Die ideale Gemeinschaft: Alternativen zur Industriestadt 173

> Die Hauptgrundlagen des Städtebaues sind: Richtige Wahl der Lage und Größe der einzelnen Gebiete für Arbeiten, Wohnen, Erholung und Verkehr; Entwicklung und Planung dieser Gebiete nach den ihnen eigenen Gesetzen und Forderungen; gegenseitiges Inbeziehungsetzen dieser Gebiete, so daß der täglich wiederkehrende Wechsel von Arbeiten, Wohnen und Erholung auch nach den Gesichtspunkten der größten Zeitersparnis erfolgen kann...
> Die Grundlagen für die Arbeit des Architekten auf dem Gebiet des Städtebaus bilden die menschlichen Bedürfnisse und der menschliche Maßstab...
> Zur Lösung dieser Aufgabe ist die Prüfung der technischen Möglichkeiten und die planmäßige Zusammenarbeit mit Spezialisten unerläßlich.«

Wieder einmal mußte die Avantgarde bei der Beschreibung der idealen Stadt auf theoretische Überlegungen zurückgreifen. Das lag vor allem daran, daß staatliche Behörden sich wenig verständnisvoll zeigten, wie die deutschen Architekten nur allzu gut wußten. An anderer Stelle des Dokumentes hieß es, private Interessen sollten öffentlichen Interessen untergeordnet werden, freilich ohne nähere Erläuterung, wie dies zu geschehen habe. Der moderne Urbanist und Architekt sah sich deshalb gezwungen, seine Ideen an einzelnen Beispielen zu demonstrieren, deren hervorstechende ästhetische Qualitäten den Blick auf den prototypischen Charakter des Experiments verstellen konnten. Die ideale Stadt mußte auf dem Papier bleiben, solange die Werte, die sie vertrat, nicht von der Gesellschaft unterstützt wurden.

12.15 Karl Ehn,
Karl-Marx-Hof, Wien,
1927.

13. Der Internationale Stil, das individuelle Talent und der Mythos des Funktionalismus

»Stile unterscheiden sich genau wie Sprachen in der Anordnung und Gliederung des Materials und in der Anzahl der Fragen, die sie dem Künstler zu stellen ermöglichen.«

E.H. Gombrich, 1960

Zu Beginn der dreißiger Jahre konnten Kenner der Szene die Produktion des vorhergehenden Jahrzehnts überblicken und nach einem neuen Stiletikett Ausschau halten. Von Moskau bis Mailand, von La Jolla bis Japan fanden sich Bauten unterschiedlicher Funktion, Größe, Bedeutung und Ausdruckskraft, die dennoch Gemeinsamkeiten aufwiesen. Diese Charakteristika ließen sich in wiederkehrenden Motiven wie Fensterbändern, Stützenrastern, auskragenden horizontalen Flächen, Metallgeländern oder gekurvten Trennwänden erkennen. Doch der Stil war auch durch abstraktere Aspekte zu definieren: etwa die Tendenz, einfache rechteckige Volumen mit scharf ausgeschnittenen Öffnungen zu verwenden oder schwebende Flächen und einander durchdringende Räume zu artikulieren. Hitchcock und Johnson gingen noch weiter, indem sie die wichtigsten visuellen Prinzipien des neuen Stils zu umreißen suchten (Volumen statt Masse, Regelmäßigkeit, Vermeidung von Dekorationen und so weiter). Außerdem schrieben sie diesem neuen »Internationalen Stil« eine beträchtliche geschichtliche Bedeutung zu:

> »Da es nun möglich ist, den großen Stilen der Vergangenheit in ihrem Wesen nachzueifern, ohne ihre Erscheinungsformen zu imitieren, kann das Problem eines dominanten Stils, an dem das 19. Jahrhundert mit wechselnden Wiederbelebungsversuchen scheiterte, zu einer Lösung gebracht werden… Es gibt jetzt eine einheitliche Ordnung, gefestigt genug, um den zeitgenössischen neuen Stil in seiner Existenz zu sichern, und elastisch genug, um individuelle Interpretationen zu erlauben und deren weitere Entwicklung zu ermutigen.«

Die Autoren unterstützten ihre These mit Schwarzweiß-Abbildungen von Bauten an Orten, die so weit entfernt voneinander lagen wie Kalifornien und die Tschechoslowakei. Durch diese Präsentationsmethode wurden Unterschiede in Größe, Farbe und Material heruntergespielt. Doch der intellektuelle Filter war offenbar ebenso wichtig wie der fotografische. Hitchcock und Johnson waren anscheinend entschlossen, einen wahrhaft modernen Stil vorzustellen, und mußten deshalb alles ignorieren, was nicht dazu paßte, wie etwa Wright oder der Expressionismus. Ihre These war stark im Bereich des Allgemeinen, des Gemeinsamen und des Typischen, aber schwach im Persönlichen, Praktischen und Besonderen.

Um die Abweichungen persönlicher Stile zu erkennen, braucht man nur an zwei zuvor in diesem Buch analysierte Bauten zu denken: Le Corbusiers Maison Cook von 1925–26 und Rietvelds Haus Schroeder von 1924. Sie haben mehr miteinander gemeinsam als etwa mit Bauten des Art Nouveau oder des Expressionismus. Andererseits unterscheidet sich Le Corbusiers flächiger Kasten mit seinen puzzleartig eingefügten *pilotis* und Trennwänden deutlich von Rietvelds explodierenden Flächen, die sich überschneiden und in den umgebenden Raum vordringen (ein Gegensatz, der den Unterschied zwischen Purismus und De Stijl andeutet).

Ein Vergleich von anderen Werken Le Corbusiers und Rietvelds würde zweifellos zahlreiche feinere Divergenzen zutage bringen und ihren persönlichen Stil noch klarer charakterisieren. So ließe sich allmählich die eigene Bedeutungswelt jedes der beiden Künstler erschließen. Es wären gemeinsame Themen zu erkennen, die mit der Spiritualisierung der Maschine zusammenhängen. Aber wenn man weiterforschte, würde man auf unterschiedliche private Metaphern, Formenquellen und ideologische Positionen stoßen. In den vorigen Kapiteln hat sich gezeigt, welche Vielfalt sozialer Ideale sich im Laufe der zwanziger Jahre durch analoge Formen ausdrückte.

Vielleicht war 1927 für diesen neuen Stil das Jahr der Reife, in dem auf der Basis der vorliegenden Ergebnisse

Der Internationale Stil, das individuelle Talent und der Mythos des Funktionalismus 175

13.1 *(oben)*
Hans Scharoun,
Haus in der
Weißenhofsiedlung,
Stuttgart, 1927.

13.2 *(rechts oben)*
Ludwig Mies van der
Rohe, Appartement-
gebäude in der
Weißenhofsiedlung,
Stuttgart, 1927.

13.3 *(rechts)*
Le Corbusier,
Doppelhaus in der
Weißenhofsiedlung,
Stuttgart, 1927.

Formen definiert und Probleme gelöst werden konnten. Es war das Jahr der Villa Stein in Garches, des Bauhauses, des Arbeiterklubs von Golossow in Rußland, des Wettbewerbs für den Völkerbund und der Weißenhofsiedlung in Stuttgart. Der Genfer Wettbewerb machte deutlich, daß bis zur offiziellen Anerkennung der neuen Formen noch ein weiter Weg bevorstand.

Die Weißenhofsiedlung, eine vom Deutschen Werkbund veranstaltete Ausstellung, brachte die Bestätigung, daß endlich eine gemeinsame Sprache gefunden worden war. Dennoch zeigten die einzelnen Bauten dieses zeitgenössischen Museums internationaler Architektur sehr unterschiedliche Ansätze. Das Haus Scharouns (Abb. 13.1) bestand aus sich überschneidenden Kurven und wirkte im Vergleich zur stereometrischen Disziplin der anderen Entwürfe geradezu expressionistisch. Le Corbusiers größeres Gebäude mit seinen *pilotis,* dem glatten, schwebenden Kasten, den großen Glasflächen, der nautischen Vorstellungswelt und der nahezu fanatischen Demonstration der *Cinq points* (Abb. 13.3) kontrastierte wiederum mit Mies van der Rohes geschlossenerem, erdgebundenen, planimetrischen Appartementgebäude (Abb. 13.2). Hier waren die Fenster in die Wände geschnittene Löcher (statt teilweise verkleidete Öffnungen), und die Innenräume basierten nicht auf dem freien Grundriß, sondern hatten eher zellenähnlichen Charakter.

Zum Teil hingen solche Unterschiede freilich auch mit der Funktion zusammen. Von 1925 an mußte der Stil, der bei kleinen Villen so häufig Pionierdienste geleistet hatte, sich auch bei größeren und komplexeren Bauaufgaben bewähren. Ein Beispiel waren die Bauhaus-

13.4 *(oben)*
Johannes A. Brinkman, Leendert C. van der Vlugt, Mart Stam, Fabrik Van Nelle, bei Rotterdam, 1927–29.

13.5 *(links)*
Bernard Bijvoet und Johannes Duiker, Sanatorium Zonnestraal, Hilversum, 1926–28.

Gebäude in Dessau, wo die Architektur Variationen des Systems anwendete, um eine Vielfalt von Funktionen auszudrücken.

Ein anderes Beispiel in noch größerem Maßstab war die Van-Nelle-Fabrik bei Rotterdam von Johannes A. Brinkman, Leendert C. van der Vlugt und Mart Stam (Abb. 13.4). Die Hauptproduktionsbereiche – Tabak, Kaffee und Tee – waren in Räumen mit offenem Grundriß untergebracht, die an den Seiten voll verglast waren, so daß Licht und Luft ungehindert Zugang fanden. Die Gliederung der Volumen brachte die Trennung der Funktionen zum Ausdruck. Für das einheitliche Erscheinungsbild des Komplexes sorgten horizontale Metallbrüstungen, die sich ohne sichtbare Stützen über nahezu 275 m erstreckten. Dieses verglaste Gebilde war seitlich durch dramatische Förderbänder und transparente Brücken mit den Lager- und Transportbauten am parallel verlaufenden Kanal verbunden. Vom höchsten Bau führte in der Längsachse eine weitere verglaste Brücke zum Flügel der Hauptverwaltung, deren Kurvung dem Krümmungsradius der Zufahrtstraße entsprach und ihre besondere Bedeutung hervorhob. Bekrönt war die Komposition von einem halbkreisförmigen verglasten Raum, der eine Kantine enthielt, so daß die Arbeiter zusammenkommen konnten, während unter ihnen die technischen Prozesse der gemeinsamen Arbeit ihren Fortgang nahmen. Die horizontale Akzentuierung wurde durch vertikale Elemente mit Aufzügen und Leitungen gemildert. Sie vermittelten freilich kein traditionelles Gefühl von Masse, ihre Oberflächen wirkten eher wie hauchdünnes Papier. Obwohl diese Formen eindeutig von funktionalen Entscheidungen des Verarbeitungsprozesses bestimmt waren und mit den schieren Fakten der Beton- und Stahlkonstruktion zusammenhingen, gingen sie über das Pragmatische hinaus: Sie idealisierten das Gebäude und bewirkten eine poetische, ausdrucksstarke Präsenz. Die scheinbar schwebenden Glasstreifen und die charakteristischen Details gingen auf symbolische Bedeutungen zurück, die dem Fabrikationsprozeß beigelegt wurden.

Man erinnere sich an El Lissitzkys Lobrede auf das Prawda-Gebäude der Brüder Wesnin von 1924, in der er schrieb, das Bauwerk sei charakteristisch für ein Zeitalter, das nach Glas, Stahl und Beton dürste. Le Corbusier erkannte in der Transparenz der Van-Nelle-Fabrik eine soziale Vision der Emanzipation: »Die klaren Fassaden des Gebäudes, lichtes Glas und graues Metall, erheben sich...gegen den Himmel...*Alles ist nach außen geöffnet...* Und das ist ungeheuer wichtig für jene, die in den acht Geschossen *im Inneren* arbeiten... Die Tabakfabrik Van Nelle in Rotterdam, eine Schöpfung des modernen Zeitalters, hat dem Wort ›proletarisch‹ den früheren Beigeschmack von Verzweiflung genommen. Und diese Wandlung des egoistischen Eigentumsinstinkts zu einem Sinn für gemeinsames Handeln hat ein überaus beglückendes Ergebnis: das Phänomen der *persönlichen Teilnahme* an jeder Phase menschlichen Tuns.«

Das Programm der Van-Nelle-Fabrik war auf die lineare Anordnung längsgerichteter Blöcke abgestellt. Dagegen verlangte das Konzept des Sanatoriums Zonnestraal in Hilversum (1926–28) von Johannes Duiker und Bernard Bijvoet einen komplexeren Grundriß. Es umfaßte einen medizinischen Bereich, einen Verwaltungsblock und linear ausstrahlende Stationsflügel, die von außen zugänglich sein mußten (Abb. 13.5). In diesem Sanatorium wurden hauptsächlich Augenkrankheiten behandelt, die Mitarbeiter der Gewerkschaft der Diamantarbeiter zugezogen hatten, und die klinisch wirkenden Formen der modernen Architektur schienen dem allgemeinen Ethos und dem sozialen Programm angemessen. Die Hauptvolumen waren auf einer Art Schmetterlingsgrundriß errichtet, mit Verwaltung und Gemeinschaftseinrichtungen als Kopf und den ausstrahlenden Stationen als Flügeln. Die einzelnen Funktionen waren durch Variationen in Form und Fensteranordnung differenziert.

Sowohl die Van-Nelle-Fabrik als auch das Sanatorium Zonnestraal waren von elementaristischen und konstruktivistischen Strömungen beeinflußt, die letztlich von der Sowjetunion ausgingen. Doch der Unterschied dieser Bauten von russischen Arbeiten der gleichen Zeit zeigt sich bereits bei einem Vergleich mit Golossows Arbeiterklub in Moskau von 1927–28 (Abb. 13.6). Hier trat die Maschinensprache des großen Glaszylinders mit dem Treppenhaus direkter und weniger kontrolliert hervor als bei dem Van-Nelle-Komplex. Im Gegensatz zu den transparenten Glasflächen wirken die horizontalen Querstreifen geradezu massiv und plump. Der Architekt setzte starke formale und räumliche Kontraste gegeneinander und fügte die Materialien nahezu brutal zusammen, um die Funktionen zu dramatisieren und sprechende technische Symbole zu schaffen.

Im Vergleich zu diesen drei Beispielen bietet Mendelsohns Kaufhaus Schocken in Chemnitz von 1928–30 (Abb. 13.8) ein glattes, einheitliches Erscheinungsbild. Das Grundstück war dreieckig, und das Innere öffnete sich weit dank eines Rasters schlanker Stützen. Treppen und Aufzüge waren an die drei Ecken verlagert. Die Fassade bestand aus einer einzigen ausladenden Kurve mit einem fast ununterbrochenen Schaufenster an der Basis und durchgehenden Fensterbändern in den oberen Geschossen. Mendelsohn versuchte nicht, die Treppen oder Zirkulationswege zu artikulieren oder den Wechsel von Material und Volumen zu dramatisieren. Ihm ging es um eine dynamische »Gesamtfigur«, eine einfache, aber dennoch lebendige Form, der alle Teile und Details unterworfen waren. Man erinnerte sich dabei natürlich an Mendelsohns frühere Entwicklung, an die Verschmelzung aller Elemente in seiner sogenannten »expressionistischen« Phase, an seine kleinen, dynamischen Skizzen, die Bauten als Ganzheiten darstellten. Die Van-Nelle-Fabrik gehörte dagegen einer anderen Welt an – der Welt einer elementaristischen, rechteckigen, abstrakten Kunst. Dennoch waren die äußerlichen Stilmerkmale ähnlich.

178 Die Kristallisation der modernen Architektur zwischen den beiden Weltkriegen

13.6 *(links)*
I. Golossow, Arbeiterklub Zujew, Moskau, 1927–28.

13.7 *(rechts)*
Le Corbusier, Völkerbundpalast, Genf, Wettbewerbsentwurf, 1927.

13.8 *(unten)*
Erich Mendelsohn, Kaufhaus Schocken, Chemnitz, 1928–30.

13.9 *(rechts unten)*
Hannes Meyer, Völkerbundpalast, Genf, Wettbewerbsentwurf, 1927.

Die schwebenden Volumen, die Illusion der Schwerelosigkeit, beim Internationalen Stil ging von den horizontalen Raumschichtungen der Betonkonstruktion aus: Ein Gebäude wie die Van Nelle-Fabrik verlangte eine überwiegend horizontale Gliederung. Doch der neue Stil mußte zuweilen auch auf Bauten angewendet werden, deren Funktion eine vornehmlich vertikale Betonung nahelegte, wie es beim Wolkenkratzer der Fall war. Bei dem Wettbewerb für die *Chicago Tribune* verwendete Gropius eine komplizierte Kombination aus rechteckigem Rahmen, vertikalen Füllungen und auskragenden horizontalen Flächen, um eine einheitliche Form zu erreichen. Mies von der Rohes etwas frühere Glastürme sollten voll verglast sein (was zu jener Zeit kaum zu realisieren war), während Le Corbusiers Glashochhäuser in der Ville Contemporaine die Geschoßflächen als dünne Linien ausdrückten (auch hier war die Verglasung kaum praktikabel). Der Entwurf von Howe und Lescaze für den PSFS-Wolkenkratzer in Philadelphia (1926–32) sah eine geschickte Verbindung vertikaler und horizontaler Elemente vor, die in funktionalen Unterschieden begründet waren.

Fabriken, Wolkenkratzer, Wohnblöcke, Kaufhäuser und Arbeiterklubs waren freilich typisch »moderne« Funktionen. Manchmal mußte sich die neue Architektur aber auch mit traditionellen Bauaufgaben wie Rathäusern oder Parlamentsgebäuden auseinandersetzen, wo Fragen der Größe, Hierarchie und Symbolik eine entscheidende Rolle spielten.

Der Wettbewerb für den Völkerbundpalast von 1927 vermittelte interessante Einsichten in die Art und Weise, wie moderne Architekten und »Traditionalisten« mit diesem monumentalen Programm und dem Grundstück umgingen. Der Komplex sollte eine Art Weltparlament aufnehmen, mit einem riesigen Versammlungssaal, Wandelhallen, einem Sekretariat und vielfältigen bürokratischen Funktionen. Das Grundstück lag am Ufer des Genfer Sees. Bei diesem Projekt spielten symbolische und rhetorische Aspekte eine zentrale Rolle. Unter den zahlreichen Wettbewerbsbeiträgen gab es manche halbherzigen Versuche, globale Bilder in Form von kreisförmigen Bauten, Mandalas und ähnlichem zu schaffen. Schließlich wurde ein recht unbeholfenes Beaux-Arts-Projekt erwählt (entworfen von Julien Flégenheimer und Henri-Paul Nénot), aber erst nach einem skandalösen Zwischenspiel: Le Corbusier, der zunächst als Preisträger festzustehen schien, wurde mit der Begründung disqualifiziert, er habe nicht die vorgeschriebenen graphischen Mittel benutzt.

Le Corbusiers Entwurf (Abb. 13.7) war eine meister-

Der Internationale Stil, das individuelle Talent und der Mythos des Funktionalismus 179

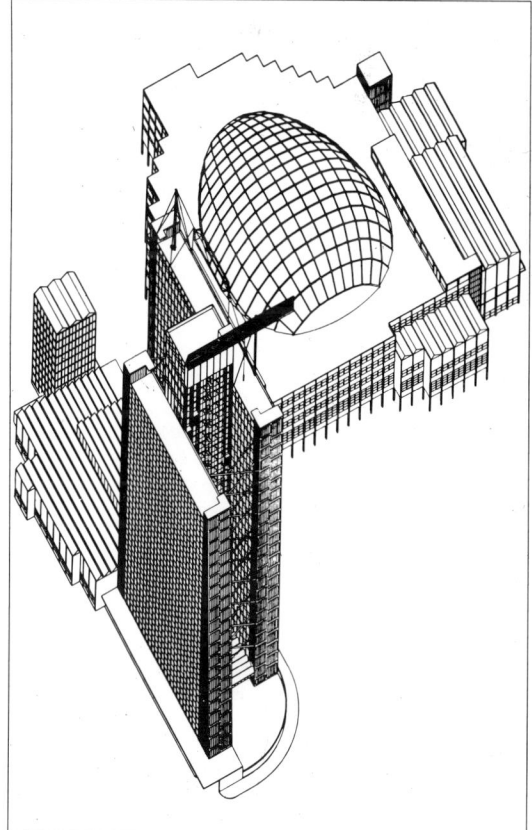

hafte Komposition. Sie machte die Hierarchie zwischen dem wichtigsten Bereich, dem Parlament, das die dominierende Achse einnahm, und den unterstützenden Funktionen des Sekretariats deutlich, das in einheitlichen Flügeln mit Blick auf die Landschaft und den nahen See untergebracht war. Das Volumen des Parlamentsgebäudes war vorwiegend von der Akustik bestimmt und hatte ein gekurvtes Profil. Der Besucher sollte durch einen großen Eingang am Seeufer über eine Folge zeremonieller, axial angeordneter Räume in das Gebäude gelangen. Le Corbusier löste das Problem eines monumentalen Eingangs mit Hilfe grandioser *pilotis* und einer Skulpturengruppe, so daß der Eindruck eines Portikus entstand. Das Sekretariat war neutraler gehalten, mit langen Fensterreihen, Balkons und *pilotis,* unter denen die Verkehrswege verliefen. Es sollte als »Gemeinschafts-Maschine« aufgeschlossenen, wohlmeinenden Beamten den täglichen Kontakt mit der Natur ermöglichen. Der würdige, geradezu feierliche Charakter des Parlamentssaales hatte klassische Anklänge – ein moderner Palast für die Elite der Welt.

Interessant ist ein Vergleich von Le Corbusiers Projekt mit Hannes Meyers Entwurf für denselben Wettbewerb (Abb. 13.9). Kenneth Frampton sprach von einem Kontrast zwischen »humanistischen und utilitaristischen«

Idealen. Meyer war mißtrauisch gegenüber poetischen Utopien von Architekten wie Le Corbusier und gegenüber den elitären Aspekten des Bauprogramms. Bei seinem Entwurf spielte das Sekretariat die beherrschende Rolle. Es war in einer offenen Skelettkonstruktion untergebracht - ein Tribut an die Ingenieurtechnik, der offenbar auf Meyers Bewunderung für den russischen Konstruktivismus zurückging. Die bewußte Betonung der Fabrikästhetik sollte sicherlich zu einem proletarischen Erscheinungsbild beitragen, wiederum in Anlehnung an die Vorstellungen der russischen Avantgarde. Der Architekt spielte sogar die eventuellen hierarchischen Charakteristika seines Projekts herunter, indem er ein standardisiertes, repetitives Modul wählte. Trotzdem waren auch seine Bilder mit sozialem Inhalt befrachtet, ähnlich wie bei jenen Architekten der Neuen Sachlichkeit in Deutschland, die nach »ehrlichem« Ausdruck von Funktion und Technik strebten: Meyers Entwurf war ein Palast für das Volk.

Er schrieb darüber:

> »Wenn die Absichten des Völkerbundes wahrhaft sind, so kann er seine neuartige Gesellschaftseinrichtung nicht in ein Gehäuse baulicher Überlieferung quetschen. Keine säulengeschmückten Empfangsräume für müde Souveräne, sondern hygienische Arbeitsräume für tätige Volksvertreter. Keine Winkelgänge für die Winkelzüge der Diplomaten, sondern offene Glasräume für die öffentlichen Unterhandlungen offener Menschen.«

Der Unterschied zwischen Le Corbusiers und Meyers Entwürfen und deren Ideologie erinnert an gleichzeitige Debatten zwischen den sogenannten »Formalisten« und »Funktionalisten« in Rußland und Deutschland. Le Corbusier wurde später wegen seines »gefährlichen Utopismus« getadelt. Er antwortete, er sähe das Streben des Menschen darin, die strikt links oder rechts orientierten Kategorien zu überwinden. Sein Projekt für den Völkerbundpalast zeugte von seinem Glauben an eine rationale, aufgeklärte Menschheit, die abstrakten Prinzipien von Gesetz und Gerechtigkeit anhing. Eine Überbetonung der utilitaristischen Aspekte wäre ihm unangemessen erschienen. Statt dessen versuchte er, das Ideal dieser Institution zu verkörpern. Ein Vergleich zwischen den beiden Projekten ist deshalb so aufschlußreich, weil er unterschiedliche persönliche und ideologische Ansätze bei Projekten aufzeigt, die insgesamt durchaus unter dem gleichen stilistischen Etikett zusammengefaßt werden könnten.

Der Internationale Stil hatte manche Anhänger, die wenig von seinen eigentlichen Prinzipien verstanden und nur die neuen äußeren Formen übernahmen. In solchen Fällen wurden die modernen Bauten zu einer Art Verpackung, einer kosmetischen Hülle. Sie drückten weder tiefere Bedeutungen aus, noch setzten sie sich diszipliniert mit den Bauaufgaben auseinander. Darin lag überhaupt die Gefahr, wenn die neue Architektur als »Stil« aufgefaßt würde: Dabei ging man davon aus, daß bestimmte visuelle Formeln aufgenommen und angewendet werden konnten. Vielleicht liefert das Werk des holländischen Architekten Willem Dudok ein Beispiel für eine solche Stilauffassung (Abb. 13.10) oder auch in Frankreich die Arbeiten von Robert Mallet-Stevens. Beide Architekten verwandelten die moderne Abstraktion zu einer Art gefälliger Einfachheit, ohne dabei die visionären Aspekte der authentischen Moderne zu verarbeiten.

Natürlich bedeuteten dem eingefleischten Funktionalisten solche Unterscheidungen nichts. Für ihn ging jeder Stil von falschen Voraussetzungen aus. In den späten zwanziger Jahren entwarf der Ingenieur und Philosoph R. Buckminster Fuller ein Aluminium-Haus um einen zentralen Mast als Servicekern. Er behauptete, sein »Dymaxion House« (Abb. 13.11) sei viel enger an Funktion und Technik gebunden als die kosmetischen Produktionen der Moderne, die er schlichtweg verwarf:

> »Der Internationale Stil...demonstrierte die Einführung einer modischen Strömung ohne die notwendige Kenntnis der wissenschaftlichen Grundlagen struktureller Mechanik und Chemie.
> Die ›Vereinfachung‹ des Internationalen Stils war im Grunde nur oberflächlicher Natur. Er entfernte die äußeren Schmuckelemente der vorangegangenen Zeit und setzte an ihrer Stelle formalisierte Neuheiten von scheinbar einfacher Art, die durch die gleichen verborgenen, aus modernen Metallegierungen bestehenden Strukturelemente ermöglicht wurden wie auch die ausrangierte Beaux-Arts-Ausschmückung...Der Vertreter des neuen Internationalen Stils brachte Mauern mit einem starren Strukturprinzip an, bestehend aus einer ungeheuren, übersorgfältig zusammengesetzten Masse von Ziegelsteinen, die in sich selbst keine Spannungsfestigkeit hatten, sondern in Wirklichkeit durch ein verborgenes Stahlgerüst fest untereinander verbunden waren, denen also der Stahl den Halt gab, ohne daß er als Stützkraft sichtbar in Erscheinung trat. Auf derart illusionistische Weise gelang dem Internationalen Stil in mehrfacher Hinsicht eine dramatische, empfindungsmäßige Einwirkung auf die Gesellschaft, wie es etwa einem Zauberkünstler gelingt, die Aufmerksamkeit der Kinder zu erregen.«

Fuller glaubte an »Ehrlichkeit« in der Verwendung von Technik und Funktion, die keiner symbolischen oder ästhetischen Rechtfertigung bedurfte. Seine Kritik an der Wahrhaftigkeit der modernen Architektur mag nicht unbegründet sein - aber als Architekturkritik ist sie völlig fehl am Platze.

Denn trotz aller Diskussionen der zwanziger Jahre über den aufrichtigen Ausdruck von Funktion, Konstruktion und Technik mußten doch auch symbolische Formen ins Spiel kommen, wenn das Pragmatische in Kunst übersetzt werden sollte. Man könnte sogar behaupten,

Der Internationale Stil, das individuelle Talent und der Mythos des Funktionalismus

13.10 *(oben)* Willem M. Dudok, Rathaus, Hilversum, 1926–28.

13.11 *(rechts)* Richard Buckminster Fuller, Dymaxion House, 1929.

daß die Ausdruckskraft der neuen Architektur nicht zuletzt von der Spannung zwischen wahrgenommenen Details wie Industriefenstern oder standardisierten Stahlbetonstützen und deren symbolischen Assoziationen ausging. Ob das Waschbecken am Eingang der Villa Savoye eine zweckmäßige Installation war oder nicht – es war jedenfalls ein Standardmodell, das durch die Nebeneinanderstellung mit den *objets-types* der Umgebung – *pilotis*, Industriefenstern und so weiter – eine neue Bedeutung gewann. Die Form dieser Objekte spiegelte ein höheres Ideal wider: Die modernen Architekten suchten in alltäglichen, ideell überhöhten Gegenständen eine neue Poesie. Wer feststellt, die Konstruktion sei »unehrlich« oder der Architekt habe nicht die neuesten Installationen verwendet oder entworfen, erinnert ein wenig an jemanden, der sich über einen Renaissance-Architekten beklagt, weil dessen Neuschöpfungen antiker Vorbilder »unexakt« sind. Die Architekten des Maschinenzeitalters verliehen der Industrieproduktion neue Formen und Bedeutungen, aber so, daß die ursprüngliche »Realität« etwa eines Glasbausteins oder eines nautischen Details in der endgültigen Form erkenntlich blieb. William Jordy beschrieb diese »symbolische Objektivität«:

»Ziel der symbolischen Objektivität war es, die Architektur mit der Sachlichkeit der modernen Existenz in Einklang zu bringen, mit jener ›Ineloquenz‹ (um Bernard Berenson zu zitieren), die das moderne Denken charakterisiert. Das Streben der Bewegung nach Vereinfachung und Purifikation, ihre geradezu kalvinistisch strenge Moral, ging letztlich auf die Übereinkunft vieler progressiver Architekten und Theoretiker im 19. Jahrhundert zurück, daß die Architektur ›ehrlich‹ und ›wahrhaftig‹ sein müsse, vor allem in der Offenlegung von Funktionsprogramm, Materialien und Konstruktion. In den zwanziger Jahren führte dieses moralistische Erbe zu einer antiseptischen Sauberkeit und Kargheit, die symbolisch, wenn auch nicht gerade wörtlich, mit der Moral der Objektivität übereinstimmte...«

Doch der Vorbehalt gegenüber »funktionalistischen« Slogans hat noch tiefergehende Gründe. Denn selbst die wenigen Architekten der zwanziger Jahre, die eine rein funktionale Architektur zu vertreten glaubten, waren mit der Tatsache konfrontiert, daß Funktionen nicht aus sich heraus Formen schaffen. Auch die präzisesten Bauprogramme ließen sich auf vielfältige Weise umsetzen, und an irgendeinem Punkt fließen Vorstellungen vom endgültigen Erscheinungsbild des Bauwerks in den Entwurfsprozeß ein. So konnten Funktionen nur durch den Filter eines Stils in die Architektur übertragen werden. In diesem Fall war es ein Stil symbolischer Formen, der unter anderem auf den Begriff der Funktionalität verwies.

Die formalen Aspekte des Internationalen Stils entwickelten sich in eine neue Richtung, als atypische Materialien verwendet wurden. Ein Beispiel dafür war Bernard Bijvoets und Pierre Chareaus Maison de Verre von 1928–32 (Abb. 13.12), ein hinter einer Pariser Seitenstraße verborgenes Gebäude, das Arztpraxis und Wohnhaus kombinierte. Die Materialien waren hier vorwiegend Glasbausteine und schlanke Stahlstützen. Sie fügten sich zu einer eleganten linearen Komposition zusammen, die an die dünnen Holzrahmen und Schirme der traditionellen japanischen Baukunst erinnerte. Der Grundriß war komplex, doch der eindrucksvollste Bereich war der drei Geschosse hohe Wohn- und Bibliotheksraum mit seinen Galerien, den verstellbaren Jalousien und den freiliegenden Verbindungen. Vielleicht waren die Architekten von den Bücherregalen der Bibliothèque Nationale Henri Labroustes oder von Kajütentreppen und Maschinenräumen auf Schiffen beeinflußt. Welche Quellen auch immer - sie waren hier in eine Ikonographie der Technik übertragen, die dem Thema einer noblen *machine à habiter* zu entsprechen schien.

Materialien und deren Assoziationen spielen bei der Syntax eines Stils eine große Rolle. Die verputzten Wände und glatten Flächen so vieler Bauten aus den zwanziger Jahren sollten vielleicht den Eindruck des Immateriellen erzeugen, das Gegenteil von Handwerklichkeit: die Abstraktion der Maschine. Auch der Glanz von Glas und Aluminium erinnerte an Objekte der Massenproduktion oder an Flugzeuge. Ein Stil läßt sich als Komplex jener formalen Zusammenhänge definieren, die bestimmten Bedeutungen am meisten angemessen sind. Er liefert einen Satz von Konventionen, die beim wahren Kunstwerk so miteinander verschmelzen, daß sie vergessen werden. Ein Pedant könnte darauf bestehen, daß nichts abstrakte Kunst und Maschine, Ozeandampfer und Klassik miteinander verbindet. Aber wenn er die Villa Stein in Garches erlebt hat, weichen solche Zweifel einem Gefühl poetischer Notwendigkeit.

Paradoxerweise künden große Kunstwerke mit Nachdruck eine neue Ära an, während sie zugleich Werte heraufbeschwören, die klassische Augenblicke der Vergangenheit geprägt haben. Das ist ein weiterer Grund dafür, daß man einem Werk nie gerecht wird, wenn man es nur in Verbindung mit anderen zeitgenössischen Werken derselben Stilphase charakterisiert. Focillon schrieb: »Die Zeit, die ein Kunstwerk trägt, definiert weder ihr Prinzip noch ihre spezifische Form.« Diese kluge Beobachtung trifft besonders auf zwei Meisterwerke des Internationalen Stils zu: auf die Villa Savoye in Poissy von Le Corbusier und den Barcelona-Pavillon von Mies van der Rohe, beide 1929.

Der Deutsche Pavillon, als temporäre Konstruktion für die Weltausstellung in Barcelona errichtet, sollte die kulturellen Werte des modernen Deutschland repräsentieren (Abb. 13.13, 13.14, 13.15). Mies schrieb über diese Aufgabe:

13.12 (oben)
Pierre Chareau und Bernard Bijvoet, Maison de Verre, Paris, 1928–32.

13.13 (rechts oben)
Ludwig Mies van der Rohe, Barcelona-Pavillon, 1929, Grundriß.

13.14 (rechts)
Ludwig Mies van der Rohe, Barcelona-Pavillon, 1929.

nächste Seite:
13.15
Ludwig Mies van der Rohe, Barcelona-Pavillon, 1929.

Der Internationale Stil, das individuelle Talent und der Mythos des Funktionalismus

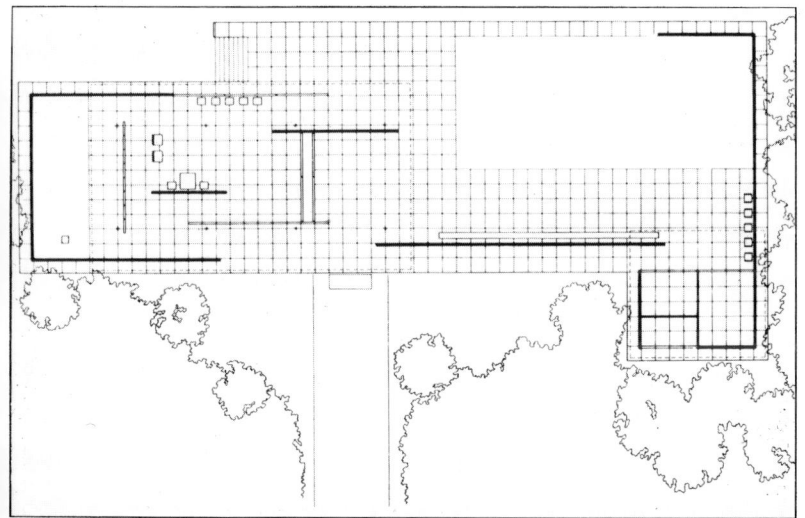

»Die Periode repräsentativer Ausstellungen mit rentabilitärem Erfolg ist vorüber. Entscheidend für unsere Zeit ist die produktive Leistung einer Ausstellung, und ihr Wert kann sich nur an ihrer kulturellen Auswirkung beweisen.

Die wirtschaftlichen, technischen und kulturellen Voraussetzungen haben sich grundlegend verändert. Technik und Wirtschaft stehen vor ganz neuen Problemen. Daß sie richtig erkannt werden und eine sinnvolle Lösung finden, ist von entscheidender Bedeutung; nicht nur für Wirtschaft und Technik, sondern auch für unser soziales und kulturelles Leben. Will die deutsche Wirtschaft und darüber hinaus auch die europäische ihre Stellung behaupten, so muß sie ihre spezifische Aufgabe erkennen und vollziehen. Ihr Weg führt von der Quantität zur Qualität, vom Extensiven zum Intensiven.

Auf diesem Wege begegnet Wirtschaft und Technik den entscheidenden Kräften des geistigen und kulturellen Lebens.«

184 Die Kristallisation der modernen Architektur zwischen den beiden Weltkriegen

Es überrascht nicht, daß Mies van der Rohes Entwurf eine Synthese von Form und Technik, von modernen und klassischen Werten darstellte. Als Demonstration moderner Techniken, die ungeahnte räumliche Wirkungen hervorrufen konnten, war das Bauwerk eine *tour de force*. Die dünne Dachscheibe lag leicht auf acht kreuzförmigen Stahlstützen auf: ein Konzept, das an das Dom-Ino-Gerüst erinnert, hier aber nur ein einziges Geschoß umfaßt. Zudem war der Konstruktionsrahmen in diesem Fall keineswegs eine billige Standardausführung. Er war mit kostspieligen Materialien ausgestattet – Marmor, Onyx, Transparentglas und Edelstahl. Diese einfache, symmetrische Gerüstkonstruktion nahm den einen Teil eines erhöhten Podestes ein und war auf zwei rechteckige Wasserbecken bezogen, die den Eindruck von Luxus noch verstärkten und mit ihren Reflexen eine Atmosphäre der Dematerialisierung entstehen ließen. Da das größere Bassin aus der Achse des rechteckigen Pavillons verlagert war, entstand ein kontrapunktischer Effekt. Die visuelle Bewegung setzte sich in der Anordnung der vertikalen Trennwände fort, die teils innerhalb des überdeckten Bereichs lagen und teils in die Umgebung vorstießen, immer aber unabhängig vom Stützenraster. Einige Wände trugen zwar tatsächlich Lasten, aber alle drückten die *Idee* aus, daß Wandflächen sich von ihrer traditionellen Rolle als stützende Elemente befreien konnten. Verbindungen und Details waren sorgfältig behandelt, so daß sie den glatten, gewichtslosen Charakter der Flächen nicht beeinträchtigten.

Die visuelle Dynamik, die durch die unregelmäßige Anordnung der Trennwände entstand, entsprach dem mäandernden Weg des Besuchers durch das Innere. Der Innenraum war mit den eigens entworfenen »Barcelona-Sesseln« ausgestattet – schweren Ledersitzen auf einem Gestell aus verchromtem Bandstahl. Sonst blieb der Raum völlig frei, vielleicht als Demonstration eines neuen Lebensgefühls, das sich an die Adresse der kultivierten industriellen Elite richtete. Ähnlich wie bei Gropius' Pavillon des Deutschen Werkbundes von 1914 war an einem der Wasserbecken eine zeitgenössische Plastik, eine weibliche Figur aufgestellt. Sie stand in merkwürdigem Kontrast zur strengen Rechtwinkligkeit von Mies' Komposition, erinnerte aber wiederum daran, daß das Bauwerk von klassischem Geist erfüllt war.

Die Form des Pavillons war eine Synthese des um eine Nabe kreisenden Grundrisses, mit dem er bei der Backsteinvilla von 1923 experimentiert hatte, und der schwebenden horizontalen Scheiben und Rasterstrukturen, die er bei seinem Entwurf für ein Bürogebäude von 1922 vorgesehen hatte. In den Jahren danach konnte er Variationen seiner Ideen erproben - bei dem Rosa-Luxemburg-Denkmal von 1926, den Weißenhof-Projekten von 1925–27 und dem großartig proportionierten Haus Esters in Krefeld von 1927–28. Im Barcelona-Pavillon waren alle diese Entdeckungen zu einer einzigen Aussage zusammengefaßt, die dennoch nicht überfrachtet wirkte. Seinem Schöpfer erschien der Pavillon vielleicht als die reife Verkörperung des Zeitgeistes. Für ihn galt:

»Baukunst ist immer raumgefaßter Zeitwille, nichts anderes.«

Freilich war der Pavillon wie das Haus Schroeder, die Bauhausbauten oder Le Corbusiers Villen auch eine elegante Lösung für verbreitete Ausdrucksprobleme dieser Zeit. Historiker haben zu Recht auf Ähnlichkeiten des Grundrisses mit den Bildern Mondrians hingewiesen; auf die »Objektivität« der verwendeten Materialien (was Mies in die Nähe der Neuen Sachlichkeit brachte); auf die Einfachheit der Wandflächen, die an Berlages Forderung nach wohlproportionierten, völlig undekorierten Mauern erinnerte; auf das neue Raumkonzept mit seinen fließenden Flächen und seinen malerischen Illusionen und Mehrdeutigkeiten. So wird verständlich, daß Hitchcock und Johnson das Bauwerk als exemplarisch für den Internationalen Stil herausstellten.

Die Herkunft dieses Meisterwerks scheint freilich noch tiefer in die Geschichte zu liegen. Ich habe schon auf die frühe Bewunderung des Architekten für Schinkel hingewiesen, die sich vor allem in seinen neoklassizistischen Entwürfen aus den Jahren vor dem Ersten Weltkrieg zeigt. Bei seinem großen preußischen Vorgänger faszinierte ihn vor allem die Reduktion der Form auf die ausdrucksvollsten einfachen Geometrien. Eine ähnliche Konzentration auf wesentliche Elemente des Klassizismus läßt sich auch beim Barcelona-Pavillon erkennen, in seinen untadeligen Proportionen, seiner ruhigen Würde und der abstrakten Neuformulierung von Stütze und Gebälk. So konnten die vereinfachenden Formen des Internationalen Stils die Ikonographie zeitgenössischer Interessen mit Erinnerungen an die dauerhaftesten Werte der Architektur in Einklang bringen.

14. Le Corbusiers Villa Savoye in Poissy

»Einen Grundriß machen, heißt genau sein, heißt Vorstellungen fixieren, heißt Vorstellungen haben.
Heißt Vorstellungen so zu ordnen, daß sie verständlich und ausführbar werden und vermittelt werden können...
Ein Grundriß ist gewissermaßen eine letzte Zusammenfassung, eine Art gliederndes Inhaltsverzeichnis. In einer derart konzentrierten Form, daß er einem Kristall, einer geometrischen Figur gleicht, enthält der Grundriß eine ungeheure Menge von Vorstellungen und dazu eine treibende Absicht.«

Le Corbusier, 1923

Die frühen Apologeten der modernen Architektur waren offenbar so intensiv damit beschäftigt, jenseits aller Geschichte eine Identität des Internationalen Stils zu definieren, daß sie individuelle Entwicklungen außer acht ließen. In den zwanziger Jahren gab es in vielen westeuropäischen Ländern eine allgemein anerkannte Formensprache, aber sie war nur eine von vielen, und ihre interessantesten Arbeiten waren so persönlich, daß sie sich nicht in eine Kategorie einpassen ließen.

Über das individuelle Vokabular des Künstlers hinaus spielt bei einer neuen Tradition auch die besondere intellektuelle Struktur des klassischen Werkes eine Rolle. Es geht hier darum, wie die Probleme eines bestimmten Kontextes gelöst worden sind und wie ein einzelnes Kunstwerk sowohl die persönlichen Themen eines Architekten als auch die Strömungen der Zeit einzufangen vermag. Ein Beispiel dafür ist Le Corbusiers Villa Savoye in Poissy (1928–29). Denn wie der Barcelona-Pavillon enthält die Villa eine Vielzahl von Ideen und verbindet zeitgenössische Aspekte mit den unvergänglichen Werten der Baukunst.

Die Architektur umfaßt nicht nur drei Dimensionen, sondern vier. Sie hängt ihrer Natur nach mit Zeit und Veränderung zusammen. Wir nehmen die Form eines Bauwerks allmählich auf, wenn wir uns nähern und hindurchgehen, die szenographischen Eindrücke miteinander vergleichen und sie in das Bild des Ganzen einordnen. Dasselbe Gebäude wirkt bei unterschiedlichen Licht- und Wetterbedingungen immer wieder anders. Solche Elemente der Bewegung und Veränderung treten bei der Villa Savoye besonders deutlich zutage. Deshalb ist eine Beschreibung des Hauses am besten als eine Art Spaziergang zu inszenieren.

Die Villa Savoye (auch unter dem bezeichnenden Namen »Les Heures Claires« bekannt) liegt etwa 30 Kilometer nordwestlich von Paris am Rande der kleinen Stadt Poissy. Das Grundstück ist an drei Seiten von Bäumen gesäumt, doch die vierte Seite gewährt einen weiten Ausblick auf die sanften Hügel und Täler der Ile de France. Wer im Auto ankommt, verläßt die Straße und fährt an einem kleinen, kubischen weißen Pförtnerhaus vorbei, das die Einfahrt bewacht. Der Schotterweg führt allmählich auf die Bäume zu, das Ziel ist nicht zu erkennen. Dann fällt endlich der Blick auf die Villa, die in fast fünfzig Metern Entfernung auf freiem Feld steht.

Der erste Eindruck ist der eines auf Stützen erhobenen, horizontalen weißen Kastens, der sich gegen die ländliche Umgebung und den Himmel abhebt. Der Fahrweg umkreist das Gebäude unter der Auskragung und kehrt auf der linken Seite wieder zur Straße zurück. Der Hauptbereich des Obergeschosses ist von gekurvten Volumen bekrönt, die an der Rückseite sichtbar werden. Nach und nach erkennt man, daß die Villa nicht so losgelöst dasteht, wie sie auf den ersten Blick wirkt. Sie ist plastisch geformt und ausgehöhlt, so daß die Umgebung eindringen kann, und ihre formalen Energien strahlen bis an die Grenzen des Grundstücks aus (Abb. 14.1, 14.2).

Die Hauptfassade ist glatt und abweisend und erweckt zunächst den Eindruck eines völlig symmetrischen Gebäudes, das mit seinem Mittelteil im Boden wurzelt. Für die starke horizontale Betonung sorgen die Gesamtform, das durchgehende Fensterband des Hauptgeschosses (Abb. 14.3) und die waagerechten Sprossen der Industrieverglasung im Untergeschoß (wo Dienstboten- und Chauffeurswohnung untergebracht sind). Einen vertikalen Akzent setzen hier die zylindrischen *pilotis*, die sich hinter die Fassadenfläche zurückziehen und einen Eindruck von Leichtigkeit hervorrufen.

Der Zugang zum Gebäude hat einen merkwürdig rituellen Charakter, als werde man von Le Corbusier in ein Zeremoniell des technischen Zeitalters eingeführt. Das Auto fährt unter dem auskragenden Geschoß vor – eine deutliche Erinnerung an einen der Hauptleitsätze des Architekten. Der Eingang liegt am Scheitelpunkt der

Le Corbusiers Villa Savoye in Poissy 187

4.1 Le Corbusier, »Les Heures Claires«, Villa Savoye, Poissy, 1928–29, axonometrische Skizze, welche die Orientierung der Dachterrasse zur Sonne und den Prozessionscharakter der Autoanfahrt zeigt.

4.2 Le Corbusier, Villa Savoye, 1928–29, Außenansicht.

Kurve, die das verglaste Untergeschoß bildet. Ein Chauffeur scheint selbstverständlich: Man wird an der Hauptachse abgesetzt, während das Auto der Kurve folgt und dann diagonal auf die Abstellplätze unter dem Hauptbau einbiegt.

Durch die Eingangstür gelangt der Besucher in das Vestibül, das auf beiden Seiten von gekurvten Glasflächen umschlossen ist. Geradeaus führt eine Rampe in der Hauptachse des Gebäudes zu den oberen Niveaus. Links verbindet eine Wendeltreppe die Dienstbotenzone mit dem oberen Bereich. Halblinks liegt der Flur, der zur Wohnung des Chauffeurs führt und in den ein mysteriöses Waschbecken plaziert ist (Abb. 14.4). Die Flächen sind glatt und leicht, die Atmosphäre wirkt klinisch. Die reinen Formen zylindrischer *pilotis* grenzen den Raum ein. In der Nähe der Tür gruppieren sich die *pilotis* zu einer Art Portikus. Subtilerweise weist eine der Stützen einen quadratischen Querschnitt auf, in Entsprechung zu der Ecke einer Innenwand neben der Rampenbasis auf

14.3 Le Corbusier, Villa Savoye, 1928–29, Blick zum Eingang.

14.4 Le Corbusier, Villa Savoye, 1928–29, Innenansicht mit Blick auf den Eingang; im Vordergrund das Waschbecken in der Halle, links die Rampe.

Le Corbusiers Villa Savoye in Poissy 189

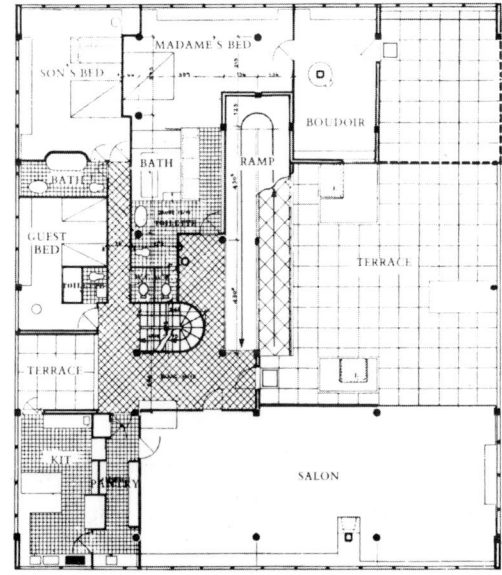

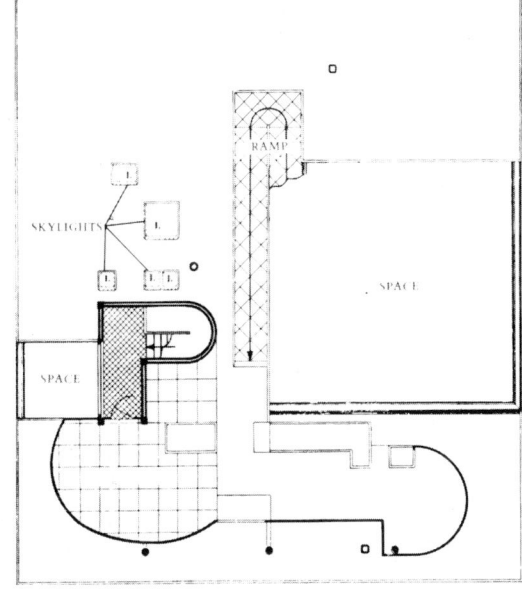

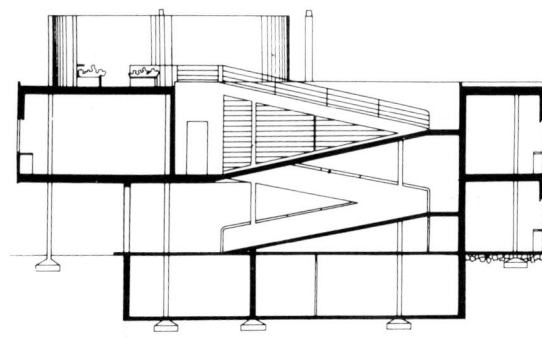

14.5 Le Corbusier, Villa Savoye, 1928–29, Grundrisse und Längsschnitt, 1929: (rechts oben) Grundriß Erdgeschoß; (oben) Grundriß erstes Geschoß; (Mitte) Grundriß des Dachniveaus; (unten) Längsschnitt.

der anderen Seite. Ein weiteres raffiniertes Detail fällt ins Auge: Die kleinen weißen Bodenfliesen sind in der Diagonalen verlegt und stellen so die Verbindung zwischen den gekurvten und den rechteckigen Geometrien her.

Die Rampe bildet das eigentliche Rückgrat des Entwurfs. Im Grundriß steht sie auf der Achse und führt zwischen dem Raster von *pilotis* hindurch (die nicht so regelmäßig angeordnet sind, wie es auf den ersten Blick erscheint). Im Schnitt durchläuft sie dynamisch die horizontalen Geschoßflächen, wobei sich der Raum nach oben hin allmählich erweitert. Der Grundriß des Gebäudes ist quadratisch – eine der Idealformen, die der Architekt so sehr bewunderte. Aus dem Kontrast zwischen kurvigen Formen und rechtwinkliger Umgrenzung ergibt sich eine starke räumliche Spannung (Abb. 14.5). Die Rampe steuert die »promenade architecturale« und verbindet die verschiedenen Erlebnisebenen: Sie sorgt für einen würdigen, nahezu zeremoniellen Aufgang im Hause.

Nach einer Wendung entgegen ihrer ursprünglichen Richtung erreicht die Rampe das erste Geschoß, die Hauptwohnebene des Hauses (wie in Garches ein *piano nobile*). Die Wohnräume sind um die Dachterrasse angeordnet, eine Art Raum im Freien, der durch ein unverglastes Fensterband nach außen abgeschirmt ist. Die Terrasse erhält zu allen Tageszeiten Sonnenlicht (sie ist nach Süden orientiert) und trägt auch zur Belichtung des Hauses bei. Der größte Raum des Hauses ist der Salon (Abb. 14.6), dessen Verglasung direkt auf die Terrasse geht. Ein Fensterband markiert die schönste Aussicht – die nach Nordwesten auf die fernen Berge. An den anderen beiden Seiten der Dachterrasse liegen die privateren Bereiche: die Küche (in der Ecke) mit ihrer eigenen winzigen Terrasse; das Gästezimmer; Madame Savoyes Schlafzimmer, Boudoir und Badezimmer sowie Schlaf-

14.6 *(links)*
Le Corbusier, Villa Savoye, 1928–29, Blick vom Salon auf das Niveau des Hauptgeschosses zur Dachterrasse und der Rampe.

14.7 *(rechts)*
Le Corbusier, Villa Savoye, 1928–29, Blick vom letzten Abschnitt der Rampe auf das Solarium.

und Badezimmer ihres Sohnes. Die Villa Savoye wurde nicht das ganze Jahr über genutzt, sondern war eine Art Landhaus oder Sommerhaus – eine Villa im traditionellen Sinne, in die sich wohlhabende Bürger zurückzogen, um das Grün und die frische Landluft zu genießen. Zu den Besonderheiten des Hauptgeschosses gehörten der freistehende Kamin im Salon und eine blau gekachelte Ruhebank im Badezimmer, die deutlich von Madame Savoyes wie auch Le Corbusiers starkem Interesse an Hygiene und Gesundheitspflege zeugte.

Die Themen Gesundheit, frische Luft, Sonnenlicht und geistige Klarheit gewinnen an Bedeutung, wenn man über die Rampe – wiederum nach einer Wendung in halber Höhe – das oberste Niveau erreicht. Der Boden der Rampe ist diagonal gepflastert, so daß ein Bewegungsfluß entsteht, im Gegensatz zu den orthogonalen Details der Pflasterung auf der Hauptterrasse. In diesen oberen Regionen treten die nautischen Phantasien des Künstlers besonders hervor, vor allem bei den schlanken »Schiffs«-Geländern aus Stahlrohr und dem merkwürdigen Schlot, der das Ende der Wendeltreppe enthält und der mit anderen Zylindern der Komposition verwandt ist. Hinter dunkler und halbtransparenter Verglasung kann man sehen, wie die Wendeltreppe nach unten verschwindet. Wie in Garches und wie in Le Corbusiers Bildern geht die starke Wirkung auf Harmonie und Verwandtschaft der geometrischen Grundformen, auf die wohlausgewogenen Proportionen und auf die Illusionseffekte zurück, die entstehen, wenn man

Objekte durch Schichten von Glas erblickt oder durch Fenster, die glatt in weiße Flächen eingeschnitten sind. Solche Ambivalenzen steigern immer wieder die visuelle Spannung (Farbtafel 7).

Die letzte Steigung der Rampe führt zum Solarium (Abb. 14.7). Von außen betrachtet, wirkt sie wie ein schwebendes, geschwungenes Volumen, für den Hinaufgehenden jedoch wie eine dünne, bandartige Fläche. In die Wand ist ein kleines Fenster eingeschnitten, das nun die Aufmerksamkeit auf sich zieht, ein Rechteck mit blauem Himmel und vorüberziehenden Wolken in einer völlig monochromen Umgebung. Das Fenster gewährt einen atemberaubenden Blick auf die fernen Täler, die schon bei der Anfahrt sichtbar wurden, als das Gebäude noch von der Landschaft umgeben schien. Nun ist die Landschaft durch das Gebäude eingerahmt. Großzügige Grünanlagen spielten in Le Corbusiers Mythologie des Maschinenzeitalters eine zentrale Rolle. So wird in der Villa Savoye die Natur ebenso dramatisch zelebriert wie die Idee des Hauses als *machine à habiter* oder der Prozessionsweg des Autos. Bäume und Pflanzen sind sorgfältig ins Blickfeld einbezogen. Die vignettenartigen Ausblicke besitzen eine nahezu surrealistische Intensität, als habe der Künstler der Außenwelt Ausschnitte entnommen und sie zu einer Collage zusammengefügt.

In der Villa Savoye kehrt eine Reihe früherer Themen Le Corbusiers wieder, aber das Bauwerk macht auch deutlich, wie er seine formalen Experimente weiterentwickelte. In *Vers une architecture* hatte er davon ge-

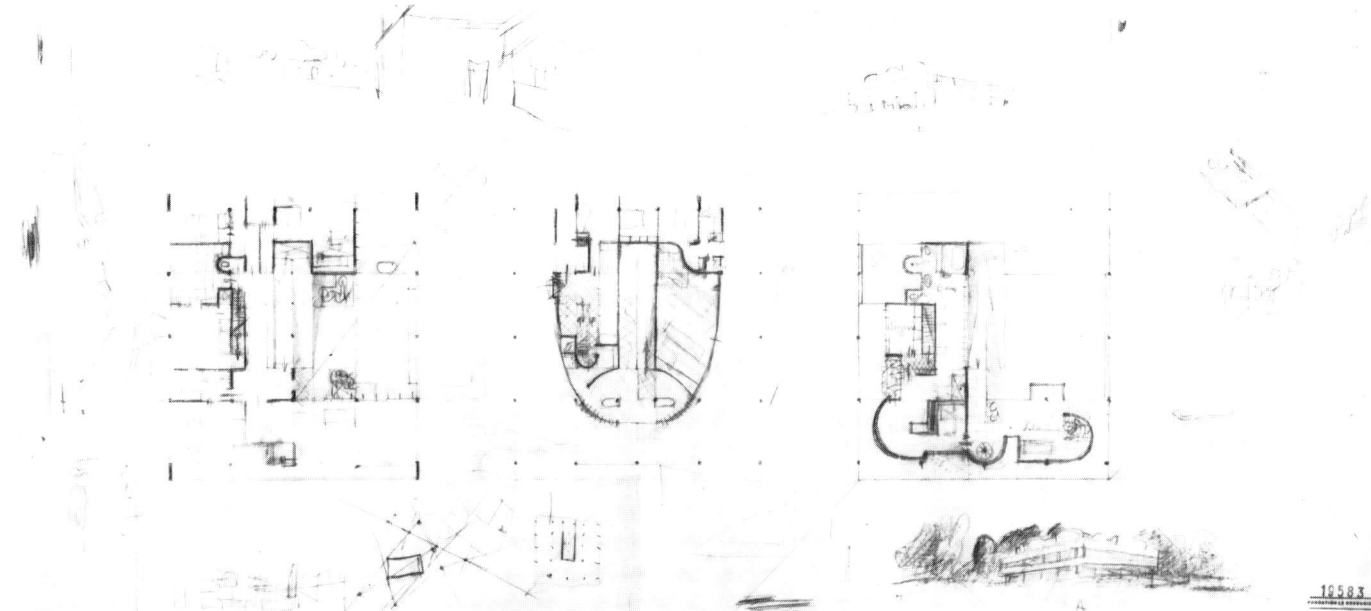

14.8 Le Corbusier, Villa Savoye, Entwicklungsskizzen auf einem Blatt, Ende 1928 (Fondation Le Corbusier, Nr. 19583). Ein Teil des gekurvten Obergeschosses ist für Mme Savoye bestimmt.

sprochen, wie »Typen« durch einen allmählichen Prozeß der Auslese und Verfeinerung auf ihre wesentlichsten Eigenschaften beschränkt würden. Dies sei zum Beispiel, so glaubte er, zwischen Paestum und dem Parthenon geschehen. In gewissem Sinne war die Villa Savoye Endpunkt einer ähnlichen Entwicklungsphase, wenn auch nur auf die eine Dekade der zwanziger Jahre projiziert. Hier waren die Ideen des Maison Citrohan, die Prinzipien der *Cinq points* und der Schrift *Vers une architecture* wie auch die Konzepte früherer Projekte (etwa des Maison Cook, des nicht realisierten Maison Meyer, der Villa Stein) in starkem Maße vereinfacht und verdichtet. Wie das Robie House und manche klassischen Villen Palladios erreicht die Villa Savoye innerhalb eines Vokabulars von Typenformen ein Höchstmaß an Ausdruck.

Als Le Corbusier 1928 den Auftrag erhielt, war er ein reifer Architekt hohen Ranges. Es ist interessant, darüber zu spekulieren, wie er anfänglich auf Madame Savoyes Wunsch nach einem Landhaus reagierte, auf einem Grundstück, das ausnahmsweise einmal nicht von anderen Bauten eingeengt war. Vielleicht reizte ihn die Möglichkeit, seine eigenen Vorstellungen vom modernen Leben mit einer Art ritueller Zelebration der großbürgerlichen Lebensgewohnheiten seiner Bauherrin zu verknüpfen – Ankunft im Automobil, »Waschungen« im Chauffeur-Vestibül, Dienstbotentreppe, die Rampe für die »Eingeweihten« oder Wohlhabenden. Wahrscheinlich erkannte der Architekt auch sogleich, daß ihm dieses Grundstück die Chance bot, ein vollplastisches Bauwerk zu errichten und nicht ein Haus mit einer einzigen Fassade wie das Maison Cook oder mit Vorder- und Rückseite wie die Villa Stein in Garches.

Leider sind Le Corbusiers Skizzen für die Villa Savoye unvollständig, flüchtig und nicht genau datierbar. Offenbar entstanden zwischen Oktober 1928 und April 1929 etwa drei verschiedene Entwürfe. Wie so häufig bei seinen Entwurfsprozessen verwarf er manche frühen Ideen, nur um sie später wieder aufzugreifen und dem Ausführungsprojekt einzuverleiben: Denn die ersten Skizzen liegen in der Tat sehr nahe bei dem fertigen Gebäude.

Eine der Zwischenlösungen ist von geradezu neoklassizistischer Formalität mit einem symmetrischen Kasten, der hinter der Schirmwand der Fassade erscheint (Abb. 14.9), eine andere sieht ein gekurvtes Obergeschoß mit Wohnräumen vor (Abb. 14.8). Diese Zeichnungen machen die Konflikte zwischen Funktion und Form, Bauherrin und Architekt deutlich. Das Bauprogramm stellte manche Probleme, unter anderem die Unterbringung der Autos und ihres Wendekreises im Erdgeschoß, vor allem, als das gesamte Projekt für kurze Zeit größenmäßig reduziert wurde. Le Corbusier mußte eine Synthese finden und äußere Zwänge mit seinen eigenen Idealvorstellungen in Einklang bringen.

Die Villa war zwar den früheren Entwürfen des Architekten verwandt, doch er bediente sich nicht nur alter Versatzstücke und fügte sie neu zusammen, sondern entwickelte auch völlig neue Formen- und Bedeutungszusammenhänge. Deshalb hat es wenig Sinn, darauf hinzuweisen, daß die Idee eines unter dem Gebäude durchfahrenden Autos – mit allen städtebaulichen und architektonischen Konsequenzen – zum erstenmal beim Maison Cook auftrat oder daß die Rampe zuvor als wichtigstes Element im Studioflügel des Maison La Roche benutzt worden war. In der Villa Savoye fanden sich alle diese Ideen in einer dynamischen neuen Kombination vereinigt.

Ähnliches gilt für die *Cinq points*: Das Fensterband,

das hier alle vier Seiten des Gebäudes zu einer Einheit zusammenfaßt, hat der Architekt nie zuvor so überzeugend anwenden können, und die *pilotis* – in Garches überaus wichtig für die *innere* Organisation – spielen hier sowohl bei der inneren wie der äußeren Gestaltung eine beherrschende Rolle. Gegen Ende der zwanziger Jahre publizierte Le Corbusier Skizzen seiner wichtigsten Villenentwürfe aus dieser Dekade, darunter La Roche, Garches, die Villa Baizeau in Karthago und schließlich die Villa Savoye. Er fügte jeweils Anmerkungen hinzu, in denen er hervorstechende Merkmale beschrieb, wie etwa den rein formellen Charakter von Garches oder die Durchdringung von Innen und Außen in Karthoago. In der Villa Savoye war eine Synthese der anderen drei Häuser vollzogen (Abb. 8.12).

Aber immer, wenn Le Corbusier eine Form wiederverwendete, ergaben sich aus einem anderen Zusammenhang vielschichtige, neue praktische und mythische Bedeutungen. Ein Beispiel dafür ist das gekurvte Solarium im obersten Geschoß der Villa Savoye. Die Kurve war zunächst als Abschirmung für eine kleine Terrasse und als Wand für das Boudoir Madame Savoyes gedacht (und im frühesten Entwurf als Höhepunkt an das Ende der Rampenprozession gesetzt). Formal bildete sie einen Kontrapunkt zu den darunterliegenden rechteckigen Volumen. Als räumliches Element hatte sie eine wechselnde Identität: Bald wirkte sie wie ein Schornstein, der über den verglasten Zonen schwebt, bald wie ein glatter Schirm. Innerhalb von Le Corbusiers Vokabular war sie vielen anderen Unterteilungen des »freien Grundrisses« verwandt, die dazu dienten, unterschiedliche Funktionen unabhängig von Stützenrastern oder Außenwänden abzugrenzen. Hier hatte der Schirm freilich eine doppelte Aufgabe als Trennwand und gekurvte Außenwand. Im Grundriß zeigten die Kurven des Solariums starke Ähnlichkeit mit den Gitarrenumrissen in Le Corbusiers früheren puristischen Bildern. Zwar übertrug der Künstler die Entdeckungen seiner Malerei nicht direkt auf seine architektonischen Entwürfe, aber dieselbe schöpferische Intelligenz brachte in den verschiedenen Medien auch analoge Ergebnisse hervor. So wurde die Fernansicht der Villa Savoye verständlicherweise mit einem puristischen Stilleben auf einer Tischplatte verglichen (das Solarium war ursprünglich rosafarben und hätte sich stark von den weißen Rechtecken darunter abgehoben). Auch Assoziationen zu Dampferschloten oder Maschinenteilen liegen nahe. Dennoch sind alle diese »Referenzen« durch eine überzeugende intellektuelle Abstraktion unter Kontrolle gehalten.

Wie jedes Meisterstück entzieht sich die Villa Savoye einer Kategorisierung. Sie ist einfach und komplex, durchgeistigt und sinnlich zugleich. Als »klassisches« Gebäude der Moderne ist sie auch der großen Architektur der Vergangenheit verwandt. Es war ein zentraler Punkt in Le Corbusiers Philosophie, daß eine Vision des zeitgenössischen Lebens in architektonische Formen von bleibendem Wert übertragen werden müsse. In der Villa Savoye lassen sich alte klassische Qualitäten erkennen: Ruhe, Proportionen, Klarheit, der schlichte Ausdruck des Stützens und Lastens. Vielleicht erinnert sie sogar von fern an den Parthenon, der Le Corbusier zwanzig Jahre zuvor so sehr fasziniert hatte. Zumindest läßt der Prozessionsweg, der mit dem Eingang auf der entgegengesetzten Seite des Gebäudes kulminiert, an die zeremonielle Route denken, die der Architekt auf der Akropolis gezeichnet hatte. Auch mit ihren exakten mathematischen Beziehungen, ihren präzisen Umrissen und ihrer Ausstrahlung auf die Umgebung besaß die Villa Savoye Eigenschaften, die Le Corbusier bei dem großen klassischen Vorbild bewundert hatte. Eine Bildunterschrift aus dem Kapitel »Baukunst – Reine Schöpfung des Geistes« in *Vers une architecture* könnte sich auf das antike wie das neue Bauwerk beziehen:

> »Was ruft die innere Anteilnahme hervor? Eine ganz bestimmte Beziehung zwischen den einzelnen Kategorien von Elementen: Zylinder, glatter Boden, glatte Mauern. Im Einklang mit den Einzelheiten der landschaftlichen Lage. Ein Gestaltungssystem, das seine Wirkungen auf jeden Teil der Gesamtkonzeption erstreckt. Eine Einheit der Konzeption, die von der Einheitlichkeit im Material bis zur Einheitlichkeit in der Durchbildung der Form geht.«

Die Versuchung liegt nahe, den *pilotis*, jenes Hauptelement in Le Corbusiers Vokabular, das so eng mit dem Purismus, der Standardisierung, der Definition des Betons und der Entstehung eines neuen Städtebaus verbunden war, ebenfalls als neu interpretierte klassische Säule zu betrachten. Der Zylinder gehörte zu den absolut schönen platonischen Formen, auf die Le Corbusier in *Vers une architecture* hingewiesen hatte – eine Primärfigur, die an den tiefsten Grund der Seele zu rühren vermochte. Zugleich erschien der *pilotis* Le Corbusier als das angemessene Ausdrucksmittel für den Beton und als *objet-type* der Stützen. Der *pilotis* verkörperte die Idee der Säule, frei von allen ornamentalen Effekten.

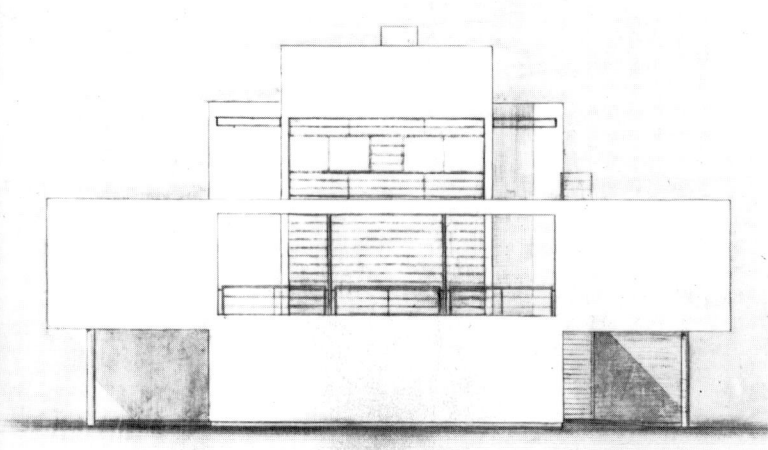

4.9 Le Corbusier, Villa Savoye, Entwicklungsskizze, Ansicht von ca. November 1928 (Fondation Le Corbusier, Nr. 196911).

Auch hier trafen in Le Corbusiers Denken wieder Idealismus und Rationalismus zusammen.

So war die Villa Savoye eine Synthese aus den unterschiedlichen Strömungen, die zur Philosophie des Architekten beigetragen hatten. Ihre Sprache basierte auf einer modernen Konstruktionstechnik, wie es schon Viollet-le-Duc gefordert hatte, und ihre Symbolik spielte auf moderne technische Objekte an, die als Kennzeichen der zeitgenössischen Realität galten. Die Idealisierung eines bestimmten Lebensstils zielte auf die Bedürfnisse der Gesellschaft im technischen Zeitalter und postulierte eine utopische Sozialordnung. Individuelle Elemente wie der *pilotis* oder das Fensterband wurden wie die Säulen und Triglyphen eines griechischen Tempels zu zeitlosen Lösungen erhoben. Ihre abstrahierten Formen schrieben der Architektur eine spirituelle Rolle zu. In erster Linie war das Vokabular der Villa Savoye jedoch das Ergebnis einer kompromißlosen Suche, einer Rückkehr zu den Quellen, einer Neuinterpretation künstlerischer Grundsätze. Deshalb läßt sie sich durchaus mit jenem Urbild einfachen Bauens und Zusammenfügens vergleichen, mit Laugiers Urhütte, die Naturgesetze zu reflektieren suchte.

14.10 Le Corbusier, Villa Savoye, Poissy, 1928–29: Elemente der Klassik im modernen Vokabular neu formuliert.

Le Corbusiers Villa Savoye in Poissy 195

4.11 Ictinus und
Callicrates (und nach
Le Corbusier Phidias),
Parthenon, Akropolis,
Athen, 448–432 v. Chr.

15. Wright und Le Corbusier in den dreißiger Jahren

»Der schöpferische Künstler ist kraft seiner Natur und seiner Berufung der qualifizierte Führer jeder Gesellschaft, natürlicher Interpret der sichtbaren Form jeder sozialen Ordnung, in oder unter der wir leben.«

F. L. Wright, 1935

Um 1930 spielte die moderne Architektur in der Kultur des Westens bereits eine bedeutende Rolle, und zahllose neue Anhänger befolgten ihre Lektionen. Der kreative Schub ließ sich freilich nicht unendlich fortsetzen. So verlagerte sich zu Beginn der dreißiger Jahre das Gewicht von der Revolution der Formen auf die Entwicklung neu entdeckter Prototypen. Dieser allmähliche Aufbau einer »Tradition des Neuen« wurde bald durch äußere Umstände wie die repressive Haltung totalitärer Regime behindert. Aber es traten auch interne Schwierigkeiten auf, die mit dem Problem der symbolischen Bewertung zusammenhingen.

Die unglaubliche Authentizität von Bauten wie der Villa Savoye ließ sich sehr schwer nachvollziehen. Die Ideen, die in dieser Synthese zusammenflossen, gingen auf die poetische Intelligenz eines einzelnen Künstlers zurück und stellten ein geradezu mythisches Muster dar. Eine Wiederholung solcher Formen ohne Bezug auf einen neuen Inhalt konnte nur zum Klischee ausarten. Tatsächlich waren gültige Aussagen zu den Prinzipien der Moderne, wie sie etwa Aalto, Lubetkin und Terragni in den dreißiger Jahren formulierten, eher die Ausnahme als die Regel. Überraschenderweise entstand sehr schnell eine Art neuer Akademizismus: Klischeehafte *pilotis* oder weiß getünchte Wände wurden zum Zeichen dafür, daß ein Architekt auf der Höhe seiner Zeit war.

Weitere Komplikationen entstanden dadurch, daß die Moderne in der ganzen Welt zahlreiche Nebenzweige entwickelte. Die Tschechoslowakei hatte sich schon in den zwanziger Jahren engagiert (man denke an Ludvik Kyselas elegantes Schuhgeschäft Bata von 1929), ebenso Japan (Antonin Raymonds Haus in Tokio verband bereits 1924 moderne Abstraktion mit lokaler Tradition). Auch in Spanien zeigten sich in den späten zwanziger Jahren Ansätze zu einer modernen Bewegung, zu denen vor allem José Luis Sert beitrug (ein Mitarbeiter Le Corbusiers, der später Präsident der CIAM wurde), bis der Bürgerkrieg ausbrach. In Südafrika entwickelten Rex Martienssen und die Gruppe Transvaal in den frühen dreißiger Jahren eine elegante Version des Purismus, und in Brasilien legte Lúcio Costa den Grundstein für eine künftige *entente cordiale* mit der europäischen Moderne. In England, Italien und Finnland zeigten sich in den zwanziger Jahren einzelne Schößlinge der Moderne, die in den dreißiger Jahren zur Blüte gelangten. Insgesamt ging die Rezeption der modernen Architektur selten reibungslos vonstatten und war gewöhnlich von Debatten darüber begleitet, ob sie den nationalen kulturellen Traditionen angemessen sei.

Freilich muß man unterscheiden zwischen jenen Ländern, die die moderne Architektur sozusagen vorgefertigt von außen bezogen, und jenen, die zwar vom Ausland beeinflußt waren, aber dennoch eigene Wege parallel zu den wichtigsten westeuropäischen Tendenzen beschritten. Für den ersteren Fall bietet Südafrika ein Beispiel, für den zweiten die Tschechoslowakei. Der tschechischen Gruppe Devetsil, 1920 gegründet, gehörten originelle Architekten wie Karel Teige, Jaromir Krejcar und Josef Chochol an, die nach neuen Ausdrucksformen suchten. Sie publizierten ihre radikalen Ideen in Zeitschriften wie *Stavba* und *Stavitel*. Diese Publikationen dienten als Forum für Diskussionen über die soziale Rolle der Moderne und als Informationsquelle für die Entwicklungen im Osten und Westen der Tschechoslowakei. Es nimmt nicht wunder, daß hier sowohl europäische als auch sowjetische Anregungen der Avantgarde verarbeitet wurden. So läßt zum Beispiel Teiges Attacke von 1929 gegen Le Corbusiers monumentalen Entwurf des »Mundaneum« bei Genf (nicht realisiert) an die anti-formalistischen Vorbehalte russischer Gruppen wie des OSA denken.

Nicht nur die theoretischen Positionen zeugten von einem gewissen Pluralismus, sondern auch das Vokabular. Die Industrieschule in Mlada Boleslav von J. Kroha (1923–25) macht deutlich, daß die Tschechoslowakei mit der Entwicklung der modernen Architektur in Frankreich, Deutschland und Holland Schritt hielt. Bei Otto Eislers Doppelhaus in Brno (Brünn) von 1926 wies das Äußere charakteristische Elemente des Internationalen Stils auf (Flachdach, glatte Wandflächen, rechteckige Volumen), wobei das Innere freilich im Vergleich zu Le Corbusiers freiem Grundriß geschlossen und starr gegliedert wirkte. Die Ausstellung für Zeitgenössische Kultur, die 1928 in Brno stattfand, führte die progressivsten Strömungen der tschechischen Architektur vor. Einen Gegensatz zu Teiges Puritanismus bildete der extravagante Pavillon der Stadt Brno von B. Fuchs mit seiner dramatischen spiralförmigen Außentreppe, seinen orangefarbenen Fliesen und Glasbausteinen, seinen Materialkontrasten und der Betonung konstruktiver Elemente. Krohas Kunstpavillon basierte weitgehend auf konstruktivistischen Vorbildern, während Kyselas zuvor erwähntes Schuhgeschäft Bata in Prag aus dem folgenden Jahr mit den schwebenden Auskragungen der Straßenfassade die Transparenz der Vollverglasung betonte.

Es spricht für die Aufgeschlossenheit und den Wagemut der Mäzene in Brno, daß Mies van der Rohe einen seiner schönsten Bauten – das Haus Tugendhat von 1930 – in der Nähe der Stadt errichten konnte. Das Grundstück lag an einem Hang und bot einen weiten Ausblick über die Landschaft. Der Architekt verlieh dem Haus zur Straßenseite hin, wo die kleineren Privaträume vorgesehen waren, einen geschlossenen Charakter. Doch auf der Gartenseite öffnete er es zu einer Reihe frei fließender Räume, die durch schlanke Stützen aus Edelstahl artikuliert wurden. Ein vom Boden bis zur Decke reichendes Fenster erstreckte sich über die gesamte Gartenfassade – das repräsentative Element des Barcelona-Pavillons auf den Hausbau übertragen.

In Südafrika sah die Situation in den zwanziger Jahren völlig anders aus. Hier spielte offenbar die große geographische Entfernung von den Zentren des Neuen eine Rolle, ebenso wie die kulturelle Abhängigkeit von England, wo die Moderne erst in den dreißiger Jahren Fuß faßte. Als Reaktion auf den gefälligen spätviktorianischen Stil, der im ausgehenden 19. Jahrhundert die südafrikanische Architektur beeinflußte, hatte Herbert Baker in den Jahren vor dem Ersten Weltkrieg eine Synthese aus Kap-Tradition, englischer Arts-and-Crafts-Bewegung und mediterranen Einflüssen entwickelt. Doch um die Mitte der zwanziger Jahre zeigte die südafrikanische Architektur Ermüdungserscheinungen. 1925 übernahm Stanley Furner einen Lehrstuhl an der Universität Witwatersrand und machte die avantgardistischen Entwicklungen aus Europa publik. Sein begabtester Schüler Rex Martienssen reiste nach Holland und nach Frankreich, wo er Le Corbusier besuchte. Martienssen hatte sich schon früh für die griechische Architektur und Kultur begeistert, so daß ihm die klassische Grundlage des Purismus vertraut war. Zu Beginn der dreißiger Jahre entwarf er mit John Fassler und Bernard Cooke eine Reihe höchst qualitätvoller Bauten, darunter die Wohnbebauung Peterhouse und die Leichenhalle in Johannesburg (1934–35). Hier spiegelten sich europäische Einflüsse wider, vor allem die von Gropius und Le Corbusier. Aber der Komplex hatte auch seine eigene Logik, die sich aus der ingeniösen Verbindung unterschiedlicher Funktionen auf einem zentral gelegenen Grundstück und den klaren Proportionen ergab. Ein großes gekurvtes Solarium über dem Ensemble erinnerte an die Villa Savoye, und das starke südafrikanische Sonnenlicht sorgte für dramatische Licht- und Schattenkontraste der Öffnungen, die in die glatten Wandflächen geschnitten waren. Im gleichen Jahr entwarfen die Partner eine Reihe luxuriöser Vorstadthäuser – darunter vor allem das Haus Stern, bei denen sie das günstige Klima für Dachterrassen und überschattete Patios nutzten. Eine weitere Partnerschaft, die eine wichtige Rolle bei der Begründung der südafrikanischen Moderne spielte, war die von Hanson, Tomkin und Finkelstein. Doch ihre Bauten erreichten selten das Niveau Martienssens, der als schöpferischer Künstler und Pädagoge dank seiner ungewöhnlichen Intelligenz von wohlfundierten Prinzipien ausgehen konnte. Martienssen zählte zu den wenigen Anhängern der Moderne, die erkannten, daß gute moderne Architektur ebensosehr eine Kontinuität künstlerischer Grundkonzepte bedeuten konnte wie eine Revolution von Technologie, Formen und sozialem Verhalten.

Während die Moderne im Ausland Fuß faßte, setzten sich ihre Begründer mit dem Problem auseinander, wie sie weiter vorgehen sollten. Die Karrieren der deutschen und sowjetischen Architekten wurden durch politische Ereignisse unterbrochen, und Wright und Le Corbusier hatten mit der Wirtschaftsdepression zu kämpfen. Dennoch waren die dreißiger Jahre für beide Künstler eine schöpferische Phase, charakterisiert durch die Diskrepanz zwischen ihren großen gesellschaftlichen Visionen und ihren begrenzten Baumöglichkeiten. Keiner der beiden ließ angesichts der Schwierigkeiten von seinen idealistischen Vorstellungen ab, aber bei beiden erlahmte die moralische Entschlußkraft. Um die Mitte der dreißiger Jahre wurde deutlich, daß ihre weitgreifenden sozialen und urbanistischen Doktrinen sich nur stückweise demonstrieren ließen.

Wie schon im 11. Kapitel erwähnt, waren die zwanziger Jahre für Wright – damals schon Ende fünfzig – eine schwierige Zeit. Persönliche und finanzielle Probleme sowie mangelndes Interesse an seinen Architekturidealen irritierten ihn, so daß er Zuflucht zu den Kaprizen des mißverstandenen Exzentrikers nahm. In den dreißiger Jahren änderte sich vieles, weil sein Leben durch Ogilvanna (seine dritte Frau) eine neue Stabilität gewann und die finanzielle Frage sich mit Hilfe der Stiftung Taliesin lösen ließ – einer Art Architekturschule auf dem Lande, in der junge Menschen auf der Farm und dem Grundstück halfen und zugleich die Grundlagen von Wrights »organischer« Philosophie kennenlernten. Es ist auch denkbar, daß die intellektuelle Atmosphäre des New Deal Wrights Reformgedanken einen fruchtbareren

15.1 *(links)*
Frank Lloyd Wright, »Falling Water«, Bear Run, Pennsylvania, 1936.

15.2 *(rechts)*
Frank Lloyd Wright, »Falling Water«, 1936, Ansicht, die den Raumfluß zwischen Innen und Außen und die Treppe zum Wasser zeigt.

15.3 *(unten)*
Frank Lloyd Wright, »Falling Water«, 1936, Aufriß.

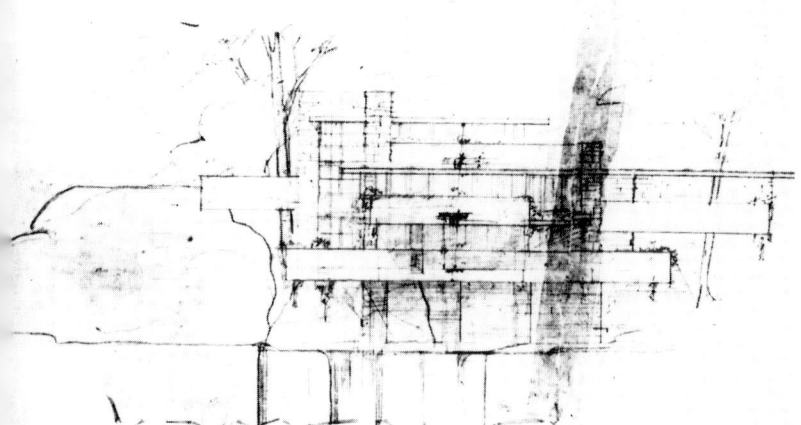

Wright und Le Corbusier in den dreißiger Jahren

Das Gebäude besteht aus auskragenden Betonplatten, die in einen im Fels verankerten Kern eingespannt sind. Die horizontalen Ebenen schweben scheinbar frei über den Kaskaden des Baches. Wände waren fast völlig vermieden. Für ein Gefühl der Umschlossenheit sorgen die Auskragungen und schirmartigen Fenster, die den vertikalen und horizontalen Rhythmus betonen. Der Kamin besteht – im Gegensatz zu den glatten Flächen der Betonbalkons – aus rohem Haustein der Umgebung. Einen größeren Teil des Innenbereichs nimmt ein großzügiger Wohnraum ein, wie es der Funktion eines Wochenendhauses entspricht. Das unregelmäßig einfallende Licht, das Blattwerk der Umgebung, der rauschende Wasserfall und das Gefühl horizontaler Ausdehnung in alle Richtungen von innen nach außen illustrierten Wrights wohlbekannte Forderung nach einer Integration von Architektur und Natur (Abb. 15.2). Auch die Bereiche um den Wasserfall und die Kulisse des Waldes waren in die dynamische Komposition einbezogen: Natur und Kunst ergänzten sich gegenseitig. Der Sohn Kaufmanns (der seinen Vater mit Wrights Arbeit vertraut gemacht hatte) schrieb Jahre später:

> »Als Wright das Grundstück besuchte, war er beeindruckt vom Tosen des Wasserfalls, der Vitalität des jungen Waldes, den dramatischen Felsenriffen und Blöcken. Diese Elemente sollten in die heiteren und großartigen Räume seines Bauwerks einbezogen werden. Doch Wrights Einsicht reichte tiefer. Er verstand, daß die Menschen Geschöpfe der Natur waren, deshalb mußte eine der Natur gemäße Architektur auch den Menschen gemäß sein. Obwohl sich zum Beispiel Falling Water mit breiten Fensterbändern nach außen öffnet, sind die Menschen im Inneren wie in einer tiefen Höhle geschützt, geborgen im Bewußtsein des Hügels hinter ihnen. Ihre Aufmerksamkeit wird durch niedrige Decken nach außen gelenkt. Kein Fürstensaal bestimmt das Bild, sondern die lichten Strukturen der in rhythmischer Folge eingerahmten Waldlandschaft. Die Materialien des Bauwerks stimmen mit der Färbung der Felsen und Bäume überein. Für gelegentliche Farbtupfer sorgen helle Möbel, wie die Wildblumen oder Vögel draußen. Die Wege innerhalb des Hauses, Treppen und Durchgänge, sind informell und zwanglos…Gemeinschaftsleben und Intimität sind gewährleistet, ebenso wie die Behaglichkeit des Heimes und die Abenteuer der Jahreszeiten. So werden die Menschen dazu verführt, sich zu entspannen, die Freuden eines durch die Natur erquickten Lebens zu genießen. Auch Besucher empfinden Wrights Architektur bald als Bereicherung.«

Boden bot als die Boomzeit der zwanziger Jahre. In den dreißiger Jahren befaßte er sich intensiv mit dem Entwurf billiger Einfamilienhäuser (zum Beispiel den »Usonia«- Häusern) und einer Art dezentralisiertem Utopia – »Broadacre City« –, um dem amerikanischen Leben in einer Zeit der Krise eine zusammenhängende soziale Form zu verleihen. Doch erst mit zwei Einzelbauten von geringer gesellschaftlicher Relevanz bewies er der Welt, daß seine schöpferische Erfindungskraft keineswegs verbraucht war.

Das erste Bauwerk war das Wochenendhaus »Falling Water« für den Pittsburgher Millionär Edgar J. Kaufmann. Es liegt an einem Wasserfall in einer tiefen Schlucht in Pennsylvania, die als »Bear Run« bekannt war (Abb.15.1).

Ein oberflächlicher Betrachter von Falling Water könnte die weißen Horizontalen als Hinweis darauf deuten, daß Wright hier von den Vereinfachungen des Internationalen Stils beeinflußt war. Das wäre eine leichtfertige stilistische Kategorisierung, vor der dieses Buch schon früher gewarnt hat. Denn die Formen des Hauses wurzelten nicht nur in Wrights eigenen Entdeckungen (zum Beispiel in den schichtartigen Landschaftsterrassen von Taliesin, den Auskragungen der Präriehäuser, der Vorliebe für natürliche Strukturen): Sie enthielten auch Bedeutungen und Assoziationen, die nicht im Einklang mit den philosophischen und formalen Tendenzen der europäischen Moderne standen (Abb. 15.3). Wieder einmal zeigt sich der Kontrast zwischen amerikanischem Romantizismus – dem demokratischen Ideal eines freien Lebens in der Natur – und den ganz anderen ideologischen Voraussetzungen der europäischen Avantgarde. Wright suchte sich mit Spott von diesen Strömungen zu distanzieren:

> »Menschliche Behausungen sollten keine Kästen sein, die in der Sonne brennen, und wir sollten auch nicht die Maschine beleidigen, indem wir Wohnungen bauen, die der Maschinenwelt allzu ähnlich sind. Jedes Bauwerk für menschliche Zwecke sollte elementar, mit dem Boden verbunden sein, eine Ergänzung seiner natürlichen Umgebung…Aber die meisten ›modernistischen‹ Häuser sehen aus, als wären sie mit der Schere aus Pappe ausgeschnitten…und mit Klebstoff zu kastenähnlichen Formen zusammengesetzt – in dem kindischen Versuch, die Bauten Dampfern, Flugzeugen oder Lokomotiven ähnlich zu machen…Bisher sehe ich bei den meisten ›modernistischen‹ Pappkartonhäusern kaum Nachweise dafür, daß ihre Entwerfer die technischen oder mechanischen Prozesse gemeistert haben, die zum Bau eines Hauses gehören…«

Dieser Kasten-Architektur setzte Wright seine eigenen organischen Ideale entgegen, die Dynamik des Ausdrucks, die Verschmelzung von Konstruktion, Funktion und Idee und das Interesse an natürlichen Formen. Mit Falling Water wollte er vielleicht sogar auf subtile Weise die »Kastenarchitektur« des Internationalen Stils in Frage stellen und demonstrieren, wie aus einfachen Formen ein dynamischer Lebensraum entstehen kann. In einer Rede vor den Bewohnern Taliesins sagte er:

> »Ihr seid nun befreit, durch das Glas und die auskragenden Formen und das Raumgefühl, das sich entwickelt. Ihr seid nun mit der Landschaft verbunden…Ihr seid ebenso Teil von ihr wie die Bäume, die Blumen, der Erdboden…Ihr seid nun frei, ein natürliches Element Eurer Umgebung zu werden, und das, glaube ich, liegt im Sinne Eures Schöpfers.«

Diesen Vorstellungen entsprachen auf formaler Ebene Wrights vielfältige organische Analogien. In Falling Water sind zwei natürliche Elemente in ein Muster phantasievoller Abstraktion verwoben: die Felsstrukturen und die Bäume. Einige Jahre vor dem Entwurf des Hauses hatte Wright »die Felsenriffe eines Steinbruchs« gepriesen:

> »Es liegt Suggestion in den Schichtungen und Charakter in den Formationen…Denn im steinigen Gerippe der Erde, in den Prinzipien, die den Stein formten, wie er da liegt oder aufragt, um von Wind und Wasser geprägt zu werden – darin stecken Formen und Stile, die für alle Zeitalter des Menschen ausreichen.«

Der Baum wiederum war schon seit Wrights frühen Jahren eine ständig wiederkehrende Metapher seines Denkens. So ist die großartige Synthese von Falling Water ein Tribut an frühere Überlegungen und ein Zeichen für seine ungebrochene schöpferische Vitalität. Wie Le Corbusiers Villa Savoye enthält das Haus eine Vielzahl von Ideen, die aber zu einem einfachen Leitbild zusammengefaßt sind. Es basierte ebenfalls auf jahrelangen Versuchen mit einem architektonischen System, das von den Prinzipien und der Lebensphilosophie des Architekten beherrscht wurde (Farbtafel 8).

Das andere große Werk, das Wright 1936 entwarf, war das Verwaltungszentrum für Johnson Wax in Racine, Wisconsin (Abb.15.4). Grundstück und Programm hätten kaum unterschiedlicher ausfallen können: Das Gebäude sollte auf flachem Gelände in einer wenig attraktiven städtischen Umgebung entstehen und Büros und Arbeitsbereiche aufnehmen. Aber anders als die Manager der riesigen unpersönlichen Organisationen, die damals das Leben Amerikas zu beherrschen begannen, wollten die Johnsons ihrer Firma den Charakter eines größeren Familienunternehmens unter wohlwollender patriarchalischer Führung erhalten. Wright machte sich im Laufe des Entwurfsprozesses bald mit diesem Konzept vertraut. Er suchte eine nach innen orientierte Gemeinschaft zu schaffen, die dennoch die Hierarchie der Firma nach außen widerspiegelte. Deshalb entwarf er das Verwaltungszentrum als großes, fensterloses, mit Backstein verkleidetes rechteckiges Volumen, das durch Oberlichter erhellt wird. Nach innen kragt ein Geschoß mit Vorwölbungen aus, die einen Blick in die zwei Geschosse hohe zentrale Säulenhalle ermöglichen. Diese große, aber wohlproportionierte Halle war durch ein Raster schlanker Pilzstützen aus Beton gegliedert (Abb. 15.5). Sie sollte die Arbeitsplätze der Sekretäre aufnehmen, während für das Management die oberen Stockwerksflächen vorgesehen waren. Wright nannte die beiden Aufsätze des Gebäudes »Penthouse«, weil hier die Vorstandsbüros und das private Büro des Präsidenten untergebracht werden sollten. Wieder einmal interpretierte, »idealisierte« und gestaltete Wright den Rahmen für eine Institution.

Das Äußere des Johnson Wax Building mit seinen abgerundeten Ecken hatte einen stromlinienförmigen Charakter, ähnlich wie manche modernistischen Entwürfe Raymond Loewys aus den frühen dreißiger Jahren. Im Inneren setzte sich die Stromlinienform in den

15.4 *(rechts)*
Frank Lloyd Wright,
Verwaltungszentrum
Johnson Wax, Racine,
Wisconsin, 1936.

15.5 *(unten)*
Frank Lloyd Wright,
Johnson Wax, Racine,
Wisconsin, 1936,
Innenansicht mit
Pilzstützen.

geschwungenen horizontalen Flächen und Brüstungen und dem ungewöhnlichen Glasröhrensystem fort, das Wright für die Belichtung entworfen hatte. Doch die Atmosphäre des Innenraums bot mehr als nur solche oberflächlichen Effekte: Sie vermittelte den Eindruck von Stabilität und Formalität, ohne dabei erdrückend zu wirken. Im Gegensatz zu der geschlossenen Außenhaut erglühten im Inneren die Glasdecken und -röhren in Wärme und Licht. Der Stützenraster hatte nichts mit dem starren Wiederholungszwang gemeinsam, der so viele kommerzielle Bürobauten kennzeichnet: Jede Stütze war in sich elegant und wohlgeformt. In ihrer Reihung schufen die nach unten verjüngten Schäfte mit den kreisrunden Platten, die wie Seerosen an der durchscheinenden Oberfläche schwammen, eine Art Unterwasserwelt. Wright hielt wenig von jenen Eigenschaften, die so häufig die kommerzielle Architektur kennzeichnen: Profitbewußtsein, Sprödigkeit, Uniformität eines Bienenstocks. Er wollte statt dessen Räume bilden, in denen Leben, Arbeit und Kunst eine Verbindung eingingen. Daß sein Gebäude ein Erfolg war, zeigte sich daran, daß die Angestellten sich auch noch nach der Arbeit dort aufhielten, als sei es eine Oase im Chaos und in der wirtschaftlichen Depression der Außenwelt.

Wie Falling Water unterschied sich auch das Johnson Wax Building auf den ersten Blick von Wrights zuvor entstandenen Bauten, ging aber dennoch auf seine früheren Experimente zurück. Zum Stammbaum von Johnson Wax zählen das Larkin Building von 1904 (ebenfalls eine introvertierte, symmetrische »Kathedrale der Arbeit«); der Unity Temple (wo der Eingang in einem Schlitz zwischen den zwei axial angeordneten Volumen lag und wo Wright ebenfalls Galerien und gefiltertes Oberlicht verwendet hatte); das Imperial Hotel in Tokio (bei dem er zum erstenmal mit Pilzstützen auf dem erdbebensicheren Fundament experimentierte) und ein Entwurf für das Gebäude des *Capital Journal* in Salem, Oregon, von 1931, wo ein Hypostylon mit ähnlichen Stützen vorgesehen war. Vielleicht war Wright vom Vorbild altägyptischer Säulenhallen beeinflußt, und die Naturform seiner Stützen ging möglicherweise auf die Papyrus- oder Lotossäulen solcher Prototypen zurück. Daß seine schlanken Stützen die Lasten tragen konnten, bewies der Architekt den besorgten Bauherren, indem er ein Modell baute und es mit schweren Gewichten belastete. Dieses Experiment bestätigte, daß sich bei Wright praktische technische Kenntnisse mit einem intuitiven Sinn für Konstruktion verbanden (Abb. 15.6).

In den vierziger Jahren plante Johnson Wax eine Erweiterung und beauftragte Wright mit dem Entwurf eines Laboratoriumsturms. Er paßte die Idee der Pilzstützen den Erfordernissen des Programms an, indem er die Serviceeinrichtungen in die Mitte plazierte und die Laboratorien auf Paletten mit dazwischenliegenden Ebenen von kleineren Abmessungen anordnete. Das Ergebnis war ein eleganter vertikaler Kasten mit abgerundeten Ecken, von nichtspiegelndem Glas umhüllt (wegen der Sonneneinstrahlung). Die Hauptgeschoßflächen zeichneten sich außen als horizontale Bänder ab. Die Zwischengeschosse waren, da kleiner, von der Fassade zurückgesetzt, so daß die Laboratorien im Inneren freien Überblick gewährten und zugleich durch die Niveau-Unterteilung eine Trennung von Forschungsbereichen und schmutzigen Laborarbeiten ermöglichten. Wieder einmal schuf Wright hier ein Bauwerk, das weit von den üblichen Raster- und Kastenformeln des Hochhausbaus entfernt war.

Eine weitere wichtige Arbeit Wrights in den dreißiger Jahren war der Entwurf eines billigen Haustyps, des »Usonia«-Hauses. Die Bezeichnung ging auf Samuel Butlers Namen für die Vereinigten Staaten in seinem utopischen Roman *Erewhon* von 1872 zurück. Wright entwarf einen Satz von Elementen, darunter ein Beton-Fundament auf einem Bett von Schlacke und Sand, in das Heißwasser-Leitungen eingelassen waren. Das Dach war eine einfache isolierte Scheibe mit inkorporiertem Ventilationssystem. Es kragte an den Rändern aus, um den Wasserabschlag zu ermöglichen, ein Gefühl von Geborgenheit zu vermitteln, vor Sonneneinstrahlung zu schützen und eine dem Erdboden entsprechende horizontale Fläche zu schaffen. Die Wände waren aus drei Lagen Holz und zwei Lagen Teerpappe vorgefertigt.

15.6 Frank Lloyd Wright, Johnson Wax, Racine, Wisconsin, 1936, Pilzstützen im Bau.

Doch die usonische Idee war mehr als ein geld- und arbeitssparendes System. Das Wohnzimmer wurde zugunsten einer Art Alkoven mit Tisch abgeschafft – ein Bereich, der Küche und Wohnraum in sich vereinte. Das war zweifellos ein Zugeständnis an die Bauherren ohne Dienstboten, die als Käufer der Usonia-Häuser in Frage kamen, und zugleich eine Reflexion des immer weniger formellen amerikanischen Lebensstils nach dem Ersten Weltkrieg. Es war kein Zufall, daß Wrights Formel so schnell von Bauunternehmern und Billighaus-Firmen übernommen wurde, denn der freie Grundriß im Inneren und die äußeren Patios entsprachen exakt den Vorstellungen einer aufsteigenden Mittelklasse vom Leben in den Vororten. Bei Wright hatten die Usonia-Häuser natürlich sorgfältig berechnete Proportionen und Details, und die Standardpläne variierten entsprechend der Grundstücke. Die wenig sensiblen Imitationen waren dagegen nur allzu häufig unbeholfene Schachteln im »Farmer-Stil«, unsolide Bauten, die im Zuge des Booms in den fünfziger Jahren wie Pilze aus der Erde schossen.

Im Jahre 1930 war Wright 63 Jahre alt und in Schwierigkeiten. Le Corbusier war 43 Jahre alt und auf der Höhe des Erfolges. In den zwanziger Jahren war er schnell zu einer führenden Figur der europäischen Moderne geworden. Als er den Auftrag für die Villa Savoye erhielt, war er international anerkannt und wurde zu Projekten an so weit auseinanderliegenden Orten wie Moskau und Nordafrika eingeladen. Aus seinen Schriften geht hervor, daß er sich als eine Art Messias betrachtete, der dazu ausersehen war, die Formen des neuen

15.7 Frank Lloyd Wright beim Besuch des Johnson Wax Building in seinen späten Jahren.

technischen Zeitalters zu erfinden. Obwohl die dreißiger Jahre ihm weniger Aufträge einbrachten als die zwanziger, änderte sich nichts an seinen missionarischen Gefühlen. Er entwickelte im Gegenteil immer weitergreifende Ideen, vor allem im Hinblick auf die Stadtplanung. So lieferte er in dieser Zeit Entwürfe für so unterschiedliche Orte wie Algier, Rio de Janeiro und New York und formulierte die Prinzipien der *cité-type* für die moderne Regeneration: die *Ville Radieuse* (Strahlende Stadt).

Die Villa Savoye war ein Meisterwerk gewesen, doch ihr Schöpfer mußte nun vermeiden, sich selbst zu imitieren. Er hatte zu entscheiden, welche Aspekte seines Architektursystems er fortentwickeln und welche er hinter sich lassen sollte. Natürlich ging dieser Auswahlprozeß nicht völlig rational vor sich; er hing auch von den Aufgaben und Möglichkeiten der frühen dreißiger Jahre ab. Viele Aufträge Le Corbusiers in dieser Zeit waren Großbauten, denen die Typologie der Villen nicht entsprach. Deshalb mußte der Architekt sich wieder den Konzepten seiner früheren großen Projekte zuwenden – Centrosoyus, Völkerbundpalast und natürlich seinen urbanistischen Idealplänen. So verlieh er bei seinem Wettbewerbsentwurf für den Palast der Sowjets von 1931 (im 10. Kapitel analysiert) den verschiedenen Funktionen Ausdruck und verband die Volumen dann durch eine Hierarchie von Achsen und Zirkulationswegen. Beim Maison de Refuge von 1930–31 – einem Asyl für die Obdachlosen von Paris – verfolgte er eine ähnliche Strategie. Die Eingangszone mit der Pförtnerloge, dem Empfang und so weiter bestand aus einer Folge freistehender Volumen, darunter ein weißer Zylinder, der sich dramatisch von dem dunklen, glatten Hintergrund der voll verglasten Hauptfassade abhob. Fensterbänder gab es nicht mehr, auch nicht die getünchten glatten Wände, ein wichtiges Element des früheren Vokabulars. Statt dessen verwendete Le Corbusier Glasbausteine oder den vom Boden zur Decke reichenden »pan de verre«. Für diesen Wandel waren wahrscheinlich mehrere Gründe verantwortlich. Vielleicht entdeckte er, daß Reihen von Fensterbändern nicht gut mit den großen Fassadenflächen harmonisierten, die er nun artikulieren mußte. Vielleicht empfand er die Vollverglasung als ehrlicheren Ausdruck der freien Fassade. Vielleicht sah er darin auch eine Symbolik der kollektiven *machine à habiter*. Von welchen Motiven auch immer er geleitet war – die neue Lösung brachte ihre eigenen Probleme mit sich: Mangel an Intimität, Eindringen von Feuchtigkeit, Wärmeverlust und Aufheizung.

In den zwanziger Jahren zeigten sich auch in der Malerei Veränderungen. An die Stelle von Stilleben und Maschinenteilen traten menschliche Figuren. Biomorphe Abstraktionen wurden häufiger, zweifellos unter dem Einfluß der zeitgenössischen Arbeiten Picassos und Mirós. Der Künstler zeigte sich lockerer, weniger kontrolliert und präzise als in seinen früheren puristischen Werken. In der Architektur lassen sich in dieser Zeit Entsprechungen vielleicht in einem stärkeren Gefühl für Struktur und einer direkteren Verwendung der Materialien entdecken. Formale Analogien zu Kieseln und Muscheln begannen die technischen Abstraktionen der zwanziger Jahre zu ersetzen. Im Maison Errazuris, das Le Corbusier 1933 für Chile plante, verwendete er statt *pilotis* und Wandscheiben Holzpfosten und rustikale Details. Das Petite Maison de Weekend (1935 für einen reichen Bauherrn im Außenbezirk von Paris errichtet) war eine Art neolithischer Höhle mit niedrigen Gewölben und Grasdach. Glasbausteine waren bewußt rauhen, natürlichen Materialien gegenübergestellt (Abb. 15.11). Dieses Bauwerk bildete die Grundlage für Le Corbusiers raffiniert-regionale rustikale Architektur in den fünfziger Jahren.

Zwischen den Villen der zwanziger Jahre und seinem späteren Primitivismus stand der Pavillon Suisse von 1930–31, ein Wohnheim für Schweizer Studenten in der Pariser Cité Universitaire. Das Problem bestand darin, Einzelzimmer für die Studenten mit Gemeinschaftseinrichtungen wie Wohnraum, Halle, Frühstücksraum und Bibliothek zu verbinden; auch eine Pförtnerloge und eine Direktorenwohnung mußten einbezogen werden. Das Grundstück lag am Rande der Cité Universitaire, mit schönem Ausblick nach Süden über offene Grünflächen (die später Sportplätze werden sollten) und mit einer Zugangsstraße vom Mittelpunkt des Campus. Mit anderen Worten, es bot keine offensichtliche Vorder- und Rückseite; der Entwurf mußte beide Seiten gleichmäßig behandeln.

Le Corbusiers Lösung entwickelte sich allmählich in einer Serie von vier Projekten zwischen Anfang 1930 und 1931. Jedesmal brachte er die Studentenzimmer in einem Stahlrahmen-Kasten unter, der sich auf Stützen

204   Die Kristallisation der modernen Architektur zwischen den beiden Weltkriegen

über den Boden erhob. Ursprünglich hatten diese Stützen schlanke I-Profile aus Stahl (Abb. 15.8), doch später wurden sie als robuste, leicht gekurvte Beton-Pilotis ausgeführt, die im Querschnitt Hundeknochen ähnelten. Der Bereich unter dem Gebäude diente der Erholung und schuf zugleich einen Portikus für den Eingang, durch den sich ein Blick auf die umliegenden Grünanlagen bot. Die Studentenzimmer waren an der rechtwinkligen Fassade als Zellen artikuliert und nach Süden orientiert (Abb. 15.10). Der Zugang erfolgte von der Rückseite über Korridore, die ihrerseits mit angehängten Räumen für Treppen, Aufzug und Gemeinschaftsbereiche verknüpft waren. In den frühesten Entwürfen waren diese angefügten Formen rechteckig und ebenfalls auf Stützen gehoben; später kehrten sie zum Boden zurück und waren gekurvt, um die Biegung am Ende des Wendekreises aufzunehmen und ihre Funktion zu betonen. Wieder einmal machte Le Corbusier den Unterschied zwischen öffentlichen und privaten Zonen mit architektonischen Mitteln deutlich.

15.8 *(links)*
Le Corbusier, Pavillon Suisse, 1930–31, früher Entwurf mit Blick auf die *pilotis* aus Stahl, die später durch robuste Betonstützen ersetzt wurden (Fondation Le Corbusier, Nr. 15804).

15.9 *(links unten)*
Le Corbusier, Pavillon Suisse, Cité Universitaire, Paris, 1930–31, Ansicht der Nordfassade mit der gekurvten Anfahrt und der Bruchsteinwand im Erdgeschoß.

15.10 *(rechts)*
Le Corbusier, Pavillon Suisse, Paris, 1930–31, Ansicht der verglasten Südfassade mit den Studentenzimmern.

15.11 *(unten)*
Le Corbusier, Petite Maison de Weekend, bei Paris, 1935, axonometrische Zeichnung.

Wright und Le Corbusier in den dreißiger Jahren   205

Die Skala seiner Materialien war sehr viel breiter als zuvor. Die *pilotis* hatten nicht nur organische Formen, im Gegensatz zu den puristischen Zylindern der Villen: Sie waren auch in rohem Beton belassen, ohne Anstrich oder Ummantelung. Steinverkleidung, Stahl und Glas waren beim Hauptvolumen verwendet, Glasbausteine beim Treppenturm und Haustein bei der unteren geschwungenen Wand (Abb. 15.9). Honigfarbene Fliesen, wechselnde Strukturen der Betonböden und unterschiedlicher Innenanstrich wiesen auf die Hauptunterteilungen des Inneren hin. Vielleicht war sich Le Corbusier des Wartungsproblems seiner früheren Putzfassaden bewußt geworden. Zweifellos widerstanden die Außenverkleidungen des Pavillon Suisse den Klimaeinflüssen besser als jene der Villen. Aber sie entsprachen zugleich auch dem Wandel in der Formensprache des Künstlers.

Beim Pavillon Suisse lassen sich neben den Veränderungen freilich auch kontinuierliche Stilelemente beobachten. Das Konstruktionsprinzip des Gebäudes basierte immer noch auf den *Cinq points,* obwohl das Fensterband sich nun in die vollverglaste Fassade einfügte. Es gab eine Dachterrasse und einen freien Grundriß in den Gemeinschaftsbereichen, und die *pilotis* waren trotz ihrer veränderten Form immer noch die wichtigsten Stützelemente. Hätte Le Corbusier schmalere *pilotis* verwendet, so hätte die Konstruktion möglicherweise den Eindruck der Instabilität hervorgerufen. Wie Michelangelo in seinen großen Projekten entdeckt hatte, daß die klassischen Ordnungen stark abgewandelt werden mußten, so wurde Le Corbusier klar, daß eine Veränderung der Größe mehr erforderte als eine Veränderung der Dimensionen seines zentralen Konstruktionselements. Deshalb erhielten die *pilotis* eine leicht modellierte Form, die für tatsächliche und zugleich visuelle Stabilität sorgte und dennoch aus der Nähe ein elegantes Profil bot. Dabei ist keineswegs erwiesen, daß *pilotis* in diesem Fall die beste Lösung waren, denn das Gelände lag über einem aufgelassenen Steinbruch, so daß 18 m tiefe Gründungen erforderlich waren. Offenbar hielt Le Corbusier auf Kosten der Vernunft an seinen Prinzipien fest. Warum er so rigoros auf seinen »solutions-types« bestand, geht aus den Abbildungen des *Oeuvre complète* hervor. Dort wird viel Aufhebens davon gemacht, wie sich die Bereiche unter den Stützen für Zirkulation und soziale Aktivitäten nutzen ließen. In einer der Bildunterschriften erwähnte Le Corbusier einen gewissen Professor Maurin, einen Arzt, der »im Labor zu arbeiten pflegte«, und zitierte aus einem Brief dieses gelehrten Herrn:

»Ich habe den Pavillon Suisse gesehen. Meinen Sie nicht, daß die *pilotis,* die Sie verwendet haben, die endgültige Lösung für die Verkehrsführung einer Großstadt bringen könnten?‹ M. Maurin...entdeckte spontan die Elemente einer städtebaulichen und architektonischen Theorie, die Le Corbusier seit zehn Jahren in allen seinen Werken und Schriften unermüdlich vertreten hat.«

Mit anderen Worten: Die lokale Bauaufgabe des Studentenheims wurde zum Ausgangspunkt einer allgemeineren urbanistischen und kollektivistischen Doktrin. Die eigentlichen Verwandten des Pavillon Suisse waren die »sozialen Kondensatoren«, die Le Corbusier in den späten zwanziger Jahren in der Sowjetunion gesehen und bewundert hatte, und die Wohnbauentwürfe seiner eigenen Idealstadt, der »Ville Radieuse«, die er selbst zur gleichen Zeit ausarbeitete. Diese Kollektivbebauungen waren in langen Bändern à redent angelegt (das heißt, zahnschnittartig vor- und zurückspringend), und hatten Dachterrassen mit Laufpisten (Abb. 15.12). Wie der Pavillon Suisse waren die Bauten nach Süden hin verglast und boten einen Ausblick auf Spielflächen und Parks. Auch sie erhoben sich auf *pilotis,* so daß die Grünflächen sich unter ihnen fortsetzen konnten. So standen allen Bewohnern die »wesentlichen Freuden« von Raum, Licht und Grün zur Verfügung – anders als in den stickigen, übervölkerten Slums, die durch die Industrialisierung des 19. Jahrhunderts entstanden waren. Der Pavillon Suisse war ein Teil dieses größeren Utopia, Demonstration und Experiment zugleich. Le Corbusier wies selbst auf diese Doppelrolle hin, als er 1934 schrieb:

15.12
Le Corbusier, Kollektiver Wohnungsbau à redent, Ville Radieuse, ca. 1930.

> »Was haben wir nun von 1929–34 geschaffen? Vorerst einige Gebäude, dann eine schöne Zahl von städtebaulichen Arbeiten. Die Häuser spielten die Rolle von Laboratorien. Jedes der in diesen Jahren gefundenen Elemente sollte uns den Prüfstein abgeben, um dann im Gebiet des Städtebaus in aller Sicherheit die notwendige Initiative ergreifen zu können.«

Le Corbusier verkörperte in seinen städtebaulichen Entwürfen seine Vision einer idealen Gesellschaft. Er hing der naiven Vorstellung an, eine wohlgeordnete Umgebung könne Menschen, Natur und Maschine in Harmonie zusammenführen. Die Technisierung sah er von zwei Seiten: Sie verursachte Zerrüttung und Verfall, unterminierte die Gesellschaft und brachte sie an den Rand der Revolution; aber sie lieferte auch die Mittel zur Realisierung einer neuen Ordnung, die der utopische Künstler selbst schaffen zu können glaubte.

Als es Le Corbusier nicht gelang, das Konzept der Ville Contemporaine in der überarbeiteten Version der Ville Voisin von 1925 an den Mann zu bringen, schwand seine Hoffnung, das Big Business und die zentralisierte Technokratie könnten sein Ideal in die Wirklichkeit umsetzen. Andererseits gaben ihm seine Erfahrungen in Moskau in den späten zwanziger Jahren wenig Anlaß zu einem Linksruck, obwohl er offenbar die Wohnbauexperimente der Gruppe OSA und die Theorie der linearen Stadt von Miljutin (vgl. 12. Kapitel) bewunderte. Zugleich wurde sein Vertrauen in die Demokratie als Rettung aus dem Chaos immer geringer. So wandte er sich in den späten zwanziger Jahren den Ideen des »Syndikalismus« zu, der aus der Gewerkschaftsbewegung des späten 19. Jahrhunderts entstanden war. Der Syndikalismus schlug eine »Pyramide natürlicher Hierarchien« vor, von einer Basis der Gewerkschaftsmitglieder über ein mittleres Niveau gewählter Manager bis zur Spitze der regionalen Verwaltung. Eine Hierarchie repräsentativer Verwalter sollte auf diese Weise den alten Staat ersetzen. Naiverweise hoffte Le Corbusier, dadurch sei eine effektivere Regierung gewährleistet als in Demokratien, die ständig zwischen rechts und links schwankten. Natürlich räumte das System, wie er es sah, Planern und Architekten einen besonderen Platz ein: Sie waren nahe der Pyramidenspitze eingeordnet, denn es war ihre Aufgabe, der neuen Gesellschaft Form zu verleihen.

Mit solchen Ideen setzte Le Corbusier sich auseinander, als er Ende der zwanziger und Anfang der dreißiger Jahre eine neue Version seiner idealen Stadt entwickelte, die Ville Radieuse. Wie bei der Ville Contemporaine waren die Hauptbautypen Wolkenkratzer und Appartementhäuser, doch die Hochhäuser waren nun im »Kopf« der Stadt gruppiert, während die Wohnbauten (die dem Pavillon Suisse ähnelten) in langen *A-redent-Bändern* angeordnet waren, so daß halbe Höfe und Einbuchtungen entstanden (Abb. 15.12). Eine Trennung zwischen der Elite und der Arbeiterklasse wie in der Ville Contemporaine war nicht mehr vorgesehen: Alle wohnten in

15.13
Le Corbusier,
Ville Radieuse, ca. 1930,
Gesamtplan.

den Unités, die rationalisierte Einzelwohnungen und Gemeinschaftseinrichtungen wie Turnhallen und Kindergärten enthielten. In den *A-redent*-Bauten wirkte eine Vielzahl früherer kollektivistischer Theorien nach, zum Beispiel Eugène Hénards »Boulevards à redans« von 1903 und Charles Fouriers utopische Gemeinschaft vom Anfang des 19. Jahrhunderts, das Phalanstère. Fouriers Entwurf hatte mit Le Corbusiers Projekt den Prototyp des barocken Palais (zum Beispiel Versailles) mit seinem vor- und zurücktretenden Grundriß und den linearen Formen gemeinsam. Die Dachterrasse für Freizeitaktivitäten könnte dagegen durch die Decks von Ozeandampfern beeinflußt sein: In seinem Buch *La Ville Radieuse* (1933) beschrieb Le Corbusier eindrucksvoll das Leben in der frischen Luft und im Sonnenlicht.

Die *Ville Radieuse* war stark zentralisiert und verdichtet. Dennoch war ein Großteil ihrer Fläche dem Freizeitbereich gewidmet – Parks, Spielflächen und so weiter (Abb. 15.13). Seinen früheren Prinzipien folgend, sah Le Corbusier auch breite Straßen vor, um einen reibungslosen Verkehr innerhalb der Stadt und nach außerhalb zu gewährleisten; den Fußgängern standen verschiedene Ebenen zur Verfügung; die traditionelle »Korridor-Straße« hatte ausgedient.

Wieder einmal drückte sich diese »ideale« Ordnung, wie in den Utopien der Renaissance, durch Symmetrie, klare Geometrie und symbolische Analogien aus. Denn die Ville Radieuse hatte ein Rückgrat, ein Herz und einen Kopf und verkörperte so eine Art Idealmenschen des 20. Jahrhunderts – perfekt funktionierend und in Harmonie mit der Natur.

Le Corbusier erhielt nie die Chance, seine Idealstadt *in toto* zu errichten. Aber er unternahm in den dreißiger Jahren alle erdenklichen Anstrengungen, seine städtebauliche Botschaft zu verbreiten und die Behörden verschiedener Länder von seinen Vorstellungen zu überzeugen. Im Jahre 1933 trafen vor Athen die Mitglieder der Congrès Internationaux de l'Architecture Moderne auf der *SS Patras* zusammen, um über den Zustand der modernen Stadt zu diskutieren. Vor dem herrlichen landschaftlichen Hintergrund des Peloponnes entwickelten die modernen Architekten Europas ihr Konzept für eine aufgeklärte neue Kultur, die mit der Technisierung in Einklang stehen sollte. Le Corbusier wurde natürlich zum inoffiziellen Papst erklärt. In der Tat war die Charta von Athen eine Neuformulierung der philosophischen Grundsätze der Ville Radieuse, freilich ohne deren Poesie. Zu dieser Zeit entfernten sich Le Corbusiers städtebauliche Leitvorstellungen gefährlich von individuellen Visionen und entwickelten sich statt dessen zu einer Art Katechismus. Reyner Banham gab eine klare Beschreibung der Situation:

»Die Mittelmeerkreuzfahrt war offenbar eine willkommene Ablenkung von der sich verschlechternden Situation in Europa. Während dieses kurzen Rückzugs von der Realität schufen die Delegierten das olympischste, rhetorischste und letztlich zerstörerischste Dokument, das je aus den CIAM hervorging...Die 111 Punkte der Charta bestehen teils aus Feststellungen über den Zustand der Städte und teils aus Vorschlägen zur Verbesserung dieser Bedingungen, die in fünf Hauptgruppen zusammengefaßt sind: Wohnung, Erholung, Arbeit, Verkehr und historische Bauten...Diese rhetorische Allgemeinverbindlichkeit...kaschiert eine sehr eng begrenzte Auffassung von Architektur wie Städtebau und verpflichtete die CIAM unwiderruflich auf a) eine strenge funktionale Zoneneinteilung der Stadtplanung mit Grüngürteln zwischen den unterschiedlichen Funktionsbereichen und b) einen einzigen Wohnhaustyp überall dort, wo große Bevölkerungsdichte herrscht, nämlich Appartementhäuser mit weiten Abstandsflächen. Dreißig Jahre später erkennen wir darin lediglich ein ästhetisches Vorurteil. Doch zur damaligen Zeit hatte die Charta die Kraft eines mosaischen Gebotes und behinderte erfolgreich jede Untersuchung anderer Wohnformen.«

Die Kristallisation der modernen Architektur zwischen den beiden Weltkriegen

Während Le Corbusiers Anhänger seine städtebaulichen Doktrinen in Routine erstarren ließen, reagierte er selbst bei seinen Entwürfen für bestimmte Bauaufgaben durchaus elastisch. Eines der spektakulärsten seiner vielen unrealisierten Projekte war die Planung für Algier zwischen 1931 und 1940. Kernidee war hier ein als Stahlbetongerüst konzipierter Viadukt, über den eine Autobahn führte (Abb. 15.14). In den Viadukt waren Wohnungen unterschiedlicher Größe eingefügt, und auf dem mittleren Niveau verlief eine Fußgängerstraße. An einem Ende lag eine Zone mit stark verdichteten geschwungenen Appartementgebäuden, die so angeordnet waren, daß sie die Integrität der alten arabischen *medina* nicht zerstörten, aber ihrerseits eine skulpturale Enklave im Maßstab von Bergen und Meer bildeten. Hauptgebäude war ein Wolkenkratzer in der Nähe des Hafens, in dem die Verwaltung der Kolonie untergebracht werden sollte.

Der Entwurf erlebte eine Reihe von Metamorphosen, vom verglasten Kasten bin zu einem stark monumentalen, strukturierten Objekt mit *brise-soleil* (Sonnenschutz) in Form auskragender Geschoßflächen und Balkonen. Das bedeutete nach dem Maison de Refuge und dem Pavillon Suisse eine absolute Kehrtwendung. Trotz der mechanischen Heizungs- und Klimaanlage hatte beim Maison de Refuge die verglaste Südfassade im Sommer Treibhauseffekte hervorgerufen, so daß der Architekt ein neues funktionales Element erfinden mußte: einen vorgesetzten Rost, der als Sonnenschutz diente. Teils von nordafrikanischen Vorbildern inspiriert, teils aus dem Bedürfnis, den *brise-soleil* in die Baustruktur zu integrieren, setzte Le Corbusier in seinen letzten Hochhaus-Entwürfen für Algier sein neues Element als wichtiges formales Mittel ein. Die Kombination von *brise-soleil* und Balkon erwies sich bei seinen monu-

15.14 Le Corbusier, Plan »Obus« für Algier, ca. 1932
Ansicht des gekurvten Viadukts.

mentalen Projekten der Nachkriegszeit als besonders nützlich.

Der Plan für Algier vereinte allgemeine Prinzipien mit lokalen Traditionen. Le Corbusier war in Algier stark beeindruckt von den Viadukten am Wasser, in deren Bögen Häuser eingebaut waren, was zu seiner Idee einer Megastruktur geführt haben könnte. Außerdem setzte er sich mit der Einheit von Architektur, Städtebau und Landschaft in den Kasbahs und den aus Lehm erbauten befestigten Dörfern des Mzab in Mittelalgerien auseinander. Seine Skizzenbücher aus dieser Zeit sind auch gefüllt mit Frauenfiguren, deren gerundete Formen allmählich in die Konturen der Landschaft übergehen. Später behauptete Le Corbusier, wahrscheinlich mit leichter Ironie, er habe während seines Aufenthaltes in Nordafrika »zum ersten Mal« die Schönheit des weiblichen Körpers erfahren. Innerhalb seiner eigenen Typologie war der Viadukt mit seiner Wohnbebauung natürlich eine Variante der *A-redent*-Häuser und Autostraßen der Ville Radieuse. Doch die Idee, Autos über die oberste Ebene rasen zu lassen, ging möglicherweise auf G. Matté Truccos berühmte Teststrecke auf dem Dach der Fiat-Fabrik in Turin zurück. Es ist auch denkbar, daß sich der Traum des jungen Jeanneret von einer Renaissance der mittelmeerischen Kultur im Projekt für Algier wieder zu Wort meldete. Trotz seines kolonialistischen Einschlags hätte sich der Entwurf weit weniger zerstörerisch auf das arabische Viertel ausgewirkt als die katastrophalen Eingriffe des 19. Jahrhunderts.

So waren die dreißiger Jahre für Le Corbusier eine Zeit des epischen Denkens, in der er sich als »Individuum mit weltweiten Kompetenzen« betrachtete. 1935 besuchte er die Vereinigten Staaten und kritisierte Manhattan, weil er fand, die Wolkenkratzer seien zu niedrig und stünden zu nahe beieinander. Natürlich lag ihm dabei vor allem daran, die Ville Radieuse zu propagieren, in der Hoffnung, die amerikanischen Behörden würden die leistungsfähigste Technologie der Welt für seine Pläne einsetzen. Aber er wurde wieder enttäuscht. Seine Träume und seine Kritik fanden Niederschlag in dem Buch *Quand les cathédrales étaient blanches* (1937), in dem er die Landvergeudung amerikanischer Vororte und die Irrationalität der Wolkenkratzerformen verurteilte. Statt dessen schlug er eine neue Variante vor, den »kartesianischen Wolkenkratzer«, ein Hochhaus zum Wohnen und Arbeiten, das die Stadt mit einem Park in der Mitte (Manhattan) zu einem Park mit einer Stadt in der Mitte (Ville Radieuse) machen sollte. Le Corbusier hoffte sogar, Mussolini werde seine Idealstadt bauen, und noch 1941 versuchte er offenbar (erfolglos), die Vichy-Regierung für seine Ideen zu interessieren. Sicherlich war dies Opportunismus. Zugleich glaubte der Architekt aber auch, angesichts der segensreichen Wirkung seiner Planung sei jede Manipulation gerechtfertigt.

Auch Frank Lloyd Wrights Broadacre City (1936) war die Frucht jahrelangen Reflektierens über den Sinn des Lebens und das Problem, in einer technisierten Gesellschaft den idealen Staat mit individueller Freiheit in Einklang zu bringen. Auf den ersten Blick erscheint es merkwürdig, daß er sein Projekt überhaupt »Stadt« nannte. Broadacre City war das Gegenteil von Le Corbusiers Ideal: Es handelte sich um eine dezentralisierte Gemeinschaft, in der das Einfamilienhaus die Grundeinheit darstellen sollte und in der die wenigen Hochhäuser weit auseinander lagen, durch große Landflächen voneinander getrennt. Wright war der Ansicht, Telefon und Auto machten die Zentralisierung überflüssig und die Technisierung ermögliche den Amerikanern paradoxerweise die Rückkehr zu ihrer wahren Bestimmung: eine Gesellschaft freier Individuen, die in einer ländlichen Demokratie lebt. Wie so oft bei Wright trafen auch hier wieder progressive und konservative Ideen zusammen. Broadacre City sollte die Menschen von der Tyrannei des Monopolkapitalismus und dem schlechten Einfluß der Stadt befreien und ihnen zu einem reineren, natürlicheren Zustand verhelfen, in dem sie wieder autonome ländliche Grundbesitzer nach dem Modell Jeffersons werden sollten. Die individuelle Würde, so hoffte er, werde auf diese Weise wiederhergestellt. Wie Le Corbusier sah Wright sich als Prophet; er fühlte sich berufen, »die künstlerische Form einer echten Demokratie« zu entwickeln.

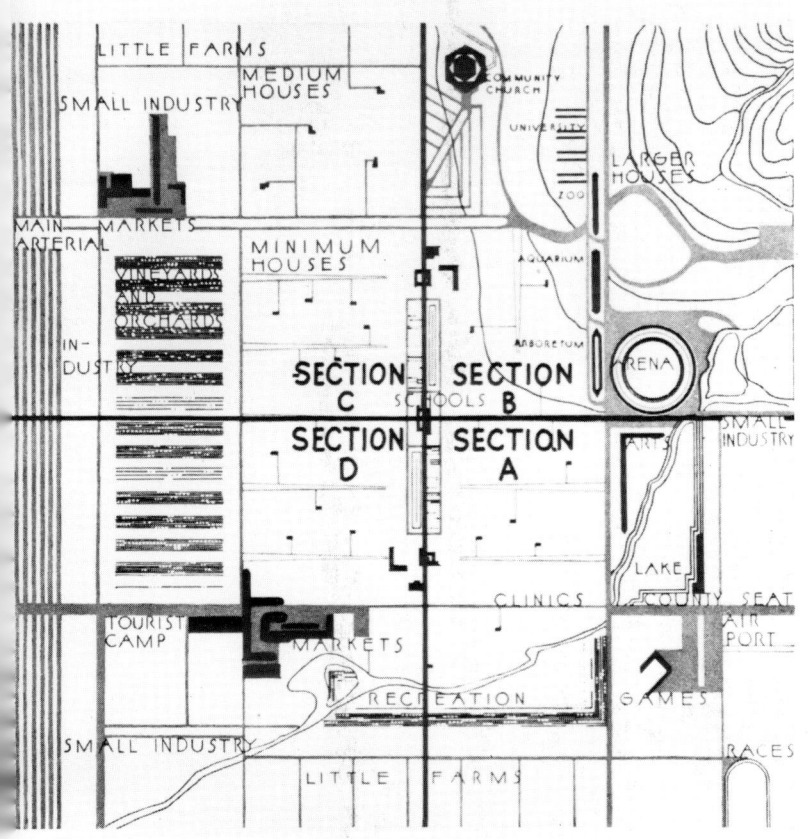

15.15
Frank Lloyd Wright, Broadacre City, 1936, Plan eines Teils der Stadt mit dem typischen Zirkulationsraster (aus *When Democracy Builds*, 1945).

Broadacre City war so angelegt, daß es dem Raster des Mittleren Westens entsprach (Abb. 15.15). Es war in Grundstücke von einem Morgen oder mehr unterteilt, die jeweils freistehende Usonia-Häuser aufnahmen. Wiederum spielte die Familie als Bindeglied der Gemeinschaft die Hauptrolle. Aber es gab auch Konsummärkte, Theater und Gemeinschaftszentren, die über die Felder verstreut waren. Die Hochhäuser hatten komplexe Strukturen und Formen: Sie wirkten in der ländlichen Gegend wie Signale und ähnelten dem Projekt für den St. Marks Tower, den Wright 1929 entworfen hatte. An einer Seite des Modells, das Wright und seine Mitarbeiter in Taliesin 1935–36 zusammenbauten, fand sich sogar eine Kathedrale ohne besondere religiöse Zuordnung. Freilich glaubte Wright wie Le Corbusier, die Realisierung seines Utopia könne die traditionelle Religion überflüssig machen.

Es gab auch Schulen und Bauten, die er »Design Center« nannte. Sie gingen zweifellos auf seine frühen Erfahrungen mit Fröbel und auf Taliesin zurück und sollten durch Einübung in die Wahrnehmung von Formen in die geistigen Werte der Natur einführen:

> »Auge und Hand, der Körper und das, was wir Geist nennen, werden so der Natur gegenüber immer empfänglicher...«

Die dreißiger Jahre waren eine Zeit, in der sowohl Le Corbusier als auch Wright frühere Themen wiederaufnahmen, bereicherten und weiterentwickelten und Bauten von hoher Qualität schufen. Beide Architekten setzten sich mit der gesamten Skala der Bautypen auseinander, von Wohnbauten bis zu Orten der Arbeit, der Freizeit, der Kontemplation und der Kreativität. Beide sahen den Künstler als Philosophenkönig, der die Formen einer idealen Gesellschaft prägen kann. Und trotz der Unterschiede in ihren Quellen und ihren städtebaulichen Modellen befaßten sich beide Planer mit ähnlichen Fragen: wie die Konflikte der Arbeitsteilung zu überwinden waren, wie Mensch und Natur wieder versöhnt werden sollten, wie die Maschine genutzt und dennoch ein Sinn für soziale und visuelle Ganzheit erhalten werden konnte. Beiden gelang es nicht, eine einflußreiche Institution für ihre großen Ideen zu gewinnen; beide mußten sich damit begnügen, ihr Utopia in fragmentarischen Experimenten zu verwirklichen. Und gegen Ende der dreißiger Jahre wurde deutlich, daß die Konflikte innerhalb der europäischen und amerikanischen Gesellschaft zu tief reichten, als daß sie sich durch Maßnahmen der architektonischen Beschwichtigung lösen ließen. Das Zeitalter der Gerechtigkeit und Harmonie schwand in immer weitere Ferne.

So blieben das staubige Modell von Broadacre City und die großartigen Zeichnungen der Ville Radieuse im Eigentum ihrer Schöpfer: zweier individualistischer Künstler und Denker, die optimistisch die Irrlehre vertraten, durch Architektur sei eine neue integrierte Kultur herbeizuführen.

16. Totalitäre Kritik an der Moderne

»Nicht nur künstlerische, sondern auch politische Überlegungen müssen uns bestimmen, mit dem Blick auf die großen Vorbilder der Vergangenheit dem neuen Reich eine würdige kulturelle Verkörperung zu geben. Nichts ist mehr geeignet, den kleinen Nörgler zum Schweigen zu bringen, als die ewige Sprache der großen Kunst.«

Adolf Hitler, 1935

Im Laufe der Geschichte wurde die monumentale Architektur immer wieder von der Staatspropaganda als Instrument zur Verkörperung ihrer Ideologien benutzt. Die totalitären Regime, die zwischen den Weltkriegen an die Macht kamen (zuerst in Italien, später in der Sowjetunion und Deutschland), legten großen Wert darauf, ihre Position im In- und Ausland durch entsprechende Bauten und städtebauliche Planungen zu legitimieren und zugleich ihre Botschaft symbolisch zum Ausdruck zu bringen. Ein durchgehendes Thema war in allen drei Ländern die Stärkung des Nationalbewußtseins durch einen Rückgriff auf frühere nationale Architekturtraditionen. Werte der Vergangenheit sollten neu belebt und der zersetzenden Moderne entrissen werden. Die totalitären Staaten mußten den Eindruck erwecken, daß ihre Herrschaftsrechte aus den tiefsten Seelengründen des Volkes hergeleitet waren. Deshalb lavierte ihre Baupolitik zwischen der Beschwörung früherer imperialer Macht und populistischer Anbiederung. Sie mußte den Anschein aufrechterhalten, der offizielle Stil kanalisiere sozusagen den allgemeinen Willen des Volkes.

Unter diesen Umständen galt die moderne Architektur im besten Fall als belanglos, im schlimmsten Fall als gefährliche Bedrohung. Immerhin ließ sie sich als internationalistische Neuerung interpretieren, geschaffen von einer avantgardistischen Randgruppe, die ohne Sinn für die wahren kulturellen Werte arbeitete. Zudem gingen ihr die rhetorischen Fähigkeiten ab, der Mehrheit einfache Werte zu übermitteln. Der modernen Architektur ließ sich auch anlasten, sie sei »fremdländisch«, weder aus nationalen Quellen gespeist noch aus handwerklichen Traditionen erwachsen. In Deutschland wurde sie häufig als orientalischer Import porträtiert oder (noch schlimmer) als Teil einer bolschewistischen Verschwörung, die im Osten ihren Ursprung hatte. In Rußland galt die Moderne dagegen häufig als Erfindung des Westens, als letztes Fragment einer verfallenen europäischen Kultur. Bei solchen oberflächlichen Verurteilungen ist natürlich immer der Unterschied zwischen der beabsichtigten Bedeutung und der Rezeption zu bedenken. Die moderne Architektur war in ihrer symbolischen und ideologischen Struktur sehr viel differenzierter, als es solche grobschlächtigen, unsensiblen Kritiker wahrnahmen. Im übrigen wurde sie nicht immer von vornherein verworfen: Die Nazis zum Beispiel benutzten durchaus die konstruktive Ökonomie und das technologische Erscheinungsbild dieser Architektur, sofern es ihren Zwecken entsprach (zum Beispiel bei bestimmten Bauten für die Luftwaffe). In Italien war die »Progressivität« der Moderne für das Regime dann akzeptabel, wenn sie sich mit willkommenem latinischem Pathos äußerte. Auch hier sind freilich Vereinfachungen nicht angebracht. Es gab weder eine eindeutige Position totalitärer Kritik noch einen akzeptierten einzigen Stil.

In Deutschland hatten die politischen Debatten über die neue Architektur sich durch die ganzen zwanziger Jahre hingezogen. Da die Linke für große Wohnbauprojekte eintrat, waren die Flachdachsiedlungen und deren Architekten automatisch mit dem Stigma des Kommunismus behaftet. Es fiel wenig ins Gewicht, daß nur einige moderne Architekten dem Marxismus anhingen oder daß die sozialistischen Ideale über eine Vielfalt von Ausdrucksmöglichkeiten verfügten: Die Kritiker der Rechten mißtrauten der neuen Architektur und waren entschlossen, alles über den gleichen Kamm zu scheren. Typisch für manche Kritiken schon der zwanziger Jahre sind die folgenden Äußerungen über das Bauhaus:

»Die deutlich erkennbare, lediglich auf Verneinung des Bestehenden gerichtete Weltanschauung läßt die Bauhausleute allen gesellschaftlichen Zusammenhang im weitesten Sinne mit der übrigen Welt verlieren. Sie streben ins Uferlose und sind steril wie alle Artisten. Das Bauhausschaffen trägt die

Zeichen tiefster geistiger Entrücktheit und Zersetzung an sich...Das Unternehmen war auch nur scheinbar auf künstlerischer Basis und in Wirklichkeit von vornherein parteipolitisch gedacht, denn es kündigte sich selbst als Sammelpunkt zukunftsgläubig himmelstürmender Sozialisten an, die die Kathedrale des Sozialismus bauen wollten.«

Die moderne Architektur galt als wurzellos, materialistisch, unmenschlich, kommunistisch und undeutsch. Andere Kritiker konzentrierten sich auf die mangelnde Funktionstüchtigkeit moderner Bauten, auf ihre undichten Flachdächer, den abblätternden weißen Putz, die rostenden Fensterrahmen und die Nichtbeachtung alterprobter Methoden beim Umgang mit extremen Klimaverhältnissen. Und schließlich gab es auch noch rassistische Argumente: Die neue Architektur erhebe sich über den Boden und speise sich nicht aus lokalen oder regionalen Quellen. Die extremsten Anwürfe richteten sich freilich gegen die Freiheiten der modernen Malerei, deren Menschendarstellungen mit degenerierten, »minderwertigen« Rassen verglichen wurden. Die Architektur bot weniger Angriffsflächen für solche unqualifizierten Urteile, aber das Flachdach wurde dennoch zum flagranten Beweis für »undeutsche« Bauweise. In geradezu hysterischer Weise wurde dieses wichtige Element der neuen Architektur als orientalisch, jüdisch und bolschewistisch gebrandmarkt. Der Chor der Kritiker geriet allerdings gelegentlich völlig aus dem Takt: Während der eine die moderne Architektur mit einer internationalen sozialistischen Verschwörung in Verbindung zu bringen suchte, wies der andere auf das industrielle Erscheinungsbild hin und sprach von der »schmutzigen Zusammenarbeit gewisser Branchen der Großindustrie, die von Juden beherrscht wird, mit den marxistischen Parteien.«

Nicht zuletzt traf die moderne Architektur auch deswegen auf Widerstand, weil sie als häßlich galt und deshalb nicht zur Veredelung der deutschen Kultur beitrug.

So waren die Weichen schon gestellt, als die Nazis 1933 an die Macht kamen. Freilich muß betont werden, daß es keine monolithische NS-Architekturdoktrin oder NS-Architektur gab, daß selbst die offiziellen Meinungen häufig auseinandergingen und daß solche Divergenzen schon seit längerer Zeit bestanden. Immerhin überwogen aber rassistische Argumente, und es herrschte die Meinung vor, moderne Architektur eigne sich nicht für die Monumentalbauten des Staates oder für den Ausdruck »völkischer« Elemente. Außerdem benutzte das Reich die Hierarchie der Bautypen zur visuellen Kennzeichnung der Machthierarchie: Und ein Architektursystem, das die Unterschiede zwischen den Bautypen verwischte, war nicht für eine solche symbolische Differenzierung zu gebrauchen.

Deshalb ist ein Blick auf die Situation der modernen Architekten in Deutschland während der dreißiger Jahre von Interesse. Die meisten von ihnen waren geächtet, ungern gesehen oder beschlossen von sich aus, das Land zu verlassen. Als 1933 das Bauhaus geschlossen wurde, verstreuten sich seine Mitarbeiter in alle Richtungen. Viele suchten Zuflucht in England und den Vereinten Staaten. Mies van der Rohe war eine seltene Ausnahme, denn er verließ Deutschland erst 1937. Er zählte sogar zu den Preisträgern des Wettbewerbs für die neue Reichsbank in Berlin von 1933. Sein Entwurf zeichnete sich durch strenge Monumentalität aus, die er durch einfachste Mittel wie klare Proportionen, Symmetrie und eine Art grimmiger Eleganz erzielte. Technologie und Monumentalität waren hier zu einer Formel zusammengefaßt, die auch den Konservativen zusagte. Doch das Projekt wurde nicht realisiert. Jene Monumentalität, die in den späteren dreißiger Jahren bevorzugt wurde, machte eindeutigeren Gebrauch von der Vergangenheit.

Eine wichtige Rolle spielt die Tatsache, daß Hitler selbst ein frustrierter Architekt war und vielleicht sogar das Staatsgefüge als eine Art monumentalen Entwurf sah. Als junger Mann hatte er davon geträumt, Linz neu zu bauen. Gegen Ende seines Lebens wurde es sein Ehrgeiz, ein neues imperiales Berlin zu hinterlassen, das von der Weltherrschaft des Reiches künden sollte. Die großen Bauten der Vergangenheit zeugten seiner Meinung nach von einem gemeinsamen Willen, und deshalb hoffte er, die neuen Bande der deutschen Einheit würden sich nahezu automatisch in großen kommunalen Projekten und in einer gesunden Volkskultur ausdrücken, die im heimatlichen Blut und Boden wurzelte. In diesem Punkt dachte er teilweise ähnlich wie Gropius, Wright und Le Corbusier. Auch er erwartete vom einzelnen Künstler, daß dieser die Gefühle einer ganzen Epoche erfasse und ihnen dann Form verleihe. Den Pluralismus des modernen Lebens nahm er kaum zur Kenntnis, in dem monomanen Glauben, er sei dank einer geheimnisvollen inneren Kraft des ganzen Volkes zur Macht emporgestiegen. Seine nationalsozialistischen Überzeugungen ließen ihn früheren deutschen Eliten mißtrauen – einschließlich der Avantgarde, der Elite der Wahrnehmung. Ein solcher Bauherr war der ideale Protektor einer pathetischen, banalen, schnell konsumierbaren Kultur mit wenig Tiefgang.

Darüber hinaus stellte sich die Frage der Repräsentation – ein Problem, vor dem auch andere diktatorische Regime standen: Wie sollte ihre Architektur aussehen? Welche Form sollte ein spezifisch nationalsozialistisches Bauwerk annehmen? Man zog halbverdaute kunsthistorische Argumente heran, um zu beweisen, daß die gotische oder die klassische Architektur dem neuen nationalen Genius des deutschen Volkes am nächsten läge. Selbst die moderne Architektur schien gelegentlich akzeptabel, so lange sie sich auf »niedere« Bauten der Hierarchie beschränkte: Fabriken, Bürobauten und so weiter. Deshalb kann man nicht von einer homogenen »Nazi-Architektur« in den dreißiger Jahren sprechen.

Als Hitler an die Macht kam, ernannte er Paul Ludwig Troost zu seinem architektonischen Berater. Troost gehörte der Partei seit 1924 an. Dank seiner Vorliebe für einen vereinfachten, aber traditionellen Klassizismus war

Totalitäre Kritik an der Moderne 213

16.1 *(oben)*
Albert Speer,
Zeppelinfeld,
Nürnberg, 1936.

16.2 *(unten)*
Paul Ludwig Troost,
Haus der Deutschen
Kunst, München,
1936–37.

214 Die Kristallisation der modernen Architektur zwischen den beiden Weltkriegen

er der ideale Interpret für Hitlers Vorstellungen von einer monumentalen »Gemeinschaftsarchitektur«, die von der Disziplin, der Ordnung und der Stärke des neuen Staates zeugen sollte. Dem Bauherrn und dem Architekten war ein starkes Interesse für Schinkel gemeinsam, und beide sahen Verbindungen zwischen der griechischen und der teutonischen Kultur. Deshalb war es nicht verwunderlich, daß das Haus der Deutschen Kunst in München (1933–37) eine dorische Säulenordnung, eine niedrige horizontale Attika und eine scharfe, aber saubere Linienführung erhielt (Abb. 16.2).

Als Troost 1934 starb, nahm ein junger Mann namens Albert Speer seinen Platz ein. Speer wurde sozusagen zum Bühnenbildner des NS-Rituals, indem er eine leicht lesbare Monumentalität mit weitgehend rhetorischen Effekten lieferte. Er bediente sich aller Quellen, die ihm geeignet schienen, einen überwältigenden Maßstab zu erzielen – ägyptischer, babylonischer, klassischer, neoklassizistischer –, und reduzierte die überkommenen Formen auf ein Vokabular der glatten Flächen, der Steinverkleidungen und der gleichmäßigen Wiederholung. Sein Entwurf für das Zeppelinfeld in Nürnberg von 1936 (Abb. 16.1) ist ein charakteristisches Beispiel für diese Art Monumentalität. Es war einer der Schauplätze für die riesigen Aufmärsche der Partei und insofern ein kollektiver Volksbau im wahrsten Sinne des Wortes. Auf dem Parteitag von 1937 hatte Speer (vielleicht durch bestimmte Feste der Französischen Revolution angeregt) die verblüffende Idee, während einer nächtlichen Veranstaltung 130 Flakscheinwerfer in den Himmel zu richten. Schlanke Lichtsäulen erhoben sich hoch in die Luft und bildeten eine «Kathedrale aus Eis». Ähnlich bombastisch und militaristisch fielen das riesige Olympiastadion und seine Nebenbauten in Berlin im Jahre 1936 aus. Diese Monumente erfüllten zugleich den propagandistischen Zweck, die Welt von der neuen Macht Deutschlands zu überzeugen. Im Grunde erinnerten die Nazi-Bauten an Hitlers Reden: militant, voller Wiederholungen, aber letztlich banal.

Speer bestärkte Hitler in seinen Phantasien und wurde schließlich in gewisser Weise zum architektonischen Interpreten des Führers. Im Jahre 1937 beschloß die Führungsriege des Reiches, die Neue Reichskanzlei in Berlin müsse in Größenordnungen errichtet werden, die dem Status des Führers entsprächen. Speer war schnell mit einem passenden Szenario zur Hand. Hitlers Privatsalon und sein Arbeitszimmer grenzten an eine riesige Marmorgalerie (Abb. 16.4), die fast so lang war wie die Spiegelgalerie in Versailles. Man erreichte ihn über eine Folge formeller Räume – Ehrenhof, Vorhalle, Mosaiksaal, Runder Saal. Am anderen Ende des Gebäudes lag der Sitzungssaal für das Reichskabinett. Der Grundriß war zugegebenermaßen eine einigermaßen elegante und ornamentale Komposition, die sich an älteren Modellen orientierte; aber beim fertigen Komplex wirkten die kühlen klassischen Formen monoton und langweilig. Der Stein wurde aus allen Teilen Deutschlands herbeigeschafft, und die Bauten waren in weniger als achtzehn

Totalitäre Kritik an der Moderne

16.3 *(links oben)*
Albert Speer und
Adolf Hitler, Plan für
Berlin, 1937–40.

16.4 *(links)*
Albert Speer,
Neue Reichskanzlei,
Berlin, 1938,
Blick in die Vorhalle.

16.5 Carl Vessar,
Jugendherberge,
Urfeld, ca. 1935.

Monaten fertiggestellt. Nazi-Embleme an den Wänden und Möbeln betonten noch die an sich schon überdeutliche Botschaft der Architektur mit ihrem überwältigenden Maßstab, ihren edlen, polierten Materialien, ihrer pompösen axialen Anordnung und ihren disziplinierten Wiederholungen. Der psychologische Zweck war eindeutig: Der ausländische Staatsmann oder Botschafter sollte sehen, daß das neue Reich zum Förderer der monumentalen Künste geworden war, und er sollte durch einen mehr als 180 m langen Weg über polierte Fußböden, an Hakenkreuzen und untadeligen Uniformen vorbei, eingeschüchtert werden, bevor er die Querachse erreichte und den Führer in einem Raum mit grandiosen Proportionen hinter dem Schreibtisch warten sah. In dem Bunker neben diesem Gebäude setzte Hitler 1945 seinem Leben ein Ende, während russische Granaten das Nazi-Werk zerstörten.

Speers und Hitlers Megalomanie endete nicht mit der Reichskanzlei. Im Jahre 1937 begannen sie Projekte für die Neugestaltung Berlins mit langen Straßen, Achsen und einer Bühnenszenerie, die von Paris, dem alten Rom und Washington inspiriert war (Abb. 16.3). Den Blickpunkt sollte eine riesige Kuppelhalle bilden, größer als jede je gebaute Kuppelkonstruktion – eine Art Pantheon mit Bildern und Inschriften, die den Helden und den heroischen Zielen des Nationalsozialismus gewidmet waren. Die Halle sollte eine breite Straße abschließen, an deren anderem Ende ein Triumphbogen zu Ehren Hitlers vorgesehen war. Wäre die Kuppelhalle gebaut worden, so hätte sie in ihrem Innenraum St. Peter in Rom aufnehmen können. Diese übersteigerten Maße erinnern an die Phantasieentwürfe für rein geometrische Ehrenmäler und Tempel, die Boullée gegen Ende des 18. Jahrhunderts schuf. Neoklassizistische Bilder von Grabriten beeinflußten die ungewöhnlichen Kriegerdenkmäler, die Wilhelm Kreis als mahnende Nazi-Symbole auf dem eroberten Land »minderwertiger Rassen« errichten wollte. Doch diese NS-Embleme wirkten in ihrem Pathos wie leere Gesten, ein klassisches Beispiel für das, was Giedion als »Entwertung der Symbole« bezeichnete.

Neben den Staatsbauten förderten die Nazis in den dreißiger Jahren auch den Wohnungsbau und ländliche Projekte. In zahlreichen bewußt »regionalistischen« Bauten kehrten die Themen athletischen Heldentums und rustikaler Einfachheit immer wieder. Hier kam das alte Mißtrauen gegen großstädtische Zentren zum Ausdruck, die als Brutstätten der »Entwurzelung«, des »Kosmopolitentums« und anderer antinationalistischer Laster galten. Wie schon erwähnt, erregte vor allem das Flachdach das Mißfallen rechter Kritiker, weil es von ausländischem Einfluß zeugte. Folglich galt das Steildach als Zeichen dafür, daß ein Gebäude den einheimischen Traditionen einer bestimmten Region angehörte. Carl Vessars Jugendherberge in Urfeld (Abb. 16.5) nahm die Dachüberhänge und umlaufenden Balkone bayrischer Bauernhäuser auf und erhob sich auf einem leicht martialisch wirkenden Steinsockel. Görings Jagdhaus beschwor theatralisch teutonische Erinnerungen herauf, im Gegensatz zum technoiden Vokabular moderner Architektur. Der Regionalismus der Nationalsozialisten war keine echte an den Ort gebundene Formensprache, sondern eine künstliche Arts-and-Crafts-Rustikalität, die der Übervölkerung der Städte und ihrer Vororte entgegenwirken sollte. Es ging darum, das Heimatgefühl und die lokale Verbundenheit gegenüber der Dekadenz der modernen Metropole zu stärken und dem Unbehagen entgegenzutreten, das die schnelle Industrialisierung und (natürlich) die »gefährlichen« Ideen aus dem Ausland hervorgerufen hatten. Dieser Heimatstil sollte offene, gesunde soziale Beziehungen und Übereinstimmung mit der Staatsdoktrin gewährleisten. Selbst Wetterfunkstationen und Autowerkstätten ließen sich mit überhängenden Strohdächern ausstatten und sollten so den Eindruck regionaler Kontinuität suggerieren.

Obwohl die Macht der Nationalsozialisten weitgehend auf schneller Technisierung und auf leistungsfähigen Fabriken, Autobahnen und Rüstungsindustrie basierte, fand die »Fabrikästhetik« keinen Zugang zum Bereich des Wohnhausbaus. Sie widersprach nicht nur den Traditionen, sondern galt auch als zerstörerische Kraft, deren feindliche und materialistische Einflüsse der Integrität der Familie schadeten. In diesem Zusammenhang ist interessant, daß Hitler gern betonte, beim Bau einer seiner Residenzen seien nur Handwerker beteiligt gewesen. Das ist besonders deshalb paradox, weil auch die meisten modernen Architekten größten Wert auf die angebliche »Spiritualität« ihrer einfachen abstrakten Formen gelegt hatten. Auch sie hatten auf ihre Weise den Materialismus zu überwinden gesucht.

Bei Bauten mit bescheidenerer Zweckbestimmung, wo Disziplin, Klarheit der Konstruktion und gute Belichtung durchaus moralische Werte darstellten, ließen sich auch die Prinzipien der Moderne anwenden. Die nationalistischen Momente früherer Theorien des Deutschen

Werkbundes machten ebenfalls eine ideelle Gemeinsamkeit möglich. H. Rimpls Entwurf für eine Heinkel-Fabrik von 1936 ist ein gutes Beispiel für einen solchen klaren Rationalismus. Rimpl war ein Schüler Mies van der Rohes gewesen, und sein Entwurf nahm Elemente von Mies' Bauten für den Campus des Illinois Institute of Technology in Chicago vorweg. Die deutschen Ingenieure interessierten sich allgemein für ästhetische und sogar ideologische Probleme. Ein Symbol des nationalsozialistischen Industriedesigns war der berühmte Volkswagen; die Betonbunker und -befestigungen des Atlantikwalls hatten trotz ihrer kriegerischen Funktion eine erstaunliche ästhetische Klarheit. Auf der Pariser Weltausstellung von 1937 stand der Deutsche Pavillon dem Sowjetischen Pavillon gegenüber (Abb. 16.6, 16.7). Für das ungeübte Auge mag es schwierig gewesen sein, den Unterschied zu erkennen, denn der offizielle Stil beider Staaten war eine Kombination aus schwerfälligem Realismus und starrer Monumentalität. Speers Entwurf betonte die Vertikale und war einer Art neoklassizistischer Tribüne nachempfunden. Ein martialischer Adler bekrönte das Gebäude. Iofans Sowjetischer Pavillon gegenüber bestand aus abgetreppten Volumen mit leicht stromlinienförmigem Charakter (manchen New Yorker Wolkenkratzern aus den späten zwanziger Jahren nicht unähnlich) und trug auf der Spitze die riesigen vorwärtsstürmenden Figuren eines Mannes und einer Frau, zweifellos Symbole für Energie und Volkstümlichkeit des sowjetischen Staates. Die Designpolitik beider Nationen hatte sich radikal verändert seit Mies van der Rohes Barcelona-Pavillon von 1929 oder seit der Pariser Exposition des Arts Décoratifs von 1925, wo Melnikow seine kühne Fabrikästhetik demonstrieren konnte und eine vorwärts orientierte egalitäre Gesellschaft proklamierte.

Wie im 10. Kapitel erwähnt, hatte schon der Wettbewerb für den Palast der Sowjets von 1931 deutliche Zeichen für eine Wandlung des offiziellen Geschmacks in der Sowjetunion gesetzt. Man argwöhnte, die Botschaft der modernen Architektur sei für die Allgemeinheit allzu stark verschlüsselt. In den frühen dreißiger Jahren wurde der »Realismus« in den Künsten zur offiziellen Linie. Bei der Malerei bedeutete dies, daß Abstraktion vermieden werden sollte, da sie zum Selbstzweck und damit zum Filter zwischen dem Künstler, der »Realität« und dem Publikum werden könnte; das schlimmste Verdikt lautete »Formalismus«. Die »Realität«, auf die sich die Künstler zu konzentrieren hatten, war weitgehend vorbestimmt und umfaßte proletarische Themen des Alltagslebens oder heroische Taten im Dienste des Staates. Der »angemessene« Stil der Malerei ging auf Realisten des 19. Jahrhunderts wie Courbet zurück.

Wie ließen sich solche Argumente auf die Architektur übertragen? Eine Möglichkeit war die Dekoration der Bauten mit entsprechenden Plastiken, Malereien und Reliefs. Eine andere Lösung bot die leicht lesbare Monumentalität mit ihrer Axialität, dem grandiosen Maßstab und den Anspielungen auf die Geschichte. Daß Iofans

Entwurf beim Wettbewerb für den Palast der Sowjets preisgekrönt wurde, ging offenbar auf die zunehmende Verherrlichung des Zentralstaates und seiner offiziellen Volkshelden zurück. Das Gebäude war von einer Lenin-Statue bekrönt, die an einen Hochzeitskuchen und ein Mausoleum zugleich erinnernde spätere Version war geschmacklos mit klassizistischen Elementen verkleidet. Aus der gleichen Familie stammten offensichtlich die aerodynamischen Formen des Sowjetischen Pavillons in Paris von 1937, ebenso wie die kitschigen Dekorationen der Moskauer Untergrundbahn und schließlich die Universität auf den Lenin-Bergen, der man sich vom Stadtzentrum aus über eine 32 Kilometer lange Straße näherte. Im Jahre 1941 entwarf A.V. Stschussew das Marx-Engels-Institut in Tiflis mit gigantischen korinthischen Säulen an der Fassade. Der grandiose Prachtstil des Zaren war hier mit Aplomb zurückgekehrt, allerdings

16.6 Albert Speer, Deutscher Pavillon, Weltausstellung, Paris, 1937.

Totalitäre Kritik an der Moderne 217

16.7 B.M. Iofan, Sowjetischer Pavillon, Weltausstellung, Paris, 1937.

union gegangen waren, um die Architektur der Weltrevolution für die neue Gesellschaft zu planen (wie etwa Ernst May), fanden sich in der Mitte der dreißiger Jahre zwischen zwei reaktionären Fronten gefangen. Angekündigt hatte sich diese Entwicklung freilich schon seit einiger Zeit, wie diese offizielle sowjetische Verlautbarung von 1930 zeigt:

»Es ist unmöglich, plötzlich Hindernisse zu überwinden, die Jahrhunderte alt sind und sich aus der kulturellen und ökonomischen Rückständigkeit der Gesellschaft ergeben haben. Dennoch ist dies das Prinzip jener nicht realisierbaren utopischen Pläne für den vom Staat finanzierten Bau neuer Städte. Sie gehen von der völligen Kollektivierung des Lebens aus, einschließlich der gemeinsamen Vorratshaltung und Kinderversorgung und des Verbots privater Küchen. Die übereilte Realisierung solcher utopischen und doktrinären Projekte, die keine Rücksicht auf die materiellen Ressourcen unseres Landes und...auf die Menschen mit ihren überlieferten Gewohnheiten und Vorlieben nehmen, könnte leicht zu beträchtlichen Verlusten führen und zugleich die Grundlagen des sozialistischen Gesellschaftsaufbaus unglaubwürdig machen.«

Auch in Italien war die Situation im gleichen Jahrzehnt komplex. Mussolini konnte seinen imperialistischen Ambitionen ohne Zwang frönen und verfügte zudem über das alte Rom als Kulisse und Spielzeug. Wie Hitler interessierte er sich persönlich für Planungsvorgänge. Im Jahre 1925 war ein neues Projekt für die Sanierung Roms in Gang gesetzt worden. Gerade Straßenachsen sollten durch die kleinteilige Stadtstruktur geschnitten werden, um die wichtigsten Monumente der Vergangenheit mit jenen zu verbinden, die Mussolini selbst mit Piacentini als seinem architektonischen Berater errichten wollte. Die Mischung von Theatralik, Funktionalismus und Propaganda erinnerte an Haussmanns Projekte für Paris oder die barocken Planungen der Päpste. Bedeutende historische Denkmäler wie das Kolosseum sollten freigelegt werden (für die betroffenen Bewohner waren Zwangsräumungen vorgesehen), um den Verkehrsfluß zu erleichtern und einen Blick auf Roms große Vergangenheit zu ermöglichen. Im »Neuen Rom«, dem Zentrum des »Mediterranen Traums«, sollten Automobile neben den Ruinen glitzern, sollten Effizienz und Tempo einer modernen Metropole sich mit alten Erinnerungen aus imperialer Zeit verbinden (der Futurist Marinetti war ein Freund des Duce). Mussolini erkannte bald, daß traditionelle Kulturvorbilder sich für die Propagierung eines neuen nationalen Geistes als überaus nützlich erweisen konnten. So fabrizierte er einen Stammbaum in der römischen Geschichte und inszenierte politische Veranstaltungen auf dem Campidoglio und im Palazzo Venezia. Er identifizierte sich mit Augustus (endete aber als Gehenkter, bevor er das »Dritte Rom« als Stadt des Marmors hinterlassen konnte). Dieser Suche nach Parallelen in der

ohne das frühere feine Gefühl für Ornamentik. Der Slogan »Säulen für das Volk« suchte Parallelen zwischen marxistischen und griechischen Staatsidealen herzustellen, aber imperialistische Anklänge waren nicht zu übersehen. Zwischen den Positionen der Nationalsozialisten und der Sowjets bestanden etliche Übereinstimmungen: Beide betrachteten die Avantgarde mit Argwohn und bemühten sich mit Hilfe eines vorrevolutionären Vokabulars um Kontinuität. Ältere Architekten, deren Zeit längst abgelaufen schien, traten wieder in Aktion. Ein oberflächlicher Traditionalismus triumphierte.

Auch auf dem Gebiet des Wohnbaus und der Stadtplanung gab es Gemeinsamkeiten. Wie in Deutschland wurde in Rußland das Steildach empfohlen, aus klimatischen Gründen und weil es dem »Volksempfinden« näher schien. Jene Avantgarde-Architekten, die in den späten zwanziger Jahren aus Deutschland in die Sowjet-

218   Die Kristallisation der modernen Architektur zwischen den beiden Weltkriegen

Antike entsprach auch ein Entwurf V. Ballio-Morpugos aus den dreißiger Jahren für die Piazza Augusteo am Tiber (Abb. 16.10). Die Ara Pacis war in einem verglasten Gebäude gegenüber dem Mausoleum des Augustus untergebracht, umgeben von langweiligen neoklassizistischen Bauten, deren Ikonographie vom friedlichen Leben unter dem Faschismus kündete – eine Synthese bäuerlicher und soldatischer Tugenden, die auf die römische Tradition anspielen sollte. Diese verkitschte Mythologie wirkte um so weniger überzeugend, als sie keinerlei ästhetische Aussagekraft besaß.

Die moderne Architektur faßte in Italien später Fuß als in Deutschland, Holland und Frankreich und begegnete weniger Feindseligkeit von seiten des Staates als bei den Nationalsozialisten. Das liegt zum Teil daran, daß der Faschismus sich bereits etabliert hatte, als die Moderne in Italien Einzug hielt. Deshalb hatte, anders als in Deutschland, keine automatische Identifikation mit einer früheren sozialistischen und nun suspekten Ideologie stattgefunden. Ein interessanter Aspekt der modernen Architektur in Italien ist die Tatsache, daß sie sich nur wenig mit funktionalistischer und technologischer Polemik befaßte und statt dessen einen abstrakten Ästhetizismus in den Vordergrund stellte, der sich an klassischen Vorbildern orientierte. Dabei bestand immer die Gefahr des Abgleitens in einen glatten Formalismus (Abb. 16.8) oder, schlimmer noch, in kahle Monumentalität, die mit riesigen, an Linoleum erinnernden Travertinflächen Traditionalismus vorzutäuschen suchte. In den besten Beispielen eröffnete dieses Geschichtsbewußtsein der modernen Tradition neue Dimensionen: Die Betonkonstruktion (*pilotis,* glatte Stützen, klar eingeschnittene Öffnungen) verband sich in einem tieferen, abstrakteren Sinn mit den Charakteristika der Klassik. Es handelte sich also wohl nicht nur um eine rein diplomatische Äußerung, als die »Gruppo 7« (eine moderne Gruppe, die sich 1926 zusammengeschlossen hatte) sich gegen einen Bruch mit der Vergangenheit wendete:

> »In Italien ist der klassische Unterbau so ausgeprägt und der Geist der Tradition – nicht die Formen, die er annimmt und die etwas ganz anderes bedeuten – so tiefgreifend, daß die neue Architektur geradezu selbstverständlich einen typisch nationalen Charakter annehmen mußte.«

Der Gruppe gehörten Luigi Figini, Guido Frette, Sebastiano Larco, Gino Pollini, Carlo Enrico Rava, Giuseppe Terragni und U. Castagnola an (an dessen Stelle später Alberto Libera trat). Sie erklärten ihre Absicht, eine »Architettura Razionale« zu begründen:

> »Die neue Architektur…muß das Ergebnis striktester Logik und Rationalität sein…Wir behaupten nicht, einen *Stil* zu erschaffen, aber aus der ständigen Anwendung von Rationalität, aus der perfekten Übereinstimmung des Bauwerks mit seinen Zwecken… wird sich unausweichlich ein *Stil* ergeben.«

Bei einer Ausstellung im Jahre 1928 konnte die Gruppe freilich ihre Abhängigkeit vom modernen Vokabular anderer Länder nicht verleugnen. Figinis und Pollinis Entwurf für ein »Casa di Dopolavoro« (Arbeiterklub) erinnerte deutlich an die Konstruktivisten, während Terragnis »Officino produzione di Gaz« (Hauptverwaltung des Gaswerks) eine elegante Mischung von Purismus und Industrieformen darstellte. Obwohl Sant'Elias Skizzen für die Città Nuova von 1912–14 und so bemerkenswerte Industriebauten wie Giacomo Matté-Truccos Fiat-Fabrik in Turin von 1923 mit der Teststrecke auf dem Dach (Abb. 16.9) der Ausstellung von 1928 vorangingen, konnte erst nach diesem Datum von einer zusammenhängenden modernen Bewegung in Italien die Rede sein. Bezeichnenderweise etablierte sich die moderne Architektur zuerst in den nördlichen Städten – vor allem

16.8 *(oben)* M. Piacentini und Mitarbeiter, Universität Rom, Rektoratsgebäude, 1935.

16.9 G. Matté-Trucco, Fiat-Fabrik, Turin, 1923.

16.10. *(rechts)* V. Ballio-Morpugo, Freigelegtes Mausoleum des Augustus, Rom, 1937.

in Turin und Mailand –, denn hier sahen die Technokraten ihre eigenen Ziele in den neuen Formen widergespiegelt. Figinis und Pollinis »Casa di Elettricità« in Monza von 1930 ist ein gutes Beispiel für den geschmackvollen, fast allzu eleganten Modernismus dieser Zeit, während Figinis eigenes Haus von 1934 sich streng an Le Corbusiers Vokabular orientierte. Micheluccis Entwurf für den Bahnhof in Florenz (1934–36) zeigte, daß die Moderne nun auch in den Bereich großer öffentlicher Aufgaben vorgedrungen war. Zwischen 1934 und 1937 entstand unter der Patronage von Adriano Olivetti (dem Direktor des Büromaschinenkonzerns) ein ganzes Zentrum in Ivrea mit Verwaltungs-, Industrie- und Wohnbauten, das als einheitlicher Komplex konzipiert war.

Im Rückblick erscheint Giuseppe Terragni als der herausragende Architekt Italiens während der dreißiger Jahre. 1904 geboren, befreite er sich bald vom Akademismus seiner Ausbildung und wurde um die Mitte der zwanziger Jahre auf die neue Architektur Nordeuropas aufmerksam. Besonders bewunderte er Le Corbusier. Sein Verständnis des französisch-schweizerischen Architekten, der eine Generation älter war als er selbst, reichte weitaus tiefer als das der meisten italienischen Modernisten, die sich von dem technologischen Vokabular und der Reinheit der Formen inspirieren ließen, aber nicht immer die inneren Prinzipien der Organisation und die Beziehungen zur Tradition erfaßten. Terragni war in ähnlicher Weise Traditionalist wie Le Corbusier. Er glaubte, »wesentliche« architektonische Werte könnten neu interpretiert und mit Erfolg einem modernen Ausdrucksmodus eingefügt werden. Im Grunde war Terragni ein Klassizist. Deshalb sah er in Le Corbusiers Bauten und Schriften Qualitäten der Proportion, der Abstraktion und der städtebaulichen Einordnung, die den weniger sensiblen italienischen Modernisten entgingen.

So war Terragni geradezu prädestiniert, eine Verbindung zwischen den progressiven und traditionalistischen Aspekten der faschistischen Mythologie zu knüpfen und diesen Denkmustern zu einer Form zu verhelfen. Das zeigt sich bereits bei der Casa del Fascio (dem lokalen Hauptquartier der faschistischen Partei) in Como von 1934 (Abb. 16.11), die gegenüber den traditionellen städtischen Institutionen an einer Piazza lag. Die Fassade ist eine streng lineare Komposition, für deren architektonische Wirkung die Kontraste zwischen dünnen Flächen und ausgesparten Hohlräumen sorgen. Die Verbindung von Konstruktionsrahmen und Wänden läßt erkennen, daß der Architekt die Bedeutung von Elementen wie »Stütze«, »Öffnung« oder »Umschließung« rigoros neu definierte. Dennoch hat die Ikonographie dieser Gerüstfassade mit ihrem feinen Netz von Raumschichten weniger mit der technologischen »Sachlichkeit« der zwanziger Jahre zu tun als mit einer Art abstrahierter latinischer Formensprache (Abb. 16.13). Es ist eine klassische Fas-

sade mit einem neu formulierten Portikus, der einer modernen Institution in städtischer Umgebung den erwünschten Eindruck der Offenheit verleihen soll. Terragni schrieb über sein Bauwerk:

> »Hier zeigt sich Mussolinis Konzept, daß der Faschismus ein Glashaus ist, in das jeder hineinblicken kann. Die architektonische Interpretation ergänzt diese Metapher: kein Hindernis, keine Schwelle, keine Begrenzung zwischen der politischen Hierarchie und dem Volk.«

Die fruchtbare Spannung zwischen Moderne und Klassik ergibt sich aus dem Verhältnis des Grundrisses (Abb. 16.12) zur Fassade, der Auswahl der Materialien und den Proportionen (quadratischer Grundriß mit einer Fassadenhöhe, die der Hälfte einer Seite entspricht). Der Innenhof, ein Bereich für öffentliche Versammlungen, ist von der Piazza aus leicht zugänglich. Seine Anordnung erinnert von fern an den *cortile* eines Palazzo aus dem Cinquecento. Das Gebäude ist mit weißem Marmor verkleidet, der keine technischen Assoziationen hervorruft und repräsentativ wirkt, aber dennoch die banale Massivität so vieler neoklassizistischer faschistischer Bauten vermeidet. Die Casa del Fascio, das gleichzeitige Appartementgebäude High Point 1 in London von Lubetkin und Aaltos nahezu gleichzeitiges Sanatorium in Paimio machten deutlich, daß sich zu Beginn der dreißiger Jahre eine authentische moderne Tradition zu entwickeln begann, die Grundideen der Moderne mit neuen Impulsen und Metaphern verband. Zur gleichen Zeit degenerierten anderswo die weißen Volumen und Flachdächer zu manierierten Klischees und banalen Formeln. Terragnis eigene Arbeiten nährten sich immer mehr aus intellektuellen Spekulationen über die Geschichte und die Anfänge der Architektur in archetypischen Institutionen. Seine immer komplexere Bildersprache fand schließlich Ausdruck in einem merkwürdigen, nie gebauten Projekt, einem Denkmal für Dante, das auf dem Forum Romanum stehen sollte. Es war als Symbol für den Fortbestand italienischer Kultur, für die Einheit des neuen Reiches und seine Parallelen mit früheren gedacht.

Das sogenannte »Danteum« sollte ein Dante-Studienzentrum aufnehmen und in der Nähe der Maxentius-Basilika entstehen (Abb. 16.15). Rino Valdameri, Direktor der Brera in Mailand, hatte das Projekt 1938 in Auftrag

16.11 *(oben)* Giuseppe Terragni, Casa del Fascio, Como, 1934.

16.12 *(rechts Mitte)* Giuseppe Terragni, Casa del Fascio, Como, 1934, Grundriß.

16.13 *(rechts unten)* Giuseppe Terragni, Casa del Fascio, Como, 1934, Detail des Rahmens im oberen Gebäudeteil.

16.14 *(rechts außen)* Giuseppe Terragni, Projekt des Danteums für das Forum Romanum, 1938.

Totalitäre Kritik an der Moderne

gegeben. Eine frühe Version fand die Billigung Mussolinis, aber sowohl der Bauherr als auch der Architekt fielen im Krieg. Der Entwurf, eine Art Analogie zu Dantes *Göttlicher Komödie*, war um einen ansteigenden Prozessionsweg angeordnet. Dieser Weg verband rechtwinklige Zonen unterschiedlicher Stimmung, die Hölle, Fegefeuer und Paradies (Abb. 16.14) darstellten. Das Paradies war zum Himmel hin offen und mit einem Raster gläserner Säulen ausgestattet. Die formalen Grundelemente bestanden aus Wänden und zylindrischen Säulen, deren Proportionsbeziehungen sich nach dem Goldenen Schnitt und den Maßen der nahegelegenen Maxentius-Basilika richteten und zudem eine abstruse Zahlensymbolik Terragnis einbezogen, die seiner Meinung nach Dantes Denken entsprach. Doch die Raster und Säulenwälder gingen auch auf Terragnis Vorstellungen von den Anfängen der Architektur und ihre archetypischen Formen, Relationen und Bautypen zurück.

Bei dem Bauwerk vermischten sich auf subtile Weise Elemente der ägyptischen Tempelbaukunst mit dem Vokabular der modernen Architektur, der Abstraktion der modernen Malerei und den Charakteristika der umliegenden römischen Bauten. Das Danteum sollte eine Art Mikrokosmos des Duce-Reiches darstellen, seinen Triumph, die kulturellen Leistungen und die göttliche Unterstützung, die den Faschismus mit anderen großen Epochen der italienischen Geschichte verbanden. Moderne Mittel der Abstraktion wurden hier nicht um der Flucht vor der Vergangenheit willen verwendet, sondern sollten helfen, ihr auf verschiedenen Ebenen gleichzeitig zu begegnen.

Obwohl das Danteum nie gebaut wurde, zählt es zu den sensibelsten und vielschichtigsten Ideen, die in der Tradition der Moderne entstanden. Darüber hinaus wies es eine Möglichkeit, wie Altes und Neues sich verbinden ließ, ohne daß beides verraten wurde. Angesichts von Terragnis Werk, vor allem seinem ungewöhnlichen Entwurf für den Palazzo della Civiltà Italiana, bei dem Rahmen und Hülle die klassischen rhetorischen Elemente auf äußerst harmonische Weise ersetzen, fragt man sich, ob dieser Architekt als Deutscher unter dem NS-Regime die ideologischen Vorurteile überwunden und eine ähnlich bedeutungsschwere Formensprache entwickelt hätte. Speers Architektur war dagegen banal und oberflächlich. Aber lag das an dem aufgeblasenen Inhalt oder dem geringeren Talent des Architekten? Eins wird deutlich: Die totalitäre Kritik an der modernen Architektur reichte tief und enthüllte Konflikte zwischen der avantgardistischen Kultur und manchen traditionellen, institutionellen Funktionen der Architektur. Andererseits zwang der Druck auf die modernen deutschen Architekten einige ihrer Protagonisten, zu emigrieren und ihre Formen in fremde Länder mitzunehmen.

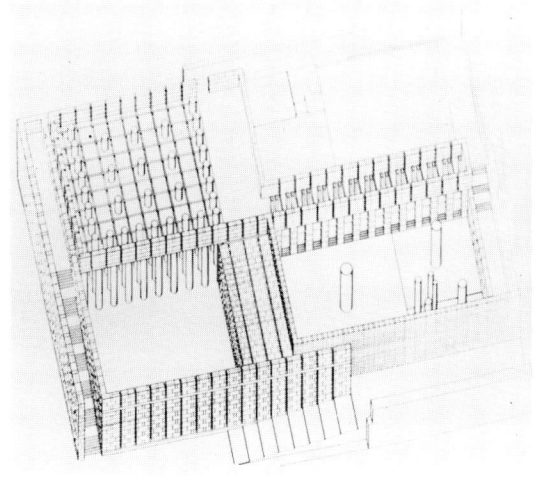

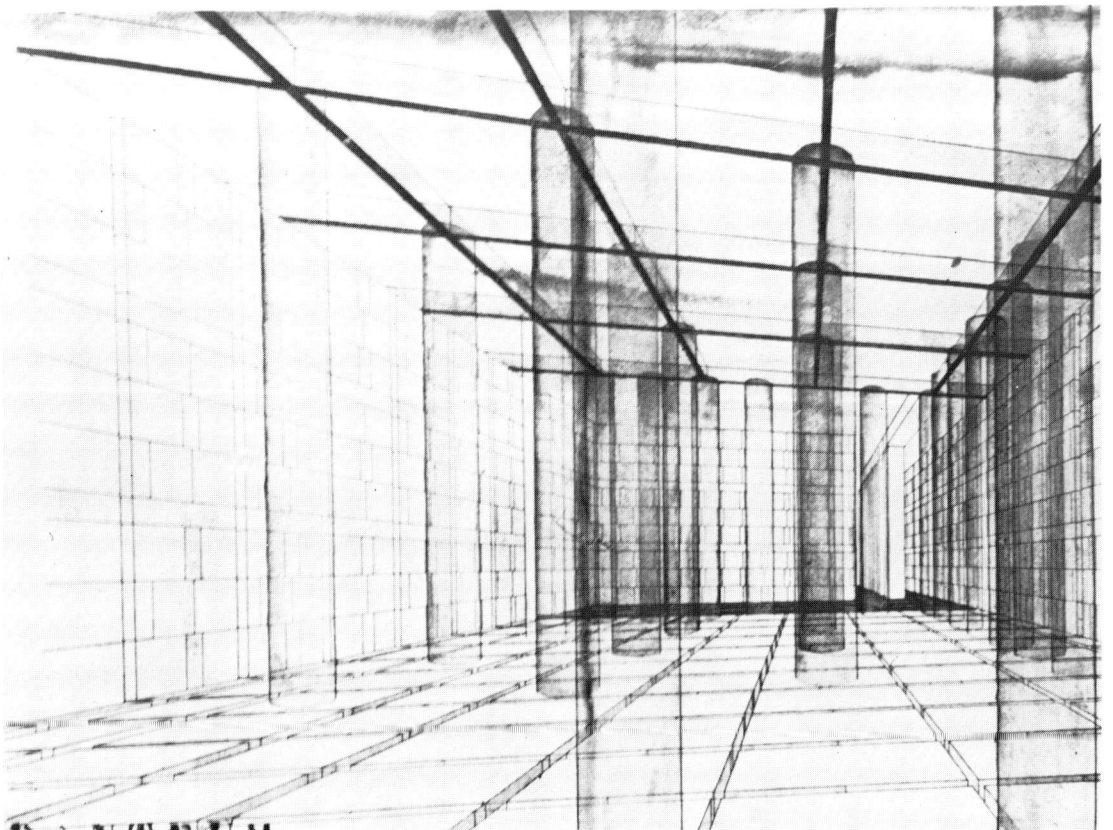

16.15
Giuseppe Terragni, Danteum, 1938, Perspektive des »Paradiso«.

17. Die Verbreitung der modernen Architektur in England und Skandinavien

»Man kann…die Architekturgeschichte unseres Jahrhunderts mit einem Fluß vergleichen, der zuerst langsam floß, breit und frei, mit vielen Strudeln und Seitenarmen vor 1920, sich dann aber in den zwanziger Jahren zu einem engen Kanal zusammenzog, so daß Wasser…mit fast revolutionärer Gewalt vorwärtsschoß. Während der frühen dreißiger Jahre begann der Fluß sich zu verbreitern und wieder Mäander zu bilden.«

H.-R. Hitchcock, 1965

Vielleicht liegt es in der Natur künstlerischer Revolutionen, daß dem Höhepunkt schöpferischer Leistung eine Phase folgt, in der die Folgen der jüngsten Neuerungen allmählich verarbeitet und bewertet werden. Das hatte schon in den dreißiger Jahren begonnen, als eine »zweite Generation« moderner Architekten – Männer wie Terragni, Aalto und Lubetkin – ihren Einfluß geltend machte. Sie alle waren um die Jahrhundertwende geboren und deshalb alt genug, um noch im Zwielicht der *Fin-de-siècle*-Tendenzen aufgewachsen zu sein, zugleich aber auch jung genug, um die Verheißungen der neuen Architektur bewußt erfahren zu haben. Wie alle unmittelbaren Erben eines neuen Glaubens standen sie vor dem Problem, neue Ideen aufzunehmen und weiterzuentwickeln, ohne in sklavische Imitation oder engstirnigen Dogmatismus zu verfallen. Zudem blieben die »Meister« nicht müßig: Ein junger Architekt hatte vielleicht gerade die Lektionen der Villa Savoye gelernt, wenn er bereits wieder mit dem Petite Maison de Weekend oder der Erfindung des *brise-soleil* konfrontiert wurde. Angesichts dieser leichten Zeitverschiebungen ist es nicht verwunderlich, daß viele wichtige Werke Wrights, Aaltos und Le Corbusiers aus den dreißiger Jahren erst in den Nachkriegsjahren eine breitere Wirkung entfalteten.

Während die moderne Architektur in Frankreich, Deutschland, Holland und Rußland in den späten zwanziger Jahren ihren Höhepunkt erreichte, übte sie in Skandinavien und England nur wenig Einfluß aus. In der Mitte der dreißiger Jahre hatte sich die Situation aber nahezu umgekehrt, und diese beiden Länder zählten zu den aktivsten noch verbliebenen Zentren modernen Experimentierens. Das lag unter anderem an dem Zustrom von Immigranten aus Ländern, in denen die moderne Architektur unterdrückt wurde. Zudem verlangte die kulturelle Situation beider Nationen geradezu nach dem Verzicht auf abgenutzte Formen und dem Zufluß neuer schöpferischer Energie. Die Voraussetzungen waren in England und Skandinavien freilich völlig unterschiedlich.

England hatte um die Jahrhundertwende eine wichtige Rolle in der Arts-and-Crafts-Bewegung gespielt. W.R. Lethaby und seine Anhänger hätten durchaus eine vitale englische Architektur durchsetzen können, wären ihre Ideen nicht aus der Mode gekommen und durch eine Renaissance der Beaux-Arts-Tradition ersetzt worden, die hauptsächlich von mittelmäßigen Architekten ausging. Selbst Mackintosh fand in Wien mehr Verständnis als in London. In England fehlte eine Reihe von Faktoren, die offenbar der neuen Architektur auf dem Kontinent die Richtung wiesen. Abgesehen von Wyndham Lewis' kurzlebigem Vorticismus, gab es in den Künsten keine kubistische Revolution. Die Aktivitäten der Design and Industries Association waren kein Äquivalent für den idealistischen Eifer, mit dem sich der Deutsche Werkbund für die »gute Form« der Industrieprodukte einsetzte. Es mangelte an progressiven Talenten und Auftraggebern. Außerdem ließ eine allgemeine Selbstgefälligkeit nach dem gewonnenen Krieg Phantasien von einer »schönen neuen Welt« oder einem mechanisierten sozialen Utopia als belanglos oder überflüssig erscheinen. Die intellektuellen Radikalen dieser Zeit hegten eine nahezu pathologische Verachtung für die Mechanisierung: Englische Reformer waren entweder pragmatisch oder vom Mittelalter inspiriert oder mit wichtigeren Problemen als schlechter Architektur befaßt – wenn sie nicht gerade dem Prinzip »l'art pour l'art« anhingen. Nichts war weiter von der Situation und der Mentalität Großbritanniens entfernt als die abstrakte soziale Ideologie von De Stijl und Bauhaus, der Maschinenfetischismus des Futurismus oder die Totallösungen von Le Corbusiers Ville Contemporaine.

Die Zeit zwischen 1910 und 1930 wurde in der englischen Architektur als »Regency Revival«, »Playboy-Ära« oder Phase der »Ahnenverehrung« charakterisiert. Aus

Die Verbreitung der modernen Architektur in England und Skandinavien 225

17.1 *(links)*
Berthold Lubetkin und Tecton, High Point I, Highgate, London, 1933–35, Ansicht vom Garten.

17.2 *(oben)*
Berthold Lubetkin und Tecton, Pinguinbecken, Zoo, London, 1933.

17.3 *(unten)*
Berthold Lubetkin und Tecton, Highpoint I, Highgate, London, 1933–35, Grundriß Erdgeschoß.

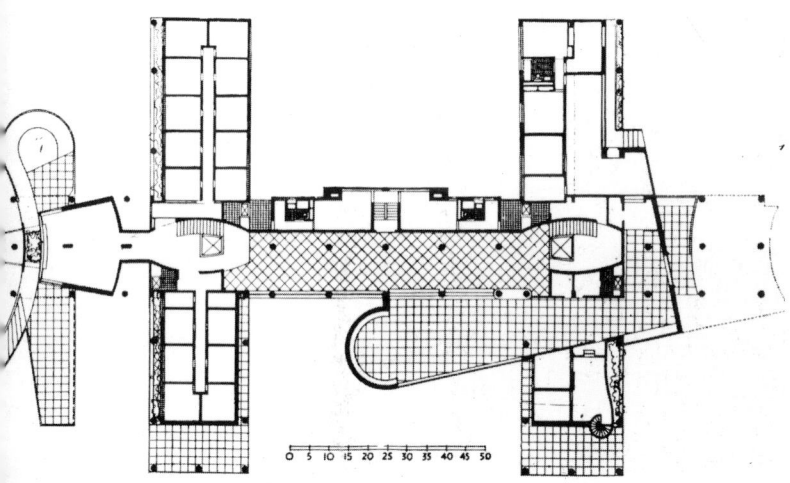

dem allgemeinen Mittelmaß hob sich natürlich Lutyens heraus, aber er stand trotz seines einzigartigen Talents eher am Ende einer Tradition als am Beginn einer neuen Epoche. In den späten zwanziger Jahren gab es einige »moderne« Experimente wie Behrens' Haus für J. Bassett-Lowke in Northampton von 1926 oder Taits Entwürfe für die Arbeitersiedlung der Fensterfabrik Crittall in Silver End, Essex, von 1927. Doch für die Gesamtsituation war bezeichnend, daß gerade die »verwässerten« Versionen der modernen Architektur – wie zum Beispiel Bauten von Dudok und Mallet-Stevens – in England Aufmerksamkeit fanden. Erst mit dem Crawfords Advertising Building in London von Etchells (1929) und Amyas Connells weißem Betonkubus für Bernard Ashmole in Amersham (1930) manifestierte sich ein rigoroserer Modernismus. Der Royal Corinthian Yacht Club von Joseph Emberton (1931) war ein Beweis dafür, daß die moderne Architektur zumindest von ihren Konstruktionsprinzipien her Verständnis fand. Hitchcock und Johnson nahmen dieses Gebäude sogar im folgenden Jahr in ihre Publikation *International Style* auf.

Der bedeutendste Architekt Englands in den dreißiger Jahren war ohne Zweifel Berthold Lubetkin. Er war 1901 im russischen Kaukasus geboren und hatte die Architekturdebatten nach der Revolution aus erster Hand miterlebt. Bei seiner Ausbildung in Paris im Atelier Perret hatte er die Geheimnisse der Stahlbetonkonstruktion kennengelernt und die Prinzipien von Le Corbusiers »Cinq points d'une architecture nouvelle« studiert. Das Appartementgebäude, das Lubetkin und R. Ginsberg 1927 für die Avenue de Versailles 25 entwarfen, war eine gemäßigte Neuinterpretation des Maison Cook mit einigen aus dem sowjetischen Kontext entliehenen Ideen. Lubetkin hielt in dieser Zeit die Kontakte mit Rußland aufrecht. Er entwarf den Sowjetischen Pavillon für Straßburg von 1929 und setzte sich intensiv mit den ideologischen Fragen auseinander, die damals in seinem Heimatland aktuell waren.

Im Jahre 1930 ging Lubetkin nach England und schloß sich mit sechs jungen Engländern zur Gruppe »Tecton« zusammen. Zu ihren frühesten Aufträgen zählten das Gorillahaus und das Pinguinbecken (Abb. 17.2) im Londoner Zoo. Das Pinguinbecken, in Zusammenarbeit mit dem Ingenieur Ove Arup entworfen, ist ein flaches ovales Bassin aus Stahlbeton mit zwei gekurvten, sich überschneidenden Rampen, auf denen die Vögel umherspazieren oder von denen sie ins Wasser tauchen können. Die Rampen waren massiv mit Stahl armiert – eine konstruktive *tour de force* für die damalige Zeit. Das Pinguinbecken erinnert an konstruktivistische Bühnenbilder Meyerholds oder an Gabos Skulpturen aus den zwanziger Jahren und bezeugt wiederum Lubetkins Vorliebe für die formalen Erfindungen des vorangehenden Jahrzehnts in Rußland.

Der nächste größere Bau Lubetkins und Tectons war der Wohnblock High Point I in Highgate (1933–35) auf einem von Grün umgebenen Grundstück mit einem weiten Ausblick über London im Süden. Die Wohnungen waren in einem Grundriß von der Form eines Lothringer Kreuzes angeordnet, so daß Aussicht, Querlüftung und Kontakt mit der Außenwelt gewährleistet waren (Abb. 17.1). Der achtgeschossige Hauptteil des Gebäudes erhebt sich auf *pilotis* und ist von einer öffentlichen Dachterrasse bekrönt. Auch das Erdgeschoß ist ein Gemeinschaftsbereich mit Vorhalle, Wintergarten, Haupthalle, Zugang zu den Aufzügen, einer Teestube und einer phantastischen geschwungenen Rampe, die in den Garten an der Rückseite führt. Diese untere Zone des Gebäudes setzt sich aus gekurvten freien Elementen zusammen, die vor- und zurückschwingen und die rechteckige Ordnung des Stützenrasters sowie die axiale Disziplin der Hauptformen (Abb. 17.3) durchbrechen. Das Vokabular ist wiederum eine intelligente Adaption von Le Corbusiers weißen Formen aus den zwanziger Jahren und den *Cinq points*. Hier waren die Wände freilich tragend und die Räume zellenartig und kompakt. High Point I gehört zu den frühesten Beispielen einer Synthese von Architektur und Städtebau, die sich sowohl von Le Corbusier als auch vom sowjetischen Kollektivwohnbau der zwanziger Jahre herleitete. Le Corbusier

226 Die Kristallisation der modernen Architektur zwischen den beiden Weltkriegen

besichtigte das Gebäude und pries es (entgegen seinen Gepflogenheiten) als eine der ersten »vertikalen Gartenstädte der Zukunft«. Als Turm in einem grünen Park, mit ausgebreiteten weißen Flügeln und klaren, knappen Details wurde High Point I zum Symbol der englischen Moderne, zur Demonstration dessen, was sich erreichen ließ, wenn rigorose funktionale Analyse, Poesie der Formen und eine soziale Vision zusammentrafen. Natürlich wirkte die kollektivistische Polemik des Gebäudes in einer Umgebung der gehobenen Mittelklasse ein wenig fremdartig. Aber das Prinzip war klar und ließ sich auch in größerem Maßstab auf Gemeinschaftsbauten anwenden.

Erst bei genauerer Analyse von High Point I offenbaren sich die vielfältigen Quellen. Das Konzept ist stark jenen »sozialen Kondensatoren« verpflichtet, die nur fünf Jahre zuvor in Rußland entstanden. Der Antennenmast von High Point war sogar als eine Art konstruktivistische Hochspannungsskulptur gestaltet. Der an ein Flugzeug erinnernde Grundriß verkörpert so etwas wie die Wohnmaschine der Zukunft. Doch außer diesen Anspielungen auf die Maschinenästhetik der zwanziger Jahre finden sich auch klassische Elemente. Die Unterscheidung zwischen »erschlossenen« und »erschließenden Bereichen« durch geometrische Formen läßt an die Prinzipien der Beaux-Art-Planung denken. Insgesamt ist der Grundriß eine meisterliche Übung in der Artikulation von Bewegung durch eine Folge zeremonieller Räume und in der Anordnung primärer und sekundärer Achsen. Er hält jedem Vergleich mit Charles Garniers Pariser Oper (1861–74) stand.

Um 1935, als High Point I fertiggestellt war, gab es in England bereits eine Reihe weiterer moderner Bauten. Das Appartementgebäude »Isokon« in der Lawn Road in Hampstead (1934) von Wells Coates – einem in Tokio geborenen Kanadier – war ein weiteres Beispiel für kollektiven Wohnungsbau (Abb. 17.4). Die Wohnungen waren wie Schiffskabinen in ein einfaches längsrechteckiges Volumen eingefügt. Für den Zugang sorgten auskragende Laubengänge. Hier werden Erinnerungen an Le Corbusier und vielleicht auch Mendelsohn deutlich (vor allem in den Skizzen mit ihren *tracés régulateurs* und ihren dynamischen Perspektiven). Aber das Bauwerk hat dennoch seine eigene Authentizität. Von der Situation in England her gesehen, symbolisierte Lawn Road eine neue Lebensform. Bezeichnenderweise zählten zu den ersten Bewohnern viele linksorientierte kosmopolitische Engländer oder Immigranten vom Kontinent wie Mondrian, Gropius und Breuer. Gropius schloß sich mit Maxwell Fry zusammen und Breuer mit F.R.S. Yorke, aber ihr Einfluß bedeutete wenig mehr als Ermutigung für eine Bewegung, die ihrer eigenen Dynamik folgte.

Auch Erich Mendelsohn war 1934 auf der Flucht vor den Nazis in England eingetroffen. Zusammen mit Serge Chermayeff gewann er alsbald den Wettbewerb für den Pavillon De La Warr in Bexhill, Sussex (Abb. 17.5). Das Kurhaus sollte der Erholung und Unterhaltung des in

17.4 *(oben)*
Wells Coates,
Appartementgebäude
»Isokon«, Hampstead,
London, 1934.

17.5 *(Mitte)*
Erich Mendelsohn
und Serge Chermayeff,
Kurhaus, Bexhill,
Sussex, 1934.

17.6 *(unten)*
Amyas Connell,
Colin Lucas,
Basil Ward,
Haus in Frognal,
Hampstead, London,
1938.

Die Verbreitung der modernen Architektur in England und Skandinavien   227

Badeorten an der Südküste üblichen Publikums dienen, mit Kino/Theater, Bars, einer Cafeteria, einigen Büros, einem Orchesterpavillon und einem Schwimmbad, das allerdings nicht ausgeführt wurde. Das Haus liegt an der englischen Kanalküste, nach Süden orientiert und mit weiter Aussicht. Vom Programm her war es Berliner Projekten Mendelsohns aus den zwanziger Jahren wie etwa den Kino- und Restaurationsbetrieben verwandt. Deshalb fühlte er sich frei für formale Experimente. Seine frühen Skizzen zeigen eine hoch aufragende dynamische Konstruktion mit vielen Fenstern, die Ausblicke auf das Meer eröffneten. Selbst das rechteckige endgültige Gebäude läßt die Dynamik der Skizzen aus dem Ersten Weltkrieg (Abb. 9.5) erkennen – eine Tatsache, die »funktionalistische« Pedanten in Aufruhr versetzte, weil sie »Formalismus« zu erkennen glaubten.

Obwohl das Gesamtkonzept sich aus organischen, expressiven Skizzen entwickelte, zeugt der Grundriß von präziser Logik. Das Kino/Theater als Hauptteil nimmt die ganze westliche Seite des Gebäudes ein. Da es axialsymmetrisch angelegt ist und kaum Tageslicht benötigt, konnte es außen als geschlossener, rechteckiger Kasten behandelt werden. Bar, Restaurant und Cafeteria sind am anderen Ende in einem langen Band angeordnet und erhielten dank auskragender Betonterrassen und einer »freien Fassade« große horizontale Fenster. Beide Hauptbereiche sind durch eine Halle verbunden, die auch das Zwischenglied zwischen Stadt und Meer darstellt. Diese Bauteile charakterisieren außen die gekurvten Glaspavillons auf beiden Enden. Der an der Seeseite war ein *tour de force* in Beton, mit Treppen, die in einem verglasten Halbzylinder spiralförmig bis ins Obergeschoß führen. Der in der Mitte des Treppenhauses aufgehängte Beleuchtungskörper ist wie eine abstrakte Skulptur aufgefaßt.

Öffentliche Aufträge dieser Größenordnung waren bei den englischen Architekten in den dreißiger Jahren rar. Viele mußten sich mit dem Entwurf kleinerer Häuser begnügen, die sie als Experimente für erhoffte künftige Kollektivbebauungen ansahen. Die Architektengemeinschaft Lucas, Connell und Ward (ein Engländer und zwei Neuseeländer) entwickelte ihren eigenen Stil auf der Basis holländischer, französischer und russischer Vorbilder. Sie setzte Volumen und Leerräume in starken Kontrasten gegeneinander und paßte ihre Stahlbetonkonstruktionen den Grundstücken und den individuellen Bedürfnissen der Bauherren an. So hatte die »New Farm« in Grayswood (1932) einen aufgefächerten Grundriß, so daß eine Verbindung mit der Landschaft entstand und die Aussicht optimal genutzt wurde. Das Haus in Frognal (Abb. 17.6) von 1938 wirkt dagegen ruhiger. Es vereint die Formalität einer städtischen Fassade mit Informalität auf der Rückseite, wo eine Terrasse und Verglasung in ganzer Frontlänge den Garten einbeziehen. Vorbild für dieses Gebäude war möglicherweise Le Corbusiers Villa Stein in Garches. In Frognal wurde allerdings auch Backstein verwendet, weil die örtliche Baubehörde auf der Einbeziehung typischer lokaler Materialien bestand.

In der Tat wurden »moderne« Bauten in England häufig mit Mißtrauen betrachtet. Bei ihrem Entwurf für ein kleines Haus in Sussex von 1935 stellte die Ortsbehörde Lucas, Connell und Ward vor die Wahl, entweder ein Steildach zu benutzen und ihre weißen Wände beizubehalten oder im Falle eines Flachdaches die Wände mit Holz zu verkleiden. Sie entschieden sich für die zweite Lösung. Ein Vergleich zwischen Lubetkins Bungalow in Whipsnade, seinen geschwungenen aerodynamischen Formen und seiner strengen Disziplin mit dem Haus in Frognal oder zum Beispiel mit Breuers und Yorkes Haus in Angmering von 1936 macht die große Vielfalt von Ausdrucksmöglichkeiten innerhalb des Internationalen Stils deutlich. Zugleich läßt sich dabei erkennen, wie die importierten Ideen vom traditionsgeheiligten Begriff des englischen »Heims« entfernt waren.

Zwei der bemerkenswertesten modernen Bauten in England dienten kommerziellen Zwecken: die Pharmazeutische Fabrik Boots in Beeston von Owen Williams, 1930–32 (Abb. 17.7) und der Peter Jones Store am Londoner Sloane Square von Slater, Moberly, Reilly und Crabtree von 1936. Beide waren mit Vorhangfassaden aus Glas verkleidet, und bei beiden war eine Betonrahmenkonstruktion verwendet, so daß sich im Inneren weite Räume öffneten. Wo sich im Erdgeschoß Innen und Außen begegneten, entstanden freie, offene Joche. Sie dienten bei Boots als Laderäume für pharmazeutische Produkte und bei Peter Jones als durchgehende Schaufensterflächen. Damit hört allerdings die Ähnlichkeit auf, denn Boots zeigt einen selbstbewußten, nahezu brutalen Charakter, ganz im Gegensatz zu den elegant proportionierten Sprossen und der Verbindlichkeit des Peter Jones Store. Owen Williams war ein Ingenieur von ungewöhnlicher tektonischer Sensibilität. Sein Gebäude hatte Pilzstützen, die ihrem Zweck durchaus angemessen waren, weil sie größere Spannweiten ermöglichten und die Zirkulation der Waren erleichterten. Der Zentralbereich der Fabrik war eine Art Schiff, von Quergalerien unterbrochen und durch ein dünnes Dach aus Glasbausteinen und Betonmembranen belichtet. Die Wirkung war rauh, aber würdig – was verständlicherweise die sogenannten Neuen Brutalisten der fünfziger Jahre für das Gebäude einnahm.

Gegen Ende der dreißiger Jahre begannen einige Architekten der Avantgarde sich gegen die Zwangsjacke des Internationalen Stils zu wehren. Vielleicht spürten sie vom Visuellen her seine Begrenzungen und vom Ideologischen her seine Fremdartigkeit innerhalb der englischen Szene. Das herausragendste Beispiel für eine stärkere Betonung formaler Elemente bietet Lubetkins High Point II (1936–38), das neben High Point I (Abb. 17.8) entstand. Es gab bei der Planung ungewöhnliche Schwierigkeiten (einschließlich einer feindseligen Baubehörde). Aber das erklärt nicht die geradezu neopalladianische Fassadenkomposition; die plastische Gesamtform, die an Lubetkins Bewunderung für den Barock denken läßt; die reichen strukturalen Effekte einer Vielfalt von Materialien und schließlich die klassizistischen Karyatiden

17.7 Owen Williams, Pharmazeutische Fabrik Boots, Beeston, Nottinghamshire, 1930–32.

unter dem Vordach. Hier handelte es sich offensichtlich um dekorative, willkürliche ästhetische Experimente – das, was der Kritiker J.M. Richards »Prominenten-Architektur« genannt hätte, im Gegensatz zu der erhofften »anonymen« modernen Formensprache. Lubetkin drückte Sehnsucht nach der großen Architekturtradition aus. Möglicherweise reagierte er auch auf die komplexeren Strukturen und Materialien von Le Corbusiers Arbeiten in den frühen dreißiger Jahren. Die *Architectural Review* nannte High Point II »einen bedeutenden Schritt vom Funktionalismus nach vorn«. Doch die puritanischen Linken, denen die utilitaristischen und moralischen Qualitäten der modernen Architektur am Herzen lagen und die ihre ästhetischen Aspekte herunterspielten, zeigten sich entsetzt. Anthony Cox, ein junger sozialistischer Architekt, schrieb über High Point II:

»Steht man im Garten und blickt hinauf zu den zwei Blocks von 1935 und 1938, so wird deutlich, daß etwas sich verändert hat. Die Veränderung geht nicht nur auf das höhere Niveau der Bautechnik oder die glatte, helle Fliesenverkleidung des Betons zurück…Es scheint, als seien in den drei Jahren, die diese Bauten trennen, Entscheidungen darüber gefallen, was bei der Architektur formal notwendig ist. Eine solche Tendenz zu bestimmten formalen Entscheidungen, die Klischees sehr nahe kommen, macht sich im Werk vieler moderner englischer Architekten bemerkbar, aber in Tectons späteren Arbeiten…ist sie besonders stark ausgeprägt…Die Veränderung der Ziele muß auf persönliche Gründe zurückgehen, auf eine Wendung nach innen zu privateren formalen Bedeutungen, die keine allgemein erkennbare soziale Basis besitzen…Ist dies wirklich ›ein bedeutender Schritt vom Funktionalismus nach vorn‹, der eine neue Entwicklung ermöglicht, oder handelt es sich um ein Symptom des Niedergangs…?«

Ironischerweise wurde Lubetkin hier nach Kriterien beurteilt, die er möglicherweise selbst in die Architekturwelt Englands eingeführt hat. Doch Cox' Kritik ist nicht von der Hand zu weisen. High Point II ist von einer schlaffen Eleganz, die im Gegensatz zu der strengen, scharfkantigen Polemik des früheren Gebäudes steht. Vielleicht erkannte Lubetkin die Diskrepanz zwischen seinen eigenen sozialistischen Zielen und den Vorstellungen der einzigen Klientel, die seine Bauten kaufen wollte oder konnte. Möglicherweise ist bei der Ausarbeitung eines Stils in einem bestimmten Stadium eine Tendenz zum Formalismus unvermeidlich. In jedem Falle war der »Formalismus« von High Point II symptomatisch für ein sehr viel allgemeineres Problem: Welche Richtung sollte die moderne Architektur nun einschlagen, wenn die bloße Imitation von Prototypen der zwanziger Jahre nicht ausreichte? Wo lagen die Quellen einer neuen Vitalität, wenn eine Art moderner Akademismus vermieden werden sollte?

Das Werk Alvar Aaltos in den dreißiger Jahren ist ein Beispiel dafür, wie sich diese Probleme überzeugend und unter Rücksichtnahme auf regionale Traditionen

Die Verbreitung der modernen Architektur in England und Skandinavien

und klimatische Verhältnisse lösen ließen. Aalto wurde 1898 in Finnland geboren, studierte in Helsinki und lebte in einer Umgebung, die sich intensiv mit Fragen der Identität auseinandersetzte. Denn die Finnen suchten dem russischen Einfluß zu entrinnen, um ihre Autonomie zu erlangen. Zwei Hauptrichtungen der Architektur des späten 19. Jahrhunderts beeinflußten Aalto: ein klassizistischer Stil, der sich auf das ausgehende 18. Jahrhundert berief und im 20. Jahrhundert in den Arbeiten Gunnar Asplunds eine moderne Ausprägung fand, sowie eine nationalromantische Strömung, die von der Neugotik und dem amerikanischen Architekten H. H. Richardson aus dem 19. Jahrhundert beeinflußt war und zugleich Inspiration in nationalen Mythen und regionalen Bauformen suchte. Mit Hilfe der modernen architektonischen Abstraktion gelang es Aalto schließlich, eine Synthese dieser beiden Tendenzen zu erreichen. Die tatsächliche Architektur der Region (und nicht ihre romantischen Interpretationen) spielte dabei eine wichtige Rolle, da sie Typenformen enthielt, die dem strengen finnischen Klima, dem Charakter der Landschaft und den Vorstellungen der Menschen angepaßt waren. Außerdem demonstrierte sie natürlich die direkte und elegante Verwendung lokaler Materialien, vor allem von Holz.

Die moderne Architektur hielt in den zwanziger Jahren nur zögernd Einzug in Skandinavien. Die Stockholmer Ausstellungsbauten von Asplund aus dem Jahre 1931 entsprachen dem neuen Stil. Doch Aalto und sein Landsmann Erik Bryggman waren den neuen Ideen schon früher begegnet, vor allem in holländischen und deutschen Beispielen. Aaltos Zeitungsgebäude Turun Sanomat (Planungsbeginn 1928) in Turku war in der Terminologie der Moderne konzipiert, basierte auf den *Cinq points* und ließ darüber hinaus mit seiner plastisch aufgefaßten Konstruktion (Abb. 17.9), seinen räumlichen Variationen und der disziplinierten Fassadengliederung die Handschrift eines neuen Talents erkennen. Aaltos allmähliche Entwicklung von seinen neoklassizistischen Anfängen zur Klarheit seines »funktionalen« Stils läßt sich deutlich an den drei Hauptprojekten für die Bibliothek in Viipuri zwischen 1927 und 1935 ablesen. Aber obwohl er auf die offene Anwendung klassischer Ordnungen verzichtete, griff er immer wieder auf Schemata der klassischen Tradition zurück (zum Beispiel *piano nobile*, Prozessionscharakter der Zirkulation, ausgewogene Proportionen der Volumen und Leerräume). Der Grundriß der Bibliothek weist ingeniös überschnittene Symmetrien auf, die Innenräume gehen fließend ineinander über. Die abgestuften Deckenflächen sind von Oberlichtern durchbrochen. Die wellenförmige Decke aus Holzstäben im Vortragssaal (Abb. 17.10) gibt einen Hinweis auf den Naturalismus in Aaltos späterer Entwicklung. Insgesamt scheint das Bauwerk sich bereits von dem Mechanismus der frühen Moderne abzukehren. Funktionale Disziplin verband sich hier nicht mit kühler Kalkulation, sondern mit einem poetischen Eingehen auf menschliche Bedürfnisse.

Bei dem Sanatorium in Paimio (1929–32), einem Bau, der zu den Meisterwerken der modernen Architektur zählt (Abb. 17.11), konnte Aalto seine »humanistischen« Ziele durchsetzen. Der Komplex liegt auf einem Hügel

17.8 Berthold Lubetkin und Tecton, High Point II, dahinter High Point I, Ansicht vom Garten, 1936–38.

etwa 30 km von Helsinki mit Ausblick über Wälder und Seen. Als er entstand, galt als beste Heilmethode für Tuberkulose (das Sanatorium hatte sich auf diese Krankheit spezialisiert) der Aufenthalt im Grünen, in Sonne und frischer Luft. Es war einer der Fälle, wo die Wünsche des Bauherrn, die Hygiene-Philosophie und die visuellen Aspekte des neuen Stils von Anfang an in Einklang standen. Die Krankenzimmer waren in einem langen sechsgeschossigen, nach Süden orientierten Flügel untergebracht. Die Korridore verliefen an der Nordseite. Im obersten Geschoß lag eine offene Dachterrasse, zum Teil von einem Schutzdach überdeckt, auf die an besonders warmen Tagen die Betten gerollt werden konnten. Die Konstruktion dieses Gebäudeteils bestand aus einem sich nach oben verjüngenden »Stamm« aus Beton, von dem die Geschosse auskragten, so daß die Fassaden offen blieben und die Zirkulation nicht behindert wurde. Der einheitliche Materialcharakter des Traktes war durch gekurvte Details und eine skulpturale Ausbildung der Volumen betont – anders als bei manchen eher flächigen Bauten des Internationalen Stils.

Hinter dem Patiententrakt lagen die Halle, der Ärzteflügel mit Vorhalle und der Flügel des Pflegepersonals. Die einzelnen Flügel waren der Topographie des Geländes entsprechend abgewinkelt (Abb. 17.12). Näherte man sich dem Gebäude, so wurde man wie durch eine Art Trichter zwischen dem Patiententrakt und dem Flügel mit den Gemeinschaftsräumen zum Eingang geleitet. Variationen in der Fenstergliederung und den Details brachten die unterschiedlichen Funktionen zum Ausdruck. Das Sanatorium erhob sich über der finnischen Landschaft wie ein verankertes Schiff. Mit seinen klaren Formen, geordneten Proportionen und gut belichteten Räumen versprach es Hygiene und Heilung. Die horizontalen Balkone und Gartenterrassen stellten eine Verbindung zur Landschaft dar.

Es gibt überzeugende Beweise dafür, daß das Sanatorium in Paimio von Duikers Sanatorium Zonnestraal bei Hilversum aus dem Jahre 1927 (Abb. 13.5) beeinflußt war. Auch dort strahlten die Stationsflügel in einem bewaldeten Gelände in verschiedene Richtungen aus. Aalto übernahm sogar Details wie den Abluftkamin von Zonnestraal und formte ihn auf seine Weise um. Zugleich griff er möglicherweise auf Prinzipien des kollektiven Wohnbaus zurück, die ein paar Jahre früher in der Sowjetunion entwickelt worden waren. In den russischen Beispielen waren die Wohnungen in Blocks untergebracht, während für die Gemeinschaftseinrichtungen Nebengebäude unterschiedlicher Form vorgesehen waren. Wie schon erwähnt, hat diese Formel vielleicht auch Le Corbusiers Pavillon Suisse beeinflußt.

Im Jahre 1933 nahm Aalto an dem CIAM-Treffen auf der *SS Patras* teil. Hier, vor dem Hintergrund der griechischen Inseln, des Parthenon und des Meeres, begegnete er Le Corbusier, Mies van der Rohe, Gropius – also den Protagonisten der modernen Architektur. Sie waren ihrerseits von dem neuen Talent beeindruckt. In Finnland war es Aalto allmählich gelungen, einige Bauherren zu der neuen Architektur zu bekehren, ein Prozeß, der nicht immer einfach gewesen war. Doch zwischen 1934 und dem Ausbruch des Krieges arbeitete Aalto an dem großen Auftrag für die Zellulosefabrik Sunila (einschließlich Arbeiterwohnungen) und an Entwürfen für eine Reihe von Wettbewerben, darunter einem für die Finnische Botschaft in Moskau. 1936 entwarf er für sich selbst und seine Frau ein Haus außerhalb Helsinkis, bei dem er einheimische Materialien wie Ziegel und Holz verwendete und kräftige Strukturen mit sanften Kurven kontrastieren ließ. Pflanzen und natürliche Baustoffe bildeten eine Einheit, die menschenfreundlicher an die Sinne appellierte als die weißen Betonbauten fünf Jahre zuvor. Man sprach von einem Übergang zur »romantischen

17.9 *(oben)* Alvar Aalto, Turun Sanomat, Zeitungsgebäude, Turku, Finnland, 1928–30.

17.10 Alvar Aalto, Bibliothek Viipuri, Finnland, 1927–35, Innenansicht des Vortragssaales mit der wellenförmigen Holzdecke.

17.11 Alvar Aalto, Sanatorium Paimio, Finnland, 1929–32.

17.12 Alvar Aalto, Sanatorium Paimio, Finnland, 1929–32, Grundriß des Komplexes.

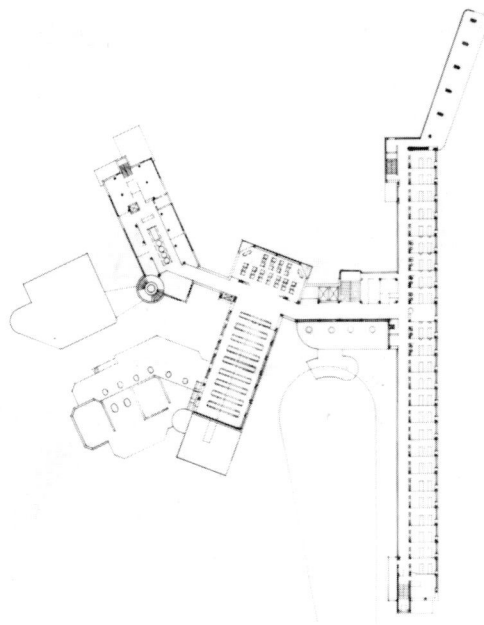

Moderne«. Aber wie immer man diese Haltung bezeichnet: Sie war zunehmend persönlich und schuf zugleich eine Verbindung zur finnischen Tradition wie auch zu den klimatisch und landschaftlich bedingten regionalen Gegebenheiten. Aalto schrieb später:

> »Die Architektur kann sich nicht von natürlichen und menschlichen Faktoren freimachen, im Gegenteil, sie darf es nie… Ihre Funktion ist vielmehr, uns die Natur immer näher zu bringen.«

Ein Meisterwerk dieser Phase in Aaltos Entwicklung ist die Villa Mairea von 1938, die er für Maire und Harry Gullichsen als eine Art Villa, Gästehaus und Landsitz errichtete (Abb. 17.13). Seine Bauherren waren immens reich und erklärten ihrem Architekten, er solle das Haus als Experiment betrachten. Aalto nutzte diese Gelegenheit, um viele jener Themen zusammenzufassen, die ihn in den Jahren zuvor beschäftigt hatten, die er aber nicht immer in seine Bauten hatte einbringen können.

Der Grundriß der Villa Mairea ist eine modifizierte L-Form, wie Aalto sie schon vorher häufig benutzt hatte und auch später immer wieder verwendete (Abb. 17.14). So entstand automatisch eine halb private Umschließung an einer Seite und eine eher formelle, der Umwelt zugewandte Zone auf der anderen. Das Interesse des Architekten an solchen »halben Höfen« geht

232 Die Kristallisation der modernen Architektur zwischen den beiden Weltkriegen

Die Verbreitung der modernen Architektur in England und Skandinavien

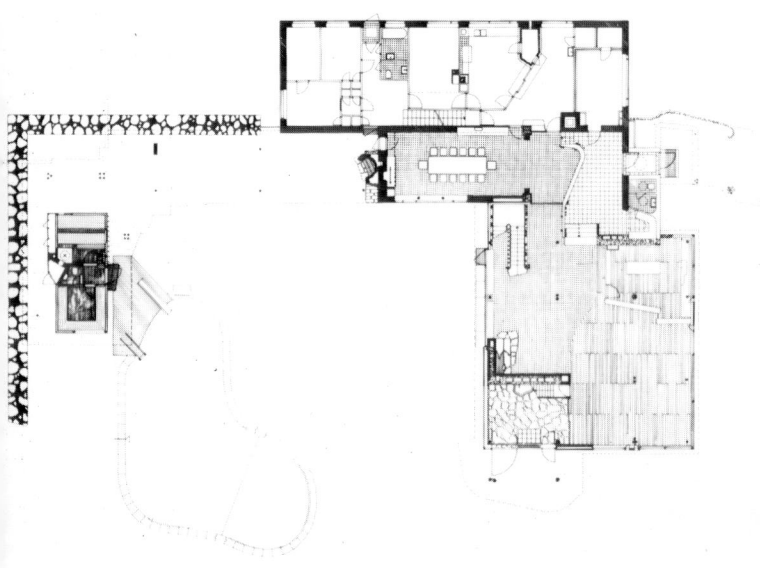

17.13. *(links oben)*
Alvar Aalto, Villa Mairea, Noormarkku, Finnland, 1938–39, Ansicht.

17.14 *(links unten)*
Alvar Aalto, Villa Mairea, Noormarkku, Finnland, 1938–39, Detail des Saunaflügels mit dem Grasdach.

17.15 *(oben)*
Alvar Aalto, Villa Mairea, Noormarkku, Finnland, 1938–39, Grundriß.

möglicherweise auf typische finnische Bauernhöfe zurück, bei denen eine solche Anordnung dazu diente, das Vieh vor dem strengen Winter zu schützen und eine nach innen gerichtete Gemeinschaft zu definieren. Bei der Villa Mairea liegen Rasen und Schwimmbecken innerhalb der Umschließung und können aus einer Reihe von Räumen überblickt werden. So wurde der Außenbereich in die Komposition einbezogen, wozu auch die horizontale Gestaltung und die Auskragungen beitrugen. Der nierenförmige Teich paßte sich auch der bewaldeten Landschaft der Umgebung an. Im Gegensatz dazu ist die Hauptfassade strenger und formeller gehalten. Sie weist sogar eine Art klassische *porte cochère* auf, neu interpretiert als eine Art Gartenpergola.

Das Innere der Villa ist reich mit Naturholz, Stein und Ziegeln ausgestattet und variiert räumlich von äußerst großzügigen bis zu kabinenartigen Zimmern. Die Raumfolgen nutzen Ausblick und Lichtwirkungen optimal. Ihren Höhepunkt findet die Hierarchie der Räume im Elternschlafzimmer, das von oben herab eine Aussicht auf den Innenhof bietet. Die darunterliegenden Bereiche – Bibliothek, Speisezimmer, Wohnzimmer, Atelier (die Bauherrin malte) und Kunstgalerie – variieren in der Höhe und überlappen sich sogar im Schnitt, was an das räumliche Konzept der Bibliothek in Viipuri erinnert. An einem Ende schließt sich eine Art »rustikaler« Flügel an das Haus an, der zwei Seiten des Schwimmbassins umgibt und die Sauna enthält. Allein schon dieser Flügel ist charakteristisch für Aaltos zunehmend »naturalistische« Neigungen: Er besteht aus Holzpalisaden mit einem auskragenden Flachdach, das mit Gras gedeckt war (Abb. 17.15). Diesen primitivistischen nordischen Gartentempel an einem dunklen, von Natursteinen umschlossenen Wasserbecken trennen Welten von dem schlichten Solarium der Villa Savoye mit ihren mediterranen Anklängen und ihrem klaren, technischen Vokabular. Doch beide Architekten faßten in Details wie diesen eine ganze Weltanschauung zusammen. Sie zeigten, daß es ihnen möglich war, die Rituale der gehobenen Gesellschaftsschicht in einen dauerhaften architektonischen Traum zu verwandeln.

In der Villa Mairea sind so viele Ideen zusammengefaßt, daß man sie als das Schlüsselbauwerk betrachten könnte, in dem Aalto sozusagen die letzten Häute der Tradition abstreifte und zu seiner wahren Natur fand. Zu dieser Synthese trugen die formale Disziplin des Klassizismus, die Philosophie und die Formen der Moderne und der zeitlose Regionalstil bei. Aber es war eine Synthese, die ihre Quellen nicht mehr erkennen ließ. Nach der Villa Mairea festigte der Architekt seine Formensprache weiter: Variationen gingen von wenigen fundamentalen Themen aus und erlaubten scheinbar endlose Kombinationen und Bedeutungen. So entstand ein Stil, der an die Wurzeln des menschlichen Daseins rührte. Vom Wetter geprägte Materialien, lyrische Raumfolgen und magische Lichteffekte schufen eine ursprüngliche Poesie, die weit über lediglich «moderne» Interessen hinausführte.

Die Villa Mairea war in der Tat ein »bedeutender Schritt vom Funktionalismus nach vorn« und nicht nur ein Rückfall in dekorativen Formalismus. An Beispielen wie diesem konnte sich die Nachkriegsgeneration orientieren, die ihrerseits gegen die zunehmenden Zwänge der Moderne revoltierte und nach einer authentischen Architektur mit internationalen und regionalistischen, modernen und traditionellen Elementen suchte.

18. Die Kontinuität älterer Traditionen

»Schließlich ist Architektur eine Kunst und gilt seit unvordenklichen Zeiten als eine der größten. Herrliche Bauten wie der Parthenon, das Pantheon, Chartres oder St. Paul's Cathedral haben die Menschen tiefer bewegt als alle Meisterwerke der Malerei und Plastik, ausgenommen die bedeutendsten. Aber wer empfindet anderes als Ärger bei Bauten, wie sie Herr Mendelsohn in Deutschland oder M. Le Corbusier in Frankreich produzieren, oder bei Bauten aus Stahl und Backstein, die den Eindruck erwecken, aus Beton zu bestehen..., Bauten, die offenbar kein Prinzip verfolgen als das, allem zuvor Geschaffenen zu widersprechen? Meiner Überzeugung nach sind die Prinzipien unserer Modernisten falsch.«

R. Blomfield, 1932

Frühe Chronisten und Protagonisten porträtierten die moderne Architektur gern als den einzigen wahren Stil ihrer Zeit und verwiesen alle abweichenden Äußerungen in die Mülltonne der Historie. Ihre Strategie hatte zwar eine reinigende Funktion, übermittelte aber ein extrem einseitiges historisches Bild und führte zur parteiischen Beurteilung architektonischer Qualität. In ihren frühen Tagen war die Moderne wie jede andere junge Bewegung eine Minorität.

Die meisten Bauten, die etwa um 1930 entstanden, setzten ältere Traditionen und regionale Strömungen fort. Erst vor diesem pluralistischen Hintergrund wird die Bedeutung der Avantgarde deutlich. Die deterministischen Ansichten ihrer Autoren riefen den Eindruck hervor, ein Bauwerk, das nicht den neuen Tendenzen entspreche, müsse minderwertig sein. Tatsächlich bedeutete die Verwendung gotischer Formen (wie zum Beispiel bei Raymond Hoods Entwurf für die *Chicago Tribune*) ebensowenig ein Qualitätsurteil wie die Verwendung des neuen Stils.

So unterschiedliche moderne Architekten wie Wright, Le Corbusier, Mies van der Rohe und Aalto suchten zwar zeitgenössische Lebensformen und neue Raumvorstellungen auszudrücken und warfen den Ballast der »Stile« aus dem 19. Jahrhundert ab, um ihre eigene Version eines allgemeingültigen »Stils« zu entwickeln. Dennoch waren sie alle in der Tradition verwurzelt. Deshalb sollte die Unterscheidung zwischen »Modernisten« und »Traditionalisten« nicht überbewertet werden. Die herausragenden Werke der modernen Architektur wirkten über ihre zeitgenössische Bedingtheit hinaus und gesellten sich zu anderen hervorragenden Bauten der Vergangenheit, die ihrerseits die wechselnden Moden ihrer eigenen Zeit überdauert haben.

Immerhin ist nicht zu leugnen: Bei der Villa Savoye und den Bauhausbauten waren weder klassische Ordnungen noch Rippengewölbe verwendet. Sie gehörten einer Kategorie an, der sich etwa das Chrysler Building van Alens oder Edwin Lutyens' Entwürfe für Neu-Delhi nicht zuordnen ließen.

In den Anfängen der Moderne waren Unterschiede von der anderen Architektur sehr viel leichter zu identifizieren als Verwandtschaften. Sie war etwas eindeutig Neues, und ihre Anatomie unterschied sich fundamental von der ihrer Vorgänger. Es handelte sich hier um mehr als einen bloßen Wechsel des Gewandes. Die »Modernen« gewannen schließlich die Oberhand, ihre Formeln wurden überall auf der Welt angewendet. Dies beruhte nicht auf irgendeinem schicksalhaften Gesetz des Fortschritts, sondern hatte von Ort zu Ort unterschiedliche Gründe.

Welche zeitlosen Qualitäten manche traditionellen Bauten auch besaßen – ihre Botschaft sagte den nachfolgenden Generationen immer weniger. Eine solche Situation entsteht wahrscheinlich nach jeder größeren Revolution der Sensibilität, wie es die moderne Architektur zweifellos war.

Behandelte man die Geschichte der Moderne wie eine Art Fließband (und das taten viele der frühen Mythographen), so bestand zudem die Gefahr, daß auch die Relikte früherer »Pionier«-Phasen verworfen wurden.

Der Art Nouveau zum Beispiel war für Künstler wie Behrens und Le Corbusier eine vorübergehende Entwicklungsstufe, zeigte seine Wirkungen aber noch bis weit in die zwanziger Jahre an so unterschiedlichen Orten wie Mallorca und Buenos Aires. Ein bedeutender Architekt wie Gaudí arbeitete noch an seiner persönlichen Version dieses Stils, bis er 1926 starb.

Deshalb wäre es falsch, den neuen Stil auf einen bestimmten »historischen Augenblick« festzulegen. Es blieb eine Vielzahl von Ausdrucksmöglichkeiten offen, die häufig auch mit Überzeugung genutzt wurden. So setzte etwa Auguste Perret parallel zur »weißen Archi-

Die Kontinuität älterer Traditionen 235

18.1 Auguste Perret, Kirche Notre-Dame du Raincy, 1924, Blick ins Kirchenschiff.

tektur der zwanziger Jahre« unbeirrt seine eigene Vorkriegsarbeit fort. Die Kirche Notre-Dame du Raincy von 1924 (Abb. 18.1) war sogar der logische Höhepunkt aller Untersuchungen auf dem Gebiet des Stahlbetons, die Perret in den vorhergehenden drei Jahrzehnten durchgeführt hatte.

Ein weiterer weißer Fleck in der frühen Geschichtsschreibung der Moderne war der Expressionismus, weil manche allzu bizarren und emotionalen Werke dieses Stils nicht dem persönlichen Geschmack von Kritikern wie Pevsner, Giedion und Hitchcock entsprachen und weil diese Autoren dem Glauben an einen »Zeitgeist« anhingen, der einen einzigen »wahren« modernen Stil entstehen lassen würde. Aus dieser Perspektive gesehen, war Mendelsohns Einstein-Turm kaum akzeptabel, und ein merkwürdiges Gebäude wie das theosophisch inspirierte Goetheanum in Dornach von 1925–28 (Abb. 18.2) blieb gleich von vornherein unberücksichtigt. Dabei gingen beide Bauten von revolutionären Konzepten aus und konnten neben den angeblich »rationaleren« Werken des Internationalen Stils durchaus bestehen. Wieder einmal zeigten die Historiker hier, wie leicht sie sich von den Vorurteilen der Künstler beeinflussen ließen, denn viele zuverlässige Anhänger der modernen Architektur hatten die Phase des Expressionismus längst durchlaufen und inzwischen als eine Art jugendliche Torheit verworfen.

Im Rückblick wird deutlich, daß der Expressionismus von bestimmten Grundströmungen des Art Nouveau ausging. Doch es gab auch andere Tendenzen, die sich aus der gleichen Quelle speisten, vor allem der Art Deco, der nach der Exposition des Arts Décoratifs im Jahre 1925 benannt wurde. Diese lockere Verbindung exotischer und weitgehend dekorativer Elemente entsprach keineswegs dem Fundamentalismus und der rigorosen Moral der neuen Architektur, erreichte aber dennoch etwa zur gleichen Zeit ihre volle (und kurze) Blüte. Bei den angewandten Künsten denkt man an die Glasarbeiten Laliques oder an glitzernde Interieurs mit neoägyptischen Motiven, Zickzack-Geometrie und luxuriösen, glänzenden Materialien. Der Art Deco ist kaum als einheitlicher Stil zu bezeichnen und brachte in der Architektur nur wenige Werke von bleibendem Wert hervor. Immerhin waren phantasievolle Bauten wie das Richfield Building in Los Angeles von 1928 oder die Hoover-Fabrik in London von 1935 (Abb. 18.3), ganz zu schweigen vom Chrysler Building in New York, durch den Art Deco beeinflußt. Bei allen diesen Bauten kaschierten moderne Materialien und sorgfältig dekorierte und kolorierte Wandflächen die axiale Planung in der Beaux-Arts-Tradition. Sie hatten wenig gemeinsam mit jenen Idealen der Entmaterialisierung, der »Wahrhaftigkeit« und des Puritanismus, die für die glatten weißen Flächen des Internationalen Stils kennzeichnend waren. Häufig wurde dieser ornamentale Stil mit seinen kontrastreichen Strukturen in der Werbung eingesetzt – um anzulocken, Eindruck zu machen und zu überreden. Von jenem kulturellen Sendungsbewußtsein gegenüber der Industrialisierung, das die Denker der Moderne angetrieben hatte, war wenig zu spüren. Der Art Deco schlug vielmehr eine Brücke zwischen Modernismus und Konsumenten-Mentalität. Das galt auch für die »Stromlinien-Moderne«, die in den späten zwanziger und frühen dreißiger Jahren in den Vereinigten Staaten vorherrschte (Abb. 18.4). Hier begegnete man den Marktgesetzen der Mode und der *planned obsolescence* sehr viel unbefangener, als es die moralische Position der Moderne zuließ.

Möglicherweise spielt ein weiterer Punkt bei der Einführung neuartiger Formensysteme eine Rolle: Eine Zeitlang fand die moderne Architektur weder das Verständnis noch die Sympathie der Öffentlichkeit. Obwohl man davon ausging, daß der Architekt eine besondere Fähigkeit besaß, die Ziele der Allgemeinheit zu artikulieren, orientierte sich der Geschmack der Mehrheit an traditionelleren Bauweisen und vertrauteren Assoziationen. Dieses Kommunikationsproblem verschärfte sich noch durch die hochmütige Verachtung, die avantgardistische Künstler für Klischees und Konventionalität empfanden. So werden vielleicht die Entscheidungen der Juries in den Wettbewerben der *Chicago Tribune*, des Völkerbunds und sogar des Palasts der Sowjets verständlich. Den neuen Formen traute man offenbar nicht zu, Überzeugungen der Allgemeinheit auszusprechen.

Das trifft auch auf ein weniger grandioses Gebiet der Architektur zu: den Wohnungsbau. Die Wohnhausbauten der neuen Architektur blieben weitgehend einer isolierten Gruppe von Bohemiens aus der oberen Mittelklasse vorbehalten oder aber progressiven Institutionen, die in großem Maßstab planten. Dagegen war der »Jedermann« der zwanziger Jahre eher mit der Formensprache der Arts-and-Crafts-Bewegung vertraut, die ihrerseits auf uralten Vorstellungen vom Wohnen beruhte. Die extreme Kritik der Nationalsozialisten an

Die Kontinuität älterer Traditionen 237

18.2 *(links)* Rudolf Steiner, Goetheanum II, Dornach, 1925–28.

18.3 *(rechts)* Wallis, Gilbert und Partner, Hoover-Fabrik, Perivale, Middlesex, 1932–35.

18.4 *(unten)* Raymond Loewy, Skizze für stromlinienförmigen Zug, 1930.

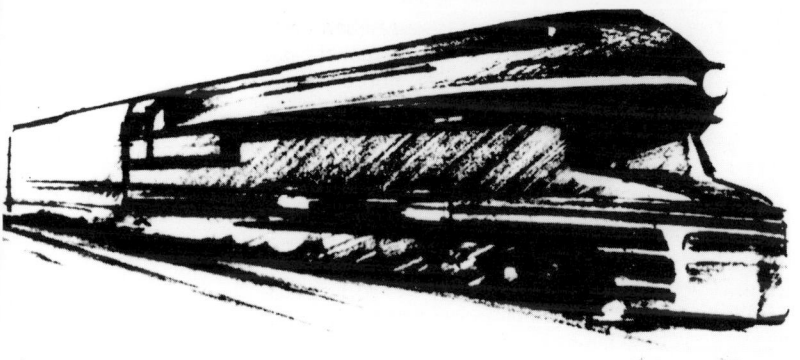

dem fabrikähnlichen Erscheinungsbild und dem Fehlen psychologischer Wärme in der modernen Architektur war gar nicht so weit entfernt von Beschwerden, die viele durchschnittliche Hausbewohner zur gleichen Zeit geäußert haben könnten. Die auf das Bauhaus oder den Purismus zurückgehenden Schöpfungen wurden keineswegs als Elemente einer neuen universalen Formensprache gesehen, sondern eher als Embleme einer arroganten Clique. Es dauerte mehr als zwei Jahrzehnte, bis die Moderne populär wurde und sich sozusagen regionalisierte. Und als es dazu kam, war bereits viel von ihrer ursprünglichen Bedeutung und ihren polemischen Impulsen verlorengegangen. Wahrscheinlich war diese Entwicklung unvermeidlich. Von der Idee besessen, ein allgemeiner Verfall stünde bevor, hatte sich die Avantgarde vorgenommen, die Werte höherer Formen zu retten und neue Prototypen zu schaffen. Zu diesem Zweck mußte sie sich von allen Konventionen lösen.

In den meisten westeuropäischen Ländern, den Vereinigten Staaten und der Sowjetunion orientierte sich der »offizielle Geschmack«, den die Avantgarde zu bekämpfen versuchte, am Eklektizismus des 19. Jahrhunderts. Wie die Hochhausbauten der Vereinigten Staaten zeigen, konnte der Mischmasch von Stilen durchaus eine Reihe von Assoziationen und Bedeutungen übermitteln. Während Le Corbusier 1929 in Paris die Villa Savoye entwarf, waren in den USA die Universitätsgebäude immer noch dem neogeorgianischen (Abb. 18.5) und neugotischen Stil verhaftet. Den modernen Architekten erschien dies natürlich als weiterer Beweis für retrospektive Sentimentalität – eine nicht sehr faire Kritik in einer Zeit, in der moderne Formen noch nicht einmal allgemein bekannt waren. Selbst wenn die moderne Architektur weiter verbreitet gewesen wäre, fragt es sich, ob man sie in einem Zusammenhang verwendet hätte, in dem es um die alte Tradition der Lehre ging. Ähnliches traf auch auf größere Bauten für die Bürger und auf Kirchen zu – Aufgaben, die weniger nach einem radikalen Bruch verlangten als nach einer Kontinuität der Symbolik. Auch im Wohnbau der Vereinigten Staaten spielten die gleichen regionalistischen Strömungen, die in Europa als Gegenkräfte zum Internationalismus wirkten, eine wichtige Rolle. Die frühen Apostel der Moderne hatten die Traditionen allzu voreilig über Bord geworfen. Vernünftiger wäre es gewesen, die Symbolik bestimmter Bauaufgaben zu berücksichtigen und nach Formen zu suchen, die solchen Funktionen am ehesten entsprachen. In manchen Fällen waren in der Tat »traditionelle« Formen eher angebracht, in anderen dagegen »moderne«.

Handelte dieses Buch vom gesamten 20. Jahrhundert und nicht von den Traditionen der modernen Architektur, so müßten etliche Kapitel Phänomenen wie der Fortdauer der Neugotik in den Vereinigten Staaten bis in die dreißiger Jahre hinein und dem Wiederaufleben des

eines aufsteigenden Weltreiches sahen. Das Monument sollte in der Hauptachse zum Kapitol und dem Obelisk stehen und eine visuelle Verbindung zwischen dieser präsidialen Ruhmesallee und dem Arlington Cemetery auf der anderen Seite des Potomac herstellen. Eine Kuppel war nicht vorgesehen, weil sonst eine Konkurrenz zur Kuppel des Kapitols gegeben wäre. So entstand ein niedriges, horizontales, elegantes neogriechisches Gebäude auf einem leicht ansteigenden Hügel. Es stellte eine Mischung von Tempel und Grabmal dar und war aus reinstem weißen Colorado-Marmor errichtet. Die niedrige Attika wird von einem Peristyl scharf geschnittener dorischer Säulen gestützt. Fries und Gebälk tragen die Symbole der einzelnen Staaten. Im Inneren thront Daniel Chester Frenchs Skulptur des sitzenden Abraham Lincoln und blickt in der Hauptachse über ein reflektierendes Wasserbecken (ähnlich wie beim Tadsch Mahal) hinweg in Richtung Washington Monument. Die symbolische Absicht lag darin, die Reinheit von Lincolns Charakter widerzuspiegeln und seine historische Position gegenüber seinen großen Vorgängern zu würdigen. Die Synthese dieser klassischen Prototypen ließ sich nicht in ein orthodoxes Muster einpassen, aber dennoch ist die neue Mischung nicht ohne architektonischen Wert. Man fragt sich, wie die breite Skala von Gedanken- und Gefühlsbeziehungen hier ohne einen Bezug auf die Antike und den amerikanischen Neoklassizismus der

18.5 *(links)*
Shepley, Bulfinch, Cooolidge und Abbott, Memorial Church, Harvard University, Cambridge, Mass., 1929–33.

18.6 *(unten)*
Henry Bacon, Lincoln Memorial, Washington D.C., 1911–22.
Im Hintergrund der Obelisk des Washington Memorial und die Kuppel des Kapitols.

Neoklassizismus in den westlichen Ländern während der dreißiger Jahre gewidmet sein. Auch die vielen eklektizistischen »Kolonial«-Stile müßten diskutiert werden, die in Ländern mit einer importierten oder von oben auferlegten offiziellen Kultur gediehen. Doch dieses Buch verfolgt andere Ziele, und deshalb seien nur einige Schlüsselbeispiele für weiterbestehende Traditionen genannt, die erklären sollen, warum »historische« Formen verwendet wurden.

Ein Kontext, in dem die Tradition fortlebte, waren staatliche Monumente und Gedächtnisstätten, wie etwa das Lincoln Memorial in Washington, 1911 von Henry Bacon entworfen und 1922 fertiggestellt (Abb. 18.6). Bacons Lösung wäre undenkbar ohne den Beaux-Arts-Klassizismus in den USA, der auf R.M. Hunt und C.F. McKim zurückging. Freilich spielte auch das bereits existierende neoklassizistische Ambiente Washingtons eine Rolle. Die Idee einer Gedenkstätte für Lincoln entstand bereits kurz nach seinem Tod, aber erst im 20. Jahrhundert kamen Debatten über ein geeignetes Gelände und einen Architekten in Gang. Das Grundstück wurde aus sechs Vorschlägen ausgewählt, der Architekt auf Empfehlung von Daniel Burnham, welcher bereits an der Neugestaltung der Washington Mall nach klassischen Planungsprinzipien beteiligt gewesen war. In dieser Epoche war das Projekt zwangsläufig mit Ideen verbunden, die Washington als eine Art neues Rom im Zentrum

Die Kontinuität älterer Traditionen

8.7 Edwin Lutyens, Residenz des Vizekönigs, Neu-Delhi, 1915–24.

vergangenen hundertfünfzig Jahre hätte umgesetzt werden können. Später mußte die Moderne schließlich ähnlich rhetorische Probleme lösen, indem sie auf alte Vorbilder zurückgriff, wobei sie freilich das historische Vokabular sehr viel weniger offenkundig anwendete.

Ein weiteres Beispiel für die intelligente abstrahierende Behandlung der Vergangenheit ist Edwin Lutyens' Residenz des Vizekönigs in Neu-Delhi von 1915–24 (Abb. 18.7). Negative Assoziationen, wie sie mit der Bezeichnung »eklektizistisch« verbunden sind, wären in diesem Fall völlig fehl am Platze. Wieder einmal ging es darum, aus dem überkommenen Erbe eine neue Ordnung zu bilden und einen neuen Bedeutungszusammenhang für eine neue Umgebung zu finden: Es ging um nichts weniger als die authentische Darstellung der Autorität des britischen Raj. Lutyens bediente sich vieler imperialer Symbole aus der europäischen und klassischen Tradition, um diese repräsentative Aufgabe zu erfüllen. Die Residenz des Vizekönigs, am Ende einer mehr als 4 1/2 km langen Achse gelegen, erinnerte an barocke Vorbilder wie Versailles, Blenheim und Greenwich Hospital. Die Kuppel über der Hauptachse war eine kuriose Mischung aus klassischen und Mogul-Emblemen der Autorität und schien zugleich auf das (vielleicht prototypische) Bild eines »Kopfes« zurückzugreifen. Auch die Dachlandschaften mit ihren nach oben geöffneten Schalen und weiten Auskragungen waren von Vorbildern wie den »Chattris« in Fathepur Sikri (spätes 16. Jahrhundert) hergeleitet. Bei der Artikulation der

Sockel und der horizontalen Gliederung spielten klassische Proportionen ebenso eine Rolle wie klimatische und konstruktive Besonderheiten der Umgebung. Daß es sich nicht nur um eine bloße Zitatensammlung handelte, lag an Lutyens' Geschick, die Prinzipien früherer Stile zu erfassen und sie mit seiner eigenen Phantasie und privaten Metaphern zu verbinden. Es ging hier weniger um die Unterscheidung zwischen »modernistischen« und »traditionalistischen« Positionen als zwischen authentischen Formen und Klischees.

Ein weiteres Beispiel für die Synthese alter Prototypen und neuer Bedeutungen ist die Grundtvig-Kirche bei Kopenhagen von P. V. Jensen Klint (Abb. 18.8). Der Entwurf stammt ursprünglich aus der Zeit kurz vor dem Ersten Weltkrieg, wurde aber erst in den frühen zwanziger Jahren realisiert. Die Quelle war hier das Mittelalter – eine in Zeeland vorherrschende Form des Kirchenbaus mit Treppengiebeln und vertikalen Ziegelstreifen. Diese einheimischen Motive setzte der Architekt in eine scharf geometrische Sprache um, über einem Grundriß, der ebenfalls einen traditionellen Typus variierte. Jensen Klints Lösung war deutlich von der sogenannten Nationalromantik beeinflußt, die den Rückgriff auf nationale Traditionen und auf kulturelle wie landschaftliche Besonderheiten forderte. Nach den strengen Kriterien der Moderne hätte ein solches Verhalten zur Reproduktion einer »toten« Formel führen müssen. Doch Jensen Klint gelang es, ihr neues Leben einzuhauchen, so sehr sie

18.8 *(links)*
P. V. Jensen Klint,
Grundtvig-Kirche,
Kopenhagen, 1922.

18.9 *(rechts)*
Erik Gunnar Asplund,
Stadtbücherei
Stockholm,
1920–28.

Die Kontinuität älterer Traditionen 241

auch durch frühere Definitionen religiöser Bautypen belastet war.

Ähnliches gilt für ein weiteres skandinavisches Beispiel: die Stadtbücherei in Stockholm von Erik Gunnar Asplund, 1920–28 (Abb. 18.9), die auf eine Vielzahl von Themen des Neoklassizismus und der Bibliothekstradition im 19. Jahrhundert zurückgriff. Der Lesesaal mit seinem kreisförmigen Grundriß trat nach außen als Zylinder in Erscheinung, der aus einem rechteckigen Kasten emporragte. Das Gebäude hatte viele Vorbilder, darunter auch die klaren Geometrien des französischen Revolutionsarchitekten Claude Nicolas Ledoux. Dennoch verstand es Asplund, die überkommenen Formen durch seine eigenen Metaphern und seine Ausdruckskraft zu neuem Leben zu erwecken. Man hat sogar vermutet, Asplund sei von einer Art physiologischem Unterbau ausgegangen. Bei der Bibliothek ergab sich der ursprüngliche Schnitt aus der Form eines Schädels – eine Idee, die dem Architekten vielleicht für den Zweck des Bauwerks angemessen erschien. Seine neoklassizistischen Neigungen ließ er schon ein oder zwei Jahre nach der Vollendung der Bibliothek hinter sich, als er bei der Ausstellung des Schwedischen Werkbundes in Stockholm Elemente des Internationalen Stils aufgriff. Aber seine Strategie änderte sich nicht wesentlich. Bei dem Krematorium in Stockholm von 1939 (Abb. 18.10) verband Asplund seine früheren neoklassizistischen Interessen mit den klaren Formen und Raumkonzeptionen, die er der internationalen Moderne verdankte. Der Portikus des Haupteingangs ist eine großartig disziplinierte Abstraktion von Stützen und Lasten. Im Grundriß wechselten offene, fließende Räume mit umschlossenen Einheiten.

Frankreich und England hatten in der Zeit von etwa 1910 bis 1940 weniger Glück mit ihren »traditionalistischen« Architekten. P. H. Nénot zum Beispiel (im 13. Kapitel in Zusammenhang mit dem Völkerbund erwähnt) besaß alle Voraussetzungen eines respektablen akademischen Architekten, aber keine Begabung für originelle Synthesen. Das gleiche gilt für den englischen Architekten Reginald Blomfield, der um 1910 wie viele andere den Beaux-Arts-Klassizismus aus Frankreich zu importieren begann. Seine üppigen Fassaden an der Regent Street von 1922 (Abb. 18.11) waren wenig inspirierte Neubearbeitungen von Motiven Palladios und Sansovinos. So läßt sich verstehen, warum eine jüngere Generation das Bedürfnis nach Veränderung verspürte. Perret, Behrens und Wright (in einer Generation) und Le Corbusier, Mies van der Rohe und Aalto (in der nächsten Generation) hatten wahrscheinlich sogar tieferen Einblick in das Wesen des Klassizismus als ihre gelehrten Widersacher, die sich offen auf die Vergangenheit bezogen. Beim Unity Temple zum Beispiel setzte sich Wright sehr viel intensiver mit architektonischen Prinzipien auseinander als irgendein Historist aus der gleichen Zeit.

Dennoch wurde Blomfield zum Sprecher der »Traditionalisten«. In einer Debatte mit Amyas Connell im Jahre 1932 behauptete Blomfield, die neue Architektur werde

18.10 Erik Gunnar Asplund, Krematorium, Enskede, Stockholm, 1939.

in Barbarei enden, weil sie die Funktion betone und sich zu wenig mit den großen Werken der Vergangenheit befasse:

> »Ich distanziere mich von den Modernisten, nicht weil sie gotisches Maßwerk und klassische Ordnungen oder bedeutungslose Ornamente ablehnen oder weil sie Stahl und Stahlbeton oder irgendwelche anderen Baumaterialien verwenden, sondern weil sie darauf bestehen, daß wir die Architektur nicht länger als Kunst, sondern nur als Zweig des Ingenieurwesens betrachten sollen.«

Dagegen setzte Blomfield die Position des »Traditionalisten« (die er in Worten besser zu übermitteln verstand als mit seinen eigenen Werken):

> »Die Zivilisation ist viel zu alt und kompliziert für einen klaren Bruch. Sie reicht Tausende von Jahren zurück, und in all diesen Jahren hat der Mensch bestimmte instinktive Vorlieben oder auch Vorurteile aufgebaut, die im Unterbewußtsein gespeichert sind. Zwar können sie für eine Weile ausgelöscht scheinen, aber sie werden unweigerlich wieder eine Rolle spielen…«

Hätte Blomfield die Slogans des »Funktionalismus« weniger wörtlich aufgefaßt und die ausgeführten Bauten der modernen Architektur genauer unter die Lupe genommen, so hätte er erkannt, daß er gar nicht so sehr im Widerspruch zu den »modernen« Architekten stand, wie er vermutete. Schließlich hatte eine der wichtigsten Botschaften in *Vers une architecture* gelautet, man müsse zu den großen Werken der klassischen Vergangenheit zurückkehren, um das Problem einer neuen Architektur zu lösen. Le Corbusier und Blomfield unterschieden sich natürlich nicht nur vom Talent her, sondern auch in ihrer Haltung zum zeitgenössischen Geschehen. Le Corbusier hätte argumentiert, die einzige Möglichkeit, aus den Lektionen der Vergangenheit zu lernen, sei eine Neuinterpretation im Sinne der Gegenwart. Blomfield beharrte dagegen auf der akademischen Position, die zur Sterilität führen mußte.

Die Debatte zwischen Connell und Blomfield war keineswegs ein isolierter Fall: In den zwanziger und dreißiger Jahren gab es zahllose solcher Diskussionen, in denen »Modernisten« und »Traditionalisten« gegeneinander antraten. Leider trug diese Polemik wenig dazu bei, die wahre Verbindung zwischen Vergangenheit und moderner Architektur aufzuklären. Auch die frühen Mythographen der Moderne leisteten hier kaum Hilfe. Hitchcock, Pevsner und Giedion (deren Schlüsselwerke 1932, 1936 und 1941 erschienen) legten jeweils größten Wert auf die Feststellung, daß die neue Architektur in der Tat völlig neu sei. In ihrem historischen Zusammenhang war diese Einstellung, die dann zur offiziellen Linie wurde, durchaus verständlich. Sie vererbte sich schließlich an die Generation, die nach dem Zweiten Weltkrieg

8.11 Reginald Blomfield, Fassaden an der Regent Street, London, 1923.

in den Vordergrund trat. Diese Generation war unter dem Schutz einer neuen Tradition aufgewachsen, deren modernistische Parolen sie verstand, ohne freilich die subtilen Beziehungen zur Vergangenheit erkennen zu können. Deshalb beeinflußten die Historiker, die bei der Entstehung der Idee einer modernen Architektur eine so bedeutende Rolle gespielt hatten auch die Fortentwicklung der Moderne, indem sie deren Mythen weiterverbreiteten.

(links) Charles
Rennie Mackintosh,
Kunstschule, Glasgow,
Bibliotheksflügel,
1908.

2 (rechts)
Auguste Perret,
Appartementgebäude
Rue Franklin 25 bis,
Paris, 1902, oberer
Teil der Fassade.

3 *(links)*
Frank Lloyd Wright, Haus Fricke, Oak Park, Illinois, 1902.

4 *(unten)* Gerrit Thomas Rietveld, Haus Schröder, Utrecht, 1923–24.

5 *(rechts)* William van Alen, Chrysler Building, New York, 1928–30.

6 *(oben)*
Richard Neutra,
Haus Lovell,
Beverly Hills,
California, 1927.

7 *(links)*
Le Corbusier,
»Les Heures Claires«,
Villa Savoye, Poissy,
1928–29,

8 *(rechts)*
Frank Lloyd Wright,
Falling Water, Bear Run,
Pennsylvania, 1936.

9 (links) Ludwig Mies van der Rohe, Lake Shore Drive Apartments, Chicago, 1950, Blick nach oben entlang der vorgeblendeten I-Profile.

10 (oben) Le Corbusier, Parlamentsgebäude, Chandigarh, Indien, 1953–62.

11 (rechts) Alvar Aalto, Rathaus und Bürgerzentrum, Säynätsalo, Finnland, 1949–52.

2 *(links)*
James Stirling,
Engineering Building,
Universität Leicester,
1965–67.

3 *(oben)*
Denys Lasdun,
Royal College
of Physicians,
Regents Park, London,
1960.

4 *(rechts)*
Luis Barragán,
Reitschule,
San Cristobal,
Mexiko, 1962–68.

15 *(links)*
Rafael Moneo,
Museo de
Arte Romano,
Merida, Spanien,
1981–85.

16 *(rechts)*
Raj Rewal,
National Institute
of Immunology,
Neu-Delhi, Indien,
1983.

Teil III:
Wandlungen und Verbreitung der modernen Architektur nach 1940

19. Moderne Architektur in Amerika: Immigration und Konsolidierung

»In den zwanziger Jahren war man gezwungen, die Strömungen des 19. Jahrhunderts zu ignorieren und ganz von vorn anzufangen. Heute ist die Situation völlig anders. Wir stehen am Anfang einer neuen Tradition. Wir müssen das Schaffen der vorhergehenden Tradition nicht mehr zerstören, sondern es weiterentwickeln…«

S. Giedion, 1955

Noch heute läßt sich nur schwer einschätzen, welche Wirkung der Zweite Weltkrieg auf die Architektur ausübte. Wie der Erste Weltkrieg vernichtete er die bestehende soziale und wirtschaftliche Ordnung und damit auch Impulse, denen die moderne Architektur ihre Entstehung verdankte. Er diskreditierte die Technologie in den Augen der Avantgarde, so daß ein wichtiges Element der früheren Utopien entfiel, und brachte schwere physische und kulturelle Verwüstungen mit sich, vor allem in Europa, der Sowjetunion und Japan. Wiederaufbau war notwendig, aber das Vertrauen in die Erneuerungskraft der Architektur war weitgehend geschwunden. Das intellektuelle Klima variierte von Land zu Land, doch nirgendwo fand sich Vergleichbares zu jener Suche nach einer schönen neuen Welt, die in den Jahren nach dem Ersten Weltkrieg das Vakuum in Europa gefüllt hatte.

Trotz radikal veränderter Umstände gab sich die »neue Tradition« freilich nicht so schnell geschlagen: Alle Meister der modernen Architektur lebten noch, und auch viele ihrer Leitideen waren noch lebendig. Man konnte nicht so tun, als habe die Architekturrevolution der zwanziger Jahre nicht stattgefunden oder als sei eine weitere, ähnlich einschneidende Revolution wahrscheinlich. Der Architekt war Ende der vierziger Jahre gezwungen, die Tradition fortzuführen. Gleichgültig, welche neuen Bedeutungen er suchte, welchen Funktionen er gerecht werden oder welche regionalen Besonderheiten er respektieren mußte – alle Veränderungen ließen sich nur auf der Basis der früheren Moderne realisieren.

Dabei waren kreative Veränderungen eine Notwendigkeit: Hätten die Architekten die Lösungen aus der Zeit zwischen den Kriegen lediglich wiederholt, so hätten sie sich des schlimmsten Akademismus schuldig gemacht. Leider geschah dies oft, so daß klassische Fälle der »Entwertung von Symbolen« und der falschen Anwendung von Prototypen zu verzeichnen waren. Kennzeichnend für die Jahre von Kriegsende bis etwa 1960 war ein Streit zwischen den Anhängern eines verbrauchten Internationalismus und jenen, die auf der Basis eines neuen Bewußtseins eine Neubelebung der Formensprache anstrebten. Auch die »Meister« selbst standen vor dem Problem, ihre früheren Entdeckungen weiterzuentwickeln und zugleich nach neuen Lösungen zu suchen.

Allgemein zeichnete sich in der Architekturszene der Nachkriegszeit der internationale »Sieg« der modernen Architektur ab, von Rio de Janeiro bis Sydney, von Tokio bis Beirut. Zum Teil ging diese Verbreitung des modernen Vokabulars (häufig entstellt und stereotyp angewendet) auf die Internationalisierung des Handels zurück, wobei vor allem die Vereinigten Staaten viele Standardembleme der »Modernisierung« lieferten. Zum Teil strebten auch Eliten in den einzelnen Ländern den Bruch mit den kolonialen Traditionen des 19. Jahrhunderts oder mit früheren regionalen und nationalen Tendenzen an, die sie als zu einschränkend empfanden. In manchen Ländern – zum Beispiel England und Brasilien – ging es darum, die Anfänge der Vorkriegszeit wiederaufzugreifen. Das Gefälle zwischen den Nationen, die einen allmählichen Industrialisierungsprozeß hinter sich hatten, und denen, die diesen Schritt innerhalb einer Generation vollzogen, war dramatisch. In Ländern wie Indien oder Australien mußte die Architektur auf dem Nullpunkt beginnen.

Der Veränderungsprozeß setzte bereits in den dreißiger Jahren ein. So unterschiedliche Architekten wie Aalto und Schindler suchten nach Formen, die dem örtlichen Klima und den einheimischen Lebensgewohnheiten entsprachen. Die Emigration einiger Meister der Moderne gab weitere Impulse. Mies van der Rohe und Walter Gropius etwa, die beide 1937 in die Vereinigten Staaten kamen, brachten eine ausgereifte Architektur-

vorige Seite:
Louis I. Kahn, Jonas Salk Institute for Biological Studies, La Jolla, California, 1959–65, Blick aufs Meer zwischen den Seminarräumen.

Moderne Architektur in Amerika: Immigration und Konsolidierung

philosophie mit sich und förderten das Prestige der internationalen Moderne in Amerika beträchtlich. Freilich traten sie in eine Kultur ein, die von ihren eigenen ursprünglichen Zielen weit entfernt war. Sie veränderten sie, änderten sich dabei aber auch selbst, wobei Mies van der Rohe die Überquerung des Atlantik offenbar besser überstand als Gropius.

Gropius verließ Deutschland 1934, als er erkannte, daß NS-Politik und moderne Architektur sich nicht miteinander vereinen ließen. Er lebte drei Jahre in England, bis ihm Dekan Hudnut von der Harvard Graduate School of Design einen Lehrstuhl anbot. Bald nach seiner Ankunft in Massachusetts baute er für sich und seine Frau ein Haus in Lincoln außerhalb Bostons (Abb. 19.1). Die klaren weißen Formen, die weiten Öffnungen und der freie Grundriß wirkten fremdartig und internationalistisch, doch das Haus zeigte auch einige respektvolle regionale Anklänge wie etwa eine Holzrahmenkonstruktion und weißgestrichene Verbreiterungen à la New England. Vielleicht sah Gropius in den sparsamen Formen des frühen Massachusetts-Stils eine Beschränkung auf das Wesentliche, die ihm verwandt erschien. Marcel Breuer, Gropius' Mitarbeiter am Bauhaus, kam ebenfalls bald nach Boston. Auch er baute sich ein Haus, bei dem Ideen aus dem experimentellen Siedlungsbau der zwanziger Jahre sich mit merkwürdigen rustikalen Elementen wie einer Bruchsteinmauer aus lokalem Material verbanden. Im Vergleich zu den zehn Jahre zuvor entstandenen strengen technischen Entwürfen wirkte das Haus geradezu anheimelnd, vielleicht, weil die polemische Schärfe verlorengegangen war. Jordy sprach treffenderweise von einer »Domestizierung der Moderne«. Sowohl Breuer als auch Gropius hatten die Auswirkungen der Diaspora erfahren, und so war ein Verlust an Intensität wohl unvermeidlich. Formen, die sich mit den gesellschaftlichen Bedingungen der Weimarer Republik auseinandergesetzt hatten, mußten in der Nachbarschaft von Walden Pond zwangsläufig eine andere Bedeutung annehmen.

Ebenso wichtig wie die Einzelbauten dieser Architekten war deren Einfluß als Lehrer. In Harvard (das schon immer auch unter internationalem Einfluß gestanden hatte) endete nun die Zeit der von der Beaux-Arts-Tradition inspirierten Lehre. Die Vergangenheit, einst Quelle aller Weisheit, wurde jetzt mit Skepsis betrachtet. An die Stelle gefälliger Übernahmen aus der Tradition traten eine radikale Rationalität und zugleich einigermaßen nebulöse Vorstellungen von einer »neuen Architektur«, die mit der sozialen und technischen Realität in Einklang stehen sollte. Eine fortschrittsgläubige Stimmung

9.1 Walter Gropius, Haus Gropius, Lincoln, Mass., 1938.

machte sich breit. Als Sigfried Giedion, Apologet und Historiker der modernen Architektur, 1938 in seinen Vorlesungen in Harvard (später unter dem Titel *Space, Time and Architecture* publiziert) das Werk seiner europäischen Freunde als die einzige wahre Tradition der Moderne präsentierte, schien es, als habe das Schicksal sich ausgerechnet Massachusetts zum Schauplatz auserkoren.

Natürlich hatte es schon vorher »moderne« Strömungen in den USA gegeben: die Bauten von Howe und Lescaze, Neutra und Schindler, die schwer zu kategorisierenden Arbeiten aus Wrights mittlerer Schaffensphase, die Experimente von Buckminster Fuller. Zudem hatte Hitchcocks und Johnsons Publikation The *International Style* von 1932 viel zu einem Geschmackswandel beigetragen. Aber Gropius brachte die volle Autorität eines der Gründerväter mit sich. Als die Entwicklung der Moderne im Europa der dreißiger Jahre zum Stillstand kam, schien es, als hielte die liberale Großzügigkeit Amerikas eine Flamme am Brennen, die sonst erloschen wäre. Angewidert von dem kraftlosen Eklektizismus, der in den Vereinigten Staaten vorherrschte, eilte eine neue Generation junger Amerikaner nach Cambridge, um die neue Botschaft zu vernehmen. Paul Rudolph, Edward L. Barnes, Ieoh Ming Pei, Philip Johnson und Benjamin Thomson zählten zu den ersten Schülern.

In ihren Anfängen spielte sich die moderne amerikanische Architektur überwiegend in den Vororten ab. Doch nach dem Krieg kamen breitere Anerkennung und größere Aufträge. Im Jahre 1948 entwarfen Gropius und seine Firma TAC (The Architects Collaborative) ein neues Graduate Center für die Harvard University mit niedrigen Studentenheimen (Abb. 19.2) und einem größeren Gemeinschaftsgebäude. Für Harvard war die Einführung der »Fabrikästhetik« mit Flachdächern, Fensterbändern und asymmetrischen Formen ein symbolisches Ereignis von einiger Bedeutung, denn dieselbe Universität hatte zwei Jahrzehnte zuvor bei ihren Wohnheimen neogeorgianische Sentimentalität bevorzugt. Breuer entwarf in der gleichen Zeit das Studentenheim Ferry House in Vassar in einem weniger anspruchsvollen, modernen Vokabular. Aaltos Baker House am MIT wies bereits über die Kühle und Strenge des Internationalen Stils hinaus.

Gropius legte großen Wert auf Teamwork und auf eine Anonymität, die sich aus der Logik von Programm und Konstruktion und aus der sachlichen Einschätzung

19.2 Walter Gropius und The Architects Collaborative, Studentenheime Harkness Commons, Harvard University, 1948.

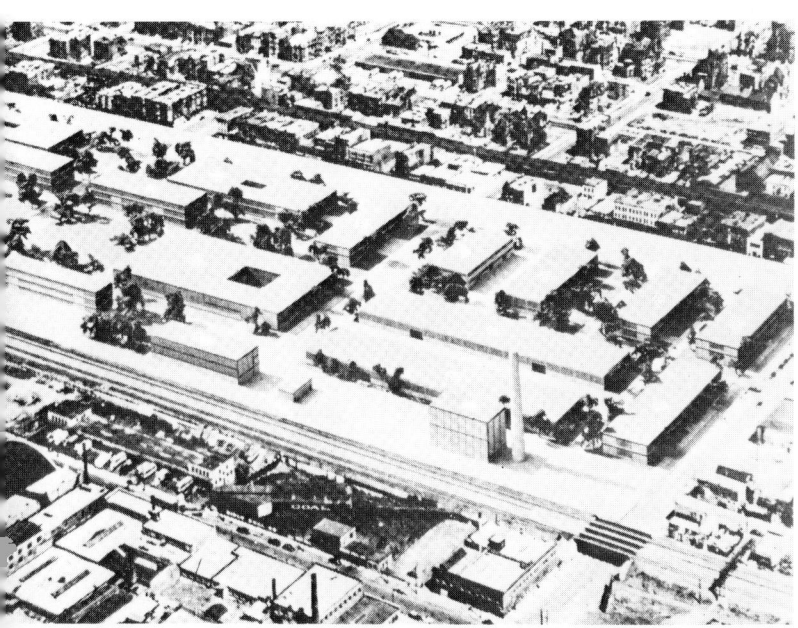

19.3 Ludwig Mies van der Rohe, Illinois Institute of Technology, Chicago, 1940, Modell des Gesamtkomplexes.

der modernen Lebensverhältnisse ergeben sollte. Diese Suche nach Einfachheit konnte, wenn sie falsch interpretiert wurde, sehr leicht in bloße Banalität ausarten: Die Rationalität blieb allzu schnell im Gestrüpp der Immobilienpreise und der kommerziellen Interessen hängen. Verfolgt man Gropius' amerikanische Entwicklung von den hoffnungsvollen Anfängen (denen freilich die Überzeugungskraft seiner früheren Arbeiten fehlte) bis zu den Entwürfen der sechziger Jahre wie dem Pan-Am-Wolkenkratzer in New York oder dem J.F. Kennedy Building in Boston, so ist ein Verlust an Ausdruck unverkennbar. Sind dafür nur biographische Gründe verantwortlich, oder war es die allgemeine Situation in der Nachkriegszeit, als die Institutionen des Kapitalismus sich allmählich der »alternativen« Vision der modernen Architektur bemächtigten? Die Formen der Moderne wurden zu Symbolen des Establishment. Die Entwertung und Abnutzung des Internationalen Stils machte wiederum eine Neubesinnung und Neubewertung nötig.

In Amerika war dieser Prozeß in den fünfziger Jahren bereits im Gange. »Expressionisten« wie Eero Saarinen suchten »das ABC der Moderne« zu erweitern, indem sie kurvige, bisweilen kraftvolle, allzu häufig aber manierierte Gebilde schufen. Andere wendeten sich wieder dem Historismus zu: Die Beaux-Arts-Tradition lauerte immer dicht unter der Oberfläche. Philip Johnson wie Edward Durrell Stone, Wallace Harrison und Max Abramovitz praktizierten einen eindeutigen Neoklassizismus, vielleicht, weil ihnen bei ihren monumentalen Bauaufgaben mehr Rhetorik angebracht erschien, als es der dürre Gropiussche Modernismus erlaubte. Wieder andere Architekten gelangten zu überzeugenden neuen Synthesen, wie Louis I. Kahn, der moderne und überkommene Elemente miteinander in Einklang brachte.

Einen wichtigen Beitrag zur Entwicklung in den fünfziger Jahren leisteten in Amerika Mies van der Rohe und Frank Lloyd Wright mit ihrem Spätwerk. Mies hatte offenbar geringere Schwierigkeiten als Gropius, sich in der Diaspora anzupassen. Es scheint geradezu vom Schicksal bestimmt, daß er sich in Chicago niederließ, der Heimatstadt des Stahlrahmens. Wie Gropius verdankte er einen seiner ersten Aufträge der Universität: Von 1940 bis 1952 gestaltete er den Campus des Illinois Institute of Technology neu. Sein Konzept zeigt sich am deutlichsten im Modell (Abb. 19.3). Die Hauptfunktionen waren in rechteckigen Stahlrahmenkästen auf einem Podest angeordnet – eine Komposition, die neoklassizistische Axialität mit asymmetrischen Planungsideen der zwanziger Jahre verband. Es schien, als sei eine Art technischer Abstraktion aus einem fernen Land in den Raster des Südteils von Chicago versetzt worden. Die niedrigen Bauten wirkten wie elegante Fabriken und waren vielleicht tatsächlich von Albert Kahns industriellen Stahlskelettbauten inspiriert. Mit ihren Ziegelausfachungen, ihren klaren Stahldetails und ihren nüchternen Proportionen waren sie kennzeichnend sowohl für Mies van der Rohes kompromißlose Suche nach Sachlichkeit als auch für die hochqualifizierte amerikanische Stahltechnologie. Die örtlichen Feuerschutzvorschriften verlangten die Ummantelung des Stahls mit feuerhemmenden Materialien, so daß der Architekt, wenn er die Konstruktion »ehrlich« ausdrücken wollte, zum Kunstgriff eines zusätzlichen Stahlfurniers vor der hitzedämmenden Verkleidung greifen mußte. Daraus ergab sich an den Ecken der Gebäude ein merkwürdiges Detail: Auf den innenliegenden Kern der Stahlkonstruktion spielte eine ausgeschnittene Ecke an – mit dem Stahlfurnier über der Betonummantelung der tatsächlichen, in der Wand verborgenen Stütze. Dieses Eckdetail wurde teils wegen seiner »konstruktiven Klarheit«, teils wegen seiner angeblich an Mondrian erinnernden metaphysischen Qualitäten gepriesen – als handele es sich hier um »Linien, die in die Unendlichkeit führen«.

Am Kopf des Campus lag die Crown Hall, die für die Architekturabteilung bestimmt war (Abb. 19.4). Auch diesmal fühlt man sich wieder an eine Fabrik erinnert – die Idee des riesigen, ununterbrochenen »Universalraums« scheint direkt auf Kahns Bomber-Montagehalle von 1939 zurückzugehen, bei der ebenfalls ein dramatisches Bindersystem verwendet war. Allerdings spielen bei Mies neoklassizistische Einflüsse eine ebenso wichtige Rolle: Elemente wie Symmetrie, Proportion, der klare Ausdruck von Tragen und Lasten und eine gewisse repräsentative Atmosphäre. Mies ging es darum, ein Bauwerk auf seine Essenz zurückzuführen und die nackte Konstruktion in die einfachste ihr zugrundeliegende Form zu verwandeln - ein Konzept, das auch in seiner wohlbekannten Äußerung »Weniger ist mehr« zum Ausdruck kommt. Diese Einfachheit war das Ergebnis einer starken Abstraktionsfähigkeit und zeugte von einer äußerst idealistischen Einstellung gegenüber dem geistigen Auftrag der Architektur. Wieder einmal wird

19.4 Ludwig Mies van der Rohe, Illinois Institute of Technology, Crown Hall, Chicago, 1952–56.

deutlich, wie leicht »weniger« in den Händen von Mies' Nachfolgern tatsächlich eher weniger als mehr wurde. Ähnlich reduzierten auch Mondrians Anhänger seine sublimen Abstraktionen zu bloßen Schachbrett- oder Textilmustern.

Der Glaskasten setzte eine generalisierende Auffassung vom Gebrauch der Architektur voraus: ein Raum, der sich für alles eignete und bei dem wenig Versuche unternommen wurden, besondere Eigenheiten oder einen Genius loci zu berücksichtigen. Mit dem Haus Farnsworth von 1946 hatte Mies gezeigt, wie eine ähnliche Idee sich auf ein Wohnhaus anwenden ließ. Die Architektur war hier hart gegen die Natur gesetzt, anders als bei Wrights romantisierenden, in die Landschaft einbezogenen Bauten. Trotz seiner Eigenheiten und seiner praktischen Nutzungsprobleme zog der Entwurf auf der ganzen Welt eine Fülle von Imitationen nach sich, darunter die wohl bekannteste, nämlich Philip Johnsons elegantes Glashaus in New Canaan von 1951 (Abb. 19.5). Johnson berief sich bei seinem Entwurf auf vielfältige Quellen, von Mies van der Rohe über Schinkel und Palladio bis zu den Holzrahmenbauten der frühesten Siedler. Doch Mies van der Rohes Ästhetik war hier in ein schickes Symbol mondäner Lebensführung verwandelt, das nur noch wenig mit den ursprünglichen Einflüssen zu tun hatte. Colin Rowe schrieb später über diese Verlagerung der Bedeutungen in der modernen amerikanischen Architektur:

»Dem revolutionären Element ist in der amerikanischen Architekturdiskussion nie eine große Bedeutung zugekommen. In Europa hatte die moderne Architektur, auch wenn sie sich in den Ritzen und Spalten des Kapitalismus einrichten mußte, in einer letztlich sozialistischen Umgebung existiert – im Gegensatz zur amerikanischen Moderne. So geschah es, zufällig oder absichtlich, daß die europäische Architektur in den dreißiger Jahren, als sie allmählich in die Vereinigten Staaten eindrang, lediglich als neue Form des Bauens eingeführt wurde. Das heißt: Sie wurde weitgehend ihres ideologischen oder gesellschaftlichen Inhalts beraubt und war nun nicht mehr eine deutliche Manifestation des Sozialismus in welcher Form auch immer, sondern eher ein ›décor de la vie‹ für Greenwich, Connecticut, oder ein geeignetes Aushängeschild für die Firmen des ›aufgeklärten Kapitalismus‹.«

Freilich konnte der Stahlrahmenkasten auch anders angewendet werden als in Johnsons quasi-klassischem Bau, vor allem, wenn er aufgebrochen, in unregelmäßige Formen gebracht oder mit komplizierteren Grundrissen verbunden wurde. Das eigene Haus von Charles Eames in Kalifornien von 1949 (Abb. 19.6) war in gewisser Weise das Gegenteil von Mies' platonischem Konzept. Es bestand aus Standardelementen, und seine sensible Komposition zeugte von Interesse an der japanischen Holzrahmentradition und einem verfeinerten Sensorium für das »Gewöhnliche«. Der »Schuppen« des Ehepaares Eames lag hinter einer Reihe von Eukalyptusbäumen. Sie ließen das Tageslicht gefiltert in das Innere eindringen, wo sorgfältig ausgewählte Sammelobjekte einen Bestandteil der Architektur bildeten. Die ästhetische Wirkung entstand aus der planvollen Zusammenstellung von Fertigelementen, freilich ohne den Anspruch auf eine abstrakte höhere Ordnung, den Mies erhoben hatte. Zur gleichen Zeit bewiesen in Kalifornien die Modellhäuser von Ellwood und anderen, daß Ideen der Standardisierung sich auch in spezifischen Landschaftssituationen und bei offenen Patio-Grundrissen verwirklichen ließen – was auf Mies van der Rohes makellose Quader nicht zutraf.

So war der Stahlrahmen mit Glasausfachung im ersten Nachkriegsjahrzehnt in Amerika offenbar eine Art Leitmotiv, das eine breite Skala von Philosophien zuließ. Charakteristisch wurde er für Bürohochhäuser, aber auch für Appartementgebäude. In beiden Fällen hatte Mies maßgebliche Prototypen beigesteuert. Seine Lake Shore Drive Apartments 860 in Chicago, 1948 entworfen, erheben sich in zwei Türmen auf einem dreieckigen Grundstück mit Ausblick auf den Lake Michigan (Abb. 19.8). Hier ist das Thema der eleganten, rechteckigen Stahlrahmenkonstruktion auf Stützen in nie zuvor gekannter Klarheit dargestellt. Beide Türme haben 26 Geschosse und sind in Grundriß und Größe identisch, sind aber auf benachbarten Grundstücken so angeordnet, daß die Längsfronten sich nach verschiedenen Seiten orientieren und so konstante Spannung erzeugen (Abb. 19.7). In den unteren Niveaus sind sie durch scheinbar schwebende Stahlauskragungen verbunden. Die Lobby-Bereiche der Türme sind in verglasten, transparenten Gehäusen zwischen den Stützenreihen untergebracht und mit poliertem Stahl und Marmor ausgestattet. Im Zentrum beider Blocks erschließen Aufzüge die Luxusappartements an den Seiten. Die Einheitlichkeit der Grundrisse drückt sich an den Fassaden als repetitives Achsensystem aus. Doch bei näherer Betrachtung wird deutlich, daß sich am Ende jeder horizontalen Viererreihe – dort, wo die vertikalen Konstruktionselemente nach oben schießen – geringfügige Veränderungen in den Achsbreiten ergeben. Dadurch entstehen eine stärkere Betonung der Vertikalen und ein illusionistischer

19.5 Philip Johnson, Glashaus, New Canaan, Connecticut, 1951.

Eindruck von Tiefe und Bewegung. Für weitere visuelle Feinheiten sorgen die schlanken I-Träger, die in regelmäßigen Abständen vor der Fassade liegen. Sie haben keinerlei praktische konstruktive Funktion, sondern vermitteln eine Art optisches Muster: Sie betonen die Vertikalität des Gebäudes und lassen einen einheitlichen Rhythmus entstehen, der die Vielfalt der inneren Strukturen überspielt. Die Hauptkonstruktion ist auch hier mit feuerdämmendem Beton ummantelt, der wiederum mit Stahl verkleidet ist. An den Eckpunkten der Fassaden betonen die benachbarten I-Träger scharf die beiden miteinander verbundenen Fassadenflächen, die sich auf die darunterliegende Struktur beziehen. Ein rationalistischer Puritaner mag sich vielleicht über solche »artifiziellen« Lösungen empören. Doch der Architekt wendete sie gerade deshalb an, weil er den Charakter des Stahlskeletts deutlicher machen wollte. Man fühlt sich an Geoffrey Scotts Ausspruch erinnert, daß es in der Architektur nicht um die Konstruktion an sich gehe, sondern um die Auswirkungen der Konstruktion auf den menschlichen Geist (Farbtafel 9).

Allerdings haben die I-Träger und Mies van der Rohes rechteckiger Skelettbau offenbar noch eine tiefere Bedeutung. Diese exquisit gewalzten Industrieelemente, die sich glatt und blauschwarz gegen das glitzernde Glas und den silbrigen Chrom abheben, werden in sich selbst als Objekte der technischen Produktion zelebriert. Zugleich erinnern sie an klassische Pilaster und beschwören eine harmonische, geometrische Ordnung. Dennoch bleiben sie das, was sie sind: triviale Stahlprofile. Schon dreißig Jahre zuvor hatte Oud gesagt, die neue Architektur werde durch rücksichtslose Sachlichkeit zur Erfahrung »höherer Dinge« führen. Mies selbst drückte einen ähnlichen Gedanken aus, als er sagte:

»Heute, wie seit langem, glaube ich, daß Baukunst wenig oder nichts zu tun hat mit der Erfindung interessanter Formen noch mit persönlichen Neigungen.
Wahre Baukunst ist immer objektiv und ist Ausdruck der inneren Struktur der Epoche, aus der sie wächst.«

Bei seiner Suche nach Einfachheit war Mies zweifellos sowohl von den Skelettbauten der frühen Schule von Chicago (vor allem Burnham und Roots Reliance Building von 1893) als auch von den amerikanischen Silo- und Fabrikbauten beeinflußt, die die europäische Avantgarde in den zwanziger Jahren romantisiert hatte. Sie hatte die »wahren« Schöpfungen der amerikanischen Kultur in den anonymen Zweckbauten gesehen und die arrogante, gewöhnlich eklektizistische »künstlerische Architektur« abgelehnt. Wie schon erwähnt, spielten solche transatlantischen Mythen bei einigen europäischen Beiträgen zum Wettbewerb der *Chicago Tribune* eine wichtige Rolle. Mies van der Rohes Übersiedlung nach Chicago in den späten dreißiger Jahren, seine Aufträge in dieser Stadt und sein enormer Einfluß sorgten dafür,

daß die Vorstellungen der europäischen Avantgarde aus den zwanziger Jahren im Amerika der fünfziger Jahre Wirklichkeit wurden (wenn auch mit verändertem Inhalt). Seine Scheibenhochhäuser aus Glas wurden in aller Welt zum Vorbild – zweifellos ein Tribut an seine intellektuelle Klarheit. Doch seine Bauten beschworen auch Assoziationen zu Tüchtigkeit, Sauberkeit, Organisation und Standardisierung herauf, die den Symbolen des amerikanischen Big Business entsprachen. So verbreiteten sich die (häufig) ungeschickt imitierten Glaskästen à la Mies van der Rohe als eine Art Firmenembleme in aller Welt. Die meisten Fehler des Prototyps wurden reproduziert, nicht aber seine klare Schönheit: Die deprimierenden Ergebnisse sind heute in den meisten Großstädten zu besichtigen.

Das Seagram Building an der New Yorker Park Avenue, zwischen 1954 und 1957 von Mies und Johnson entworfen (Abb. 19.9), war ein Schlüsselbau für diese Entwicklung. Der Typus des Wolkenkratzers erhielt hier einen grandiosen, repräsentativen Charakter, nüchtern und symmetrisch, umhüllt von eleganten Materialien

19.6 Charles Eames, Haus Eames, Santa Monica, California, 1949.

19.7 (Einfügung) Ludwig Mies van der Rohe, Lake Shore Drive Apartments, Chicago, 1950, Grundriß.

19.8 Ludwig Mies van der Rohe, Lake Shore Drive Apartments, 1950.

Moderne Architektur in Amerika: Immigration und Konsolidierung 265

wie bronzefarbenem Glas. Das Seagram Building steht gegenüber dem palastartigen Racquots Club von McKim, Mead und White (1918), dem es in seiner klassischen Zurückhaltung verwandt ist. Man nähert sich über eine Hauptachse zwischen symmetrischen rechteckigen Wasserbecken, die von Marmorbrüstungen flankiert sind. Eine auskragende Scheibe deutet einen Portikus an und führt dann in die Eingangshalle. Jedes Detail der Innenausstattung steht in Beziehung zum Ganzen. Wie bei den Lake Shore Apartments sorgen vorgelegte vertikale Sprossen für visuelle und symbolische Attribute.

In gewissem Sinne steht das Seagram Building also in der Tradition des Deutschen Werkbundes. Die Form wertet die industrielle Technik auf und idealisiert sie. Mies van der Rohe erreichte es, aus den repetitiven und abstrakten Elementen der modernen Stadtstruktur eine Art sublimer Ordnung herzustellen. Doch seine Imitatoren ahmten nur die Einheitlichkeit nach und endeten (um Muthesius zu paraphrasieren) bei einer »nur noch brutalen Welt«. Aus der stillen Zurückhaltung Mies van der Rohes wurden die Vergröberungen und Monotonien der sechziger und siebziger Jahre, die aus gleichförmigen Glaskästen bestehenden Stadtzentren in allen Ländern, die glitzernde, entfremdete Welt von »Alphaville«.

Zwischen der Subtilität Mies van der Rohes und der Leere der Glaskästen lagen natürlich unterschiedliche Qualitätsstufen. Insbesondere ist dabei an die Architektenschule zu denken, die sich um den deutschen Meister gebildet hatte und die am besten durch Firmen wie Skidmore, Owings and Merrill repräsentiert wird. Ihr Lever House von 1951 (Chefarchitekt Gordon Bunshaft) steht schräg gegenüber vom Seagram Building an der Park Avenue in Manhattan (Abb. 19.10). Es wirkt gewichtslos, nahezu flächig. Vielleicht durch das zwanzig Jahre zuvor entstandene PSFS Building angeregt, errichteten die Architekten einen Sockelbau für Mezzanin-Büros, so daß ein Hof im Erdgeschoßbereich sowie eine Dachterrasse entstanden. Darüber erhebt sich der Hauptbau, der mit einem Netzwerk chromglänzender Linien und blaugrün gefärbtem Glas verkleidet ist. Die Maschinenräume mit der Klimaanlage in den obersten Geschossen drücken sich in einer Variation des Musters aus, während die einzelnen Geschoßflächen durch horizontale Streifen kenntlich gemacht sind. Ein Effekt der Schwerelosigkeit entstand dadurch, daß die vertikalen Hauptstützen in die Haut zurückgenommen, die Sprossen auf allerfeinste Linien reduziert und polierte, schimmernde Flächen und halbreflektierendes Glas verwendet sind. Ein solches in sich versiegeltes Gebäude war natürlich völlig auf Klimaanlagen und mechanische Ventilation angewiesen. Später erschienen in der amerikanischen Skyline abgewandelte Versionen dieser Scheibe mit Sonnenschutzelementen, Balkonen und anderen natürlichen Klimaschutzvorrichtungen. Doch zunächst wirkten Lever, Seagram und Bauten wie Belluschis Equitable Life Assurance Building in Portland (1944–47) und Eero Saarinens »horizontale Wolkenkratzer« für das Technische Zentrum von General Motors in Warren,

19.9 Ludwig Mies van der Rohe, Seagram Building, New York, 1957.

Michigan (1955), als Vorbilder für moderne Firmenarchitektur.

Der Glaskasten ließ sich auch in nicht-kommerziellen Zusammenhängen verwenden, wie der Komplex der Vereinten Nationen von Wallace Harrison und Max Abramovitz, 1947–50 (Abb. 19.11), beweist. Hier dominiert das Sekretariat, eine Scheibe mit Blick auf den East River. Das Parlament ist daneben in einem symmetrisch gekurvten Volumen untergebracht, das bis zu einem gewissen Grade die innere Funktion widerspiegelt. Die Aufenthaltsräume der Mitglieder, Pressegalerien und so weiter wurden in einem dritten Bau zwischen den anderen beiden und dem Fluß untergebracht. Die Wirkung des Ensembles beruht darauf, daß die Hauptobjekte als skulpturale Elemente auf einer Plattform angeordnet sind, verwoben mit Fußgängerwegen, einem kleinen Park und anderen öffentlichen Einrichtungen. Lewis Mumford bezweifelte, ob eine Hochhausscheibe der Symbolik eines neuen Kongresses der Nationen angemessen sei, bis er auf den Gedanken kam, die Bürokratie

Moderne Architektur in Amerika: Immigration und Konsolidierung   267

sei vielleicht das hervorstechendste Merkmal der Organisation.

Wäre das UN-Hauptquartier nach dem ursprünglichen Konzept ausgeführt worden, so hätte es möglicherweise die Poesie und Kraft besessen, die den Idealen der Institution entsprochen hätte. Denn es kann wenig Zweifel bestehen, daß Harrison und Abramovitz sich bei ihrem Entwurf von Le Corbusiers Projekt »23 A« (Abb.19.12) leiten ließen, das in einem Holzmodell und einigen Skizzen überliefert ist. Der Architekt hatte sich nicht zum erstenmal mit dem Entwurf eines Weltparlaments auseinandergesetzt. Wieder benutzte er eine ähnliche Gliederung wie zwanzig Jahre zuvor beim Völkerbund, um das repräsentative Parlament, ein gekurvtes, skulpturales Volumen, von den neutraleren, standardisierten Elementen des Sekretariats zu unterscheiden. Doch bei den Vereinten Nationen erhielt das Sekretariat durch seine Vertikalität eine größere Bedeutung. Möglicherweise war Le Corbusier hier sogar von Meyers Wettbewerbsbeitrag für den Völkerbund beeinflußt, der ebenfalls einen Turm vorgesehen hatte. Vielleicht wollte er den Amerikanern auch die »wahre Morphologie« des Wolkenkratzers demonstrieren und eine Art Fragment der Ville Radieuse einführen, um Manhattan aus seiner Enge zu befreien und für Licht, Grün und Freiraum zu sorgen. Offenbar plante er, wie bei seinem Turm in Algier von 1941 *brises-soleil* in die Fassaden des UN-Gebäudes zu integrieren. Sie gaben den Bauten (etwa in Marseille oder Chandigarh) einen schweren, monumentalen Charakter und bedeuteten eine Abkehr von der Glaskasten-Formel. Bei seinem UN-Gebäude schlug Le Corbusier außerdem vor, die Proportionen mit Hilfe einer weiteren neuen Erfindung zu regeln – seines Maßsystems »Modulor«. Der Modulor beruhte auf dem Goldenen Schnitt, der 1,83 m großen menschlichen Figur und ausgeglichenen Proportionen innerhalb eines sorgfältig ausgearbeiteten Systems, das mit Corbusierscher Ideologie befrachtet war und zur Harmonisierung der Architektur im technischen Zeitalter beitragen sollte. Daß Le Corbusier auch ein Museum der Weltkultur in Form einer Ziggurat neben dem UN-Komplex plante, macht deutlich, wie sehr das Projekt seine Vorstellungskraft reizte.

Doch der Entwurf wurde nie oder nur in einem schwachen Abklatsch ausgeführt. Le Corbusiers Rat wurde gern akzeptiert, aber den Auftrag erhielt er nicht. Verbittert und mit leeren Händen kehrte er nach Europa zurück. Das heutige Bauwerk geht auf ein verwässertes Konzept zurück und wirkt unsicher in der Gliederung wie in den Details. Die Lobbies mit ihren geschwungenen Auskragungen und ihrem abstrakten Dekor ent-

19.10 *(unten)* Skidmore, Owings and Merrill, Lever House, New York 1951.

19.11 *(unten rechts)* Le Corbusier (Konzept), Wallace Harrison und Max Abramovitz, Hauptquartier der Vereinten Nationen, New York, 1947–50.

sprechen eher den Klischees des »internationalen Hotelstils« aus den fünfziger Jahren als würdigen Versammlungsorten. Wie Le Corbusier ein Programm dieser Größenordnung gestaltet hätte, zeigt sich in seinen indischen Bauten, in denen primitivistische Elemente und roher Beton sich zu einem Bild stupender Kraft vereinen.

Frank Lloyd Wright war bei Kriegsende nahezu siebzig Jahre alt und arbeitete am Entwurf des Guggenheim Museums, das erst über ein Jahrzehnt später gebaut wurde. Es sollte am Central Park in Manhattan entstehen und eine umfangreiche Sammlung nichtgegenständlicher Kunst aufnehmen. Wright schlug zunächst eine Art »Kunstzentrum« einschließlich Ateliers vor. Doch allmählich entwickelte er ein konventionelleres Programm, wenn auch keineswegs eine konventionellere Lösung. Das Gebäude ist um eine Spiralrampe angeordnet, die sich in immer weiteren Kreisen um ein zentrales Volumen in die Höhe schraubt (Abb. 19.13, 19.14). Die Nebenbereiche mit den Büros und der Wohnung des Museumsdirektors sind in den gleichen glatten, gekurvten Formen gehalten. Vom Äußeren her bildet das Gebäude einen völligen Gegensatz zum Raster der Stadt und der vorherrschenden Schachtelarchitektur. Durch eine niedrige Durchgangszone (die von fern an den Eingang von Johnson Wax erinnert) gelangt man in einen überwältigenden, von oben belichteten Bereich. Doch das Material – Beton – ist merkwürdig glatt und strukturlos: Es scheint, als habe eine Idee nicht die ihr angemessene Haut gefunden. Wright selbst schrieb über seine Entwurfsüberlegungen:

> »Hier erscheint die Architektur zum erstenmal plastisch; ein Geschoß fließt in das andere über (ähnlich einer Skulptur), anstelle der üblichen Übereinanderlagerung von Schichten, bei denen die Balken und Stützen aufeinanderstoßen und sich durchschneiden.
> Das aus Beton gegossene Gebäude gleicht eher einer Eierschale – eine sehr einfache Form...Die leichte Betonumhüllung ist durch die eingebettete Stahlarmierung aus Stäben oder Rosten so verstärkt, daß sie überall ihre Aufgabe erfüllen kann. So zielten die konstruktiven Berechnungen auf Auskragung und Kontinuität und nicht auf Stütze und Balken. Das Ergebnis einer solchen Konstruktion ist eine größere Ruhe, die Stimmung der sanften, ungebrochenen Welle: Das Auge trifft nicht auf abrupte Formänderungen.«

Beim Guggenheim Museum treffen viele Themen zusammen, die tief in Wrights früheren Erfahrungen verwurzelt sind. Die Idee eines nach innen orientierten Gemeinschaftsbereichs mit auskragenden Galerien war sicherlich eine Variante der Innenräume im Unity Temple, dem Larkin Building oder dem Johnson Wax Building. Schon seit den frühen Prärihäusern suchte Wright offenbar eine räumliche Kontinuität zwischen sich durchdringenden horizontalen Ebenen auskragender

19.12 Le Corbusier, Projekt »23A« für das Hauptquartier der Vereinten Nationen, 1947.

Geschoßflächen herzustellen. Bei einem Vergleich des Hauses Robie mit dem Guggenheim Museum zeigt sich in der Tat, wie Grundelemente auch in einem stark veränderten Idiom wiederkehren. Gekurvte Formen waren schon zuvor in Wrights Werk aufgetreten – anfangs vielleicht von der pantheistischen Geometrie der Fröbel-Elemente beeinflußt, später von den organischen Formen der Natur. Bei Entwürfen wie dem Wandbild für das Spielzimmer des Hauses Coonley bestanden sie aus geheimnisvoll schwebenden Farbklecksen, ähnlich Kandinskys nahezu zeitgenössischer bahnbrechender abstrakter Malerei. Doch in seinen Bauten entwickelten die Kurven sich erst allmählich. Ein Beispiel ist das Projekt Sugar Loaf Mountain von 1925 mit einer spiralförmigen Zirkulationsrampe, die um ein überkuppeltes Planetarium nach oben führte. In den dreißiger Jahren traten Kurven häufiger auf, wie etwa bei Johnson Wax. Parallel zum Guggenheim Museum entwarf Wright einen exquisiten kleinen Ausstellungsraum für Schmuck und elegantes Wohnzubehör in San Francisco mit einer Spiralrampe im Inneren. So fand sich im Guggenheim Museum eine Reihe früherer Motive aus dem Werk des Architekten wieder, auf neue Weise miteinander vereint.

Freilich ist ein Bauwerk mehr als die Summe früherer Entwurfselemente: Es muß von einem neuen Wollen geprägt sein und zu einer neuen Synthese führen. Beim Guggenheim ging es Wright vor allem darum, ein Museum zu schaffen, das mit der abstrakten Kunst in Einklang stand.

> »Solomon R. Guggenheim wollte mit dem Bauwerk einen angemessenen Ort für die Ausstellung fortschrittlicher Malerei zur Verfügung stellen, bei der Linie, Farbe und Form eine eigene Sprache bilden..., unabhängig von der Darstellung belebter oder unbelebter Objekte, so daß die Malerei in

Moderne Architektur in Amerika: Immigration und Konsolidierung 269

9.13 *(oben)*
Frank Lloyd Wright,
Guggenheim
Museum, New York,
1944–57, Außen-
ansicht.

9.14 Frank Lloyd
Wright, Guggen-
heim Museum,
New York, 1944–57,
Innenansicht.

einen Bereich eindrang, der bis dahin der Musik vorbehalten geblieben war.

Diese progressive Malerei ist selten in anderen als den unzulänglichen Räumen der alten statischen Architektur ausgestellt worden. Hier, in der harmonischen, fließenden Stille des Innenraums, läßt sich neue Malerei unter günstigen Umständen um ihrer selbst willen betrachten.«

Im eigenen Urteil des Architekten schwang allerdings auch Wunschdenken mit, denn die nach außen geneigten Wände, die »Hummersuppen«-Farben und das Beleuchtungssystem entsprachen keineswegs den Grundbedingungen für die Ausstellung von Kunstwerken. Wright sah die Architektur als Mutter aller Künste und behandelte Einrichtung, Bilder und Skulpturen nahezu als eine Art integrales Ornament.

Andererseits demonstrierte das Guggenheim Museum Wrights Ideal einer »organischen« Architektur, bei der Form und Raum miteinander verschmolzen. Der Raum hatte bei ihm natürlich von Anfang an eine zentrale Rolle gespielt: als erfaßbares Medium mit Variationen in Intensität und psychologischem Charakter und als Mittel zur Veredelung menschlichen Handelns. Viele Jahre zuvor hatte Wright eine Äußerung über den Unity Temple verfaßt, die auch auf das Guggenheim Museum zutrifft:

»Man wird durchdrungen vom Erlebnis des großen Raumes – Raum, der hier nicht ummauert wirkt, sondern mehr oder weniger frei in Erscheinung tritt...die neue Realität ist *Raum* statt Materie.«

So war das Guggenheim Museum eine Art Apotheose von Wrights organischer Philosophie. Grundrisse, Schnitte und Aufrisse seiner früheren Experimente fanden sich hier in einer zwingenden dreidimensionalen Verflechtung von Form, Raum und Abstraktion zusammen. Vielleicht konnte nur eine Betonspirale seine Absichten verkörpern, denn diese Form hat einen zentralisierenden und prozessualen Charakter und drückt Gleichgewicht wie Bewegung aus. Dennoch fehlt dem Guggenheim Museum die Überzeugungskraft vieler früherer Werke Frank Lloyd Wrights. Die Manieriertheit vieler Übergänge und Details nimmt den »Raumschiff«-Kitsch des späteren Marin County Court House vorweg, das kurz nach Wrights Tod vollendet wurde. Seitdem hat sein Werk kaum noch einen nachweisbaren Einfluß auf die amerikanische Architektur ausgeübt. Wrights Anhänger – die Jünger von Taliesin – tendierten zu oberflächlichen Nachahmungen seines Stils und zeigten dabei wenig Einsicht in dessen Grundstrukturen.

Die Meister der Nachkriegszeit versuchten also in dem Jahrzehnt nach 1945, Ideen zur Reife zu bringen, die sie lange Zeit begleitet hatten. Gropius' Arbeiten aus dieser Zeit waren am wenigsten überzeugend, während Wrights Entwürfe nach wie vor von seiner Individualität jenseits aller herrschenden Moden zeugten. Mies van der Rohes Architektur wiederum eignete sich offenbar hervorragend zum Prototyp kommerziellen Bauens. Es bleiben noch einige andere Meister zu betrachten, die außerhalb der Vereinigten Staaten wirkten – vor allem Aalto und natürlich Le Corbusier, der den schwierigen Wandel nach 1945 glänzend meisterte.

20. Form und Bedeutung im Spätwerk Le Corbusiers

»Das Prinzip, das einem Kunstwerk zugrunde liegt, muß nicht unbedingt aus der gleichen Zeit stammen. Es kann auch in die Vergangenheit zurückreichen oder in die Zukunft weisen...Der Künstler lebt in einer Zeit, die nicht unbedingt der Geschichte seiner eigenen Zeit entspricht.«

H.Focillon, 1939

Zwischen 1945 und seinem Todesjahr 1965 schuf Le Corbusier eine Reihe schwer definierbarer Meisterwerke, die alte Themen mit neuen Ausdrucksmitteln verbanden und zunehmend primitivistisch wirkten. Hier war nichts zu spüren von dem Verlust an Kraft, der sich in Gropius' Spätwerk offenbarte, noch von der Flucht in schwächlichen Manierismus wie bei Wright, noch vom technologischen Perfektionismus Mies van der Rohes. Wie der alternde Michelangelo zog sich Le Corbusier in seinen letzten Jahren immer mehr in eine private, mystische Welt der Poesie zurück. Vor expressionistischer Willkür bewahrten ihn freilich seine strenge intellektuelle Disziplin und die Fortentwicklung früherer Typenformen und Themen. Neue Elemente wie der *béton brut,* die *brise-soleil* oder komplexe gekurvte Geometrien sollten nicht darüber hinwegtäuschen, daß Le Corbusier nach wie vor von Prinzipien wie den *Cinq points* ausging. Der Reichtum von Le Corbusiers späten Arbeiten liegt gerade in der Spannung zwischen wohlerprobten Formulierungen und neuen Form- und Bedeutungsmustern.

Schon in einigen Bauten der dreißiger Jahre zeigten sich Hinweise auf diese spätere Richtung, etwa in seinem Petite Maison de Weekend. Der spröde, kühle puristische Stil war aufgebrochen und enthüllte archaische, bewußt rohe, im Organischen verwurzelte Elemente. Vielleicht untergruben später auch die technischen Schlachten des Zweiten Weltkrieges Le Corbusiers Vertrauen in die Maschine und ihr »progressives« Potential. Der Poet des Maschinenzeitalters verbrachte die frühen vierziger Jahre in ländlicher Abgeschiedenheit in den Pyrenäen und versuchte immer wieder erfolglos, das Vichy-Regime zur Realisierung seines Projekts für Algier zu überreden. Zur gleichen Zeit malte er eine Reihe biomorpher Monster, die nach Alfred Jarrys absurdem »Ubu Roi« als »Ubus« bekannt sind und ironisch sein Gefühl der Isolation und der Sinnlosigkeit widerspiegeln. In diesen Jahren war auch der Surrealismus auf der Suche nach dem Elementaren und Unbewußten: Entfernt sind Le Corbusiers biologische Skulpturen der avantgardistischen Malerei und Plastik in den USA (zum Beispiel von Jackson Pollock oder David Smith) verwandt, die ebenfalls totemistische und primitivistische Elemente verwendete. Nach dem Ende des Krieges kehrte Le Corbusier nach Paris zurück. Er war nun in seinen späten fünfziger Jahren und hatte mehr als ein Jahrzehnt lang nicht mehr gebaut. Es überrascht deshalb nicht, daß er jeden einzelnen seiner Nachkriegsaufträge dazu benutzte, seine vielschichtigen Ideen darzulegen. Mehr und mehr kam es ihm darauf an, autobiographische Erinnerungen zu hinterlassen und Prinzipien festzuschreiben.

Die späten vierziger Jahre waren für Architekten von Le Corbusiers Kaliber keine günstige Zeit. Es gab zwar umfangreiche Wiederaufbauprogramme, doch sein Wunsch, »oberster Planer/Städtebauer des Wiederaufbaus« zu werden, erfüllte sich nicht. Statt seine großen Modelle verwirklichen zu können, mußte er sich wieder einmal mit kleineren Projekten zufriedengeben. So waren die Unité d'Habitation in Marseille und die anderen Unités, die er in den fünfziger Jahren entwarf, nur fragmentarische Realisationen seiner ursprünglichen Vorstellungen. Dennoch dienten diese Bauten als Prototypen. Die Unité übte einen ähnlich starken Einfluß aus wie Mies van der Rohes Glastürme aus der Nachkriegszeit – beide Bautypen zählten zu den prägenden Bildern der fünfziger Jahre. Die »Lehren« des UN-Wolkenkratzers und des Modulor-Systems hatten dagegen nicht die durchschlagende soziale Wirkung, die sich ihr Schöpfer erhofft hatte.

Es schien, als habe sich die Nachkriegszeit verschworen, Le Corbusiers »Standardisierung« und seine industrialisierten Typen abzulehnen – für den eigenwilligen Poeten der Form möglicherweise ein Anlaß, immer tiefer in die private Welt der Metaphern einzudringen. Zweifel-

272 Wandlungen und Verbreitung der modernen Architektur nach 1940

20.1 *(links)*
Le Corbusier,
Notre-Dame-du-Haut,
Ronchamp, 1950–54.
Die Kapelle im Freien
liegt rechts an der
Ostwand.

20.2 *(unten)*
Le Corbusier,
Notre-Dame-du-Haut,
Ronchamp, 1950–54,
Lageplan.

los hatte sich die Gesellschaft verändert, für die seine Vorkriegsutopien bestimmt waren. Er suchte Inspiration nun weniger in den »Wundern des modernen Lebens« als in der Verbindung zur Natur und den großen Kunstwerken der Vergangenheit, den nostalgisch erfahrenen Ruinen der Antike. Die Suche nach ewigen, unveränderlichen Werten hatte für ihn zwar schon immer im Vordergrund gestanden; jetzt aber war sie weniger durch den Drang nach »Modernität« belastet.

Das gilt vor allem für die Kapelle Notre-Dame-du-Haut in Ronchamp von 1950–54 (Abb. 20.1, 20.2). Sie steht auf einem Hügel in den Vogesen und gewährt einen Ausblick über immergrüne Täler bis zum fernen Horizont. Ein geschwungenes dunkles Dach mit einer spitz vorstoßenden Ecke ruht auf konvexen und konkaven geböschten Bruchsteinwänden mit unregelmäßigen Öffnungen, die mit weißem Spritzbeton überzogen sind. Drei von Hauben bekrönte Türme, in verschiedene Richtungen orientiert, halten den Fluß der Komposition unter Kontrolle. Diese Türme und die gewellten Flächen bilden ein Echo der umgebenden Landschaft. Der höhlenartige Innenraum hat einen abgeschrägten Fußboden, der die Aufmerksamkeit auf den Altar lenkt. Die kleineren Kapellen erhalten durch die Türme Oberlicht; sonst wird das Innere durch die perforierte Seitenwand erhellt. Ein Spalt zwischen Dach und Wänden sorgt für zusätzliches

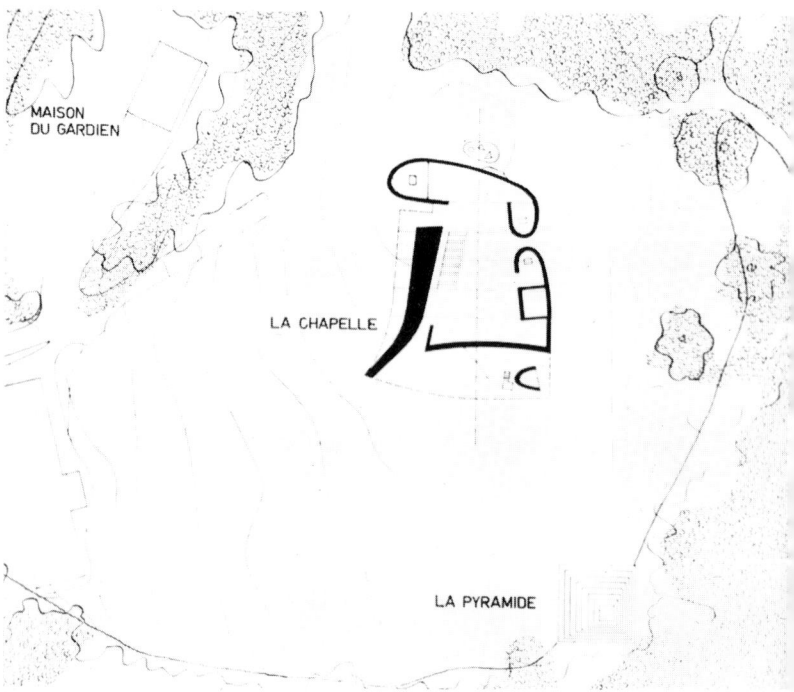

Tageslicht: Dadurch erscheint innen dünn und flächig, was außen massiv wirkte. Solche Mehrdeutigkeiten von Masse und Raum, Stützen und Lasten sind charakteristisch für das Formenvokabular der Kapelle. Die Interpretation hängt vom jeweiligen Standpunkt ab, denn Ronchamp ist eine Skulptur, die man von allen Seiten betrachten muß: Die Bewegungen des Besuchers innen und außen sind in die Dynamik der Komposition einbezogen und wichtiger Bestandteil des Gesamtkonzepts.

Typisch für diese räumliche Ambiguität ist der Bereich außerhalb der Ostwand, wo unter dem bootartigen Dach ein Außenaltar aufgestellt ist (Abb. 20.1). In die Wand ist ein Glaskasten mit einer Madonna eingelassen (die also auch von innen zu sehen ist). Zum »Schiff« der Kirche wird hier die Grasfläche, die sich bis an den Rand des Hügels erstreckt. Wälder und Hügel bilden den Hintergrund, und an einer Seite markiert eine Ziggurat alter Steine die Stelle, an der eine frühere Kirche in den letzten Kriegsjahren zerstört wurde. Schon immer war hier ein Pilgerort gewesen (sogar in vorchristlicher Zeit), und es gelang Le Corbusier, dessen Geist einzufangen. Der allmähliche Aufstieg auf den Hügel hat einen rituellen Charakter, den der Architekt nutzte, indem er das Bauwerk als Folge von *évènements plastiques* organisierte und die Umgebung mit ihren Horizonten einbezog. Der Höhepunkt der Prozession konnte variieren: eine Messe im Freien oder ein privates Gebet im Innenraum mit seinem gefilterten Licht.

Als die Kapelle 1955 vollendet war, schockierte sie die Kritiker, die aus allen Himmelsrichtungen herbeieilten. Pevsner klagte über eine Rückkehr zur »Irrationalität« (womit er sein Vorurteil preisgab, Le Corbusiers frühere Arbeiten seien »rational« gewesen), während James Stirling sich bestürzt über »bewußten Imperfektionismus« und »Manierismus« zeigte und die Frage stellte, ob das Bauwerk »den Kurs der modernen Architektur bestimmen solle«. Eins schien allen klar: Der Meister der modernen europäischen Architektur hatte den Kurs gewechselt. Offenbar vergaßen die Kommentatoren, daß diese Veränderungen sich schon seit einiger Zeit angekündigt hatten und daß der Stil des Architekten seit zwei Jahrzehnten einem steten Wandlungsprozeß unterlag – seit den zwanziger Jahren, die sie anscheinend als »normativ« betrachteten. Die Formen von Ronchamp hatten Vorgänger in Le Corbusiers zerklüfteten Holzskulpturen, in seinen Skizzen von Muscheln und Booten (die Dachkonstruktion war in der Tat direkt von einer Krebsschale hergeleitet), in den Landschaftsplastiken seiner Projekte für Algier und in der gekurvten Bruchsteinmauer des Pavillon Suisse.

Le Corbusier gehörte keiner Religionsgemeinschaft an, war aber zutiefst idealistisch. Später schrieb er, es habe ihn gelockt, seine »Befriedigung einzig und allein in der Schaffung reiner architektonischer Formen für diesen Zufluchtsort der Andacht und Meditation zu finden«, in einer »akustischen Komponente im Bereich der Form«. Mit anderen Worten, er suchte religiöse Gefühle durch das Spiel von Form, Raum und Licht zu beschwören, ohne auf die gängige Kirchentypologie zurückzugreifen. Zum Glück zeigten sich auch seine Auftraggeber gegenüber dieser freien Interpretation aufgeschlossen. Pater Couturier (mit dem Le Corbusier während des gesamten Entwurfsprozesses in Verbindung stand) glaubte selbst, ein lebendiger Ausdruck religiösen Bewußtseins werde nicht dadurch erzielt, daß man den Künstler in die Zwangsjacke kirchlicher Traditionen stecke, sondern eher durch das ungehemmte Spiel der Phantasie.

Einige Formerfindungen Le Corbusiers in Ronchamp hatten durchaus heidnische Anklänge. Seine Interpretation des Sakralen war geprägt von seiner Einstellung gegenüber der Landschaft und den Formen der Natur. Als junger Mann hatte er Naturstudien betrieben, sich mit den Schriften Ruskins und der Symbolik des Art Nouveau auseinandergesetzt und sogar die Vision einer Art Tempel für die Natur entwickelt, der auf einem Berggipfel des Jura stehen sollte. In Ronchamp wird ein ähnlicher Pantheismus deutlich: Le Corbusier war ein Künstler, für den Naturformen einen göttlichen, magischen Charakter annehmen konnten. Kurz bevor er den Auftrag erhielt, hatte er sich mit dem Entwurf eines Schreins für Ste. Baume (nicht realisiert) beschäftigt, einer von oben belichteten Höhle, die in Felsen eingebettet war. Ronchamp zeugte von einem ähnlichen primitiven Animismus.

Auch zu vielen anderen Quellen lassen sich Verbindungen herstellen. Offenbar hat das Oberlicht des »Canopus« in der Hadriansvilla (1911 skizziert) die Belichtung der Türme inspiriert; Lehmbauten des Mzab, die der Architekt Mitte der dreißiger Jahre in Algerien gesehen hatte, beeinflußten möglicherweise die perforierte Hauptwand; sein Interesse an Schleusen schlug sich vielleicht in der Beckenform des Daches nieder. Sogar auf Dolmen und die Bauten der Kykladen wurde hingewiesen, und vielleicht hat auch hier wiederum der Prozessionsweg zum Parthenon eine Rolle gespielt. Wichtig ist vor allem, daß alle diese Erinnerungen und Assoziationen sich in einem zusammenhängenden Kunstwerk vereinigten: Sie wurden untrennbare Elemente einer Synthese.

Bald nach der Vollendung von Ronchamp erhielt Le Corbusier den Auftrag für einen weiteren religiösen Bau, das Dominikanerkloster La Tourette in Eveux nahe Lyon (Abb. 20.3). Klöster als Beispiele kollektiven Wohnens faszinierten ihn seit seinem Besuch in der Kartause von Ema im Jahre 1907. Dort hatten ihn die klare Ordnung der Architektur, die Ausgewogenheit privater und öffentlicher Bereiche und der Ausblick auf die Natur, den die Klosterzellen boten, tief beeindruckt. Beim Entwurf von La Tourette konnte er deshalb auf jahrelange Versuche zurückgreifen, einen alten Typus neu zu interpretieren. In seinem Grundriß zeigen sich Spuren des traditionellen Kreuzgangsystems. Der rohe Beton und die klaren Formen waren als Äquivalent zu dem strengen Mauerwerk alter dominikanischer Bauten gedacht. Wegen der Lage des Grundstücks – eines Abhangs oberhalb von Wiesenflächen – mußte der Architekt freilich das

20.3 Le Corbusier, Kloster La Tourette, Eveux bei Lyon, 1955.

20.4 *(rechts)* Le Corbusier, Maison Jaoul, Neuilly-sur-Seine, 1956.

alte Konzept des Innenhofes mit Kreuzgang abwandeln. Das Kloster imitierte die Prototypen nicht, sondern formulierte sie in einer dem Beton entsprechenden Struktur auf neue Weise.

In der Form von La Tourette drücken sich die Besonderheiten dieser Institution aus. Die Zellen sind an drei Außenseiten in zwei auskragenden Geschossen untergebracht und durch tief eingeschnittene rechteckige Öffnungen artikuliert. Jeder Mönch hat seinen eigenen Balkon, der einen Ausblick über Bäume hinweg oder auf ferne Berge im Westen rahmt. Die Gemeinschaftszonen des Klosters sind in den zurückgesetzten unteren Geschossen untergebracht, wobei die öffentlichen Bereiche wie Bibliothek und Seminarräume in der Nähe des Eingangs liegen. Das Refektorium befindet sich ein Niveau tiefer als das Eingangsgeschoß, aber da das Gelände steil abfällt, ergibt sich hier ein herrlicher Ausblick auf die Wiesen. Auch die Kapelle ist von diesem unteren Niveau aus zu betreten. Sie ist freilich völlig nach innen orientiert und umfaßt ein Volumen dreifacher Höhe. Sie bildet einen massiven Block an einer Seite des Gebäudes, eine Verankerung am Hang, und ihr Inneres ist, um Le Corbusier zu zitieren, »d'une pauvreté totale«, das heißt, ihr wohnt eine strenge moralische Schönheit inne, die sich aus dem Wechselspiel der kahlen Betonflächen, der Farbe und des Lichts ergibt. Alle diese größeren Zonen waren durch Korridore und Plattformen verbunden, die zum Teil auch voll verglast waren, um Ausblicke auf den Innenhof oder über die Landschaft zu ermöglichen.

Architektonische Aussagekraft erhielten diese unterschiedlich artikulierten Funktionen durch ihre Verbindung untereinander innerhalb einer klaren Gesamtform. Fläche und Volumen, Dichte und Transparenz, Schwere und Leichtigkeit standen in einem engen Verhältnis zueinander. Der *béton brut* war schon ein halbes Jahrzehnt zuvor in Marseille erprobt worden – doch in La Tourette entwickelte der Architekt seine Möglichkeiten noch weiter. Zwar findet sich Le Corbusiers altes Thema des Kastens auf Stelzen wieder, doch ist es hier Teil einer Art Collage, in der »gefundene Objekte« – ein dreieckiges Oberlicht, ein Schornstein, ein vorspringender Balkon – die Akzente setzen. La Tourette basierte immer noch auf den *Cinq points,* nur hatten sich inzwischen Anzahl und Typen der Architekturelemente vermehrt. Anstelle der zylindrischen Stützen gab es nun auch richtungsorientierte Pfeiler; anstelle der dünnen Putzflächen seiner früheren Werke verwendete der Architekt robuste Wände; und an die Stelle der Fensterbänder traten *brise-soleil, ondulatoires* (rhythmisch angeordnete Betonlamellen nach dem Modulor) und *aérateurs* (vertikale Ventilationselemente aus Holz, die in das Fenster eingelassen waren). Le Corbusiers *recherche patiente,* seine »geduldige Suche«, bedeutete, daß jedes Projekt zum Testobjekt neuer Ideen wurde, zugleich aber auch frühere Gedanken einbezog und erweiterte. La Tourette demonstrierte, daß die zusätzlichen Elemente sowohl funktional als auch formal zu einer größeren Vielfalt des Ausdrucks beitragen. Diesem Reichtum des Inhalts – neben Details wie Rohbeton, Auskragungen und schei-

benartigen Stützen – verdankt es das Kloster, daß es besonders von jenen geschätzt wurde, die einen Weg aus den Einschränkungen des Internationalen Stils suchten.

Auch zwei kleinere Häuser, die etwa zur gleichen Zeit wie La Tourette entstanden – die Maisons Jaoul in Neuilly-sur-Seine – wurden häufig nachgeahmt (Abb. 20.4). Hier zeigte sich der Kontrast zu Le Corbusiers früheren Arbeiten noch dramatischer, denn die bewußt rohen Backsteinbauten mit ihren Betonrahmen, »katalanischen« Gewölben und den Grasdächern waren wenig mehr als drei Kilometer vom Maison Cook und der Villa Stein in Garches entfernt und ließen sich nicht als rustikale, religiös inspirierte Experimente abtun. Der englische Architekt Peter Smithson charakterisierte die Verbindung von Raffinement und Primitivismus treffend, als er sagte, die Jaoul-Häuser trenne nur »eines Messers Schneide vom Bäurischen«. Stirling wies in seinem wohlbekannten Vergleich von Jaoul und Garches darauf hin, daß die Polemik der frühen Moderne nun einer komfortableren, weniger aggressiven Sicht des sozialen Fortschritts gewichen sei. Die Themen der Jaoul-Häuser hatten sich freilich schon im Petite Maison de Weekend angekündigt, und Le Corbusier hatte bereits in den frühen vierziger Jahren enthusiastisch beschrieben, welche Lektionen sich aus der einheimischen französischen Tradition herleiten ließen. Er glaubte nun nicht mehr bedingungslos an das technische Zeitalter, sondern fühlte sich besonders der Beziehung zwischen Mensch und Natur verpflichtet. Offenbar war auch Stirling von diesen Zusammenhängen überzeugt, denn seine Häuser in Ham Common aus dem folgenden Jahr waren ebenfalls in Backstein und Beton ausgeführt. Tatsächlich wurden die Jaoul-Häuser bei den sogenannten »Neuen Brutalisten« in England und anderswo zu Schlüsselwerken bei einer jüngeren Generation, der die Heroik der frühen Moderne zu einer allzu glatten Sprache abgewertet schien und die nach neuen visuellen Reizen suchte, um ihre Aufgeschlossenheit gegenüber den sozialen Realitäten der Nachkriegsjahre zum Ausdruck zu bringen.

Die Maisons Jaoul befanden sich zur gleichen Zeit auf dem Reißbrett wie zwei Häuser für Indien – das Haus Sarabhai und die Villa Shodan in Ahmedabad. Präzision kam hier nicht in Frage, selbst wenn der Architekt sie gewollt hätte: Von Hand gefertigte Ziegel und roher Beton entsprachen den Arbeitsbedingungen, dem Klima und dem Ethos, das Le Corbusier in einem Land auszudrücken versuchte, in dem das Trauma der industriellen Revolution sich noch nicht ausgewirkt hatte. Es scheint, als hätte Indien in Le Corbusiers Augen der natürlichen Harmonie des zweiten Maschinenzeitalters teilhaftig werden können, ohne das Chaos des ersten durchlaufen zu müssen. Das Haus Sarabhai (Abb. 20.5) war für Manorama Sarabhai bestimmt, die Schwägerin von Gautam Sarabhai (der Direktor des National Institute of Design in Ahmedabad war), und lag auf einem Grundstück mit reichem Baumbestand. Mrs. Sarabhai gehörte der Jain-Sekte an, die für die Unverletzbarkeit der Natur eintritt. Le Corbusiers Entwurf war eine Variante seines Monol-Typs von 1919 (dem auch das Petite Maison de Weekend verwandt war), mit niedrigen Gewölben und einem erdgebundenen Charakter. Er orientierte das Haus nach den vorherrschenden Winden. Die tief eingeschnittenen Pfeiler der Fassade dienten als *brise-soleil* und als Portikus zugleich. Die schattigen Innenräume waren wieder mit dem katalanischen Gewölbesystem überspannt, während das Dach mit einer dicken Grasmatte bedeckt war, die von Wasserrinnen (wegen des Monsunregens) durchzogen wurde. Eine dramatische Rutschbahn führte das Regenwasser hinunter in ein Wasserbecken.

Die Villa Shodhan gehörte dagegen Le Corbusiers Kastentypus an – letztlich ging sie bis auf das Maison Citrohan zurück. Ursprünglich war sie für Surrotam Hutheesing, den Präsidenten des Baumwollspinnereiverbandes, bestimmt (eine Organisation, für die Le Corbusier ebenfalls ein Gebäude entwarf), doch dann wurden die Pläne des Hauses verkauft und auf einem anderen Grundstück verwirklicht. Die kubische Form mit ihren dramatisch eingeschnittenen Betonkästen und ihren Auskragungen war eine dynamische Komposition, von kühlenden Winden durchweht. Das Haus wird bekrönt von einer schwebenden Platte auf Betonpfeilern, die an den Dom-Ino-Entwurf erinnerte, zugleich aber auch als Schirm gegen Regen und Sonne wirkt. Le Corbusier betrachtete diesen *parasol* als eines der wichtigsten Elemente der neuen indischen Architektur. Variationen über ein ähnliches Thema finden sich schon in Indiens Vergangenheit.

276   Wandlungen und Verbreitung der modernen Architektur nach 1940

Die Aufträge in Ahmedabad spielten eine relativ nebensächliche Rolle im Vergleich zu Le Corbusiers Hauptprojekt in Indien: dem Entwurf der neuen Stadt Chandigarh (Abb. 20.6), der ihn von 1951 bis zu seinem Tod 1965 beschäftigte. Im Jahre 1948 wurden der westliche Pandschab und die alte Hauptstadt Lahore an das neu geschaffene Pakistan abgetreten, so daß der indische Pandschab mit seiner großen Zahl von Hindu-Flüchtlingen eine neue Metropole brauchte. Albert Mayer und Matthew Nowicky entwarfen einen Plan, doch 1951 kam Nowicky bei einem Flugzeugabsturz um. Der Chefingenieur P.L. Varma und P.N. Thapar, der dem staatlichen Amt für öffentliche Bauten vorstand, reisten auf der Suche nach einem Architekten und Planer durch Europa. Auf Empfehlung von Jane Drew und Maxwell Fry (die später am Entwurf der Wohngebiete beteiligt waren) wandten sie sich schließlich an Le Corbusier. Im Februar 1951 entstand in einem bescheidenen Rasthaus an der Straße nach Simla nahe des kleinen Dorfes Chandigarh der erste Entwurf für die neue Hauptstadt. Le Corbusier hatte sich immerhin mehr als vierzig Jahre mit der Geschichte und Bedeutung der Stadt auseinandergesetzt und kam nun mit seiner eigenen Vision einer modernen Idealstadt, die nur noch den besonderen Gegebenheiten angepaßt werden mußte.

Der Hauptteil der Stadt war auf einem Zirkulationsraster geplant (es gab in dem Entwurf eine Verkehrshierarchie mit sieben verschiedenen Stufen), so daß eine Vielzahl rechtwinkliger Sektoren mit Nachbarschaften aus relativ niedrigen Wohnungen in einer Art Gartenstadt entstand. Im »Herzen« dieses Komplexes lag das Geschäftszentrum, nahe der Hauptstraße, die zum »Kopf« mit den wichtigsten Staatsbauten führte: dem Haus des Gouverneurs, dem Parlament, dem Gerichtsgebäude und dem Sekretariat. Universität, Museum, Stadion und andere »Freizeit«-Aktivitäten lagen an einer Querachse im Norden, während die Bahnstation mit ihren Depots im Südosten außerhalb des Hauptbereichs vorgesehen war.

In diesem Gesamtplan waren Le Corbusiers wichtigste Prinzipien verkörpert: sein Glaube an die Unterscheidbarkeit städtischer Funktionen, die »wesentlichen Freuden von Licht, Raum und Grün«, sein Konzept von sozialer Ordnung und Rationalisierung, sein Traum von einer *polis,* die von progressiven Technikern und Bürokraten mit hohen kulturellen Zielen bewohnt wird. Das Layout war eine Variante der Villa Radieuse, aber ohne die *A-redent*-Bebauung und anstelle der Glastürme mit freistehenden plastischen Monumenten, die im Kopfbereich die Regierung symbolisierten. Chandigarh enthielt jedoch auch Ideen aus Paris (die großen Boulevards und Knotenpunkte), aus dem alten Peking (in der geometrischen Gesamtform) und aus Lutyens' Neu-Delhi mit seiner ungewöhnlichen Mischung von Prinzipien der Gartenstadt und axialer barocker Planung. Le Corbusier war noch von einem weiteren Aspekt Neu-Delhis fasziniert, der beim Haus des Vizekönigs und anderen Monumentalbauten sichtbar wurde: der Verbindung europäischer

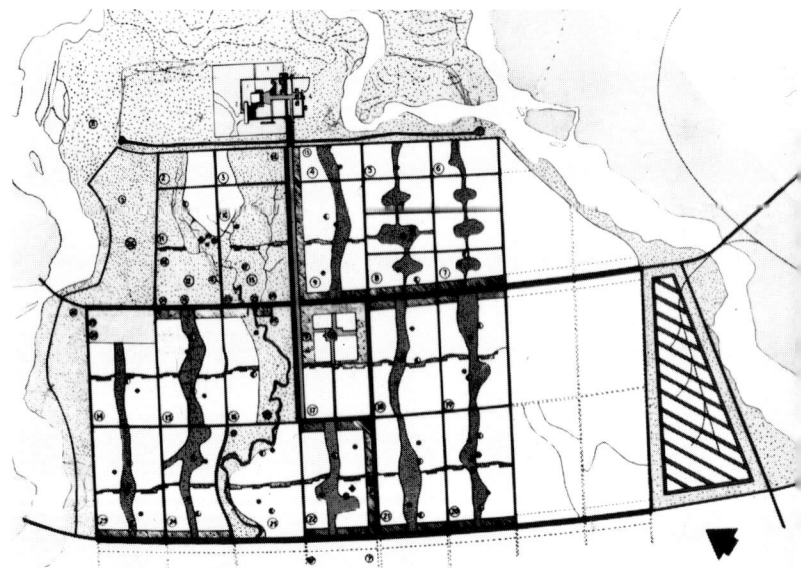

und indischer Traditionen zu einer Ikonographie staatlicher Würde.

In den folgenden Jahren widmete sich Le Corbusier intensiv dem Komplex der Hauptstadt und ließ seinen Vorstellungen über monumentalen Ausdruck freien Lauf. Wie Lutyens lernte er aus der Mogul-Tradition und nahm ihre tiefen Loggien und romantischen Dachlandschaften auf. Der gegen Wasser und Sonne emporgekehrte *parasol,* ein traditionelles Autoritätssymbol, wurde in Chandigarh zu einer Art Leitmotiv. Er erhob sich über dem Gouverneurspalast (Abb. 20.7) und dem Sekretariat, verwandelte sich in das kolossale gewölbte Dach über dem Portikus des Parlamentsgebäudes und bildete schließlich die Form der Justizbasilika. Le Corbu-

20.5 *(oben)*
Le Corbusier,
Haus Sarabhai,
Ahmedabad, 1955,
Innenansicht.

20.6 Le Corbusier,
Chandigarh,
Plan der Innenstadt,
ca. 1951.

Form und Bedeutung im Spätwerk Le Corbusiers 277

0.7 (oben)
Le Corbusier,
Gouverneurspalast,
Chandigarh, ca. 1954,
perspektivische
Ansicht mit
Wassergärten.

0.8 Fathpur Sikri,
Indien, spätes
16. Jahrhundert,
Blick auf Diwan-i-Khas,
die Private Audienz-
halle.

dene Aspekte aus der Philosophie des Künstlers darstellen.

Höhepunkt dieser neuen Staatssymbolik war wohl die »Offene Hand«, ein Monument, das nahe beim Gouverneurspalast errichtet werden sollte (und später freistehend an anderer Stelle, weil Nehru den Palast undemokratisch fand). Die »Offene Hand« war eine bizarre Mischung von Picassos Friedenstaube und einer riesigen gestikulierenden Hand. Zur Bedeutung des Symbols sagte der Architekt:

»Es war kein politisches Emblem, nicht die Schöpfung eines Politikers..., (sondern) die Schöpfung eines Architekten... ein Symbol für Frieden und Versöhnung...
Offen, um den Reichtum zu empfangen, den die Welt geschaffen hat, um ihn an die Völker der Welt zu verteilen...Sie müßte das Symbol unseres Zeitalters sein.« Und dann fährt er fort: »Die Offene Hand wird ein Zeichen dafür sein, daß die zweite Ära des technischen Zeitalters begonnen hat: die Ära der Harmonie.«

Auch das Parlamentsgebäude selbst (Abb. 20.9) ist mit Symbolismus und historischen Assoziationen befrachtet. Im Grunde besteht es aus einem großen Kasten mit einem Stützenraster im Inneren, den man an einer Seite durch einen von Pfeilern gestützten Portikus betritt und in den die großen »Objekte« des Abgeordnetenhauses und des Senats gesetzt sind. Diese Gebäudeteile artikulieren sich außen durch plastische Dachformen: eine abgeschrägte Pyramide für den Senat und ein dynamisches trichterartiges Volumen für das Abgeordnetenhaus (Abb. 20.14). Der Architekt verwendete überall rohen Beton, der die Spuren der handwerklichen Schalungsarbeit trug und bald seine eigene Patina annahm. Der Komplex wirkt wie eine riesige ehrwürdige Ruine – ein Effekt, der möglicherweise beabsichtigt war: Man hat das Gefühl, die Bauten stünden schon seit Jahrhunderten auf diesem Plateau. Die Seiten des Kastens sind durch die tief eingeschnittenen regelmäßigen *brise-soleil* gegliedert, während die Hauptfassade (an der Querachse des Kapitols gegenüber dem weiter entfernten Justizgebäude) sich außerordentlich formell zeigt. Diese Rhetorik setzt sich im Inneren fort: Aus der sengenden Hitze tritt man in eine kühle, friedliche Welt mit hellen Zylindern, die sich zu einer dunklen Deckenfläche erheben (Abb. 20.10). Das Licht, das von den Seiten eindringt, enthüllt einen Raum, den die alten Ägypter als verehrungswürdig empfunden hätten. Tatsächlich sehen die Pilzstützen aus, als seien sie von hypostilen Tempeln inspiriert. Der Beton hat hier die Dichte und die *gravitas* gehauenen und polierten Steins. Das eindrucksvolle Volumen des großen Trichters, in dem das Abgeordnetenhaus untergebracht ist, die aufsteigenden Rampen und die weiten Flurflächen demonstrieren, daß Monumentalität in unserer modernen Zeit noch nicht ausgestorben ist.

siers monumentales Vokabular abstrahierte Elemente der klassischen Tradition – große Ordnung, Portikus – und verband sie mit seinem für den Betonbau entwickelten Formensystem *(Cinq points, brise-soleil und so weiter)* sowie mit indischen Motiven wie dem »chattri«, den Holzterrassen, Balkonen und Loggien von Fatpur Sikri (Abb. 20.8). In diese assoziationsreiche Sprache bezog der Architekt auch seine eigenen kosmologischen Themen ein – Wasser, das sich über riesige Betondächer und -flächen ergießt, die Symbole für den Lauf der Sonne zur Sonnenwende und den Äquinoktien, die auf dem kolossalen Lichtturm des Parlaments angebracht sind, und das merkwürdige »Tal der Kontemplation« mit seinen vielen Zeichen, die verschie-

Das Abgeordnetenhaus ist durch Oberlicht erhellt. Ihm fehlt die charismatische Atmosphäre des Hypostylons, und der kreisförmige Grundriß ist einer demokratischen, politischen Debatte nicht unbedingt förderlich. Dennoch ist die Entstehung des »Trichter«-Konzepts von Interesse, weil sie Aufschluß darüber gibt, wie Le Corbusier Bilder und Ideen in Formen umsetzte.

In seinen frühesten Phasen war das Parlamentsgebäude dem gegenüberliegenden Gerichtshof eng verwandt: ein großer Kasten unter einem massiven Betonschirm. Das Thema des Portikus ergab sich allmählich aus dem Ausdruck der rechtwinkligen Gerüstkonstruktion im Inneren. Die Hauptkammern waren als zwei drüsenartige Räume in den Kasten eingefügt, umgeben von frei gekurvten Trennwänden, die in den Stützenraster gesetzt waren. Ein Durchbruch kam Mitte 1953, als der Architekt die dramatische Möglichkeit eindringenden Sonnen- oder Mondlichts in Betracht zu ziehen begann. Es fanden sich sogar vage Hinweise auf »nächtliche Feste« und »Sonnenfeiern«. Zu diesem Zeitpunkt ent-

20.9 Parlamentsgebäude, Chandigarh, 1953–62.

Form und Bedeutung im Spätwerk Le Corbusiers 279

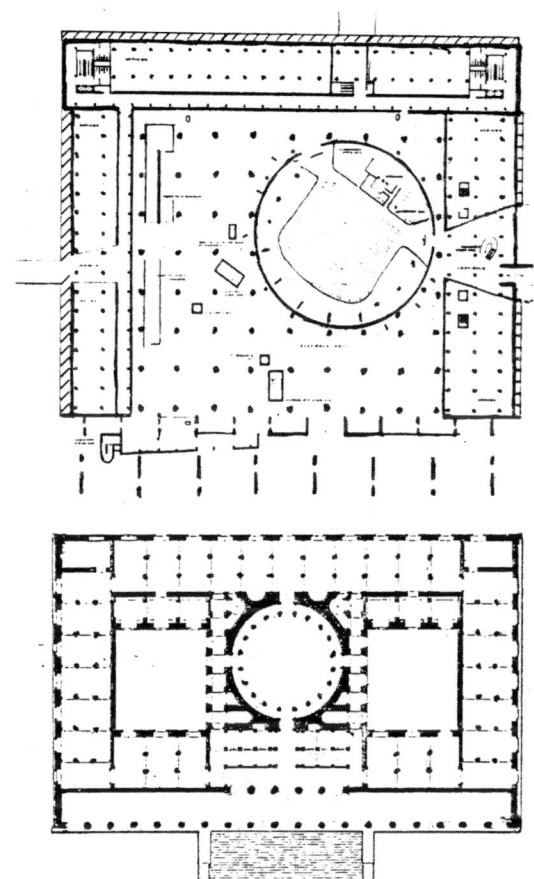

20.10 Parlamentsgebäude, Chandigarh, Innenansicht.

20.11 *(rechts)* Parlamentsgebäude Chandigarh, Grundriß im Vergleich zum Grundriß des Alten Museums, Berlin, 1825, von Schinkel.

stand die Idee des Lichtturms als eines Objekts innerhalb des größeren Objekts, des kastenförmigen Baus. Seine Form war von hyperboloiden Kühltürmen inspiriert (wahrscheinlich haben tatsächlich Ventilationsprobleme zu dieser Analogie geführt). Die Anordnung der kaminartigen Form im Mittelpunkt eines Kastens erinnert an einen Gedanken Le Corbusiers, der zumindest bis auf die Villen der zwanziger Jahre zurückgeht. Es gibt auch Hinweise darauf, daß der Architekt beim Grundriß von Schinkels Altem Museum in Berlin beeinflußt wurde, das die Themen Portikus, Raster und Kreisform klar formulierte (Abb. 20.11). Die Wahl solcher Formen ging weit über funktionelle Erwägungen hinaus (tatsächlich erwies sich die Lösung als nicht sonderlich praktikabel). Diese Formen entstanden vielmehr aus dem Willen des Architekten, eine Art modernes Gegenstück zur Kuppel zu schaffen – einem Emblem staatlicher Autorität. Eine der frühen Skizzen zeigt den Schlot neben einem Schnitt der Kuppel der Hagia Sophia in Istanbul, bei anderen erinnert das von oben einströmende Licht unweigerlich an den Pantheon (Abb. 20.12).

Der Trichter, eine Skulptur, die sich den Ausläufern des Himalaya zuwendet, bestimmt die Dachlandschaft in Chandigarh. Le Corbusier hatte sich von Anfang an darum bemüht, Elemente seiner universalen Ikonographie einzuführen. In einem bestimmten Stadium sollte eine Spiralrampe das Gebäude umlaufen (nützlich für die Reinigung, zugleich aber auch ein Symbol des Modulors); später fügte der Architekt eine merkwürdige Collage aus nach oben gewendeten Kurven hinzu, die sich auf das Leitmotiv des Projekts wie auch auf den Gang der Sonne bezogen. Möglicherweise gingen diese solaren Anspielungen auf plastisch abstrahierte Monumente zurück, die Le Corbusier zutiefst bewunderte: die astronomischen Anlagen von Jantar Mantar in Delhi und Jaipur. Der Architekt sprach von einem »wahren physischen Laboratorium,...dazu bestimmt, den Saal mit der natürlichen und einem Teil der künstlichen Beleuchtung zu versehen...« Andererseits stand die Sonnensymbolik in Verbindung mit dem Begriff staatlicher Autorität und dem eigenen Konzept des Architekten von einer allumfassenden Ordnung der Natur: Das Belichtungssystem (Abb. 20.12) ist so gestaltet, daß am Tage der Parlamentseröffnung ein Lichtstrahl auf den Präsidentensitz fällt. Bei dieser Gelegenheit sollte eine Prozession durch die mit kosmischen Zeichen geschmückte große Emailtür einziehen, »um den Menschen einmal im Jahr daran zu erinnern, daß er ein Sohn der Sonne ist«. Das Parlamentsgebäude ist ein eindringliches Beispiel für Le Corbusiers symbolisches Denken in seinen späten Jahren (Farbtafel 10). Bei der Einweihung des Parlaments im Jahre 1963 bezeichnete Nehru Chandigarh als »Tempel des neuen Indien«:

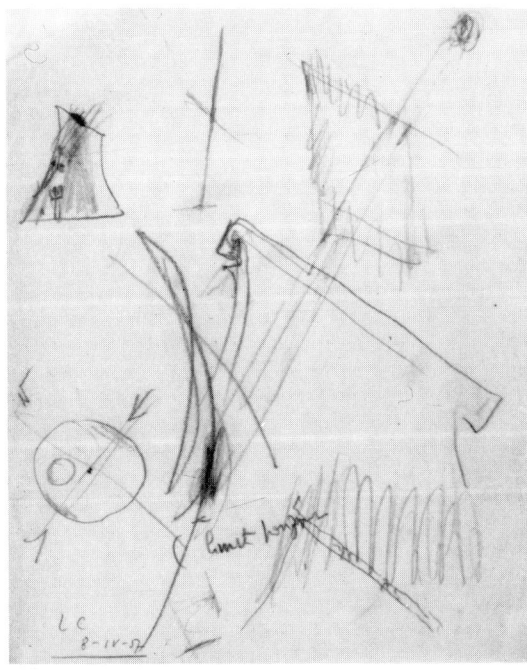

»... der erste Ausdruck unseres schöpferischen Genius, der auf unserer neu gewonnenen Freiheit erblüht... ungehindert von Traditionen der Vergangenheit – über die Enge alter Städte hinaus...«

Tatsächlich fielen die »progressiven« Qualitäten der neuen Stadt und ihrer Bauten als erstes ins Auge. Aber obwohl Chandigarh nicht von der Tradition »behindert« wurde, blieb die Stadt ihr doch eng verbunden. Im indischen Kontext war sie ein Symbol für das Neue, doch Le Corbusier erschien sie zugleich als ein Symbol für Werte, die weit über die westliche Fortschrittsgläubigkeit hinausgingen.

1960 war Le Corbusier 73 Jahre alt und allgemein als weltweit führender Architekt anerkannt. Das kleine Atelier in der Rue de Sèvres 35 war eine Art Brutstätte einer neuen internationalen Tradition. Le Corbusiers Aufträge verpflichteten ihn zu ständigen Reisen. Die Publikationen des Œuvre complète sorgten für eine große Anhängerschaft. Bald zeigte Le Corbusiers Spätwerk Auswirkungen in den verschiedensten Ländern. Die »neuen Brutalisten« (von denen später die Rede sein wird) lernten aus der direkten Anwendung der Materialien, denen sie ihre eigene moralische Bedeutung verliehen. So unterschiedliche Architekten wie Kenzo Tange in Japan, Paul Rudolph in den USA und Balkrishna Doshi in Indien ließen sich von der Expressivität und Monumentalität seines Betonvokabulars beeinflussen. Und wie die Hauptwerke der zwanziger Jahre häufig in Klischees verwandelt wurden, so wurden auch die späten Arbeiten häufig oberflächlich imitiert, ohne Rücksicht auf die Prinzipien, die ihnen zugrunde lagen: *Brise-soleil* und *béton brut* ließen sich ebenso leicht als Fassadenkosmetik verwerten wie Fensterbänder und schlanke *pilotis*.

Le Corbusier war sich offenbar darüber klar, daß er sowohl seine Grundsätze sichern als auch das Experiment fortsetzen mußte. Das zeigt sich in zwei späten Projekten, dem Carpenter Center for the Visual Arts in Cambridge, Massachusetts, und dem Hospital für Venedig (Abb. 20.15), das nicht ausgeführt wurde. Das Hospital sollte zur Hälfte auf dem Land, zur Hälfte auf dem Wasser errichtet werden, nicht weit vom Hauptbahnhof entfernt. Der Architekt entschied sich für eine niedrige Bebauung, um nicht mit der historischen Silhouette der Stadt in Konflikt zu geraten. Doch der überraschendste Aspekt des Entwurfs zeigt sich im Grundriß oder am Modell. Das Hospital war eine Art moderner Analogie zu den städtischen Strukturen der Umgebung: eine Ausweitung der nachbarschaftlichen Ordnung, zugleich aber auch ihre Umsetzung in neue Formen. Hier ging es darum, nicht nur lokale Haustypen aufzugreifen, sondern auch das typische Muster venezianischer Stadträume intellektuell zu erfassen und neu zu interpretieren. Dies war das Gegenteil sogenannter »Objektplanung«. Le Corbusier konnte sich auch auf die historische Struktur einer Stadt einstellen, wenn es sich als erforderlich erwies. Vielleicht reagierte er auch auf die Diskussionen der Architekten aus der Team-X-Generation, die es

20.12 *(links oben)*
Le Corbusier, Skizze des Beleuchtungssystems für das Parlamentsgebäude, Chandigarh, ca. 1956.

20.13 *(links)*
Le Corbusier beim Skizzieren während einer seiner Indienreisen, fünfziger Jahre.

Form und Bedeutung im Spätwerk Le Corbusiers 281

20.14 *(oben)*
Parlamentsgebäude,
Chandigarh, 1953–62,
Dachlandschaft mit
kosmischen Zeichen.

20.15 Le Corbusier
Projekt für das
Hospital in
Venedig, 1962.

20.16 Le Corbusier, Carpenter Center for the Visual Arts, Cambridge, Mass., 1960–63.

als typische Schwäche der früheren CIAM-Planungen sahen, daß sie keinerlei Rücksicht auf den Genius loci nahmen (vgl. 21. Kapitel). Leider wurde das Hospital nicht realisiert, doch das Projekt übte starken Einfluß auf Siedlungsbauten der sechziger Jahre aus, in denen die Zirkulation zu einem formbestimmenden Faktor wurde.

Das Carpenter Center (Abb. 20.16), das für eine neue Abteilung für Visual Studies an der Harvard University bestimmt war, wurde jedoch gebaut. Es scheint aus einer Art Rückbesinnung entstanden zu sein. Das Grundstück liegt zwischen neogeorgianische Bauten in der Nähe des arkadischen »Harvard Yard« eingezwängt. Le Corbusier entschloß sich für ein »Loft«-Gebäude mit freiem Grundriß, von den Seiten her durch unterschiedliche Fensterelemente einschließlich *brise-soleil* und *ondulatoire* belichtet. Kern der Idee war eine S-förmige Rampe, die den Bau mit den anliegenden Straßen verbindet und die diagonalen Wege des Harvard Court gegenüber fortsetzt. Die Hauptstudios sind, von einem kubischen Volumen in der Mitte ausgehend, als freie Kurven ausgebildet und entziehen sich der vorherrschenden orthogonalen Geometrie. Beeindruckend wirkt das Gebäude durch die dramatische Durchdringung gekurvter und rechteckiger Volumen, transparenter und massiver Elemente, deren Dynamik sich bei wechselnden Positionen des Betrachters steigert. Denn die Rampe bietet nicht nur einen Blick in das Innere der Abteilung (wie im Bauprogramm vorgesehen), sondern auch eine Abfolge architektonischer Ereignisse.

Im Carpenter Center finden sich Elemente aus verschiedenen früheren Entwicklungsphasen Le Corbusiers zusammen. Es scheint, als wären die »akustischen« Formen Ronchamps eine Verbindung mit den elementaren Konstruktionskonzepten des Frühwerks eingegangen.

Das außerordentlich klare Skelett erinnert deutlich an das Dom-Ino-System. Offensichtlich wollte der Architekt im Carpenter Center sein Betonvokabular demonstrieren und eine Summe seiner Konstruktionsprinzipien ziehen. So weist die Fassade an der Quincy Street unterschiedliche Fensterlösungen auf, deren Anzahl weit über die praktischen Erfordernisse hinausgeht. Mit Recht hieß es im *Oeuvre complète,* viele von Le Corbusiers Leitideen hätten im Carpenter Center ihren Platz gefunden.

Weitere Bedeutung erhielt das Gebäude dadurch, daß es Le Corbusiers einzige Arbeit in den Vereinigten Staaten war. Nicht das technisch fortgeschrittene – in den Augen des Architekten geistig arme – Amerika gab ihm die Möglichkeit, eine Stadt zu bauen, sondern das kulturell reiche, aber materiell arme Indien. Er hatte immer gehofft, die amerikanischen Behörden von seiner Ville Radieuse überzeugen zu können – doch ohne Erfolg. Vielleicht schloß sein didaktisches Programm im Carpenter Center auch urbanistische Ideen ein, doch die S-Form der Rampe bezieht sich offenbar auf sein Ideogramm für Auf- und Untergang der Sonne, während die Rampe selbst durchaus eine Metapher für die amerikanischen Freeways sein könnte, die Le Corbusier so sehr bewundert hatte und die ihm für die Realisierung seines städtebaulichen Ideals geeignet erschienen. Das Carpenter Center ist also trotz seiner vergleichsweise bescheidenen Größe als Emblem für die Philosophie des Künstlers zu betrachten – ein Bauwerk, das seine lebenslange Arbeit als Maler, Bildhauer, Architekt und Städtebauer zusammenfaßt.

Wenig mehr als zwei Jahre nach der Vollendung des Carpenter Center starb Le Corbusier bei 1965 bei einem Schwimmunfall in seinem geliebten Mittelmeer bei Roquebrune, wo er immer seine Sommer verbracht hatte. Seit dieser Zeit haben seine Ideen weiterhin großen Einfluß ausgeübt, aber es ist noch zu früh, sie abschließend zu beurteilen. Inzwischen hat es Reaktionen gegen diesen großen Mann gegeben, der die Architektur seiner Zeit entscheidend prägte. Dennoch wird Le Corbusier wahrscheinlich, wenn sich die Nebelschwaden der Urteilsbildung lichten, als Künstler höchsten Kalibers gelten. Fest steht jedenfalls, daß er sein Ziel erreichte, eine Architektur für die moderne Zeit zu verwirklichen, die sich auf Prinzipien der Vergangenheit stützte und sie erweiterte.

21. Die Unité d'Habitation in Marseille als kollektiver Wohnungsbautyp

»Jedes bedeutende Kunstwerk läßt sich sowohl als historisches Ereignis betrachten wie auch als schwer errungene Lösung eines bestimmten Problems...Die Wahrscheinlichkeit spricht dafür, daß sich in der Folge weitere Lösungen für dasselbe Problem ergeben. Während die Zahl der Lösungen zunimmt, ändert sich das Problem. Dennoch legt die Kette der Lösungen das Problem offen.«

G. Kubler, 1962

Anders als die Folge individueller Stile entsteht eine Tradition auf der Grundlage allgemeiner Themen. So läßt sie sich unter anderem auch anhand der »Evolution« von Bautypen definieren. Typen dieser Art können quer durch die unterschiedlichsten individuellen Formensprachen reichen, gehen aber immer von bestimmten Kernproblemen aus. Manchmal steht sogar ein einzelnes Bauwerk an der Spitze der Entwicklung und übernimmt die Rolle eines Prototyps.

Auf dem Gebiet des kollektiven Wohnungsbaus fiel der Unité d'Habitation in Marseille (1947–53) diese Funktion zu. Kein späterer Architekt, der vor ähnlichen Aufgaben stand, konnte an diesem Gebäude vorbeigehen. Die Lehren der Unité und die Reaktionen, die sie auslöste, summieren sich zu einer Bilanz der westlichen Architekturszene über eine Zeit von nahezu einem Vierteljahrhundert.

Die Unité steht unweit des Boulevard Michelet im Hafenbezirk von Marseille. Auf den ersten Blick wirkt sie wie eine Felsenklippe, die sich über eine karge Landschaft mit einigen Bäumen und Sträuchern erhebt (Abb. 21.1). Im Sommer bilden sich in den Einschnitten der *brise-soleil* tiefe schwarze Schatten, und der Beton nimmt die gelbbraune Farbe der überwucherten Felsen in der Nachbarschaft an. Das Haus hat zwölf Geschosse zuzüglich Untergeschoß und Dachterrasse bei einem ingeniös verzahnten Schnitt. Jede der größeren Wohnungen verfügt über einen zwei Geschosse hohen Wohnraum mit einer Terrasse und einer Stockwerksfläche, die zu kleineren Balkons auf der entgegengesetzten Seite durchreicht. Es gibt 23 unterschiedliche Wohnungstypen für alle Bedürfnisse, von der Einzelperson bis zur Familie mit vier Kindern. Die Elemente sind standardisiert, ihre Kombination variiert. Die industriell hergestellten Einheiten sind in den Konstruktionsrahmen des Gebäudes eingefügt wie Weinflaschen in ein Lagerregal. Doch der ästhetische Eindruck ist weder eintönig noch unruhig: keine Banalität, sondern Einheitlichkeit durch Rücksicht auf Proportionen, Rhythmus, menschlichen Maßstab und plastische Massengliederung (Abb. 21.2).

Die Hierarchie von industriellen Zellen und Gesamtform, von privaten Räumen und öffentlichen Flächen ist dem Architekten durchweg gelungen. Kolossale *pilotis* (korische Abkömmlinge der Stützen im Pavillon Suisse) definieren den öffentlichen Bereich unter der Scheibe und erzeugen eine Schattenzone, auf der das voll belichtete Volumen zu ruhen scheint. Vertikale Akzente entstehen durch die Lift-, Service- und Treppentürme und durch die massiven Seitengiebel an den Enden des Blocks. Eine innere Straße mit Läden, einem Restaurant und sogar einem Hotel artikuliert sich auf halber Höhe des Blocks als transparente verglaste Fläche. Die Dachterrasse ist durch eine Reihe skulpturaler Objekte markiert – den Gymnastikraum, die Kinderkrippe und die bizarre Form des Ventilationsschlotes (Abb. 21.3), eine ausgehöhlte Variante der *pilotis* tief unten, die in ihrer Surrealität an Gaudís Dachlandschaften erinnert. Diese Terrasse mit ihrer Laufpiste, dem Wasserbecken und den Betonplastiken, die ein Echo zu den weiter entfernten provençalischen Bergen bilden, ist ein neues Beispiel für Le Corbusiers mediterranen Mythos. Wenn die Sonne auf die kühnen Betonformen scheint und sich im Wasserbecken spiegelt, wenn die Bäume unten rauschen und die Bucht in der Ferne glitzert, verfällt man zwangsläufig Le Corbusiers Traum vom guten Leben – seiner Alternative zur Misere der Industriestadt.

Erinnerungen an Griechenland spielen bei ihm eine große Rolle: Diese kleine Akropolis mit stillen, vibrierenden Objekten im Licht scheint dazu bestimmt, einen Ausgleich zwischen dem Geistigen und dem Physischen herzustellen.

Die Unité ist eine Synthese sozialer und formaler Vorstellungen, abstrakter und materieller Qualitäten. Sie ist

Die Unité d'Habitation in Marseille als kollektiver Wohnungsbautyp   285

21.1 *(oben)*
Le Corbusier,
Unité d'Habitation,
Marseille, 1947–53.

21.2 *(rechts)*
Le Corbusier,
Unité d'Habitation,
Marseille, Fassade.

vom Material her weitaus dichter und robuster als die Vorkriegsarbeiten, wird aber durch die Abstraktion des Modulor kontrolliert.

Die Unité steht nicht nur am Anfang einer typologischen Tradition in den Jahren nach dem Krieg, sondern bezeichnet auch in Le Corbusiers Philosophie den Höhepunkt einer langen Suche nach kollektiver Ordnung. Ihr Stammbaum reicht über den Viadukt von Algier bis zu den *A-redent*-Häusern der Ville Radieuse, dem Pavillon Suisse und sogar weiter zu den Immeubles-villas und dem Maison Citrohan. Jedes dieser Projekte suchte auf unterschiedliche Weise im modernen Bauen die utopische Stadt vorwegzunehmen, Die Unité läßt sich als weitere Demonstration urbanistischer Prinzipien interpretieren und zugleich auch als eine Art Laboratorium für Experimente. Le Corbusier ging es vor allem darum, die industrielle Fabrikation im Kampf gegen die Wohnungsnot einzusetzen. Wahrscheinlich erhielt er deshalb die Unterstützung von Eugène Claudius-Petit, dem Minister für Wiederaufbau. Le Corbusiers Analyse begann bei der einzelnen Familie. Verdichtete Wohnbebauung wollte er mit den »wesentlichen Freuden« von Licht, Raum und Grün in Einklang bringen. Diese Absicht spiegelt sich in dem Verhältnis 2:1 der Wohnungsschnitte wider. Die großzügigen Wohnräume erlauben einen schönen Ausblick über Balkons hinweg, die sich (zumindest in Marseille) als Lebensbereich nutzen lassen. Küche, Badezimmer und Schlafzimmer haben die halbe Höhe und sind jeweils in den verbleibenden Teil der Wohnungen eingepaßt. Es handelt sich um eine neue Version des Citrohan-Schnitts: Zur Wohnung gehört sogar eine Galerie auf dem oberen Niveau des Doppelgeschosses.

Für Le Corbusier waren die kommunalen Aspekte der Unité besonders wichtig. Die Wohnungen waren so ingeniös übereinander angeordnet, daß der doppelt hohe Teil einer Wohnung unter oder über dem normal hohen Teil einer anderen lag. Daraus ergab sich eine verzahnte, drei Geschosse hohe Einheit mit einem durchlaufenden Korridor. Auf halber Höhe des Gebäudes erweiterte sich der Korridor zur *rue intérieure* oder Innenstraße, ähnlich wie der Architekt sie fünfzehn Jahre zuvor für den Viadukt von Algier vorgesehen hatte. Die andere wichtige öffentliche Zone war die Dachterrasse. Sie sollte ein Ort sein, an dem sich die Menschen in der Sonne entspannten, während ihre Kinder spielten. Wie in Le Corbusiers *Cinq points* war das Dach als in die Höhe gehobene Bodenfläche gedacht. Der eigentliche Boden unter den *pilotis* war der Zirkulation vorbehalten und hatte wenig von der Intimität der Freifläche unter den Stützen des Pavillon Suisse.

Le Corbusier machte sich auch Gedanken über die Beziehung zwischen der Unité und ihrer Umgebung. Die Theorie des stark verdichteten Hochhausprogramms entsprach Le Corbusiers üblichen Vorstellungen: Moderne Konstruktions- und Produktionstechniken sollten eine hohe Bevölkerungskonzentration ermöglichen, so daß die Grundfläche für Verkehr und Natur frei blieb. Auf diese Weise sollten die alten Unterscheidungen zwi-

schen Stadt und Land sich auflösen. Um diese Idee zu verwirklichen, plante Le Corbusier eine Reihe nebeneinanderliegender Unités. Wären sie ausgeführt worden, so hätten die Nachteile seines Konzepts sich wahrscheinlich dramatisch multipliziert. Denn da jeder Block eine selbständige Einheit verkörperte, wären die einzelnen Bauten wahrscheinlich durch eine Kluft getrennt gewesen. Mumford wies auf dieses Problem hin, als er die Innenstraßen als inadäquate soziale Entsprechung zur traditionellen Straße in dichten städtischen Strukturen kritisierte. Eine alleinstehende Unité war für Marseille und den Midi gerade richtig; doch das *Konzept* der Unité mußte zwangsläufig zu Schwierigkeiten führen, wenn es wahllos auf jede Situation angewendet wurde. Das ist insofern paradox, als Le Corbusier seine Lösung für normativ und universal anwendbar hielt.

Die Unité ging auf viele frühere Erkenntnisse Le Corbusiers zurück. Es war kein Zufall, daß er die Zahl 1800 als ideale Einwohnerzahl seiner Minigesellschaft vorsah, denn eben diese Ziffer hatte Charles Fourier ein Jahrhundert zuvor für sein »Phalanstère« vorgeschlagen. Auch in anderer Hinsicht folgte die Unité diesem sozialutopischen Prototyp: mit der Idee einer Innenstraße, die von einem Ende des Gebäudes zum anderen führt und den Begriff der Gemeinschaft zum Ausdruck bringt. Die zwei

21.3 *(links)*
Le Corbusier,
Unité d'Habitation,
Marseille, Blick auf
die Dachterrasse
und den Ventilations-
schlot.

21.4 *(rechts)*
Le Corbusier,
Skizzierter Schnitt
des Klosters Ema,
ca. 1907.

21.5 *(rechts außen)*
Schnitt durch einen
Ozeandampfer,
abgebildet in
Le Corbusiers Buch
La Ville Radieuse,
1933.

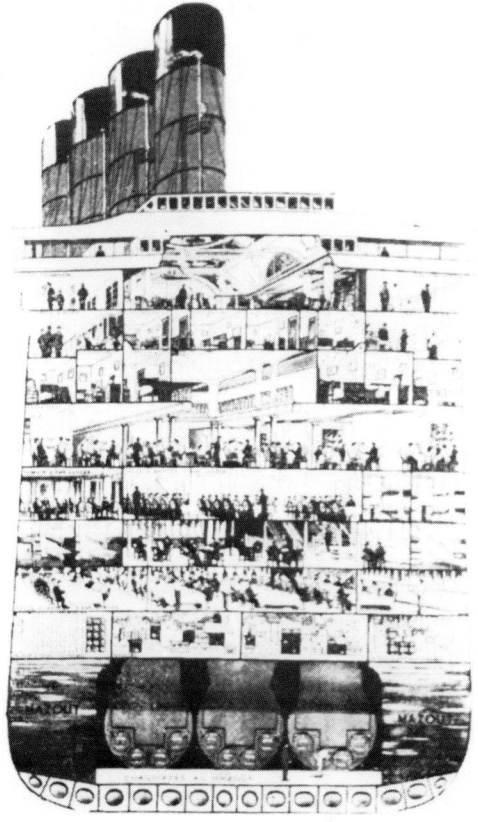

Geschosse hohen Wohnungen mit Ausblick auf die Natur erinnern wiederum an das Kloster von Erna (Abb. 21.4), während die Anordnung der Decks, der Schlote, der öffentlichen und der privaten Bereiche zweifellos vom Ozeandampfer beeinflußt war. In seinem Buch *La Ville Radieuse* (1933) hatte Le Corbusier den Schnitt eines Cunard-Dampfers publiziert und auf die vielen Merkmale hingewiesen, die ihn zu einem Modell für den kollektiven Wohnungsbau machten (Abb. 21.5).

In den zwanziger Jahren hätte der Architekt wahrscheinlich die mechanistischen Aspekte dieser Metapher hervorgehoben, doch in Marseille zeigten sich archaische Anklänge. Der Beton war roher Sichtbeton, wie bei den anderen späten Werken. Im Rückblick erscheint es möglich, daß die Bausituation der Nachkriegszeit Le Corbusier zur Verwendung von stark strukturiertem Beton mit den Spuren der Schalungsbretter zwang. Zudem arbeiteten so viele Bauunternehmer zusammen an dem Projekt, daß es unmöglich wurde, glatte Übergänge zu erzielen. Trotz dieser Schwierigkeiten fand Le Corbusier zu einer überzeugenden ästhetischen Lösung, die einen stilistischen und konzeptionellen Wandel ankündigte. Bei der Einweihung des Gebäudes im Jahre 1953 bezeichnete er den Beton als *natürliches* Material und verglich ihn mit Stein. Der *béton brut* von Marseille war der Werkstoff, der dem Ethos des »zweiten Maschinenzeitalters« entsprach, der Ära der Harmonie, in der eine neue Verbindung zwischen Mensch und Natur entstand. Die Metapher der Mechanisierung war im Rückzug begriffen.

Die Einweihung der Unité fiel zusammen mit dem Treffen der Congrès Internationaux de l'Architecture Moderne in Aix-en-Provence – der Heimat von Cézanne, einem der Gründerväter moderner Kunst. Vielleicht erinnerten sich die älteren Mitglieder an die Zusammenkunft zwanzig Jahre zuvor an Bord der *SS Patras*, als sie durch das Mittelmeer kreuzten und die Strategie einer neuen städtebaulichen Ordnung diskutierten. Bei der Eröffnungsfeier auf der Dachterrasse von Marseille mögen sie erkannt haben, daß dieses robuste Betonschiff Doktrinen verkörperte, die sie seinerzeit als Charta von Athen fixiert hatten.

Doch die jüngere Generation in Aix-en-Provence sah den Unterschiede zwischen trockener Theorie und lebendigen Formen sehr deutlich. Der Wiederaufbau Europas in der Nachkriegszeit hatte zu einer bläßlichen Version der alten städtebaulichen Utopien geführt. So fühlten die Jüngeren sich desillusioniert, hin- und hergerissen zwischen dem Mißtrauen gegenüber den überholten Planungsdoktrinen der Moderne und dem Glauben an die Kraft ihrer poetischsten Beispiele.

Das führte dazu, daß der CIAM-Kongreß 1956 in Dubrovnik vom Team X organisiert wurde, einem internationalen Zusammenschluß von Architekten, die meist in ihren dreißiger Jahren waren. Sie wollten den heroischen Elan wieder aufgreifen, sich zugleich aber auch den Gegebenheiten einer völlig veränderten Welt anpassen. Auf sie übte die Unité in Marseille eine charismatische Wirkung aus. Deren Philosophie war im Utopismus der Vorkriegsmoderne verwurzelt, doch ihre Formen sprachen von einer neuen Sensibilität, die der Stimmung der jungen Architekten entgegenkam. Die Haltung der neuen Generation war im Grunde ambivalent. Die Absolutheit, die dem Gebäude seine zwingende Kraft verlieh, widersprach zugleich ihren pluralistischen Bestrebungen. Dennoch war die Unité als Prototyp nicht zu umgehen. Das Problem bestand darin, ihre Lehren in eine Terminologie umzusetzen, die sich den jeweiligen sozialen, physischen und regionalen Verhältnissen flexibler anpaßte. Die Idee der Unité war lange vor der Vollendung des Gebäudes publiziert worden, so daß sie bereits zahlreiche Wohnungsbauprojekte der späten vierziger Jahre beeinflußt hatte. Auch kritische Haltungen, wie sie später im Team X zusammenkamen, hatten sich schon seit einiger Zeit ausgewirkt. Eines der überzeugendsten Beispiele der neuen Einstellung war vor dem Kongreß in Aix entstanden: die Siedlung »ATBAT« in Marokko von Shadrach Woods und Wladimir Bodiansky (Abb. 21.6). Hier ging es darum, ein Wohnkollektiv zu schaffen, das dem örtlichen Klima, der Kultur und dem Kontext entsprach. Deshalb abstrahierten die Architekten räumliche Elemente der traditionellen nordafrikanischen Stadt, um sie mit so nützlichen Einrichtungen der Unité wie der Straße auf halber Höhe, dem *Brise-soleil*-Balkon und der Dachterrasse zu kombinieren. Offensichtlich gingen die beiden Quellen eine gelungene Verbindung miteinander ein. Möglicherweise waren einige Züge der Unité ohnehin von den dichten Agglomerationen nordafrikanischer Städte inspiriert, die Le Corbusier in den dreißiger Jahren kennengelernt hatte.

Die Charta von Athen hatte die Funktionen der Stadt in Wohnen, Arbeit, Freizeit und Verkehr unterteilt. Dagegen verlangte die neue Sensibilität weniger stark vereinfachende und weniger mechanische Lösungen und suchte nach neuen Formenstrukturen, um ein komplexeres Bild der Stadt und des sozialen Verhaltens auszudrücken. In der Mitte der fünfziger Jahre begannen Vokabeln wie »Gemeinschaft«, »Nachbarschaft« und »Cluster« die frühere abstrakte Terminologie zu ersetzen. Organische Analogien für Wachstum und Wandel traten an die Stelle der strengen, kartesianischen Geometrie der Ville Radieuse. Die jüngere Generation war von den *Tabula-rasa*-Aspekten der utopischen Planung beunruhigt und strebte eine engere Verbindung zwischen alten Stadtstrukturen und neuen Funktionen an. Dennoch lehnte sie die Theorien der frühen Moderne nicht ab, sondern akzeptierte und modifizierte sie.

In England boten sich im Nachkriegsjahrzehnt vielerlei Möglichkeiten für Experimente: Zum einen hatten die Bombenangriffe große Schäden angerichtet, zum anderen forcierte eine sozialistische Regierung den Wohnungsbau. Bald erhoben sich überall gesichtslose Wohnblocks, obwohl immerhin Londoner Vororte wie Richmond, Pimlico, Finsbury und Paddington respektable Neubearbeitungen der Unité-Ideen vorzuweisen hatten. Ein anderes großes Vorbild war die Gartenstadt, die in den New Towns neu interpretiert wurde; auch hier entstand wenig Architektur von bleibendem Wert. Alison und Peter Smithson, zwei junge Architekten, die sich in der Rolle von *enfants terribles* gefielen, fanden, daß keine dieser Richtungen der Nachkriegssituation in England gerecht wurde. Mit publizistischer Schützenhilfe des Kritikers Reyner Banham wendeten sie sich dem »New Brutalism« zu – eine Begriffsprägung, die auf ihr Interesse am englischen Proletariat und an Dubuffets *art brut* hinweist, zugleich aber auch auf ihren Widerwillen gegen die saccharinsüßen Versionen der modernen Architektur, die ringsumher entstanden. Es spricht für die Kraft des Unité-Bildes, daß es sich auch in einer mehr oder weniger routinierten englischen Abart des sentimentalen Populismus behaupten konnte. Bei dem Projekt für die Arbeitersiedlung Golden Lane im East End von London (1952) zeigt sich der Einfluß des Prototyps in der Verwendung scheibenförmiger Wohnhochhäuser mit hochgelegenen Fußgängerdecks (Abb. 21.7). Wie die ATBAT-Siedlung in Marokko enthielt auch die Siedlung Golden Lane eine Kritik am freistehenden Block. Die Scheibenhäuser waren linear miteinander verbunden und den Straßenmustern der Umgebung zugeordnet. Die Innenstraßen in jedem dritten Geschoß waren an die Fassade verlegt. Das »Straßendeck« sollte zufällige Begegnungen ermöglichen – ein einigermaßen abstrakter Versuch, das traditionell zur Straße orientierte Leben der Arbeiterklasse neu zu formulieren. Zur gleichen Zeit entwarfen die Smithsons zickzackförmige lineare Wohnbauten sowie ein Wettbewerbsprojekt für die Universität Sheffield, bei dem das Straßendeck als vereinheitlichendes Element wirkte. In den Tröpfelbildern Jackson Pollocks und den körnigen Fotografien Nigel Hendersons sahen sie Zeugnisse für eine neue Ästhetik des Wandels, des Rohen und Primitiven. Sie suchten nach neuen Formen der Stadtplanung und lehnten die Gartenstadt ebenso ab wie die rationalen Modelle der dreißiger Jahre. Sie schrieben:

»Die treibende soziale Kraft dieser Bewegung war die Sanierung der Elendsviertel, die Schaffung von

21.6 Shadrach Woods und W. Bodiansky, Siedlung ATBAT, Marokko, 1951–56.

Die Unité d'Habitation in Marseille als kollektiver Wohnungsbautyp 289

Voraussetzungen für Sonne, Licht, Luft und Grünflächen…Diesem sozialen Gehalt entsprachen völlig die Formen der funktionalistischen Architektur, der Architektur der akademischen Periode, die der großen Periode des Kubismus, des Dada, des Stijl und des Esprit Nouveau folgte. Es war die Periode der Minimalküche und der vier Funktionen, der mechanischen Auffassung der Architektur…Heute entsteht in jeder Stadt Europas rationale Architektur. Vielgeschossige Miethäuser, die in Nord-Süd-Richtung parallel verlaufen, gerade so weit entfernt, daß die Wintersonne in die unteren Stockwerke Einlaß findet, und gerade so hoch, daß durch entsprechende Verdichtung die Grundfläche ökonomisch ausgenutzt wird. Wo genügend gebaut wurde, erkennen wir die Realisierung der Theorie von Wohnen, Arbeiten, Erholung (des Geistes und des Körpers) und Verkehr; und wir fragen uns, wie jemand wirklich glauben kann, daß darin das Geheimnis der Stadtplanung liegt.«

Ihrerseits behaupteten die Smithsons, sie wollten eine Umgebung schaffen, die »der Ordnungsidee unserer Generation Form verleihen« würde. In Golden Lane sei diese Idee teilweise realisiert. Ihre Polemik war üppig illustriert mit Bildern von griechischen Inseln, Bath, Hinterhöfen von Arbeiterhäusern, Kasbahs und anderen Wohnformen der Vergangenheit, die ihnen als »direkter Ausdruck des Lebens« erschienen. Doch es wurde deutlich, daß die Unité d'Habitation immer noch eine beherrschende Rolle spielte. Die »rustikale Ader«, die sie bei Le Corbusier entdeckten, war offenbar ihrer Meinung nach verwandt mit jenen traditionellen, vorindustriellen Qualitäten, die sie neu zu interpretieren suchten. Bei späteren Kongressen des Team X, auf denen die Smithsons eine tonangebende Rolle spielten, entdeckten sie, daß viele andere Mitglieder trotz unterschiedlicher Herkunft ihre Begeisterung und ihre Zweifel weitgehend teilten.

Unter den Wohnbauprojekten, die in dieser Zeit in England realisiert wurden, nahmen Denys Lasduns »Cluster Blocks« in Bethnal Green, London, eine herausragende Position ein (Abb. 21.8). Sie versuchten, ein neues Bild der Gemeinschaft zu vermitteln und den Problemen des Wiederaufbaus in der Nachkriegszeit gerecht zu werden. Immer deutlicher zeichnete sich ab, daß Neu und Alt eine engere Verbindung eingehen mußten, als in der schematischen Scheibenhaus-Bebauung vorgesehen war. Lasdun war älter als die Smithsons, aber jünger als die Generation Lubetkins. Von der Polemik der Brutalisten hielt er sich fern. Schon in den dreißiger Jahren hatte er seinen eigenen Stil zu entwickeln begonnen. Die Wohnbauten in der Uskdale und Claredale Street (entworfen 1952 und 1954) sind deutlich dem Vokabular Lubetkins, dem Bild des modernen Turms und dem Ideal

21.7 Alison und Peter Smithson, Straßendeck-Projekt für Golden Lane, London, 1952.

der gut belichteten, gut ventilierten Wohnungen verpflichtet, die sich dem Ausblick und der Sonne öffnen. Doch zugleich wird auch unterschwellige Kritik an der monolithischen Scheibe deutlich. Zirkulation und lärmerzeugende Installationen sind in den Kern verlegt, während die Maisonnettewohnungen in vier verschiedenen, durch Brücken mit dem Kern verbundenen Volumen untergebracht sind. Dadurch erhielten die Wohnräume ein Maximum an Sonnenlicht. Außerdem werden aber auch typische Elemente der traditionellen Bethnal Green Street (Hinterhöfe für das Trocknen von Wäsche und so weiter) in der Vertikalen neu interpretiert, so daß die öden tunnelartigen Korridore der üblichen Mietshausblöcke fehlen. Die Wohnungen sind zwei Geschosse hoch und entsprechen so dem lokalen Haustyp. Brüstungen und Proportionen nehmen Maßstab und Rhythmus der benachbarten Fassaden aus dem 19. Jahrhundert auf. So ließ sich der Architekt von den plastischen und hygienischen Qualitäten der Unité anregen, ging aber auch auf den Kontext der Umgebung ein. Der Grundriß mit seinen abgespreizten Winkeln und seinen Anklängen an Stengel oder Arterien ging auf biologische Analogien zurück, die nichts mit der kartesianischen Geometrie der Ville Radieuse gemeinsam hatten.

Zu den Mitgliedern der losen Vereinigung Team X zählten zwei holländische Architekten, Jacob Bakema und Aldo van Eyck. Trotz seiner theoretischen Äußerungen trug Bakema mit seinen Bauten wenig dazu bei, die Strategie des Wohnhausbaus aus der Vorkriegszeit wesentlich zu ändern. Doch van Eyck setzte sich mit dem Kontrast zwischen dem gesichtslosen Wiederaufbau von Städten wie Rotterdam und den eng verwobenen traditionellen Stadtstrukturen Hollands auseinander. Er erkannte, daß die fundamentalen psychologischen Bedürfnisse nach Schutz und Geborgenheit neu formuliert werden mußten, in einer Sprache, die mit der modernen Realität in Einklang stand. Er stellte seine Position auf dem CIAM-Kongreß in Otterloo von 1959 dar, wo das Team X eine zunehmend wichtige Rolle spielte:

> »Jede Epoche muß ein Vokabular besitzen, ein Instrument, mit dem sie die ihr eigenen Probleme und die Probleme angehen kann, die in jeder Epoche dieselben sind, d.h. die vom primordialen Menschen aufgeworfenen Probleme. Die Zeit ist reif dafür, daß wir das Alte in dem Neuen wirksam machen, daß wir uns wieder besinnen auf die ewigen Grundsätze des menschlichen Daseins.«

Van Eycks Suche nach diesen zeitlosen Qualitäten führte ihn weit weg zu den Lehmbauten der Dogon im Vorfeld der Sahara und auf das Gebiet der linguistischen Anthropologie. Die Architektur der Eingeborenen sah er unter einem mystischen Aspekt: Sie war für ihn Ausdruck zusammenhängender Mythologien, die den meisten industriellen Bauten fehlten. Besonders interessierte er sich für die kosmische Bedeutung symbolischer Elemente wie Tore und Eingänge und für die Hierarchie der Räume. Auch die enge Verbindung zwischen Bauten und Straßen faszinierte ihn. Freilich war es problematisch, diese Qualitäten auf die Realität der zunehmend wohlhabenden nordeuropäischen Staaten zu übertragen. Van Eycks Waisenhaus bei Amsterdam zeigt, daß er mit modernen Konstruktionsmitteln entsprechende architektonische Systeme zu schaffen suchte (vgl. 26. Kapitel).

Neben primären Qualitäten wie Schutz, Umschließung, Prozession und so weiter beschäftigte den Architekten bei vielen Projekten der frühen sechziger Jahre vor allem der Begriff des »Ortes«. Die Utopien der Vorkriegszeit wollten der Struktur der Metropole eine neue, »rationalere« Ordnung auferlegen. Das Problem war dabei, wie die Anforderungen einer mobilen Gesellschaft mit Mitteln der Industrialisierung so befriedigt

21.8 Denys Lasdun, »Cluster«, Bethnal Green, London, 1954.

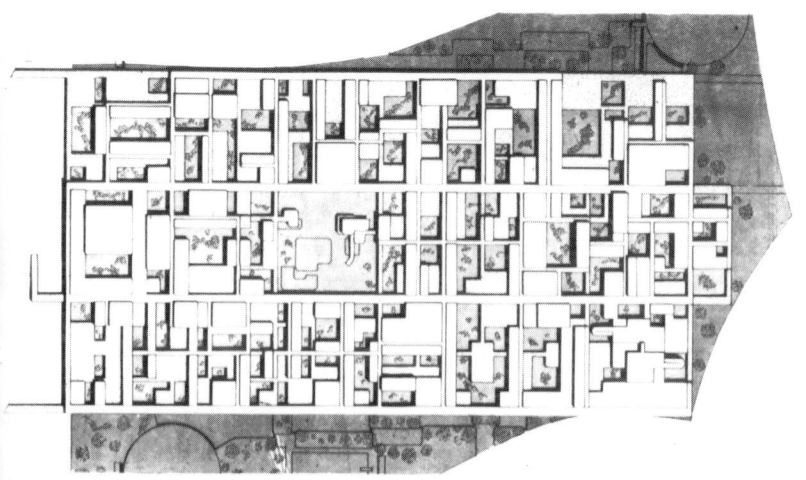

21.9 Shadrach Woods, Alexis Josic und Georges Candilis, Freie Universität, Berlin, 1962–70, Plan.

werden konnten, daß sich eine städtische – oder ländliche – Identität entwickelte. Es mußten Formen gefunden werden, die einen allmählichen Übergang von der alten Textur zu dem neuen Gebilde erlaubten. Stadträume und architektonische Objekte mußten in einer komplexeren, sich stärker überschneidenden Ordnung zusammengefaßt werden, als es in der modernen Planung üblich war. Nicht zuletzt deshalb fanden die städtebaulichen Studien Camillo Sittes in dieser Zeit große Beachtung. Auch die soziale Bedeutung der Straße (die Le Corbusier bei seiner Zerstörung der *rue corridor* außer acht gelassen hatte) wurde neu bewertet. Denn selbst die »Straßendecks« der Smithsons waren nicht eng genug mit dem vorhandenen städtischen Wegenetz verbunden.

Ein Beispiel für die neuen urbanistischen Ideen ist das Projekt für den Frankfurter Römerberg (1963) von Alexis Josic, Georges Candilis und Shadrach Woods. Wie bei ihrem späteren Entwurf für die Berliner Universität (Abb. 21.9) lag dem Projekt ein System höhergelegener Decks und Wege zugrunde, die als eine Art Fußgängernetz die Bauten oberhalb der technischen Einrichtungen und Autostraßen miteinander verbanden. Bauten und Freiräume waren in einem einheitlichen System zusammengefaßt, das die Muster der traditionellen Umgebung aufnahm. Das Thema der hochgelegenen Straße – eines Ortes, der vor dem Verkehr geschützt seinen sozialen Charakter bewahrt – war ein Leitmotiv dieser Zeit. Offenbar stellte das »Teppich«-Konzept die Antithese zur freistehenden Scheibe dar. Dennoch gehörte es noch der Unité-Tradition an, weil auch hier eine Verbindung zwischen städtischem Kontext und individuellem Bauwerk im Vordergrund stand. In dieser Zeit fand eine Reihe früherer Modelle neue Beachtung: die Blockrandbebauung, die Innenhöfe schuf und den Straßenraum neu faßte; das Dorf mit seiner Hierarchie von Bauten und Freiräumen; die Hügelstadt (oder die ihr verwandte Kasbah) mit ihrer Einheit von Topographie, sozialen Strukturen, gebauter Form und offenen Räumen.

Der letztere Typus hat möglicherweise die Siedlung Halen bei Bern beeinflußt (Atelier 5, 1960), eine »verdichtete Unité«, die in die Landschaft eingepaßt ist (Abb. 21.11). Die sozialen Beziehungen drücken sich in dem allmählichen Übergang des Maßstabs von dem Hauptplatz und der Straße in der Mitte zu den Nebenstraßen, den Gärten und schließlich zu den Wohnungen aus. Eine weitere Variante war Giancarlo de Carlos Universität in Urbino (Abb. 21.10). In der Tat stellten Universitäten, wie schon in den Jahren zwischen den Kriegen, häufig einen Mikrokosmos der städtebaulichen Ideale dar. In Urbino waren die Bauten auf der Höhe eines Hügels fächerförmig angeordnet, mit großartigem Ausblick und in Harmonie mit der Umgebung. Möglicherweise spielte der Einfluß von Aaltos »organischen« Ideen eine Rolle. Aber zugleich waren hier auch typische Elemente der mittelalterlichen italienischen Stadt neu formuliert. Nicht ein freistehendes Objekt, sondern ein halb umschlossener Raum wurde zum Mittelpunkt des Komplexes, und der Architekt tat alles, um die Hierarchie der einzelnen Zellen und der sozialen Funktionen zum Ausdruck zu bringen. Eine weitaus weniger überzeugende Version der Hügelstadt lieferte später Moshe Safdie mit seinem »Habitat« auf der Expo '67 in Montreal. Die wohl erfolgreichste »Universitätsstadt« dieser Zeit war Denys Lasduns University of East Anglia von 1963–68 (vgl. 24. Kapitel).

Eine Kombination von Hochhäusern, Blockrandbebauung und Höfen wurde bei einer weiteren Variante der Unité verwendet, ebenfalls für Universitätszwecke, diesmal aber in den Vereinigten Staaten: bei José Luis Serts Studentenwohnhäusern in Harvard. Sert war ein Freund und früherer Mitarbeiter Le Corbusiers, ehemaliger Präsident der CIAM und Autor des Buches *Can Our Cities Survive?* (1942), das die städtebaulichen Doktrinen der Vorkriegszeit in der englischsprachenden Welt verbreitete. Das Projekt in Harvard, bekannt unter der Bezeichnung Peabody Terraces, hatte drei Haupttürme, die um den traditionellen Gemeinschaftsbereich angeordnet waren (Abb. 21.12). Das übliche Vakuum am Fuße von Hochhäusern wurde dadurch vermieden, daß niedrigere Wohnbauten allmählich zu Rasenflächen und geschützten Fußgängerwegen überleiteten. Feingegliederte Balkons mit verstellbaren Lamellen fungierten als Sonnenblenden und verliehen der Fassade menschlichen Maßstab. Variationen waren auf der Basis einiger standardisierter Wohnungstypen möglich, die im Schnitt ingeniös angeordnet und durch höhergelegene Straßen und Brücken mit dem öffentlichen Bereich verbunden waren. Die Anlage entwickelt die Prinzipien der Unité weiter und vereinigt Ideen wie Galeriestraße, Sonnenbrecher und Dachterrasse mit der lokalen Tradition des Hofes für Studentenwohnheime und der leichten Holzbalkone bei den nahegelegenen dreigeschossigen New-England-Häusern. Serts Strategie ähnelte der, die Lasdun ein Jahrzehnt zuvor bei seinem Cluster-Konzept angewendet hatte, wenngleich natürlich Stil und regionale Anspielungen differierten.

Serts besondere Aufmerksamkeit galt der Qualität der

Zwischenräume, der unaufdringlichen Unterbringung der Parkplätze, der Detaillierung der Stadtlandschaft und der Akzentuierung der einzelnen Bauten. Zu seinem Glück hatte er einen Bauherrn, der die besten Absichten hegte und sie wahrscheinlich leichter zu erreichen vermochte als irgendwelche öffentlichen Baubehörden in den USA oder den meisten anderen Ländern. Zur Geschichte der Neuinterpretation des Unité-Ideals gehören freilich auch die trostlosen, brutalen, wie Eierkartons aufgeschichteten Hochhäuser, die in den fünfziger und sechziger Jahren überall in der Welt entstanden und allenfalls minimalen funktionalen Definitionen gerecht wurden. Hier war eine Theorie allzu stark vereinfacht worden: Das Unité-Ideal hatte nur Erfolgschancen, wenn alle seine Bestandteile einbezogen wurden. Wer sich auf starke Verdichtung beschränkte und den Gemeinschaftseinrichtungen keine Aufmerksamkeit schenkte, mußte Schiffbruch erleiden. Wer Freiräume ohne Grünanlagen schuf, wertete die Idee der in der Natur lebenden Gemeinschaft ab. Solche drastischen Mängel stellten sich bei den Imitationen der Unité nur allzu häufig ein. Trägt nun der Prototyp die Schuld an den mißglückten späteren Variationen? Oder liegt die Schuld bei den Wohnungsbaugesellschaften und ihren Architekten, die allzu vorschnell und allzu simpel auf die Krise im Städtebau der Nachkriegszeit reagierten? Tatsache ist, daß die populäre Bezeichnung »vertikaler Slum« sich auf die meisten dieser Experimente anwenden ließ. So

21.10 *(oben)*
Giancarlo de Carlo, Universität Urbino, Studentenwohnungen, 1962–69.

21.11 *(links)*
Atelier 5, Siedlung Halen, Bern, 1960.

21.12 *(rechts)*
José Luis Sert, Peabody Terraces, Cambridge, Mass., 1964.

Die Unité d'Habitation in Marseille als kollektiver Wohnungsbautyp   293

nahm denn die offizielle Sprengung von Minoru Yamasakis sozialem Wohnungsbaukomplex Pruitt-Igoe in St. Louis (Abb. 21.13) die Dimensionen eines symbolischen Ereignisses an: als Rache der Bewohner an professionellen Planungstricks, die man ihnen untergeschoben hatte.

Es ist freilich schwierig, »das Hochhaus« allgemein und abstrakt zu diskutieren. Was für Chicagos wohlhabende Bürger gut sein mag, erweist sich in seiner billigeren Version für das Proletariat von Paris als schlecht; was für die Außenbezirke von Kopenhagen richtig scheint, ist möglicherweise falsch für Willamaloo. Weder die Verfechter noch die Gegner der Hochhäuser bedienten sich sonderlich subtiler Argumente. Während die Befürworter vor allem in den fünfziger Jahren einen ganzen Katalog von Vorteilen zusammengestellt hatten (Hygiene, Verdichtung, Grünanlagen, Ordnung, Auflösung von Slums und so weiter), sammelten die Opponenten in den sechziger Jahren eine Fülle von Gegenargumenten. Sie behaupteten, »Hochhäuser« (alle Hochhäuser überall) führten zu gesellschaftlicher Isolation, zerstörten den städtischen Maßstab, belasteten die sehr Jungen und die sehr Alten, vermittelten kein Heimatgefühl und seien ein Kennzeichen sozialer Unterdrückung. Ob es nun wirklich an architektonischer Unzulänglichkeit oder an einem allgemeinen Zustand des Unbehagens lag –

sicher ist, daß das Charisma der Unité und der großmaßstäblichen Städteplanung zu schwinden begann.

In den sechziger Jahren wurden auch andere kritische Stimmen zum Konzept der Unité laut, die weniger nihilistisch waren und statt dessen die Reaktion der Gesellschaft auf das freistehende Hochhaus reflektierten. Dazu zählten weitere Versuche, Neues und Altes miteinander zu verbinden. Ein besonders gelungenes Beispiel ist die Wohnbebauung Lillington Street in Pimlico, London, von Darbourne und Darke, die zwischen 1967 und 1973 entstand (Abb. 21.14). Hier sind die Wohnungen mit sensiblen Niveauunterschieden und Durchblicken um Höfe und Innenzonen angeordnet (die an die Stadtlandschaften Gordon Cullens erinnern). Mittelpunkt des Komplexes ist die neogotische Kirche von G.E. Street. Die neue Bebauung paßt sich mit roten Ziegelbalkons und schlanken Betonbalken den Backsteinwänden und Steinstürzen der Nachbarschaft an. Das Prinzip des Straßendecks ist zwar angewendet, aber durch Bepflanzung und sorgfältig detaillierte Ziegelflächen abgewandelt. Trotz starker Verdichtung stehen selbst die höchsten Bauten noch in Verbindung zur Umgebung und den Bäumen der Innenhöfe. Der Durchgangsverkehr ist durch Blockrandbebauung ausgeschlossen, so daß die Idee des traditionellen Londoner Platzes wiedererstand,

294 Wandlungen und Verbreitung der modernen Architektur nach 1940

in einer neuen Form, die auch dem Auto gerecht wird. Hofhaustyp, Hügelstadt und Unité gingen hier eine Verbindung ein; zugleich paßten sich die Architekten dem Maßstab von Pimlico an. Sie machten Gebrauch von standardisierten Elementen, doch sie sorgten auch für ein Maximum an visueller Vielfalt und vermieden den Eindruck freistehender Monolithe. Auch die soziale Struktur war gemischt, und zu den Gemeinschaftseinrichtungen zählten ein Wohlfahrtszentrum, ein Pub, eine Klinik und ein Altenheim. Möglicherweise waren Darbourne und Darke von holländischen Wohnbauprojekten vor 1920 wie der Siedlung Eigen Haard von Michel de Klerk oder von Le Corbusiers Maisons Jaoul beeinflußt. Andererseits ließe sich Lillington Street auch als domestizierte und gründlich anglisierte Version der Unité betrachten: ein passendes Symbol für die wohlmeinenden Impulse und den Fabianismus des Wohlfahrtsstaates. Vielleicht fehlten dem Komplex die visuelle Einheitlichkeit und die aggressive Polemik der Unité, aber er war immerhin vernünftig geplant und zeugte von sozialem Verantwortungsgefühl.

Die Geschichte von der Transformation der Unité macht den Prozeß deutlich, der ein wichtiges symbolisches Werk allmählich verflachen läßt und in den Status quo absorbiert. Das Prinzip der Unité, von einem mediterranen Mythos ausgehend, wurde mit der komplexen Realität einzelner Städte konfrontiert. Dabei entstanden viele gute Wohnbauten und viele schlechte. Aber im einen wie im anderen Fall traten die Widersprüche der avantgardistischen, visionären Planung zutage. Le Corbusier war zutiefst davon überzeugt, daß er die richtige Universalformel für die Regeneration der Gemeinschaft gefunden hatte. Doch die Gesellschaften, in denen die verwässerten Versionen seines Traums sich realisierten, wurden zunehmend skeptisch gegenüber sozialen Fürsorgemaßnahmen und umweltorientiertem Determinismus. Deshalb gelang es ihnen immer weniger, einen Sinn für eine mögliche soziale Ordnung der Architektur zu entwickeln. Das Beispiel der Unité signalisiert den Übergang von den Hoffnungen einer Ära zu den Zweifeln, der Skepsis und dem Zynismus einer anderen Epoche.

21.13 *(links oben)* Minoru Yamasaki, Wohnblocks Pruitt-Igoe, St. Louis, Missouri, 1958, Sprengung im Jahre 1972.

21.14 *(rechts)* Darbourne und Darke, Wohnbebauung Lillington Street, London, 1966–73.

22. Alvar Aalto und die skandinavische Tradition

»Nur die Phantasie kann enthüllen, was wichtig ist und was nicht. Die Werte, mit denen die Architektur sich auseinandersetzt (auseinandersetzen sollte), sind elementare Werte...«

A. van Eyck, 1967

Die Verwandlung eines Prototyps entsprechend den jeweiligen Gegebenheiten wiederholte sich in den fünfziger und sechziger Jahren viele Male. Zugleich gab es aber auch individuelle Versuche, moderne Architektur mit nationalen und regionalen Traditionen in Verbindung zu bringen. Die phantasielosen, langweiligen modernen Bauten verkörperten technische Sprödigkeit und ließen jeden Sinn für Soziales vermissen. Es war ein langer Weg von der poetischen Kraft der besten Arbeiten zwischen den beiden Kriegen bis zu den tristen Siedlungen, Bürobauten und Schulen, die in den frühen fünfziger Jahren überall das Bild bestimmten. Eine Regeneration in irgendeiner Form schien dringend notwendig.

Bei der Suche nach neuen Inspirationsquellen gerieten wiederum die lokalen Traditionen ins Blickfeld. Sie beschworen eine beruhigende, vorindustrielle Welt, in der Menschen, Dinge und Naturkräfte in Einklang zu stehen schienen. Zudem lieferten sie Anregungen für die Anpassung an Klima und Umgebung und bildeten ein überzeugendes Gegengewicht zum verwässerten Internationalen Stil. In dieser Zeit machte sich in vielen Bereichen der bildenden Künste eine vage Sehnsucht nach Archetypen bemerkbar. Neben Bemühungen um eine psychologisch fundierte Theorie des »Menschen« stand die Suche nach regionaler Identität, die nationalistische Anklänge vorsichtig umging. Auf diese Weise hoffte ein vom Krieg zerrüttetes Europa sein inneres Gleichgewicht wiederzufinden. So unterschiedliche Architekten wie Le Corbusier und Aalto waren sich der Strömung bewußt, die auch an den Konferenztischen und in den Überlegungen des Team X diskutiert wurde.

Giedion sprach von einem »neuen Regionalismus«, der, so betonte er, nichts mit der Blut-und-Boden-Ideologie der Jahre zwischen den Kriegen gemeinsam habe. Prinzipien des einheimischen Bauens sollten mit der Formensprache der Moderne in Einklang gebracht und klimatische Verhältnisse oder besondere Gegebenheiten des »Ortes« besser berücksichtigt werden. Im schlimmsten Fall führte diese Tendenz zur schalen Imitation einheimischer Stile, im besten Fall zu Bauten wie Le Corbusiers Maisons Jaoul oder Utzons Häusern in Kingo in Dänemark.

In Skandinavien hatte sich bereits in den dreißiger Jahren eine »Naturalisierung« der modernen Architektur angekündigt, vor allem im Werk Alvar Aaltos. Der Internationale Stil hatte hier nur ein kurzes Zwischenspiel gegeben und war bald von nationalen (oder nationalromantischen) Bautraditionen vereinnahmt worden. Man ist fast versucht, einen speziellen nordischen Genius für die sensible Behandlung lokaler und natürlicher Materialien verantwortlich zu machen. Doch die Verhältnisse lagen auch anders als sonst in Europa, denn die Industrialisierung und der Zweite Weltkrieg hatten weniger drastische Wirkungen hinterlassen.

Das »moderne skandinavische Design«, das in den fünfziger Jahren in Mode kam, wurde hauptsächlich mit ovalen Salatschüsseln aus Holz und organischen Treppengeländern in Verbindung gebracht. Doch es hatte auch andere Seiten. Arne Jacobsen demonstrierte bei seinem SAS-Hotel in Kopenhagen (Abb. 22.1), daß sich die Ideen Mies van der Rohes in einem Stahl- und Glas-Bau mit leichter Hand und eleganter Detaillierung neu formulieren ließen. Er entwarf für das Gebäude auch Möbel, Glaswaren und andere Details. Bei der Herstellung der in Serie produzierten Modelle war die skandinavische Handwerkstradition von Nutzen, die sich müheloser als die Deutschlands oder Englands der Industrialisierung anpaßte.

Es gab nie eine regelrechte Aalto-Schule, aber Aalto war dennoch eine Art Vaterfigur der skandinavischen Architektur. Seine Prototypen entsprachen den regionalen Verhältnissen, also zum Beispiel dem Maßstab der Landschaft und dem strengen nordischen Klima. Zudem

Alvar Aalto und die skandinavische Tradition 297

war er nicht zu imitieren – seine Nachahmer produzierten höchstens gezackte Grundrisse und plumpe Gebilde mit Treppen und Backsteinflächen. Andererseits entwickelten talentierte Architekten wie Jørn Utzon und Ralph Erskine ihre eigene kreative Identität.

Bei Kriegsende war Aalto 47 Jahre alt. Wegen der schwierigen wirtschaftlichen Verhältnisse in Finnland überquerte er mehrfach den Atlantik, um in Cambridge, Massachusetts, zu lehren, am MIT, nur eine Meile (geistig freilich sehr viel weiter) von Gropius in Harvard entfernt. Aus dieser Lehrverpflichtung ergab sich Aaltos erster größerer Nachkriegsauftrag: das Baker House, ein Studentenwohnheim am Rande des Campus, mit Aussicht über eine verkehrsreiche Straße hinweg – auf das breite Becken des River Charles (Abb. 22.2). Aalto trennte Privat- und Gemeinschaftsräume und ordnete die Studentenzimmer in einem schlangenartigen Baukörper. Diese Form war keine bloße stilistische Willkür, sondern durch praktische, ästhetische und symbolische Gründe gerechtfertigt. Sie ermöglichte abwechslungsreiche Grundrisse und diagonale Ausblicke über den Fluß; sie war nicht monolithisch und von starker plastischer Vitalität; und sie schuf an einer Seite des Campus eine kleine Enklave. Die Gemeinschaftseinrichtungen sind in rechteckigen Räumen mit diagonaler Achse im Erdgeschoß untergebracht. Dieser Kontrast der geometrischen Figuren wird verstärkt durch Materialkontraste zwischen den horizontalen Betondächern des Eingangs- und Mensabereichs und den rauhen Ziegelstrukturen der Serpentinenwand, die von den Fenstern der Studentenzimmer perforiert ist. Es scheint, als habe Aalto die Formel des Pavillon Suisse übernommen – eine rechteckige Scheibe für die Studentenwohnungen und gekurvte Hausteinwände für die öffentlichen Funktionen – und sie dann umgekehrt. In der Tat sah der ursprüngliche Entwurf für

22.1 *(oben)*
Arne Jacobsen, SAS-Hotel, Kopenhagen, 1958.

22.2 *(rechts)*
Alvar Aalto, Baker House, Cambridge, Mass., 1947–51.

das Baker House einen parallel angelegten Block vor, der sich erst allmählich zu einer gekurvten Form entwickelte.

Zwar war Aalto möglicherweise von den traditionellen Ziegelhäusern Bostons mit ihren gekurvten Erkern beeinflußt, doch das Konzept des Gebäudes wurzelte letztlich in seinen Experimenten der Vorkriegszeit. Die Kurven gingen auf Aaltos unermüdliche Suche nach anthropomorphen Formen zurück – in allen Bereichen vom Möbelentwurf bis zur Planung großer Projekte in der finnischen Landschaft. Eine der Zeichnungen für das Baker House zeigt das Gebäude mit wuchernder Vegetation überzogen, ähnlich einer riesigen Naturformation. Die rohen Backsteinflächen erweckten den Eindruck, das Haus sei schon alt. Verwitterungseffekte waren willkommen und bereits vorweggenommen. Der Kontrast zu der damals in Amerika vorherrschenden technischen Glätte war groß. Es schien, als wolle der Architekt dem Industrialismus zugunsten dauerhafter menschlicher Themen eine Absage erteilen. Kein Wunder, daß das Baker House in den Vereinigten Staaten als Herausforderung gegenüber dem von Gropius vertretenen Internationalen Stil empfunden wurde; kein Wunder auch, daß das Gebäude in Amerika wenig Einfluß ausübte.

In den Nachkriegsjahren setzte Aalto sich weiter mit den Mittlerfunktionen der Architektur zwischen dem menschlichen Leben und der natürlichen Landschaft auseinander. Er glaubte, es gebe geradezu archetypische Bauformen, in denen die Grundlagen der menschlichen Gesellschaft zum Ausdruck kämen. Diese Formen fand er ebenso in der einheimischen Tradition wie in den ältesten monumentalen Bauten. Ein solcher Archetyp war der Hof oder genauer der »Hafen«, bestehend aus einem an drei Seiten umschlossenen, nach innen gerichteten Gebäude, das durch Treppen und abgestufte Niveaus mit der Umgebung verbunden war. Schon bei der Villa Mairea vor dem Krieg hatte Aalto dieses Thema behandelt, das dann in öffentlichen und anderen Bauten der fünfziger und sechziger Jahre immer wieder auftauchte. Aaltos Sensibilität gegenüber regionalen Traditionen zeigt sich in seiner Beschreibung des »karelischen Hauses«:

> »Ein verfallenes karelisches Dorf hat eine gewisse Ähnlichkeit mit einer griechischen Ruine, wo die Einheitlichkeit des Materials eine bedeutende Rolle spielt, wenn auch dort Marmor das Holz ersetzt... Ein anderes wichtiges Charakteristikum ist die Entstehungsweise des karelischen Hauses, von der historischen Entwicklung wie von den Baumethoden her... Das karelische Haus beginnt mit einer einzigen bescheidenen Zelle oder einem unvollständigen embryonalen Bau, der Mensch und Tieren Unterschlupf gewährt und dann im übertragenen Sinne Jahr für Jahr wächst. Das ›erweiterte karelische Haus‹ läßt sich in gewisser Weise mit einer biologischen Zellformation vergleichen.«

22.3 *(links oben)*
Alvar Aalto, Rathaus und Bürgerzentrum, Säynätsalo, Finnland, 1949–52.

22.4 *(links unten)*
Alvar Aalto, Bibliothek, Rovaniemi, Finnland, 1961, Grundrißskizze.

Diese bemerkenswerte Erweiterungs- und Anpassungsfähigkeit läßt sich am besten am architektonischen Hauptprinzip des karelischen Gebäudes ablesen, an der Tatsache, daß die Dachneigung unterschiedlich ist.«

In diesem Zusammenhang ist Aaltos Stadtzentrum Säynätsalo von 1949–52 (Abb. 22.3) interessant. Es liegt im Herzen einer Inselgemeinde und bildet den Mittelpunkt des örtlichen Lebens. Zu dem Komplex gehören ein Rathaus und eine öffentliche Bücherei. Im Erdgeschoßniveau sind Läden untergebracht, die sich bei Bedarf in Büros für die Gemeindeverwaltung verwandeln lassen. Das Rathaus, ein nahezu kubisches Volumen mit abgeschrägtem Dach, ist von unten her auf einem überwachsenen Weg über eine Folge von Treppen zu erreichen. Der Architekt variierte Fensteröffnungen und Strukturen, um die verschiedenen Seiten des Gebäudes zu differenzieren. Holzfenster und Balkone mit Holzlattenverkleidung heben sich von den rauhen Backsteinflächen ab. Mit seinen grasüberwucherten Treppen, der abwechslungsreichen Silhouette und den verwitternden Materialien läßt Säynätsalo an einen alten Gebäudekomplex denken, der nach und nach gewachsen ist. Die Bauten sind der waldreichen Umgebung und den Höhenunterschieden des Geländes angepaßt. Formale Disziplin verhindert ein Abgleiten in rein pittoreske Formen (Farbtafel 11).

Zwischen 1950 und seinem Tod im Jahre 1973 war Aalto außerordentlich produktiv. Er erhielt Aufträge in so fern voneinander liegenden Orten wie Oregon und Persien. Dennoch entstanden die meisten Bauten in Finnland und anderen skandinavischen Ländern. Zu den Bauaufgaben zählten Schulen, Bibliotheken, Kirchen, Siedlungen, Universitätsprojekte und komplette Stadtplanungen. Alle Bauten entsprachen den spezifischen Wünschen der Bauherren und den jeweiligen Grundstücken und waren der Verhaltensweise des Menschen angepaßt, machten aber auch übergreifende Prinzipien deutlich. Wie Le Corbusier, Wright, Mies van der Rohe und manche anderen Architekten griff Aalto also auf bestimmte Typenformen zurück, die sich in vielfältigen Zusammenhängen immer wieder bewährt hatten. Und wie bei ihnen war sein architektonisches Vokabular von persönlichen Erinnerungen und Mythologien durchsetzt, faßte aber zugleich jene Werte zusammen, die er als entscheidend für die soziale Struktur seiner Zeit empfand.

Ein Beispiel für ein ständig wiederkehrendes Thema Aaltos ist die Nebeneinanderstellung von Fächerformen und orthogonalen, strengen Figuren. Vielleicht reflektierte dieser Kontrast Aaltos Sinn für die Polaritäten der menschlichen Existenz, sicher aber zeugte er von seinem Interesse an dem Zwiespalt zwischen menschlichen und natürlichen Ordnungen. Immer wieder benutzte der Architekt kontrastierende formale Elemente, um Ecken zu runden oder um sich Landschaftsformationen, nahegelegenen Bauten oder Baumgruppen anzupassen.

Das formale Muster hing freilich auch mit Unterschieden im Programm zusammen. Häufig nahm der Fächer eine Gemeinschaft von Wissenschaftlern auf (zum Beispiel in Bibliotheken), ein Amphitheater (zum Beispiel in Opernhäusern und Universitäten) oder eine Übergangszone zum öffentlichen Bereich (zum Beispiel bei den gekurvten Treppen außerhalb seines eigenen Ateliers in Helsinki von 1955). Die gestreckt rechtwinkligen Riegel benutzte Aalto dagegen häufig, um »privatere« Bereiche wie Büros oder Studios unterzubringen. Manchmal wurde der Fächer zu einer Art vergrößertem Ohr oder Organ und bildete einen freistehenden Keil, ähnlich einem isolierten Landschaftsfragment; oder er wurde in einen Hof eingebettet oder von einer Umfriedung umschlossen.

Es handelte sich hier also um eines der Grundmuster, die einen wahren Stil ausmachen. Die Typenform mußte sich immer wieder einem neuen Kontext einfügen. So hatte der Fächer bei der Bibliothek in Rovaniemi (1963–68, Abb. 22.4) und bei der Mount Angel College Library in Oregon, USA (1967) eine zentrale Station für den Bibliothekar (was natürlich zu einer Variante des radialen Grundrisses führte), um maximalen Lichteinfall an den Seiten zu ermöglichen. Auch bei diesen Bauten führt der Eingang durch eine »harte« Fassade mit streng rechteckigem Charakter, doch die Fächerform stellt eine Art Gefäß dar, in das die innere Zirkulation mündet, und bildet zugleich ein ausgleichendes Gegengewicht.

In dem Entwurf für eine Kunstgalerie in Shiraz, Iran (1970) trat der Fächer wiederum auf. Die Flügel unterschiedlicher Höhe bezogen sich auf den Blickpunkt des Eintretenden (er sollte auf einen Blick alles übersehen können) und auf die Umrisse des Hügels, auf dem das Gebäude entstehen sollte. Bei Aaltos zahlreichen Theater- und Konzertbauten bot sich die Fächerform mit ihren radialen Linien, die in der Bühne zusammenlaufen, für die Auditorien geradezu an.

Das Institut für Technologie in Otaniemi von 1955–64 (Abb. 22.5, 22.7) ist eines der kühnsten Beispiele für die Anwendung dieses Prinzips. Das leicht abfallende, unregelmäßige Grundstück ist an zwei Seiten von Autostraßen begrenzt. Aalto machte das Hauptauditorium, ein keilförmiges Gebäude, zum Mittelpunkt des Komplexes. Zugleich fungiert es als Verbindungsglied zwischen den rechteckigen Blockbauten, die Büros, Seminarräume und Laboratorien enthalten und um Höfe angeordnet oder direkt von der zentralen Wiese her erschlossen sind. Das Gebäude neben dem Auditorium dient als Verwaltungsblock, und in den kleineren Blöcken sind die Fakultäten wie Geographie, Architektur und so weiter untergebracht. Sie ließen sich linear erweitern, während das zeremonielle Hörsaalgebäude einen starken Festpunkt in der Komposition darstellt. Sein Konzept geht von Hierarchie und Teilung der Elemente aus, sorgt zugleich aber für eine dichtgewobene Struktur, die auch die Zwischenräume, das abgestufte Gelände und die Wege der Umgebung einschließt. Ähnlich sensibel gegenüber der Topographie zeigte sich Aalto bei seinen größeren städtebaulichen Projekten wie dem für Jyväskylä, wo Rathaus und Theater im Gegensatz zur Geometrie des Platzes als freie Formen auf die Konturen der Landschaft

22.5 *(links)*
Alvar Aalto, Institut für Technologie, Otaniemi, Finnland, 1955–64, Auditorium maximum.

22.6 *(unten)*
Alvar Aalto, Skizze des Amphitheaters in Delphi, 1953.

antworten. Das Ergebnis war eine schwer definierbare Ordnung, immer am Rande der Unregelmäßigkeit, aber vereinheitlicht durch räumliche Spannungen innerhalb des umgebenden städtischen Rasters.

Die Verwandtschaft zwischen Aaltos »Landschaftsskulpturen« und den späten Werken Le Corbusiers, insbesondere Ronchamp, ist offensichtlich. Wie Le Corbusier hatte Aalto ein Architekturkonzept entwickelt, das von der Nähe zur »Natur« ausging. Er verwendete nicht nur natürliche Materialien und nahm Rücksicht auf den *Genius loci*, sondern behandelte die Natur auch als Quelle von »Gesetzen«. Beide Architekten suchten eine Ordnung wiederherzustellen, in der Mensch und Natur erneut in Harmonie zusammen leben. So hatten sowohl Le Corbusier als auch Aalto einen nahezu totemischen Respekt vor natürlichen Formen.

Zudem war Aalto wie Le Corbusier von der Klassik inspiriert. Das Zusammenspiel von intellektuellen und sinnlichen Elementen in der Architektur des antiken Griechenland faszinierte auch ihn besonders. Doch während für den Franzosen der Parthenon (eine »reine Schöpfung des Geistes«) das herausragende Beispiel war, interessierte den Finnen insbesondere, wie die Griechen ihre Städte mit Amphitheatern, Stadien und zeremoniellen

Plattformen ausstatteten, die durch Wege und Straßen miteinander verbunden waren. Eine solche »unregelmäßige« Ordnung – und zugleich die Harmonie von Bauten, Landschaft und dem Geist des Ortes – beschwor Aalto in seinen schönen Zeichnungen von Delphi (Abb. 22.6). Ein wenig von der Magie dieser Landschaft versuchte er auf seine eigenen Bauwerke und städtebaulichen Entwürfe zu übertragen. Möglicherweise lag der Ursprung der Fächerform, die ihn so beschäftigte, in den Amphitheatern Griechenlands.

An diesem Punkt scheint ein Überblick über bestimmte Trends der Moderne um 1960 angebracht. Im Spätwerk Le Corbusiers und Aaltos, in den Arbeiten des Team X und vielleicht sogar in der Malerei von Künstlern wie Robert Rauschenberg zeigt sich eine neue Komplexität, eine neue Einstellung zum Kunstobjekt und seinem räumlichen und kulturellen Umfeld. Damit setzten sich zweifellos die fundamentalen Veränderungen fort, die der Kubismus nach der Jahrhundertwende eingeleitet hatte. Eine weitere Tendenz drückte sich in einer offenkundig traditionalistischen Position aus. Es ging nicht darum, zum Eklektizismus des 19. Jahrhunderts zurückzukehren, sondern Elemente der modernen Architektur mit der Sensibilität der Vergangenheit zu erfüllen. Zugleich wurde ein neues Interesse an den spezifischen Eigenschaften der Materialien spürbar, auch an handwerklicher Arbeit, für die häufig erst wieder die Voraussetzungen geschaffen werden mußten. Und schließlich wichen die mechanistischen Analogien der Vorkriegszeit komplexen geologischen oder biologischen Ordnungen. Aalto faßte alle diese Strömungen in seiner Vorstellungswelt zusammen. Aber auch weniger talentierte Architekten begannen sich zur gleichen Zeit zunehmend für Werke dieser Art zu interessieren.

Aaltos Nachahmer übernahmen oft – wie die von Le Corbusier, Wright oder Mies van der Rohe – einige oberflächliche Stilmerkmale, ohne die zugrundeliegende Bedeutung zu erfassen. Das war normal und zu erwarten und hatte auch nicht nur negative Auswirkungen: Imitationen Aaltos besaßen immerhin eine Komplexität, die ohne seinen Einfluß gefehlt hätte. Es gab auch einige Künstler, die von Aalto ausgehend ihre eigenen Prinzipien weiterentwickelten.

Dazu zählt Jørgen Bo, der 1958 das Kunstmuseum in Louisiana nördlich Kopenhagens errichtete (Abb. 22.8). Das Gelände war schwierig und anregend zugleich: Eine Sammlung moderner Bilder und Skulpturen sollte in einem als Weg ausgebildeten Gebäude zwischen einem schönen Haus aus dem 18. Jahrhundert und dem Meer ausgestellt werden. Bo plante ein lineares Gebäude, das durch glatte weiße Wände und niedrige Holzdächer definiert ist. Das Ergebnis war eine ruhige, aber elegante

22.7 Alvar Aalto, Institut für Technologie, Otaniemi, 1955–64, Luftansicht.

22.8 Jørgen Bo, Museum moderner Kunst, Louisiana bei Kopenhagen, 1958.

Konstruktion mit vignettenartigen Ausblicken auf den Garten, die ihrerseits die Wirkung der Kunstwerke steigern. Einen der überraschendsten Effekte bieten die langgezogenen Giacometti-Skulpturen, die in einem zwei Geschosse hohen Raum vor den Hintergrund von Marschland und Binsen plaziert sind. Diesen Bereich betritt man von einem höheren Niveau aus. Das Gebäude ändert dann allmählich die Richtung und führt als Mäander zum Meeresufer, wo der Weg (ohne das Gebäude darüber) als Küstenpfad weiterläuft. Der differenzierte Grundriß und die Sensibilität gegenüber dem Gelände erinnern an Aalto. Doch das Museum in Louisiana war auch »Regionalismus« der besten Sorte, denn es verband die flächigen Wände und räumlichen Effekte Mies van der Rohes mit den getünchten Mauern und kunstvollen Holzkonstruktionen ländlicher Bauten in Dänemark. Ausgewogene Proportionen und ein feingliedriger Maßstab machen das Gebäude zu einem angenehmen Nachbarn für Architektur aus jeder Epoche.

Ein weiterer dänischer Architekt, der aus Aaltos Lektionen Nutzen zog, war Jørn Utzon, geboren 1918. Utzon hatte an der Kunstakademie in Kopenhagen unter Steen Eiler Rasmussen studiert. Die Periode zwischen Kriegsende und dem Jahre 1957, als er den Wettbewerb für die Oper in Sydney gewann, war eine Zeit ständiger Reisen, seltener Aufträge und vielfältiger Eindrücke. Utzon arbeitete eine Weile bei Asplund, dann bei Aalto, und besuchte Wright in Taliesin. Er fühlte sich auch von den Skulpturen Henri Laurens' angezogen, die ihm grundlegende Erkenntnisse über Abstraktion und Anthropomorphie vermittelten. Seine Reisen führten ihn nach Mexiko, in den Fernen Osten und nach Nordafrika, wo sich seine Skizzenbücher mit Ideen und Impressionen füllten. Starken Eindruck auf ihn machten die Lehmbauten Marokkos und die kubischen Formen der Berbersiedlungen, die sich im Hohen Atlas um Plattformen und Terrassen zusammendrängen.

Deshalb ist Utzon nicht als bloßer Nachahmer Aaltos zu sehen, obwohl er sich von dessen räumlicher Komplexität und dessen subtilen Gliederungen inspirieren ließ. Für die Kingo-Häuser bei Helsingør (1956–60) entwarf er einen L-förmigen Grundriß, in dessen Scheitelpunkt ein kleiner Garten eingefügt war. Diese Standardtypen ordnete er so auf dem Gelände an, daß eine Hierarchie zwischen dem einzelnen Haus und der Gemeinschaft entstand und das leicht abfallende Terrain optimal zu einer Vielzahl räumlicher Situationen genutzt wurde. Bei den Reihenhäusern von Fredensborg (1962–63) führte er dieses Thema fort, schuf aber durch eine komplexere Form einschließlich turmartiger Aufbauten noch vielfältigere Rhythmen. Die Materialien waren einfacher Backstein und Dachziegel, so daß die Bauten jener »anonymen« regionalen Architektur ähnelten, die zu dieser Zeit so viel diskutiert wurde. Beim Birkehøj in Helsingør (1963) gruppierte Utzon Häuser aus Standardelementen

Alvar Aalto und die skandinavische Tradition   303

um eine Art »Hafen«. Plastisch modulierte Erdplattformen verbanden die einzelnen Teile miteinander und artikulierten die Zwischenräume (Abb. 22.9). Zwar macht sich hier der Einfluß Aaltos wie auch einheimischer Traditionen bemerkbar, doch der Stil ist von Utzon geprägt. Die Anordnung der Häuser läßt Parallelen zu den etwa gleichzeitigen Konzepten van Eycks, de Carlos und anderer (im letzten Kapitel erwähnter) Architekten erkennen.

International bekannt wurde Utzon freilich durch das ungewöhnliche Opernhaus in Sydney, dessen Entwurf zwischen 1957 und 1965 entstand (Abb. 22.10) und das nach seinem Rücktritt in abgewandelter Form vollendet wurde. Hier ist nicht der Ort, die privaten und politischen Komplikationen zu entwirren, die zu diesem betrüblichen Sachverhalt führten. Das Innere des Bauwerks hat nur noch wenig mit Utzons Vision gemeinsam; viele Details (von denen er offenbar selbst keine präzise Vorstellung hatte) wurden von anderen weiterentwickelt; und die Schalen sind stärker auf die Vertikale ausgerichtet als in Utzons frühesten Zeichnungen.

Doch das Bild dieser emporstrebenden weißen Kurven am Ende von Bennelong Point, die in den Hafen vorstoßen und die Linien der nahen Brücke und der Segel aufnehmen, übt immer noch eine faszinierende Wirkung aus. Die Schalen erheben sich über niedrigen Plattformen, die ihrerseits an der Uferlinie ihren höchsten Punkt erreichen. In die Plattformen sind die beiden Hauptauditorien mit leicht zueinander verschobenen Achsen eingebettet, während ein kleinerer Bereich an der Landseite ein Restaurant enthält. Die sich überschneidenden, in den Himmel ragenden Segel übermitteln eine visuelle Kraft, die sich auch in den straffen Silhouetten oder in den glatten, aber leicht strukturierten Flächen äußert. Utzons ursprüngliche Vorstellung vom Inneren wird am besten an einem Schnitt deutlich, der wellenförmige Gegenbewegungen der gekurvten Decken unter den riesigen Dächern zeigt (Abb. 22.11). Die Bühnentürme verbargen sich unter der höchsten Schale, sehr zum Mißfallen eingefleischter Puritaner, die den Kontrasten und den komplexen Beziehungen zwischen Innen und Außen nichts abgewinnen konnten.

Wie bei den meisten originellen Werken sind Analogien oder Hinweise auf mögliche Quellen wenig sinnvoll. Das Thema der Plattform beschäftigte Utzon ohnehin, wie seine Hausentwürfe beweisen, aber bei dieser monumentalen Aufgabe war es vielleicht speziell von den künstlichen Hügeln und zeremoniellen Freitreppen des Monte Alban oder anderer mittelamerikanischer Komplexe inspiriert. Bei der Erfindung der Schalen spielten möglicherweise Tauts gekurvte Abstraktionen aus den frühen zwanziger Jahren oder auch Aaltos miteinander verwobene Kurvenformen eine Rolle. Aber welches auch die Vorbilder waren - die Synthese ist ganz und gar neuartig: eine subtile Paraphrase auf die Segel im Hafen wie auch auf den rhythmischen Fluß der Musik. Das gleiche gilt für die Wellendecken im Inneren. Sie gehen zweifellos auf Aaltos Maison Carrée zurück, beziehen sich hier aber auch auf das nahe Wasser und das Fließen der Musik. Merkwürdigerweise brachte gerade diese *symbolische* Visualisierung musikalischer Rhythmen beträchtliche akustische Probleme mit sich. Utzon entwarf auch Details wie die Fensterprofile (die ungeheuer kompliziert waren, weil das konstruktive Problem großer Öffnungen mit den Schwierigkeiten komplexer Kurvenformen in Einklang gebracht werden

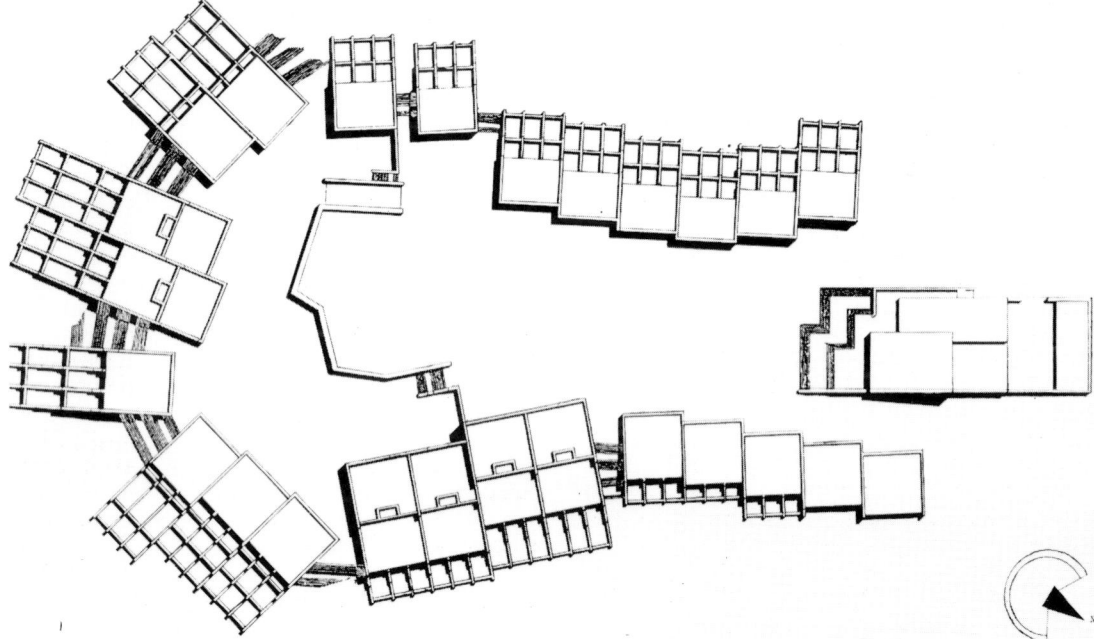

22.9 Jørn Utzon, Häuser in Birkehøj, Helsingör, 1963, Grundriß.

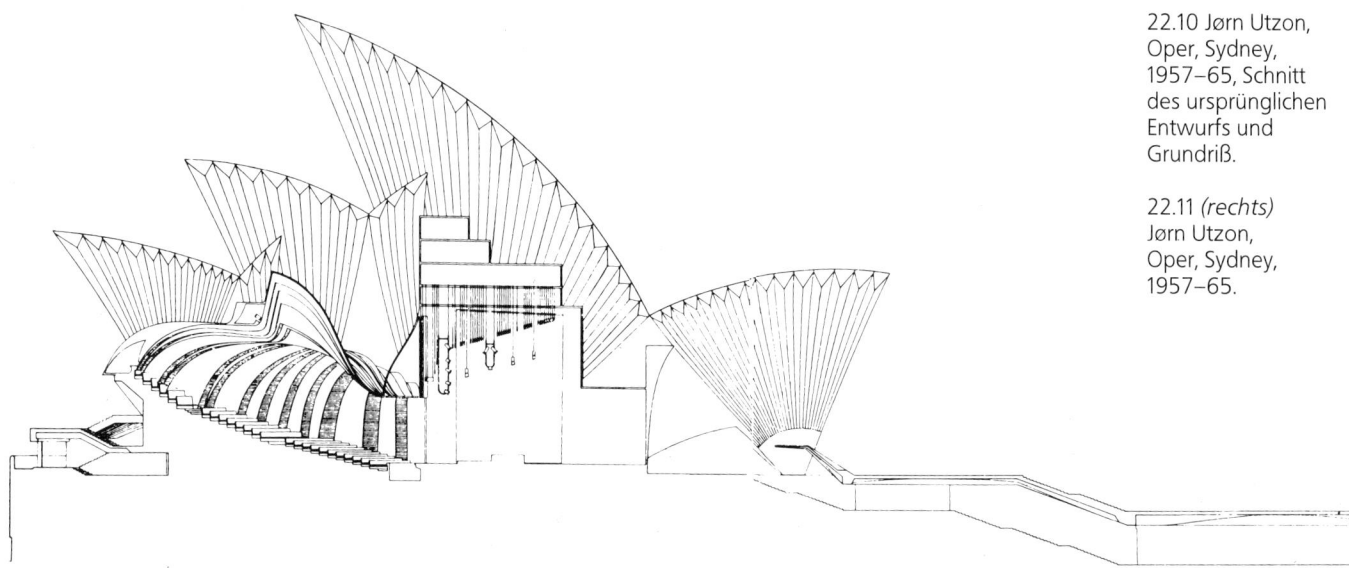

22.10 Jørn Utzon, Oper, Sydney, 1957–65, Schnitt des ursprünglichen Entwurfs und Grundriß.

22.11 *(rechts)* Jørn Utzon, Oper, Sydney, 1957–65.

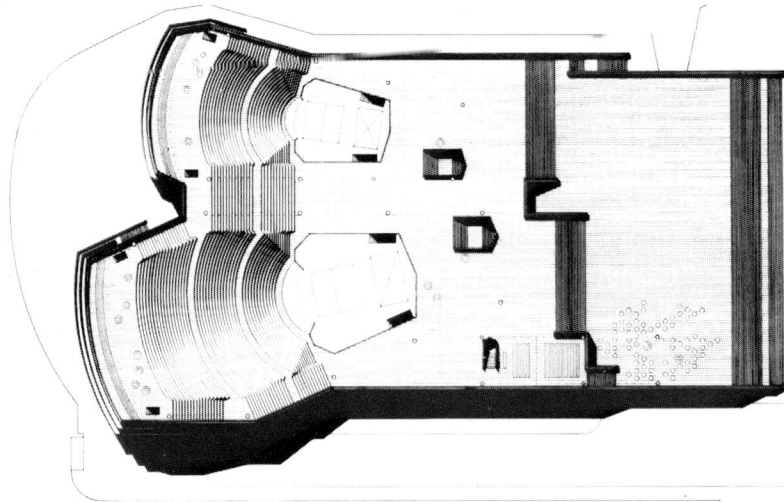

mußte). Vielleicht ließ er sich dabei von den Flügelstrukturen der Vögel inspirieren.

Die Symbolik des Gebäudes hatte noch einen anderen Aspekt: Es war in gewisser Weise eine moderne Kathedrale, einer wichtigen nationalen Kunst geweiht.

Utzon selbst bezeichnete die Oper als eine Art Kirche:

»Wenn Sie an eine gotische Kirche denken, kommen Sie dem, was ich anstrebte, näher…Wenn Sie eine gotische Kirche betrachten, werden Sie ihrer niemals müde, Sie kommen mit ihr nie zu Ende… diese Wechselwirkung (von Licht und Bewegung)… macht aus ihr etwas Lebendiges.«

In der Tat suchte Utzon standardisierte Elemente zu entwerfen, die sich zu seinen freien Formen zusammenfügen ließen, ebenso wie die gotischen Architekten repetitive Systeme benutzt hatten, um ihre sublimen räumlichen Effekte zu erzielen. In Sydney mußte schließlich die Geometrie der Schalen verändert werden, so daß ihre Krümmung Kugelschalen entsprach. Umfangreiche Experimente mit vorgefertigten Betonteilen wurden notwendig, bei denen der Ingenieur Ove Arup eine wichtige Rolle spielte. Als Utzon zurücktrat, waren noch viele Detailfragen zu klären, so daß die Oper eine Zeitlang wie ein weißer Elefant aussah. Als sie schließlich 1973 eröffnet wurde, war sie bereits zu einem nationalen Symbol Australiens geworden. Schon lange zuvor hatte sich das Opernhaus in die Legende der modernen Architektur eingereiht. Sigfried Giedion veröffentlichte den Entwurf in den neueren Ausgaben von *Space, Time and Architecture* und verlieh Utzon die Weihe der großen Tradition. Er präsentierte die Oper neben Le Corbusiers Spät-

werk und Kenzo Tanges monumentalen Bauten in Japan als Beweis für eine neue Tendenz, die eine Verbindung der Bauten mit ihrer Umwelt zur Voraussetzung des räumlichen Konzepts machte. In gewisser Weise war Giedions Wahl verfrüht, denn es ließ sich nicht voraussehen, ob Utzons Entwurf überhaupt realisierbar war. Immerhin würdigte er eine große architektonische Idee. In ihrer Verschmelzung von Abstraktion und Naturalismus, Komplexität und Einfachheit, in ihrer Weiterentwicklung der frühen Moderne und im Rückgriff auf die Monumentalität früherer Epochen verkörperte diese Idee nicht zuletzt auch Wunschvorstellungen einer neuen Generation.

Alvar Aalto und die skandinavische Tradition 305

23. Louis I. Kahn und die neue Monumentalität

»Man sollte nicht überrascht sein, man sollte sogar *erwarten*, in der heutigen Architektur archaische Qualitäten zu finden. Das liegt daran, daß die wirkliche Architektur sich gerade erst mit einer völlig neuen Ordnung des künstlerischen Ausdrucks auseinandersetzt. Diese Ordnung erwächst aus den neuen Aufgaben, die von der Gesellschaft an den Architekten herangetragen werden.«

L. I. Kahn, 1960

Zwischen den Kriegen erhielten moderne Architekten nur selten Aufträge für monumentale Bauten. Es gab natürlich Projekte wie Tatlins Turm und Le Corbusiers Völkerbundpalast, die deutlich machten, wie die neue Architektur sich Problemen der Größe und des symbolischen Ausdrucks anzupassen wußte. Doch bis in die dreißiger Jahre hinein blieb der offizielle Geschmack in den USA und den meisten westeuropäischen Ländern stark von der Tradition beeinflußt, vor allem, wenn es um bürgerliche Ideale ging. Denn hier kam es darauf an, Werte zu *bewahren* und auf eine Kontinuität mit der Vergangenheit hinzuweisen. Dies galt besonders für die totalitären Regime, die auf der Suche nach Herrschaftssymbolen alte Modelle oberflächlich wiederaufleben ließen.

Es ist verständlich, daß die Monumentalität zwischen den Kriegen zeitweilig mit Mißtrauen betrachtet wurde, als sei sie in sich ein Kennzeichen antidemokratischer Einstellung. Im Jahre 1943 diskutierten Sigfried Giedion und José Luis Sert jedoch bereits mit dem Blick auf die Nachkriegszeit eine neue Monumentalität. In einer Erklärung mit dem Titel »Nine Points on Monumentality« bezeichneten sie Monumente als »Denkmäler des Menschen..., dazu bestimmt, über die Zeit hinaus zu bestehen, in der sie entstanden« und als »Ausdruck der höchsten kulturellen Bedürfnisse des Menschen«. Sie setzten sich auch mit der Rolle kollektiver Symbole und der Notwendigkeit eines Städtebaus auseinander, der »mehr als funktionale Erfüllung« bieten sollte. Ein Jahrzehnt später plädierte Giedion für symbolhaft wirksame Stadtzentren. Die CIAM wandten sich von den »vier Funktionen« einer vageren »emblematischen« Definition der Stadtfigur zu. Vielleicht hing diese Stimmungsänderung mit der neuen »permissiven« Einstellung zur Tradition zusammen, die Giedion in dieser Zeit zum Ausdruck brachte.

Zwischen 1950 und 1965 entwickelte sich die moderne Architektur allmählich vom Produkt einer avantgardistischen Minderheit zu einer etablierten Ordnung. Obwohl sie häufig »progressiven« Idealen zugeordnet wurde (zum Beispiel bei den Vereinten Nationen), mußte sie sich auch mit traditionellen rhetorischen Aufgaben wie der Verkörperung des Staates auseinandersetzen. Die Baukunst selbst veränderte sich in einer Weise, die grandiosere Ausdrucksformen ermöglichte. Le Corbusier, Mies van der Rohe und Aalto zeigten in den späten vierziger und frühen fünfziger Jahren, wie Bauten der Gemeinschaft (zum Beispiel Chandigarh, St. Dié, Crown Hall und Säynätsalo) gestaltet werden konnten. Wenn es um Fragen des monumentalen Ausdrucks ging, hielten die äußeren sozialen Bedingungen und die innere Entwicklung der modernen Architektur durchaus miteinander Schritt.

Freilich bestand immer noch das aus dem 19. Jahrhundert herrührende Problem, daß es keine unverwechselbare Sprache gab, die eine öffentliche Funktion von der anderen oder von nachgeordneten Funktionen der Hierarchie unterschied. Durch die Industrialisierung nahm die Zahl der Bautypen zu. Doch da keine Übereinkunft über den »Stil« existierte, war die Beziehung der Gesellschaft zur Stadtstruktur nicht länger an der städtebaulichen Ordnung abzulesen. In der Frühzeit der Moderne hatten die idealen Städte zwar ihre eigene Version urbaner Klarheit demonstriert, aber sie konzentrierten sich auf das Wohnen und Arbeiten und überließen den Wolkenkratzern und Autobahnen den monumentalen Ausdruck. In Le Corbusiers »Ville Contemporaine« waren Verwaltung und Verkehr die am kraftvollsten artikulierten Elemente.

Nach dem Zweiten Weltkrieg zeigte sich in Le Corbusiers Werk eine neue heroische Kraft. Für St. Dié wie auch für Chandigarh setzte er sich offenbar mit der neuen Vision einer Akropolis auseinander. Mit Hilfe von *béton brut* und starken Schatteneffekten schuf er eine symbolische Sprache im Dienste der Institutionen. Vor allem in

Chandigarh verwandelte er altüberlieferte Typen (zum Beispiel die Basilika in den Justizpalast, die Kuppel-Portikus-Kombination in das Parlament), um entsprechend repräsentative Bilder zu erzeugen. Eine bloße Imitation der Vorbilder vermied er, indem er sie in sein wohlerprobtes, von Prinzipien bestimmtes Vokabular integrierte. Er erweiterte die *Cinq points* und entwickelte einen neuen Sinn für Maßstab und Würde: *Brise-soleil* in langen, repetitiven Reihen entsprachen der *gravitas* seines Konzepts, und sein unfehlbares Gespür für skulpturale Ordnung gewährleistete, daß Einheit und Vielfalt sich die Waage hielten.

Oscar Niemeyers öffentliche Bauten in Brasilia (Abb. 23.1), die in den späten fünfziger Jahren entstanden, gingen eher von Le Corbusiers Vorkriegsarbeiten oder dem UN-Gebäude von Harrison und Abramovitz aus als vom Spätwerk Le Corbusiers. Wie in Chandigarh sollte eine neue Stadt auf unberührtem Gelände erstehen. Lucio Costa, der Architekt des Gesamtplanes, entwarf Flügel, die sich in leichtem Bogen vom Kernpunkt her ausbreiteten. Der Präsidentenpalast und die Kongreßgebäude lagen vor riesigen Plätzen. Wasser und Himmel wurden so zu wichtigen Bestandteilen der Komposition. Doch Niemeyers Bauten fehlte die Überzeugungskraft von Chandigarh. So zeigt der Präsidentenpalast eine manierierte Fassade mit glatten, umgekehrten Bögen. Die Kammern des Kongresses, untertassenartige Elemente – das eine nach oben, das andere nach unten gekehrt –, liegen zu beiden Seiten des dominierenden Sekretariatshochhauses. Diese Symbolik entsprach vielleicht den Vorstellungen der brasilianischen Elite von Technokratie und Grandeur; doch die Formen waren aufgeblasen, schematisch und ohne tiefere plastische Substanz.

Das bedeutet nicht, daß ein robustes skulpturales Ensemble wie Chandigarh automatisch ein Rezept für akzeptable Monumentalität geliefert hätte. Dagegen sprechen schon die allzu vielen Beispiele von Konzerthäusern, Regierungsbauten und so weiter in aller Welt mit ihren schwerfälligen, von Plätzen umgebenen elefantenartigen Betonformen, die zwischen 1960 und 1970 entstanden. Immerhin erwies sich aber Le Corbusiers Spätstil als nützlich für sensiblere Architekten, die nicht nur die äußeren Effekte übernahmen, sondern auch das intellektuelle Rüstzeug für die Auseinandersetzung mit der Vergangenheit.

Ein Beispiel für die überzeugende Verarbeitung früherer Vorbilder ist die City Hall in Boston, 1962–67 (Abb. 23.2) von Kallmann, McKinnell und Knowles. Hier ging es darum, einer öffentlichen Institution Charakter zu verleihen, die sowohl Autorität als auch Offenheit ausdrücken sollte. Der Entwurf der Architekten glich das massive visuelle Gewicht durch Perforationen aus, die sich auf den umliegenden Stadtbereich beziehen. Im Volumen des Gebäudes sind hierarchische Unterscheidungen deutlich erkennbar. Über die weite, mit Ziegelstein gepflasterte Piazza ist der Komplex im unteren Niveau durch Treppen und Rampen zu erreichen. Die Lage der Büros in den Obergeschossen läßt sich am System der vorgefertigten Fensterelemente ablesen, während zeremonielle Funktionen (wie etwa das Büro des Bürgermeisters) sich im mittleren Niveau kräftiger nach außen abzeichnen. Die öffentlichen Einrichtungen liegen leicht zugänglich in der Erdgeschoßzone. An sich ging das Pro-

23.1 Oscar Niemeyer, Brasilia, 1957–65, Parlamentsgebäude und Sekretariat.

gramm von einem rechteckigen Bau um einen Innenhof aus. Doch aus diesem Grundprinzip entwickelten sich in Grundriß und Schnitt dramatische Raumdurchdringungen und schwere Betonvolumen. Dabei wirkt die Gesamtform überaus einfach. Der starke horizontale Akzent der Obergeschosse erinnert an ein klassisches Gesims und bildet einen deutlichen Kontrast zu den Wolkenkratzern der Umgebung.

Der rauhe Beton und die Vielfalt der Texturen gingen offensichtlich auf Le Corbusiers Kloster La Tourette zurück; auch die auskragenden Obergeschosse und die stämmigen Betonpfeiler sind diesem Prototyp verpflichtet. Doch die historischen Bezüge reichen noch weiter in die Vergangenheit zurück. Die Architekten waren fasziniert von den italienischen Palazzi des Mittelalters und der Renaissance, bei denen die Piazza bis in die untere Arkadenreihe vordrang. Sie entsprachen Kallmanns Vorstellung von einer »Aktions«-Architektur, die Innen- und Außenräume dynamisch miteinander verbindet, ähnlich Lasduns »Stadtlandschaft«, bei der jedes Bauwerk zu einem »Stück der Stadt« wird (vgl. 24. Kapitel). Beim Rathaus in Boston geht die Piazza in den Eingang über und wird zu einer Art innerem Forum, dessen Stufen sich als Sitzreihen für Versammlungen, Ausstellungen und andere öffentliche Veranstaltungen anbieten.

Die Architekten bemühten sich darum, moderne Standardisierungsmethoden mit einer Neuformulierung klassischer Elemente zu verbinden. So sind die Pfeiler eine Art monumentaler Ordnung in Beton, während das Deckenraster wie eine Kassettierung wirkt. Das Rathaus macht deutlich, daß die dünnen Häute und die schlanken *pilotis* des Internationalen Stils sich für Bauten dieser Größenordnung als unangemessen erwiesen haben. Es setzte sich mit den Problemen der Monumentalität auseinander und bot Lösungen, die nicht durchweg überzeugten, dennoch aber für das Problembewußtsein der Architekten sprachen.

Sichtbeton war nicht das einzige Material, das sich für eine neue Interpretation des klassischen Vokabulars anbot. Mies van der Rohe entwarf für die Neue Nationalgalerie in Berlin (1962) einen Tempel aus Glas und Stahl auf einem Podest – eine Art Schrein für die Kunst (Abb. 23.3). Die Stahlstützen mit ihren sorgfältig abgewogenen Proportionen und Abständen lassen an klassische Säulen denken, während das riesige auskragende Stahldach an die *Idee* des Gebälks erinnert. Im Inneren realisierte Mies wiederum seine Vorstellung eines abstrakten, »universalen« Raumes. In diesem Fall ist der Raum durch Stützen und flexible Trennwände für Bilder unterteilt. Es schien, als hätten sich die Profile, die Auskragungen und die dünnen Flächen des Barcelona-Pavillons mit der Symmetrie und den räumlichen Ideen der Crown Hall vom IIT vereinigt. Die Nationalgalerie zeugt von Mies van der Rohes ausgeprägtem Sinn für Details und handwerkliche Sauberkeit im Stahlbau. Wie Le Corbusier in Chandigarh erzielte er Monumentalität, indem er ein vorhandenes, auf rigorosen intellektuellen und künstlerischen Regeln basierendes architektonisches Prinzip wei-

terentwickelte. Die kraftvolle Umsetzung von Ideen in abstrakte Formen verhinderte, daß aus diesem neuen Klassizismus ein reines Zitatenspiel wurde. Mit neuen Materialien und in einem neuen sozialen Kontext wurde er neu interpretiert.

In den Vereinigten Staaten spiegelten sich die expansiven, optimistischen und sogar imperialistischen Strömungen der fünfziger Jahre in zahlreichen Aufträgen für monumentale Bauten wider. Mit dem Aufkommen moderner Architekturtheorien war der Einfluß des Beaux-Arts-Klassizismus keineswegs geschwunden. Die fundiertesten Beispiele dieser Tradition lieferte ein Architekt wie Louis I. Kahn; aber gegen Ende der fünfziger Jahre entstanden auch sehr viel oberflächlichere, weniger ausdrucksstarke und häufig banale neoklassizistische Arbeiten. Ein Grund dafür war zweifellos die allgemeine Unzufriedenheit mit dem Minimalismus der amerikanischen Version des Internationalen Stils (eine Reaktion, die sich auch auf andere Weise äußerte, zum Beispiel im »modernen Barock« von Eero Saarinens TWA Terminal im New Yorker Flughafen, Abb. 23.4). So schwelgten Architekten wie E. Durrell Stone (US-Botschaft in Delhi), Philip Johnson (Art Gallery in Lincoln, Nebraska) und Harrison und Abramovitz (mit Johnson, Lincoln Center in New York, Abb. 23.5) in großen Achsen, Symmetrie, kostbaren Materialien und aufwendigen Bögen, wie es ihrem oberflächlichen Verständnis von Monumentalität entsprach. Natürlich benutzten sie moderne Bautechniken in klassizistischer Manier, wie es Mies van der Rohe bei seinen Prototypen getan hatte; und natürlich kannten diese weitgereisten Architekten die großen Werke der klassischen Tradition. Aber trotz einer Fülle klassischer Anspielungen fehlten klassische Prinzipien nahezu völlig.

Abstraktionen des Klassizismus waren nicht der einzige Weg zu einer neuen Monumentalität. Jørn Utzons

23.2 G. Kallmann, M. McKinnell und E. Knowles, Rathaus, Boston, 1962–67.

23.3 *(rechts oben)* Ludwig Mies van der Rohe, Neue Nationalgalerie, Berlin, 1963, Modell.

23.4 *(rechts)* Eero Saarinen, TWA-Terminal, Kennedy Airport, New York, 1960.

Opernhaus in Sydney oder Hans Scharouns spätere Berliner Philharmonie in ihrer »expressionistischen« Formentradition belegen es. Basil Spence bemühte sich bei seiner Kathedrale in Coventry sogar um einen abstrahierten gotischen Stil, doch seine spindligen Stützen und konfusen Details wirkten nicht überzeugend. Die monumentalen Tendenzen der späten fünfziger und frühen sechziger Jahre waren im übrigen nicht auf staatliche und religiöse Programme beschränkt. Vor allem in den Vereinigten Staaten war bei vielen Architekten und Bauaufgaben eine Art innerer Wille zur Grandeur zu spüren. Die klaren Hochhäuser aus Stahlrahmen wichen allmählich schwerer wirkenden Kästen, die mit Marmor verkleidet und mit massiven, pilasterähnlichen Steinelementen dekoriert wurden. Selbst der Wohnbau wurde von einer Welle der Megastrukturen überschwemmt. So vereinte sich der Mythos des »totalen Design« mit schwerfälligen Großformen – ein weiterer Versuch, der amerikanischen Stadt Gestalt zu verleihen.

Der Meister der Monumentalität in den Vereinigten Staaten war in dieser Zeit zweifellos Louis I. Kahn. Monumentalität war natürlich nicht sein einziges Ziel, aber sicherlich sein wichtigstes. Er entwickelte eine Philosophie und ein Formensystem, die sich außerordentlich gut für repräsentative Zwecke eigneten. Kahn entging den Gefahren, von denen zuvor die Rede war: Es gelang ihm, mit dem größeren Maßstab umzugehen, ohne in ein »additives« Vokabular oder in übertriebenes Pathos zu verfallen. Er verstand es, moderne Konstruktionsmittel mit traditionellen Methoden zu verbinden. Er fühlte sich der Geschichte verpflichtet, mied aber Imitationen. Und sein tiefes Verständnis für die Bedeutung menschlicher Situationen half ihm, die Spielereien der Formalisten zu vermeiden.

Kahns frühe Entwicklung vollzog sich, bevor die moderne Architektur in den USA Fuß gefaßt hatte. Er wurde in Philadelphia in der Beaux-Arts-Tradition erzogen und war deshalb vertraut mit der klassischen Grammatik und mit axialer Organisation und Komposition. Dennoch erkannte er wohl die Dekadenz der meisten amerikanischen Bauten in den zwanziger und dreißiger Jahren. Er fühlte, daß eine neue Architektur kommen mußte, die den Bedürfnissen und Möglichkeiten der Zeit besser entsprach. Zunächst ließ er sich von Sullivan und Wright, später von Mies van der Rohe beeinflussen. Aber seine Entwicklung ging langsam vor sich, und seine Hausentwürfe aus den vierziger Jahren waren wenig inspirierte Versionen des Internationalen Stils. Zu einer neuen Phase kam es offenbar in den frühen fünfziger Jahren, nach Kahns Aufenthalt an der American Academy in Rom und seinen Reisen durch Griechenland und Ägypten. Seine Skizzenbücher aus dieser Zeit machen deutlich, daß er auf alte Erfahrungen zurückzugreifen, die wahren Inhalte der Architektur zu ergründen suchte.

Ein wichtiges Übergangswerk war die Yale Art Gallery von 1951–53, bei der Kahn mit einem subtilen, nach innen gerichteten Entwurf auf die vielfältigen Strukturen einer eklektizistischen städtischen Umgebung antwortete (Abb. 23.6). Die Innenräume eröffneten eine völlig andere Welt als jene vulgären, in Massen produzierten Environments aus standardisierten Fassadenelementen und abgehängten Decken, die damals in den USA vorherrschten. Bei Kahn ruft das Spiel des Lichts auf dem Deckenraster und auf den eleganten, aber unverkleideten Betonstützen reizvolle Effekte hervor. Die Treppe in ihrer zylindrischen Umschließung steigt in einer Serie dreieckiger Wendungen empor – ein Hinweis auf die spätere Tendenz des Architekten, Zirkulation und »bediente Zonen« deutlich zu unterscheiden. Das Äußere erinnert an Mies van der Rohes Glas- und Stahlfassaden, besitzt aber eine neue Unregelmäßigkeit und Leichtigkeit. Die Seitenwände und Innenräume lassen dagegen von fern an Frank Lloyd Wright denken.

Die Yale Art Gallery war nicht so rundum überzeugend, daß von einem einheitlichen persönlichen Stil die Rede sein konnte, obwohl das Gebäude in Amerika einer neuen archaischen Strömung den Weg wies. Bei den Richards Medical Laboratories der University of Pennsylvania von 1957–62 (Abb. 23.7) verband Kahn dagegen seine Ideen zu einem absolut konsequenten Ensemble. Das Bauprogramm erforderte große Abluftschlote und flexible Innenräume. Der Architekt drückte die Unterscheidung zwischen feststehenden und variablen, dienenden und bedienten Elementen aus, indem er die Service- und Treppentürme monumentalisierte und die Laboratorien als eingefügte Zellen behandelte. Das Grundstück liegt an einem Hauptfußweg durch den Campus, nicht weit von Häusern im Neo-Tudorstil mit reichen Turmsilhouetten entfernt, und es ist möglich, daß Kahn sich von dieser Umgebung inspirieren ließ. Der Grundriß ist eine raffinierte Kombination von linearer Reihung und Partikularität, die im Außenbereich Raumbuchten entstehen ließ, so daß ein allmählicher maßstäblicher Übergang vom Kontext zu den einzelnen Details zustande kam (Abb. 23.8). Die Geometrie des Grundrisses und die Verwendung von Service- und Treppentürmen als monumentale, zwischen großen und kleinen Komponenten des Entwurfs vermittelnde Elemente legen die Vermutung nahe, daß Kahn von Wrights Larkin Building inspiriert war.

Doch alle diese Einflüsse verbanden sich nun zur inneren Logik eines persönlichen Stils und zur formalen und funktionalen Logik eines individuellen Entwurfs. Die Laboratorien waren aus vorgegossenem Beton konstruiert, und Kahn suchte durch die Offenlegung der Verbindungen zu demonstrieren, wie sich das Gebäude zusammensetzte. Es handelte sich hier nicht um konstruktiven Exhibitionismus, denn Kahns Ziel war es, der sozialen Organisation der Laboratoriumsarbeit angemessenen Ausdruck zu verleihen – im Gegensatz zu jenen Bauten, die alles in eine einzige Großform stecken. Ohnehin war die Abneigung gegen den »neutralen Kasten« in dieser Zeit wahrscheinlich ein weltweites Phänomen. Kahn lieferte hier, wie Le Corbusier bei der Unité und La Tourette, eine Fülle von Ideen für die Artikulation komplexer Programme. Zudem hatten die Richards

Louis I. Kahn und die neue Monumentalität 311

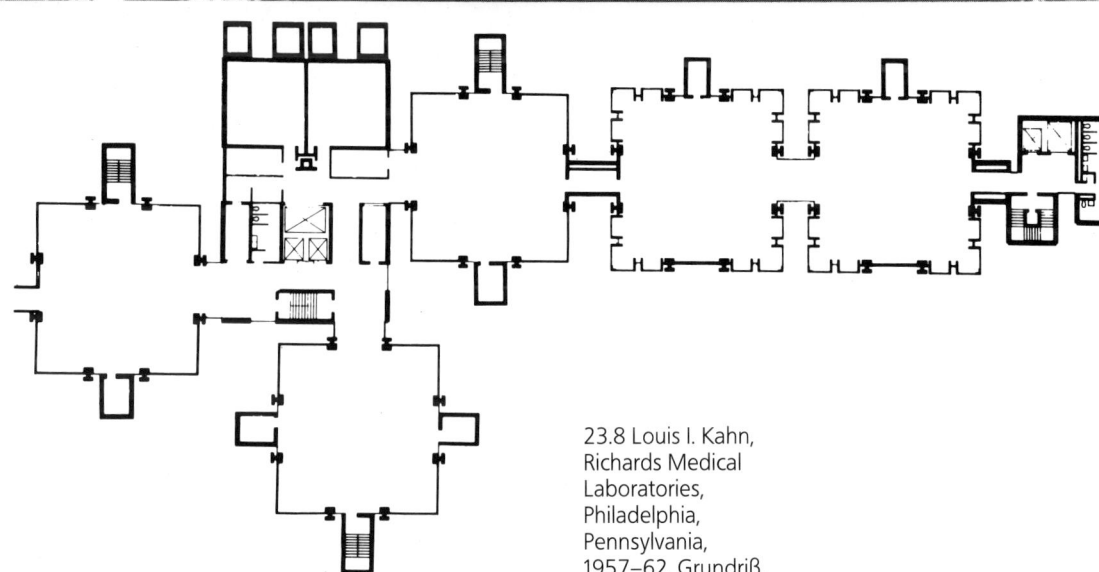

23.5 *(links oben)* Philip Johnson, New York State Theater, Lincoln Center, New York, 1965.

23.6 *(links)* Louis I. Kahn, Yale Art Gallery, New Haven, Conncecticut, 1951–53, Außenansicht bei Nacht.

23.7 *(rechts oben)* Louis I. Kahn, Richards Medical Laboratories, Philadelphia, Pennsylvania, 1957–62.

23.8 Louis I. Kahn, Richards Medical Laboratories, Philadelphia, Pennsylvania, 1957–62, Grundriß.

Laboratories mit ihren Ziegelflächen und Betonträgern einen direkten, taktilen Charakter, der offenbar auch eine Generation von Nachfolgern faszinierte.

Freilich waren die Richards Medical Laboratories als »Ideengebäude« überzeugender denn als leistungsfähige Werkstätten. Als schwierig erwiesen sich vor allem der fehlende Sonnenschutz an den Fassaden und ein gewisser Mangel an funktionaler Flexibilität. Aber ein Bauwerk, das nicht durchweg funktioniert, kann zugegebenermaßen dennoch Architektur oberen Ranges sein. Auf der Basis eines logischen Systems schuf Kahn ein Gebäude von jener antiken Qualität, die er bei römischen Ruinen und bei den Türmen und Stadtlandschaften Italiens bewundert hatte. In den frühen sechziger Jahren, als der erste Bauabschnitt vollendet war, wirkten die Laboratorien in Amerika geradezu wie ein Wegweiser zu einer zeitlosen Architektur – in einer Epoche, die sich sonst sinnloser formaler Gymnastik oder dürrem Funktionalismus hingab. Kahn schrieb über seine eigene Einstellung zu den Grundlagen der Architektur:

> »Müßte ich Architektur in einem Wort definieren, so würde ich sagen, daß Architektur die bedachtsame Herstellung von Räumen ist. Sie bedeutet nicht die gehorsame Ausführung von Vorschriften der Bauherren. Sie bedeutet nicht die Einfügung von Nutzungen in abgemessene Bereiche…Sie bedeutet die Herstellung von Räumen, die ein Gefühl der Nützlichkeit hervorrufen. Räume, die sich selbst zu einer Harmonie zusammenfügen, entsprechend dem Zweck, dem das Gebäude dienen soll…
> Ich glaube, die erste Tat des Architekten ist es, das ihm vorgelegte Programm zu ändern. Nicht um es zu erfüllen, sondern um es in das Reich der Architektur zu versetzen, das heißt, in das Reich der Räume.«

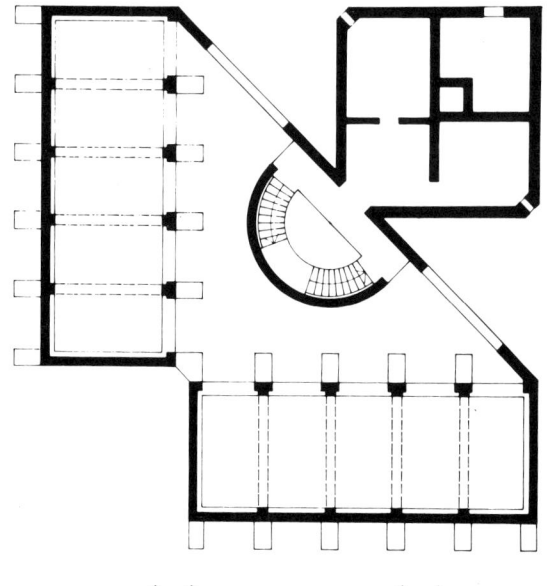

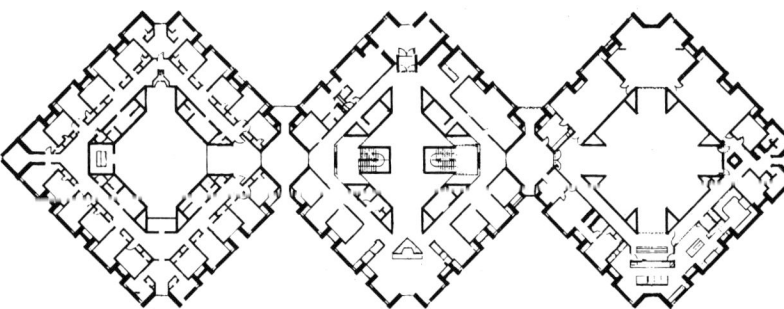

23.9 Louis I. Kahns konsequente Architekturstrategie manifestiert sich in vier Grundrissen: *(links)* Institute of Management, Ahmedabad, 1963, Wohnheim; *(unten)* Studentenwohnheim Bryn Mawr, 1964; *(rechts unten)* Bibliothek, Phillips Exeter Academy, New Hampshire, 1969; *(rechts)* Parlamentsgebäude, Dacca, 1963.

Kahns Architektur ging auch von einer sozialen Vision aus: Er forderte den Status quo nicht durch irgendwelche Utopien heraus, sondern durch einen mystischen Konservatismus. Denn Kahn glaubte an archetypische Muster der sozialen Beziehungen, die von der Architektur aufgedeckt und zelebriert werden sollten. Ein guter Entwurf war für ihn einer, der die zentrale Bedeutung der jeweiligen Institution enthüllte. Dieser Vorstellung von einer höheren Bedeutung sozialer Strukturen entsprach die Unterscheidung zwischen »Form« und »Entwurf«. Kahn glaubte, jedes architektonische Problem habe einen »essentiellen« Kern, der weit über ein bloßes funktionales Schema hinausreiche. Die Organisation des Baus lasse sich durch eine detaillierte Analyse der Anforderungen finden. Darauf folge ein intuitiver Sprung, der den »Typus« der Institution deutlich mache. Erst wenn dieser entdeckt und in angemessener symbolischer Form verkörpert sei, könne der Architekt zum Entwurfsstadium vorschreiten – dem zentralen, erfühlten Konzept eine materielle Gestalt verleihen. Bei einem guten Entwurf war nach Kahn die »Form«, die innere Bedeutung, in allen Teilen zusammenhängend ausgedrückt.

Diese idealistische Position motivierte Kahns größere Entwürfe in den frühen sechziger Jahren. Er gelangte zu einem einfachen Satz von »Typenformen«, die auf Figuren der primären Geometrie beruhten – Quadrat, Kreis, Dreieck und so weiter – und über bestimmten Grundmustern eine Fülle von Wechselbeziehungen aufnehmen konnten. Bei den Grundrissen so unterschiedlicher Projekte wie der Bryn Mawr Dormitories, des Institute of Management in Ahmedabad und des Parlamentsgebäudes in Dacca fällt die Einheitlichkeit des Konzepts ins Auge. Immer wieder bezieht sich der Architekt auf ein Grundprinzip: Die Bedeutung einer Institution drückt sich in einem zentralen Raum mit sozialem Charakter aus, der auf Quadrat, Zirkel oder Rhombus basiert und durch Achsen hierarchisch mit der Umgebung verbunden ist. Sekundärräume sind peripher um das Zentrum gesetzt und markieren Variationen des Themas. Sie enthalten die kleineren, privateren Funktionen. Doch

Louis I. Kahn und die neue Monumentalität 313

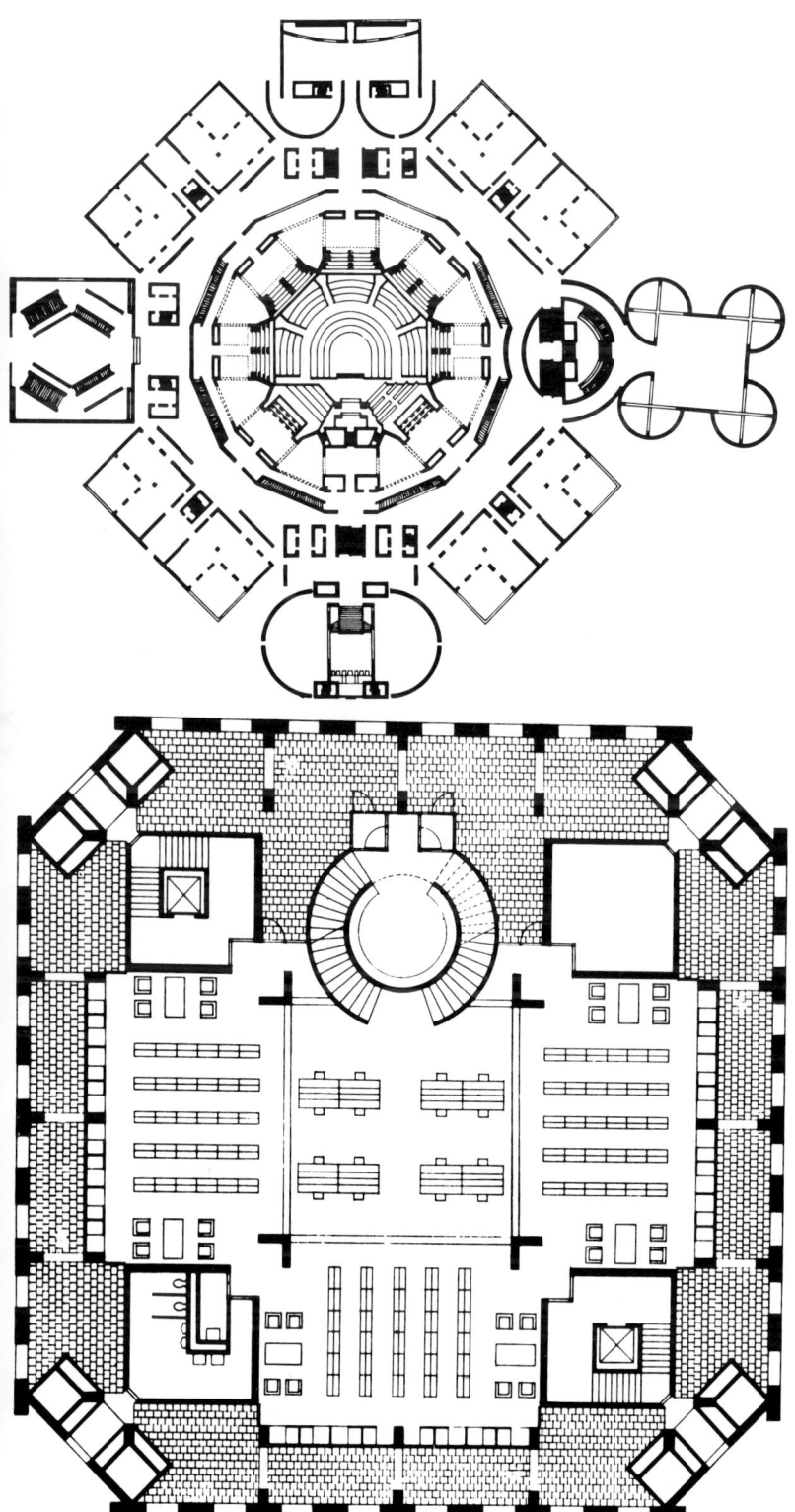

obwohl diese geometrischen Muster an ornamentale Entwürfe erinnern, sind sie alles andere als willkürlich. Sie lassen an Mandalas oder andere geometrische Symbolfiguren denken. Und sie zeigen, daß Kahn wie Wright eine pantheistische Vision der Natur hatte, die er in universalen Abstraktionen einzufangen suchte. Nicht zuletzt finden sich auch Anklänge an Kahns Beaux-Arts-Ausbildung, bei der zeremonielle Zirkulationswege entlang der Hauptachse der wichtigsten symbolischen Bereiche geführt wurden.

Natürlich existierten die Grundrisse nicht unabhängig von den Volumen, die sich darüber erheben sollten. Kahn verlor nie das Gefühl für die Solidität der Wand als Hauptbestandteil der Architektur, selbst wenn er Stahlbeton benutzte, der eine offene Fassade erlaubt hätte. Öffnungen reduzierte er auf einfache Leerräume, die tief in die Außenhaut geschnitten waren und die fundamentalen geometrischen Themen des Entwurfs – Kreise, Quadrate und so weiter – variierten. In Ahmedabad beim Institute of Management schuf der Architekt eine tiefe Durchgangszone zwischen dem äußeren und inneren Bereich, so daß überschattete Vorhallen und Wege entstanden. Die kolossalen Zylinder aus Backstein und Beton erwecken Assoziationen zu den römischen Ruinen, die Kahn so bewundert hatte. Aber es war eine Poesie der Formen, die über die europäische Tradition hinausging: Wie Le Corbusier war Kahn fasziniert von der kosmologischen Geometrie der Observatorien in Jaipur, die vielleicht ebenfalls bei der Entwicklung seines Vokabulars eine Rolle gespielt haben (Abb. 27.5).

Bei dem Projekt für das Jonas Salk Institute for Biological Studies (1959–65) bei La Jolla, San Diego, California (Abb. 23.11) hatte Kahn für eine Gemeinschaft von Forschern zu planen. Ein anderer Architekt hätte vielleicht versucht, den zukunftsorientierten Charakter eines solchen Programms hervorzuheben. Kahn dagegen bezog sich auf Prototypen wie Klöster oder andere Stätten geistiger Einkehr. Er entwarf drei Baugruppen, die in einiger Entfernung voneinander in der unberührten Landschaft mit Blick auf den Pazifik stehen sollten: das »Meeting House« (Gemeinschafts- und Konferenzräume), das »Village« (Wohnbereich) und die Laboratorien (der einzige ausgeführte Teil), die in parallelen Blocks mit einem dazwischenliegenden Wassergarten untergebracht sind. Die Labors selbst sind große Räume mit offenem Grundriß, die viele Variationsmöglichkeiten für die Anordnung der Experimente bieten. Sie sind durch Brücken mit kleinen Arbeitsräumen verbunden und haben Aussicht auf den Garten oder das Meer (Abb. 23.10). Wieder einmal unterschied Kahn zwischen der Welt gemeinsamer Arbeit und der privaten Welt des Denkens. Die Arbeitszimmer sind im wesentlichen karg möblierte Zellen oder Kabinen – Räume zur Kontemplation. Außen drücken sie sich durch Öffnungen mit Holzpaneelen aus, die in die Betonmauern eingesetzt sind. Das Betonvokabular geht eindeutig auf Le Corbusier zurück, nur sind hier die Oberflächen bewußt glatt und elegant gehalten. Vincent Scully entdeckte Ähnlichkeiten zwischen Salk und römi-

schen Bauten wie dem Diokletianspalast oder einigen Gebäuden, die in der Landschaft der Hadriansvilla verstreut sind: Wir spüren, daß hier die Stätte eines alten, hermetischen Kults sein könnte.

Kahns Talent zum monumentalen Ausdruck zeigte sich besonders deutlich bei seinem Entwurf für das Parlamentsgebäude in Dacca im heutigen Bangladesch (Abb. 23.12). Für diesen Architekten bedeutete Regierung eine der ältesten und tiefsinnigsten Formen sozialer Ordnung. Die »Form« (in seiner eigenen Interpretation des Wortes) mußte den Charakter einer solchen Institution widerspiegeln. Es überrascht kaum, daß Variationen über ein Kreisthema schon unter den ersten Skizzen auftauchten (Abb. 23.13), denn diese Form benutzte Kahn gewöhnlich, um eine soziale Gruppierung, einen Sinn für gemeinsames Handeln und den Begriff des »Zentrums« auszudrücken. Die Form des Parlamentsgebäudes ergab sich aber auch aus ihrer Beziehung zu anderen Institutionen: In den frühen Diagrammen lag das Parlament im Mittelpunkt konvergierender kleinerer Institutionen, die auf einer ähnlichen Geometrie basierten. Kahn nutzte sämtliche rhetorischen Elemente der Beaux-Arts-Theorie – primäre und sekundäre Achsen, Klimax, Variationen in Größe und Form –, um die Rolle des Gebäudes als »Kopf« der sozialen Ordnung zu betonen. Auch Le Corbusier hatte in Chandigarh große Achsen und Anregungen vielfältiger Vorbilder verwendet, sowohl bei der Anordnung der Bauten innerhalb des Komplexes als auch bei dem Entwurf des Parlamentsgebäudes selbst.

Ebenfalls wie Le Corbusier in Chandigarh erweiterte Kahn sein architektonisches System, um die Wirkung massiver Grandeur zu erzielen. Der große Parlamentssaal ist umgeben von einer Gruppe anderer Räume – Pressegalerien, Abgeordnetenzimmer und so weiter –, die kleinere Variationen der zentralen formalen Themen

Louis I. Kahn und die neue Monumentalität 315

23.10 *(links)* Louis I. Kahn, Jonas Salk Institute for Biological Studies, La Jolla, California, 1959–65, Blick zum Meer zwischen den Seminarräumen.

23.11 Louis I. Kahn, Jonas Salk Institute, La Jolla, California, 1959–65, Modell der Gesamtanlage.

23.12 Louis I. Kahn Parlamentsgebäude, Dacca, Bangladesch, 1963.

darstellen. An einer Seite liegt eine Moschee, durch Treppen mit dem Hauptbau verbunden. Sie ist wegen der Orientierung nach Mekka leicht aus der Hauptachse verschoben - eine Abweichung, die noch die Kraft der vorherrschenden geometrischen Ordnung steigert. In einem Gewirr von Zylindern und großen Rechtecken gruppieren sich die Nebenbauten um das zentrale Volumen. Mit seinen rauhen Materialien und den tief eingeschnittenen Schatten unter der glühenden Sonne wirkt der Gebäudekomplex, als habe er schon seit Jahrhunderten dort gestanden. Wie Le Corbusier in Indien arbeitete Kahn bei der Gestaltung der Oberflächen und Texturen intensiv mit den örtlichen Handwerkern zusammen. Das Ergebnis war das Gegenteil mechanischer Glätte – eine Außenhaut, die an Alter und Verwitterung denken läßt.

Ohne Kahns philosophischen Unterbau, ohne seine Theorien über die Natur des Menschen und der Architektur und seine Fähigkeit, diese Überlegungen in eine angemessene und mittelbare symbolische Form umzusetzen, wären solche äußeren Texturen reine Patina geblieben, so oberflächlich wie die Hochglanzverpackungen, die Mies van der Rohes Imitatoren zur gleichen Zeit anwendeten. Kahn gelang eine überzeugende Monumentalität, weil sein Architekturkonzept bereits in dieser Richtung tendierte und weil er ein sensibles Verhältnis zu den großen Monumenten der Vergangenheit hatte. Wie Wright glaubte Kahn an eine »cause conservative«, an »Elementargesetze, die jeder großen Architektur zugrunde liegen«. Und ebenso wie Wright kopierte Kahn nicht die äußeren Merkmale vergangener Stile, sondern setzte sich mit deren Prinzipien auseinander und suchte sie im Sinne der Moderne universal weiterzuentwickeln. Für Kahn änderten sich die Ziele dar Architektur nicht: nur die Mittel.

23.13 Louis I. Kahn. Parlamentsgebäude, Dacca, 1963, Skizze.

24. Architektur und Anti-Architektur in England

»Welche Technik er auch wählt, es ist Aufgabe des Architekten, eine neue Lebensform vorzuschlagen...«

P. Smithson, 1963

In den Nachkriegsjahren waren die dringendsten Aufgaben in England der Wiederaufbau der Städte und die Versorgung mit Wohnraum. Bei der Suche nach Formen stand der Zusammenhang zwischen Architektur, Städtebau und einer neuen Lebensweise im Vordergrund. Der Wohlfahrtsstaat bot mehr als die Möglichkeit, Schulen, Krankenhäuser und Wohnungen zu bauen: Er lieferte auch ein Ethos, ein soziales Ideal, vor dem die Architekten nicht die Augen verschlossen. Unter der Labour-Regierung der Nachkriegszeit entfalteten endlich die gutgemeinten Wohnbauexperimente der dreißiger Jahre mit ihren vagen sozialistischen Anklängen ihre Wirkung. Doch die Grenzen dieser Vorbilder zeigten sich bald. Außerdem traten bald neue Ideen auf, die nach Ausdruck verlangten.

Zu den Projekten der unmittelbaren Nachkriegsjahre zählten die »New Towns«. Hier vereinten sich Fabianismus und die Ausläufer der Gartenstadtbewegung zu einer angemessenen, aber wenig inspirierenden Szenerie für »New Britain«. In den Innenstädten erhoben sich über den Slums des 19. Jahrhunderts zahllose gleichförmige Blocks mit Mietwohnungen. Meist entsprachen sie nur minimalen Standards. Sie schienen eine besonders moderne und hygienische Form der Entfremdung zu verkörpern.

Es gab natürlich Ausnahmen (wie etwa die Churchill Gardens in Pimlico von Powell und Moya, Lubetkins und Tectons Entwürfe für Finsbury und die »Miniunités« des LCC in der Nähe des Richmond Park). Aber der Mehrzahl der Bauten fehlte jegliche Phantasie. Deshalb ist es einleuchtend, daß jene Avantgarde-Architekten, die der Existenz der Arbeiterklasse auf den Grund zu gehen suchten, sich vom dichten Straßenleben der alten Slums inspirieren ließen, die Bomben oder Bulldozer so stark zerstört hatten.

Bei dem Schulprogramm in Hertfordshire aus den frühen fünfziger Jahren führten Standardisierung und konsequente Planung zu einer zurückhaltenden und rationalen Version der modernen Architektur, wie Pevsner sie bewunderte. Inzwischen waren beim Festival of Britain von 1951 die »weißen Formen der Moderne« mit einer letzten Fanfare untergegangen. Die Royal Festival Hall, von einem Team unter Leslie Martin entworfen (Abb. 24.1), war mit ihrer klaren Eleganz, ihrem an Lubetkins High Point II erinnernden Haubendach, den farbigen Fliesen und den skandinavisch anmutenden Details ein würdiges Denkmal dieser Veranstaltung. Hier zeigte sich, daß die Bewegung, die zwanzig Jahre zuvor unter polemischen Vorzeichen begonnen hatte, akzeptabel, versöhnlich und sogar ein wenig akademisch werden konnte.

Die jüngere Generation interessierte sich dafür wenig. Zu ihr zählten die Smithsons, von deren Vorstellungen einer »städtischen Neudefinition« schon die Rede war. Bevor die Unité in Marseille eine Wandlung in ihnen auslöste, waren sie Anhänger Mies van der Rohes (dessen Bauten sie nur von Fotos kannten). Bei der Hunstanton School in Norfolk von 1949–53 (Abb. 24.2) verwandelten sie das Stahlrahmenvokabular des IIT in einen asymmetrischen Grundriß und demonstrierten Installationen wie Materialien unverhüllt.

Der Kritiker Reyner Banham sprach von der »eindrucksvoll bildhaften Qualität« Hunstantons, wies darauf hin, daß die Materialien »wie vorgefunden« ausgedrückt seien, und prophezeite eine neue Moral im Bauen, die er als »New Brutalism« bezeichnete. Wie die Smithsons gehörte Banham der »20th Century Group« in London an, die Dubuffets *art brut* und Le Corbusiers *béton brut* bewunderte und in Zusammenarbeit mit dem Bildhauer Paolozzi und dem Fotografen Nigel Henderson versuchte, die Charakteristika des modernen städtischen Lebens in einer neuen Kunst zu übermitteln. Die Gruppe war geeint durch ihre Ablehnung der gepflegten englischen Kulturelite und ihr Interesse an kontinentalen

318 Wandlungen und Verbreitung der modernen Architektur nach 1940

24.1 Leslie Martin und andere, Royal Festival Hall, Festival of Britain, London, 1951.

24.2 *(unten)* Alison und Peter Smithson, Hunstanton School, Norfolk, 1949–53.

24.3 *(rechts)* Alison und Peter Smithson, Economist Building, London, 1963-67.

Architektur und Anti-Architektur in England

einem platonischen Idealismus befrachtete, lehnten die Smithsons jede in sich geschlossene Ästhetik zugunsten einer Ästhetik der Veränderung ab. Das zeigte sich bei ihren ausgreifenden, unvollendeten Plänen für die Wohnbebauung Golden Lane (vgl. 21. Kapitel). Auch hatten sie keinerlei Interesse an den symbolischen Proportionen der Renaissance (viele ihrer britischen Kollegen waren zu dieser Zeit stark von Rudolf Wittkowers Buch *Architectural Principles in the Age of Humanism* beeinflußt).

Abgesehen von einem Entwurf für ein futuristisches »Haus der Zukunft« im Jahre 1956, hatten die Smithsons wenig Möglichkeiten, ihre Ideen auszuführen, bis die Zeitung *Economist* ihnen zu Beginn der sechziger Jahre einen neuen Bürokomplex in der Nähe des traditionellen Boodles' Club an der St. James's Street in Auftrag gab (Abb. 24.3). Kontext und Bauherr schienen nach einer gemäßigten Lösung zu verlangen, die nicht unbedingt ihrer bisherigen Spontaneität und Willkür entsprach. Sie verlegten das Programm in drei getrennte Türme unterschiedlicher Größe und plazierten den größten mit den Büros des *Economist* an die Rückseite des Grundstücks, um den Maßstab der Straßenfront nicht zu beeinträchtigen. Dadurch entstand eine kleine Piazza mit mäandernden Wegen. Der mittelgroße Block liegt an der Ecke der Hauptstraße und enthält elegante Läden sowie eine Bank, die ein vergrößerten *piano nobile* einnimmt und über eine Rolltreppe mit 45° Neigung zu erreichen ist. Ein dritter, weitaus kleinerer Block mit Wohnungen wurde als Nachbar des Boodles' Club auf dem Grundstück zurückgesetzt. Der Büroblock ist um einen Zirkulationskern angeordnet und hat in den Außenzonen relativ intime Büroräume. Die Gebäudekanten sind an den Ecken abgeschrägt, so daß ein charakteristisches Bild entsteht und der Neubau ein tolerantes Verhältnis zu den Nachbarbauten eingeht. Die Architekten betonten, das innere Layout sei durch Klosteranlagen beeinflußt, und möglicherweise versuchten sie tatsächlich, Qualitäten des privaten Wohnens in den Bürobereich einzuführen. Die Travertinverkleidung des Stahlrahmens verleiht dem Gebäude einen repräsentativen Charakter. Der honigfarbene Stein paßt zu den vielfältigen warmen Farben der Umgebung. Die Idee des Komplexes reflektierte die frühere städtebauliche Polemik der Smithsons: Für sie war die *Economist*-Gruppe ein »Cluster«, ein Bild, ein Symbol der Stadt der Zukunft.

Die Asymmetrie bedeutete Kritik an der leeren Formel axiales Prisma/axiale Plaza und sollte die Verbindung zwischen Alt und Neu herstellen. Der Prozessionscharakter des Fußgängerweges ging offensichtlich auf Erinnerungen an einen Besuch in Griechenland zurück, während die Piazza an Italien denken läßt. Die Joche der Bauten weisen subtil differenzierte Achsabstände auf, so daß ein Tableau entsteht, wie man es von Renaissance-Bildern kennt. Die Unterbringung der Bank auf einem höheren Niveau erinnert an die PSFS-Lösung von 1931, aber auch an das Hauptstadt-Projekt für Berlin (1957), bei dem erhöhte Fußgängerwege eine wichtige Rolle

Ideen, etwa existentialistischer Schriftsteller wie Camus und Sartre.

Die Smithsons tendierten zudem zu einem sozialistischen Realismus und erklärten so unterschiedliche Dinge wie Maschinenkonstruktionen, Reklame und den bric-à-brac des Straßenlebens (den sie als das »Material der städtischen Szene« bezeichneten) zu Ikonen zeitgenössischer Lebensweise. Le Corbusier hatte in seinen frühen Jahren einen ähnlichen Prozeß durchlaufen, als er bei seiner Suche nach Bildern, die den Zeitgeist ausdrükken sollten, in Schiffen und Silos schwelgte. Doch während Le Corbusier die Bilder des Maschinenzeitalters mit spielten – ein Nachklang der städtebaulichen Theorien des Team X.

Die Smithsons mußten fast ein weiteres Jahrzehnt warten, bis sie ihre Wohnbautheorien im Zusammenhang mit jenem Arbeitermilieu erproben konnten, auf das sie sich ursprünglich fixiert hatten. Inzwischen hatten sie zwar ein Studentinnenwohnheim für St. Hilda's in Oxford realisiert, doch dieser Komplex war für eine weitaus weniger schwierige visuelle und soziale Umgebung bestimmt. Die »Robin Hood Gardens« (1969–75) sollten dagegen in Poplar entstehen (Abb. 24.4), nicht weit von den Docklands des East End entfernt, einem alten Lieblingsort der Smithsons. Sie arrangierten die Bebauung als eine weitere kritische Antwort auf den freistehenden Hochhausblocks: zwei mehrfach gebrochene Volumen, die eine Grünfläche mit künstlichem Hügel umschließen und vom Verkehr abgeschirmt sind. Die Wohnungsformen ließen sich an der Fassade durch vorgelegte Betonprofile ablesen, während das dreigeschossige Zugangssystem durch eine Reihe größerer Rippen artikuliert war. In der Theorie sollten diese Elemente wahrscheinlich moderne Äquivalente der standardisierten, aber dennoch variablen klassischen Säulenordnungen des 18. Jahrhunderts wie in Bath darstellen; in der Praxis wirkten sie freilich wie schlankere Abkömmlinge der Fassadentextur an der Unité d'Habitation in Marseille. Die Straßendecks erfüllten ihre symbolische Aufgabe, die ideale Gemeinschaft auszudrücken, nur in unzureichendem Maße. Insgesamt ging das Projekt Robin Hood Gardens von einer Vision des Arbeiteralltags aus, die eher auf die Realitäten der frühen fünfziger Jahre zutraf als auf das Konsumbewußtsein späterer Jahre.

Ein weiterer Architekt, der Enttäuschung über die verwässerte moderne Architektur im England der fünfziger Jahre empfand, war James Stirling. 1926 geboren, studierte er von 1945 bis 1950 an der Universität Liverpool, wo er mit den Ideen Colin Rowes in Berührung kam, eines Historikers, der von den utopischen und symbolischen Aspekten der zwanziger Jahre fasziniert war. Stirling war sich offenbar schon früh seiner Position innerhalb einer modernen Tradition bewußt und benutzte gern Zitate: Selbst seine Diplomarbeit war eine unbeholfene, aber kraftvolle Neuinterpretation des Pavillon Suisse einschließlich der nautischen Anspielungen. Wie Lasdun und die Smithsons empfand Stirling die Notwendigkeit, die englische Architektur mit neuem Leben zu erfüllen und durch den Kontakt mit früheren nationalen Traditionen zu bereichern. Ihn inspirierte besonders das ungeschliffene Erscheinungsbild von nördlichen Industriestädten wie Liverpool. Er besuchte auch Le Corbusiers Kapelle in Ronchamp und die Jaoul-Häuser und berichtete darüber. Dem Primitivismus und dem bewußten oder, wie er es nannte, »manierierten Imperfektionismus« von Le Corbusiers späten Arbeiten stand er skeptisch gegenüber – obwohl seine Häuser in Ham Common von 1956 (mit Gowan) deutlich von ihnen beeinflußt sind. Stirling nahm die Polemik der Brutalisten zur Kenntnis, hielt aber eine gewisse Distanz zum Kern der Gruppe. Dennoch wurde seine rauhe Maschinenpoesie später immer wieder als »brutalistisch« eingestuft.

Stirlings starker persönlicher Stil brach bei dem Ingenieurgebäude der Universität Leicester von 1959–63 durch (Abb. 24.5). Der schlanke Turm auf gespreizten Beinen erhebt sich über das auskragende Auditorium und ist mit einem niedrigeren Werkstatt-Trakt verbunden, dessen Sägezahn-Dächer mit Industrieverglasung in einem Winkel von 45° angelegt sind. Da das Programm eine 30 Meter hohe hydraulische Anlage erforderte und das Grundstück begrenzt war, schien ein Turm angemessen. Doch funktionelle Überlegungen waren nur der Ausgangspunkt für eine Komposition voller plastischer Dynamik, bei der die einzelnen Teile gegeneinander ausgespielt wurden. Überall finden sich mechanistische Bilder und Zitate aus der »heroischen Phase«

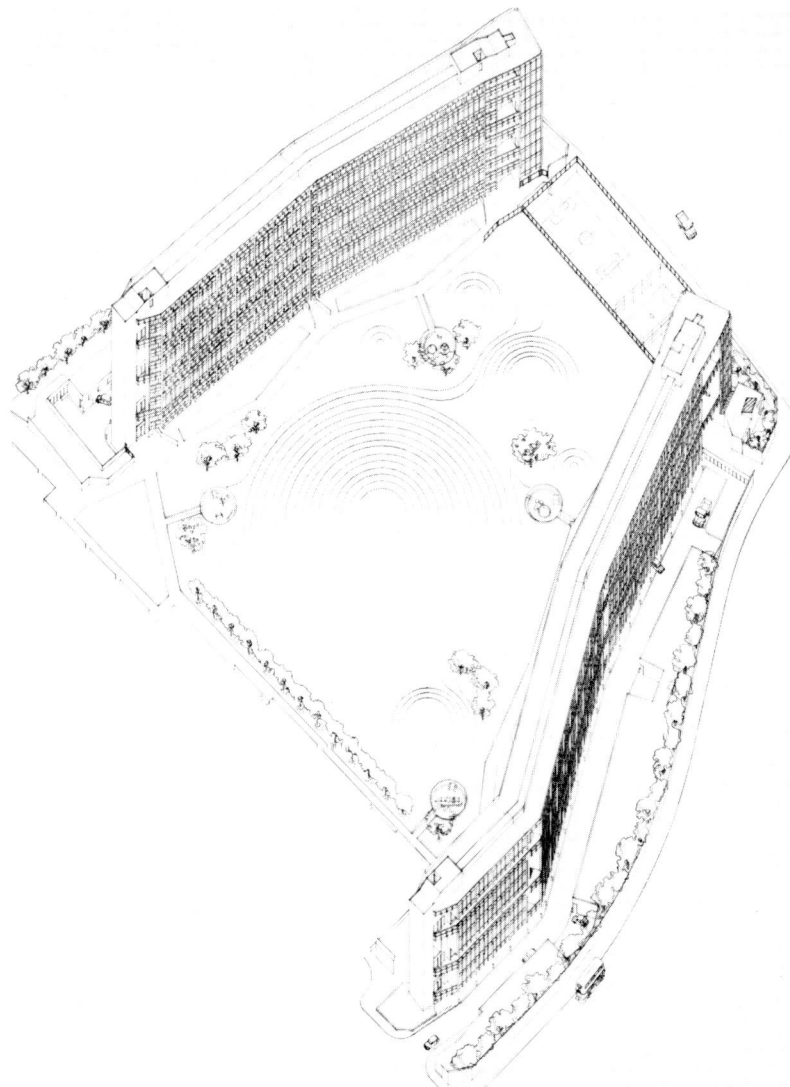

24.4 Alison und Peter Smithson, Robin Hood Gardens, Poplar, London, ca. 1969–75, axonometrische Zeichnung der Gesamtanlage.

24.5 *(rechts)* James Stirling und James Gowan, Engineering Building, Universität Leicester, 1959–63.

der modernen Architektur: Erinnerungen an Hannes Meyers »Fabrik«-Entwurf für den Völkerbund mischen sich mit Anklängen an Melnikows Konstruktivismus; Details von Kriegsschiffen sind mit Corbusierschen Rampen und mit Elementen vergleichbar, wie sie Wright beim Laboratoriumsturm des Johnson Wax Building verwendete. Das Ganze war beinahe zu raffiniert, als habe der Architekt bewußt die Maschinenpolemik der Zeit vor dreißig Jahren stilisieren wollen. So ist es verständlich, daß von einem »Neofuturismus« die Rede war (Farbtafel 12).

Einige seiner Ideen von Leicester versuchte Stirling auf die ganz andersartige Bauaufgabe der Geschichtsfakultät an der Universität Cambridge von 1965–67 (Abb. 24.6) zu übertragen. Dieser Auftrag ergab sich aus einem begrenzten Wettbewerb, bei dem Stirling als einziger eine völlige Integration von Bibliothek und Lehrräumen angestrebt hatte. Er plazierte den Lesesaal in einen Viertelkreis unter einem verglasten Zeltdach, angelehnt an einen L-förmigen Block mit Seminarräumen, Gemeinschaftsräumen und so weiter. Die größten öffentlichen Einrichtungen brachte der Architekt in den unteren Niveaus unter, so daß eine von oben nach unten abgetreppte Silhouette entstand. Der radiale Grundriß des Lesesaals war auch eine Antwort auf die zentrale Forderung des Programms: daß es einen einzigen Kontrollpunkt geben müsse, von dem aus Lesesaal und Magazin zu überblicken sind. Vielleicht brachten Logik wie Bildungswissen Stirling dazu, das »Panopticon«-Prinzip des utilitaristischen Philosophen Bentham mit dem »kontrollierenden Auge« im Mittelpunkt eines Kreises wieder aufzugreifen. In Bibliotheksentwürfen des 19. Jahrhunderts war es häufig angewendet worden.

Polygonale Treppentürme, Industrieverglasung, roter Backstein, unregelmäßige Silhouette und technische Romantik erinnerten an Leicester. Doch das Glasdach über dem Lesesaal war eine verblüffende neue Erfindung, nur von fern an die Palmenhäuser in Kew Gardens oder das Montagegebäude für Raketen in Cape Canaveral erinnernd. Die Doppelschicht des Daches isoliert gegen extreme Hitze und Kälte und wird von einem eleganten Stahl-Fachwerkbindersystem mit verstellbaren Lamellen und anderen mechanischen Installationen getragen. Am Scheitelpunkt über der Kontrollstelle sind oberhalb der getönten inneren Glasschicht des Daches bunt gestrichene Absaugventilatoren installiert. Mit seinen abgeschrägten inneren Fenstern und den verglasten Galerien ist der Raum ein bizarres Gebilde, das ebenso an Science-fiction des 20. Jahrhunderts und modernes Flugzeugdesign denken läßt wie an die Ära der großen Stahl- und Glas-Konstrukteure des 19. Jahrhunderts. Auch hier scheint die Poesie der Futuristen

24.6 James Stirling, History Faculty Building, Universität Cambridge, 1965–67.

Architektur und Anti-Architektur in England

fig kompositorischen oder assoziativen Kriterien den Vorrang. Denn geneigte Glasflächen bieten keinen idealen Regenschutz und lassen zuviel Licht, Kälte und Hitze ein.

Das trifft wohl auch auf das Florey Building zu, ein Studentenwohnheim für das Queen's College in Oxford, das er zwischen 1967 und 1971 entwarf (Abb. 24.7): Hier sind die um einen halboffenen Hof angeordneten Studentenzimmer mit Ausblick auf Felder und Bäume vom Boden bis zur Decke voll verglast und durch Lamellen ventiliert. Die Außenseiten des Gebäudes, an denen die Korridore und Treppenhäuser liegen, sind mit dem üblichen roten Backstein verkleidet. Insgesamt wirkt das Bauwerk mit den schrägen Beinen des A-Rahmens aus Beton und den zurückgesetzten Geschossen wie eine große Tribüne. Die Hauptgemeinschaftszone – ein Frühstückssaal – liegt im Mittelpunkt, in den Hof eingebettet, während die Pförtnerloge in gekurvten, freien Volumen unter den Kasten geschoben ist.

Der Glaskasten auf Betonstützen mit Ausblick ins Grüne beschwört unweigerlich das Bild des Pavillon Suisse herauf; die gestuften Treppenhäuser und die Anordnung des Frühstückssaales vor einer Scheibe lassen an Aaltos Baker House denken; und der »Kreuzgang« im Erdgeschoß unter dem A-Rahmen sowie der hofartige Grundriß greifen die College-Traditionen von Cambridge und Oxford auf. So ergibt sich die Form des Florey Building nicht aus »funktionalistischen« Erwägungen, sondern aus der absichtsvollen Mischung traditioneller Vorbilder. Stirlings Lösung warf nicht nur praktische und akustische Probleme auf, sondern übertrug auch gewaltsam die Polemik des Maschinenzeitalters in die friedliche Atmosphäre Oxfords. Vielleicht war dies Stirlings Version des sozialen Engagements, das er in der Architektur der zwanziger Jahre wahrgenommen hatte. Doch das Bauwerk wirkte wie eine archäologische Exkursion zu den Quellen der Moderne. Bei seinem wenig späteren Entwurf für ein Wohnheim in St. Andrews, Schottland, ließ er sich von einem anderen Fetisch der zwanziger Jahre inspirieren – dem Bild des Schiffes.

Stirlings mechanistische Rhetorik erreichte ihren Höhepunkt bei einigen Prestigeprojekten für Industriekonzerne, die in den sechziger und frühen siebziger Jahren entstanden. Für die Stahlfirma Dorman Long entwarf er einen linearen Glascontainer in abgetreppter Form, der eine Autostraße überbrückte; für Olivetti schuf er eine Collage aus architektonischen Zitaten und Anspielungen auf Büromaschinen; und für Siemens projektierte er ein Computerzentrum bei München (nicht realisiert) mit deutlich technoidem Charakter (Abb. 24.8). Die riesigen zylindrischen Formen der Bürobauten waren als große axiale Komposition mit Laufbändern in der Hauptachse ausgelegt. Pappelalleen riefen einen merkwürdigen Eindruck vom 18. Jahrhundert hervor. Der Komplex wirkte wie ein kybernetisches Gegenstück zu Ledouxs' utopischer Saline in Chaux, die eine neue europäische Technokraten-Elite feiern wollte.

24.7 James Stirling, Florey Building, Universität Oxford, 1967–71.

eine Rolle zu spielen. Aber das heroische Vokabular wirkte merkwürdig kühl – als habe Stirling die Bilder des Maschinenzeitalters verwenden wollen, ohne ihre Moral und ihr utopisches Engagement einzubeziehen.

Sprach Stirling von seinen eigenen Bauten, so betonte er die funktionalen Aspekte, statt über Bedeutung oder Quellen seiner Formen zu spekulieren. Über die Verglasung – die so deutlich an die kristallinen Phantasien der zwanziger Jahre erinnerte – äußerte er sich völlig pragmatisch:

> »Glasbauten sind, glaube ich, dem englischen Klima angemessen. Wir sind vielleicht das einzige Land, in dem es selten zu heiß oder zu kalt ist, und an einem normalen bewölkten Tag strahlt der Himmel ein sehr diffuses Licht aus. Eine Glashülle hält den Regen ab und läßt das Licht eindringen.«

Dennoch manipulierte der Architekt, wie die Ergebnisse zeigen, seine Vorbilder durchaus bewußt und gab häu-

Stirlings pittoreske Manipulation von Bildern des Maschinenzeitalters war vielleicht auch von einem weiteren Zweig der englischen Avantgarde in den sechziger Jahren stimuliert: der Gruppe Archigram. Sie hatte sich um den Kreis von Peter Cook, Warren Chalk, Ron Herron, Dennis Crompton, Michael Webb und David Greene gebildet. Das Gründungsmanifest »Archigram 1« entstand 1961 und zeugte bereits vom späteren Interesse der Gruppe an »Clip-On«-Technologie, Wegwerfgesellschaft, Raumkapseln und Massenkonsum. Schon 1959 hatte Michael Webb ein Projekt für ein »Furniture Manufacturers Association Building« entworfen, bei dem Kapseln flexibel in einen Rahmen eingefügt waren. Sein »Sin Centre« für den Leicester Square von 1961 sollte eine riesige kybernetische Vergnügungsmaschine werden, die Computerschirme und Raumschiffe aus Comic Strips nachahmte. Die Roboterbegeisterung erreichte einen Höhepunkt bei Ron Herrons Entwurf »Walking Cities« von 1964: Hier wanderten kolossale spinnenförmige Städte auf Beinen über das Wasser Manhattan entgegen. Dann faßte Peter Cook 1964 die Hauptthemen der Gruppe zu einer riesigen, aber ständig wechselnden Megastruktur zusammen: der »Plug-in-City« (Abb. 24.9). Die Stadt verfügte nicht über Bauten im traditionellen Sinn, sondern über Megastrukturen, in die sich standardisierte Elemente einschieben ließen. Die Funktionen wurden nicht mehr durch Formen erfüllt, sondern durch technische und elektronische »Serviceeinrichtungen«.

Die Gruppe Archigram gab sich bewußt anti-heroisch und lehnte die Intellektualität und Naturverehrung der Team-X-Generation ab. Archigram begrüßte die hedonistischen Möglichkeiten der modernen Konsumgesellschaft aus vollem Herzen, ohne jeden moralistischen Vorbehalt. Zweifellos findet sich hier eine Parallele zur Pop-Malerei der frühen sechziger Jahre von Hamilton, Warhol, Rosenquist und Johns. Die Archigram-Architekten lernten ihre Lektionen von der früheren »20th Century Group« (die in amerikanischer Reklame geschwelgt hatte) und von dem Ingenieur Richard Buckminster Fuller, dessen Anti-Monumentalismus ihnen Eindruck machte. Ihr Ziel war es, eine neue Realität zu porträtieren und zu symbolisieren. Warren Chalk schrieb:

> »Wir suchen eine Idee, eine neue Sprache, etwas, das es mit den Raumkapseln, Computern und Wegwerfpackungen eines elektronischen atomaren Zeitalters aufnehmen kann...
> Wir versuchen nicht, Häuser wie Autos zu machen oder Städte wie Ölraffinerien... Solche ana-

24.8 James Stirling, Entwurf für das Computerzentrum Siemens, München, 1969.

Architektur und Anti-Architektur in England 325

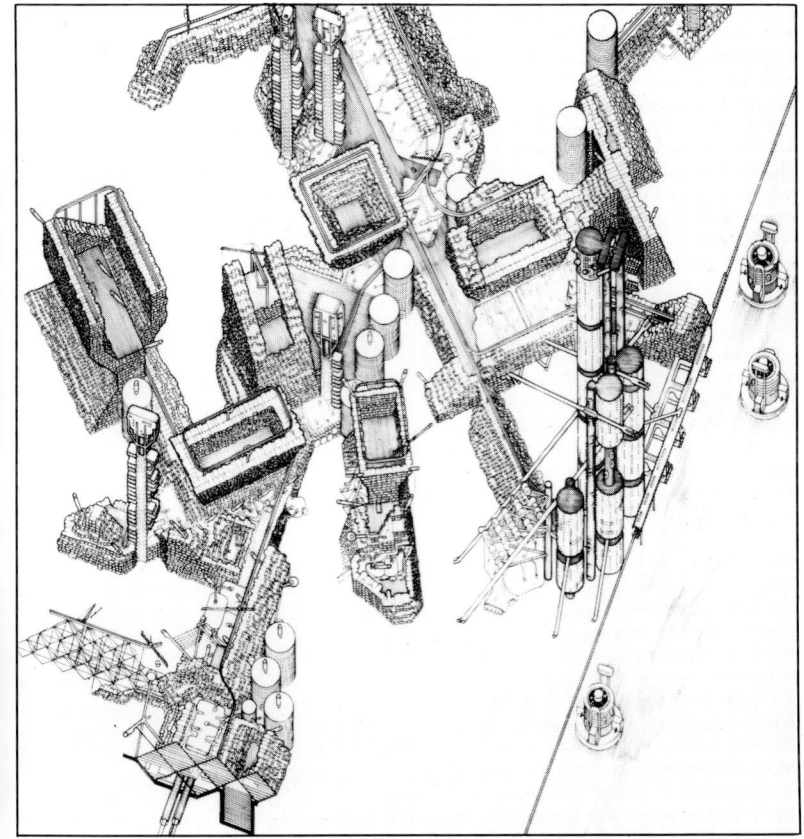

logen Bilder werden schließlich in einem kreativen System aufgehen...Es ist für uns notwendig geworden, zu solchen Disziplinen vorzustoßen, damit wir unsere angemessene Sprache für die heutige Situation finden.»

Die Verlautbarungen und Entwürfe von Archigram zeigten einen starken futuristischen Charakter. Die Gruppe interessierte sich offensichtlich für Sant'Elias Beschreibungen der Zukunftsstadt als einer dynamischen Maschine. Ihren Kommentar zur Realität lieferte sie überwiegend in der papiernen Welt der Collagen und Zeichnungen, was wahrscheinlich auch angemessen war, denn gegen Ende der sechziger Jahre begann Archigram eine anti-architektonische Philosophie zu entwickeln.

So ging es bei der »Instant City« von 1969 um die plötzliche Ankunft von Raumschiffen, die das Minimum an Hardware abwerfen würden, das für den »wahren« Städtebau notwendig war – eine Software-Traumwelt der elektronischen Augen- und Ohrenreize. Archigram schuf die Mythologie einer nicht-oppressiven Umgebung, befreit von der Last der Geschichte, der Kultur und der architektonischen Form. Diese Idee paßte gut zu den Aussteiger-Tendenzen des Jahrzehnts.

Die Suche nach anti-heroischen Bildern, die dem modernen Pluralismus entsprachen, erhielt beträchtlichen Auftrieb durch die lakonischen Ideen von Cedric Price. Er behauptete, ohne die Obsessionen der Formenerfinder käme die Gesellschaft insgesamt sehr viel besser zurecht. Ein typisches Price-Projekt war »Potteries Thinkbelt« – der Entwurf für eine Universität, die ein

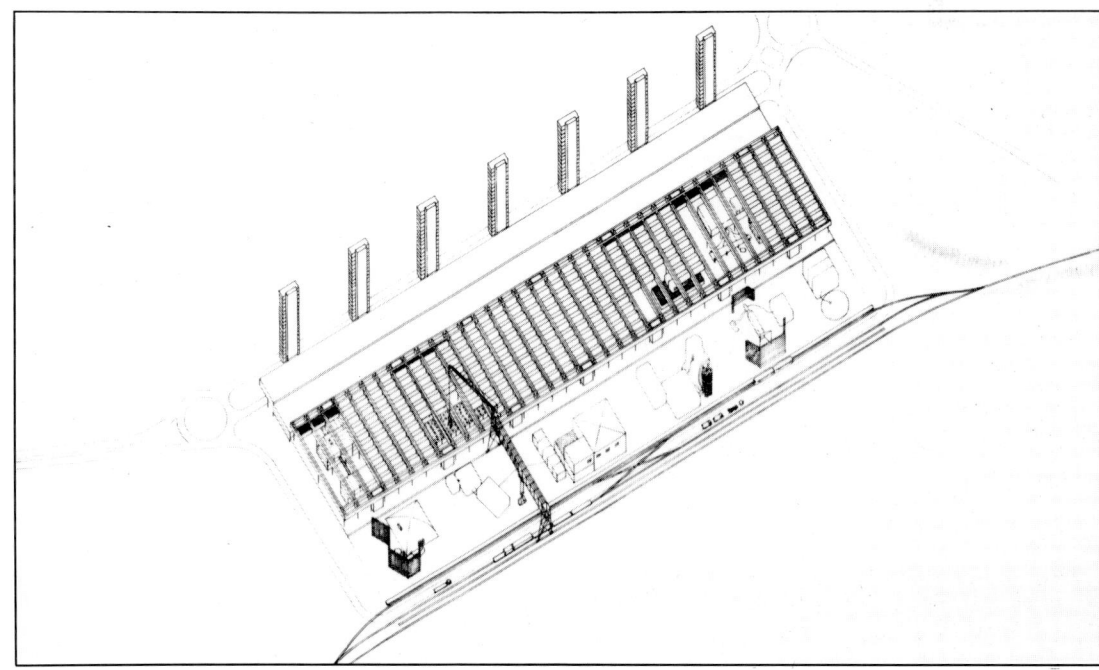

24.9 *(oben)*
Peter Cook,
»Plug-in-City«,
1964.

24.10 *(rechts)*
Cedric Price,
Potteries Thinkbelt,
1967.

24.11 Denys Lasdun, Royal College of Physicians, London, 1960, Ansicht vom Regent's Park.

bestehendes Eisenbahnnetz in den Midlands als neue »nicht-architektonische« Wissensquelle zu nutzen suchte (Abb. 24.10). Standardisierte Moduln mit Büchern, aufgezeichneten Vorlesungen und so weiter sollten in der Region auf und ab transportiert werden und Informationen liefern, jedoch ohne feststehende Bauten. Trotz des anti-stilistischen Konzepts besaß der Entwurf den Charakter ruhiger Normalität. Reyner Banham hatte am Ende seines Buches *Theory and Design in the First Machine Age* (1960) eine ähnliche funktionalistische Position vertreten:

> »Der Architekt, der beabsichtigt, mit der Technologie zu gehen, weiß, daß er sich in einer rasch voranschreitenden Bewegung befindet und daß er, um mit ihr Schritt zu halten, es möglicherweise den Futuristen gleichtun und seinen ganzen Kulturballast abwerfen muß...«

In den sechziger Jahren war auch der Futurismus Teil einer Tradition geworden. Paradoxerweise bezogen sich aber gerade die Anti-Architekten, die sich von den Bindungen an die Vergangenheit und den Zwängen des formalen Ausdrucks zu befreien suchten, auf traditionelle Formen, um ihre Botschaft zu übermitteln. Zudem wurden ihre »anti-architektonischen« Bilder in den siebziger Jahren von Architekten adaptiert: Das Centre Pompidou in Paris (1974) von Renzo Piano und Richard Rogers zum Beispiel wäre ohne Archigram undenkbar gewesen.

Denys Lasdun war ein englischer Architekt, dessen Arbeit in den sechziger Jahren in scharfem Kontrast zu dem obsessiven Spiel mit der Technologie stand. Er betrachtete die Technik als Mittel (und nicht als Zweck) zur Entstehung einer »Architektur der Stadtlandschaft«. Lasdun, 1914 geboren, sah die Hauptwerke der Moderne ohne die historische und ironische Distanzie-

rung der Generation, die nach dem Krieg ihr Studium begonnen hatte. Vielleicht hatte er aus der Zusammenarbeit mit Lubetkin und Coates gelernt, vor allem aber von seinem Studium Corbusierscher Bauten und Ideen. Durch Zeichnungen und Fotografien kannte er auch Wrights Architektur und war stark beeindruckt von dem englischen Barockarchitekten Nicholas Hawksmoor.

Im Jahre 1958 entwarf Lasdun Luxuswohnungen am St. James's Park, bei denen er einen 3:2-Schnitt verwendete, um einen guten Ausblick aus den Wohnräumen zu gewährleisten und zugleich das teure Baugelände bestmöglich auszunutzen. Die Organisation drückt sich in den Fassaden aus und ist gekennzeichnet durch sorgfältige Proportionierung und erlesene Details. Zudem bezieht sich die horizontale Gliederung auf die benachbarten Bauten und auf ein neopalladianisches Gebäude ein paar Häuser weiter. Eine sensible Verbindung neuer und alter Bauten lag den meisten Architekten der frühen Moderne fern, um so mehr, als sie häufig darauf bedacht waren, die »Modernität« ihrer Lösungen durch Kontraste hervorzuheben. Doch in den fünfziger und sechziger Jahren gewann der städtebauliche Kontext zunehmende Bedeutung.

Auch bei Lasduns nächstem Entwurf spielte die Einbindung eines Einzelbaus in die historische Umgebung eine wichtige Rolle: bei dem Royal College of Physicians. Das College ist eine hochangesehene akademische Institution für Medizin und sollte in der Nähe von Nashs neoklassizistischen Häusern am Regent's Park entstehen. Der zeremonielle Teil des Gebäudes ist ein weißes rechteckiges Volumen, das auf schlanken Stützen über dem schattigen unteren Bereich schwebt. Es beherbergt eine große Halle, die historische Bibliothek und den zentralen »Zensorenraum«. Für den Übergang von diesen scharfen, glatten Prismen zur Umgebung sorgt das gekurvte Auditorium aus blauem Ziegel (Abb. 24.11).

Seine freien, organischen Formen sollen die Möglichkeit von Wachstum und Wandel andeuten. Hinter diesem hügelartigen Bau liegt ein umschlossener Hof, wie er einer nach innen gerichteten Gemeinschaft von Wissenschaftlern angemessen ist. In der Haupthalle dreht sich eine Treppe in immer weiteren Windungen zu den auskragenden Niveaus, die sich dann auf einer Seite zu Nashs Bauten öffnen. So ist das Herz der Institution durch einen wohlproportionierten Bereich definiert, der zugleich Teil seiner Umgebung sein soll.

Das Royal College of Physicians abstrahiert mit Raffinement die neoklassizistischen Formen der Nachbarschaft, ohne daß der Architekt Zuflucht zu historischer Sentimentalität genommen hätte. Die Außenhaut aus weißem Terrazzo ist Nashs dünnen Stuckflächen verwandt, und die Pfeiler am Eingang sind Neuformulierungen einer klassischen Ordnung. Der blaue Ziegelhügel antwortet auf die benachbarten Schieferdächer, und die Raumfolge in der Halle entspricht den Wegen um den Park. Lasdun drückte seine Absichten deutlich aus: Er suchte den »Einklang« mit Nash und wollte das neue Gebäude zu einem »Mikrokosmos« der städtischen Umgebung machen (Farbtafel 13).

Der Klassizismus des Royal College reicht über solche geistreichen Anspielungen hinaus. In der Architectural Association hatte Lasdun in den dreißiger Jahren gelernt, zeremonielle Raumfolgen mit Beaux-Arts-Elementen wie Achse, Vestibül und großer Treppe zu gestalten. Außerdem hatte er die Schriften von Geoffrey Scott studiert, der die anthropomorphen Qualitäten des klassischen Stils und den skulpturalen Charakter guter Architektur hervorhob. Solche Eigenschaften hatte Lasdun bei den Arbeiten Hawksmoors erkannt. Wahrscheinlich gehen die dynamischen Kontraste von Licht und Schatten und die dramatischen Raumwirkungen auf dieses Vorbild aus dem frühen 18. Jahrhundert zurück.

So bedeutete das Royal College of Physicians einen Wendepunkt für seinen Schöpfer. Unterschiedliche Einflüsse aus Lasduns Anfangszeit trafen hier zusammen: seine Bewunderung für Le Corbusier und den engli-

24.12 *(unten)*
Denys Lasdun,
Universität East
Anglia bei Norwich,
1962–68.

24.13 *(rechts)*
Denys Lasdun,
National Theatre,
London,
1964–73.

24.14 Schnitt durch das Hauptauditorium mit seinen »Schichten«.

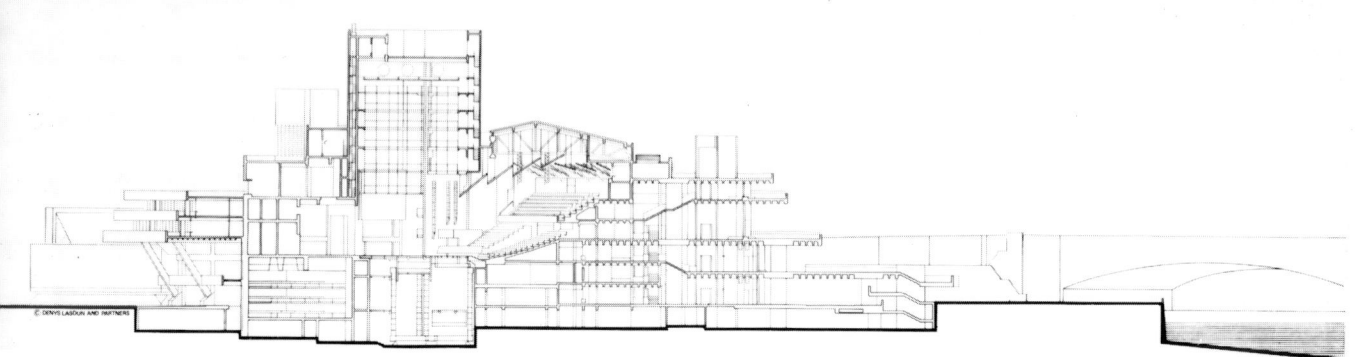

schen Barock, sein Interesse an biologischen Wachstumsmustern, sein Respekt vor der Bedeutung der Institutionen. Eine wichtige Rolle spielte bei dem Bauwerk das Konzept einer »Stadtlandschaft« mit abgetreppten Niveaus, die Innen und Außen in einen Zusammenhang bringen.

Eine solche Beziehung zum Kontext findet sich auch bei Lasduns nächstem größeren Entwurf für die University of East Anglia (1962–68) bei Norwich (Abb. 24.12).

Die Universität ist eine von mehreren, die in den frühen sechziger Jahren in ländlicher Umgebung in der Nähe von Kathedralstädten entstanden. Das Gelände war offenes Wiesenland, das allmählich zum Fluß Yare abfällt. Der Bauherr verlangte einen Kernkomplex mit der Möglichkeit späterer Erweiterung und wollte die traditionellen Unterteilungen nach Disziplinen auf ein Mindestmaß beschränken. Deshalb entschied sich der Architekt für ein lineares Muster, das auf der Zirkulation basierte und sich den Landschaftskonturen anpaßte. Hauptelemente wurden die flexible »Lehrwand« aus vorgegossenem Beton an der Rückseite, der erhöhte Fußgängerweg und die abgetreppten Wohnheime, die um einen zentralen Platz mit der Bezeichnung »Hafen« gruppiert sind. Es gab hier Parallelen zu gleichzeitigen Projekten von Utzon, de Carlo und Woods, doch der Plan für die University of East Anglia (UEA) ging auch auf Lasduns eigene Wohnblocks und sogar auf die biologisch inspirierte Grundrißform der Hallfield School von 1951 zurück.

Das dominierende architektonische Merkmal der UEA

ist die Plattform. Sie war so ingeniös angelegt, daß nur ein Minimum an Aufzügen erforderlich wurde und die oberen Fußwege einen herrlichen Ausblick auf die Landschaft boten. Standardisierte Elemente ließen sich vielfältig variieren dank einer Geometrie, die durch Würfel von 90° und 45° bestimmt war. Als der Architekt die Plattformen als »Schichten« bezeichnete, hatte er eine Art Landschaftsromantik im Sinn. Die UEA demonstrierte seine Philosophie einer »Stadtlandschaft«:

> »Aktivitäten finden auf Plattformen, Böden, Wegen, Terrassen und so weiter statt. Man denke an Le Corbusiers Äußerung von 1915: ›Die eigentliche Grundfläche der Stadt ist eine Art erhöhtes Plateau, Wege und Pflaster sind sozusagen Brücken...‹ Man kann ein Gebäude als eine Folge von Plattformen oder miteinander verbundenen Räumen ansehen. Sensible Höhen- und Niveauabstufungen können sich Gelände und Funktion anpassen und eine endlose Vielfalt in sich selbst ruhender Rhythmen schaffen, die sich jeder städtischen Situation anpassen, auch der Architektur der Vergangenheit.«

Das Schichtensystem (begleitet von vertikalen Türmen) findet sich auch in Lasduns nächstem größeren Projekt, dem National Theatre von 1964–73 (Abb. 24.13). Bei dem frühesten Entwurf war auch eine Nationaloper vorgesehen. Die beiden Bauten sollten am Themseufer vor dem monolithischen Schaft des Shell-Turmes stehen. Die Plattformen dienten hier dazu, eine Reihe sich durchdringender Außenräume am Flußufer mit Blick auf die historische Stadt zu schaffen, den Komplex in die Umgebung einzubinden und die Offenheit und Öffentlichkeit der neuen Institution auszudrücken. Bei dem endgültigen Entwurf für ein Theater nahe der Waterloo Bridge (1967) nahm der Architekt das Thema wieder auf. Die »Schichten« sorgen nun für die Aussicht auf St. Paul's und den Fluß, stellen die Verbindung zur Brücke her und führen bis in den Kern des Gebäudes, wo sie die Lobbies bilden und die Zuschauerräume tragen (Abb. 24.14). So entstand eine Reihe von »Bühnen« und »Sälen« mit der Stadt als Kulisse. Lasdun traf den Punkt, als er anmerkte, das ganze Gebäude könne zum Theater werden. Gleichzeitig zeugten die »Schichten« vom Interesse des Architekten an der zeremoniellen Bedeutung der Plattformen in der antiken Architektur und von seiner Überzeugung, die Wurzeln der Architektur lägen in Erdformationen oder Felsschichtungen.

Das Gebäude hat einen kraftvollen, stark expressiven Charakter. Seine dynamische, asymmetrische Komposition bietet je nach dem Standpunkt des Betrachters immer neue Aspekte. Die Silhouetten der Bühnentürme vermitteln einen Eindruck von Grandeur; zugleich sorgen die »Schichten« dafür, daß das Bauwerk nicht wie ein überwältigender Monolith wirkt, sondern den menschlichen Maßstab beibehält. Lasdun nannte es ein »monumentales Nicht-Monument«, vielleicht, um auf diese Ambivalenz hinzuweisen. Er gab den aus Le Corbusiers Dom-Ino-System übernommenen Betonauskragungen eine neue Bedeutung und stellte sie in den Dienst seiner eigenen Vorstellungen von einer »Stadtlandschaft«.

In England herrschte in dem Vierteljahrhundert nach dem Krieg Pluralismus. Dennoch gab es Probleme, die allen gemeinsam waren: der Ausdruck neuer sozialer Werte, die Verbindung der internationalen Moderne mit nationalen Traditionen und die menschlichen und architektonischen Aspekte der Technologie. Allen diesen Anforderungen wurde das National Theatre gerecht. Deshalb ist es hier angebracht, einen Blick auf analoge Entwicklungen in anderen Ländern zu werfen.

25. Das Problem der regionalen Identität

»Stahl und Stahlbeton bilden in Form von Stützen und Balken eine Rahmenkonstruktion. Insofern sind sie traditionellen Holzbauten verwandt.«

N. Kawazoe, 1958

Die Moderne war in den Jahren zwischen den Weltkriegen keineswegs ein weltweites Phänomen: Sie war das geistige Eigentum einiger westeuropäischer Länder, der Vereinigten Staaten und eines Teils der Sowjetunion. Das ist kaum überraschend. Denn von ihrem Konzept her war die moderne Architektur eng mit der »Avantgarde« verbunden, die in den sogenannten fortschrittlichen Industrieländern nach Authentizität suchte. Doch um 1960 hatte die Moderne mit allen ihren Abwandlungen und Abweichungen ihren Weg in viele andere Teile der Welt gefunden. Sicherlich spielten die wirtschaftliche Entwicklung der Nachkriegszeit, die schnelle Industrialisierung und die Verbreitung »westlicher« Ideen hier eine wichtige Rolle – aber auch die Medien: Architektonische Moden verbreiteten sich schneller als zuvor.

Viele frühere Architekturstile – die Gotik der Ile de France, die Florentiner Renaissance – hatten sich allmählich über ihre Grenzen hinweg ausgebreitet. Doch obwohl diese Verbreitung sich bei der modernen Architektur dramatisch beschleunigte, blieben die alten Probleme weitgehend bestehen.

Eine erste Schwierigkeit lag darin, daß die Prototypen sich in klischeehafte Imitationen verwandelten. Ein zweites Problem betraf die Relevanz von Formen in neuen Zusammenhängen: Konnte eine Architektur, die Manhattan angemessen war, auch für Malaya richtig sein? Konnte eine in Boulogne-sur-Seine entstandene Bauform auch den Verhältnissen von Buenos Aires entsprechen? Mit anderen Worten: Was sollte von den Prototypen übernommen und was im Hinblick auf andere klimatische Bedingungen, Kulturen, Religionen, Technologien und Traditionen verändert werden? Aus dem zweiten ergab sich ein drittes Problem: Welche alten einheimischen Traditionen sollten die Architekten verwerfen, wenn sie neue Ideen aus anderen Ländern akzeptierten? Sollten sie der Universalität der Moderne ihren Tribut zollen, oder sollten sie einen Zusammenhang zwischen Alt und Neu, einheimischen und ausländischen Elementen herstellen?

Die »Invasion der Moderne« ist nicht als einheitliche Bewegung zu betrachten. Länder wie Brasilien, Südafrika, England und Japan nahmen die Einflüsse der modernen Architektur auf, als diese noch jung war, das heißt in den zwanziger und dreißiger Jahren, und produzierten in der Zeit zwischen den Kriegen ihre eigenen Varianten. Ein Vergleich von Martienssens Hausentwürfen in Kapstadt und Lucio Costas Bildungsministerium in Rio de Janeiro (beide aus der Mitte der dreißiger Jahre) mit Sakakuras nahezu gleichzeitigem Entwurf für den Japanischen Pavillon in Paris zeugt von den starken »internationalistischen« Tendenzen. Zugleich sind alle drei Projekte offensichtlich von Le Corbusier inspiriert. Die späten vierziger, die fünfziger und sechziger Jahre waren dagegen durch eine weitaus größere Vielfalt in ihren Ursprungszentren und durch eine höhere Bewertung des Regionalen charakterisiert. Dieser Pluralismus fand dann auch in vielen Teilen der Welt seinen Niederschlag.

Einige der interessantesten Experimente der Nachkriegszeit wurden in Mexiko und Südamerika unternommen. Der Internationale Stil war in den frühen dreißiger Jahren nach Mexiko gelangt und bildete so eine Art Plattform für die Versuche in den Jahren nach dem Zweiten Weltkrieg. In gewisser Weise bedeutete die moderne Architektur einen weiteren kolonialen Kultureinfluß, der an die Stelle von Belle Epoque und Beaux-Arts trat. Die Universität von Mexico City, in den späten vierziger und frühen fünfziger Jahren von Carlos Lazo und anderen entworfen, orientierte sich an Le Corbusiers Vorkriegsarbeiten: weite, offene Außenräume mit freistehenden Scheiben, *pilotis*, gekurvte Eingangsbereiche und Dachterrassen. Juan O'Gormans Universitätsbibliothek war dramatisch mit starkfarbigen nationalistischen Wandbildern dekoriert, die aber die Anatomie der Architektur

332 Wandlungen und Verbreitung der modernen Architektur nach 1940

Das Problem der regionalen Identität 333

25.1 *(links)*
Luis Barragán,
Plaza y Fuente
del Bebedero,
Las Arboledas,
Mexico City,
1958–61.

25.2 *(unten)*
Oscar Niemeyer,
Restaurant,
Pampulha,
Brasilien, 1943.

kaum beeinflußten. Die Embleme der internationalen Moderne sollten hier offenbar von einer progressiven intellektuellen Haltung künden.

Der Architekt Luis Barragán benutzte dagegen moderne Mittel der Abstraktion, um Bilder aus vielen Phasen der mexikanischen Geschichte zu übermitteln, vor allem bei seinen Entwürfen für Gärten, Privathäuser und luxuriöse Ranches. Barragán, 1902 geboren, ließ sich als Ingenieur ausbilden. Im Jahre 1924 besuchte er die Alhambra in Granada, wo ihn besonders die Wassergärten mit ihren traumartigen Ausblicken, den verschobenen Achsen und der surrealen Atmosphäre beeindruckten. Schon früh interessierte er sich für die kühnen Formen und kräftigen Mauern mexikanischer Klöster und Bauernhäuser mit ihren nach innen orientierten Patios und Gärten. In den dreißiger Jahren faszinierte ihn der Internationale Stil, doch versuchte er, über die technoide Symbolik hinaus zu einer tiefer gründenden Synthese zu gelangen. Zur gleichen Zeit wandte er sich den metaphysischen Strömungen des europäischen Surrealismus (de Chirico, Magritte) zu. Barragáns regionaler Stil nahm seinen Anfang mit Garten- und Landschaftsentwürfen in den späten vierziger Jahren wie El Pedregal, wo strenge Plattformen aus Lava und abstrakte Wandflächen den Fluß des Außenraumes kanalisierten und Kaskaden und Teiche miteinander verbanden. In Las Arboledas bei Mexico City (1958–61) organisierte er praktische Bedürfnisse wie die Anlage von Reitställen und die eleganten Rituale des Reitsports in einer Folge von Außenräumen, die durch starkfarbige Stuckwände definiert und durch ein Netzwerk von Wasserbecken und Trögen zusammengehalten waren. Für illusionistische Wirkungen wie Dichte, Tiefe, Größe und Perspektive sorgten Farbkontraste, Ausblicke auf die ferne Landschaft durch horizontale Öffnungen und das verwirrende Spiel von Licht und Wasser (Abb. 25.1). Hier vereinigten sich der islamische Wassergarten und Elemente des Barcelona-Pavillons oder der Villa Savoye zu einem Labyrinth von merkwürdig nostalgischem Charakter. Es wäre ungerecht, lediglich auf die Vermischung von Regionalismus und Internationalem Stil, von einheimischer Tradition und Le Corbusier hinzuweisen: Barragáns Stil hat etwas Archetypisches und greift die tragische Note der mexikanischen Kulturgeschichte auf (Farbtafel 14).

Auch Lucio Costa und Oscar Niemeyer in Brasilien nahmen Le Corbusier als Ausgangspunkt, vor allem, weil dieser in der Mitte der dreißiger Jahre am Entwurf des Erziehungsministeriums in Rio mitgewirkt hatte. Die Fassade des Ministeriums ist durch Sonnenblenden aufgelockert, doch diese schlanken, beweglichen Verwandten des *brise-soleil* sind nicht unbedingt als Versuch zu werten, eine tropische regionalistische Architektur zu entwickeln. Bei dem Kasino in Pampulha interpretierte Niemeyer die *Cinq points* neu in einer Formensprache, die zum High-Life des Klubgebäudes paßte. Außen benutzte er Travertin und Juparana-Stein, während im Inneren rosa Glas und Satin für eine luxuriöse Atmosphäre sorgten. Der Architekt war nicht glücklich darüber, daß er angesichts des brasilianischen Wirtschaftssystems nur auf begrenztem Gebiet tätig werden konnte. Später schrieb er, er hätte gern »realistischere« Bauten ausgeführt, die nicht nur »Raffinement und Komfort« widerspiegelten, »sondern auch eine positive Zusammenarbeit zwischen dem Architekten und der ganzen Gesellschaft«. Dies ist nur ein Beispiel für das Dilemma, dem sich viele Architekten in den Entwicklungsländern gegenübersahen: Um überhaupt gebaut zu werden, mußte ihre Architektur häufig als schickes Spielzeug der reichen Minderheit dienen (Abb. 25.2).

Die meisten Entwicklungsländer kamen erst nach dem Krieg mit der modernen Architektur in Berührung und übernahmen deshalb nicht die reinen Beispiele des Internationalen Stils, sondern die modifizierten späteren Varianten. Indien etwa wurde stark von Le Corbusiers Spätwerk beeinflußt und nicht von seinen frühen Arbeiten, um so mehr, als Chandigarh »regionalistische«

auf schlanken Stützen zwischen Felsen und Eukalyptusbäumen erhoben, als »fremdartig« zu betrachten. Statt dessen strebten sie eine Verbindung zwischen den Prinzipien der modernen Architektur und einheimischen Traditionen an. Ein Beispiel für diesen »modernen Regionalismus« ist das Haus Muller in Whale Beach von 1955 (entworfen von Peter Muller) mit seinen niedrigen Holzauskragungen unter den Wipfeln der Bäume (Abb. 25.4). Die Felsen des Geländes sind in den Wohnraum einbezogen: Es ging Muller darum, den Genius loci aufzuspüren. Er benutzte große Glasflächen, die er aber vor Hitzeeinfall schützte. Sein Haus erinnerte deutlich an Wright und an wenig früher entstandene kalifornische Bauten. Muller hatte auch die japanische Holzarchitektur studiert und interessierte sich für Zen-Philosophie. In diesem Entwurf, der die bestehende Struktur des Hügelgeländes respektierte, kam seine Naturverehrung zum Ausdruck. An die Stelle des Kastens aus dem Repertoire des Internationalen Stils trat ein Bauwerk, das Elemente der Umgebung aufzunehmen suchte. Andere australische Architekten, die Wrights Philosophie nacheiferten, waren Neville Gruzman und William Lucas. Beide setzten sich mit den neuen vorstädtischen Lebensformen auseinander und suchten ihre Bauten mit der Natur in Einklang zu bringen.

Doch Wright war nicht das einzige Vorbild für die Anhänger regionalistischer Tendenzen. Bei dem Haus Johnson in Chatsworth von 1964 (Abb. 25.5) demonstrierte Peter Johnson sein Interesse an der Ideologie der Brutalisten und an den Maisons Jaoul, indem er rauhen Klinker und auskragende geneigte Dächer verwendete, wie sie in der Gegend vorkamen. Die Räume wurden zu Plattformen, die dem natürlichen Hangverlauf folgten und vielfältige Ausblicke boten. Schlanke Holzbalkone vor den Backsteinpfeilern gingen in die dichte Vegetation an allen Seiten über. Johnson versuchte das Bild einer einheimischen primitiven Hütte mit den komplizierten, aus Europa importierten Konzepten zu kombinieren. So kamen im Umkreis weniger Kilometer vielfältige Ideen und Einflüsse zusammen – mit dem Ziel, eine »neue australische Architektur« zu schaffen.

Bei solchen Bauten waren Architekten am Werk, die sich auf eine neue kulturelle Situation einzustellen suchten. Aber in den frühen sechziger Jahren war es weitaus üblicher, die neuen Formen direkt in die Provinz zu exportieren. Gewöhnlich handelte es sich dabei um eine belanglose Spielart des industriellen Bauens und nicht um Architektur mit irgendwelchen formalen Ansprüchen. So konnten die Bürokomplexe von New York und London sich bald in so weit entfernten Städten wie Hongkong (Abb. 25.6) und Lagos reproduzieren. Mit dem eigentlichen Internationalen Stil, seinen moralischen und ästhetischen Forderungen hatte dieser »internationale Firmenstil« wenig zu tun. Big Business und Tourismus spielten die Hauptrolle bei der Verbreitung solcher Klischees. Die schnelle Technisierung führte zu chaotischen Zuständen in jenen Ländern, die sich innerhalb einer einzigen Generation von Agrar- zu Industrie-

ländern entwickelten. Auch die technokratische, am Westen orientierte Ausbildung neuer Eliten wirkte sich aus. Die tristen Ergebnisse aus den sechziger Jahren, die sich überall auf der Welt finden, riefen freilich in den siebziger Jahren eine starke Reaktion zugunsten des Regionalismus hervor.

Japan war ein Paradebeispiel für die Übernahme moderner Architekturideen aus dem Westen. Schon lange vor dem Einzug der Moderne in Europa und Amerika hatte sich Japan westlichen Einflüssen gegenüber aufgeschlossen gezeigt. Katayama Toyus Hyokekan Museum in Tokyo von 1908 war eine eklektizistische Übung mit Anklängen an das französische 17. Jahrhundert wie auch an den englischen Palladianismus. Es machte deutlich, daß der europäische Historismus des 19. Jahrhunderts nicht nur im politischen und ökonomischen, sondern auch im ideologischen Kolonialismus eine Rolle spielte. Das Gebäude wirkte wie ein Fremdkörper in einer Umgebung, in der noch im traditionellen Stil gebaut wurde, nach handwerklichen Methoden,

25.5 Peter Johnson, Haus Johnson, Chatsworth, Sydney, 1963.

Das Problem der regionalen Identität 337

25.6 Die Szenerie der internationalen Entwicklung: Hongkong in den späten sechziger Jahren.

gefallen war. Mamoru Yamadas Zentrales Telegraphenbüro in Tokyo von 1926 hatte zum Beispiel einen vagen secessionistischen Anstrich. Erst Publikationen wie Gropius' *Internationale Architektur* oder Berichte über de Stijl und Esprit Nouveau machten die moderne Architektur allmählich in Japan bekannt. Ausländer wie Bruno Taut wiesen auf die Verwandtschaft zwischen der subtilen Einfachheit und der geometrischen Disziplin traditioneller Architektur und den auf das Wesentliche reduzierten Formen der Moderne im Westen hin. Auch zwischen Holzrahmenkonstruktionen und Stahlbetonskeletten fanden sich Ähnlichkeiten. Dadurch wurde vielleicht das Mißtrauen gegen ausländische Konstruktionstechniken abgebaut, das sich gegen Materialien wie Backstein und Stein richtete: Beton konnte, anders als diese Werkstoffe, den nationalen Traditionen entsprechend geformt werden.

Der Tscheche Antonin Raymond, Bauleiter des Imperial Hotel, eröffnete 1921 in Japan sein eigenes Büro. Er suchte westliche und einheimische Formen miteinander zu kombinieren. Sein eigenes Haus von 1924 erinnert an die klaren Volumen von Wrights Unity Temple, während bei Innenräumen und Details technoide Details und japanisches Raffinement zusammenwirken.

Kunio Maekawa und Junzo Sakakura hatten in den späten zwanziger Jahren in Le Corbusiers Atelier gearbeitet und brachten ein Verständnis der inneren Prinzipien neuer Architektur mit, das über oberflächliche Effekte hinausging. In den dreißiger Jahren entwickelte sich eine japanische Moderne, die mehr war als ein Abklatsch früherer europäischer Tendenzen. Bei seinem Entwurf für das Haus Okada und dessen Garten (1933) verband Sutemi Horiguchi beispielsweise die dünnen Flächen der neuen Architektur mit den traditionellen japanischen Elementen der Leichtigkeit und Luftigkeit (Abb. 25.7). Der Garten mit seinen leichten Niveauverschiebungen und rechteckigen Wasserbecken folgt den Mustern und Dimensionen der Strohmatten im Inneren. Das Konzept ist Vorbildern wie der Plattform in der kaiserlichen Villa von Katsura, die für die Beobachtung des Mondes bestimmt ist, ebenso verwandt wie der modernen Kunst. Auch Sakakuras Entwurf für den Japanischen Pavillon auf der Pariser Weltausstellung von 1937 war eine Neuformulierung des grazilen Stahlrahmens, die an die Proportionen und die delikaten Verbindungen traditioneller japanischer Holzkonstruktionen denken ließ.

Die erste Blütezeit der Moderne in Japan fand jedoch ein Ende mit dem Wiedererstehen des Nationalismus und schließlich mit dem Krieg. Nach der Niederlage im Jahre 1945 wurden 4,2 Millionen neue Wohnungen benötigt. Die Architekten versuchten das Problem zu bewältigen, indem sie standardisierte, in Serien zu produzierende billige Einheiten entwarfen, die auf die Maße der Tatami-Matte zugeschnitten waren und in weniger als einer Woche errichtet werden konnten.

In den späten vierziger Jahren fand eine allmähliche Demokratisierung des japanischen Lebens statt. Es gab

deren Geschichte Hunderte von Jahren zurückreichte. Importierte Stile und Bauverfahren (vor allem jene, die das herkömmliche Holz durch Backstein ersetzten) waren nicht immer willkommen. Der Architekt Chinto Itoh, der sich mit den alten Stilen Japans und Ostasiens auseinandergesetzt hatte, forderte im Jahre 1909, das Land solle sich vom Einfluß Europas befreien und seine eigenen Traditionen wiederbeleben. Wenn diese Formen sich mit den importierten Konstruktionsmethoden vermischten, werde automatisch eine neue Formensprache entstehen. Ein Jahr später nahm Yashukura Ohtsuka die entgegengesetzte Position ein: Japan solle die westlichen Modelle freizügig übernehmen, sie aber dann den lokalen Verhältnissen und Bauverfahren anpassen. Beide Männer hatten im Grunde das gleiche Ziel: einen spezifisch japanischen modernen Stil. Ähnliche Debatten fanden in den nächsten siebzig Jahren immer wieder in vielen Ländern der Welt statt, vor allem dort, wo Modernisierung und gleichzeitige Bewahrung der nationalen Identität im Vordergrund standen.

Im Jahre 1916 baute Wright das Imperial Hotel in Tokyo. Er war selbst stark von der Disziplin des japanischen Design beeinflußt, aber sein Hotel war manieriert und reich an Ornamenten. Obwohl das Bauwerk den japanischen Vorbildern Respekt bezeugte, übte es wenig lokalen Einfluß aus. In den Jahren seiner Entstehung griffen »progressive« japanische Architekten begierig den Art Nouveau auf, zwei Jahrzehnte, nachdem er bei der europäischen Avantgarde in Ungnade

338 Wandlungen und Verbreitung der modernen Architektur nach 1940

25.7 Sutemi Horiguchi,
Haus Okada,
Tokyo, 1933,
Blick auf die Terrasse.

25.8 *(unten)*
Pavillon Shokintei,
Kaiserliche Villa
Katsura,
17. Jahrhundert,
Detail der Holz-
konstruktion.

25.9 *(rechts unten)*
Kenzo Tange,
Friedensmonument
und Museum,
Hiroshima, 1955.

in Architektenkreisen ständige lebhafte Diskussionen über die Gültigkeit moderner Tendenzen und über die Chancen, die eine Art von »sozialem Realismus« in der Architektur hätte.

Als 1950 der Korea-Krieg ausbrach, endete die inflationäre Phase in einem Wirtschaftsboom. Endlich konnten die am Zeichentisch entstandenen Bauten tatsächlich realisiert werden. Wiederum entbrannten Diskussionen um das Problem eines japanischen modernen Stils. Es war klar, daß er einer Gesellschaft angemessen sein mußte, deren Industrialisierung rapide Fortschritte machte und in der die westliche Technokratie immer größeren Raum einnahm. Maekawas Nippon Sogo Bank oder Raymonds eleganteres Verlagshaus für Readers' Digest (beide 1951 in Tokyo entworfen) suchten die »modernistischen« Experimente der Vorkriegszeit fortzusetzen. Der Friedensvertrag von San Francisco im gleichen Jahr, der Japan die Unabhängigkeit von den USA verlieh, führte zur Rückbesinnung auf nationale Traditionen, die sich freilich erst aus dem früheren Imperialismus lösen mußten. Erneut hieß es, der Internationalismus müsse überdacht werden, doch nun war die Frage, wie sich die alten japanischen Prototypen in eine neue Sprache umsetzen ließen. Der Weg nach vorn schien in einer Abstraktion der eigenen räumlichen und konstruktiven Konzepte und in ihrer Verbindung mit verwandten Ideen der Moderne zu liegen. Noboru Kawazoe, ein Vertreter dieser »modernen funktionalistischen« Position, gab dem Selbstgefühl der Nation Auftrieb: Er behauptete, Japan habe in gewisser Weise die moderne Architektur vorweggenommen (Abb. 25.8):

> »Eine Rahmenkonstruktion sorgt dafür, daß ein Raum offener und flexibler ist, und läßt massive Wände als Konstruktionselemente überflüssig werden. In der Kontinuität von Innen und Außen, im fließenden Übergang von Räumen mit beweglichen Trennwänden hat die traditionelle japanische Architektur viele Lösungen vorweggenommen, zum Beispiel die Verbindung von Garten und Innenräumen, den Schutz des Inneren durch auskragende Dächer, die Terrasse als Bindeglied zwischen Innenraum und Garten, die Verbindung von Gebäudeteilen durch Korridore, die gleitende Wand (Fusama), die einen Raum vergrößert oder verkleinert, die Verwendung von Schirmen (Byobu) für die visuelle Abgrenzung und die Tatami-Matte, die als Modul der Bodenfläche dient. Nicht nur um der Industrialisierung, sondern auch um der Flexibilität willen ist Standardisierung notwendig – wie die Baumeister der Vergangenheit sie praktiziert haben. In der traditionellen Architektur bezeichnete ›Kiwari‹ eine modulare Ordnung und eine ›grammatikalische‹ Festlegung der Elemente beim Entwurf von Räumen«.

Ähnliche Ideen vertrat unter den Nachkriegsarchitekten Kenzo Tange (geb. 1913), der als Schüler Maekawas und Le Corbusiers dem Erbe des Westens unbefangener gegenüberstand als seine Vorgänger. Sein Friedensmonument und Museum in Hiroshima von 1955 (Abb. 25.9) war eine neue Version der *Cinq points*, einschließlich der delikaten Schirmwände, japanischer Verwandter von Le Corbusiers *brise-soleil*. Ähnlich ging er bei der Präfektur von Kagawa (1954) vor, wo Betonstützen und -gitter ähnlich wie beim herkömmlichen Holzbau die Hierarchie der Konstruktion offenlegten. Tange zählte zu den ersten japanischen Architekten, die aus der Verbindung asiatischer und europäischer Traditionen in Chandigarh Anregungen für ein monumentales Vokabular im eigenen Land schöpften. In der Tat demonstrierten viele Stadtzentren aus den späten fünfziger und frühen sechziger Jahren den Versuch, in der neu geschaffenen Demokratie sowohl ein Forum für die Bürger zu schaffen als auch ein neues nationales Selbstbewußtsein zu vermitteln. Die schirmartigen Fassaden des früheren »modernen Regionalismus« wichen den massiveren, kräftigeren Effekten, die dem Sichtbeton zu verdanken waren. Auch hier spielten nationale Vorbilder eine Rolle – vor allem die riesigen Holzblöcke und -verbindungen der kaiserlichen Schatzhäuser –, doch zugleich galt es, autoritäre Anklänge zu vermeiden.

Einer der bahnbrechenden Bauten des neuen Genres war Maekawas Rathaus in Kyoto von 1958–60 (Abb. 25.10). Hier erinnern die Maserung der Betonschalung und die vorgegossenen Binder an traditionelle Holzkonstruktionen. Der Architekt drückte die Verbindungen offen aus, um den Bauprozeß zu demonstrieren und zu dramatisieren. Bei der Festhalle in Tokyo von 1961 entwickelte er diesen Stil weiter. Es ging hier darum, Auditorien und Zugangsbereiche in einen eindrucksvollen visuellen Rahmen einzubinden. Der Entwurf ist deutlich von dem Parlamentsgebäude in Chandigarh beeinflußt:

Die Auskragungen und tiefen Säulenhallen weisen ebenso auf diese Quelle hin wie die skulpturale Dachlandschaft der Auditorien und der Sichtbeton. Freilich gab es einen subtilen Unterschied: Die Silhouetten, Formen und Proportionen Maekawas sprechen eine Sprache, die an die monumentalen Traditionen Japans erinnert.

Kenzo Tange ging mit seinem Olympiastadion in Tokyo von 1964 (Abb. 25.11) noch einen Schritt weiter auf diesem Weg zu einer monumentalen Expressivität. Er benutzte stählerne Hängedächer, um sich überschneidende Kurven zu erzielen. Ihrer architektonischen Wirkung kommen nur die Arbeiten Utzons, Nervis, Frei Ottos und Saarinens aus derselben Zeit gleich. In der Mitte der sechziger Jahre wurde der übrigen Welt klar, daß sich eine spezifisch japanische moderne Architektur entwickelt hatte, die auf der nahezu aggressiven Anwendung moderner Technologie basierte. Das japanische Wirtschaftswunder trat so plötzlich auf, daß schnell eine entfremdete städtische Hochglanzkultur entstand, die eine nüchterne Auseinandersetzung mit der Vergangenheit zu verhindern drohte. Bei der Architektur äußerten sich diese Tendenzen in Projekten, die Industrie und Technik feierten und alle anderen Kriterien außer acht ließen.

Das zeigte sich sogar bei Vorschlägen für Wohnbebauungen, die der unkontrollierbaren Ausuferung der Stadt Tokyo Einhalt gebieten sollten. Der schnelle Bevölkerungszuwachs nach dem Krieg und die nur begrenzt zur Verfügung stehenden Grundstücke forderten die Städteplaner zu neuen Lösungen heraus. Tange wandte sich um 1960 den städtebaulichen Problemen Tokyos zu mit einem Projekt, das eine Erweiterung des städtischen Raums auf die Bucht vorsah. Riesige Stützen mit Servicekern und Lifts ragten aus dem Wasser, an denen Träger und Brücken befestigt waren, die Wohnungen und andere städtische Einrichtungen aufnehmen. Die Idee ähnelte den Vorschlägen für hochgelegte Straßendecks, die zur gleichen Zeit in Europa aktuell waren. Doch Tanges Megastruktur hatte einen weitaus kraftvolleren Charakter. Architekturkritiker, die gern die »japanisierenden« Qualitäten seiner kühnen technologischen Zaubereien betonten, wiesen verlegen auf Ähnlichkeiten zwischen dem gigantischen Zirkulationsraster und den Pfosten und Verbindungen aus Holz hin. Tanges verwegener Versuch, dem Chaos eines neuen industriellen Pluralismus Form zu verleihen, barg eine sehr viel weiterreichende Frage in sich: Wie sollte eine zunehmend konsumorientierte Gesellschaft zu einem tiefergreifenden sozialen Verständnis finden?

In den frühen sechziger Jahren entstand in Japan eine Fülle grandioser utopischer Projekte, die auf den phantastischen Fortschritten der Technik basierten. Die Metabolisten hatten eine gewisse Ähnlichkeit mit der englischen Gruppe Archigram: Auch sie waren fasziniert von Technologie, Veränderung und der Raumfahrt (Abb. 25.12). Die wichtigsten Mitglieder waren Kiyonori Kikutake, Kisho Kurokawa und der Kritiker Noboru Kawazoe; auch die Architekten Agade Oez und Fumihiko Maki waren lose beteiligt. Kikutake schrieb über das metabolistische Interesse an der Veränderung:

> »Anders als die Baukunst der Vergangenheit muß die moderne Architektur wandelbar, beweglich und verständlich sein, um den wechselnden Anforderungen unserer Zeit zu entsprechen. Um die dynamische Realität widerzuspiegeln, brauchen wir keine festgelegten, statischen Funktionen, sondern solche, die sich für metabolische Veränderungen eignen... Wir dürfen nicht mehr im Sinne von Funktion und Form denken, sondern müssen uns an Raum und Flexibilität orientieren.«

25.10 Kunio Maekawa, Rathaus, Kyoto, 1958–60.

25.11 *(rechts oben)* Kenzo Tange, Olympisches Stadion, Tokyo, 1963.

25.12 *(rechts unten)* Gruppe »Metabolisten«, Projekt für eine moderne Stadt, 1963, Entwerfer Arata Isozaki.

Das Problem der regionalen Identität 341

In mancher Hinsicht erinnerten die metabolistischen Vorstellungen an die Futuristen, die aus der modernen Stadt eine dynamische Maschine mit beweglichen, variablen Elementen machen wollten. Wie die »Neofuturisten« in England setzten sie sich mit der Idee auseinander, Kapseln oder Zellen einem Raumfachwerk einzufügen oder anzuschließen. Es ging den Metabolisten auch darum, den Unterschied zwischen fixierten und veränderbaren Entwurfselementen hervorzuheben. So entstanden zum Beispiel monumentale Turm-Projekte, denen weniger dauerhaft aussehende »variable« und standardisierte Elemente zugeordnet waren. Schon 1958 hatte Kikutake Ideen Tanges vorweggenommen, als er Meeresstädte in der Form riesiger Scheiben auf Türmen vorschlug. Seine Rhetorik war zwar technoid, doch offenbar interessierte er sich auch für organische Strukturen wie Zellen und Bienenstöcke. Kurokawa umriß die Entwurfsstrategie der Metabolisten:

»1. Räume in Grundeinheiten unterteilen.
2. Die Einheiten in Service- und Wohnbereiche unterteilen.
3. Den Unterschied zwischen den Bereichen mit metabolischen Rhythmen verdeutlichen.
4. Die Verbindungen und Gelenke zwischen den Räumen durch unterschiedliche metabolische Rhythmen verdeutlichen.«

Obwohl die Metabolisten keine ihrer großen Visionen verwirklichen konnten, wurden ihre Konzepte gelegentlich in kleinerem Maßstab ausgeführt und beeinflußten auch die Entwürfe anderer Architekten. Kurokawas bizarres Yamagata Hawaii Dreamland (Abb.25.13) besteht aus einem Ring von Bauten um ein Wasserbecken. Riesige vertikale Zylinder nehmen die Zirkulation auf, ähnlich wie bei seinen früheren Studien für die »Marine City«. Bei Arata Isozakis zahlreichen Bauten in der Stadt Oita, vor allem der Bank (1966–68) und dem Mädchengymnasium (1963–64), finden sich ebenfalls dramatische Kontraste von Konstruktion und technischen Serviceeinrichtungen. Yokoyamas Taisekiji-Tempel von 1966 imitierte auf unbeholfene Weise traditionelle religiöse Formen, doch das nahegelegenen Mietshaus war geradezu ein Manifest des Betonbaus. Der Architekt brachte den Wechsel von Funktionen und die Elemente des Konstruktionssystems deutlich zum Ausdruck, einschließlich der merkwürdigen zylindrischen Volumen der einzelnen Duschbäder. Zugleich vermittelte er den Eindruck, daß diese Teile in eine größere Infrastruktur eingefügt waren.

Bei allen diesen Entwürfen bestand stets die Gefahr, daß die Architektur zu einem technologischen Fetischismus degenerierte. Tange erkannte diese Gefahr offenbar, doch sah er auch, daß im neuen Japan Energien freiwurden, die der Architekt zum Ausdruck bringen mußte. Bei dem Presse- und Radiozentrum Yamanashi in Kofu am Fuße des Fujijama (entworfen zwischen 1964 und

342 Wandlungen und Verbreitung der modernen Architektur nach 1940

25.13 Kisho Kurokawa, Yamagata Hawaii Dreamland, 1968.

25.14 *(rechts)* Kenzo Tange, Presse- und Radiozentrum Yamanashi, Kofu, 1964–67.

1967, Abb. 25.14) verlieh er metabolistischen Bildern eine würdige, monumentale Form. Er mußte eine Vielfalt von Funktionen unterbringen – Büros, Läden, Druckereien, Rundfunkstudios und Auslieferung –, so daß das Programm selbst schon die Auffassung des Gebäudes als einer kleinen Stadt nahelegte. Hauptelemente des Entwurfs waren ein Raster zylindrischer Serviceschäfte mit Klimaanlagen, Treppen und Aufzügen, die als primäres Konstruktionssystem dienten, und große horizontale Binder mit Studios, Büros und so weiter, die in ein sekundäres System beweglicher Trennwände eingelassen waren. Das Gebäude gewährte völlige Flexibilität innerhalb eines festgelegten Rahmens. Die Unterscheidung zwischen den »dienenden« Türmen und den »bedienten« Räumen läßt unweigerlich an Kahns Richards Medical Research Laboratories denken. In der Tat wurden große Servicetürme und horizontale Geschoßflächen geradezu zu einem Leitmotiv der mittsechziger Jahre in vielen Teilen der Welt. Die gleiche Idee der Offenheit drückte sich auch im Aufriß des Bauwerks aus, denn einige Binder wurden »weggelassen«, als könnten sie zu irgendeiner anderen Zeit hinzugefügt werden. Das Yamanashi-Gebäude flirtete mit dem Konzept des ständigen Wandels und besaß dabei trotzdem die elementare Würde einer abgeschlossenen Komposition. Es hatte den Charakter eines modernen technologischen Mechanismus, erinnerte aber dennoch an traditionelle Stützen und Balken. Es hielt die für das Nachkriegs-Japan so wichtigen Kräfte des Traditionalismus und Futurismus in einem perfekten Gleichgewicht.

26. Krisen und Kritik in den sechziger Jahren

»Ich freue mich über Vielfalt und Widerspruch in der Architektur,…die von dem Reichtum und der Vieldeutigkeit moderner Lebenserfahrung zehrt, einschließlich der Erfahrungen, die nur in der Kunst gemacht werden…
Die Architekten können es sich nicht länger mehr leisten, durch die puritanisch-moralische Geste der orthodoxen modernen Architektur eingeschüchtert zu werden…«

R. Venturi, 1966

Trotz unterschiedlicher Ansätze und Formensprachen hatten die Architekten, die in den frühen sechziger Jahren in den Vordergrund traten, einige Gemeinsamkeiten. Ihre Geburtsdaten lagen zwischen 1910 und 1930, so daß ihre frühen Jahre vom Zweiten Weltkrieg überschattet waren. Sie entwickelten ihr Vokabular vor dem Hintergrund des verflachenden Internationalen Stils, und sie wendeten sich auf ihrer Suche nach einer kraftvolleren, komplexeren Architektur dem Spätwerk der Meister zu. Aber obwohl sie die Prinzipien der modernen Architektur weitgehend respektierten, traten sie nicht für eine sklavische Orthodoxie ein. Bei aller Bewunderung für die Gründerväter fühlten sie den Drang zum eigenen Ausdruck. Glaube und Skepsis hielten sich die Waage: Dogma wie Schisma wurden gleicherweise vermieden.

Im Rückblick auf die frühen sechziger Jahre fällt auf, welcher echte Optimismus die Produktion, die Kritik und sogar die Rezeption der modernen Architektur umgab. Die Krisen der siebziger Jahre waren noch weit entfernt. Sigfried Giedion sprach im Zusammenhang mit Architekten wie Utzon und Tange und mit neuen öffentlichen Monumenten wie den japanischen Rathäusern oder der Oper in Sydney sogar von einer »dritten Generation«, als sei seine große Tradition nun endgültig auf dem richtigen Weg. Die Idee war typisch für Giedion, denn sie setzte die Kontinuität der Moderne voraus – die Fackel der Inspiration wurde vom Vater zum Sohn weitergereicht. Doch die Nachkriegszeit wies keine lineare Entwicklung auf, und die Geburtsdaten der einzelnen Architekten ließen sich nicht in die entsprechenden 20-Jahres-Intervalle einordnen. Männern wie Sert, Lasdun, dem jungen Stirling, Tange, Utzon und Kahn war sicherlich manches gemeinsam, doch aus ihren Arbeiten ließ sich keineswegs eine einheitliche Strömung herauskristallisieren. Selbst jene Architekten, die sich unter dem Banner des Team X versammelten, interpretierten die gemeinsamen Vorstellungen auf völlig unterschiedliche Weise. Leitmotive der Zeit wie die erhöhte Plattform, der Serviceturm, der organische Grundriß oder die Sichtbetonflächen fügten sich nie zu einer konsequenten neuen Version des Internationalen Stils zusammen.

Doch im allgemeinen Baugeschehen triumphierten banale internationale Formeln. Die daraus resultierende langweilige Simplifizierung war eine Verhöhnung der leidenschaftlichen Einfachheit, die die Schöpfungsbauten der modernen Architektur ausgezeichnet hatte. Funktionale Disziplin wurde zum Instrument des Immobilienmarktes; Planungsbürokratien übernahmen die Tabula-rasa-Ideologie und wendeten sie mit moralisierendem, stupidem Selbstbewußtsein an. Was als alternativer Traum begonnen hatte, endete im tristen *Status quo*. Die Pioniere der Moderne hatten keine Schwierigkeiten gehabt, ihren Feind zu identifizieren: den »korrupten Eklektizismus« des 19. Jahrhunderts. Doch in den frühen sechziger Jahren waren Gut und Böse schwer zu definieren, und der Eklektizismus spielte keine wichtige Rolle mehr. Nun war der Feind die degenerierte moderne Architektur. Die kritische Unterscheidung von Echt und Falsch verlangte größere Subtilität, denn häufig fanden sich hier wie dort die gleichen Charakteristika (einfache geometrische Formen, Betonrahmen, Flachdächer). So stand der junge Architekt einer Reihe von Problemen gegenüber. Sollte er davon ausgehen, daß es Prinzipien der Moderne gab, die er aufrechterhalten mußte, damit die moderne Architektur wieder auf den rechten Weg zurückfand? Sollte er behaupten, die Moderne verlange eine ständige Erneuerung aufgrund wechselnder Technologien und Ideologien? Oder sollte er vielleicht die moderne Architektur als inadäquat abtun und sich anderen Traditionen zuwenden?

Die Auswirkungen dieser Zweifel machten sich erst in den frühen siebziger Jahren bemerkbar. In den zwei Jahrzehnten nach dem Krieg gab es noch wenig Bedenken. Die moderne europäische Architektur versprach nach wie vor eine hygienische »schöne neue Welt«, die sich aus den Ruinen erheben sollte. Sie proklamierte ein neues Esperanto, das die nationalistischen Auswüchse der dreißiger Jahre ausgleichen würde. Jedes Land hatte seine eigenen Probleme. In Deutschland ging es zum Beispiel in erster Linie um den Wiederaufbau der Städte und der Wirtschaft. Die Frage nach der Bedeutung der Architektur in der modernen Gesellschaft, die bei der Avantgarde in Holland, England und Japan im Vordergrund stand, wurde selten gestellt. Auch regionalistische Strömungen gab es nicht, weil sie an die nationalsozialistische Ideologie der NS-Architektur erinnert hätten. Amerikanische Einflüsse sorgten für einen sicheren Mittelweg – nichtssagende, uniforme Technokratie.

Wie in der Vorkriegszeit wurden einige der besten Bauten für große Industriekonzerne errichtet. Das Hochhaus für die Phoenix-Rheinrohr in Düsseldorf von Hentrich und Petschnigg mit seinen drei durch transparente Korridore verbundenen Scheiben war ein elegantes Bauwerk, selbst im Vergleich mit den gelungensten Verwaltungsbauten der USA. Die Interbau-Ausstellung in Berlin von 1957 hatte eine ähnliche Funktion wie die Stuttgarter Weißenhofsiedlung vor dem Krieg: Aalto, Niemeyer und Le Corbusier waren ebenso beteiligt wie etwa die deutschen Architekten Luckhardt und Schwippert. Berlin erhielt dadurch eine Art lebendiges Architekturmuseum und seine eigene Version der Unité d'Habitation. Die Neue Nationalgalerie Mies van der Rohes (1963) trug selbstbewußt den Geist des deutschen Klassizismus zur Schau, während Hans Scharouns Philharmonie (1965) an die vierzig Jahre zurückliegenden expressionistischen Phantasien anzuknüpfen schien. Doch solche poetischen Schöpfungen waren selten. Die Stärke der deutschen Architektur lag weniger in Werken von philosophischer Intensität als in Durchschnittsentwürfen relativ gleichbleibender Qualität. Eine Ausnahme ist die Freie Universität in Berlin von Josic, Candilis und Woods (1963–74), ein wahres städtebauliches Manifest der Gruppe. Wie die meisten Architekten, die in den fünfziger Jahren dem Team X nahestanden, mußten sie bis in die sechziger Jahre warten, um ihre Theorien zu verwirklichen.

Auch Italien hatte nach dem Krieg Schwierigkeiten, seine Architektur von der totalitären Färbung der dreißiger Jahre zu reinigen, doch die Produktion war weitaus reicher und vielfältiger als in Deutschland. »Neo-Realisten« wie Mario Ridolfi und Ludovico Quaroni suchten eine Bilderwelt zu schaffen, die im proletarischen Bewußtsein und im städtischen Alltag wurzelte. Bei der I.N.A.-Casa-Planung für das Tiburtino-Viertel in Rom waren die Wohnblocks auf einem unregelmäßigen Grundriß angeordnet und von ziegelgedeckten »mediterranen« Pult- und Satteldächern bekrönt. Der Bahnhof Termini in Rom (1948–50) von Calini, Montuori und anderen führte den Rationalismus der Vorkriegszeit in repräsentativer Manier fort, während der Historiker Bruno Zevi eine »organische« Architektur aus der Taufe hob, die einen Mittelweg zwischen der dürren Technologie und dem Zuckerwerk des Historismus steuern sollte.

Zwei Wolkenkratzer, die sich in den späten fünfziger Jahren in Mailand erhoben, bieten ein gutes Beispiel für die architektonische Vielfalt: das Pirelli-Gebäude von Gio Ponti (Abb. 26.2) und der Torre Velasca von Ernesto Rogers und Enrico Peressutti (Abb. 26.3). Das Pirelli-Gebäude ist 33 Geschosse hoch und steht neben dem Hauptbahnhof. Der Grundriß nimmt die Aufzüge im

26.1 Pier Luigi Nervi, Ausstellungshalle, Turin, 1962.

zentralen Kern auf. Nervi, der die Konstruktion entwarf, wählte statt eines rechtwinkligen Stahlkäfigs ein System mit doppeltem »Rückgrat«. Der Baukörper, der sich nach oben leicht verjüngt, ist von einer eleganten, wenn auch leicht vom Zeitstil geprägten Metallverkleidung umhüllt. Das prestigeträchtige Verwaltungsgebäude spiegelte den hohen technischen Standard der Gesellschaft wider und zeigte, daß nicht alle Hochhäuser Europas den amerikanischen Vorbildern nacheifern mußten. Der Torre Velasca dagegen steht in der Nähe des gotischen Mailänder Doms und enthält sowohl Büros als auch Wohnungen. Er hat 26 Geschosse, wobei die sechs oberen mit den Appartements auf abgespreizten Außenpfeilern auskragen. Durch den direkten Ausdruck der inneren Funktionen bieten die Fassaden ein abwechslungsreiches Bild. Die Vertikalität der Betonrahmenkonstruktion ist den vertikalen Pfeilern des Doms angepaßt, und die Steinverkleidung sorgt dafür, daß das Hochhaus sich nicht allzu dramatisch von seinen niedrigeren Nachbarn abhebt. Insgesamt erinnert das Gebäude an den Turm eines mittelalterlichen Palazzo Pubblico. Tatsächlich machte der Torre Velasca wegen seines »Historismus« in der internationalen Presse Furore.

Wie die Rationalisten schon in den dreißiger Jahren feststellten, konnten italienische Architekten nicht an der Tradition vorbeigehen. Selbst die Bauten von Ingenieuren wie Pier Luigi Nervi, der Wert auf die Reinheit seiner intuitiven und induktiven Entwurfsmethoden legte, wirkten wie Nachfolger der großartigen Nutzbauten des Altertums. Seine zahlreichen Stadien, Ausstellungshallen, Fabriken und sogar Autobahnen demonstrierten, daß technische Disziplin und konsequenter plastischer Ausdruck zu einer wie selbstverständlich wirkenden Synthese führen konnten (Abb. 26.1). Auch die intimeren Arbeiten Carlo Scarpas zeigten, daß Tradition und Moderne fruchtbar zusammenwirken konnten. Seine raffinierten abstrakten Muster erinnerten an Wright, standen aber auch im Zusammenhang mit dem traditionellen italienischen Handwerk. Giancarlo de Carlo wiederum machte mit seiner Universität von Urbino (vgl. 21. Kapitel) deutlich, daß sich Serienproduktion, Sinn für den Ort, ein modernes Programm und alte Vorstellungen vom Gemeinschaftsleben in Einklang bringen ließen.

Natürlich war auch de Carlo ein Mitglied des Team X. Das Team setzte sich mit Fragen der Identität, des Maßstabs und des Bedeutungsgehalts auseinander und überdachte die Prinzipien der modernen Architektur im Lichte regionaler Traditionen. Strenge Dogmen lagen der Gruppe fern – jeder Architekt hatte seinen eigenen Hintergrund und vertrat seine eigenen Interessen. Der

26.2 *(links außen)* Gio Ponti, Pirelli-Gebäude, Mailand, 1957.

26.3 *(links)* Ernesto Rogers und Enrico Peressutti, Torre Velasca, Mailand, 1958.

26.4 *(rechts oben)* Aldo van Eyck, Waisenhaus, Ysbaanpaad bei Amsterdam, 1961, Grundriß.

26.5 *(rechts)* Aldo van Eyck, Ausstellungspavillon, Arnheim, 1964, Blick ins Innere.

Holländer Aldo van Eyck zum Beispiel war fasziniert von den hohen sozialen und geistigen Zielen und den überragenden formalen Qualitäten der holländischen Moderne zwischen den Kriegen. Sein Werk war von einem Humanismus geprägt, der ebenso respektabel war wie die utopistische Strömung der Vorkriegszeit, aber weniger ins Extrem ging. Van Eyck machte sich Gedanken über die negativen Auswirkungen der Technik (»Meile um Meile Niemandsland«) und suchte ihnen mit einer Architektur zu begegnen, die auf spirituellen Werten und (wie er glaubte) archetypischen Bedeutungen gründete (vgl. 21. Kapitel). Sein Entwurf für ein Waisenhaus in Amsterdam (1961) bestand aus einem Gewebe kleiner Pavillons mit Innenhöfen – ein repetitives, aber variables Muster (Abb. 26.4). Die Anordnung erinnert an frühe Bilder Mondrians oder an das Layout nordafrikanischer Dörfer. Offenbar ging es ihm darum, eine Folge von Zonen unterschiedlicher menschlicher Intensität zu schaffen. Die Räume gehen fließend ineinander über. Obwohl van Eyck standardisierte Elemente verwendete, vermied er die Reglementierungen des Systembaus. Vom Konzept her ist das Waisenhaus nicht weit von Lasduns wenig späterer University of East Anglia entfernt, bei der ebenfalls aus Wiederholung Vielfalt entstand. Van Eyck schrieb:

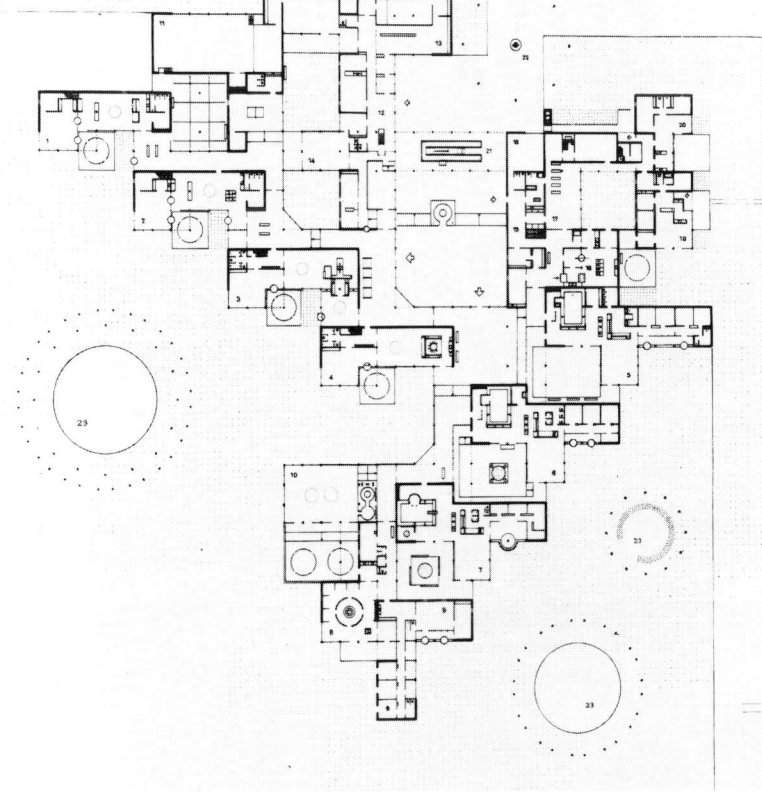

> »Was auch immer Raum und Zeit bedeuten, Ort und Anlaß bedeuten mehr. Denn Raum ist für den Menschen der Ort, und Zeit ist der Anlaß... Forme jenen Ort, artikuliere die Zwischenzonen, mache jede Tür zu einem Willkommen und die Fenster zu einem Gesicht... dringe näher zum Zentrum der menschlichen Realität vor und baue dessen Gegenform – für jeden einzelnen Menschen und für alle Menschen...«

Ähnliche Überlegungen leiteten den Architekten bei seinem Entwurf für den Pavillon in Arnheim von 1964 (Abb. 26.5). Einfache gerade und halbkreisförmige Trennwände sind in einem kreisförmigen Grundriß so angeordnet, daß der Besucher eine Folge von Begegnungen erlebt, die dennoch durch eine klare geometrische Disziplin beherrscht werden. Van Eycks Mystizismus wird in der psychologischen Variation der Räume und in der Symbolik des Grundrisses deutlich – eine Art Emblem, das eine Folge von Welten innerhalb Welten porträtiert. Das Gebäude wirkt wie ein kleines Labyrinth. Es bezeugt wiederum van Eycks Interesse an den kosmischen Symbolen der Dogon-Architektur.

Obwohl die Entwicklung in England bereits im 24. Kapitel diskutiert wurde, ist es von Nutzen, sie in den größeren europäischen Zusammenhang zu stellen. Lasduns Idee einer Stadtlandschaft stand nicht in direkter Verbindung zum Team X (dem er nie angehörte), aber es gab Parallelen zwischen dessen Vorstellungen und Lasduns Interesse an Wachstum und Wandel, seinem Sinn für den Ort und die Artikulation sozialer Zusammenhänge. Die Smithsons, die in der Gruppe eine wichtige Rolle spielten, veröffentlichten schließlich mit den anderen Mitgliedern den *Team X Primer* (1968) als Ausdruck ihrer Philosophie. Die technologische Romantik James Stirlings hatte in Europa keine direkten Parallelen. Doch Archigram und Anti-Architektur waren kein einzigartiges Phänomen. In Italien entwickelten »Archizoom« und »Superstudio« ähnliche Ideen, gewöhnlich in Hochglanz-Collagen, die auf der Pop Art und den surrealistischen

348 Wandlungen und Verbreitung der modernen Architektur nach 1940

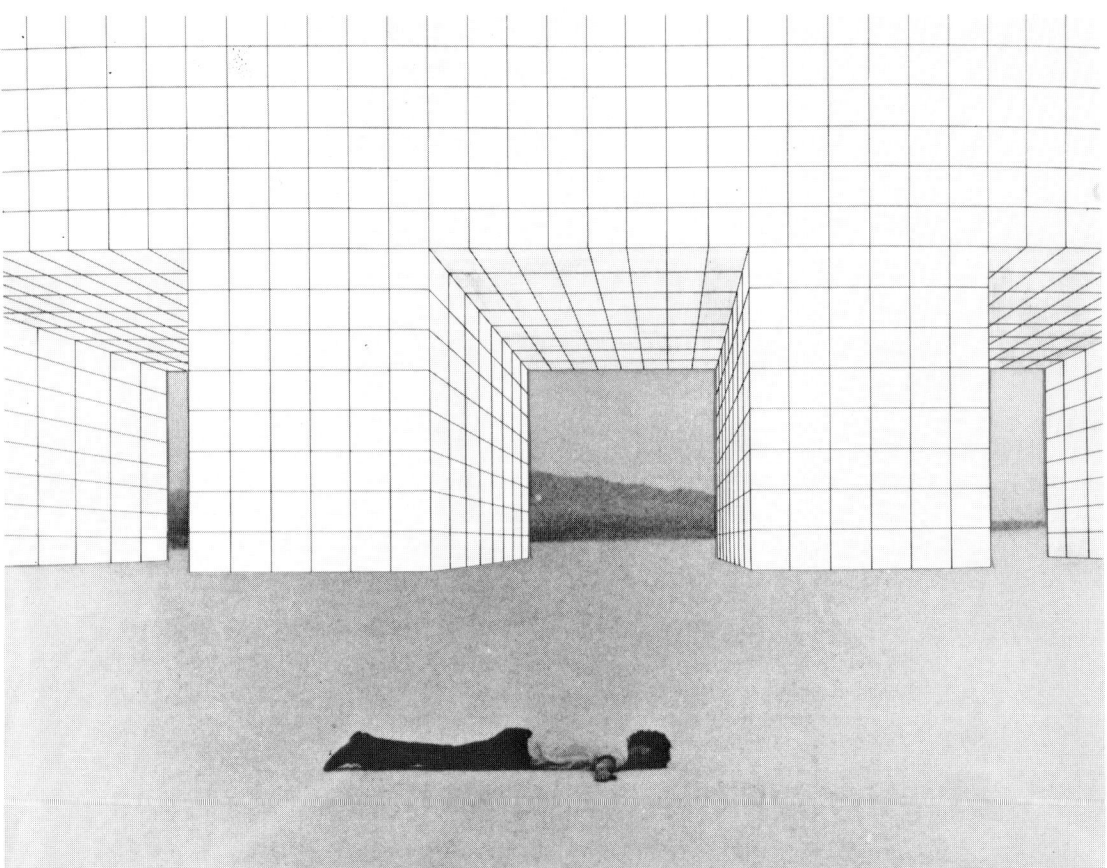

26.6 »Superstudio«, *Continuous Monument, Arizona Desert*, 1969.

Aspekten der Werbung basierten. Der moralische Kampf um die »tieferen Werte« der Moderne interessierte nicht mehr, die Kultur reduzierte sich auf eine Art Konsumpluralismus, der die Technik als Spielzeug benutzte. Auch die Florentiner Gruppe »Superstudio« war von raffinierten Stahl- und Glaskombinationen fasziniert. *Continuous Monument, Arizona Desert* von 1969 (Abb. 26.6) hieß die Fotomontage eines Stücks Wüste, das ein völlig monotoner Glasviadukt durchquert. Der Stil des Bauwerks erinnert an die neoklassizistischen Bauten der Faschisten. Doch die Arbeit war als Kritik am Chaos des modernen Materialismus gemeint:

> »Aus den Konvulsionen der Produktion kann ein Zustand der Ruhe entstehen, in dem eine Welt ohne Produktion oder Abfall Form annimmt, eine Zone, in der der Geist Energie und Rohmaterial und zugleich Endprodukt ist, das einzige dem Konsum entzogene Objekt.«

Eine weitere Collage, *Eine Reise von A nach B,* zeigt schablonenhaft barfüßige Kinder, die durch einen zarten perspektivischen Raster in eine weitere, verschwommene Wüstenlandschaft wandern. In der Bildunterschrift heißt es: »Straßen oder Plätze werden nicht mehr notwendig sein«. Formen und Räume der früheren Architekten wurden verworfen, weil sie eine absolute Ordnung anstrebten, die in Wirklichkeit oppressive gesellschaftliche Machtsysteme kaschierten. So verband sich eine merkwürdig sinnliche Einstellung zur Technik mit den Spielereien eines schicken Radikalismus.

In den Vereinigten Staaten wies die Architektur zwischen 1955 und den späten sechziger Jahren einige Parallelen zu Europa auf, obwohl die Forderungen der Bauherren andere Reaktionen verlangten. Skidmore, Owings and Merrill entwickelten eine standardisierte Heraldik für das Big Business – eine gefällige Version von Mies van der Rohes Purismus, seinem Stahlrahmen, dem gefärbten Glas und den raffinierten Chrom- und Marmordetails. Der Ingenieur R. Buckminster Fuller machte die geodätische Kuppel populär und inspirierte eine Schule technologischer Magier, die sogar die phantastische Idee hatte, Manhattan mit einer gigantischen Kuppel zu überdachen. Der Glaube der Amerikaner an High Technology manifestierte sich auch in einem Trend zur Megastruktur, der in der Mitte der sechziger Jahre einsetzte (teilweise von Archigram und den Metabolisten beeinflußt). So entwarf Paul Rudolph eine lineare Stadt mit abgetrepptem Schnitt, die kilometerlang am Rande New Yorks verlaufen sollte. Einen wissenschaftlichen Ansatz beim Entwurfsprozeß forderte Christopher Alexander *(Notes on the Synthesis of Form,* 1963). Er formulierte traditionelle funktionalistische Argumente mit Hilfe mathematischer Modelle auf neue Weise. Für eine gewisse Bewunderung der Gesellschaftswissenschaften spricht die Gründung zahlreicher Universitätsabteilungen mit Bezeichnungen wie »School of Environmental Studies«. Welche Gefahr diese Entwicklungen bargen, war offensichtlich: Intuition, Erfindungskraft und Tradition konnten ins Hintertreffen geraten. Die Vorherrschaft ästhetischer Werte, für die sich die amerikanische Avantgarde dann in den siebziger Jahren so leidenschaftlich einsetzte, läßt sich vielleicht am besten vor dem Hintergrund dieser quasi-wissenschaftlichen Methodologie deuten.

Die Nachahmung technischer Prozesse und Symbole stellte freilich nur einen Aspekt der komplexen Entwicklung in Amerika dar. Ein anderes Extrem war die Wüstenromantik Bruce Goffs, der natürliche Materialien und industrielle Abfallobjekte *ad hoc* kombinierte. Das Haus Bavanger von 1957 bei Norman, Oklahoma, war um einen zentralen Mast organisiert, mit einem ausschwingenden Dach und einer eigenwilligen Kabelkonstruktion. Bei dem gesamten Gebäude wurden Fundstücke der Umgebung verwendet. Es überrascht nicht, daß Goff zum Helden der Gegenkultur in den späten sechziger Jahren wurde, denn seine Bauten enthielten Kritik am totalen Design und verwarfen jene kommerziellen Assoziationen, die in den USA damit verbunden wurden.

Obwohl es in Amerika kein direktes Äquivalent für das Team X gab, sickerten die Ideen der Gruppe auf verschiedenen Wegen durch. J. Bakema, S. Woods und J. Soltan lehrten an amerikanischen Architekturschulen, während J.L. Sert (der kein Mitglied war, aber ähnliche Ideen vertrat) als Dekan an der Harvard Graduate School of Design in den späten fünfziger Jahren eine neue Einheit von Architektur und Städteplanung predigte. Mit dem Entwurf für die Peabody Terraces (vgl. 21. Kapitel) setzte er seine Theorien in die Realität um. Das Holyoke Center und die Universität Boston (1964) zeugen von ähnlichen Intentionen: subtile räumliche Beziehungen in städtisch aufgefaßten Bereichen, hohe Türme, Innenstraßen, Bauten, deren Maßstab für einen graduellen Übergang sorgt, die Artikulation unterschiedlicher Funktionen durch stark strukturierte Fassaden mit Sonnenblenden und Balkonen, die delikate Komposition aus Betonrahmen und leuchtenden Farben.

Wie in Europa blieben solche städtebaulichen Demonstrationen prosperierenden Universitäten vorbehalten und hatten wenig Einfluß auf die zunehmend brutale Entwicklung der kapitalistischen Stadt. In den sechziger Jahren fielen weite historisch gewachsene Gebiete den Interessen des »ökonomischen Fortschritts« zum Opfer. Die klischeehaften Forderungen der frühen Moderne nach Raum und Licht (allerdings selten Grün) wurden benutzt, um kommerzielle Motive zu kaschieren, den Bau von Autobahnen zu rechtfertigen oder groteske öffentliche Monumente mit der obligatorischen Piazza zu versehen. Der amerikanische Architekt degenerierte zu einer Art Außendekorateur im Dienst wirtschaftlicher Interessen. Die wenigen Wohnungsbaugesellschaften bevorzugten simple Einheitslösungen, und die Architekten der USA hatten wenig Erfahrung in radikaler Kritik. So fand sich der Künstlerarchitekt zwangsläufig im goldenen Käfig potenter Bauherren: Museen, Prestige-Universitäten, Villen auf Long Island. Eine integrierte Gesellschaft, wie das Team X sie angestrebt hatte, schien weit entfernt.

Wenn Mies van der Rohe die frühen fünfziger Jahre in Amerika beherrschte, so dominierte Le Corbusier in den frühen sechziger Jahren. Merkwürdigerweise traf sein einziges amerikanisches Bauwerk, das Carpenter Center in Harvard, auf wenig Verständnis. Doch überall tauchten Imitationen von La Tourette auf, als Rathäuser oder sogar als Kaufhäuser. Pfeiler aus Sichtbeton, Raster aus *brise-soleil* und schwergewichtige Auskragungen gehörten zur Tagesordnung. Offenbar war Amerika zu Beginn der sechziger Jahre allgemein von einer Tendenz zur Massivität erfaßt: So wurden Schichten aus *brise-soleil* oder Marmorverkleidungen über Stahlrahmen und Binder gelegt. Scully prägte in diesem Zusammenhang die Bezeichnung »paramilitärisches Dandytum«. Man denkt dabei an die grandiose Monumentalität des Knights of Columbus Headquarters in New Haven (1968) von Roche und Dinkeloo oder an die riesigen, mit kostbarem Stein verkleideten Pfeiler ihrer Ford Foundation in New York oder auch an die surrealistisch wirkenden gespaltenen Glaspyramiden ihres College Life Insurance Building in Indiana (1969), wo sich High Tech und die Visionen Boullées vereinen (Abb. 26.7). Wie stets bei amerikanischen Luxusprojekten waren Details und handwerkliche Ausführung von höchster Qualität. Bei I.M. Peis Hancock Tower in Boston (entworfen von Henry Cobb) wiesen die reflektierende Glashaut und das schlanke Stahlsprossensystem eine Präzision auf, die in Europa undenkbar gewesen wäre (Abb. 26.8). Amerikanische Firmen legten Wert darauf, ihre Macht, ihre Effizienz, ihren Glauben an den Fortschritt der Technik zum Ausdruck zu bringen. Die scharfkantigen minimalistischen Schöpfungen lieferten ihnen die angemessenen Bilder und Formen.

Die monumentale Betontradition wird am besten durch das Rathaus in Boston von Kallmann und McKinnell (vgl. 23. Kapitel) oder durch Paul Rudolphs Arbeiten aus der Mitte der sechziger Jahre vertreten. Diese Bauten sind der Reaktion auf den dürren Internationalen Stil der fünfziger Jahre zuzurechnen. Rudolph hatte unter Gropius in Harvard studiert, aber bald den reduktivistischen Stil seines Mentors verworfen. Das Jewett Arts Center in Wellesley (1953) zeugte trotz der Anspielungen an seine neogotische Umgebung und der manierierten ornamentalen Sonnenblenden von Rudolphs Suche nach formaler Vielfalt. Das Spätwerk Le Corbusiers, die räumlichen Dramen des italienischen Barock und die komplexen Schnitte von Wrights Bauten halfen dem Architekten, seinen Weg zu finden. Als er 1964 das Arts and Architecture Building entwarf, hatte sich sein persönlicher Stil gefestigt: Scharfe Kontraste im Maßstab und kolossale Pfeiler aus geripptem Sichtbeton verleihen dem Gebäude ein geradezu primitivistisches Aussehen (Abb. 26.9). Die Raumfolgen drücken sich in einem übertrieben unregelmäßigen äußeren Volumen aus. Einen ähnlich kraftvollen Stil zeigen die Bauten des Regierungszentrums in Boston (1964), wo gekurvte Treppen und Kaskaden von Plattformen mit Spiraltürmen verbunden sind. Doch Rudolphs Expressivität wirkte übertrieben, es schien, als enthielten diese virtuosen Schaustücke keinerlei gesellschaftlichen Inhalt. Wieder einmal nahm ein amerikanischer Künstler Zuflucht bei formalistischen Gesten, wenn auch aufgrund eines nicht geringen ästhetischen Interesses.

Vor dem Hintergrund des technischen Fortschrittglaubens auf der einen Seite und des Dandytums auf der anderen Seite wirkte der besonnene Louis I. Kahn wie ein Wächter alter Prinzipien. Er war nicht nur das herausragende Talent der Nachkriegszeit in Amerika, sondern auch ein inspirierender Lehrer. In den fünfziger Jahren lehrte er an der University of Pennsylvania School of Architecture in Philadelphia, wo er eine Verbindung zu den aufgeklärten Aspekten der Beaux-Arts-Disziplin herstellte. Er setzte sich für Respekt vor der Vergangenheit und für die Bedeutung von *Ideen* im architektonischen Ausdruck ein. Seine Schüler erhielten eine völlig andere Kost als die Harvard-Studenten zur gleichen Zeit, die sich immer noch mit Gropius' Erbe abmühten.

Zu den bemerkenswertesten jungen Studenten Kahns gehörte Robert Venturi, der ein Stipendium der American Academy in Rom erhielt und in den späten fünfziger Jahren sein privates Büro eröffnete. Er erhielt nur wenige Aufträge und widmete sich überwiegend der Lehre und dem Schreiben. Sein Buch *Complexity and Contradiction in Architecture* (1966) zog ein Fazit des Jahrzehnts und war sowohl ein persönliches *Vers une architecture* als auch ein Handbuch der Sensibilität für eine Generation, die gegenüber der sogenannten »orthodoxen modernen Architektur« nur noch Langeweile empfand.

Mit der »orthodoxen modernen Architektur« war weniger das architektonische Schaffen des vergangenen halben Jahrhunderts gemeint (Venturi bedachte sowohl Le Corbusier als auch Aalto mit besonderem Lob) als vielmehr die oberflächliche, simplifizierte Version der modernen Architektur, die in Amerika seit zwanzig Jahren das Bild bestimmte. Venturi parodierte Mies van der Rohes wohlbekannte Äußerung »Weniger ist mehr« mit der Erwiderung »Weniger ist langweilig«. Er wies aber auch darauf hin, daß Komplexität sich nicht allein durch zusätzliche ornamentale Details erreichen läßt. Vielmehr müsse sich Spannung aus visueller Ambivalenz – einer Vielfalt von Formen und Bedeutungen – ergeben.

26.7 *(oben)* Kevin Roche und John Dinkeloo, College Life Insurance Building, Indianapolis, Indiana, 1969.

26.8 *(links)* I. M. Pei und Mitarbeiter (Entwerfer H. Cobb), Hancock Tower, Boston, 1969.

Krisen und Kritik in den sechziger Jahren   351

26.9 Paul Rudolph,
Art und Architecture
Building,
Universität Yale,
New Haven,
Connecticut, 1966.

»Die Tradition des ›Entweder-oder‹ hat die orthodoxe Architektur bestimmt: Eine Sonnen-Jalousie ist wahrscheinlich sonst nichts anderes mehr; tragende Elemente formen kaum je selbst einen Raum; eine Wand ist nicht durchbrochen von Fensteröffnungen, sondern wird gänzlich in Glas aufgelöst. Teile des Raumprogramms sind übertrieben spezifiziert und in bestimmte Flügel oder abgetrennte Trakte ausdifferenziert… Derartig eindeutige Festlegungen sind einer Architektur der Vielfalt und der Gegensätze fremd: Sie versucht eher, einem ›Sowohl-als-auch‹ als einem ›Entweder-oder‹ zu folgen. Wenn der Ursprung des Phänomens des ›Sowohl-als-auch‹ der Widerspruch ist, so ist sein Bewegungsfeld die Hierarchie der Bedeutungen. Aus der Verbindung von Elementen völlig unterschiedlicher Bedeutung erneuert sich diese Hierarchie stets. Sie kann Elemente enthalten, die sowohl gelungen als auch fatal mißlungen sind, groß und klein, geschlossen und offen, gleichförmig und ebenso von gesuchter Gestaltung, rund und eckig, sowohl konstruktives Element als auch räumliches Resultat. Eine Architektur, die verschiedenste Bedeutungsebenen umschließt, erzeugt das Mannigfaltige und Spannungsreiche.«

Venturi stützte seine Thesen mit zahlreichen Illustrationen und Grundrissen historischer Bauten. Lutyens, Hawksmoor, Le Corbusier oder ein bescheidenes Steingebäude dienten ihm gleicherweise als Beispiele für eine bestimmte Art der Komplexität. Er ging also ähnlich vor wie Le Corbusier mit *Vers une architecture*. Doch während dieses frühere Werk Prinzipien der Klassik in eine Bildersprache des technischen Zeitalters zu übertragen suchte, beschränkte sich Venturi auf eine weniger tiefgreifende Synthese und eine eher fragmentarische Ästhetik. Er behauptete, das »Sowohl-als-auch« entspreche besser dem Pluralismus der Moderne als die sterilen Lösungen der vorhergehenden Generation, ließ allerdings soziale Visionen oder Ideale weitgehend vermissen. Offenbar gab es Beziehungen zwischen seiner Sicht der Dinge und zeitgenössischen Malern wie Jasper Johns und Robert Rauschenberg, die den geistigen Heroen des abstrakten Expressionismus bewußt Banalitäten des Alltagslebens entgegensetzten. Doch Venturis Einstellung zur Architektur führte nicht automatisch zu neuen architektonischen Formen. Anhänger Venturis sagen, es ginge ihm darum, das Vokabular der Moderne zu bereichern; seine Gegner behaupten, seine Formen seien willkürlich und öffneten dem Eklektizismus wieder alle Türen. Auf jeden Fall war offensichtlich, daß er die trockenen soziologischen und technischen Definitionen der Architektur, die damals vorherrschten, ablehnte und statt dessen für eine Diskussion der Formen (und sogar der Bedeutungen) eintrat.

Gegen Ende seines Buches bezog Venturi seine Argumente speziell auf den amerikanischen Städtebau. Er behauptete, Main Street sei »beinahe ganz in Ordnung«, und die offizielle Planung in den USA (er hätte sie auch »orthodoxen modernen Städtebau« nennen können) habe viel dazu beigetragen, das Straßenleben zu zerstören und die Vitalität von Leuchtreklamen und Anzeigentafeln zu unterminieren. Seine Reaktion gegen allzu diskrete und allzu stark vereinfachende Kategorien entsprach dem Geist der Zeit: Bald darauf setzten sich Soziologen wie Richard Sennett für »Unordnung« ein, und Jane Jacobs pries in *Death and Life of Great American Cities* die komplexen Strukturen der »gewöhnlichsten« städtischen Orte. Venturi und seine Partner Denise Scott-Brown und Steven Izenour führten diese Ideen in der Publikation *Learning from Las Vegas* (1973) weiter aus: Sie schrieben, die bunten Neoninstallationen vor den Kasinos seien eine typische Ausdrucksform des »normalen amerikanischen Volkes«. So trafen Populismus und Pop Art aufeinander – in der merkwürdigen Illusion, Produkte der Madison Avenue könnten als volkstümliche Kunst der »niederen Art« gesehen werden.

Venturis Ideen hatten regionalistische Anklänge, was damit zusammenhing, daß er für die Schaffung einer genuin amerikanischen Architektur eintrat. Die »Lokaltradition«, die ihm seine populären Bilder lieferte, war freilich artifiziell und massenproduziert. Sie entstammte der Geschäftsstraße und den vorstädtischen »Knusperhäuschen« – beides Bereiche, denen elitäre Planer mit Verachtung begegneten. Bei dem Haus für seine Mutter in Chestnut Hill, Philadelphia (1963), verwarf Venturi das Glaskasten-Klischee der »orthodoxen Moderne« aus den fünfziger Jahren. Statt dessen schuf er ein illusionäres Bild des Heimes mit allem Zubehör: Giebel, Schrägdach, vorgelegte Rahmungen, Fassaden, Eingangsnischen und so weiter (Abb. 26.10). Es handelte

26.10 Robert Venturi, Haus in Chestnut Hill, Philadelphia, Pennsylvania, 1963.

sich aber nicht um eine einfache Imitation des vorstädtischen Standardtyps, denn die Anspielungen auf das bescheidene amerikanische Heim waren mit witzigen, vieldeutigen Zitaten Le Corbusiers und Palladios kombiniert. Die Fassade mit ihrem bewußt unauffälligen Charakter verbarg die Vielfalt von »Komplexität und Widerspruch« im Inneren. Venturi pries die Signaleffekte städtischer Straßen in Amerika und prägte die Bezeichnung »dekorierter Schuppen«, um den Typus der Bauten zu beschreiben. Dagegen stellte er die skulpturalen Betonbauten der frühen sechziger Jahre, die er verächtlich »Enten« nannte.

Trotz Venturis populistischem Vokabular wenden sich seine architektonischen Scherze sich offensichtlich an die Eingeweihten. Er verfaßte sogar detaillierte Beschreibungen seiner eigenen Werke. Über das Haus seiner Mutter schrieb er:

»Dieser Bau wird der Forderung nach Vielfalt und Widerspruch gerecht: Er ist sowohl komplex als auch einfach, offen und geschlossen, groß und klein; einige Bauteile sind in bestimmter Hinsicht gut, schlecht in einer anderen. Sein Aufbau folgt den entscheidenden Grundregeln eines Hauses überhaupt, und ebenso verarbeitet er akzidentelle, nur hier wirksame Bedingungen. Er versucht, der schwierigen Einheit aus einer mittleren Anzahl verschiedener Elemente nahezukommen, nicht aber die einfache Einheit weniger oder vieler einprägsamer Teile zu verwirklichen.«

Bei dem Guild House, einem Altenheim in Philadelphia von 1962–66 (Abb. 26.11), konnte Venturi seine Vorstellungen in größerem Maßstab realisieren, bei einer Bauaufgabe, die seine Vorliebe für allgemein verständliche Bilder auf die Probe stellte. Im Programm waren 91 Apartments unterschiedlicher Typen und ein gemeinsamer Aufenthaltsraum vorgesehen. Das Haus sollte ältere Menschen aus der Umgebung aufnehmen. Venturi ordnete die Räume in einem symmetrischen Grundriß an, mit einer vorderen Fassade, die bis zur Frontlinie der Straße reichte. Auch dieser Aufriß war symmetrisch: Die Eingangstüren im Erdgeschoß waren zu beiden Seiten der Achse plaziert. Ein großer, in das Obergeschoß geschnittener Bogen sollte vielleicht den Eindruck von Offenheit und zugleich Geborgenheit vermitteln. Die goldeloxierte Fernseh-Antenne auf dem Dach läßt sich (dem Architekten zufolge) als Symbol für alte Menschen interpretieren, die so viel Zeit vor dem Fernsehgerät verbringen.

Das Guild House, mit billigen Ziegeln und einfachen standardisierten Fenstern errichtet, hat einen betont flächigen Charakter. Die Schiebefenster entsprechen denen der Umgebung und werden auch bei den billigsten Mietshäusern benutzt. Im Zusammenhang mit der selbstbewußten architektonischen Komposition erinnern sie an Venturis Äußerungen über Popkünstler, die »alte Klischees in neuer Umgebung« verwendeten und »gewöhnlichen Elementen ungewöhnliche Bedeutungen verliehen, indem sie Kontext oder Maßstab veränderten…« Zwischen den Ideen Venturis und den gleichzeitigen Arbeiten von Architekten wie Rudolph, Kallmann, Roche und Dinkeloo und Pei bestanden starke Gegensätze. Allerdings wirkten Venturis Vorstellungen in seinen Schriften überzeugender als in seinen Bauten. Die zur Schau getragene Arroganz verriet einen Mangel an Instinkt für Formen, Räume und sogar Proportionen. Venturi entwickelte ein literarisches Architekturkonzept,

Krisen und Kritik in den sechziger Jahren 353

26.11 *(rechts)*
Robert Venturi,
Guild House,
Philadelphia,
1962–66.

26.12 *(unten)*
Charles Moore,
Fakultätsklub,
University of California,
Santa Barbara, 1968,
Innenansicht.

das mehr von Bildern und Zitaten ausging als von formaler Integration.

Ein weiterer amerikanischer Architekt, der auf die klischeehafte moderne Architektur der fünfziger Jahre reagierte, war Charles Moore. Er lebte in Kalifornien, wo die importierte europäische Moderne à la Gropius weitaus weniger Gewicht besaß. Moore und Lyndons Sea Ranch an der pazifischen Küste nördlich von San Francisco war ein eher routinierter Versuch in Redwood-Regionalismus. Doch in den späten sechziger Jahren hatte Moore auf diese volkstümliche Geste verzichtet und aus den Lektionen der Pop Art gelernt. Das Innere seines Fakultätsklubs für die University of California von 1968 (Abb. 26.12) war als eine Art Bühne mit dünnen Flächen und Schirmen entworfen; Flächigkeit kam wieder in Mode. Viele Assoziationen boten sich an: Symbole der modernen Architektur (zum Beispiel van Doesburg in den zwanziger Jahren), das Bild eines Adelssitzes (einschließlich elektrischer Neon-»Banner«), die Standardembleme des amerikanischen Fakultätsklubs (Porträts, ausgestopfte Tierköpfe und so weiter) und Anklänge an den spanischen Kolonialstil. Hier führten allzuviel Komplexität und Widerspruch lediglich zu einem witzigen Mischmasch ohne innere Ordnung oder Spannung. Doch Moores Entwurf war trotz seiner fehlenden formalen Geschlossenheit symptomatisch für eine zunehmend eklektizistische Tendenz, die alle Phasen der Vergangenheit (einschließlich der Moderne) zu Zitaten nutzte.

Venturis und Moores Arbeiten machten deutlich, daß zumindest einige Leitsätze der modernen Architektur ins Wanken geraten waren. Die beiden Architekten lassen sich als Bilderstürmer porträtieren, die bewußt ihre manieristischen Spiele spielten und die schwer errungenen Siege der Pioniere gefährdeten. So überrascht es nicht, daß ihre Häresie Empörung hervorrief und daß Versuche unternommen wurden, zu den »Grundsätzen des Glaubens« zurückzukehren. Das führte zu der merkwürdigen Situation, daß die Theoretiker für die Rückkehr zu irgendwelchen mythischen und kristallinen Prinzipien des »Modernismus« eintraten, während die Praktiker die weißen Formen der zwanziger Jahre wiederbelebten.

Die meisten dieser Praktiker waren Architekturschulen der Ostküste wie Princeton und Cornell verbunden. Fünf traten besonders hervor, die »New York 5«: Peter Eisenman, Richard Meier, Charles Gwathmey, John Hejduk und Michael Graves. In den späten sechziger Jahren waren die meisten dieser Architekten Mittdreißiger und hatten deshalb moderne Kunst und Architektur als völlig etablierte Fakten kennengelernt. Sie alle waren fasziniert von den wichtigen Werken der Zeit zwischen den zwei Kriegen wie etwa dem Haus Schröder, der Villa Stein oder der Casa del Fascio. Sie interessierten sich eher für formale Fragen als für Inhalt und Funktion, und sie hingen den Theorien Colin Rowes an, der seit den sechziger Jahren in Amerika lehrte und seinen Schülern die zwanziger Jahre offenbar als das Goldene Zeitalter darstellte. Den frühen Internationalen Stil vierzig Jahre später, gegen Ende der sechziger, neu zu beleben, war freilich keineswegs ein leichtes Unterfangen. Es war ebenso gefährlich wie die Wiederaufnahme anderer Stilformen aus der Vergangenheit. Das Problem der Imitation blieb stets gegenwärtig, und es gab wenig Hinweise darauf, daß die »New York 5« ihre Wiederaufnahme früherer Formen mit überzeugenden neuen Inhalten erfüllen konnten.

Trotz ihrer wenig substantiellen philosophischen Position realisierten einige Architekten der »New York 5« Bauten von delikater Eleganz. Ein Beispiel dafür ist der Benacerraf-Anbau von Michael Graves (1969; Abb. 26.13). Es handelt sich um eine Art Pavillon, der sich an ein Haus in Princeton anschließt. Seine Sprache stammt aus vielen architektonischen Quellen, doch die einzelnen Elemente stellten in ihren überraschenden Gegenüberstellungen die üblichen Erwartungen in Frage. So könnte der kenntnisreiche Beobachter feststellen, daß die zylindrischen *pilotis* als horizontale Geländer wiederkehren; oder er könnte bemerken, daß die vom Haus Schröder hergeleiteten farbigen Profile und explodierenden räumlichen Effekte bewußt zu den freien Kurven aus Le Corbusiers Villen in Kontrast gesetzt sind. Giulio Romano hatte sich bei seinem Palazzo del Tè (1534) auf das Wissen der Betrachter verlassen: Sie sollten mit einem Schauder schockierten Entzückens reagieren, wenn sie seine scheinbar stürzenden Schlußsteine und andere Verstöße gegen die klassischen Regeln der Hochrenaissance wahrnehmen. Graves ging in ähnlicher Weise von einer historischen Perspektive aus, die aus den zwanziger Jahren ein klassisches Zeitalter machte. Er nahm an, daß das eingeweihte Publikum den virtuosen Bruch mit den Regeln bewundernd zur Kenntnis nehmen würde. Es handelte sich hier um Komplexität und Widerspruch, aber angewendet auf ehrwürdige Prototypen der

Moderne und nicht auf traditionelle amerikanische Quellen wie bei Venturi. Diese Architektenarchitektur wendete sich an eine Profession, die durch Hochglanzpublikationen und kunsthistorische Seminare zur Genüge mit den Monumenten der Moderne vertraut war. Philip Johnson charakterisierte Benacerraf treffend als ein »wunderbar schickes Exemplar von Rasenskulptur«. Tatsächlich fragt sich, ob Graves mit seinen feinen farbigen Profilen und seiner Art Hinterhofidylle nicht vielleicht von den abstrakten Plastiken Anthony Caros beeinflußt war.

In der amerikanischen Szene der sechziger Jahre stellt sich das Interesse der »New York 5« an Formfragen einerseits als Reaktion auf die technologische Schule und andererseits als Auseinandersetzung mit sozialwissenschaftlicher Methodologie dar. Ihre Vorliebe für Flächigkeit und Transparenz ist möglicherweise als Widerspruch gegen groteske brutalistische Betonexperimente zu erklären. Dem späten Le Corbusier schenkten sie bezeichnenderweise wenig Aufmerksamkeit, sondern konzentrierten sich statt dessen auf die Villen der zwanziger Jahre. Doch während die Vorbilder häufig aus verputztem Beton bestanden und eine Fülle von Maschinenzitaten aufwiesen, waren die Imitationen häufig aus Holz, bezogen sich auf die amerikanische Holzrahmentradition und wirkten insgesamt noch feiner und dünner. Die Arbeit der Gruppe sollte freilich nicht pauschal beurteilt werden. Gwathmey zum Beispiel erzielte seine ästhetischen Effekte durch kühn kontrastierende Volumen und gedrungene Proportionen. Meier setzte sich bei seinen Hausentwürfen mit dem Problem vertikaler und horizontaler Schichten auseinander (ein Konzept, das er auf Le Corbusiers Dom-Ino-System und das Citrohan-Haus zurückführte). Hejduk baute wenig und drückte seine Ideen in klaren geometrischen Übungen aus, die auf einer relativ akademischen Auffassung des Purismus beruhten. Eisenman, Theoretiker wie auch Praktiker, ließ sich in starkem Maße von Terragni beeinflussen, wehrte sich aber gegen Analogien zwischen seinem Werk und dem italienischen Rationalismus der dreißiger Jahre. Er argumentierte vielmehr, Bauten wie das »Haus II« (1969) gingen auf eine allgemein gültige Syntax und auf die logische Struktur des Raumes zurück. Die Architekten der »New York 5« kümmerten sich offenbar wenig darum, daß die Formen, die sie imitierten, Ausdruck städtebaulicher Philosophien und sozialer Visionen gewesen waren. An die Stelle von Diskussionen über den moralischen Inhalt traten rein formale Erwägungen. Da sie der Soziologie ablehnend gegenüberstanden, ließen sie möglicherweise die Frage außer acht, wie eine Lebensweise sich in symbolischer Form idealisieren ließ. In dieser Hinsicht folgten sie der kritischen Tradition Greenbergs oder sogar der formalistischen Version des Internationalen Stils, wie sie Hitchcock und Johnson vierzig Jahre zuvor vertreten hatten.

Die Wiederbelebung des Internationalen Stils war in der Tat von einer Wolke der Rhetorik umgeben: Falsche Doktrinen des Funktionalismus sollten wieder einmal der »Kunst der Architektur« weichen. Venturi und Moore

Krisen und Kritik in den sechziger Jahren

Allgemein gesehen, führte der Weg zwischen 1955 und 1975 in Westeuropa wie in den Vereinigten Staaten von einer lockeren Übereinkunft (die dennoch unterschiedliche Formen annahm) zu einer Position der Skepsis, die manche Versionen der inzwischen mythischen Orthodoxie in Frage stellte. Die Suche nach tieferer Bedeutung, die der Avantgarde der fünfziger Jahre am Herzen lag, wich einem kühlen Formalismus, der von jeder sozialen Polemik weit entfernt war, statt dessen aber von linguistischen und anderen kritisch-intellektuellen Tendenzen gestützt wurde. Dem Zeitalter der Überzeugung folgte eine Ära des enttäuschten Glaubens: Es gab keine überzeugenden neuen Ideen, so daß die Architekten sich in einem Zustand der Unsicherheit befanden. Sie waren frei, Fragmente zusammenzusetzen, aber unsicher über die Bedeutung ihrer Kombinationen. Es charakterisierte den Wandel, daß in den späten siebziger Jahren das Wort »revolutionär« sich auf Wiederaufnahmen früherer Stile bezog.

26.13 Michael Graves, Anbau des Hauses Benacerraf, Princeton, New Jersey, 1969.

sahen sich dem Vorwurf ausgesetzt, sie bezögen ihre Anregungen aus den Slums Amerikas. Zu Beginn der siebziger Jahre wurde es üblich, die »Weißen« (die »New York 5«) den »Grauen« (Venturi und anderen) gegenüberzustellen, ähnlich wie die Kritiker die reine geometrische Abstraktion mit der Pop Art konfrontiert hatten, nämlich als Wettstreit zwischen Modernismus und Realismus. Dabei hatten diese Architekturströmungen manches gemeinsam: Beide legten großen Wert auf die komplexe formale Behandlung von Wandschirmen und Flächen; beide befaßten sich mit Zitaten und der Wiederbelebung eines Stils; beide waren (zum Teil) Reaktionen auf den Niedergang der modernen Architektur; und beide hatten wenig über den allgemeinen Zustand der amerikanischen Gesellschaft zu sagen. Beide waren preziöse »Orchideen-Architekturen«, gezüchtet im Treibhaus der amerikanischen Eliteuniversitäten, und beide neigten zu einem blutlosen, überintellektuellen Akademismus.

27. Moderne Architektur und Entwicklungsländer seit 1960

»Jedes Volk, das Architektur hervorbringt, hat seine eigenen Formen entwickelt, die so typisch für dieses Volk sind wie seine Sprache, Kleidung oder Folklore. Bis zum Zusammenbruch der kulturellen Grenzen im vorigen Jahrhundert gab es in der Architektur auf der ganzen Welt deutlich unterscheidbare lokale Formen und Details, und die Bauten jedes Ortes waren die schönen Kinder einer glücklichen Ehe zwischen der Phantasie der Leute und den Erfordernissen der Umgebung.«

H. Fathy, 1973

Die moderne Architektur entstand in industrialisierten Ländern, in denen zeitweilig ein starker Fortschrittsglaube herrschte und avantgardistische Kreise einen authentischen modernen Stil zu schaffen suchten, der dem schnellen gesellschaftlichen Wandel entsprechen sollte. Die Ergebnisse dieser Suche wurden in aller Welt kopiert und häufig falsch angewendet. Denn erst in den vierziger und fünfziger Jahren zeigte sich in den Entwicklungsländern eine nennenswerte Wirkung der modernen Formen, und diesen Formen fehlten gewöhnlich die Poesie und Überzeugungskraft der Meisterwerke des Internationalen Stils. Die degenerierte Version der modernen Architektur verbreitete sich auf verschiedenen Wegen: durch eine rapide ökonomische Entwicklung, die von Funktionen, Technologien und verstädterter Umwelt her die moderne Architektur als angemessen oder gar unvermeidlich erscheinen ließ; durch eine fortdauernde Kolonisation, die moderne Bauten als Symbole für den wirtschaftlichen oder politischen Einfluß des Auslandes präsentierte; und durch postkoloniale Eliten (im Lande geboren, aber im Ausland erzogen), die sich nach einer Art Gehirnwäsche westlichen Ideen zugewendet hatten und als »progressive« Kämpfer gegen die frühere »Rückständigkeit und Stagnation« galten.

Hinweise auf die Probleme, die aus der schnellen Modernisierung entstanden, gab bereits das Beispiel der japanischen Architektur im 20. Jahrhundert (vgl. 25. Kapitel). In den sechziger und siebziger Jahren wurden auch viele andere Teile der Welt, vor allem Afrika, der Ferne und der Mittlere Osten, mit ähnlichen Fragen der kulturellen Identität konfrontiert. Gewöhnlich sorgten ausländische Firmen für die Einführung der modernen Architektur. Ihre vielgeschossigen, mit Klimaanlagen ausgestatteten Bürobauten und die repräsentativen Flughäfen dienten zwar als Statussymbole und sollten internationales Kapital anziehen. Doch den meist wenig durchgearbeiteten Bauwerken fehlte jede Sensibilität gegenüber lokalen Traditionen und klimatischen Verhältnissen. Selbst wenn den Architekten eine Neudefinition nationaler Werte am Herzen gelegen hätte, wäre es schwierig für sie geworden, entsprechende einheimische Vorbilder zu finden. Eine kulturelle Rückbesinnung stand bei den typischen Bauherren ohnehin nicht an der Spitze der Prioritätenliste.

Die Kollision von Alt und Neu war eine weitere Erscheinungsform der Industrialisierungskrise, die Westeuropa und die Vereinigten Staaten bereits im 19. Jahrhundert erfahren hatten. Aber es gab zumindest zwei wichtige Unterschiede. Die »fortschrittlichen« Länder hatten die industrielle Revolution selbst in Gang gesetzt, und sie hatten mehr als ein Jahrhundert Zeit gehabt, sich den weitreichenden sozialen und kulturellen Veränderungen anzupassen. Länder der Dritten Welt, die in den sechziger oder siebziger Jahren eine rapide Entwicklung durchmachten (wie etwa Iran oder Nigeria), gingen dagegen im Laufe nur einer Generation von der Agrarwirtschaft auf eine städtische Industriegesellschaft über. Zudem stammten die Instrumente (einschließlich der Bauten), die zu diesem schnellen Wandel beitrugen, aus dem Ausland. Kein Wunder also, daß sich eine Art kulturelle Schizophrenie entwickelte.

Unter diesen Umständen trafen die Forderungen »sensibler« westlicher Beobachter, nationale und ländliche Traditionen zu erhalten oder als Basis eines neuen Regionalismus zu nutzen, natürlich auf taube Ohren: Bäuerliche Kultur ließ sich leicht mit Rückständigkeit und der Ausbeutung ländlicher Arbeitskraft identifizieren. Für die Erhaltung qualitätvoller Bauten aus der Kolonialzeit einzutreten (die sich zum Teil ebenfalls den örtlichen Gegebenheiten angepaßt hatten), erwies sich als noch schwieriger. Die Klasse der neuen Parvenus suchte sich offenbar von der Last der jüngeren Geschichte zu befreien und genoß die konsumorientierten »Freiheiten« des Westens. Sie war begierig auf Hochglanzarchitektur mit technologischen und internationalen Anklängen, die ihre eigene Position bestätigen sollte. Im Westen wartete bereits die oberflächlich-moderne Architektur darauf, einen weiteren Bereich des internationalen Marktes zu erobern. Es erscheint paradox, daß so viele Länder sich so bald nach der Befreiung von der Kolonialherrschaft vulgäre Versionen der westlichen Architekturmode aneigneten.

In den frühen sechziger Jahren entstanden überall in der Welt Stadtzentren, die eher an Manhattan oder das moderne London erinnerten als an lokale, nationale oder koloniale Vorgänger. Das moderne internationale Design mit seinen standardisierten Klischees – wie etwa das verglaste Hotel mit Balkonen und nierenförmigem Schwimmbecken, einer Lobby mit Klimaanlage und getönten Glasfenstern, weiß verputzten Betonrahmen und so weiter – war nicht auf den »Wirtschaftsimperialismus des Westens« beschränkt, denn zur gleichen Zeit vollzog sich in Ländern unter sowjetischem Einfluß eine ähnliche Entwicklung. Vielleicht hatte Le Corbusier Recht gehabt, als er sagte, die Maschine führe jenseits der politischen Ideologien zu einer eigenen Revolution. Einige der drängenden Probleme, die sich im 19. Jahrhundert in den Städten des Westens gezeigt hatten und auf die die moderne Architektur eine Antwort gesucht hatte, traten nun an Orten auf, die sich zusätzlich noch mit dem Konflikt zwischen übernommenen westlichen Vorbildern und einheimischen Werten auseinandersetzen mußten. Das Sicherheitsventil einer Avantgarde oder zumindest einer Elite, die für visuelle Qualität und symbolischen Gehalt eintrat, fehlte es gewöhnlich oder war nur ein schwaches Abbild westlicher Beispiele.

Ein Weg aus der Sackgasse war der Versuch, einheimische und importierte Elemente zusammenzubringen. Dabei bestand ständig die Gefahr eines klischeehaften Regionalismus – mit »historischen« Zutaten, die pfefferkuchenartig schlecht konzipierte Kastenkonstruktionen überzogen. Es erwies sich als schwierig, regionale Elemente und Inhalte der Vergangenheit in Formen zu übersetzen, die den veränderten sozialen Bedingungen entsprachen. Es gab keine Rezepte, die den Erfolg garantierten. Bei weniger talentierten Architekten bestand die Gefahr, daß ihre Bauten zu billigen Imitationen sowohl moderner als auch traditioneller Formen wurden.

Der Unterschied zwischen Industrie- und Entwicklungsländern zeigte sich auch im Prozeß des Entwerfens und Bauens. Die moderne Architektur setzte eine Arbeitsteilung zwischen Architekten, Herstellern, Ingenieuren und Konstrukteuren voraus. Doch in vielen »unterentwickelten« Ländern lagen nur wenige Schritte zwischen Konzept und Ausführung. So waren für ein an einem Pariser Zeichenbrett konzipiertes Bauwerk vielleicht importierte und kostspielige massenproduzierte Elemente notwendig, die lokale Bau- und Arbeitsmethoden etwa am Persischen Golf völlig ignorierten. So entstand eine Diskrepanz zwischen modernen Formen und der lokalen Handwerkstradition, die sich in Jahrhunderten entwickelt hatte. Die praktische Logik des Regionalstils wurde unterminiert, und an die Stelle handwerklicher Erfindungen und Details traten modische Fertigprodukte des industriellen Bauens.

Neben dem Import ausländischer Technologien stellte auch die Einführung fremder Sozialtheorien ein Problem dar, vor allem auf dem Gebiet des Wohnbaus. Was in Europa als Modell für kostengünstiges Bauen galt, konnte sich an anderen Orten als völlig unangemessen erweisen. In Ägypten entdeckte zum Beispiel der Philosoph und Architekt Hassan Fathy, daß Wohnbauten aus Beton weitaus mehr Transport- und Lohnkosten erforderten als traditionelle einheimische Selbstbaumethoden und daß sie dem nicht-westlichen Lebensstil keineswegs entsprachen. In seinem Buch *Architecture for the Poor, An Experiment in Rural Egypt* (1973) stellte er eine arbeitsintensive Bauweise und die Verwendung einheimischer Materialien als die einleuchtendste Lösung dar. In New Gourna nahe Luxor im Niltal führte er ein Experiment aus: Er schulte die Bauern der Umgebung in nubischen Techniken wie dem Gewölbebau aus Lehmziegeln und einfachen Kuppeln (Abb. 27.1). Diese Verfahren hatten die Probe der Zeit bestanden und waren den Materialien und dem Klima der Region angepaßt. Dagegen erwiesen sich die »modernen« Methoden häufig als unzweckmäßig und hatten wenig Beziehung zu ihrer Umgebung. Fathy brachte seine Skepsis gegenüber der modernen Architektur unmißverständlich zum Ausdruck:

> »Modernität bedeutet nicht unbedingt Lebendigkeit, und Veränderung ist nicht immer eine Verbesserung... Tradition ist nicht zwangsläufig altmodisch und gleichbedeutend mit Stagnation... Tradition ist die soziale Analogie zur individuellen Gewohnheit. In der Kunst hat sie den gleichen Effekt, indem sie den Künstler von ablenkenden und nebensächlichen Entscheidungen befreit, so daß er den wichtigen Fragen seine ganze Aufmerksamkeit widmen kann.«

Fathys Kritik an der Industrialisierung und ihren Begleiterscheinungen ging also von den Grundlagen aus: Er lehnte es ab, die Mythen des Fortschritts zu akzeptieren, und behauptete, an den meisten Orten der Dritten Welt könne der Bauer für sich selbst besser bauen als jeder Architekt. Nach seiner Ansicht sollte jede Familie ihren eigenen Bedürfnissen entsprechend planen und sich eher an der Weisheit der Tradition orientieren als an den kostspieligen Launen der Professionellen. Diese Romantisierung des Bauern war Teil einer umfassenden Ideologie, der Suche nach nationalen Wurzeln. Fathys Philosophie mußte besonderen Anklang finden, wo die ländliche Tradition idealisiert und als Quelle kultureller Mythologie betrachtet wurde.

Fathys Experimente in einem Land, dessen kulturelle Entwicklung schwer unter der ottomanischen Herrschaft gelitten hatte, sollten zu einer Wiederbelebung der ein-

358 Wandlungen und Verbreitung der modernen Architektur nach 1940

heimischen Handwerkstradition führen (Abb. 27.2). In vielen agrarischen Gebieten der Dritten Welt war eine solche Wiederbelebung nicht notwendig, weil die lokalen Traditionen noch weiterbestanden. Aber selbst dort könnte sich die Technisierung von Materialien und Produktionsmitteln schließlich bis in die entferntesten Gegenden auswirken: Die Bauern ziehen auf der Suche nach Arbeit in die Städte, und die Einführung arbeitssparender Geräte durchbricht die Kontinuität der ländlichen Handwerkstradition. Das komplizierte Gewebe von Mythen hinter den genuinen einheimischen Formen wird durch einen neuen Geist der Rationalität zerstört. Das entwurzelte städtische Proletariat ist von seinen ländlichen Ursprüngen abgeschnitten und hat zugleich Schwierigkeiten, sich dem Chaos des industriellen Stadtlebens anzupassen.

Eine solche Krise zeichnete sich in den frühen sechziger Jahren in so weit voneinander entfernten Ländern wie Indien und Brasilien ab. Die Architekten standen ihr machtlos gegenüber. Weder primitive billige Wohnblöcke noch Agrarromantik à la Fathy konnten viel gegen die Überbevölkerung und die städtische Armut ausrichten. So entstanden an den Stadträndern riesige neue Slums, von den Bewohnern aus Konservendosen, Pappe und Industrieabfall selbst gebaut. Unter diesen Umständen war »Architektur« – ob als Glaskasten oder im Regionalstil – ein Luxus. Es überrascht kaum, daß die städtebaulichen Theorien angesichts eines solchen Chaos von Hoffnungslosigkeit zeugten. Sogar das Argument ist zu hören, die Squatter- und Satellitensiedlungen böten den Armen wenigstens Unterkunft, was den Behörden nicht gelänge. Um Kairo entwickelten die illegalen Siedlungen neue, halbindustrialisierte Formen: rohe Betonrahmen mit Flachdach, einem Hof und Ausfachungen aus Fliesen und Backstein (Abb. 27.3).

Zu Beginn der siebziger Jahre geriet jedenfalls das Konzept der totalen Planung unter Beschuß. Diese antiabsolutistische Einstellung läßt sich gut an einem Experiment für »Barriada«-Siedlungen in Peru von 1970 ablesen: Eine Reihe wohlmeinender internationaler Architekten legte hier einen Plan vor, der auf den Lebensmustern der Slums selbst basierte und es jeder Familie freistellte, ihr Haus nach eigenen Wünschen zu verändern. In Papua, Neuguinea wurden in Städten wie Port Moresby Einwohner, die kürzlich vom Lande gekommen waren, aufgefordert, ländliche einheimische Formen zu verwenden, die sich dem tropischen Klima gut anpaßten (Abb. 27.4), statt die früheren tristen, klimatisch wenig geeigneten importierten Haustypen zu übernehmen. Der Theoretiker Z. Plocki ging sogar so weit, eine »Neuguinea-Architektur« zu empfehlen. Er trat für einen »modernen Regionalismus« ein, der alle Bauaufgaben, große und kleine, einbeziehen sollte:

27.1 *(links)*
Hassan Fathy und die Bürger von Gourna, New Gourna bei Luxor, Ägypten, 1947–70, Moschee.

27.2 *(oben)*
Hassan Fathy, Haus bei Luxor.

»Die meisten Architekturstile waren Produkte ihrer eigenen Gesellschaften. Religiöse Werte, Klima, Technologie, soziale und politische Strukturen diktierten den Stil der Bauten. Formen, Proportionen und Dekorationen waren symbolisch und hatten Bedeutungen, so daß häufig architektonische Ordnungen von großer Konsequenz entstanden. Dieser ›innere Impuls‹ schuf Kulturen und architektonische Ausdrucksformen, die sich stark voneinander unterschieden...

Moderne Architektur und Entwicklungsländer seit 1960 359

Viele der besseren Beispiele sind erhalten, werden aber selten kopiert. Falls doch, wird deutlich, daß sie keinerlei Bedeutung mehr besitzen…Angesichts von Jetreisen, interkontinentalen Nachrichtenmedien, Filmen, politischen Strukturen und kulturellem Austausch ist die Welt heute kleiner geworden. Die meisten Einflüsse, die einen Stil bestimmen, sind international und beruhen auf Technologie und Wirtschaft…Aber selbst wenn man den Internationalen Stil, die Technik und den Impuls von außen akzeptiert und nicht die Tradition kopiert, lassen sich Regeln formulieren, in deren Rahmen Architekten eine Architektur schaffen, die zum Neuguinea-Stil werden könnte.«

Plocki gab zu, daß neue urbane Strukturen eine neue Architektur erforderten, die weder traditionelle einheimische noch importierte Formen nachahmt. Er wies auf die fragwürdige »Universalität« der Moderne ebenso hin wie auf die Grenzen eines oberflächlichen und nostalgischen Regionalismus. Zudem bezog er nicht nur die Bauten der Reichen ein, sondern auch einfache, selbstgebaute Behausungen. Die wenigen Tupfen Lokalkolorit, nach denen die Touristenindustrie verlange, lieferten keine Lösung für das Problem, einen neuen postkolonialen Stil zu definieren. Dieser Stil müsse »von innen« kommen und die neuen Lebensmuster ausdrücken.

27.3 *(oben)* Kairo, der »industrialisierte« Regionalstil der Außenbezirke, siebziger Jahre.

27.4 *(rechts)* Städtisches Dorf, Hahuabada, Port Moresby, Papua, Neuguinea, Mitte der siebziger Jahre.

360   Wandlungen und Verbreitung der modernen Architektur nach 1940

Wo es nur um die schiere Unterkunft ging, mochten regionalistische Stilfragen als Luxus erscheinen. Doch Aufträge der Mittelklasse ließen sich auch als Experimentierfeld für allgemeine Formulierungen betrachten. Wie stets lag der architektonische Wert in der überzeugenden Synthese von praktischen, ästhetischen und symbolischen Elementen und in der Harmonie mit der Umgebung. Traditionelle einheimische Bauten lieferten dabei wichtige Anregungen, weil sie jahrhundertelange Entwicklungen widerspiegelten. In Indien hatten sowohl Kahn als auch Le Corbusier auf diese Quellen zurückgegriffen, um den extremen klimatischen Verhältnissen gerecht zu werden. Kahns Institute of Management in Ahmedabad (1964) ist ein kraftvoller Bau aus handgefertigtem Backstein mit ingeniös angeordneten Öffnungen für Beschattung und Ventilation (Abb. 27.5), während Le Corbusiers Bauten in der gleichen Stadt und in Chandigarh bewiesen, wie gut sich Betonrahmen, *parasol* und *brise-soleil* dem indischen Klima anpaßten. Zu den Indern, die diese Anregungen aufgriffen, zählten Charles Correa und Balkrishna Doshi. Doshi entwickelte das importierte Vokabular bei seinen Wohnbau- und Universitätsprojekten in den sechziger Jahren weiter und verband es mit einheimischen Elementen. Er entwarf einfache standardisierte Konstruktionssysteme und Grundrisse, die Klima und Funktion entsprachen und sich variabel anordnen ließen. Bei seiner Wohnbebauung in Haiderabad aus den siebziger Jahren benutzte er Terrassen und Auskragungen, die der regionalen Formensprache entstammten. Er verwandte große Sorgfalt auf Orientierung, Beschattung und natürliche Querlüftung und auf den Übergang zwischen öffentlichen und privaten Bereichen (Abb. 27.6). Doshi suchte öde Leerräume zwischen den Gebäuden zu vermeiden, wie sie in Chandigarh entstanden waren, und sich statt dessen den eng verwobenen, dichten Straßenmustern traditioneller indischer Städte anzunähern. Eine bloße romantische Rustikalität schien ihm fehl am Platze, vor allem in einem Land, wo das Leben des Bauern alles andere als romantisch war. Seine Bauten, vorwiegend für die aufstrebende Mittelklasse bestimmt, sollten den Anforderungen eines neuen, westlich orientierten Indien gerecht werden. Immerhin waren viele herausragende Bauwerke in der Geschichte des Landes aus der Vermischung ausländischer und regionaler Einflüsse entstanden.

Eine gelungene Verbindung von Alt und Neu gelang auch J.F. Zevaco mit seinem Entwurf für Hofhäuser in Agadir, Marokko (1965). Hier war der soziale Kontext im Vergleich zu Fathys Bauten in Ägypten geradezu luxuriös, da es sich um Ferienwohnungen handelte (Abb. 27.7). Dennoch hätte sich das architektonische Konzept auch auf anspruchslosere Bauaufgaben übertragen lassen. Zevaco kombinierte die Betontechnologie, die Planungslogik und die einfachen Volumen des modernen Vokabulars mit dem traditionellen, nach innen orientierten nordafrikanischen Hofhaus. Seine Planung erinnert an das ATBAT-Projekt von Bodiansky und Woods aus

27.5 *(links)*
Louis I. Kahn, Institute of Management, Ahmedabad, Indien, 1964.

27.6 *(unten)*
Balkrishna Doshi, Gemischtes Wohngebiet, Haiderabad, Indien, 1976.

27.7 *(rechts)*
J.F. Zevaco, Ferienhäuser, Agadir, Marokko, 1965: ein Versuch, traditionelle und moderne Formen zu vereinen.

Moderne Architektur und Entwicklungsländer seit 1960   361

den frühen fünfziger Jahren (vgl. 21. Kapitel). Sie zeichnet sich ebenfalls durch Klarheit aus und formuliert soziale und klimatische Gegebenheiten der einheimischen Tradition in einem neuen Zusammenhang. Für eine gewisse formale Eleganz sorgen die ausgefeilten Details und Proportionen, das Spiel des Lichts und die Grünpflanzungen.

In Agadir hatte die Modernisierung bereits drastische Fortschritte gemacht: Der Badeort war nach einem schweren Erdbeben weitgehend neu aufgebaut worden. Mopti in Mali war dagegen eine traditionelle Stadt der Sahara mit einer der schönsten Lehmmoscheen in Nordafrika.

Das Medizinische Zentrum von André Ravereau (fertiggestellt 1976) mußte zwischen diesem bedeutenden Monument und dem Fluß Niger untergebracht werden (Abb. 27.8). Ravereau löste das Problem, indem er die Funktionen auf niedrige, gut geschützte Volumen verteilte, die durch schattige Gänge miteinander verbunden sind und Querlüftung ermöglichen. Der Komplex ist einfach und schmucklos und entspricht der Abstraktion der

für die Sahara typischen Formensprache. Zugleich könnten die rechtwinkligen Geometrien und Flachdächer der Region mit ihren tiefen Schatten und den lebendigen Wiederholungen und Variationen dem Umfeld des Kubismus entstammen.

Auch die Konstruktionstechnik ist eine glückliche Verbindung regionaler und importierter Methoden, denn Beton und Lehm sind beides Materialien, die in einer hölzernen Schalung gegossen werden.

Bei dem Medizinischen Zentrum wurden die traditionellen Lehmwände durch Zement verstärkt (und langlebiger gemacht). Für Harmonie mit der Umgebung sorgen Farbe, Materialien und Formen (die sich der benachbarten Moschee anpassen) sowie die Neuformulierung traditioneller Straßen und Fußgängerverbindungen im Gebäude selbst. Zwar waren diese Strategien im Westen entstanden (zum Beispiel beim Team X), aber Ravereau schuf eine besonders subtile Mischung aus alten und neuen, afrikanischen und europäischen Elementen. Eine wichtige Rolle spielte dabei die Verwendung lokaler Handwerksmethoden. Sie verliehen dem Komplex visuelle Qualitäten, die industrialisierten Bauten gewöhnlich fehlen. Im Westen ähnliche Effekte zu erzielen, wäre extrem kostspielig, da solche Handwerkskunst dort selten geworden ist.

Die Lage des Medizinischen Zentrums in Mopti verlangte nach einer ruhigen, geradezu anonymen Lösung. Doch manchmal wurden westliche Architekten auch zu Prestigebauten herangezogen. Unter den Wettbewerben der siebziger Jahre für große Neubauten in den wohlhabenderen Entwicklungsländern befanden sich zahlreiche Projekte für Kulturzentren, Museen und Staatspaläste, bei denen es in erster Linie um »Repräsentation« ging.

27.8 André Ravereau, Medizinisches Zentrum, Mopti, Mali, 1976; im Hintergrund die alte Moschee.

27.9 *(rechts oben)* Minoru Yamasaki, Flughafen Dharan, Saudi-Arabien, 1961.

27.10 *(rechts)* Alison und Peter Smithson, Entwurf für die Royal National Pahlavi Library, Teheran, 1977.

Moderne Architektur und Entwicklungsländer seit 1960   363

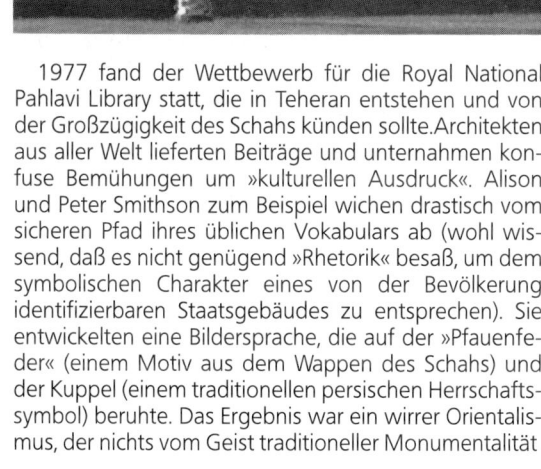

1977 fand der Wettbewerb für die Royal National Pahlavi Library statt, die in Teheran entstehen und von der Großzügigkeit des Schahs künden sollte. Architekten aus aller Welt lieferten Beiträge und unternahmen konfuse Bemühungen um »kulturellen Ausdruck«. Alison und Peter Smithson zum Beispiel wichen drastisch vom sicheren Pfad ihres üblichen Vokabulars ab (wohl wissend, daß es nicht genügend »Rhetorik« besaß, um dem symbolischen Charakter eines von der Bevölkerung identifizierbaren Staatsgebäudes zu entsprechen). Sie entwickelten eine Bildersprache, die auf der »Pfauenfeder« (einem Motiv aus dem Wappen des Schahs) und der Kuppel (einem traditionellen persischen Herrschaftssymbol) beruhte. Das Ergebnis war ein wirrer Orientalismus, der nichts vom Geist traditioneller Monumentalität besaß (Abb. 27.10). Der manierierte Versuch, islamische Ornamente nachzuahmen, erinnert an den mehr als ein Jahrzehnt zuvor entstandenen Entwurf für die Universität Bagdad von Gropius und TAC, dessen falscher Historismus einer Hollywood-Produktion von 1001 Nacht sehr nahe kam. Auch Minoru Yamasakis Flughafen Dharan in Saudi-Arabien aus den frühen sechziger Jahren geriet in gefährliche Nähe des Kitsches, mit seinen vorgegossenen Stützen, die Palmen nachempfunden waren, und mit seinen Schirmwänden, die angeblich auf traditionelle Fenstergliederungen zurückgriffen (Abb. 27.9). Interessierte sich ein westlicher Architekt jedoch für wirklichen Regionalismus, so war er häufig Bauherren oder Beratungsteams konfrontiert, die sich begierig auf das Neueste aus New York oder London zeigten. Der

SOUTH ELEVATION

Theoretiker mit seinen Argumenten des »Genius loci« und des »Lokalcharakters« galt dann als ein Agent des Westens, dem es darauf ankam, die Entwicklungsländer vom »Fortschritt« fernzuhalten.

Bisweilen erhielten westliche Architekten Aufträge für religiöse oder staatliche Institutionen mit speziell definierten traditionellen Bautypen wie Moscheen. In diesen Fällen zeigte sich der Konflikt zwischen neuen und alten, importierten und einheimischen Elementen besonders drastisch. Folgte der Designer den traditionellen Formeln, so bestand die Gefahr, daß er eine inhaltlose Imitation produzierte, denn sein Vokabular und seine Konstruktionsmethoden waren natürlich nicht traditionsgebunden und besaßen deshalb nicht die Überzeugungskraft des Symbols. Hielt er sich an seine eigene moderne Sprache, so berücksichtigte er möglicherweise die konventionellen Elemente nicht ausreichend, so daß sein Projekt die entsprechende Bestimmung nicht zu übermitteln vermochte. Ähnlichen Problemen hätte sich ein Architekt im Westen gegenübergesehen, wenn man ihn mit einem Kathedralenbau konfrontiert hätte: Wichtig wäre die phantasievolle Umsetzung von Prototypen. Doch nur selten erfaßte ein westlicher Architekt den Geist der Kultur, für die er seine Entwürfe schuf, und auch die Arbeiten einheimischer Architekten boten keine Garantie für Authentizität. Das eine Extrem war vielleicht eine Moschee, die sich kaum von einem Bürogebäude unterschied, das andere Extrem eine imitierte Version von Kuppel und Minarett, unbeholfen mit Industriefliesen verkleidet und mit einer völlig andersartigen Betonkonstruktion verbunden.

So lag die architektonische Krise der Entwicklungsländer weitgehend darin begründet, daß sie keine Formensprache zu entwickeln vermochten, die sowohl modernen als auch traditionellen Aufgaben entsprach. Es half wenig, die Modernisierung zu ignorieren und zu hoffen, daß die Uhr stillstehen würde oder sich sogar zu einem (völlig illusionären) Urzustand zurückdrehen ließ, indem man ausländische Einflüsse und chaotische Veränderungen einfach nicht zur Kenntnis nahm. Dennoch tauchten bei der konfusen Suche nach einer »kulturellen Identität« immer wieder sentimentale traditionalistische Strömungen auf, mit nationalistischer wie auch mit pankultureller Färbung. Die architektonische Tradition mochte sich auf islamische Monumente oder melanesische Holzhütten beziehen, doch der Traditionalist stand immer noch ähnlichen Problemen gegenüber wie der Eklektizist im England des 19. Jahrhunderts: Selbst wenn ein »kultureller Geist« entdeckt und mit irgendeinem »goldenen Zeitalter« der Vergangenheit in Verbindung gebracht worden war, stellte sich die Frage, wie diese Identität sich architektonisch darstellen ließ. Man konnte nicht einfach frühere Formen nachahmen: Die Vorbilder mußten zu bedeutungsvollen Bildern der Gegenwart umgeformt werden.

1973 war ein entscheidendes Jahr für die Wirtschaft des Westens, weil in dieser Zeit die Ölkrise ihren Höhepunkt erreichte. Die Einkünfte, die in ölproduzierende Länder flossen, wurden ausgetauscht gegen Fachwissen, wozu auch die Architektenprofession zählte. Die Stagnation im Westen entsprach einem Bauboom in unterentwickelten Teilen der Welt, die von den westlichen Ländern zuvor weitgehend ignoriert worden waren. Es war keine glückliche Verbindung: Die neureichen Klienten konnten nur wenig Zeit auf die Feinheiten architektonischer Kultur verschwenden, und die westlichen Architekten, denen es in erster Linie um finanziellen Gewinn ging, waren nicht im geringsten über lokale Sitten und Traditionen orientiert. So überflutete eine Welle rücksichtsloser Technologie die Küsten des Persischen Golfes und die Randgebiete der Wüste. Die Sache wurde noch dadurch kompliziert, daß in der überwiegend nomadischen Region monumentale und städtebauliche Vorbilder kaum anzutreffen waren. Nötig wäre eine grundsätzliche Festlegung formaler Kriterien gewesen, die sich auf Klima, Materialien, soziale Muster und dergleichen bezogen hätten. Doch leider fanden solche Überlegungen gewöhnlich nicht statt, und so hätten die Neubauten Saudi-Arabiens oder Kuwaits ebensogut an anderen Orten stehen können.

Eine Ausnahme war der Entwurf für das International Hotel in Mekka des Architekten und Ingenieurs Frei Otto. Für die Münchner Olympiabauten hatte Otto zugbeanspruchte feine Seilnetze von delikater Linienführung und unregelmäßiger Geometrie verwendet, um große Räume zu überspannen. Seine Formen gingen auf ein sorgfältiges Studium von Funktion und Materialien zurück, waren aber auch von organischen Strukturen und Nomadenzelten inspiriert. Sein Hotelentwurf verkörperte die Prinzipien eines Beduinenzeltes, aber in größerem Maßstab und mit Stahlkabeln und Holzleisten anstelle von Seilen und Segeltuch. Der Komplex bestand aus einer Folge kleiner Pavillons in einem üppigen Garten. Darüber war als Schattenspender das Zelt gespannt, an den Rändern offen, damit Luft eindringen konnte. Ein ähnliches Konzept des »High-Tech«-Zeltes verwendeten Skidmore, Owings and Merrill bei ihrem Entwurf für den Flughafen in Mekka, ein Bauwerk von einiger symbolischer Bedeutung, da hier Muslims aus aller Welt eintreffen, die ihre Pilgerfahrt in die heilige Stadt unternehmen.

Ein weiterer Faktor, der die Beziehungen zwischen den industrialisierten und den weniger industrialisierten Nationen in der Mitte der siebziger Jahre beeinflußte, war das wachsende kulturelle Selbstbewußtsein des Islam. Zur gleichen Zeit herrschte im Westen eine Phase der Selbstbefragung, der architektonischen Introversion und eines Manierismus, der jeden ernsthaften Versuch, menschliche Werte auszudrücken, zum Scheitern verurteilte. Die »Wiederbelebung des Islam« nahm viele Formen an, darunter eine Ablehnung des Materialismus, der (so hieß es) auf »moderne westliche Einflüsse« zurückzuführen war. Die Architektur blieb davon nicht lange unberührt: Bald wurden die Bauten des degenerierten Internationalen Stils als Embleme eines dämonischen Säkularismus verdammt.

Moderne Architektur und Entwicklungsländer seit 1960   365

27.11 Bauministerium, Peking, fünfziger Jahre.

Die Ablehnung der Moderne bedeutete nicht viel mehr als eine stärkere Hinwendung zu traditionellen moralischen und ästhetischen Werten. Wieder einmal stand die Frage der Identität zur Debatte. Doch die panislamischen Gefühle ließen sich soweit manipulieren, daß sogar eine kulturelle Einheit zwischen Marokko und Manila möglich schien. Ein Wink mit dem Zauberstab brachte Konflikte, nationale Grenzen und Jahrhunderte des Wandels zum Verschwinden. Diese Stimmung ließ sich schwer in eine Architekturphilosophie, geschweige denn in architektonische Formen übertragen. Der traditionalistische Architekt, der für den Verzicht auf »moderne« und »westliche« Vorbilder eintrat, stand einer Reihe von Schwierigkeiten gegenüber. Er mußte den gemeinsamen Nenner für eine »architektonische islamische Identität« finden (eine gewaltige Kategorie, wenn man die gesamte muslimische Welt einschloß und berücksichtigte, daß neben der Religion viele andere Faktoren die Formen beeinflußten). Er mußte davon überzeugt sein, daß der Islam eine feste, unwandelbare Einheit sei – was dieser freilich nie gewesen war. Und er mußte entscheiden, welche Kunstepoche dem »Wesen des Islam« am nächsten war, um diese Formen dann neu zu formulieren. Problematisch waren auch neue Funktionen und Bauaufgaben: Wie sollte zum Beispiel ein »islamischer Bahnhof« aussehen? Der fundamentalistische Architekt hatte die weitere Schwierigkeit, daß er sich darüber klarwerden mußte, ob architektonische Qualität über religiösen Dogmatismus hinausgehen konnte.

Vor einem solchen Dilemma standen natürlich nicht nur die Muslims, sondern auch die meisten anderen Länder, die einen rapiden Wandel erlebten. China schlug nach der Revolution von 1949 einen schwierigen Weg der Selbstdefinition ein, der zwischen dem sowjetischen Einfluß und dem eigenen Streben nach Modernisierung verlief. Staatliche Bauten wie die Große Halle des Volkes und das Museum der Chinesischen Geschichte und Revolution, die in den fünfziger Jahren in Peking entstanden, reflektierten den Klassizismus Moskaus, zeigten aber hier und dort auch ornamentale Anklänge an die imperiale Tradition. Das Bauministerium in Peking aus den fünfziger Jahren (Abb. 27.11) war deutlich nationalistisch geprägt, aber die orientalischen Züge blieben nur an der Oberfläche. Die meisten künstlerischen Angelegenheiten unterlagen in China der strikten Kontrolle des Kultusministeriums und der Propagandaabteilung der Kommunistischen Partei. Diese dogmatische Einengung trug wenig zur visuellen Qualität bei: Es gehörte sogar zu den ideologischen Grundlagen des Systems, daß die soziale Funktion stets formalen Fragen übergeordnet wurde. Die Idee, daß eine Verbesserung des ästhetischen Umfeldes bei der Entstehung einer neuen Gesellschaft eine wichtige Rolle spielen könnte, hatte sich bei den offiziellen Stellen damals noch nicht herumgesprochen.

Am Schluß dieses allzu kurzen Überblicks sei ein Bauwerk erwähnt, das in gesellschaftlicher, symbolischer und formaler Hinsicht gleichermaßen gelungen scheint und sich in ein komplexes Gewebe kultureller Einflüsse einfügt. Es handelt sich um die Hurva-Synagoge (Abb. 27.12), die Denys Lasdun zwischen 1978 und 1981 anstelle einer im Krieg von 1967 zerstörten Synagoge für die Altstadt von Jerusalem entwarf. Der Wiederaufbau (der einen Teil der Ruine einschloß), gilt offenbar als ein Signal der Erneuerung sowohl für das internationale Judentum als auch für engagierte Zionisten der Stadt. Ursprünglich war Louis Kahn zu einem Entwurf aufgefordert worden, doch das Projekt blieb bei seinem Tod unvollendet. Seine Skizzen zeigen ein großes symmetrisches Gebäude von nahezu festungsartigem Charakter, das sich hoch über die Flachdächer der Altstadt erhebt.

Lasdun fand eine weniger imposante, aber dennoch monumentale Lösung. Entsprechend seiner Philosophie der Stadtlandschaft konzipierte er den Hauptraum der Synagoge als Teil der Stadt und den gesamten Gebäudekomplex als intensivierte Form des benachbarten städtischen Musters aus Straßen, Plätzen und Flachdächern. Eine Synagoge ist kein festgelegter Bautyp, obwohl es Varianten im Vorderen Orient häufig Kuppeln verwendet wurden. Aber selbst wenn es eine klare Übereinkunft gegeben hätte, wäre der Architekt immer noch mit dem Problem konfrontiert gewesen, das Standardbild mit neuer Bedeutung und Vitalität zu erfüllen. Lasdun sah einen streng formellen Zentralraum auf einer klar definierten Hauptachse vor, die von der schmalen Zugangsstraße zu einem Platz an der Rückseite verlief. Emporen für die Frauen waren auf dem mittleren Niveau zu Almemor und Heiliger Lade orientiert. Das große Schirmdach über dem Hauptraum war von polygonalen Türmen gestützt, die Treppen enthielten und für natürliche Belüftung sorgten. Die tiefen Auskragungen schützten das Innere vor Sonneneinfall und vermittelten den Eindruck der Umschlossenheit. Das Licht, das an den Rändern eindrang, gab dem Raum einen mysteriösen Charakter. Der untere Teil der Synagoge war von den

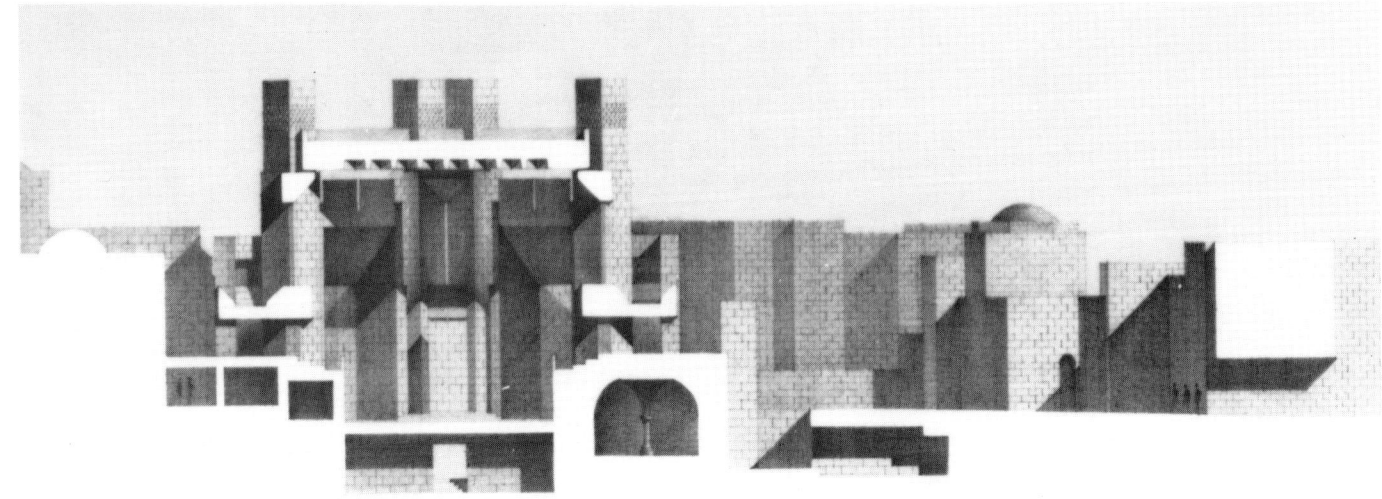

27.12 Denys Lasdun, Hurva-Synagoge, Jerusalem, 1978-81.

Wänden der Ruine umgeben. Der Architekt verwendete keine Kuppeln oder andere lokal gebräuchliche Elemente, weil sie nicht typisch für Synagogen waren und weil sie nicht in Lasduns Vokabular paßten. Dennoch erinnerte das Lichtsystem unter dem Parasol an eine Haube, während das Dach selbst die Bedeutung des sakralen Schirms neu formulierte und ein Gefühl der Geborgenheit hervorrief. Die Formensprache des Hurva-Projekts ging nicht aus der oberflächlichen Verwendung abgewerteter Symbole hervor, sondern aus Überlegungen über die Bedeutung eines würdigen Versammlungsortes im Stadtbereich. Lasdun fand ein neues authentisches Vokabular für die Synagoge (»Schichten und Türme«), ohne krampfhaft nach »jüdischem Geist« suchen zu müssen.

Das exzessive Bedürfnis nach kultureller Repräsentation in der Mitte der siebziger Jahre brachte die Gefahr mit sich, daß Fragen der architektonischen Qualität vernachlässigt wurden. Ein Bauwerk, das zufällig irgendeinem Dogma entsprach oder Ideen zu vertreten schien, die lauthals als »islamisch«, »jüdisch«, »melanesisch«, »kommunistisch« (oder was auch immer) proklamiert wurden, mußte nicht unbedingt Architektur von bleibendem Wert darstellen. Eine allzu leichtfertige Übernahme der konventionellen Ikonographie konnte schnell zum Kitsch führen. Nach dem Zweiten Weltkrieg begannen sich die verschiedenen architektonischen Kulturen von der abgenutzten internationalen Formel zu lösen. Das war notwendig und unvermeidlich. Doch der Regionalismus konnte leicht zu einem Werkzeug des religiösen und nationalistischen Dogmatismus werden, der keinen Raum mehr für die universalen Aspekte der Menschheit und der Kunst ließ. Wichtig wäre eine Kombination lokaler und allgemeingültiger Elemente gewesen, mit der sich die Nachteile beider hätten vermeiden lassen und die Formen von dauerhafter symbolischer Bedeutung erschlossen hätte. Oberflächlicher Modernismus und glatter Traditionalismus waren Erscheinungen, die es in allen Teilen der Welt zu vermeiden galt.

28. Die Traditionen der modernen Architektur in der jüngsten Vergangenheit

»Ich lehne eine sentimentale, nach rückwärts orientierte Einstellung zur Vergangenheit ebenso ab wie eine sentimentale technokratische Haltung gegenüber der Zukunft. Beide Einstellungen gründen auf…einem mechanischen Zeitbegriff.«

A. van Eyck, 1967

Es ist eine Binsenweisheit der Kunsthistoriker, nie eine Geschichte der jüngsten Vergangenheit zu schreiben – aus Gründen der Befangenheit. Die Frage ist, warum dieser Grundsatz nicht für Studien der ferneren Vergangenheit gilt. Offenbar wird allgemein angenommen, das wahre Bild der jüngeren Geschichte stelle sich mit der Zeit von selbst her.

Natürlich ist bei der Beschreibung zeitgenössischer Strömungen Vorsicht geboten. Andererseits ist kaum vorstellbar, daß ein akzeptabler Konsens von sich aus entstünde. Hält sich der Historiker zurück, so erobert der Propagandist das Feld, gewöhnlich mit seiner eigenen polemischen Version dessen, was ihm bedeutungsvoll erscheint. Diese Gefahr ist in den letzten zehn Jahren noch gewachsen, da das gedruckte Wort und die Fotografie eine immer wichtigere Rolle spielen: Tendenzen und Ismen wurden auf der Basis einiger weniger Zeichnungen in Kunstdruckmagazinen erbittert diskutiert, ohne daß auch nur ein Ziegel gemauert oder eine Betonplatte gegossen worden wäre. Parteien der Avantgarde kämpften um Einfluß auf die Medien und Universitäten und proklamierten ihre Ideen (und nur ihre Ideen) als die »richtigen«. Architekten gingen sogar dazu über, ihre eigenen Monographien zu schreiben, so daß der Eindruck entstehen mußte, die wichtigsten Entwicklungen der Zeit seien jene, die am meisten publiziert und diskutiert würden.

Eine sachliche Erforschung der jüngeren Vergangenheit wird zudem noch durch die ständig wiederholte Behauptung erschwert, die moderne Architektur sei tot. Dieser emotionale Slogan stützt die Ansicht, eine Epoche sei im Niedergang begriffen und eine neue zöge herauf, deren Charakter freilich allen Beteiligten noch unklar ist. Wer diese Ansicht vertritt, muß jede Kontinuität innerhalb der modernen Tradition herunterspielen und die Originalität jener Architekten überbewerten, die dem Etikett der »Postmoderne« entsprechen. Wer die Gegenposition einnimmt, wird zäh auf seinen Prinzipien beharren und behaupten, sie machten den Kern der Moderne aus. Beide Parteien haben keinen Begriff davon, wie Formen innerhalb der Traditionen entstehen, und beide setzen sich für eine vereinfachte, monolithische Version der modernen Architektur ein. Keine Partei ist bereit zuzugeben, daß die wichtigsten Innovationen Alt und Neu verschmelzen und daß die Hauptwerke der Moderne gerade deshalb für die Zukunft Bedeutung haben, weil sie über die Grenzen ihrer Zeit hinausführten. Beide Positionen scheinen allzusehr auf eine Art ständigen architektonischen Kostümwechsel fixiert. Das »Neueste« (und Seltenste), was sich erhoffen ließe, wäre ein Bauwerk, das schlicht sehr gut ist, gleichgültig welche Beziehungen zu nahen oder fernen Traditionen es aufweist und inwieweit es den Vorschriften der Modemacher oder den Sehnsüchten der alten Garde entspricht.

Zwei Extreme sollten vermieden werden, wenn es um die Auseinandersetzung mit der jüngeren Vergangenheit geht: zum einen die Identifikation mit einer bestimmten Schule oder Gruppe und zum anderen die überhebliche Vorstellung, die »wesentlichen« Züge der neueren Entwicklung ließen sich ohne weiteres erkennen. Beide Aspekte sind zu ausschließlich und hängen eher mit Spekulationen zusammen als mit der Geschichte selbst. Vielleicht sollte man eine andere Strategie einschlagen und so tun, als blicke man aus der Distanz einiger Jahrzehnte auf die siebziger Jahre zurück. Von einem solchen Standpunkt aus gesehen, enthüllen scheinbar opponierende Strömungen ihre verborgenen Gemeinsamkeiten. Ereignisse, Ideen und Personen treten in einer breiten zeitlichen Perspektive zusammen. Originalitätsansprüche jüngerer Architekten wirken überzogen: Das Gewicht der Moderne dürfte schwerer wiegen, als manche es wahrhaben wollen. Selbst die Architekturkritik unterliegt gewissen Wandlungen: Eine Beschreibung wie die meine wirkt vielleicht zwangsläufig einseitig und unvollständig, doch kann ich zumindest behaupten, daß ich die Komplexität – und die Widersprüche – des neueren Pluralismus zu porträtieren versucht habe. Wenn ich mich gelegentlich kritisch gegenüber einem Konzept oder Bauwerk äußerte, so habe ich stets auch meine Urteilskriterien dargelegt.

Die siebziger Jahre waren keineswegs eine in sich abgeschlossene Dekade: Die Probleme und Krisen dieser Zeit reichten in frühere Jahrzehnte zurück. Zunehmend machte sich Skepsis gegenüber den Prinzipien der modernen Architektur bemerkbar. Doch überraschenderweise setzten die meisten Strömungen der siebziger Jahre die Tradition der frühen Moderne fort. In einigen Fällen (zum Beispiel bei den New York 5 oder Aldo Rossi) wurden sogar die Formen der Zeit zwischen den Kriegen wiederbelebt.

Die sogenannte »Postmoderne« griff ihrerseits auf Techniken wie Fragmentierung, Flächigkeit und Collage zurück, die ganz offensichtlich aus den Anfängen der Moderne stammten. Um so aufschlußreicher sind die Divergenzen zwischen der rhetorischen und der tatsächlichen Produktion, zwischen Worten und Formen. Starker Protest ist nur zu erwarten, wo eine jüngere Generation aus dem Schatten von Künstlern wie Le Corbusier, Aalto oder Kahn heraustritt. Auch der klassische Ödipuskonflikt mit der Verstoßung der Vaterfiguren kommt vor, er erlaubt es den Jungen, sich dem Luxus fernerer Traditionen zu ergeben. Schließlich hatte auch die vorherige Generation eine größere Vielfalt versuchten, sich ebenfalls der Vergangenheit zugewandt und ebenfalls *ihre* Vorgänger verteufelt.

Insgesamt unterschied sich die Atmosphäre in den frühen siebziger Jahren völlig von den Zeiten des Team X in den frühen sechziger Jahren. Vom Optimismus des vorherigen Jahrzehnts war wenig zu spüren. Die günstigen Bedingungen, die Europas Wohlfahrtsstaaten oder reiche Bauherren in den Vereinigten Staaten der modernen Architektur boten, hatten zu viele Schwächen und Widersprüche bloßgelegt. Zu viele gewaltige Wohnbauprojekte, zu viele plumpe Wolkenkratzer, zu riesige windumtoste Betonflächen, zu viele dürre, bedeutungslose Formenarrangements waren in das Programm der städtischen und sozialen Erneuerung gepreßt worden. So war Ende der sechziger Jahre ein Punkt erreicht, an dem viele neue Forderungen laut wurden: Die moderne Architektur solle sich besser dem historischen Kontext anpassen; sie solle eine stärkere Partizipation der Nutzer zulassen; und sie solle bessere Möglichkeiten der Identifikation bieten. Extreme Kritiker erklärten natürlich, die moderne Architektur symbolisiere lediglich den Niedergang des Kapitalismus. Aber das half den Architekten wenig bei ihren zwangsläufig nur bruchstückhaften Verbesserungsbemühungen. Vielleicht trug die Subkultur der späten sechziger Jahre ihren Teil dazu bei, das Streben der Moderne nach Universalität zu unterminieren. Der Populismus der gleichen Zeit machte deutlich, in welchem Ausmaß die Beschönigungsversuche der Architekten klassengebunden waren. Von der Zeichentheorie hergeleitete Ideen sollten die angebliche »Willkür« und »Konventionalität« architektonischer Formen entlarven. Die Relativisten griffen dagegen den soziologischen und funktionalen Determinismus an, der einem bestimmten Flügel der Moderne so viel bedeutete. Vielleicht übte auch der Tod der Meister eine lähmende Wirkung auf die Anhänger der Moderne aus, der nun die charismatischen Führer fehlten. Sogar friedliche Wissenschaftler haben möglicherweise dazu beigetragen, den Begriff einer großen Tradition der Moderne in Frage zu stellen. Da der progressive Elan erlahmt war und die Architekten sich ihrer Ziele immer weniger sicher schienen, überrascht es nicht, daß das Wort »Krise« in zahlreichen Buchtiteln und Artikeln wiederkehrte. Manche sprachen von einer Krise der Verbrauchergesellschaft, andere von einer Identitätskrise der Architekten, wieder andere von einer Krise der Moderne. Immer häufiger hieß es, der Weg nach vorn führe über eine Wendung zurück: sei es zu den goldenen Tagen der strahlenden Zuversicht oder zu einer früheren Phase der Gewißheit.

Damit ist freilich nur eine von vielen revisionistischen Strömungen der siebziger Jahre erwähnt. Wie zu allen Zeiten existierten die Mythen, Ideen und Probleme mehrerer Generationen und Individuen nebeneinander. Künstler wie Utzon, Kahn und Lasdun schufen qualitätvolle reife Werke jenseits der wechselnden Moden, ohne daß man sie »altmodisch« hätte nennen dürfen. Philip Johnson dagegen veränderte sich wie ein Chamäleon, um seine Architektur jeweils dem neuesten Trend anzupassen. Offensichtlich erhielt sein Werk dadurch keineswegs die Tiefe, die es vielleicht gebraucht hätte. James Stirlings Stil änderte sich drastisch, als er Hinweise auf städtische Zusammenhänge und historische Vorbilder einzuführen suchte. Eine neue, jüngere Generation, die sehr selbstbewußt mit den Formen umging (wie Graves oder Isozaki), begann größere Aufträge zu erhalten. Uniformität war also keineswegs ein Kennzeichen der siebziger Jahre. Es wäre sinnlos, eine Hauptlinie aufzuzeigen; anmaßend, Vergleiche zwischen Stil und Qualität zu ziehen; und engstirnig, eine Strömung als die wichtigste zu definieren. Ich habe mir vorgenommen, »Ismen« soweit wie möglich zu vermeiden und allgemeine Tendenzen auf der Grundlage von Einzelbauten zu beschreiben. Um eine bessere Vergleichsbasis zu finden, habe ich Bauten mit ähnlichen Funktionen zusammengefaßt.

Zunächst also der Wohnbau: In einem früheren Kapitel war die Rede von Kritik an der Unité, die fehlende Identifikationsmöglichkeiten bemängelte. Wenn das größte Problem des Wohnbaus in der Nachkriegszeit tatsächlich auf Kommunikationsschwierigkeiten zwischen Architekten und Benutzern zurückging, so wird verständlich, daß in den sechziger Jahren verschiedene Formen der »advocacy planning« erprobt wurden, die künftige Bewohner öffentlicher Projekte an der Planung beteiligten. Die radikalen Kritiker jener Zeit gingen sogar so weit, die übliche formale Planung pauschal zu verwerfen, als reichten ehrenwerte moralische Absichten für den Bau guter Wohnungen.

Ein Architekt, der diese Konflikte zu überbrücken versuchte, war der Skandinavier Ralph Erskine (ein weiteres Mitglied des Team X). Bei der Wohnbebauung Byker Wall in Newcastle (1969–75) setzten sich Erskine und sein Team mit den Erwartungen und Bedürfnissen der späteren Bewohner auseinander, bevor er Entwurfshypothesen vortrug, die ihrerseits wieder der Kritik der Bewohner ausgesetzt wurden (Abb. 28.1). Seine Aufgabe wurde dadurch erleichtert, daß die meisten späteren Nutzer bereits in der näheren Umgebung wohnten. Freilich konnte auch der demokratischste Entwurfsprozeß nichts zur Gestaltung der Gesamtform beitragen, obwohl er immerhin die Organisation der Innenräume und der Eingänge beeinflußte. Wie so oft war es Aufgabe des Architekten, soziale Wunschvorstellungen in eine dreidimensionale Form zu übertragen.

Byker Wall war also von Erskines eigener Handschrift geprägt. Das Gelände lag in der Nähe einer geplanten Autostraße und fiel sanft zu Reihenhäusern aus dem 19. Jahrhundert ab. Erskine entwarf eine lange Serpentinenwand mit variierender Höhe als Lärmschutz und plazierte kleinere Reihenhäuser mit Gärten in der umschlossenen Bereich. Die Idee einer Schutzmauer mit Wohnungen war schon in Erskines Projekt für Clare Hall in Cambridge aufgetreten, reichte aber noch weiter zurück zu seinen Entwürfen für Siedlungen nördlich des Polarkreises aus den sechziger Jahren, wo Barrieren gegen eisige Winde und eine feindliche Umgebung eine wichtige Funktion erfüllten. Außer der »kollektiven Wand« wies Byker noch andere typische Elemente aus Erskines Vokabular auf: das Pultdach (zum Schutz gegen Regen und als Symbol der Häuslichkeit), Balkons aus Holzlatten in kräftigen Farben (wegen der optischen Vielfalt), verschiedenfarbiger Backstein (um die Masse zu gliedern) und differenzierte Eingangslösungen (um den Übergang vom öffentlichen zum privaten Bereich zu markieren). Erskines Interesse an einer Definition des Geländes und sein Eingehen auf lokale Lebensmuster lassen an die Ideen des Team X denken. Doch von den verschiedenen »anti-heroischen« Wohnprojekten der siebziger Jahre war Byker Wall wahrscheinlich in soziologischer und architektonischer Hinsicht das gelungenste.

Obwohl die Verfechter Bykers argumentierten, die guten Leute von Newcastle hätten die Architektur praktisch selbst geschaffen, stammte der Komplex von einem Architekten, der sich intensiv mit Formen und Symbolen auseinandersetzte. Aus eben diesem Grunde lehnten Kritiker der äußersten Linken das Projekt ab. Ihrer Meinung nach sollte der Wohnbau den einzelnen Menschen überlassen bleiben und nicht durch Architekten mit »repressiven Konzepten« monumentalisiert werden. Manche Vertreter dieser anti-elitären Richtung hielten es für besser, bestehende »lokale« Typen zu imitieren, als weiterhin Wohnprojekte nach dem Unité–Modell auszuführen. Dabei blieb freilich unklar, *welche* lokalen Typen als Beispiele herangezogen werden sollten. Diese Tendenz zur Passivität hatte zur Folge, daß es in der Mitte der siebziger Jahre (vor allem bei den Wohnungsbaugesellschaften Westeuropas) moralisch akzeptabel wurde, Walmdächer und Simse nachzuahmen, als sei dadurch automatisch der »menschliche Charakter« der Behausung gewährleistet.

In starkem Kontrast zu Byker Wall und dem neuen »Heimatstil« stand Aldo Rossis linearer Appartementblock für den Bezirk Gallaratese in Mailand von 1969–76 (Abb. 28.2), Anstelle der Komplexität von Byker herrschte hier dürre, repetitive Einfachheit; statt Serpentinenformen und pittoresker Akzente bestimmte eine obsessive Linearität das Bild; Nischen und Winkel waren durch eine monotone Straßengalerie ersetzt, die von einem Ende zum anderen lief. Rossis Konzept war, wie er selbst sagte, zwischen »Bestandsaufnahme und

28.1 Ralph Erskine, Byker Wall, Newcastle, 1969–75.

Erinnerung« angesiedelt und bezog bewußt frühere Bautypen ein. Bei seinem Projekt für den Friedhof in Modena (1971) kombinierte er das antike Mausoleum mit den abstrakten Visionen von Boullée oder Ledoux aus dem späten 18. Jahrhundert; in Gallaratese verarbeitete er Einflüsse wie die Organisation der Unité, das Straßendeck, melancholische Reminiszenzen an norditalienische Arkaden (wohl auch in Anlehnung an Giorgio de Chiricos metaphysische Stadtlandschaften) und Symbole der modernen Technik:

> »Es gibt eine analoge Verbindung zu bestimmten Ingenieurbauten, die sowohl der Typologie des Korridors entsprechen als auch der Sympathie, die ich stets gegenüber der Architektur des traditionellen Mailänder Mietshauses empfunden habe. Die Korridore repräsentieren dort einen Lebensstil, der von Alltagsleben, häuslicher Intimität und persönlichen Beziehungen geprägt ist.«

Im Jahre 1966 hatte Rossi ein Buch mit dem Titel *L'Architettura della Città* veröffentlicht. Er setzte sich darin für urbane, auf »grundlegenden« Institutionen fußende Archetypen ein, wie sie angeblich vor dem Chaos der Industrialisierung existiert hatten. Seine Vorstellung war, daß der Funktionalismus durch ein analogisches Entwurfsverfahren überwunden werden könnte, das in einer einfachen geometrischen Sprache frühere Typen mit heutigen Anforderungen verbände. Rossis Theorie der städtischen Modelle erinnert an Terragnis frühere Reflexionen über die Anfänge der Architektur, und sein Stil – mit monotonen Fensterreihen, die in die glatten weißen Flächen gestanzt scheinen – ist zweifellos der italienischen Version des Internationalen Stils verpflichtet. Deshalb mag die Bezeichnung »Neo-Rationalismus«, die für Rossis Arbeiten und seine »Tendenza« genannte Bewegung geprägt wurde, durchaus zutreffend sein. Die schmucklosen Formen der dreißiger Jahre wurden von ihren faschistischen Assoziationen befreit und erhielten einen geradezu nostalgischen Charakter. Für die Neo-Rationalisten spielten axiale Kompositionen und die Reduktion auf geometrische Primärstrukturen eine wichtige Rolle. Rossis zahlreiche Skizzen von Strandkabinen, Leuchttürmen, Scheunen und traditionellen Bauten der Po-Ebene ließen auf eine nachdenkliche Auseinandersetzung mit der Geschichte Norditaliens und vielleicht sogar auf einen latenten Klassizismus schließen. Sein Einfluß war beträchtlich, vor allem im Tessin (Mario Botta), wo die technologische Strenge so vieler moderner Bauten seit den frühen siebziger Jahren zunehmend auf Ablehnung stieß. Rossis Ideen wurden auch in den Vereinigten Staaten popularisiert, wo ihre klassischen Elemente recht willkürlich mit einem italophilen Interesse an Terragni und Palladio verknüpft wurden.

Ricardo Bofills Wohnkomplex Walden 7 in Barcelona (1975) ist ein weiteres Beispiel für eine Architekturphilosophie, die Bilder der Vergangenheit assoziationsreich in die Gegenwart überträgt. In diesem Fall liegt der Akzent auf der Vertikalen, da das Gebäude aus klippenartigen, mit rotem Ziegel verkleideten, hoch aufragenden Wänden besteht. Variationen der Zylinderform sind als Balkone angefügt. Den Fronteingang zu dem Komplex bildet ein mehr als 12 Meter hoher vertikaler Schlitz. Das Generalthema der facettierten Durchdringungen ist konsequent fortgeführt, indem zwölf Geschosse hohe Öffnungen in die Blocks geschnitten wurden. Walden 7 hat Ähnlichkeit mit einer zu Wohnzwecken umgebauten Festung und weist mit seinen bizarren Maßstabssprüngen sogar leicht surrealistische Anklänge auf. Der anthropomorphe Charakter der Balkons läßt den Einfluß von Gaudís merkwürdigen Kaminaufsätzen vermuten. In jedem Falle gingen Walden 7 und Bofills andere Entwürfe aus der gleichen Zeit auf seine Vorliebe für die Umwandlung einfacher Geometrien in komplexe Arrangements und Metaphern zurück, die zinnenbewehrte Bauten der Vergangenheit heraufbeschworen.

Die drei erwähnten Beispiele machen unterschiedliche neue Ausdrucksformen der modernen Architektur deutlich. Ein ähnlich breites ideologisches und formales Spektrum ergibt sich bei den architektonischen Lösungen des Arbeitsplatzes in den siebziger Jahren, vor allem bei den Bürobauten. In den späten sechziger Jahren waren natürlich der Wolkenkratzer aus Glas und sein vorstädtischer Verwandter, der horizontale Glasquader, die modernen Standardtypen. Verständlich also, daß Versuche unternommen wurden, diese nüchternen Formeln durch Atrien, Gärten, Balkons und so weiter zu bereichern: Ein Beispiel, das alle diese Elemente enthält und sich zugleich visuell zur Straße öffnet, ist die luxuriöse Ford Foundation von Roche und Dinkeloo in New York von 1967. Eine andere Richtung vertritt das Willis, Faber & Dumas Building in Ipswich, England (1974) von Norman Foster Associates (Abb. 28.3). Hier ist keinerlei

28.2 *(links)* Aldo Rossi, Wohnbebauung Gallaratese bei Mailand, 1969–76.

28.3 Norman Foster, Willis, Faber & Dumas Building, Ipswich, 1974.

Kritik an der modernen Technologie zu spüren: Das Gebäude ist im Gegenteil ein Symbol präziser Mechanik. Freilich wurde der strenge Raster des üblichen Typus im Inneren aufgebrochen, so daß ein durchgehender Arbeitsbereich entstand (der freie Grundriß in seiner logischen und nicht unbedingt praktischen Anwendung). Die Geschosse sind durch eine große zentrale Zone miteinander verbunden und mit Rolltreppen erschlossen. Die Details aus Chrom und rostfreiem Stahl passen zu der hochpolierten Glasverkleidung, die ein ähnliches Ethos verkündet. Das rahmenlose Spiegelglas der Außenhaut bildet einen Curtain Wall, der die Umgebung reflektiert – ein Effekt, der durch die grundstücksbedingte gekurvte Form verstärkt wird. Die Gestaltung des Grundrisses geht offensichtlich auf Mies van der Rohes »Universalraum« zurück. Auch die formalen Erfindungen beziehen sich sowohl auf dessen minimalistische Wolkenkratzer in Amerika aus den sechziger Jahren wie auch auf die kristallinen Phantasien der frühen zwanziger Jahre. Insofern sind das Verwaltungsgebäude Willis, Faber & Dumas und Fosters andere Entwürfe aus der gleichen Zeit (zum Beispiel das Sainsbury Art Center der University of East Anglia) auf dem technologischen Flügel der Moderne anzusiedeln. Doch mit ihrem eleganten Styling unterscheiden sie sich deutlich von ihren Vorgängern aus dem »Ersten Maschinenzeitalter« wie der Fabrik Van Nelle. Die utopischen Impulse haben sich freilich verflüchtigt. So ist es wohl unvermeidlich, daß diesen späteren Versionen technischer Symbolik Intensität und Resonanz fehlen.

Das Verwaltungsgebäude Centraal Beheer im holländischen Apeldoorn (1974) von Herman Hertzberger (Abb. 28.4) ging von einer völlig anderen sozialen Position aus und bezog auch eine gewisse Skepsis gegenüber der Technokratie ein. Während das Willis, Faber & Dumas Building das offene Großraumbüro propagierte, konzentrierte sich Centraal Beheer auf die private Domäne der einzelnen Mitarbeiter; während Fosters Gebäude sich von einer uniformen Außenhaut her nach innen orientierte, arbeitete Hertzberger von innen nach außen, auf der Basis kleiner standardisierter Einheiten, die auf den jeweiligen Aktivitäten und dem menschlichen Maßstab basierten. Hertzbergers Entwurf ist eine kunterbunte Kasbah mit Alleen, winklig gebrochenen Straßen und Niveauverschiebungen, aber er gründete dennoch auf einem Modul. Wo die Vertreter des »High-Tech« davon ausgingen, daß Architekten und Manager das äußere Erscheinungsbild bis in die letzten Details unter Kontrolle halten, verkörpern die Blocks aus Sichtbeton, die vorgefertigten Binder und die unregelmäßigen Geschoßflächen des »Arbeiterdorfes« das Ideal der Partizipation. Hertzberger fand, der Komplex sei unvollständig, bis jeder Mensch seinen persönlichen Schnickschnack, seine Pflanzen und seine ortsprägenden Symbole beigetragen habe. Das Verwaltungsgebäude Centraal Beheer war ein würdiger Abkömmling des zehn

Jahre zuvor entstandenen Waisenhauses von Aldo van Eyck. Wie der Vorgängerbau schuf es auf dar Basis standardisierter Elemente in kleinem Maßstab eine erstaunliche räumliche Vielfalt. Die Idee der inneren Galerien und auskragenden Geschoßflächen ging vielleicht letztlich auf Wrights Larkin Building oder Johnson Wax zurück. Dennoch fehlt dem Centraal Beheer die Kohärenz der großen Prototypen, vor allem in der äußeren Erscheinungsform, die ein wenig starr und konfus anmutet (Abb. 28.5).

Dagegen zeigt Lasduns European Investment Bank bei Luxemburg (1974) eine klare, dominante Form, die zugleich aber auch den menschlichen Maßstab respektiert (Abb. 28.6). Das Gebäude dient sowohl als repräsentatives Hauptquartier wie auch für Bürozwecke. Seine Lage am Hang des Val des Bons Malades machte Rücksichtnahme auf die Landschaft notwendig. Lasdun schuf eine Art Windmühlen-Grundriß mit vier niedrigen, horizontal betonten Flügeln, die dem Erdboden auf verschiedenen Ebenen begegnen. Wo die vier Flügel zusammentreffen, liegen die Repräsentationsbereiche. Eine diagonale Achse führt von der Vorfahrt am Eingang zu dem Raum für Dokumentenunterzeichnung am anderen Ende unter einer niedrigen Decke auf Pfeilern, die in einem Wasserbecken stehen. Der Eingangsweg ist durch diagonal gedrehte Stützen und Türme deutlich markiert – eine Raumfolge, die an das College of Physicians oder das National Theatre erinnert und von Lasduns Vorliebe für die kontrahierenden und expandierenden Räume der barocken Architektur zeugt. Die Büroflügel sind nach dem gleichen System horizontaler Geschoßflächen organisiert, wirken aber weniger skulptural. In den Geschoßdecken sind natürliche Kühlung und Heizung integriert, und jedes Büro hat ein gegen Sonneneinfall geschütztes Fenster mit Blick über die Bäume, das sich öffnen läßt. Lasduns Gebäude begegnet den Problemen des Glashauses mit Menschlichkeit und Würde. Die European Investment Bank ist ein Palast unter den Bürobauten, doch ihre Formen sind eng auf menschliche Bedürfnisse und umgebende Natur bezogen. Der monumentale Charakter dieser Arbeitsstätte ist einer Planung zu verdanken, die letzten Endes auf die horizontale Schichtung Wrightscher wie auch Corbusierscher Prototypen zurückgeht.

Auch die Wolkenkratzer der siebziger Jahre zeigen unterschiedliche Lösungen, obwohl sie auf Entdeckungen früherer Jahrzehnte zurückgehen. Yamasakis zwei riesige Scheiben für das World Trade Center in Manhattan sind ein extremes Beispiel für die elegante, minimalistische Lösung parallel gestellter Quader auf einer Plaza. Zu Beginn der Dekade galt zwei Abschnitten des Hochhauses besondere Aufmerksamkeit: der Spitze (entweder aus symbolischen oder aus praktischen Gründen, die mit Solarenergie oder Serviceeinrichtungen zusammenhingen) und der Basis (die sich häufig als Atrium zur Straße hin öffnete). Eine Variante dieses Schemas war das Verwaltungsgebäude Citicorp in Manhattan (1978) von Hugh Stubbins. Stilistisch war es eine Art »High-

Tech«-Rückgriff auf den Internationalen Stil mit Fensterbändern und klaren, von einer reflektierenden Metallhaut umkleideten Volumen. Eine andere Möglichkeit, die langweilige Glaskastenformel zu durchbrechen, war natürlich die äußere Dekoration, die wenig mit der inneren Organisation zu tun hatte. Eine solche dubiose »Bereicherung« der Wolkenkratzer in Manhattan präsentierte Philip Johnson mit seinem Entwurf für das American Telephone and Telegraph Building an der Madison Avenue von 1978 (Abb. 28.7). Johnson kehrte zur dreiteiligen Gliederung des Hochhaus es zurück, wie sie sich so häufig in der amerikanischen Architektur der zwanziger Jahre findet. Er akzentuierte den Eingang durch einen Rundbogen (der an Brunelleschis Pazzi-Kapelle erinnern sollte), die Lobby durch hohe Stützen (ähnlich einem Hypostylon) und die Spitze durch einen gebrochenen Giebel (der Journalisten an eine Chippendale-Kommode erinnerte). Als der Entwurf veröffentlicht wurde, schien er eine völlige Abkehr von der Moderne zu signalisieren und galt als Beispiel für die sogenannten »postmodernen« Tendenzen. Dabei hatte Johnson wenig mehr getan, als einem Standardbau einige historische Zitate zu applizieren. Die meisten »postmodernen« Bauten tendieren ohnehin zur Kosmetik.

Auch ein Vergleich von Museen der siebziger Jahre offenbart eine große Vielfalt architektonischer Lösungsversuche.

Das Centre Pompidou am Place Beaubourg in Paris von Renzo Piano und Richard Rogers (1974) führte das Bild der flexiblen Kulturmaschine zu einem Extrem (Abb. 28.8). Das Programm verlangte ein kulturelles Zentrum mit gemischter Nutzung unter Einbeziehung des alten Musée de l'Art Moderne, einer öffentlichen Bibliothek, eines audiovisuellen Zentrums und ausgedehnter Ausstellungsflächen. Das Grundstück grenzt an das Marais-Viertel und liegt an einem Platz, nicht weit von Les Halles, den kurz zuvor abgerissenen Markthallen, entfernt. Ziel war es, anstelle eines »Kulturpalastes« eine »populäre« Institution zu schaffen, und gerade dieser Aspekt des Programms faszinierte offenbar Piano und Rogers (die

28.4 *(links)*
Herman Hertzberger, Verwaltungsgebäude Centraal Beheer, Apeldoorn, 1974, Innenansicht.

28.5 *(oben)*
Herman Hertzberger, Verwaltungsgebäude Centraal Beheer, Apeldoorn, 1974, Luftansicht.

28.6 *(rechts)*
Denys Lasdun, European Investment Bank, Luxemburg, 1974–79, Blick entlang des Raumes für die Unterzeichnung von Dokumenten in die Landschaft.

den Wettbewerb gewannen). Sie entwarfen einen riesigen Hangar, eine Megastruktur aus Stahlrohr. Die Geschoßflächen überspannen flexible Innenräume, die Außenfronten sind voll verglast. Für ein angemessenes Dekor sorgen vorgelegte Röhren einschließlich einer glasüberdachten Rolltreppe, die an der Hauptfassade nach oben führt. Die Symbolik ging offensichtlich auf Phantasien der Gruppe Archigram zurück, die fünf Jahre zurücklagen, und sollte Offenheit und sozialen Pluralismus bekunden. Doch das stilisierte Spiel mit technologischen Effekten und die freie Zurschaustellung von Röhren und Leitungen wies noch auf eine andere Tradition hin: auf den Neo-Futurismus der sechziger Jahre in England, an dessen Spitze Reyner Banham stand, der Apostel einer Architektur technischer Serviceleistungen.

Ein größerer Kontrast zu der römischen Strenge, *gravitas* und Zurückhaltung von Louis Kahns Kimbell Museum in Fort Worth, Texas (1972) läßt sich kaum denken (Abb. 28.9). Kahns Entwurf besteht aus einer Serie paralleler Joche mit gekurvten Betongewölben, die von oben Licht erhalten. Das repetitive System ist von einem Zirkulationsraster überlagert, das Hierarchien bestimmt. Die maßstäbliche Gestaltung des Inneren sollte den einzelnen Kunstwerken gerecht werden und nicht zu dominierend wirken. Die architektonischen Effekte ergeben sich aus dem ruhigen räumlichen Rhythmus und aus der raffinierten Behandlung der Materialien: silbergrauer Beton, Travertinflächen, Reflektoren aus rostfreiem Stahl am Scheitelpunkt der Gewölbe. Die Technologie steht hier im Dienst einer Idee und ist keine Extravaganz um ihrer selbst willen. Wieder einmal hatte Kahn ein Werk von zeitlosem Charakter geschaffen.

Das dritte Museumsbeispiel ist die Sammlung Getty an der Küste Kaliforniens und wurde 1973 von Langdon, Wilson und anderen entworfen (Abb. 28.10). Das Bauwerk ist dem Vorbild einer römischen Villa nachempfunden, deren Ruinen Paul Getty als junger Mann in Herculaneum gesehen hatte. Die Museumsräume sind en suite um eine Folge von Wasserbassins mit antiken Statuen angeordnet. Überall wurden klassische Ordnungen, Pilaster und Giebel verwendet, doch in einer Weise, die eher an Disneyland denken läßt als an einen ernsthaften Versuch, klassische Elemente neu zu beleben. Kahns schlichte Betongewölbe übermittelten dagegen weit mehr vom Geist der Antike.

Man hätte denken können, daß das Getty Museum von der Kritik sogleich als offensichtliches Beispiel für Kitsch entlarvt worden wäre. Aber in der veränderten intellektuellen Atmosphäre der mittsiebziger Jahre konnte auch das Gegenteil geschehen – und es geschah. Denn gerade um diese Zeit machte sich Unzufriedenheit mit dem Mangel an identifizierbaren Bildern in der modernen Architektur breit. Es hieß, der Architekt müsse sich seinem Publikum in erster Linie durch allgemein anerkannte Konventionen mitteilen. Man fühlt sich an die üblichen Vorwürfe der »Realisten« gegenüber der Abstraktion erinnerte. Doch ging es hier auch um die verwässerten Ideen der Semiotik und um eine Pop-

28.7 (links) Philip Johnson, American Telephone and Telegraph Building, New York, 1978, Modell.

28.8 (oben) Richard Rogers und Renzo Piano, Centre Pompidou, Paris, 1974-76.

Kultur, die möglicherweise von Venturi entlehnt waren. Von diesem Standpunkt aus gesehen war das Getty Museum natürlich akzeptabel, denn sein majestätisches Äußeres evozierte geradezu den Begriff des reichen Sammlers. Architekten und Kritiker waren aufgefordert, ihre abstrusen formalen Überlegungen zu verabschieden und sich statt dessen auf leichter lesbare Formen einzulassen.

In den späten siebziger Jahren kam der vieldeutige Begriff »Postmoderne« in Gebrauch, den vor allem der Architekturkritiker Charles Jencks eingeführt hatte. Wieder einmal wurde die frühe Moderne zur Dämonologie vereinfacht. Die Postmodernisten verteufelten den Funktionalismus, die einfachen Formen, die Ehrlichkeit der Konstruktion und den Glauben an den Zeitgeist. Was sie statt dessen vorschlugen, war freilich selbst auf theoretischer Ebene nur schwer zu erahnen. Es schien, daß Mehrdeutigkeit eine Rolle spielte und daß Bauten als Kommunikationsmittel betrachtet werden sollten, die wohlbekannte und leichtverständliche »Kodes« verwendeten. Auch historische Zitate waren willkommen, weil sie angeblich das architektonische Vokabular bereicherten. Der Eklektizismus war kein Gegenstand der Verachtung mehr – manierierte Kommentare zur

28.9 Louis I. Kahn, Kimbell Museum, Fort Worth, Texas, 1972, Innenansicht.

früheren Architektur galten im Gegenteil als wichtige Ideenlieferanten.

Aber wie zuvor der »Neue Brutalismus« war auch die Postmoderne eher eine vage Ansammlung von Absichtserklärungen (oder zumindest Absagen an Vorheriges) als ein Entwurf für einen klar definierten neuen Stil. In einem Buch über die postmoderne Architektur stellte Jencks ein merkwürdiges Konglomerat von Bauten vor, um die neuen Tendenzen zu illustrieren. Er zeigte kitschige neoklassizistische Hotellobbies Seite an Seite mit Bauten von Architekten wie Moore und Kurokawa. Gaudí zog er wegen der »Vieldeutigkeit« seiner Bilder als historische Referenz heran, und Mies van der Rohe mußte Tadel einstecken, weil er Bauten entworfen hatte, die ihre Bestimmung nicht »signifikant« zum Ausdruck brachten. Der Autor bevorzugte grelle Bilder vom kommerziellen »Strip«. Zumeist waren seine Illustrationen farbig, weil er Wert auf die Betonung von Kontrasten legte. Die visuelle Terminologie ging weitgehend auf Bewegungen zurück, die in den sechziger Jahren begonnen hatten und sich in ihren Formen und Ideologien deutlich unterschieden. Manche seiner Theorien hatte Venturi schon ein paar Jahre zuvor formuliert. Doch weder der Autor noch seine Beispiele bezeugten großes Interesse an Fragen des authentischen Ausdrucks – den abgebildeten Bauten war eine Tendenz zur Oberflächlichkeit gemeinsam. Die Architektur der Vergangenheit diente zu Anspielungen und Zitaten, aber zu wenig mehr.

Die Postmoderne war eine von mehreren Strömungen, die von der Mitte der siebziger Jahre an in den Vordergrund traten. Natürlich hatten auch andere eine ästhetische und symbolische Bereicherung auf ihr Panier geschrieben. Das zunehmende historische Bewußtsein hing zweifellos damit zusammen, daß der Glaube an die Gültigkeit und Relevanz einer abstrakten Ästhetik geschwunden war. Die Klischees der Kritiker machten keinen Unterschied zwischen purer Monotonie und dem intensiven formalen Reinigungsprozeß, wie er in den Meisterwerken der Moderne sichtbar geworden war. Freilich entsprach die pauschale Abwertung der Moderne auch einer weitverbreiteten Unzufriedenheit mit den Degenerationserscheinungen der modernen Architektur, so daß die Polemik sich nicht unbedingt um feinere Unterscheidungen bemühen mußte. In den späten siebziger Jahren gab es eine Flut von Literatur, deren erklärtes Ziel es war, die Postulate der Moderne zu unterminieren. Viele dieser Thesen erwiesen sich als illusorisch. So wurden immer wieder anti-funktionalistische Argumente vorgetragen, obwohl doch die moderne Architektur alles andere als funktionalistisch war. Geschichte wurde mit großem Pathos gerechtfertigt, als hätten nicht die besten Architekten der Moderne ohnehin in der Tradition gearbeitet. Die Idee eines einzigen

28.10 Langdon, Wilson und andere, Getty Museum, Malibu, California, 1974.

monolithischen Stils für das 20. Jahrhundert wurde attackiert, obgleich doch dieser Begriff lange zuvor aufgegeben worden war. Auch der Utopismus geriet in die Schußlinie, der ebenfalls schon in den vorherigen drei Jahrzehnten immer stärker abgewertet worden war. Nur wenig von dieser intellektuellen Wichtigtuerei drang bis zu jenen Quellen der Erfindungskraft vor, die Le Corbusier, Wright, Aalto, Kahn und andere genährt hatten. Zumeist schoß man auf Leichen, die bereits tot waren.

Die Theorie und die Produktion von Künstlern sind in vielfältiger Weise miteinander verbunden. Manchmal entsteht eine Theorie, die dann aufgenommen und in ein persönliches Idiom verwandelt wird. Manchmal ist es umgekehrt, so daß die Theorie eine nachträgliche Rationalisierung darstellt. Vielleicht hat der ungebändigte Eklektizismus Charles Moores den Kritiker Jencks zu seiner Verkündigung der Postmoderne angeregt. Vielleicht haben aber auch Jencks' Schriften ihrerseits eine weitere Liberalität in der Architektur gefördert. Auf der Piazza d'Italia in New Orleans von 1979 errichtete Moore eine Brunnenanlage mit starkfarbigen Wandschirmen, die aus Säulen, Gebälk und Rundbögen bestehen. Die Kapitelle sind aus reflektierendem Material hergestellt. Medaillons zeigen unter anderem das Selbstportrait des Architekten. Die Anlage hatte wenig mit einer seriösen Auseinandersetzung in Sachen klassischer Ordnung zu tun, sie wirkt eher wie ein Jahrmarkt oder wie ein Bühnenbild, das sich aus Zitaten zusammensetzt. Manche Kritiker bezeichneten Moores Arbeit als albernen Scherz, während andere dagegenhielten, es sei die passende Festarchitektur, um die »Italianità« der Nachbarschaft zu zelebrieren. Dieses Argument war freilich nicht sehr überzeugend, denn sobald Schockwirkung oder Amusement nachließen, blieb nicht viel übrig. Doch der selbstbewußte Umgang mit historischen Vorbildern muß nicht automatisch zu schlüpfrigen Spielereien führen: Alles hängt davon ab, wie die Vorbilder zu einer neuen Einheit verbunden werden, die überzeugend wirkt und eine neue Bedeutung ausdrückt.

In diesem Zusammenhang sei ein weiterer Museumsbau erwähnt, die Neue Staatsgalerie in Stuttgart von James Stirling (1977-84; Abb. 28.11). Seit den frühen siebziger Jahren hatte Stirling immer häufiger Metaphern und historische Anspielungen verwendet in einer Art Collage-Verfahren, das den Kontrast und die Artikulierung unterschiedlicher Fragmente einschloß. Schon bei dem Entwurf für das Derby Civic Centre (1971) zeigte er sich fasziniert von dem Verhältnis zwischen positiver und negativer Figur, zwischen städtischen Räumen und massiven Volumen. Das Gegeneinander von Außenräumen und freistehenden Architekturobjekten kennzeichnet auch seinen Entwurf für das Kölner Wallraf-Richartz-Museum/Museum Ludwig, wo er den Grundriß des benachbarten Doms als abgesenkte Piazza

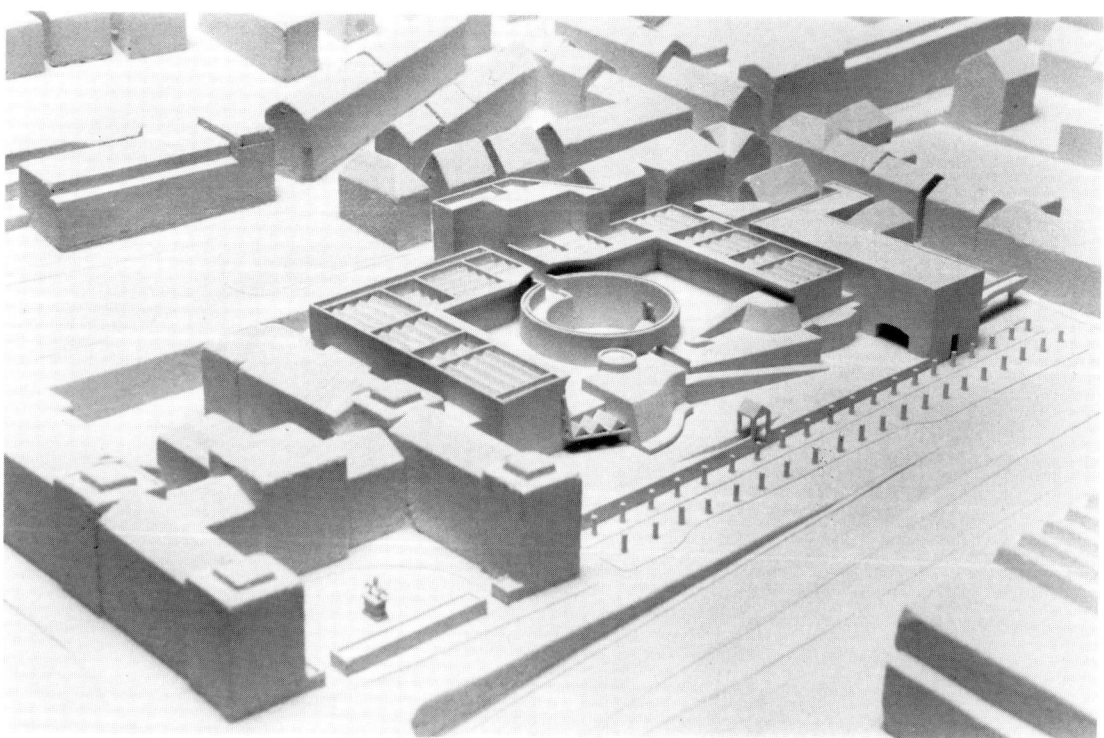

28.11 James Stirling, Neue Staatsgalerie, Stuttgart, 1977-84, Modell.

mit einer Reihe surrealer Details neu formulierte. Offenbar ließ sich Stirling auch von alten römischen Anlagen mit ihren geschwungenen Raumfolgen inspirieren, die fließend ineinander übergingen (zu dieser Zeit war häufig vom Collage-Charakter der »fragmentierten« Hadriansvilla die Rede). Bei dem Stuttgarter Museum fanden sich alle diese Elemente zusammen.

Der Grundriß mit dem kreisförmig ausgeschnittenen Innenhof geht möglicherweise auf Schinkels Altes Museum zurück, während die Querachse zwischen dieser zylindrischen Form und dem Auditorium an Piranesi erinnern könnte. Die Biegungen der Hauptfassade, mit Serpentinen, die auf den Eingang hinweisen, und mit Rampen, die den Weg entlang der Raumfolgen andeuten, lassen an frühere Entwürfe Stirlings für ähnliche Situationen denken. Auch der große zylindrische Raum ist ebensosehr den Kolbenformen des Siemens-Projekts verwandt wie seinen klassischen Vorbildern. So sind Moderne und Antike in einer Technik der *bricolage* bewußt miteinander konfrontiert. Merkwürdigerweise betonte Stirling dennoch stets die programmbedingte Logik seiner Arbeiten.

Ein weiteres Museum demonstriert die neuen Ziele junger Architekten in den späten siebziger Jahren: das Fargo-Moorhead Cultural Center zwischen North Dakota und Minnesota, 1978, von Michael Graves, einem Mitglied der New York 5 (Abb. 28.12). Die anderen Mitglieder der Gruppe hatten in den siebziger Jahren ihr rein geometrisches Vokabular ohne drastische Veränderungen fortentwickelt. Graves dagegen interessierte sich zunehmend für naturalistische Metaphern und Zitate aus der Geschichte, überführte diese aber in seine eigene Terminologie. Bei dem Haus Crooks (1976) stellte er Fragmente aus Le Corbusiers Vokabular dem Gartentraum der Renaissance-Villa gegenüber, einschließlich der keilförmig geschnittenen Hecken. In den späten siebziger Jahren setzte Graves sich zunehmend mit dem ausgehenden 18. Jahrhundert auseinander, vor allem mit der metaphorischen Sprache von Ledoux. Diese Einflüsse zeigten sich auch bei seinem Projekt für Fargo-Moorhead. Das Bauwerk sollte einen Fluß überbrücken, der zugleich eine Staatsgrenze markierte, so daß die Brücke natürlich eine starke symbolische Bedeutung hatte. Graves ließ sich von Ledoux' *architecture parlante* inspirieren, vor allem von dem Projekt für ein Schleusenhaus über dem Fluß Love – eine abstrahierte Halbkreisform, die zugleich mit dem Bild einer Schleuse verschmolzen war. Dieses Motiv übernahm Graves für die Fargo-Brücke. Den Rest des Gebäudes bildete er aus geometrischen Überlagerungen und Fragmenten zu beiden Seiten. Bei anderen Entwürfen aus der gleichen Zeit organisierte er ganze Projekte um das Motiv des klassischen Schlußsteins. Die Geschichte wird entscheiden, ob es sich hier lediglich um ein oberflächliches Spiel mit Zitaten und eine individuelle Tagträumerei handelt oder um eine profundere Neuformulierung klassischer Elemente. Eins war sicher: Graves' Entwürfe maßen dem persönlichen Lyrismus einen hohen Stellen-

Die Traditionen der modernen Architektur in der jüngsten Vergangenheit 379

wert zu und ließen die »funktionale Angemessenheit« völlig beiseite.

In der Tat lag den neuen Traditionalisten wenig an formaler Strenge, so daß ihre Arbeiten häufig zu eklektizistischem Zuckerguß ausarteten. Die Bildersprache nahm den ersten Rang ein, funktionale Erwägungen den letzten. Formenspielereien wurden gepriesen, soziales Engagement galt wenig. Konzeptuelle Studien standen in hohem Ansehen, konstruktive Notwendigkeit fiel der Verachtung anheim. So überrascht es nicht, daß manche Kritiker die oberflächlichen Aspekte des Historismus mit dem Konsumerismus in Verbindung brachten. Diese Tendenzen beschränkten sich zwar nicht auf die Vereinigten Staaten, waren dort aber am stärksten verbreitet. Naheliegend wäre auch der Vergleich mit dem amerikanischen Eklektizismus des 19. Jahrhunderts, der historische Elemente als eine Art Bausatz benutzte, aus dem sich eine neue »Instant-Tradition« zusammensetzen ließ.

Trotz der populistischen Argumente, die den »radikalen Eklektizismus« (um Jencks' Formulierung zu benutzen) gegen die Arroganz der frühen Moderne ausspielten, gibt es wenig Anzeichen dafür, daß historisierende Bauten beim Publikum mehr Verständnis fanden als ihre »modernen« Vorgänger. Im Grunde mußte man Eingeweihter oder Kenner sein, um die zahlreichen Zitate zu verstehen. Am häufigsten wurden solche Anspielungen in den Architekturschulen benutzt, denn dort ließen sich die Grundregeln der Kommunikation erlernen oder sogar weiterentwickeln. Eine weitere Schwierigkeit bot die handwerkliche Ausführung: Säulen und Gebälk aus Sperrholz hatten kaum die Überzeugungskraft der Originale, und die traditionelle Verbindung zwischen den historischen Formen und dem Baugewerbe bestand seit langem nicht mehr. Robert Stern, ein New Yorker Architekt, der sich für historische Zitate als Ausdrucksmittel interessierte, mußte bei seinen Wohnhäusern in der Mitte der siebziger Jahre auf dünne applizierte Umrandungen und farbig gestrichenen Putz ausweichen (Abb. 28.13). Wie fotogen sie auch erscheinen mögen – diese Bauten waren von einer gewissen Dünnblütigkeit. Kahn, Wright, Aalto oder Le Corbusier hatten versucht, Prinzipien der klassischen Tradition in eine moderne Sprache zu übertragen, die von den konstruktiven und strukturellen Möglichkeiten beherrscht war. Die »radikalen Eklektizisten« dagegen liefen Gefahr, Werke von symbolischer und materieller Bedeutungslosigkeit zu schaffen. Bei ihrem Bemühen um eine neue Ornamentik stand ihnen nicht einmal mehr das handwerkliche Können ihrer Vorgänger im 19. Jahrhundert zur Verfügung. Unter diesen Umständen war es nicht verwunderlich, daß die Architekturzeichnung manchmal mehr Lob erhielt als der tatsächlich realisierte Bau, denn historische Kommentare ließen sich graphisch sehr viel leichter liefern als in dreidimensionalen Bauten. In den späten siebziger Jahren konnte man in angesehenen Architekturschulen der Vereinigten Staaten gelegentlich sogar Zeichnungen weißer Kuben entdecken, von flächigen rechteckigen Öffnungen perforiert und von Taxushecken umgeben, die allen Ernstes als Abstraktionen Palladios deklariert wurden. An die Stelle des Soziologenjargons in der Architekturszene der ausgehenden sechziger Jahre trat die oberflächliche Plauderei über Renaissance-Villen und französische *hôtels particuliers*.

Der Eklektizismus blieb freilich keineswegs auf Amerika beschränkt, wie die beiden großen Ereignisse der

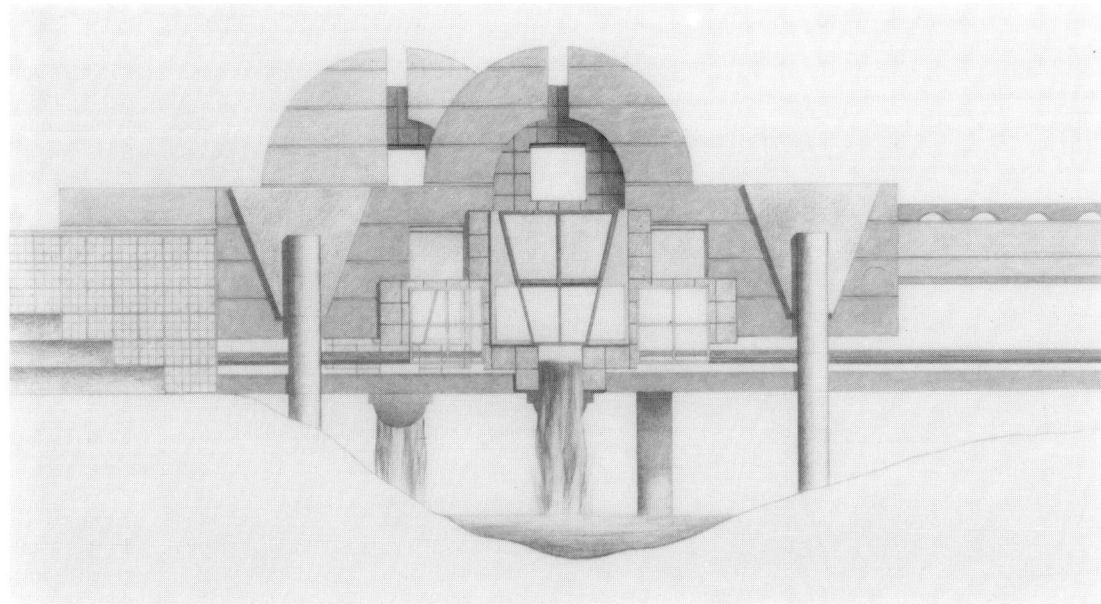

28.12 Michael Graves, Fargo-Moorhead Cultural Center, North Dakota und Minnesota, 1978, Projekt.

westlichen Architekturwelt im Jahre 1980 bewiesen. Das eine war eine Ausstellung der Biennale in Venedig mit dem Titel »Die Gegenwart der Vergangenheit«. Mittelpunkt der Ausstellung war eine zentrale Innenstraße, die von Variationen über klassische Fassaden in Form großer bemalter Holzmodelle gesäumt war. Die Modelle stammten von Architekten aus verschiedenen europäischen Ländern wie auch aus den Vereinigten Staaten. Die andere Manifestation des neuen Eklektizismus war eine Wiederholung des Wettbewerbs für die Chicago Tribune von 1922. Die Teilnehmer schwelgten derartig in der Historie, daß die ursprünglichen Beiträge dagegen relativ zurückhaltend wirkten. Wie in den sechziger Jahren sorgte das wohlorganisierte Verlagswesen dafür, daß die neue Mode schnell Verbreitung fand.

In der Mitte der siebziger Jahre schuf der japanische Architekt Isozaki manieristische Entwürfe, die bewußt den Kontrast zwischen »traditionellen« und »modernen« Elementen ausspielten. Geschickt argumentierte er, die japanische Architektur habe sich schon immer von außen inspirieren lassen, und der Eklektizismus liege deshalb dem nationalen Geist nahe. Er fühlte sich berechtigt, Motive aus der Renaissance des Westens mit solchen des Internationalen Stils oder auch traditionellen japanischen zu kombinieren. Damit war die Abkehr von der monumentalen Ära Tanges und Maekawas vollzogen, die eine disziplinertere Abstraktion angestrebt hatten. Isozaki suchte dagegen durch Kontraste und Collagen architektonische Bedeutung zu erzielen. Wieder einmal wird hier der Einfluß Venturis spürbar. Wie einige seiner amerikanischen Zeitgenossen stützte auch Isozaki sich auf eine popularisierte Semiotik, um seine eigenwillige Manipulation der architektonischen Sprache zu rechtfertigen.

Die Strömungen der späten siebziger Jahre waren so vielfältig, daß ein einzelner Architekt sie nicht alle vertreten konnte. Dennoch gab es Entwürfe, die mehrere Aspekte vereinigten. Dazu zählt der Wettbewerbsentwurf für ein neues Parlamentsgebäude in Australien (1980) von Romaldo Giurgola und seinen Partnern Mitchell und Thorp (Abb. 28.14). Das Programm verlangte zwei Kammern, eine Residenz für den Premierminister und die üblichen Nebenräume wie Pressebüros, Konferenzsäle, Büros und so weiter. Das Grundstück hatte Walter Burley Griffin mehr als ein halbes Jahrhundert zuvor in seinem ursprünglichen Plan für die Stadt Canberra dem Parlament vorbehalten: Es war der sanfte Hügel am Scheitelpunkt spitzwinklig aufeinandertreffender Hauptstraßen. Giurgola bemühte sich, den Blick auf den Hügel vom Kriegerdenkmal und dem See aus zu erhalten. Er versenkte einige Funktionen in den Boden, plazierte die beiden Kammern in gleicher Entfernung vom Mittelpunkt auf einer Querachse und fügte sie in gekurvte Wohnbereiche ein, die in die Hänge des Hügels gegraben waren. Kurvige Schirmwände faßten die geometrischen Volumen zusammen, so daß eine Art zentralisiertes Monument entstand. Journalisten verglichen die konkaven Formen gern mit Rücken an Rücken liegenden Bumerangs, während anspruchsvollere Kritiker sich an eine menschliche Figur mit ausgestreckten Armen und

28.13 *(unten)*
Robert Stern,
Haus für ein Akademikerehepaar,
Washington, Connecticut,
1973–74.

28.14 *(rechts oben)*
Romaldo Giurgola,
Mitchell und Thorp,
Parlamentsgebäude,
Canberra,
Australien, 1980,
Modell des preisgekrönten Wettbewerbsentwurfs.

28.15 *(rechts unten)*
Léon Krier,
Projekt für die Revitalisierung von Kingston-upon-Hull,
1977.

Die Traditionen der modernen Architektur in der jüngsten Vergangenheit 381

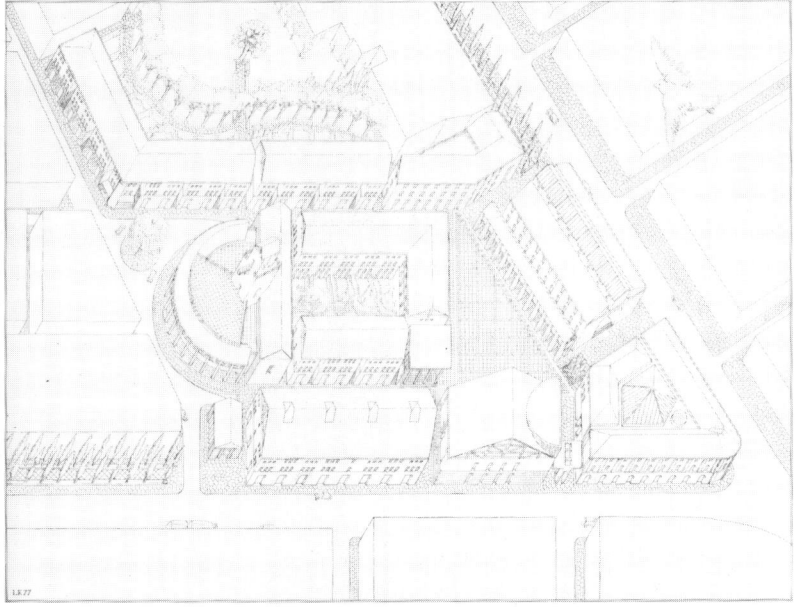

Pyramide über dem Parlament solle Offenheit gegenüber dem Volk demonstrieren. Im unteren Teil des Projekts werden parallele Schirme mit schlanken Profilen verwendet. Die schlichte Hauptfassade ist so angeordnet, daß man sie aus einiger Entfernung hinter dem alten, nahe am See gelegenen Parlamentsgebäude sehen kann.

Giurgolas Projekt ist ein wahres Inventar zeitgenössischer Tendenzen. Die Einbindung des Komplexes in seine Umgebung ist eine typische Reaktion auf die massigen und häufig freistehenden Monumente des vorherigen Jahrzehnts. Der geschmacklose Populismus der Flagge und ihrer Stützkonstruktion läßt an Venturi denken. Die Schirmwände legen neorationalistische Quellen nahe, während die Beaux-Arts-Ordnung des Grundrisses sicherlich von der eklektizistischen Mode beeinflußt ist, vielleicht aber auch auf Giurgolas akademische Ausbildung zurückgeht. Auch moderne Prototypen sind einbezogen, wie etwa das Motiv der konkaven Geometrie, das Le Corbusier bei seinem Entwurf für den Palast der Sowjets verwendete. Den Kommentatoren, die vom Aufkommen einer neuen architektonischen Vielfalt überzeugt waren, sagte der Komplex wegen seiner Collage-Effekte zu. Besonneneren Kritikern erschienen die Vorbilder freilich allzu willkürlich kombiniert und die Formen ohne überzeugende Ausdruckskraft. Komplexität und Widerspruch waren offenbar zu gängigen Rezepten geworden, ohne die Spannung und Ambivalenz, von der Venturi fünfzehn Jahre zuvor in seinem Buch gesprochen hatte.

Das zunehmende Interesse am historischen Kontext und eine gewisse Nostalgie beschränkten sich nicht auf Einzelbauten, sondern machten sich auch in der Städteplanung bemerkbar. In den späten sechziger Jahren hatte die Zerstörung der Stadtzentren durch Autostraßen, Wolkenkratzer und finanzielle Ausbeutung die Dimensionen einer größeren Krise erreicht. Die Ursachen waren zwar komplex, doch wurde es Mode, der »modernen Architektur« die Schuld zuzuschreiben und anklagend auf utopische Projekte der zwanziger Jahre wie die Ville Contemporaine hinzuweisen, weil sie Wolkenkratzer vorsahen und Tabula-rasa-Methoden zu befürworten schienen. Auch die Versuche des Team X, die moderne Architektur menschlicher zu gestalten, gerieten ins Schußfeld, weil sie angeblich zu abstrakt und zu oppressiv waren, um Verständnis in der Öffentlichkeit zu finden. Es sah so aus, als läge die Rettung nun in einem sentimentalen Historismus.

Diese Reaktion auf die Moderne führte zu einer stark denkmalpflegerisch geprägten Einstellung. Um 1975 gab es Viertel, in denen alles, was nur irgendwie alt aussah, Vorrang vor dem Neuen hatte. Eine weitere Folge war das Interesse an den urbanen Landschaften auf Kosten von Einzelbauten. Es zeigte sich zum Beispiel in den Schriften und Entwürfen von Léon und Robert Krier (wie *Stadtraum in Theorie und Praxis*, 1975), in denen ein morphologischer Index von Straßen- und Platztypen (Boulevards, Piazzas) Gegenargumente zu der CIAM-

Beinen erinnert fühlten. Der Versuch des Architekten, ein demokratisches Ideal zum Ausdruck zu bringen, zeigt sich vielleicht am deutlichsten in der Anordnung des öffentlichen Forums im Herzen des Komplexes zwischen den Kammern. Auf diesem Forum soll die australische Flagge, die traditionsgemäß immer über dem Hügel geweht hatte, an einem etwas schwerfälligen Mast mit vier abgespreizten Beinen aufgezogen werden. Die Beine bilden eine Pyramidenform – möglicherweise eine Anspielung an Griffins Vorschlag, eine transparente

Version der Stadt als eines mit Objekten gefüllten Parks lieferte. Während Le Corbusier zur Gesundung der Stadt die Abschaffung der erstickenden alten »Korridorstraße« gefordert hatte, geschah nun das Gegenteil. Die Kriers kehrten nostalgisch zur Straße zurück (jeder Typus war willkommen) und behandelten sie als regelrechten Fetisch, als könne schon das raffinierte Design der Außenräume neues Leben in der schlimm zugerichteten Stadt garantieren. Sie kritisierten die Einteilung in Zonen und priesen die gemischten Wohn- und Arbeitsbereiche traditioneller europäischer Städte. Ihre Entwürfe erinnerten vage an das 18. Jahrhundert (Abb. 28.15), während ihre Äußerungen von einer nicht sehr realistischen Nostalgie für eine Ära des Handwerks zeugten.

Ein weiteres Dokument der städtebaulichen Philosophie in den späten siebziger Jahren war das Buch *Collage City* von Colin Rowe und seinem Anhänger Fred Koetter. Hier wurden vielschichtigere Argumente vorgetragen. Die Autoren attackierten die deterministische Grundlage des Utopismus (unterstützt durch *The Open Society and its Enemies* von Karl Popper), indem sie auf den totalitären Charakter universaler städtebaulicher Schemata hinwiesen. Anstelle solcher sozialen Hyperstrukturen schlugen sie ein kleinteiliges, demokratisches System vor, das auf den Prinzipien von »Collage« und »Bricolage« beruhen sollte. Als eine Art Allegorie zogen sie Beispiele wie die Hadriansvilla in Tivoli mit ihrer Informalität, ihren pittoresken Elementen und ihren Zitaten aus vielen Orten und Zeiten heran. Sie betonten auch die Wichtigkeit der »Zwischenräume« und wendeten sich gegen die Objektfixierung des frühen modernen Städtebaus. Statt dessen befürworteten sie ein komplexeres Konzept, das städtischen Zonen das gleiche Gewicht beimaß wie Einzelbauten. Moderne Gebäude sollten sich den Strukturmustern der historischen Stadt einfügen.

Im Rückblick scheint die starke Wirkung von *Collage City* darauf zu beruhen, daß das Buch die moderne Architektur als universalistisch, teleologisch und fortschrittsgläubig karikierte. Der ideologischen und formalen Komplexität früherer städtebaulicher Utopien wurde es nicht gerecht, ganz zu schweigen von der unterschiedlichen Rolle der Tradition bei der Entwicklung utopischer Stadtbilder: Immerhin war auch die »Ville Contemporaine« letztlich eine Art Collage gewesen, die sich aus Teilen von Paris, New York, Klostern, Schiffen und Boulevards zusammensetzte. *Collage City* war aber zugleich symptomatisch für eine Skepsis, die nicht auf Ironie verzichten konnte und jeden allzu positiven oder enthusiastischen Vorschlag mit Verachtung strafte. Mit Hinweisen auf die Formulierung einer neuen städtebaulichen oder architektonischen Sprache hielten die Autoren sich zurück. Die Fotos und Zeichnungen luden zur Bewunderung komplexer urbaner Strukturen, des Wechselverhältnisses von Räumen und Formen und bedeutender Plätze aus der Renaissance ein. Die Fragmentierung und Vieldeutigkeit des Kubismus wurden irgendwie mit Camillo Sittes Interesse an Außenräumen in Verbindung gebracht. »Objektbauten« (das heißt bestimmte Bauten der modernen Tradition) begegneten scharfer Ablehnung. Doch auch jene Kritiker, die mit dem Tenor des Buches übereinstimmten, hatten Schwierigkeiten, sich dessen Einsichten in drei Dimensionen zu übersetzen. Einige Anhänger Rowes nahmen die Allegorie allzu wörtlich, indem sie ihre Entwürfe mit Uffizien-Korridoren, der Piazza Navona und antiken Theatern ausschmückten. Im Extremfall konnte der Collagist genauso oberflächlich vorgehen wie der einfältige Vertreter eines radikalen Eklektizismus. Hier und dort kleine Stücke Geschichte in das moderne städtische Muster einzuweben, war kaum eine Garantie für die Qualität der Umwelt oder für räumliche Bereicherung. Rowe selbst hatte zwar offensichtlich ernstere Absichten als seine leichtfertigen Imitatoren, aber in seinem Text forderte er Frivolität geradezu heraus:

»…Eine Collage-Technik, die eine ganze Reihe von *axes mundi* zuläßt (alles Taschenausgaben von Utopien – Schweizer Kanton, Neuenglanddorf, Felsendom von Jerusalem, Place Vendôme, Campidoglio usw.) [könnte ein Mittel sein], das erlaubt, uns der utopischen Poesie zu erfreuen, ohne daß wir genötigt sind, die Peinlichkeiten utopischer Politik zu ertragen…Weil Collage eine Methode ist, die ihre Tugend der Ironie verdankt – weil sie eine Technik zu sein scheint, gleichzeitig Dinge zu verwenden und nicht an sie zu glauben – ist sie auch ein Verfahren, das erlaubt, die Utopie als Bildvorstellung zu behandeln, die in Fragmenten zu verwenden ist, ohne daß wir sie *in toto* akzeptieren müssen.«

Rowes kenntnisreiches, äußerst selbstbewußtes Buch weist ebenso auf die Auflösung eines überholten Glaubenssystems hin wie auf den Mangel an Alternativen. Er demonstriert einen eleganten Salonpessimismus und wertet nach Kräften Bildungserlebnisse aus, um die leeren Schalen einstiger Bedeutungen zu nutzen. Mehr, das ist seine Überzeugung, ist in unserer Zeit nicht möglich. Ein ähnlich schicker zeitgemäßer Zynismus findet sich in einem Essay, den Jorge Silvetti 1977 schrieb:

»Wir blicken aus einer wahrhaft historischen Perspektive auf die Moderne zurück. Wir haben ihren ›Klassizismus‹ erfahren, ihre Wirkungen gespürt und ihre Postulate in Frage gestellt. Dennoch ist nichts Neues aufgetreten, das sie ersetzen könnte. Wie der manieristische Architekt können wir nur Bekanntes manipulieren. Das ist meiner Meinung nach alles, was sich allgemein über den Zustand der heutigen Architektur sagen läßt.«

Der Blick über das vergangene Jahrzehnt zeigt vielfältige Strömungen und zeigt auch, daß die Traditionen der Moderne weiterhin ihren Einfluß ausübten. Wie Silvetti schreibt, ist noch nichts an die Stelle der Moderne als wichtigster Inspirationsquelle getreten. Selbst der über-

Die Traditionen der modernen Architektur in der jüngsten Vergangenheit 383

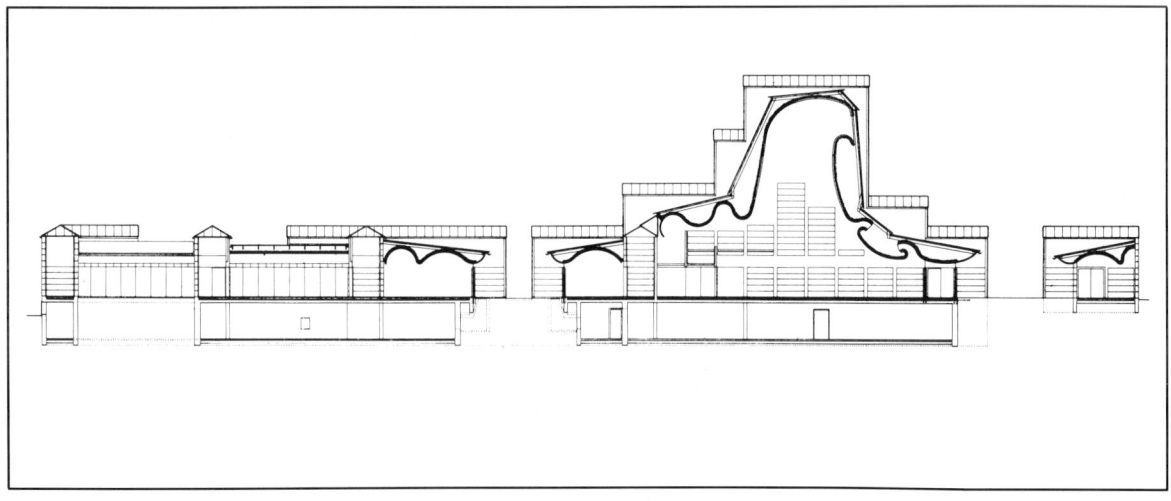

28.16 (oben)
Jørn Utzon, Kirche, Bagsvaerd bei Kopenhagen, 1969–75.

28.17 (links)
Jørn Utzon, Kirche, Bagsvaerd, 1969–75, Schnitt.

384 Wandlungen und Verbreitung der modernen Architektur nach 1940

zeugte Historist kann heute die Vergangenheit nicht mehr mit den gleichen Augen sehen wie sein Vorgänger im 19. Jahrhundert, denn die moderne Architektur ist selbst ein Filter geworden, durch den die Geschichte wahrgenommen wird. Die jüngsten Versuche, »Vergangenheit wieder heraufzubeschwören«, gehen freilich von der grotesk vereinfachenden Voraussetzung aus, die moderne Architektur sei ihrem Wesen nach antihistorisch gewesen. Dabei übersehen sie jene bedeutenden Bauten innerhalb der modernen Tradition, die ihrerseits zu den Fundamenten der Architektur vordrangen und neue Formulierungen fanden.

Deshalb ist am Schluß dieses Buches ein neueres Bauwerk zu erwähnen, das jenseits aller modischen Zweifel entstand, dennoch aber alte und neue Traditionen zu einem Ganzen verband: die Kirche in Bagsvaerd bei Kopenhagen, die Jørn Utzon zwischen 1969 und 1975 entwarf (Abb. 28.16). Die Kirche besteht aus drei Hauptzonen: einem Atrium am Eingang; einem Gemeinderaum mit Altar und einem von kleinen Büros umgebenen Gartenbereich. Die Zonen sind von parallelen Gängen eingefaßt, die an der gesamten Länge des Gebäudes verlaufen und nach außen hin als schlanke, von dreieckigen Oberlichtern bekrönte Wände in Erscheinung treten. Alle Teile des Gebäudes stufen sich zu dem dominierenden Kirchenbereich allmählich hinauf. Einheit wird durch eine uniforme konstruktive Lösung erreicht: Betonrahmen mit vorgefertigten silbergrauen Ausfachungselementen. Die Decke im Inneren des Gebäudes bildet einen starken Kontrast zu diesem Schichtsystem, denn sie besteht aus einer gekurvten Betonfläche, die über dem Eingang auskragt und dann allmählich in einer wellenförmigen Bewegung nach oben fließt, bis sie in der Hauptzone ihren Höhepunkt erreicht und dann an der Rückseite aus dem Blickfeld verschwindet. Diese ungewöhnliche organische Form moduliert das Licht und gibt der Gemeinde ein Gefühl der Geborgenheit (Abb. 28. 17–19).

28.18 *(links außen)*
Jørn Utzon, Kirche, Bagsvaerd, 1969–75, Innenansicht.

28.19 *(links)*
Jørn Utzon, Kirche, Bagsvaerd, 1969–75, Detail.

Die ästhetischen Effekte der Kirche beruhen also auf den allereinfachsten ästhetischen Mitteln: klare Proportionen, Kontraste zwischen ähnlichen Elementen, qualitätvolle handwerkliche Arbeit, Spiel des Lichts auf simplen Materialien. Das ruhevolle Bild der Kirche entspricht der Idee eines religiösen »Versammlungsraumes«. Darauf weisen auch die kleinen Glasgiebel über den parallelen Wänden und die abgetreppte Silhouette des Gebäudes hin, die an die typischen Landkirchen aus Zeeland und ihre charakteristischen Stufengiebel erinnern. Die Wellblechverkleidung des Turmes bringt eine bizarre, aber bereichernde Note in das Ensemble, zudem auch Anspielungen auf den modernen regionalen Agrarbau. Das Gebäude ist ein Haus, eine Halle, eine Kirche – alles in einem.

Dennoch ist die Symbolik nicht überzogen, sondern von der Form getragen. Die Form ihrerseits ergibt sich direkt aus den einfachen konstruktiven Mitteln, die auf seine Idee abgestimmt sind. Das Konzept geht auf Utzons eigene frühere Lösungen zurück, auf einen Stil, der reich an Metaphern und abstrakten Bildern ist. Die gekurvte Decke im Inneren erinnert an die Wellenbewegung der Decke in der Oper von Sydney (die ihrerseits von Aalto inspiriert war). Dagegen läßt die Disziplin der vorgefertigten Elemente an frühere Experimente wie die Kingo-Häuser denken. Kontraste und Verbindungen von Kurven und Schichtungen weisen auf zwei grundsätzliche Ordnungsmöglichkeiten hin, aber auch auf andere Polaritäten – das Rationale und das Organische, Stütze und Last, Stabilität und Dynamik. Das Konstruktionsgerüst ruft Assoziationen sowohl zur Beton-Tradition à la Perret als auch zur Holzrahmentradition Skandinaviens hervor. Doch alle diese Anspielungen sind zu einem kontrollierten Ensemble vereint, das sich durch intellektuelle Klarheit auszeichnet.

Welches auch immer die Quellen für Utzons Gebäude waren – der Architekt verwandelte sie in einen neuen genuinen Stil, der auf individuellen, intuitiven Regeln beruhte. Ohne Prätentionen oder Showeffekte verarbeitete er die Impulse der Moderne, der einheimischen Tradition und alter Kirchenbautypen. Sicherlich dachte van Eyck an solche Lösungen, wenn er die »sentimentale Zukunftstechnokratie« und die »sentimentale Vergangenheitsbezogenheit« ablehnte und forderte, Vergangenheit, Gegenwart und Zukunft müßten als geistiges Kontinuum fortbestehen.

Zusammenfassung: Modernität, Tradition und Authentizität

»Jeder Künstler findet bestimmte ›optische‹ Möglichkeiten vor, an die er gebunden ist. Nicht alles ist zu allen Zeiten möglich!«

H. Wölfflin, 1915

Die frühen Propagandisten der modernen Architektur waren davon überzeugt, sie hätten ein Jahrhundertproblem gelöst und an die Stelle wiederbelebter vergangener Formen sei endlich ein wahrhaft neuer Stil getreten. Vielleicht hätten sie diesen Stil nicht so monolithisch sehen sollen, und sicherlich vereinfachten sie seine Beziehungen zur Tradition. Aber sie hatten wohl Recht, wenn sie seine epische Bedeutung betonten. Der heutige postmoderne Guru leugnet dies alles und behandelt die letzten achtzig Jahre als eine Übergangsphase, die bald durch eine neue ersetzt werden wird. Der Historiker mit seinen längerfristigen Perspektiven argumentiert dagegen umgekehrt: Die Revolution der Künste, die kurz nach der Jahrhundertwende einsetzte, war ein ebenso drastischer Durchbruch wie die Renaissance, so daß wir eher den Beginn einer Tradition zu gewärtigen haben als ihr Ende. So wird die Gegenwart durch unsichere Definitionen bestimmt, die weder beweisbar sind noch ganz überzeugend wirken.

Daß die Entwicklung der modernen Architektur eine wichtige Phase markiert, steht außer Frage. Epochen von der schöpferischen Intensität der zwanziger Jahre sind in der Architekturgeschichte selten. Der Generation, die nach dem Ersten Weltkrieg in ihre besten Jahre eintrat, gehörten Persönlichkeiten vom Kaliber Le Corbusiers, Walter Gropius' und Mies van der Rohes an, die von dem Wunsch besessen waren, eine der Industriegesellschaft angemessene architektonische Sprache zu finden. Sie übernahmen dieses Ziel – und einige Mittel zu seiner Verwirklichung – von der Generation Frank Lloyd Wrights, Charles Rennie Mackintoshs, Peter Behrens' und Auguste Perrets. Doch die Protagonisten der Moderne in den zwanziger Jahren hatten noch andere Gemeinsamkeiten: Sie engagierten sich für soziale Verbesserungen durch die Architektur und glaubten an das Fortschritts-Potential der modernen Technologie. Sie waren fasziniert von den räumlichen Möglichkeiten des Kubismus und der Stahl- und Betonkonstruktionen. Sie glaubten an eine universale, internationale Formensprache und hofften, ohne oberflächliche Imitationen Lektionen der Vergangenheit übernehmen zu können. Obwohl sie wegen ihrer avantgardistischen Ideen eine Außenseiterposition einnahmen, sahen sie sich selbst als Propheten einer neuen Gesellschaft und als Bewahrer höherer Werte: Ihre Utopien vereinten apokalyptische Erwartungen mit nostalgischen Anklängen. Kunst ins Leben und Form in die Industrie zu bringen, schien ein lohnendes kulturelles Programm im Dienste der Verbesserung des menschlichen Lebens. Zwar drückte jeder Künstler diese euphorischen Gefühle auf seine eigene Weise aus, doch die Ergebnisse hatten viele Merkmale gemeinsam.

Dieses glückliche Zusammentreffen historischer Umstände und ästhetischer Absichten war nur von kurzer Dauer, wirkte sich aber stark auf die formalen, räumlichen, konstruktiven und symbolischen Grundlagen der Architektur aus. Seit dem Beginn des Jahrhunderts haben sich die äußeren Bedingungen und auch die Konventionen der modernen Architektur immer wieder geändert, sind aber nie von Grund auf revidiert worden. Die Architekten, die in den dreißiger Jahren als Erben der modernen Tradition auftraten – Aalto, Terragni, Martienssen, Niemeyer, Lubetkin und andere – orientierten sich an den Prinzipien der wichtigsten Bauten und entwickelten sie weiter. Selbst die verheerenden Auswirkungen des Zweiten Weltkrieges konnten die in der heroischen Epoche fixierten Grundlagen kaum erschüttern. Die modernen Meister erweiterten ihr eigenes Vokabular, behielten aber die entscheidenden Qualitäten ihrer früheren Werke bei. Drei Jahrzehnte später bauten sehr viel weniger talentierte Architekten in sehr viel weniger überzeugender Form jene Wolkenkratzer und Wohnsiedlungen, die in den zwanziger Jahren auf dem Papier entstanden waren. Risikofreudigere Erben der Tradition übernahmen manche Konzepte und verwarfen andere: Die Mitglieder des Team X oder so individuelle Künstler wie Kahn, van Eyck, Tange, Lasdun und Utzon waren sich bewußt, daß die Prinzipien der Moderne noch ihre Gültigkeit besaßen, suchten aber dennoch neue Ausdrucksmöglichkeiten zu erobern.

Trotz der lärmenden Proklamation der »Postmodernen«, das Ende einer Ära sei angebrochen, enthält deren eigenes Vokabular wenig mehr als zusammengefügte Versatzstücke der modernen Architektur und hier und dort einen Hauch von Historismus. Das reicht nicht für eine grundlegende Kritik, sondern läßt eher an einen Kostümwechsel denken. Dagegen hatten die Erfindungen der Meister, vor allem Le Corbusiers und Wrights, die räumliche Anatomie der Architektur und ihre inneren Strukturen von Grund auf verändert. Wie Picasso, Braque, Matisse und Kandinsky in der Malerei stellten sie neue, umfassende Ausdrucksformen zur Verfügung, auf denen andere aufbauen konnten. Bauten in aller Welt, die im Laufe des letzten halben Jahrhunderts entstanden, bestätigen dies. Es gibt Flughafengebäude in fernen Teilen Afrikas, die ohne die Prototypen Mies van der Rohes nicht in dieser Form entstanden wären, und auch neuere Bauten von starker poetischer Intensität wie Lasduns European Investment Bank, die auf das viele Jahrzehnte zuvor formulierte Dom-Ino-Gerüst zurückgehen. Ob im guten oder schlechten Sinne – die Moderne ist zur beherrschenden Tradition unserer Zeit geworden.

Diese Tradition ist freilich weder monolithisch noch statisch. Sie setzt sich zusammen aus den Schöpfungen einzelner Künstler mit unterschiedlichen Vorstellungen und aus Bauwerken, die alle ihr Eigenleben führen; sie umfaßt ein sehr breites Qualitätsspektrum und schließt beträchtliche regionale Unterschiede ein. Der heutige Architekt ist Erbe dieser Tradition, ob er es wünscht oder nicht. Doch wie er mit ihr umgeht, hängt davon ab, welche Strömungen in seiner Zeit vorherrschen und wie die Historiker ihm die Situation darstellen. Der Durchschnittsarchitekt wird einige Elemente übernehmen und daraus seine Imitationen filtern; das haben Durchschnittsarchitekten im Laufe der Geschichte schon immer getan, ob sie nun mit Spitzbögen, Säulenordnungen oder Stahlrahmen arbeiteten. Doch der originelle Architekt muß sich immer wieder mit seiner eigenen Version der Tradition auseinandersetzen: Er wird manches verwerfen, manches aufgreifen und vieles als selbstverständlich voraussetzen. Allmählich wird er von der Nachahmung seiner Vorväter zu einem individuellen Stil vordringen und seine persönlichen Vorstellungen in Lösungen umsetzen, die den neuen Problemen entsprechen. Die Qualität seiner Arbeit wird nicht zuletzt davon abhängen, inwieweit es ihm gelingt, oberflächliche Effekte seiner Vorgänger zu meiden und die Tradition mit neuer Bedeutung zu erfüllen.

Wenn ein Stil Verfallserscheinungen zeigt oder einer gültigen Interpretation der Realität im Wege steht, kann es geschehen, daß er verworfen werden muß. Sicherlich ist die moderne Architektur in erster Linie aus solchen Gründen entstanden: Die vorhandenen Formen waren nicht mehr geeignet, die neuen Funktionen, Materialien und Ideologien der industriellen Revolution zu vermitteln. Manche Kritiker behaupten, auch die moderne Architektur befinde sich in einem beklagenswerten Zustand. Tatsächlich sind der introvertierte Manierismus und die Entwertung der Symbole, die im letzten Drittel dieses Buches behandelt wurden, kaum Zeichen für eine gesunde Entwicklung. Doch neben diesen pervertierten Versionen der Moderne (die gewiß nicht schlimmer sind als die dekadenten Phasen früherer Stile) gibt es Bauten von hoher Qualität. Wie stets sind sie in der Minderheit und weisen weit über die Belange ihrer Zeit hinaus. Es scheint also, daß die Schemata der modernen Architektur sich fest etabliert haben und weiterhin die vielfältigsten Lösungen ermöglichen werden.

Der Architekt, der anders denkt, steht vor dem Problem, eine eigene architektonische Sprache formulieren zu müssen. Vielleicht wendet er sich (wie es manche taten) früheren Epochen der Geschichte zu. Dann ist er wiederum mit der Schwierigkeit konfrontiert, einen älteren Stil wiederbeleben zu müssen, ohne in Imitationen zu verfallen. Er muß die Vergangenheit im Hinblick auf heutige Aufgaben, Techniken und Bedeutungen neu überdenken. Dabei entdeckt er vielleicht, daß die oberflächliche Nachahmung früherer Formen nicht besser ist als aufgesetzte Modernität und daß die früheren Formen ihre eigene Existenzberechtigung besaßen, die heutzutage weitgehend nicht mehr gilt. Kann der Künstler durch Einfühlung in die Prinzipien der Vergangenheit dieses Problem lösen, so braucht er immer noch eine zeitgenössische Sprache, die ihm die Abstraktion von den Vorbildern erlaubt. Dann sieht er sich erneut der modernen Architektur gegenüber und erkennt möglicherweise, daß ihre formalen und räumlichen Konzepte der Gegenwart besser entsprechen, als er angenommen hatte. Es liegt ein tiefer Wahrheitsgehalt in Malrauxs Beobachtung, niemand baue in einem Vakuum: »Eine Kultur, die mit dem ihr zur Verfügung stehenden Stil bräche, stünde bald mit leeren Händen da.«

Die Probleme, denen die Erfinder der modernen Architektur gegenüberstanden, sind auch heute noch durchaus aktuell. Da die ganze Welt allmählich der Industrialisierung anheimfällt, hat sie mit ähnlichen Konflikten zu kämpfen wie die westlichen Länder vor einem Jahrhundert (und zum Teil auch heute noch). Neue Bauaufgaben entstehen, für die frühere Traditionen keine adäquate Lösung zu bieten hatten; neue Techniken machen frühere Formen und deren handwerkliche Grundlagen überflüssig; neue Lebensmuster führen zu neuen Bedürfnissen, die nach einem angemessenen architektonischen Gehäuse verlangen. Weder der regressive Sentimentalismus noch die glatte Technokratie halten eine passende ideologische oder künstlerische Lösung bereit. Es müssen Formen gefunden werden, die den modernen Anforderungen entsprechen, zugleich aber auch bleibende Werte verkörpern. Muthesius' Äußerung aus dem Jahre 1911 besitzt auch heute noch Aktualität:

»Weit wichtiger als das Materielle ist das Geistige, höher als Zweck, Material und Technik steht die Form. Diese drei könnten tadellos erledigt sein, und würden, wenn die Form nicht wäre, doch noch in einer Welt der Roheit leben.«

Als die klassischen Normen im 18. Jahrhundert ihre Autorität verloren, fehlte den Architekten ein Vokabular, das allgemeine Anerkennung gefunden hätte. Das gilt auch für die heutige Situation. Aber während der Architekt der Jahrhundertwende noch um die Formulierung eines neuen Stils kämpfen mußte, kann der Architekt der Gegenwart sich auf eine ganze Kette von Entdeckungen der modernen Tradition beziehen. Es geht dabei nicht um die Imitation bereits vorhandener Architekturformen, sondern um die rigorose Neudefinition ihrer Prinzipien innerhalb neuer Zusammenhänge. Die moderne Architektur ist im Grunde weder besser noch schlechter als die Baukunst der Vergangenheit: Alles hängt davon ab, wie sie im Einzelfall realisiert wird. Für Qualität gibt es keine unfehlbaren Rezepte, und die Beschäftigung mit vergänglichen Moden ergibt nicht Werke von dauerhaftem Wert. »Modernität« kann sogar in die Irre führen, denn was wirklich zählt, ist Authentizität.

Authentizität setzt Ehrlichkeit und Echtheit voraus – das Gegenteil von Verfälschung. Sie setzt Formen voraus, die auf Prinzipien beruhen, Willkür vermeiden und sich auf unterschiedlichen Ebenen anwenden lassen. Ob es *pilotis* oder Pfeiler verwendet, Rechtecke oder Kurven – das authentische Bauwerk weist über die Konvention hinaus, aus der es entstanden ist. Es besitzt eine sublime Einheit, in der die Teile dem Ganzen untergeordnet sind, enthüllt unterschiedliche Aspekte eines dominierenden Bildes und tritt mit dem Anspruch der Notwendigkeit auf. In einem Akt eindrucksvoller Abstraktion drücken Materialien, Details, Räume und Formen die Hierarchie der Absichten aus. Das authentische Bauwerk ist nie eine rein rationale, konstruktive Lösung noch eine elegante formale Spielerei, sondern die Verkörperung einer sozialen Vision, eine intuitive Interpretation der menschlichen Existenz. Seine Formen können den Regeln einer Epoche, einem Stil oder einem Bautypus entsprechen, aber es wird die Grenzen sprengen und neue Bedeutungsebenen erschließen.

Eine solche Authentizität ist ohne die Basis eines unverwechselbar persönlichen Stils undenkbar. Im Vokabular Wrights, Le Corbusiers, Mies van der Rohes, Aaltos, Kahns (und einiger anderer) sind wichtige Elemente zu erkennen: eine begrenzte Formenfamilie, die vielfältige Variationen auf der Basis eines konsequenten Denkmusters erlaubt; ein System von Typenformen, das praktische, ästhetische und symbolische Faktoren vereint; Formen, die eine mythische Interpretation der Welt enthalten. Der wahre Stil ist das Gegenteil eines Klischees: Er ist eine Quelle der Disziplin und funktioniert als Filter, durch den der Architekt Erfahrungen sammelt und in Formen übersetzt; er grenzt jedes neue Problem ein, spiegelt zugleich aber auch die Obsessionen des Architekten.

Wenn ein Stil dieses starke Abstraktionsvermögen besitzt, wird er zum Werkzeug für die Transformation der Vergangenheit. Äußerlich mag er sich zeitgenössischen Erscheinungen angleichen, aber sein Innenleben nährt sich aus der Tradition. Eine einzige abstrakte Form läßt sich gleichzeitig von einer Kuppel, einem Schlot, einem Kühlturm, einem indischen Observatorium, einem Symbol für Beton, einer bestimmten Strömung der Malerei und einer institutionellen Interpretation herleiten, wie bei dem gekurvten Volumen im Herzen von Le Corbusiers Parlament in Chandigarh der Fall ist. Eine moderne Dachlösung läßt sich dem klassischen Gesims, den Grundordnungen der Natur und sogar der Form eines Fröbel-Bausteins zuordnen, wie sich bei Frank Lloyd Wrights Arbeiten zeigt. Angesichts jeder neuen Aufgabe erweitert sich die Skala eines Stils ein wenig, ohne dabei an Konsequenz zu verlieren: Die Chemie einer genuinen poetischen Sprache bindet weiterhin alterprobte Elemente zu neuen Einheiten zusammen.

Das Haus Robie, die Villa Savoye, der Barcelona-Pavillon, das Stadtzentrum von Säynätsalo, das Kimbell Art Museum, die Kirche in Bagsvaerd – alle diese Bauten gehören zu den Werken der modernen Tradition, die eine solche außergewöhnliche Tiefe besitzen. Wer sie einfach nur in die Moderne einordnet, wird ihnen nicht gerecht, denn sie sind auch mit hervorragenden Leistungen der Vergangenheit verwandt. Auf solche Aspekte der Zeitlosigkeit verwies Le Corbusier im Jahre 1923, als er schrieb: »Baukunst hat nichts mit Stilen zu schaffen.«

Addendum
Die Suche nach der Substanz: neue Weltarchitektur

»Wir müssen zur Quelle, zum Prinzip und zum Typus zurückkehren.«

Ribard de Chamoust

Seit die letzten Kapitel dieses Buches entstanden, sind sechs Jahre vergangen, so daß ein Addendum zur gegenwärtigen internationalen Architektur angebracht scheint. Ein Überblick über einen so kurzen Zeitraum kann nicht erschöpfend sein. Immerhin lassen sich einige Bauten hervorheben, die möglicherweise fortleben werden, wenn zeitgenössische Moden längst vergangen sind. Eine Beschreibung der jüngeren Vergangenheit, die sich allzu intensiv mit »Ismen« auseinandersetzte, könnte leicht wichtige Bauten mit schwächeren verwandten Arbeiten vermengen, die lediglich das jeweils modische Kostüm tragen. Wären Entwicklungsländer wie Mexiko oder Indien ausgeklammert, so könnte dieses Buch keinen Anspruch auf historische oder kritische Ausgewogenheit erheben. Einige der besten Bauten entstehen heute fern der westlichen Zentren, die freilich immer noch die öffentliche Diskussion bestimmen.

Wie vor einem halben Jahrzehnt vorhergesagt, hat die Debatte zwischen »Moderne« und »Postmoderne« wenig zum Verständnis der heutigen Situation beigetragen. Daß die moderne Architektur als wurzellos, funktionalistisch und bedeutungslos karikiert wurde, hat die historische Perspektive entstellt. Denn die Hauptwerke der modernen Meister waren bei allem Neuerungsgeist eng mit der Tradition verbunden. Ihre Impulse werden weiterhin fortentwickelt, kritisch analysiert, umgeformt und regionalisiert – an so unterschiedlichen Orten wie Ahmedabad, Tokyo und dem Tessin. Überzeugende Prototypen sind noch nicht aufgetreten, und die Historisierungstendenzen der letzten Jahre haben nur einen schwachen Abklatsch der Vergangenheit produziert. Damit soll nicht einem Akademismus das Wort geredet werden, der stilistische Normen erzwingt. Wir befinden uns in einer Phase der Evolution und nicht der Revolution. Die »moderne Tradition« (mit ihren vielen Nebenzweigen) ist immer noch lebendig, denn sie führt weiterhin zu unerwarteten Kombinationen von Neuem und Altem, Regionalem und Universalem. Es geht also weniger um Moderne kontra Postmoderne als um Prinzip kontra Imitation. Der Begriff der Authentizität besitzt nach wie vor seine Gültigkeit.

Es gibt in der heutigen Architektur keine Übereinkunft über den Stil, wohl aber gewisse gemeinsame Interessen. Die Vergangenheit bleibt eine Obsession, die hier zu banaler Fassadenkosmetik führt und dort zu profunder Bereicherung. Eine weitere Obsession ist der Kontext, woraus sich gewöhnlich eine passive Imitation des zuvor Existierenden, manchmal aber auch eine Intensivierung des *Genius loci* ergibt. Auch Polychromie und Ornament sind gemeinsame Themen: So entsteht entweder eine willkürliche Mustersammlung oder aber eine Grammatik von Details, die der inneren Struktur des Gebäudes entsprechen. Die Frage der Symbolik beschäftigt die Theoretiker weiterhin, obwohl häufig kein Unterschied gemacht wird zwischen beliebigen Anspielungen und jenen Transformationen, die Form, Raum und Licht zum Leben erwecken.

In den frühen achtziger Jahren gab es verschiedene Versuche, klassische Formen wiederzubeleben. Manche blieben literarisch und scholastisch, und die Ergebnisse wirkten häufig abgedroschen. Neorationalisten wie Aldo Rossi oder Mario Botta versuchten, abstrakte Prinzipien der Organisation mit der elementaren Geometrie der modernen Architektur in Einklang zu bringen. »Postmoderne Klassizisten« ergingen sich in Zitaten und ironischen Anspielungen. Selbst Anhänger dieser ihrer Natur nach oberflächlichen Richtung zeigten sich von der Diskrepanz zwischen Zeichnungen und realisierten Bauten irritiert. Beispiele dafür sind die desillusionierten Äußerungen zu Michael Graves' Portland Building oder Ricardo Bofills Wohnbebauung in Marne-la-Vallée bei Paris. Von einem behutsameren Umgang mit klassischen Vorgängern zeugt James Stirlings und Michael Wilfords Neue Staatsgalerie in Stuttgart, deren Modell im

A 1 James Stirling und Michael Wilford, Neue Staatsgalerie, Stuttgart, 1977–84.

28. Kapitel diskutiert wurde. Die Staatsgalerie verbindet Aspekte des Alten Museums von Schinkel mit räumlichen Erfindungen des Kubismus, Le Corbusiers und Aaltos. Übernommene Elemente wie die gekurvten Glaswände sind mit Intelligenz und Virtuosität behandelt und erhalten eine neue Bedeutung (Abb. A 1). In dieser Hinsicht nimmt Stirling seinen Vorbildern gegenüber eine manieristische Haltung ein. Das Gebäude ist zudem mit einer historisierenden Verkleidung versehen, die die Pop-Klassizisten auf ihrem eigenen Felde schlägt. Jetzt, wo das Bauwerk fertig ist, läßt sich vermuten, was Bestand hat und was mit der Mode vergehen wird. Das unruhige Muster der Fassadenplatten, die High-Tech-Vordächer und die aufdringlichen rosafarbenen und blauen Geländer bieten Stoff für die Hochglanz-Architekturjournale, während die Raumfolge durch den Zylinder und die geschickte Einpassung einer Collage von Formen in die Umgebung länger wirkende Lektionen enthalten. Vielleicht betrachten spätere Kommentatoren die Staatsgalerie eher als witziges Bonmot denn als gründliche Aussage.

Die utopischen Kräfte der frühen Moderne sind seit langem geschwunden. Doch manche Architekten kehren immer noch zu den Formen der zwanziger Jahre zurück, weniger wegen ihrer visionären Kraft als um ihrer formalen Möglichkeiten willen. Richard Meier benutzt Le Corbusiers puristische Syntax als Ausgangspunkt und interpretiert sie mit Hilfe gegeneinander verschobener Raster, sich überlagernder Flächen, gegenläufiger Kurven und Rampen auf seine Weise neu. Bei dem Museum für Kunsthandwerk in Frankfurt (1981–83) nahm er die Proportionen eines bestehenden klassizistischen Gebäudes auf und nutzte leichte axiale Verschiebungen, um auf Akzente der Umgebung einzugehen. Auch der südkalifornische Architekt Frank Gehry neigt zur Fragmentierung. Er benutzt alltägliche Materialien wie Holzpfosten, Maschendraht und Wellblech für seine Entwürfe, die sich aus unterschiedlichen Geometrien zusammensetzen. Manchmal ist das Ergebnis chaotisch, doch bei dem Haus Spiller in Venice, California, sind Spannung und Hierarchie gewahrt (Abb. A 2). Die Baukörper stehen rechtwinklig zum Straßenraster. Dagegen entsprechen diagonale Abweichungen der schrägen Aufstellung eines Sonnenkollektors auf dem Dach oder der Zickzack-Route, die durch einen kleinen Hof zwischen den beiden Einheiten führt, bevor sie nach einer *promenade architecturale* durch das Innere auf der Dachterrasse endet. Das Haus Spiller erinnert an Le Corbusiers Atelierhäuser aus den zwanziger Jahren (hochgestellte Kästen, Fensterbänder und so weiter), doch seine Ästhetik ist dem *bric-à-brac* der modernen amerikanischen Stadtlandschaft angepaßt. Gehry war möglicherweise von den Collagen Robert Rauschenbergs inspiriert, die Abfallprodukte der Industrialisierung – Lumpen, Gummireifen, Etiketten, Zeitungsfetzen – in Kompositionen mit abstrakten Flächen zusammenfaßten.

Im letzten Jahrzehnt fand ein Boom im Wolkenkratzerbau statt, nicht nur in den Vereinigten Staaten, sondern auch im Mittleren und Fernen Osten. Die formalen und technischen Probleme dieses Typus sind relativ einheitlich, doch das bedeutet nicht, daß die Lösungen standardisiert wären. Die Reaktion gegen den Glaskasten, die zu Beginn der siebziger Jahre einsetzte, nimmt unterschiedliche Formen an: ornamentale Verkleidung; dreiteilige Organisation; konstruktive Experimente; Anpassung an Umgebung und Klima. Die Manipulationen des amerikanischen Kapitalismus verbergen sich hinter hochgestochenen Argumenten, die »Tradition« ins Stadtzentrum zurückzubringen versprechen. In Wahrheit entsteht gebaute Reklame mit Glitzereffekt. Eine Art Playboy-Eklektizismus hat die Überhand gewonnen, vor allem bei den Immobilienhändlern, die ihre Mietflächen möglichst gut verkaufen wollen. Inzwischen gibt es überreichlich Beweise dafür, daß eine dekorierte Schachtel wirklich nicht interessanter ist als eine glatte, wenn es ihr an architektonischer Disziplin mangelt. Endlich wird Mies van der Rohe wieder wegen seiner Eleganz, seines Maßstabsbewußtseins und seines latenten Klassizismus geschätzt.

Abgesehen von den publizitätsträchtigen Wolkenkratzern gab es auch einige beachtenswerte Versuche, Hochbauten sensibler in ihre Umgebung einzufügen. Das Bürogebäude Wacker Drive 333 in Chicago (1982) von Kohn, Pedersen und Fox (Entwurfsarchitekt Bill Pedersen) antwortet mit seiner gekrümmten Fassade auf eine Biegung des Flusses, die eine Ecke des städtischen Rasters abschneidet. Auf der Rückseite ist es dagegen rechteckig entsprechend dem orthogonalen Straßenschema (Abb. A 3). Die beiden Geometrien stoßen oben an der Spitze zusammen, wo scharfe Kerben in den glatten Curtain Wall eingeschnitten sind. Das wassergrüne Glas der Fassadenfläche spiegelt wechselnde Lichteffekte ebenso eindrucksvoll wie der Fluß im Vordergrund. Im Grunde arbeitet das Gebäude mit drei verschiedenen Maßstäben: dem der Gesamtsilhouette und des Stadtrandes; dem der unmittelbaren Umgebung mit Fluß, Wegen, Straßen und Brücken und dem des Fuß-

A 2 Frank Gehry, Haus Spiller, Venice, California, 1980.

gängers, der vorübergeht oder eintritt. So entsteht eine Art dreiteilige Komposition. Doch die Teile sind nicht einfach aufeinandergestapelt, sondern überlagern sich in einem Muster zusammenhängender Rhythmen und scharfer Profile. Pedersen war stark von den glänzenden Metallskulpturen Brancusis beeindruckt. Beim Wacker Drive 333 brachte er eine einfache skulpturale Form mit den vielfältigen Kräften der Umgebung in Zusammenhang.

Die Hongkong and Shanghai Bank (1979–84) von Norman-Foster and Associates drückt die riesigen Pfeiler und Träger nach außen hin aus (Abb. A 4). Der Curtain Wall ist zurückgesetzt und als delikates Raster metallener *brise-soleil* behandelt. Hier wird der Turm zu einer schimmernden, transparenten, lichtdurchfluteten Maschine. An der Außenseite ist sogar ein Reflektor befestigt, der Licht in das gigantische Atrium im Herzen des Bauwerks lenkt. Das übliche Konzept des Wolkenkratzers als einer Folge übereinandergeschichteter Geschoßflächen mit einem zentralen Kern ist aufgebrochen und demonstriert nun eine neue Vision des Arbeitsbereiches im Zeitalter elektronischer Kommunikation. Die Pfeiler sind wegen der Stabilität bei Taifunen an die Ecken gesetzt, so daß die Konstruktion nicht wie ein Gerüst wirkt, sondern eher wie Leitern, in denen die Geschosse eingehängt sind. Im Erdgeschoß wurde ein größerer öffentlicher Bereich zwischen die »Beine« eingefügt, und in einigen Obergeschossen sind Atrien untergebracht. Die Aufzüge sind an den Rand des Gebäudes verlegt; einige Geschosse sind durch Rolltreppen miteinander verbunden. Zwar gehört die Hongkong and Shanghai Bank einer rationalistischen Tradition an, doch Foster geht mit seiner poetischen Zelebration von Glas, beweglichen Stahlelementen und Maschinenmetaphern weit über rein utilitaristische Ideen hinaus. Man fühlt sich an konstruktivistische Phantasien erinnert, an Luftfahrttechnik, sogar an das Werk Jean Prouvés, dessen Entwurf für das Nationale Erziehungsministerium in Paris (1970) als direktes Vorbild gelten muß. Freilich zeigt der Bau auch orientalische Anklänge, vor allem in den subtilen Sprossen und ihrer modularen Ordnung. Die Bank blickt über das Wasser zurück nach Kaulun und kündet von High Technology und kapitalistischem Erfindungsgeist, während die Zukunft Hongkongs im Ungewissen schwebt. Sie demonstriert den neuen finanziellen Status Südostasiens: »ein Bauwerk für das pazifische Jahrhundert«.

Die National Commercial Bank in Dschiddah, Saudi-Arabien, zwischen 1979 und 1983 von Gordon Bunshaft und der Firma Skidmore, Owings and Merrill entworfen, verbindet den internationalen Typus mit regionalen Prinzipien, die dem heißen, feuchten Klima entsprechen (Abb. A 5). Das Gebäude steht zwischen einer Lagune und den Überresten der alten Medina. Sein Grundriß ist dreieckig, eine scharfe Kante zeigt wie ein Bug zum Meer.

Die Bank erhebt sich aus einer flachen Landschaft und kündet von Reichtum, Selbstsicherheit und Zurückhaltung. Die Fassade wird von riesigen rechtwinkligen Feldern aufgeschlitzt, Schattenzonen, in deren Schutz Oasen in der Luft die eingehängten Bürogeschosse vor direkter Sonneneinstrahlung, Hitze und Sandstürmen bewahren. Im Kern liegt ein Schaft, der die Warmluft nach oben leitet und von unten Kaltluft einführt. So benutzen die Architekten lokale klimatisch bedingte Bautypen – Hofhäuser, Windtürme und so weiter –,

A 3 Kohn, Pedersen und Fox (Entwurfspartner Bill Pedersen), Wacker Drive 333, Chicago, 1982–83.

Neue Weltarchitektur 393

A 4 Norman Foster and Associates, Hongkong and Shanghai Bank, Hongkong, 1979–84.

neuen technokratischen Klasse und der Wüstentradition des Bauens entstanden ist.

Die Spannung zwischen internationalen und regionalen Elementen ist auch in vielen neuen Bauten Japans zu spüren. Arata Isozaki scheint bei seinen Entwürfen mit einem Auge auf die westliche Fachpresse zu schielen. Bei seinem Landklub Fujimi (1977) griff er sogar auf klassische Elemente wie das Serliana-Motiv des Eingangs zurück. In letzter Zeit schwankt er offenbar zwischen einer subtilen Verwendung von Primärvolumen, Licht und Struktur und einer schickeren, modischen Richtung. Kazuo Shinohara und Tadao Ando nahmen gegenüber der Konsumwelt mit ihren schnell verbrauchten Symbolen eine kritischere Haltung ein. Das Haus Koshino (1981) von Ando hat glatte, modernistische, lichtüberflutete Flächen, die ein inneres Sanctum definieren, eine »Stätte der Leere«, die an die Ruhe des traditionellen Teehauses erinnert. Durch Mittel der Abstraktion sucht der Architekt die metaphysischen Qualitäten in der Architektur der Vergangenheit neu zu beleben.

Fumihiko Maki hat davon gesprochen, daß es wichtig sei, die Moderne fortzuentwickeln, statt sie zu verwerfen. Der Spiralbau in Minato, Tokyo (1986), vereint frei fließende Bewegung im Inneren mit einer fragmentierten Collage verschieden großer Öffnungen im äußeren Erscheinungsbild. Diese Öffnungen helfen, die unterschiedlichen Maßstäbe der Umgebung in Einklang zu bringen. Maki nutzt die hohe Qualität der japanischen Industrie zu raffinierten Stahlverbindungen, zu Mustern aus Glasbausteinen und scharfen Kunststoffprofilen. Seine Bauten werden durch ihre Konstruktion diszipliniert und vermeiden so die Kaprizen jener oberflächlichen Eklektizisten, die Bilder auf dem Papier erfinden, mit wenig Sinn dafür, wie sie tatsächlich gebaut werden könnten.

Makis Version einer erweiterten Moderne besteht in der »Suche nach einer subtileren Beziehung zwischen Konstruktion und Ausdruck, der Suche nach der Kraft, die Details innerhalb abstrakter Figuren besitzen, der Untersuchung des dynamischen Gleichgewichts zwischen dem Teil und dem Ganzen, dem Ausdruck der Gegenwart, der sich aus der gleichzeitigen Wahrnehmung von Vergangenheit und Zukunft ergibt«. Innenraum und Außenform der Sporthalle in Fujisawa (1984) ergeben sich aus zwei riesigen gekurvten Dächern, deren Außenfläche mit rostfreiem Stahl verkleidet ist (Abb. A 6). Das Gebäude ist offensichtlich Tange, Saarinen und sogar Utzons Oper in Sydney verpflichtet. Aber Makis Neuinterpretation wirkt keineswegs abgedroschen. In einer zunehmend industrialisierten Umgebung dient die Halle als Treffpunkt und Zentrum des gesellschaftlichen Lebens. Die Silhouetten erinnern an Tempeldächer, japanische Rüstungen, sogar an Raumfahrttechnik (um einige eigene Assoziationen des Architekten zu erwähnen). Dennoch sind die Bilder durch eine zusammenhängende skulpturale Form unter Kontrolle gehalten. Makis Architektur reagiert auf die komplexe Mentalität einer Gesellschaft, die hektische industrielle

doch in einer Weise, die direkt auf die Anatomie der Konstruktion einwirkt. Die imposante Baumasse erinnert an alte Seefestungen, vermeidet aber den verkitschten Orientalismus angeklebter Hufeisenbögen. Die National Commercial Bank ist ein Bauwerk von heute, das aus einer merkwürdigen Kombination von grünen Bildschirmen und Palmen, von internationalen Finanzinteressen und nationalem Prestige, den Gewohnheiten einer

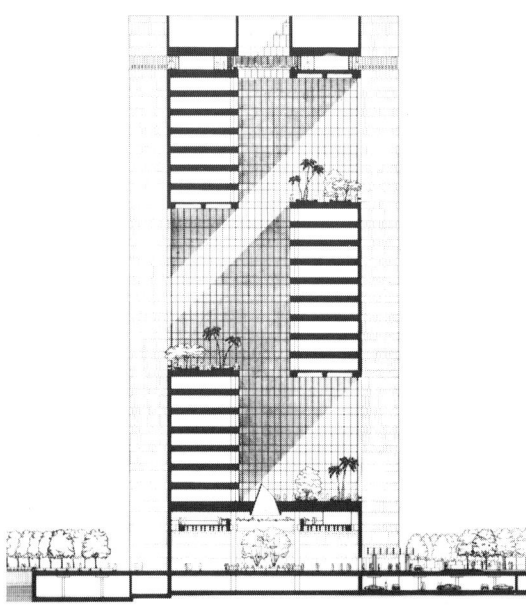

Aktivität mit einem fortlebenden Traditionsgefühl verbindet.

Im letzten Jahrzehnt ist der »Regionalismus« wieder in den Vordergrund getreten, obwohl über die exakte Bedeutung dieses Begriffs keine allgemeine Übereinkunft besteht. Für manche ist Regionalismus eine direkte Neubelebung einheimischer Formen, als Reaktion gegen die Gleichmacherei, die im Gefolge der Industrialisierung um sich griff. Für andere bedeutet er eine intensivere Suche nach den Grundmustern der lokalen Kultur, die dann entsprechend den sozialen und technischen Bedingungen verändert wird. Der Regionalismus bezieht seine Impulse aus der ursprünglichen Weisheit und Handwerkskunst ländlicher Architekturen, auch wenn sie im Verschwinden begriffen sind. Zudem sucht er extremen klimatischen Bedingungen durch direkte architektonische Mittel zu entsprechen.

Selbst in einigen fortschrittlichen Industrieländern gibt es vereinzelte regionalistische Strömungen, die sich gegen kosmopolitische Moden behaupten. Sie treten vor allem in Randgebieten auf, wo immer noch einheimische Wohnformen überlebt haben, obwohl die Volkskultur vom Untergang bedroht ist. Die besten Neubauten meiden direkte Imitation und benutzen Abstraktionen, um das Wesentliche zu erfassen. Ein Beispiel dafür ist das Haus Ramada in Südarizona von Judith Chafee (Abb. A 7). Es liegt am Rande der Wüste und hat einen Schutzschirm aus Mezquite-Holz und Saguaro-Zweigen, der über einer halb in den Boden vergrabenen Konstruktion schwebt. Auf den Konstruktionszeichnungen scheint es sich um einen kompromißlos modernen Entwurf zu handeln, der auf Le Corbusiers Schattendächer für tropisches Klima zurückgeht (wie etwa das Haus Shodhan in Indien von 1951–54). Doch zugleich griff die Architektin zwei lokale Archetypen auf: die einfachen Nomadenhütten aus Holzpfählen und Zweigen (von den spanischen Kolonisten als schattige »Ramada« neu interpretiert) und die Höhlenwohnungen aus Lehm in den seßhaften Gemeinschaften. Von dem Haus geht eine starke Poesie aus. Wenn Licht und Schatten die Wände umspielen, ändert sich die Stimmung von Minute zu Minute, während das Dach in der unruhigen Landschaft aus Kakteen, Sand und Klippen einen ruhigen horizontalen Akzent setzt.

In Entwicklungsländern, die eine Kolonialherrschaft hinter sich haben, nimmt die Wiederbelebung der Vergangenheit eine besondere Bedeutung an, denn hier verbindet sie sich mit der Suche nach Identität. Zweifellos besteht bei einer oberflächlichen Imitation nationaler Stereotypen wie Zwiebeltürmen oder chinesischer Dächer die Gefahr des Kitsches. Selbst überzeugte Anhänger der Wiederbelebung regionaler Traditionen erkennen, daß sie nur eine begrenzte Anzahl alter Formen weiterentwickeln können. Da importierte Lösungen häufig nicht dem lokalen Klima und den sozialen Verhältnissen entsprechen und zudem ideologisch suspekt sind, müssen andere Wege gefunden werden. Ideal wäre eine authentische Mischung von alten und neuen, regionalen und universalen Elementen.

A 5 Skidmore, Owings and Merrill (Chefarchitekt Gordon Bunshaft), National Commercial Bank, Dschiddah, Saudi-Arabien, Schnitt, 1979–83.

A 6 Fumihiko Maki, Sporthalle, Fujisawa, 1984.

Neue Weltarchitektur

A 7 Judith Chafee, Haus Ramada, Arizona, 1980.

Die Zahl der Bauten, die diese schwierige Synthese versuchen, nimmt ständig zu. Man denke an das Werk des türkischen Architekten Sedad Hakki Eldem, vor allem an seinen Versicherungskomplex in Istanbul (1970), der den Betonrahmen dem Rhythmus einheimischer Holzbauten angleicht; oder an den irakischen Architekten Rifat Chadirji, der die Lektionen Louis Kahns mit der Backsteingeometrie seines Landes in Verbindung bringt. Ausländischen Architekten, die im Mittleren Osten arbeiten, kann man nicht länger vorwerfen, daß sie es bei qualitätlosen Importen belassen: Der Haj Terminal in Dschiddah, Saudi-Arabien, – Anflughafen der Pilger zu den heiligen Stätten – wurde von Skidmore, Owings and Merrill zu Beginn der achtziger Jahre in der Form aneinandergereihter Teflonzelte auf Stahlpfosten errichtet. Abgesehen von seinem pragmatischen Erfolg, spiegelt das Gebäude sehr deutlich die Paradoxie des modernen Luftverkehrs zu den Quellen des Islam. Auch das Gebäude der Nationalversammlung in Kuwait (1971–85) von Jørn Utzon verwendet ein ausgreifendes Schutzdach, doch hier besteht es aus Beton und erhebt sich über einem rechteckigen Grundriß mit einer zentralen Straße, die zu den verschiedenen Bereichen mit ihren Innenhöfen führt – eine Anordnung, die an den traditionellen Souk erinnert (Abb. A 8). Die Dächer über dem Parlament und der zum Meer orientierten Eingangshalle werden von monumentalen Pfeilern gestützt, deren vorgegossene Verbindungen an die Verknüpfungen von Binsenhütten oder die Takelage einer Dau denken lassen. Der Einfluß von Le Corbusiers Bauten in Chandigarh ist offensichtlich, aber Utzon bezog sich auch auf »die Reinheit der islamischen Konstruktionen« und im Falle seiner gekurvten Dächer sogar auf die Fürstenzelte der Vergangenheit: »…Die Halle, die bei öffentlichen Versammlungen für Schatten sorgt, könnte vielleicht ein Symbol für den Schutz sein, den ein Herrscher seinem Volk angedeihen läßt.«

Das Außenministerium in Riad, Saudi-Arabien (1979–83), entworfen von dem dänischen Architekten Henning Larsen, vereint moderne Einfachheit mit regionalen Anspielungen und panislamischen Bezügen. Die Saudis hatten sich ein Bauwerk gewünscht, das ebenso Büros wie zeremonielle Räume enthalten, die strenge Moral der Herzländer widerspiegeln und die zentrale Position des Landes in der islamischen Welt demonstrieren solle. Larsen entwarf ein nach innen orientiertes Gebäude mit einer großen dreieckigen Halle in der Mitte und mit Büros, die auf die Gartenhöfe an der Peripherie blicken. Die kleinen Fenster in der braunen Sandsteinfassade lassen das Licht durch einen Filter ein, so daß keine Blendung entsteht (ein Element, das sich aus der traditionellen Bauweise Bahreins herleitet). Niedrige Türme an den Ecken und Bastionen, die den Eingang flankieren, weisen auf die Lehmfestungen des Nedschd und damit auch auf die Heimatregion der Saudi-Araber hin. Das Innere ist kühl, weiß und licht und vom Plätschern der Brunnen erfüllt. Anspielungen auf die Alhambra oder Marokko verbinden sich mit abstrakten Oberflächen, die von Le Corbusier kommen: Die schwebende Deckenfläche mit ihren Lichträndern ruft Assoziationen zu Ronchamp hervor. Der Grundriß selbst ist eine ingeniöse Verbindung von Räumen in Volumen und Volumen in Räumen, die sicherlich auf Anregungen Kahns und vielleicht sogar auf ältere Modelle wie das Grabmal des Humayun in Indien zurückgehen. Von der Haupthalle führen Treppen in die inneren Straßen, die das Gebäude umkreisen und Zugang zu den Büroräumen gewähren.

Larsen verlor nicht die Kontrolle über alle diese Referenzen und Quellen, obwohl er eine leichte Tendenz zur Theatralik zeigte. Er suchte die Tradition von der Typologie und nicht nur von den Bildern her zu sehen und forschte auch nach Analogien zwischen den unterschiedlichen Epochen und Stilen. Den Kern bildet der Archetyp des arabischen Hauses mit seinen glatten Außenwänden und seinem reichen Innenleben um einen Hof herum. Von diesem Kern ausgehend, setzte er sich mit anderen Themen wie dem Muster von Straßen und Plätzen in Wüstenstädten oder geometrischen Wassergärten auseinander. Es ging Larsen darum, die Symbolwerte von Quadraten, Dreiecken und anderen abstrakten Formen mit neuen Bedeutungen zu erfüllen. Hinter den deutlicheren Anspielungen verbirgt sich eine erfindungsreiche Neuinterpretation der räumlichen Schichtung und der visuellen Vieldeutigkeit islamischer Baukunst.

In Mexiko versuchte eine ganze Reihe von Architekten, regionale und internationale Elemente zu verbinden und aus dem reichhaltigen architektonischen Erbe Nutzen zu ziehen. In den fünfziger und sechziger Jahren arbeitete zum Beispiel Luis Barragán mit farbigen Wandflächen, Plattformen und Wasserbecken und erweiterte das abstrakte Vokabular des Internationalen Stils, bezog aber auch gleichzeitig Erinnerungen an Klostermauern, Dorftraditionen und alte Umfriedungen ein. In jüngster Zeit verfolgte Ricardo Leggoretta diesen Stil, doch ohne die gleiche mysteriöse Tiefe. Teodoro Gonzalez de Leon war zunächst vom Spätwerk Le Corbusiers beeinflußt (mit dem er in den vierziger Jahren zusammengearbeitet hatte) und verwendete rauhe Betonflächen und kühne, von Schatten durchschnittene Formen, um dem Sonnenlicht, der Vegetation und den Baustoffen Mexikos optimal zur Wirkung zu verhelfen. Auch in seinem Werk finden sich viele Erinnerungen an die Vergangenheit. Immer wieder kehrt er zur Idee eines zentralen, von Galerien bedienten Raumes zurück, vor allem bei großen öffentlichen Bauten, die eines institutionellen Kerns bedürfen. Das Collegio de Mexico (1979–82) kombiniert Betonterrassen (ähnlich den Plattformen der präkolumbianischen Architektur) mit einem großzügigen Atrium, das dem abfallenden Gelände folgt und von einer Pergola überdeckt ist. Gonzalez de Leon hat von der Bedeutung der »Konstanten« in der Tradition gesprochen: In seinem Fall handelt es sich um jene räumlichen Archetypen, die sich sowohl im einheimischen Bauen als auch in prähispanischen und hispanischen Beispielen finden. Besonders fasziniert ihn der geschützte Hof: »Auch heute noch bietet der Patio die natürlichste Möglichkeit, den Raum in Bauten mit komplexem Programm zu gliedern. Den Patio in unsere Arbeit einzubeziehen, bedeutete, ihn in ein persönliches und zeitgenössisches Vokabular zu übertragen.«

Die indischen Architekten haben sich in den letzten zehn Jahren immer intensiver mit nationalen Architekturtraditionen und deren Umsetzung in moderne Ausdrucksformen auseinandergesetzt. Die von Le Corbusier und Louis Kahn übernommenen Impulse paßten zu den klimatischen Anforderungen und den Bedürfnissen einer traditionellen Gesellschaft, die zwar einem schnellen Wandel unterworfen war, dennoch aber auf der Suche nach ihren Wurzeln war. Ein Beispiel dafür ist das neuere Werk Balkrishna Doshis. Sein eigenes Atelier »Sangath« (1981) im Außenbezirk Ahmedabads besteht aus niedrigen Gewölben, die sich auf grasbewachsenen Plattformen erheben (Abb. A 11). Die Innenräume sind zur Hälfte in den Boden versenkt: Der Querschnitt erinnert an vorzeitliche Erdbehausungen. An der einen Seite bilden flache, mit Gras überzogene Stufen eine Art Amphitheater für informelle Begegnungen, ähnlich einem Dorfplatz. In der Regenzeit strömt das Wasser von den naturweißen Keramikdächern in gurgelnde Tröge. Die Gewölbe bestehen aus Keramikröhren, die in Beton eingebettet sind. Kombiniert mit einem natürlichen Kühlungssystem sorgt diese Isolierung in den Sommermonaten für Kühlung. Sangath hat einen axialen Zugang, doch nach einem verlockenden Blick auf die schattige Unterseite der Gewölbe wird man auf einen diagonalen Weg gezwungen, an riesigen Tontöpfen und Erdwällen vorbei, die den gekurvten Silhouetten angepaßt sind. Danach folgt ein mäandernder Pfad durch Innenräume, die normale, doppelte und sogar dreifache Geschoßhöhen aufweisen. Doshi bewundert die Tempelstädte Südindiens mit ihren Labyrinthen aus Hallen, Galerien

A 8 Jørn Utzon, Nationalversammlung, Kuwait, 1971–85.

A 9 *(rechts)* Henning Larsen, Außenministerium, Riad, Saudi-Arabien, 1979–83.

A 10 *(rechts außen)* Außenministerium, Riad, Lageplan.

Neue Weltarchitektur   397

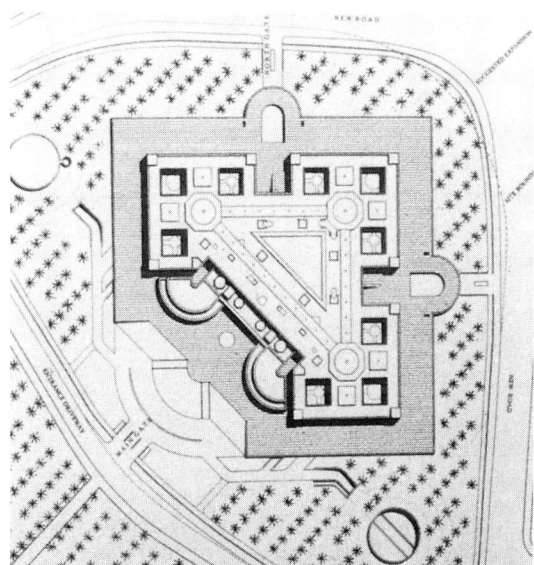

und Höfen, so daß das gehegeartige Innere von Sangath möglicherweise von diesen Vorbildern beeinflußt ist. Die rhythmischen Kontraste zwischen von oben belichteten und schattigen Zonen, die ambivalenten Übergänge mit Schwellen und Stufen und die wechselnden Achsen und Ausblicke bringt der Architekt mit dem Fluß des indischen Lebens in Verbindung. Letztlich geht Sangath zweifellos auf Le Corbusiers erdverbundenes Haus Sarabhai in Ahmedabad (1953) zurück, doch Doshi paßte den Typus einer anderen sozialen Vision an. Bei größeren offiziellen Aufträgen wie dem Indian Institute of Management in Bangalore behandelte Doshi ähnliche Themen, wobei er auf die Analogie der traditionellen indischen Stadt mit ihrem Muster aus Straßen, Plätzen und Höfen zurückgriff.

Auch Charles Correa setzte sich mit den Überschneidungen von Neu und Alt, Volkskunst und Monumentalität auseinander. Für sein Gandhi Ashram Museum in Ahmedabad von 1961 übernahm er Ideen Le Corbusiers und Kahns und entwickelte daraus bescheidene, aber luftige Pavillons, die durch einen Weg miteinander verbunden sind. Danach arbeitete er an einem auf indische Verhältnisse bezogenen Typensatz mit Plattformen, abgesenkten Terrassen und Querschnitten, die natürliche Belüftung und schattige Überhänge ermöglichen. Correa paßt diese Elemente dem Programm und dem Ort an, ob es sich um billigen Wohnungsbau in einem heißen, trockenen Gebiet oder um ein Touristenhotel in den Tropen handelt. Bei den Kanchanjunga Apartments in Bombay (1973) brachte er sogar Aspekte der Dorfarchitektur in den Hochhausbau ein (eine Strategie, die Bunshaft später bei seinem Jeddah-Turm verfolgte, obwohl sich die Formen unterscheiden). Das Bharat Bawan in Bhopal (1982), ein Kunstzentrum mit Museum, enthält eine Folge von Höfen, die in die sanft zu einem See hin abfallenden Terrassen eingetieft sind. Die überdeckten Oberlichter erinnern an den Schlot des Parlaments in Chandigarh, sind aber einer Silhouette weißer Kuppeln in der Ferne angepaßt. Der Entwurf für das Madhya-Pradesh-Parlament in Bhopal (zur Zeit in Ausführung) geht von einer kreisförmigen, im Zentrum von Achsen durchkreuzten Geometrie aus, die wahrscheinlich von den nahegelegenen *Stupas* in Sanchi beeinflußt ist.

Die Bauten Raj Rewals, der sich besonders mit städtischen Problemen auseinandersetzt, liegen zumeist in oder um Neu-Delhi. Bei der Wohnbebauung Asian Games (1982) im Süden der Stadt errichtete er anstelle freistehender Blocks eine Häuserfolge mit Höfen und durch Tore getrennten Umfriedungen (Abb. A 12). Dieser Umgang mit dem öffentlichen Raum erinnert an

A 11 Balkrishna V. Doshi, Atelier »Sangath«, Ahmedabad, Indien, 1979–81.

A 12 Raj Rewal, Wohnbebauung Asian Games, Neu-Delhi, Indien, 1982.

Rewals Interesse für die Struktur von Wüstenstädten wie Jaisalmer, wo Häuser und Straßen auf Variationen einiger weniger Grundelemente aufbauen. Seine Wohneinheiten sind Neuinterpretationen von *havelis* – Hofhäusern mit großen Räumen, kleinen Öffnungen und verschränkt angeordneten Terrassen. Aber Rewal geht es nicht um eine rein pittoreske Stadtlandschaft; die Ausblicke sind durch Achsen definiert, und die Kombination der Typen ist ebenso logisch wie visuell wirkungsvoll. Die Konstruktion besteht aus Betonrahmen mit Ziegelausfachung und ist mit gelblichem Terrazzo verkleidet. Fugen machen die Struktur deutlich, zugleich kommen Erinnerungen an die honigfarbenen Steine alter Wüstenstädte auf. Bei dem National Institute of Immunology brachte Rewal die Wissenschaftler in einer Reihe von Hofhaus-Komplexen unter, die durch überschattete Gänge, Terrassen und Treppen miteinander verbunden sind. Die rosafarbenen und braunen Streifen der Fassade intensivieren die Hauptthemen und lassen an die polychromen Marmorbänder der Mogul-Architektur denken. Rewal nutzt die Parallelen zwischen der Skelettarchitektur und den gerüstartigen Steinbauten etwa von Fatehpur Sikri: Der zentrale Hof des Instituts hat horizontale Galerien auf verschiedenen Ebenen, die auf ein Freilichttheater hinunterblicken. Die Aussicht in die Natur – sozusagen auf das Tätigkeitsfeld der Wissenschaftler – ist drama-

Neue Weltarchitektur

tisch eingerahmt. Über das spezifische historische Vorbild hinaus dringt Rewal zu den geometrischen und räumlichen Prinzipien der Vergangenheit vor und sucht sie den heutigen Anforderungen anzupassen. Wieder steht die Frage nach dem Typus im Vordergrund (Farbtafel 16).

Der Architekt Geoffrey Bawa in Sri Lanka strebt Harmonie mit dem tropischen Klima, der üppigen Vegetation, dem Handwerk und den architektonischen Traditionen der Insel an. Die einheimische Formensprache ist eine Mischung aus portugiesischen, holländischen und lokalen Einflüssen mit getünchten Wänden, gefliesten Dächern und tiefen Holzveranden. Bawa paßte dieses Vokabular seinen eigenen Bedürfnissen an und kombinierte es mit vielen anderen Anregungen, die er im Laufe der Jahre erhalten hatte. Sein eigenes Atelier in einem Vorort Colombos (1981) demonstriert die Poesie des Bungalows in einer Folge von Innen- und Außenräumen mit faszinierenden Ausblicken und verschobenen Achsen (Abb. A 13). Sobald man den Vorhof betritt, wird man durch das mit Vegetation gefüllte Rechteck an der Rückseite und das reflektierende Wasserbecken im Herzen des Gebäudes auf die Hauptroute geleitet. Die Entfernungen sind schwer einzuschätzen, so daß eine geheimnisvolle Stimmung entsteht. Erreicht man das Wasserbecken, so muß man nach links auf einen parallelen Weg ausweichen, der von einer alten Holzsäule markiert ist. Die *promenade architecturale* führt dann durch verschiedene luftige Räume, die direkt mit dem Außenraum verbunden, aber durch Vorsprünge gegen Regen und Sonne geschützt sind. Über dem Wasserbecken teilt sich das Dach und bildet eine breite Öffnung, die Luft und den Monsunregen einläßt. Diese Lösung ist möglicherweise von dem südindischen Palast Padmanabhapuram inspiriert, obwohl das Prinzip auf das alte römi-

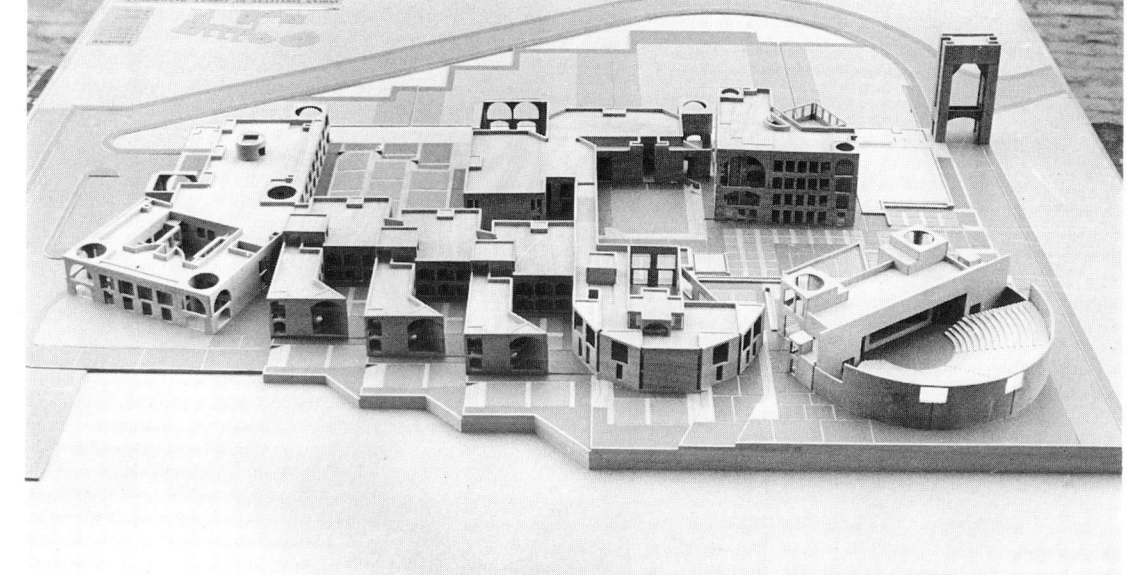

A 13 Geoffrey Bawa, Eigenes Studio, Colombo, Sri Lanka, 1981.

A 14 Anant Raje, Indian Institute of Forest Management, Modell, 1985.

sche *impluvium* zurückgeht. Bawa arbeitet eng mit lokalen Handwerkern zusammen, wie sich an den Holzsäulen mit ihrer delikaten Entasis, den Steinkapitellen und den Basen zeigt. Bei größeren Projekten wie dem kürzlich vollendeten Parlament auf einer Insel außerhalb Colombos erweiterte der Architekt dieses System. Hütte, Haus, Palast, Tempel – in der traditionellen Holzarchitektur Südostasiens sind alle diese Typen miteinander verwandt. Bawa benutzt sie analog für moderne Funktionen unterschiedlicher Größenordnung.

Ein Leitthema dieses Buches ist die Überzeugung, daß Tradition sich aus einer Kette von Erfindungen bildet. Der junge Architekt entwickelt die Formen seiner Vorgänger weiter und eignet sich allmählich ein individuelles Vokabular an, das neue Probleme umkreist. Das gilt für frühere Epochen wie die Renaissance ebenso wie für die heutige Zeit. Die überzeugendsten zeitgenössischen Umsetzungen der Ideen Louis Kahns finden sich im Tessin (Mario Botta) und im ausgedörrten Nordwesten Indiens, vor allem im Werk des Architekten Anant Raje aus Ahmedabad. Rajes Ausgangspunkt war Kahns Institute of Management in dieser Stadt, an dem er mitgearbeitet hatte. In den letzten Jahren eroberte er sich freilich ein eigenes Terrain, indem er monumentale Qualitäten in der indischen Architektur der Vergangenheit neu entdeckte. Ein Beispiel dafür ist sein Entwurf für das Indian Institute for Forest Management nahe Bhopal, das von einem Hang aus über Seen und die Stadt blickt (Abb. A 14). Das Programm wurde in einzelne Elemente wie gekurvte Auditorien und rechteckige Seminarblöcke unterteilt. Auf dem abfallenden Gelände finden diese Elemente wieder zusammen, so daß die Achsen auf Windrichtung, Ausblick und Topographie hin orientiert sind. Rajes Vokabular ist eng mit den Konstruktionsmethoden verbunden: Betonpfeiler, -bögen und -binder, Wände aus strukturiertem Stein oder Backstein. Durch komplexe Verzahnungen und parallele Ebenen entstehen auf dem Gelände Galerien, Höfe und Pavillons. Eine wichtige Inspirationsquelle Rewals ist der Palast- und Gartenkomplex in Mandu bei Indore – eine Traumwelt aus zerstörten Sälen und Terrassen und von der Vegetation überwucherten Wasserbecken. Aber er hat auch die Hadriansvilla in Tivoli skizziert und analysiert und dabei besonders genau festgehalten, wie sich die Fragmente über die Landschaft verteilen. Es geht Raje darum, einen Sinn für Ordnung wiederherzustellen, wie er in der Antike – sei es bei römischen oder islamischen Bauten – stets vorhanden war.

Auch Mario Botta hat von den Lektionen Kahns und Le Corbusiers profitiert. Zunächst hatte ihn auch der norditalienische Architekt Carlo Scarpa beeinflußt. Botta setzt sich mit Gemeinsamkeiten zwischen moderner Primärgeometrie und bestimmten Schemata der klassischen Tradition auseinander. Auch regionale Prototypen wie die simplen alpinen Scheunen in seiner Heimat Tessin beeinflußten ihn. Er nutzt die Abstraktion, um historische Vorbilder miteinander zu verschmelzen, und nicht, um sie auszuschließen. Gleichzeitig macht er aber auch unmißverständlich deutlich, daß er sich der modernen Technologie verpflichtet fühlt. Er sucht Formen, die auf Konstruktion, Funktion und Geometrie basieren und deren Poesie sich von Proportion, Hierarchie, Licht und Sinn für das Detail herleitet. Die Casa Rotonda in Stabio (1980–81) macht ein aus Betonblocks errichtetes Haus für eine Familie mit zwei Kindern zu einem massiven Monument, das der Zersiedlung der Vorstädte entgegentritt (Abb. A 15). Der Zylinder ist durch ein Treppenhaus unterteilt, das von einem leichten Oberlicht aus Stahl und Glas überdeckt ist. Der kreisförmige Grundriß

A 15 *(unten)*
Mario Botta,
Casa Rotonda, Stabio,
Tessin, 1980–81.

Neue Weltarchitektur 401

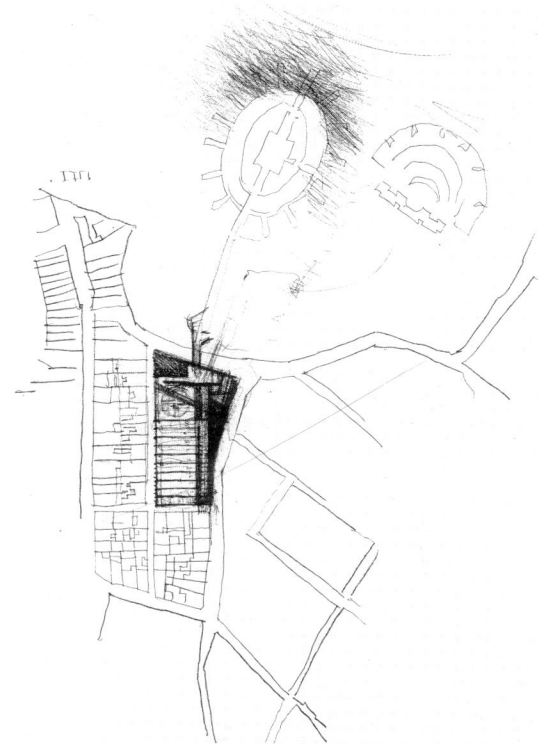

A 16 Rafael Moneo, Museo de Arte Romano, Merida, Spanien, 1981–85.

A 17 Museo de Arte Romano, Merida, Skizze des städtebaulichen Zusammenhangs mit antiken Theatern.

mit seinen auf die Kompaßpunkte bezogenen Achsen läßt an einen Sonnenkalender denken, als seien die Schlitze so angeordnet, daß sie zu bestimmten Tages- oder Jahreszeiten die Sonnenstrahlen einfangen. Das Haus ist ein Observatorium, eine Bastion, ein Turm für geistige Einkehr, der eine Rückbesinnung auf archaische Werte andeutet. Man fühlt sich an Kahns massive Zirkulationstürme oder Le Corbusiers siloförmige Treppenhäuser erinnert, doch hat Botta einen völlig neuen Ausdruck gefunden. Der Übergang zum größeren Zylinder ist mit auskragenden Steinen gemauert, so daß der Eindruck einer Säule entsteht, freilich einer Säule, die der Funktion und der Idee nach von innen heraus entstanden ist und nicht nur ein Symbol oder ein Zitat darstellt. Dem Typus nach ist sie der romanischen wie auch römischen Säule verwandt.

Auch der spanische Architekt Rafael Moneo setzt sich mit dem Begriff des Typus auseinander. Sein kürzlich fertiggestelltes Museo de Arte Romano in Merida greift mit seinen Ziegelbögen und seinem repetitiven System auf den römischen Ingenieurbau zurück (Abb. A 16, A 17, Farbtafel 15).

Merida lag am Kreuzungspunkt zweier großer Handelsstraßen und erhielt in der frühen Kaiserzeit im Zuge von Erweiterungen Theater, Aquädukte und eine lange Brücke. Moneos Museum enthält skulpturale und architektonische Fragmente aus den Ruinen der Stadt, zumeist in weißem Marmor. Es steht am Übergang zwischen der recht verschlafenen Stadt und einer Freifläche mit dem Amphitheater und dem Theater. Der Architekt griff offenbar die Struktur sowohl der umliegenden Häuser als auch der Theater auf. Er organisierte das Bauwerk als eine Serie paralleler Backsteinwände, die von Bögen unterschiedlicher Größe durchbrochen werden. Die höchsten bilden eine luftige, noble Halle, eine Mischung zwischen Industriebauwerk und römischer Therme. Der Blick durch die Hauptachse an den Pfeilern entlang zu den Statuen am anderen Ende wird noch dramatischer, wenn ein Lichtstrahl aus einer nicht sichtbaren Quelle auf die Fragmente fällt. Auch die Ausstellungsobjekte in den Seitenjochen vor den biskuitfarbenen römischen Ziegeln sind durch Oberlicht erhellt. Dann führt die Route in die oberen Niveaus, deren dünne Betonflächen die Wände durchschneiden. Hier sind die Bögen mit Rücksicht auf die Ausstellungsgegenstände – Schmuck, Keramik und Mosaike – niedriger gehalten. Die Seitenwände artikulieren sich an der Straßenfront, wo sie als eine Reihe vertikaler Strebepfeiler hervortreten. Nur im Eingangsflügel verliert das Gebäude seine Kohärenz, vor allem dort, wo der Architekt sich versucht fühlte, den Maßstab der anliegenden Häuser in seinen Fenstern nachzuahmen.

Das Museum erhebt sich über den Resten des alten römischen Straßenmusters. Moneo war kühn genug, seine Geometrie um ein paar Grad zu verschieben, um den Kontrast zwischen Neu und Alt zu betonen. Im Souterrain des Gebäudes werden die Mauern dicker und die Bögen kleiner und zahlreicher. Unter diesen schweren, klaren Formen in gedämpftem Licht hat die forcierte Theatralik der Postmoderne keinen Platz. Man glaubt, durch eine römische Zisterne zu wandeln, obwohl auch Assoziationen zu Piranesi und Kahn wach werden. Moneos Analyse eines Ortes und seiner Erinnerungsschichten hat in einem imaginären Ausgrabungsprozeß zur Entdeckung von Prototypen einer vergangenen Zivilisation geführt. Es gibt auch Anklänge an spätere Umbildungen wie die Moschee in Cordoba aus dem 8. Jahrhundert mit ihren parallelen Bogenreihen und den massiven Strebepfeilern. Doch das Museo de Arte Romano ist nicht auf einzelne Quellen zurückzuführen: Es faßt alle Einflüsse in einer faszinierenden abstrakten Ordnung zusammen, die durch den Rhythmus der Konstruktion und das Spiel des Lichts über den Formen belebt wird.

Manche Bauwerke scheinen zu einem zeitlosen Kern vorzustoßen. Sie steigen aus den Tiefen des Geistes empor und verleihen universalen Mythen Form. Einen solchen übersinnlichen Charakter haben einige Bauten Carlo Scarpas, die seit den frühen sechziger Jahren entstanden. Auf den ersten Blick scheinen sie Frank Lloyd Wright verpflichtet, aber Scarpa war ein Eklektizist im besten Sinne des Wortes, der Anregungen sowohl aus der abstrakten Malerei als auch aus zahlreichen Orten und Zeiten bezog. Er faßte seine Eindrücke und Ideen in einer privaten Hieroglyphensprache zusammen – Quadrate, Rhomben, Kreise –, die wie ein Bewußtseinsstrom in seinen Studien auftauchen. Sein Traum war inspiriert von den Wasserlandschaften des Veneto, von einem poetischen *Genius loci*. Das zeigt sich besonders bei dem in ein Museum umgebauten Palazzo Querini-Stampalia in Venedig. Die Route führt auf einem erhöhten Weg durch das Gebäude, oberhalb des Niveaus des *aqua alta* – des Winterhochwassers, das regelmäßig die ebenerdigen Räume und Plätze der Stadt überflutet. Durch den Ausstellungsraum gelangt der Besucher zu einem Garten an der Rückseite, wo das Thema Materie, die das Wasser überquert, umgekehrt wird: Über dem Bodenniveau, auf einer Mauerkrone, ist ein Kanal angelegt. Papyrusstauden, die aus einem quadratischen Loch wachsen, weisen auf eine Unterwasserwelt hin. Eine Quelle rieselt in ein weißes Marmorbecken in Form eines Labyrinths. Das Labyrinth wiederholt die Themen des Gebäudes in Miniatur, wirkt aber auch wie eine hermetische Karte Venedigs mit seinen Wasserwegen, Straßen und Plätzen. Für Scarpa war das Ornament ein Mikrokosmos größerer Welten (Abb. A18).

Die Grabanlage Brion bei Bassano verwendet ähnliche Themen, um einen Ort der Toten und den Übergang ins Jenseits zu evozieren (Abb. A 19). Es handelt sich um eine Familiengrabstätte, die sich L-förmig um die Rückseite des Dorffriedhofs erstreckt. Das flache Gelände ist mit Gräben, Wegen, Wällen und Plattformen gestaltet und mit merkwürdigen Gräbern in abstrakten, medail-

A 18 Carlo Scarpa, Museum Querini-Stampalia, Venedig, Wasserbecken im Garten, 1961–63.

Neue Weltarchitektur 403

A 19 Carlo Scarpa, Grabanlage Brion, San Vito d'Altivole bei Bassano, 1969–78, Innenhof.

lonartigen Formen ausgestattet. Die Betonwände und -stufen sind erodiert, facettiert, künstlich verwittert, so daß der Eindruck einer verlassenen, von Tümpeln durchzogenen Grabungsstätte entsteht. Ein Gefühl der Vergänglichkeit überkommt den Besucher, doch die rechteckigen Himmelsausschnitte der Wandschlitze weisen auf Unendlichkeit hin. Nahe beim Tor steht die Familienkapelle, ein in der Achse verschobener Block, in einem dunklen Wasserbecken mit grünen Seerosenpolstern, von einer Zypressenreihe flankiert. Marmor und Kupfer betonen die archaische Patina des Betons. Der Weg führt dann in ein Labyrinth halb in den Boden versenkter Passagen und gibt hier und dort den Blick auf Särge frei. Dann, an der Rückseite der alten Friedhofsmauer, dreht er sich um 90° zu einem Tunnel, der durch zwei sich überschneidende Kreise belichtet wird – vielleicht ein Symbol für die fortdauernde Verbindung des Ehepaares Brion nach ihrem Tod. Eine Tür auf Rollen schließt sich, wenn man die letzte Umfriedung betritt, einen *campo santo*, dessen Mauern ein stilles Wasserbecken umschließen. Auf einer Insel ist eine grabähnliche Form auf Stützen gehoben, ähnlich einem mittelalterlichen Sarkophag. Eine kreuzförmige Platte scheint über der Wasserfläche zu schweben. Ihre Mitte ist ausgespart, der »Ruhepunkt der veränderlichen Welt«.

Bibliographische Anmerkung

Für eine einigermaßen vollständige Zusammenfassung der umfangreichen und ständig wachsenden Bibliographie zur Architektur dieses Jahrhunderts wäre ein separater Band notwendig. Der Leser, der detailliertere Informationen sucht, sei auf Dennis Sharp (Hrsg.), *Sources of Modern Architecture* (Architectural Association, London, Paper No. 2; New York 1967) verwiesen sowie auf Muriel Emanuel (Hrsg.), *Contemporary Architects*, New York 1980.

Wie die Architektur hat auch die Wissenschaft ihre Traditionen. Monographien und Artikel sind (falls relevant) in den Anmerkungen erwähnt. Meine bibliographische Anmerkung ist allgemeinen Arbeiten vorbehalten, die mir zu einem Überblick über die Gesamtentwicklung verholfen haben, selbst wenn ich mit dem Standpunkt nicht übereinstimmte oder wichtiges Material vermißte.

Das Bild wird zwangsläufig immer weniger vollständig, je weiter man zurückgeht. Man könnte mit den ersten Selbstinterpretationen der Moderne beginnen, etwa mit Gropius' *Internationale Architektur*, München 1925, oder Ludwig Hilberseimers *Internationale neue Baukunst*, Stuttgart 1927. Diese beiden Werke haben möglicherweise Formulierungen und Titel von Henry-Russell Hitchcocks und Philip Johnsons *The International Style, Architecture Since 1922*, New York 1932; dt. *Der Internationale Stil*, Braunschweig 1985, beeinflußt. Das Buch interpretierte die visuellen Prinzipien einer Reihe moderner Bauten und brachte sie mit den konstruktiven Effekten von Beton und Stahl in Verbindung. Wie der Titel erkennen läßt, lag die Betonung auf stilistischen Aspekten. Von der Ideologie der neuen Architektur war ebensowenig die Rede wie von Bauten, die nicht ins Bild paßten.

Im Jahre 1932 veröffentlichte P. Morton Shand eine Artikelserie in der *Architectural Review* (London), die sich mit der Entwicklung der modernen Architektur im späten 19. und frühen 20. Jahrhundert auseinandersetzte. Vielleicht haben diese Artikel Nikolaus Pevsner bei seinen *Pioneers of Modern Design from William Morris to Walter Gropius*, London 1936; dt. *Wegbereiter moderner Formgebung*, Hamburg 1957, Neuausgabe Köln 1983, inspiriert. Pevsner ging dem Einfluß von Morris' moralischen Thesen und der Ingenieurbaukunst des 19. Jahrhunderts auf die Architektur der Jahrhundertwende nach. Er untersuchte den Art Nouveau, das Werk von Perret, Behrens, Hoffmann und Wright und schloß 1914 mit Bauten wie Gropius' Musterfabrik auf der Werkbundausstellung in Köln im gleichen Jahr. Der Autor ging offenbar davon aus, daß diese Einzelbauten Teil einer geradlinigen Entwicklung waren, Ausdruck des für ihn wahren, rationalen Stils des 20. Jahrhunderts.

Sigfried Giedions *Space, Time and Architecture*, Cambridge, Mass., 1941; dt. *Raum, Zeit, Architektur*, Ravensburg 1965, Zürich 1976, hatte einen ähnlichen Charakter. Vielleicht von Kunsttheoretikern wie Heinrich Wölfflin beeinflußt, glaubte er, es sei Aufgabe des Historikers, die Elemente einer Epoche zu charakterisieren, die den »Zeitgeist« repräsentierten, und den Rest zu ignorieren. Als er sein Buch verfaßte, war seine neue große Tradition der modernen Architektur in Europa von der Auflösung bedroht. Giedion legte den Akzent auf die Rolle neuer Materialien wie Eisen, Glas, Stahl und Beton und auf ein neues »Raumkonzept«, das er vom Kubismus herleitete und in den räumlichen Mehrdeutigkeiten der modernen Architektur verwirklicht sah. Er ging weiter als Pevsner, weil er auch Städtebau und Architektur der zwanziger und dreißiger Jahre einbezog. Expressionistische Tendenzen spielte er herunter, rationalistische betonte er, das Fortleben des Historismus aus dem 19. Jahrhundert ignorierte er. Selbst die späteren Ausgaben des Buches, die Bauten der vierziger und fünfziger Jahre enthielten, waren selektive Traktate zugunsten der Sache, die Giedion vertrat.

Nach dem Krieg änderte sich die Lage drastisch, als eine neue, jüngere Generation von Historikern die »heroischen« Jahre als einen abgeschlossenen Geschichtsabschnitt betrachtete und sich intensiver mit den symbolischen und ideologischen Aspekten der modernen Architektur auseinandersetzte. Besonders interessant waren die Aufsätze Colin Rowes aus den späten vierziger Jahren (zum Beispiel »The Thematics of the Ideal Villa: Palladio and Le Corbusier Compared«, in *Architectural Review*, 1947) und Reyner Banhams Buch *Theory and Design in the First Machine Age*, London 1960; dt. *Die Revolution der Architektur*, Reinbek 1964. Banhams Buch hatte eine solidere dokumentarische Grundlage als seine Vorgänger, weil es auf theoretische Texte der ersten drei Dekaden dieses Jahrhunderts zurückging. Daß der Autor Wright nur kursorisch behandelte, sich stark auf Europa konzentrierte und Politik nahezu außer acht ließ, ist zu entschuldigen, weil er andere Ziele im Sinn hatte. Doch das Buch endete mit der Zeit um 1930 und befaßte sich eher mit Text- als mit Formenanalysen.

Parallel zu Banhams Buch entstand Henry-Russell Hitchcocks breit angelegte *Architecture, Nineteenth and Twentieth Centuries*, die 1958 in der Reihe Pelican History of Art erschien. Die gründliche Publikation gehörte jener Tradition der Kunstgeschichte an, die sich auf die Beschreibung stilistischer Strömungen konzentriert. Erst das letzte Drittel war dem 20. Jahrhundert gewidmet; Hitchcock schloß mit den frühen fünfziger Jahren. Er hatte wenig Sinn für die soziale Rolle der Architektur und ordnete auch einzelne Künstler in »Phasen« und »Entwicklungen« ein. Den Art Nouveau behandelte er freilich ausführlich, und als Referenzwerk mit einer guten Bibliographie und nützlichen Anmerkungen hat das Buch durchaus eine Funktion zu erfüllen.

Leonardo Benevolos *Storia dell'architettura moderna*, Bari 1960; dt. *Geschichte der Architektur des 19. und 20. Jahrhunderts*, 2 Bde., München 1964, ging noch ausführlicher als Giedion auf das 19. Jahrhundert ein. Das Buch betonte die reformistischen Quellen der modernen Architektur und des Städtebaus und wies auf die durch die Industrialisierung entstandenen Krisen hin. Der zweite Band, der dem 20. Jahrhundert gewidmet ist, schließt auch politische Diskussionen über die Moderne ein und beschreibt die Wirkung der NS- und Faschistenkritik. Da Benevolo sein Werk in den späten fünfziger Jahren verfaßte, sind die Jahre nach dem 2. Weltkrieg nur kursorisch abgehandelt. Benevolo verzichtete auch auf eine genauere Analyse von Einzelwerken.

Peter Collins' *Changing Ideals in Modern Architecture*, London 1965, zählt zu den Schlüsselwerken der modernen Architekturwissenschaft. Bei ihm lagen die Akzente auf der Geistesgeschichte des 19. Jahrhunderts und auf der *Idee*, nicht auf den Formen der modernen Architektur. Zudem setzte Collins sich intensiv mit dem Rationalismus auseinander, einem Konzept, das in der Moderne des 20. Jahrhunderts neu überdacht wurde.

Für die Zeit seit 1960 stehen nur weniger ausführliche Publikationen zur Verfügung. Charles Jencks war sich bei seinem Buch *Modern Movements in Architecture*, Harmondsworth 1973, offenbar durchaus des Propagandawerts der »Geschichts«-Schreibung bewußt. Seine Publikation spiegelt die Zweifel und Ängste des überzeugten Pluralisten wider. Er wollte die »eingleisige« Methode Giedions und Pevsners vermeiden und dokumentierte statt dessen (mit Hilfe von Tabellen und Diagrammen) insgesamt sechs »nicht kontinuierliche« Strömungen. Sie trugen

Bezeichnungen wie »der Idealist«, »der Intuitive« und »der Aktivist«. So wurde die Architektur eines halben Jahrhunderts in willkürliche Kategorien eingezwängt. Das Ergebnis seines Strebens nach Relativismus war ein konfuses Bild, das deutlich die Schwierigkeit der Auswahl bezeugt.

In der Mitte der siebziger Jahre begannen die Publikationen über »Modern Architecture and Design« des BBC Open University-Programms in Milton Keynes zu erscheinen, betreut von Tim und Charlotte Benton. Die achtzehn »Units« über Architektur zwischen 1890 und 1939 förderten zuvor unpublizierte Fakten, Quellen, Bilder und Meinungen zutage. Am nützlichsten waren die zwei Anthologien über Quellenmaterial: *Architecture and Design, 1890–1939, An International Anthology of Original Articles*, New York 1975, Hrsg. Benton und Benton mit D. Sharp, und *Documents*, Hrsg. C. Benton. Merkwürdigerweise haben die Architekturhistoriker die »Units« offenbar nicht als Veröffentlichungen anerkannt; ich habe dies in meinen eigenen Anmerkungen vermieden.

Das Werk *Architettura contemporanea* von Manfredo Tafuri und Francesco Dal Co, Mailand 1976; dt. *Architektur der Gegenwart*, Stuttgart 1977, legt die Betonung eher auf die Entwicklung der modernen Industriestadt als auf die einzelnen Bauten oder Künstler. Die Autoren demonstrierten freimütig ihre marxistischen Neigungen und umgingen jede Bemühung um Objektivität mit sozialer Polemik. Dennoch erwies sich ihr Bericht über amerikanische und sowjetische Stadtplanung als äußerst informativ. Aber über die Jahre nach 1950 hatten sie wenig zu sagen, und noch weniger über die Architektur außerhalb Europas und der Vereinigten Staaten. Ein weiteres Buch, das die Ideologie auf Kosten anderer Aspekte in den Vordergrund stellte, kam zu spät, um den Gang der Ereignisse zu beeinflussen: Kenneth Framptons *Modern Architecture, A Critical History*, New York 1980; dt. *Die Architektur der Moderne*, Stuttgart 1983, das nahezu zur Hälfte der Architektur vor 1914 gewidmet war. Ich habe meine Reaktion auf die Stärken und Schwächen dieser beiden neueren Untersuchungen in einer Rezension in *Journal of the Society of Architectural Historians* 40, Nr. 2, Mai 1981, S. 168–170, dargelegt.

Die Neuauflage meines Buches (1987) enthält ein neues Kapitel mit dem Titel »Die Suche nach der Substanz: Neue Weltarchitektur (1987)«. Dieses Kapitel ist gegen die Strömung der jüngsten Kritik konzipiert und vermeidet bewußt populäre, aber irreführende intellektuelle Positionen gegenüber der »Moderne« oder »Postmoderne«. Die wichtigsten Quellen waren: unpublizierte Dokumente, Interviews mit Architekten, eine Reihe kritischer Artikel und – natürlich – die Bauten selbst.

Bücher, die in abgekürzter Form in den Anmerkungen erwähnt sind

Banham, Reyner, *The New Brutalism – Ethic or Aesthetic?*, New York 1966; dt. *Brutalismus in der Architektur*, Stuttgart 1966.

Banham, Reyner, *Theory and Design in the First Machine Age*, London 1960; dt. *Die Revolution der Architektur*, Reinbek 1964.

Benevolo, Leonardo, *Storia dell'architettura moderna*, Bari 1960; dt. *Geschichte der Architektur des 19. und 20. Jahrhunderts*, 2 Bde., München 1964.

Benton, Charlotte (Hrsg.), *Documents, A Collection of Source Material on the Modern Movement*, Milton Keynes 1975.

Benton, Tim und Charlotte (Hrsg.) mit Dennis Sharp, *Architecture and Design, 1890–1939: An International Anthology of Original Articles*, New York 1975, auch veröffentlicht als *Form and Function: A Source Book on the History of Architecture and Design 1890–1939*, Milton Keynes 1975.

Collins, Peter, *Changing Ideals in Modern Architecture*, London 1965.

Curtis, William J.R., *Le Corbusier: Ideas and Forms*, Oxford und New York 1986; dt. *Le Corbusier, Ideen und Formen*, Stuttgart 1987.

Curtis, William J.R. und Sekler, Eduard (Hrsg.), *Le Corbusier at Work, the Genesis of the Carpenter Center for the Visual Arts*, Cambridge, Mass., 1978.

Drew, Philip, *The Third Generation: Changing Meaning in Architecture*, London 1972; dt. *Die dritte Generation, Architektur zwischen Produkt und Prozeß*, Stuttgart 1972.

Egbert, Donald Drew, *Social Radicalism and the Arts*, New York 1970.

Giedion, Sigfried, *Space, Time and Architecture*, Cambridge, Mass., 1941, 5. Aufl. 1967; dt. *Raum, Zeit, Architektur*, Ravensburg 1965.

Hitchcock, Henry-Russell, *Architecture, Nineteenth and Twentieth Centuries*, Harmondsworth 1958.

Hitchcock, H.R. und Johnson, Philip, *The International Style: Architecture Since 1922*, New York 1932; dt. *Der Internationale Stil*, Braunschweig 1985.

Jencks, Charles, *Modern Movements in Architecture*, New York 1973.

Jencks, Charles, *The Language of Post-Modern Architecture*, New York 1977; dt. *Die Sprache der postmodernen Architektur*, Stuttgart 1978.

Jordy, William H., *American Buildings and their Architects*, Bd. 3, *Progressive and Academic Ideals at the Turn of the Twentieth Century*, New York 1972.

Jordy, William H., *American Buildings and their Architects*, Bd. 4, *The Impact of European Modernism in the Mid Twentieth Century*, New York 1972.

Le Corbusier (Jeanneret, Charles Edouard), *Vers une architecture*, Paris 1923; dt. *Kommende Baukunst*, Stuttgart 1926, *Ausblick auf eine Architektur*, Berlin 1963.

Le Corbusier und Pierre Jeanneret, *Oeuvre complète* in 8 Bänden: 1910–1929; 1929–1934; 1934–1938; 1938–1946; 1946–1952; 1952–1957; 1957–1965; Band 8, Hrsg. W. Boesiger, M. Bill, O. Stonorov, Zürich 1929–1970.

Moos, Stanislaus von, *Le Corbusier: Elemente einer Synthese*, Frauenfeld und Stuttgart 1968.

Pevsner, Nikolaus, *Pioneers of Modern Design from William Morris to Walter Gropius*, London 1936; dt. *Wegbereiter moderner Formgebung, Von Morris bis Gropius*, Hamburg 1957.

Smith, Norris Kelly, *Frank Lloyd Wright, A Study in Architectural Content*, Englewood Cliffs, N.J., 1966.

Smithson, Alison (Hrsg.), *Team 10 Primer*, Cambridge, Mass., 1968.

Tafuri, Manfredo, und Dal Co, Francesco, *Architettura contemporanea*, Mailand 1976; dt. *Architektur der Gegenwart*, Stuttgart 1977.

Viollet-le-Duc, Eugène, *Dictionnaire raisonné de l'architecture*, Paris 1854–68.

Viollet-le-Duc, Eugène, *Entretiens sur l'architecture*, Paris 1863–72.

Walden, Russell (Hrsg.), *The Open Hand, Essays on Le Corbusier*, Cambridge, Mass., 1977.

Anmerkungen

Einleitung

S. 8 Motto: Ernst Kris, *Psychoanalytic Exploration in Art*, New York und London 1952, S. 21.

Modernes Zeitalter; Der Begriff der Geschichte als einer Folge von Zeitaltern, die jeweils von einem bestimmten Geist geprägt werden, geht zu einem guten Teil auf die Theorien Hegels zurück. Vgl. Norris Kelly Smith, *On Art and Architecture in the Modern World*, Victoria, B.C., 1971.

Formen, Bedeutungen, Moral: Über neue Ziele im 19. Jahrhundert vgl. Collins, *Changing Ideals*.

Propagandisten: vor allem Henry-Russell Hitchcock, Sigfried Giedion und Nikolaus Pevsner. Vgl. Bibliographische Anmerkung. Vgl. auch David Watkin, *Morality and Architecture*, Oxford 1977, mit dem Versuch, die deterministische Grundlage dieser Historiker in Frage zu stellen.

S. 9 Pioniere: Pevsners Titel von 1936, *Pioneers of Modern Design from William Morris to Walter Gropius*; dt. *Wegbereiter moderner Formgebung*, Hamburg 1957, Köln 1983.

S. 11 Ursprünge: Hier wird bewußt zwischen den Ideen der modernen Architektur und ihren Formen unterschieden. Wie im 1. Kapitel dargelegt, läßt sich der Begriff der modernen Architektur letztlich auf progressive Geschichtstheorien zurückführen, deren Quellen im späten 18. Jahrhundert liegen. Wird die Architektur aber wie in diesem Buch als visuelle und symbolische Kunst behandelt, kann von einem deutlich ausgeprägten neuen Stil erst ab den neunziger Jahren des vorigen Jahrhunderts die Rede sein. Es wirkt also verwirrend, wenn etwa Joseph Rykwert einer Arbeit über das 17. und 18. Jahrhundert den Titel *The First Moderns* (1980) gibt. Damit geht der Autor auf die gegenwärtigen nostalgischen Gefühle für das 10. Jahrhundert ein und führt die feinen Parallelen aus Émil Kaufmanns Werk *Von Ledoux bis Le Corbusier* (Wien 1933) allzu grobschlächtig weiter.

Würde man die »Quellen« in noch fernerer Vergangenheit suchen, so könnte man zeigen, daß Le Corbusier entscheidend vom Parthenon beeinflußt wurde und daß die »ersten Modernen« deshalb schon im 5. Jahrhundert vor Christus zu finden sind!

Tradition: Der Mythos der Avantgarde beruft sich auf eine Abkehr von der Vergangenheit, doch auch die moderne Architektur ist nicht unabhängig von Vorbildern und der allmählichen Wandlung stilistischer Konventionen. Meine Einstellung gegenüber der Tradition ist zweifellos beeinflußt durch Ernst Gombrich, *Art and Illusion*, London 1960; dt. *Kunst und Illusion*, Köln 1967, und George Kubler, *The Shape of Time*, Yale 1962. Bei der Beschreibung einer Tradition darf freilich weder der unverwechselbare Charakter einzelner Werke außer Acht gelassen werden noch das Wechselspiel zwischen individueller künstlerischer Phantasie und den »Regeln« von Zeit- oder Regionalstilen.

1. Kapitel
Die Idee einer modernen Architektur im 19. Jahrhundert

S. 14 Motto: Viollet-le-Duc, *Dictionnaire raisonné*, Bd. I, S. IX.

Modern: Collins, *Changing Ideals*, vgl. insbesondere 13. Kapitel, »The Demand for a New Architecture«, S. 128 ff. Eine sehr feinfühlige Analyse der »Modernität« aus kultureller und psychologischer Sicht gibt Karl E. Schorske in *Fin de Siècle Vienna, Politics and Culture*, New York 1981.

Geistiger Kern: Deterministische Geschichtstheorien sind diskutiert in Karl Popper, *The Open Society and its Enemies*, London 1945; dt. *Die offene Gesellschaft und ihre Feinde*, Bern 1957/58.

Vgl. auch R.G. Collingwood, *The Idea of History*, Oxford 1946, und M. Bury, *The Idea of Progress*, London 1920. Über das Konzept des »Zeitgeists« vgl. Ernst Gombrich, *Art History and the Social Sciences*, Oxford 1975. Über die Beziehungen zwischen Determinismus und moderner Architektur vgl. N.K. Smith, *On Art and Architecture in the Modern World*, Victoria, B.C. 1971, und D. Watkin, *Morality and Architecture*, Oxford 1977. Es muß betont werden, daß der *Glaube* an den Determinismus keine Formen bestimmt.

Absolute Autorität: vgl. John Summerson, »The Case for a Theory of Modern Architecture«, in *RIBA Journal* 64 (Juni 1957), S. 307–13. Vgl. auch Rudolf Wittkower, *Architectural Principles in the Age of Humanism*, London 1949; dt. *Grundlagen der Architektur im Zeitalter des Humanismus*, München 1969.

Wittkower setzt sich hier mit der idealistischen Weltsicht auseinander, die den Formen der Renaissance zugrunde liegt.

Neue Methoden: Collins, *Changing Ideals*, 20. Kapitel, »New Planning Problems«; vgl. auch Giedion, *Raum, Zeit, Architektur* und Benevolo, *Geschichte der Architektur des 19. und 20. Jahrhunderts*, Bd. I, wo die Auswirkungen der Industrialisierung auf Architektur und Ingenieurbau des 19. Jahrhunderts deutlich werden. Vgl. außerdem Francis D. Klingender, *Art and the Industrial Revolution*, London 1947.

S. 15 Moralisten des 19. Jahrhunderts: vgl. Paul Thompson, *The Work of William Morris*, London 1960, und Edward P. Thompson, *William Morris, Romantic to Revolutionary*, London 1955. Vgl. außerdem John Ruskin, *The Stones of Venice*, London 1851–53; dt. *Die Steine von Venedig*, Straßburg 1900.

Über Morris' Rolle in der Entwicklung moderner Architekturtheorien vgl. Pevsner, *Wegbereiter*, und Watkin, *Morality and Architecture*.

S. 16 Alternative soziale und städtische Strukturen: vgl. Egbert, *Social Radicalism*, vor allem S. 117 ff. über Saint-Simon, S. 133 ff. über Fourier und S. 87 ff. über Karl Marx. Der utopische Charakter der modernen Architektur wird im 12. und 15. Kapitel meines Buches ausführlicher behandelt. Jeder Architekt geht dabei von anderen ideologischen Quellen aus.

Theoretiker der modernen Architektur: Eine ausführlichere Darstellung findet sich in Collins, *Changing Ideals*, S. 128 ff.

Antike, Gotik, Ägypten: Einen detaillierten Überblick über die Stilphasen der europäischen Architektur im 19. Jahrhundert liefern Hitchcock, *Architecture*, und Stefan Muthesius und Roger Dixon, *Victorian Architecture*, New York 1979.

Gotik: vgl. zum Beispiel A.W. Pugins Argumente in *An Apology for the Revival of Christian Architecture in England*, London 1843.

S. 17 Primitive Hütte: M.A. Laugier, *Essai sur l'architecture*, Paris 1753; W. Herrmann, *Laugier and Eighteenth Century French Theory*, London 1962; J. Rykwert, *On Adam's House in Paradise: The Idea of the Primitive Hut in Architectural History*, New York 1972.

Rationalismus: vgl. 19. Kapitel in Collins, *Changing Ideals*. Kritik am funktionalen Determinismus findet sich in Alan Colquhoun, »Typology and Design Method«, *Perspecta* 12 (1969), S. 71–74.

S. 18 Programmatische Wahrheit: Die bündigste Zusammenfassung von Viollet-le-Ducs Rationalismus findet sich in John Summerson, *Heavenly Mansions,* London 1949, S. 135 ff. Seine eigenen Argumente sind vor allem in *Entretiens sur l'architecture,* 10. Kapitel, nachzulesen.

S. 19 Beaux-Arts: Eine relativ fragmentarische Zusammenfassung enthält das Buch von Arthur Drexler (Hrsg.), *The Architecture of the Ecole des Beaux-Arts,* New York 1977. Moderne Architekten wie Le Corbusier und Walter Gropius verurteilten die Ecole pauschal und ungerechtfertigt. Sie wenden sich vor allem gegen die formalistische Verwendung von Vorbildern, axiale Grundrisse mit dekorativem Charakter, ein Übermaß an ornamentalen Elementen und mangelnde Rücksicht auf die moderne Technologie. Für sie bedeutete also Beaux-Arts Traditionalismus im schlimmsten Sinne des Wortes. Wie aber Banham *(Die Revolution der Architektur,* 1. Kapitel) gezeigt hat, übten Ideen der Akademie einen weitaus stärkeren Einfluß auf die Pioniere der Moderne aus, als sie je zugegeben hätten.
Abstrakte Sicht: Es ist bezeichnend, daß Le Corbusiers Schrift *Ausblick auf eine Architektur* von 1923 im französischen Original den Titel *Vers une architecture* ohne den Zusatz »neu« trug. Bei seiner Suche nach einem dem Industriezeitalter angemessenen Vokabular ging es ihm darum, billigen Historismus auszumerzen und statt dessen wesentliche Elemente vergangener Stile neu zu formulieren. Auch Viollet-le-Duc hatte einen Unterschied zwischen »Stilen« (als oberflächlichen wechselnden Konventionen) und Charakter des »Stils« gemacht, der genuin und von Dauer war. Walter Gropius schloß sein Buch *Die neue Architektur und das Bauhaus* (1926) mit den folgenden Sätzen: »Ich bin der Meinung, daß unsere Auffassung von den Aufgaben der neuen Architektur nicht gegen den Begriff der Tradition verstößt, denn der Respekt vor Tradition bedeutet doch nicht den behaglichen Genuß am Gefälligen oder bequeme, ästhetisierend-formalistische Beschäftigung mit vergangenen Kunstformen; Aufgabe war und ist vielmehr Kampf um das Wesentliche, also um das, was hinter Materie und Technik steht und mit ihrer Hilfe immer wieder sichtbaren Ausdruck sucht.«
Universale Formensprache: vgl. Adolf von Hildebrand, *Das Problem der Form in der bildenden Kunst,* Straßburg 1893, und Heinrich Wölfflin, *Die klassische Kunst,* München 1899.
Analogien: Collins, *Changing Ideals.* Wenn eines Tages eine Psychologie des Stils geschrieben wird, könnte sie demonstrieren, daß alle architektonischen Idiome sich als abstrakte symbolische Formen betrachten lassen, die Analogien zur künstlichen und natürlichen Welt verarbeiten.

2. Kapitel
Die Suche nach neuen Formen und das Problem des Ornaments

S. 21 Motto: Otto Wagner, *Moderne Architektur,* Wien 1895, aus dem Vorwort. Die erweiterte Version dieses Buches mit dem Titel *Die Baukunst unserer Zeit. Dem Baukunstjünger ein Führer auf diesem Kunstgebiet* erschien 1914 in Wien.
Hitchcock: *Architecture,* S. 416. Hitchcocks 16. und 17. Kapitel liefern eine Übersicht über die Verbreitung des Art Nouveau.
Pevsner: *Wegbereiter,* S. 57.

S. 22 Ornament: Owen Jones, *The Grammar of Ornament,* London 1856. Das Buch fand wahrscheinlich deshalb besonderen Anklang bei den Künstlern der neunziger Jahre, weil es Pflanzenmotive in einfache geometrische Formen abstrahierte.

S. 24 Maison du Peuple: Victor Horta, »Mémoires«, Horta-Archiv, Brüssel (o.D.).

S. 25 Horta: »Mémoires«.
Van de Velde: Eine konzentrierte Zusammenfassung liefert P. Morton-Shand in »Van de Velde to Wagner«, *Architectural Review,* Oktober 1934, S. 143–45.
Van de Velde: »Ein Kapitel über Entwurf und Bau moderner Möbel«, in: *Pan,* Jg. III, 1897, S. 260–64.

S. 26 Turiner Ausstellung: Silvius Paoletti, in: *L'Arte Decorativa Moderna,* 1. Jg., Nr. 2, Februar 1902.
Gaudí: über neogotische Vorgänger vgl. T.G. Beddall, »Gaudí and the Catalan Gothic«, in: *Journal of the Society of Architectural Historians* 34, Nr. 1, März 1975, S. 48. Vgl. auch George Collins, *Antoni Gaudí,* New York und London 1960, mit einer Interpretation von Gaudís Leitprinzipien.
Drachen: vgl. Jencks, *Die Sprache der postmodernen Architektur,* S. 117, mit einer Interpretation der Dachlandschaft.

S. 30 Mackintosh: vgl. T. Howarth, *Charles Rennie Mackintosh and the Modern Movement,* London 1952.

S. 33 Räumliche Wirkungen der Bibliothek: Pevsner, *Wegbereiter,* S. 97.
August Endell: »Formenschönheit und dekorative Kunst«, in: *Dekorative Kunst,* München, Bd. 1, 1898, S. 75–77.

S. 34 Stoclet: Eduard F. Sekler, »The Stoclet House by Josef Hoffmann«, in: *Essays in the History of Architecture Presented to Rudolf Wittkower,* London 1967.

S. 36 Ornament: Der Aufsatz »Ornament und Verbrechen« findet sich in Adolf Loos, *Trotzdem,* Innsbruck 1930, Neuaufl. Wien 1982.

3. Kapitel
Rationalismus, Ingenieurtradition und Stahlbeton

S. 37 Motto: aus dem Vorwort der ersten Ausgabe der Zeitschrift L'Architecture vivante, Paris 1923.
Viollet-le-Duc: *Entretiens,* Bd. I, S. 186.
Auguste Choisy: vgl. Banham, *Die Revolution der Architektur,* S. 16 ff., mit einer knappen Erläuterung der Ideen Choisys. Die Rolle der Ingenieurbaukunst des 19. Jahrhunderts bei der Entwicklung der modernen Architektur ist in Giedions Werk *Raum, Zeit, Architektur* sehr ausführlich behandelt. Doch er hat wenig über die Transformation dieser Quellen in die Architektur der Moderne zu sagen. Vgl. auch P. Morton-Shand, »Architecture and Engineering«, in: *Architectural Review,* November 1932.

S. 38 Louis Sullivan: »The Tall Office Building Artistically Considered«, 1896; zitiert nach Benton and Benton, *Architecture and Design,* S. 11. Die »Chicago School«, der Sullivan angehörte, spielte sicherlich eine wichtige Rolle bei der Entwicklung von Formen, die der modernen Technik angemessen erschienen. Ich wollte diesen Beitrag nicht herabmindern, indem ich Sullivan als einzigen Stellvertreter benannte. Hätte mir mehr Raum zur Verfügung gestanden, so hätte ich auch von Burnham, Root und Jenney gesprochen. Eine ausführliche Analyse von Sullivans Philosophie ist enthalten in: Jordy, *American Buildings and their Architects,* Bd. 3, vor allem 2. Kapitel, »Functionalism as

Fact and Symbol: Louis Sullivan's Commercial Buildings, Tombs and Banks«.

S. 39 Beton: Collins, *Concrete, the Vision of a New Architecture, A Study of Auguste Perret and His Precursors,* London 1959.
Armierter Zement: Collins, *Concrete, the Vision of a New Architecture,* S. 113 ff.
Julien Guadet: *Elements et théorie de l' architecture,* Paris 1904.

S. 43 Auguste Perret über das Ornament: Collins, *Concrete, the Vision of a New Architecture,* S. 199.
Kahn: vgl. Grant Hildebrand, *Designing for Industry: The Architecture of Albert Kahn,* Cambridge, Mass., 1974.

S. 45 Tony Garnier: *Une Cité Industrielle: Etude pour la construction des villes,* Paris 1917; vgl. auch Dora Wiebenson, *Tony Garnier: The Cité Industrielle,* New York 1969.

S. 46 Dom-Ino: vgl. Paul Turner, »Romanticism, Rationalism and the Domino System«, in: Walden (Hrsg.), *The Open Hand;* vgl. auch Eleanor Gregh, »The Dom-ino idea«, in: *Oppositions* 15–16, Cambridge, Mass., 1979, S. 61 ff.

S. 47 Le Corbusiers Exemplar von Viollet-le-Duc: *Dictionnaire raisonné,* Bd. I, S. 66 ist mit Anmerkungen übersät. Die Seite illustriert das Prinzip des Strebepfeilers in der gotischen Architektur.

4. Kapitel
Arts-and-Crafts-Ideale in England und den USA

S. 48 Motto: Hermann Muthesius, »Die Bedeutung des Kunstgewerbes«, Eröffnungsrede zu den Vorlesungen über modernes Kunstgewerbe an der Handelshochschule in Berlin, Frühjahr 1907.
Pevsner: *Wegbereiter,* S. 144. Vgl. auch David Gebhard, »The Vernacular Transformed«, in: *RIBA Journal* 78, März 1971, S. 98 ff.

S. 52 Lutyens: Die besten Werke über Lutyens sind A.S.G. Butler und Christopher Hussey, *The Architecture of Sir Edwin Lutyens,* London 1950, und I. Weaver, *Houses and Gardens by E. Lutyens,* London 1913.

S. 54 Hermann Muthesius, *Das englische Haus,* Berlin 1902–05.
s. 55 W.R. Lethaby, »Modern German Architecture and What we may learn from it«, Vortrag vor der Architectural Association, London, 1915, zitiert nach Benton und Benton, *Architecture and Design,* S. 55.
Vincent Scully: *The Shingle Style and the Stick Style,* New Haven, Connecticut, 1971.
Amerikanische Architektur: Die gründlichste Studie über die amerikanische Architektur im späten 19. Jahrhundert ist immer noch Lewis Mumfords Werk *The Brown Decades: A Study of the Arts in America 1865–1895,* New York 1931.

S. 56 Frank Lloyd Wright: »The Art and Craft of the Machine«, Vortrag vor der Arts and Crafts Society, Chicago, am 6. März 1901; zitiert von Edgar Kaufmann, *Frank Lloyd Wright: Writings and Buildings,* New York 1960, S. 55.
The Craftsman: existierte von 1901 bis 1916 und trug den Untertitel »Illustriertes Monatsmagazin für die Vereinfachung des Lebens«.
Brüder Greene: vgl. Jordy, *American Buildings and their Architects,* Bd. 3, 4. Kapitel, S. 217 ff. mit einer detaillierten Analyse des Hauses Gamble.

S. 58 Maybeck: Jordy, *American Buildings and their Architects,* Bd. 3, 5. Kapitel.

Irving Gill: beide Zitate in *The Craftsman,* Bd. 30, Mai 1916, S. 142 ff. Weiteres Material über Gill in Esther Mc-Coy, *Five California Architects,* New York 1960; Jordy, *American Buildings and their Architects,* Bd. 3, S. 246 ff.

5. Kapitel
Antworten auf die Technisierung: Deutscher Werkbund und Futurismus

S. 60 Motto: Antonio Sant'Elia, »Messaggio«, 1914; vgl. Banham, *Revolution der Architektur,* S. 102 ff. Banham wies dem Futurismus seine Rolle in der Entwicklung der modernen Architektur zu.

S. 61 Hermann Muthesius: »Wo stehen wir?«, Vortrag auf der Jahresversammlung des Deutschen Werkbundes, Dresden, 1911, *Jahrbuch des Deutschen Werkbundes 1912,* Jena 1912. Weitere Beiträge zu den Ideen des Werkbundes liefern J. Campbell, *The German Werkbund: The Politics of Reform in the Applied Arts,* Princeton 1978; Tilmann Buddensieg, *Industriekultur, Peter Behrens und die AEG, 1907–1914,* Berlin 1979; Stanford Anderson, »Modern Architecture and Industry: Peter Behrens and the Cultural Policy of Historical Determinism«, in: *Oppositions* 11, Winter 1977. Diese drei Arbeiten waren mir bei der Formulierung des Kapitels unbekannt, entsprechen aber weitgehend meiner Interpretation.

S. 64 Walter Gropius: »Die Entwicklung moderner Industriebaukunst«, *Jahrbuch des Deutschen Werkbundes 1913,* Jena 1913, S. 17–22.

S. 66 Faguswerk: für eine detaillierte Beschreibung des Entwurfsprozesses vgl. Tim Benton, Stefan Muthesius und Bridget Wilkins, *Europe 1900–1914,* Milton Keynes 1975.

S. 70 Paul Scheerbart: *Glasarchitektur,* Berlin 1914, Nachdruck München 1971. Vgl. auch Dennis Sharp (Hrsg.), *Glass Architecture by Paul Scheerbart and Alpine Architecture by Bruno Taut,* London 1972.

S. 71 Futurismus: vgl. Banham, *Revolution der Architektur,* S. 80–114, mit einem kritischen Überblick über den Futurismus. Der volle Text des Manifests ist enthalten in Ulrich Conrads, *Programme und Manifeste zur Architektur des 20. Jahrhunderts,* Berlin, Frankfurt/M., Wien 1964; vgl. auch Christa Baumgarth, *Geschichte des Futurismus,* Reinbek 1966; M. Martin, *Futurist Art and Theory 1909–1915,* Oxford 1968, und Ugo Apollonio, *Futurist Manifestoes,* London 1973.

6. Kapitel
Das Architektursystem Frank Lloyd Wrights

S. 75 Motto: Frank Lloyd Wright, »In the Cause of Architecture«, in: *Architectural Record* 23, März 1908, S. 158.
Frühere Beurteilungen Wrights: Pevsner zählte 1936 Wright zu den Pionieren der modernen Architektur. Hitchcock *(In the Nature of Materials: The Buildings of Frank Lloyd Wright 1887–1941)* beschränkte sich auf eine Beschreibung stilistischer Merkmale. In *Architecture Nineteenth and Twentieth Centuries* stopfte er den frühen Wright in ein Kapitel mit dem Titel »The Detached House in England and America«, ohne sich allgemein über die historische Bedeutung des Architekten zu äußern. Norris Kelly Smith, *Frank Lloyd Wright: A Study in Architectural Content,* 1966, konzentrierte sich auf die institutionellen Metaphern seiner Bauten und auf ihren vorstädti-

schen Kontext. Banham behandelte Wright in *Revolution der Architektur* nur insoweit, wie er für die europäische Moderne von Bedeutung war. In neuerer Zeit hat David Handlin in *The American Home, Architecture and Society, 1815–1915,* Boston 1979, Wrights Häuser in eine lange amerikanische Wohnbautradition eingereiht und besonders auf die klassischen Einflüsse seines architektonischen Vokabulars hingewiesen. Erwähnt werden sollten auch Grant Manson, *Frank Lloyd Wright to 1910: The First Golden Age,* New York 1958, mit präzisen und anschaulichen Analysen, und Jordy, *American Buildings and Their Architects,* Bd. 3, mit einem detaillierten Bericht über das Haus Robie.
Wrights Biographie: vgl. R. Twombley, *Frank Lloyd Wright, An Interpretive Biography,* New York 1973; vgl. auch Wrights ungenaue, aber fesselnde *Autobiographie* New York 1932.
S. 77 William Channing Gannett, *The House Beautiful,* River Forest, Illinois, 1897.
Institutionelle Metapher: Smith, *Frank Lloyd Wright.*
Haus Winslow: Zitat nach R. Spencer, »Work of Frank Lloyd Wright«, in: *Architectural Review* 7, Juni 1900, S. 65.
Dreiteilung: In Handlin, *The American Home,* wird auf S. 305 ff. die Verwandtschaft mit der klassischen Basis, dem Schaft und dem Kapitell diskutiert.
Bauherren: Leonard K. Eaton, *Two Chicago Architects and their clients,* Cambridge, Mass., 1969, S. 62.
Abstraktion: vgl. Frank Lloyd Wright, *The Japanese Print: An Interpretation,* Chicago 1912.
S. 79: Haus in einer Präriestadt: *Ladies' Home Journal,* Februar 1901.
S. 80 Frank Lloyd Wright: »The Cardbord House«, 1931; zitiert nach Benton and Benton, *Architecture and Design,* S. 60.
S. 83 Robie: Erinnerungen des Bauherrn in Eaton, *Two Chicago Architects and their clients;* für die klinischen Funktionen des Daches vgl. R. Banham, »Frank Lloyd Wright as Environmentalist«, in: *Architectural Design,* April 1967; detaillierte Analyse des Hauses in: Jordy, *American Buildings and Their Architects,* Bd. 3, S. 180.
S. 88 Unity Temple: Wright, *Autobiography,* S. 138 ff. O. Kakuzo, *The Book of Tea,* Rutland, Vt. und Tokyo 1906.
S. 89 Schinkel: vgl. Handlin, *The American Home,* S. 317 ff.
Wasmuth: *Ausgeführte Bauten und Entwürfe von Frank Lloyd Wright,* Berlin 1910, mit einer Einleitung von Frank Lloyd Wright; *Frank Lloyd Wright, Ausgeführte Bauten,* Berlin 1911, Einleitung von W.R. Ashbee.
S. 90 Prärie-Schule: vgl. H.A. Brooks, *The Prairie School,* Toronto 1972.

7. Kapitel
Kubismus und neue Raumkonzeptionen

S. 91 Motto: T. van Doesburg, G. Rietveld, C. van Eesteren, »Tot een beeldende Architectuur«, in *de Stijl* VI (1924), S. 78–83.
S. 92 Avantgarde: vgl. Renato Poggioli, *The Theory of Avant-Garde,* Cambridge, Mass., 1968.
S. 92 W. Kandinsky: *Über das Geistige in der Kunst,* München 1912.
Zeitgeist: vgl. Anmerkungen zum »modernen Zeitalter« und zu »Propagandisten« in der Einleitung und zum »geistigen Kern« im 1. Kapitel. Le Corbusier zum Beispiel sah sich offenbar als Verkünder der »wahren Natur« seiner Epoche. Vgl. auch 8. und 15. Kapitel.

S. 93 Geoffrey Scott: *The Architecture of Humanism,* London 1914, S. 210.
Kubismus, abstrakte Kunst, Architektur: Banham, *Revolution der Architektur,* S. 115–206, liefert eine klare Analyse der Wechselbeziehungen zwischen Malerei, Skulptur und Architektur. Vgl. auch Giedion, *Raum, Zeit, Architektur,* wo der Akzent auf dem sogenannten »Raum-Zeit«–Konzept liegt, das dem Kubismus und der modernen Architektur gemeinsam ist.
S. 94 H.P. Berlage: Vortrag in Zürich, März 1912, zitiert in H. de Fries, *Frank Lloyd Wright,* Berlin 1926; vgl. auch Banham, *Revolution der Architektur,* S. 122.
S. 97 De Stijl: vgl. H.L.C. Jaffé, *De Stijl 1917–1927,* Amsterdam 1956.
S. 97 Maschine: vgl. Banham, *Revolution der Architektur,* S. 155.
S. 98 Zahl und Maß: J.P. Oud, »Der Einfluß von Frank Lloyd Wright auf die Architektur Europas«, in: *Holländische Architektur* (Bauhausbuch 10), München 1926, Nachdruck Mainz 1976.
S. 99 Haus Schröder: T. Brown, *The Work of Gerrit Rietveld, Architect,* Utrecht and Cambridge, Mass., 1958, mit einer Beschreibung des Entwurfsprozesses.
S. 101 Dürrer Rationalismus: J.P. Oud, vgl. Anm. zu S. 98.

8. Kapitel
Le Corbusiers Suche nach dar idealen Form

S. 104 Motto: Le Corbusier, *Vers une architecture,* Paris 1922; dt. *Ausblick auf eine Architektur,* Frankfurt/M.-Berlin 1963, S. 38.
Internationaler Stil: vgl. 13. Kapitel mit einer eingehenderen Diskussion dieser »gemeinsamen Ausdruckssprache«. Zwar übten internationale kulturelle Strömungen in den zwanziger Jahren einen großen Einfluß aus, doch die Bezeichnung »Internationaler Stil« war erst in den dreißiger Jahren weit verbreitet, vor allem, nachdem Alfred Barr sie im Zusammenhang mit der Ausstellung moderner Architektur im Museum of Modern Art 1932 benutzt hatte; vgl. auch 13. Kapitel.
Le Corbusiers frühe Jahre: Die Zahl der Bücher und Artikel über Le Corbusier ist groß. Von Moos, *Le Corbusier, Elemente einer Synthese* gibt eine gründliche allgemeine Einführung. Peter Serenyi, *Le Corbusier in Perspective,* Englewood Cliffs, N.J., 1975, enthält eine Anthologie von Schriften über den Architekten und eine ausführliche Bibliographie. Vgl. auch M. Gauthier, *Le Corbusier – ou l'architecture au service de l'homme,* Paris 1934; Paul Turner, »The Beginnings of Le Corbusier's Education 1902–07«, in: *Art Bulletin* 53, Juni 1971, S. 214–24. Zur allmählichen Entwicklung von Le Corbusiers Architektursystem vgl. William Curtis, »Le Corbusier: The Evolution of his Architectural Language and its Crystallisation in the Villa Savoye at Poissy«, in: *Le Corbusier/English Architecture 1930s,* Milton Keynes 1975. Nützlich für das gesamte Kapitel ist *Oeuvre complète 1910–1929.*
S. 105 Reisen: Charles Edouard Jeanneret, *Le Voyage d'Orient,* Paris 1966.
S. 107 Amédée Ozenfant und Charles E. Jeanneret: *Après le Cubisme,* Paris 1919. Vgl. auch Christopher Green und John Golding, *Léger and Purist Paris,* London 1970.
Platonismus: vgl. Banham, *Revolution der Architektur,* S. 182.
S. 108 L'Esprit Nouveau: Paris 1919–25. Das Zitat stammt aus Nr. 1, Oktober 1920. Nachgedruckt in *Ausblick auf eine Architektur,* S. 77.
S. 108 Le Corbusier: *Ausblick auf eine Architektur,* S. 21, 38.
S. 109 Le Corbusier: *Ausblick auf eine Architektur,* S. 112.

S. 110 Wyndham Lewis, »Bohème der oberen Mittelklasse«: in *Time and Western Man*, New York 1929.
Le Corbusier: *Ausblick auf eine Architektur*, S. 83. Zu Details des Maison La Roche vgl. R. Waldens Artikel in Walden (Hrsg.), *The Open Hand*.
Typus: vgl. A. Ozenfant und C.E. Jeanneret, *La Peinture moderne*, Paris 1926; zitiert nach Banham, *Revolution der Architektur*, S. 180.
S. 113 Le Corbusier: *Oeuvre complète, 1910–1929*, S. 130.
S. 116 Le Corbusier: *Oeuvre complète, 1910–1929*, S. 140; *Ausblick auf eine Architektur*, S. 84.
S. 117 Palladio: Colin Rowe, »The Mathematics of the Ideal Villa: Palladio and Le Corbusier Compared«, in: *Architectural Review* 101, März 1947, S. 101–04.

9. Kapitel
Walter Gropius, der deutsche Expressionismus und das Bauhaus

S. 118 Motto: Gropius, »Die Entwicklung moderner Industriebaukunst«, in: *Jahrbuch des Deutschen Werkbundes 1913*, S. 19–20.
Walter Gropius: Aufsatz in: *Ja! Stimmen des Arbeitsrates für Kunst in Berlin*, Berlin 1919, S. 32.
Bruno Taut: *Alpine Architektur*, Hagen 1919; *Die Stadtkrone*, Jena 1919.
S. 119 Bauhaus-Programm: Walter Gropius, *Programm des Staatlichen Bauhauses in Weimar*, April 1919. Die beste Analyse der Ideen und Ereignisse, die zur Gründung des Bauhauses führten, findet sich in Marcel Franciscono, *Walter Gropius and the Creation of the Bauhaus in Weimar: The Ideals and Artistic Theories of its Founding Years*, Urbana, Illinois, 1971.
S. 120 Adolf Behne: *Die Wiederkehr der Kunst*, Leipzig 1919, S. 65.
S. 121 Expressionismus. Eine Einführung gibt Dennis Sharp, *Modern Architecture and Expressionism*, London 1966; vgl. auch Wolfgang Pehnt, *Expressionistische Architektur*, Stuttgart 1973; J.M. Richards und N. Pevsner (Hrsg.), *The Anti-Rationalists*, London 1973. der »Expressionismus« – übrigens ein nicht sehr glücklich gewähltes historisches Etikett – wurde insbesondere von Giedion und Hitchcock in ihren Werken über die Architektur des 20. Jahrhunderts zu gering bewertet. Die Antwort darauf sollte freilich nicht die Überschätzung eines »Ismus« sein, sondern die genauere Untersuchung der Ideen und Ziele des einzelnen Architekten.
S. 122 Mendelsohn: vgl. Arnold Whittick, *Eric Mendelsohn*, London 1964; O. Beyer (Hrsg.), *Erich Mendelsohn: Letters of an Architect*, New York 1967, dt. *Erich Mendelsohn, Briefe eines Architekten*, München 1961; E. Mendelsohn, *Das Gesamtschaffen des Architekten – Skizzen, Entwürfe, Bauten*, Berlin 1930.
Einstein-Turm: Erich Mendelsohn, Vortrag vor Architectura et Amicitia, 1923; zitiert nach Banham, *Revolution der Architektur*, S. 150. Originaltext in Mendelsohn, *Das Gesamtschaffen des Architekten*, Berlin 1930.
S. 123 Mies: Philip Johnson, *Mies van der Rohe*, New York 1947, dt. Stuttgart 1953; P. Westheim, »Mies van der Rohe, Entwicklung eines Architekten«, in: *Das Kunstblatt*, 2. Februar 1927, S. 52 ff.
Utopische Bilder: William Curtis, »Der Wolkenkratzer – Realität und Utopie«, in: *Die Zwanziger Jahre, Kontraste eines Jahrzehnts*, Zürich 1973, S. 44–47.

S. 124 Mies, Wolkenkratzer: vgl. Mies van der Rohe, »Hochhausprojekt für Bahnhof Friedrichstraße in Berlin«, in: *Frühlicht*, 1922, nachgedruckt in Johnson, *Mies van der Rohe*, S. 203.
Le Corbusier: *Ausblick auf eine Architektur*, S. 37.
Mies van der Rohe: »Arbeitsthesen 1923«, in: G, Bd. I, 1923; vgl. auch Ulrich Conrads, *Programme und Manifeste zur Architektur des 20. Jahrhunderts*, Berlin-Frankfurt/M. 1964, S. 70.
S. 126 Walter Gropius: *Idee und Aufbau des Staatlichen Bauhauses Weimar*, 1923; zitiert nach Banham, *Revolution der Architektur*, S. 241 ff.
S. 127 Kritik am Bauhaus: K. Nonn, »Staatliche Müllzufuhr. Das staatliche Bauhaus in Weimar«, 1924, nachgedruckt in Hans M. Wingler, *Das Bauhaus 1919–1933*, Bramsche 1962; dort auch weitere Stellungnahmen zum Bauhaus. Zu den politischen Debatten vgl. Barbara Miller-Lane, *Architecture and Politics in Germany 1918–1945*, Cambridge, Mass., 1968; dt. *Architektur und Politik in Deutschland 1918–1945*, Braunschweig-Wiesbaden 1986.
S. 129 Blütezeit: vgl. insbesondere L. Moholy-Nagy, *Von Material zu Architektur*, München 1928; O. Schlemmer, L. Moholy-Nagy und F. Molnar, *The Theatre of the Bauhaus*, Middletown, Conn., 1964; G. Adams, »Memories of a Bauhaus Student«, in: *Architectural Review*, September 1968, S. 192 ff.; W. Kandinsky, *Punkt und Linie zu Fläche*, München 1925; P. Klee, *Pädagogisches Skizzenbuch*, München 1926; W. Gropius, I. Gropius und H. Bayer, *Bauhaus 1919–1928*, New York 1938; dt. Stuttgart 1955; W. Gropius, *Internationale Architektur*, München 1925; W. Gropius, *The New Architecture and the Bauhaus*, London 1935.
S. 131 Mies van der Rohe, Sachlichkeit: vgl. Banham, *Revolution der Architektur*, S. 232; vgl. auch F. Schmalenbach, »The Term Neue Sachlichkeit«, in: *Art Bulletin*, 22. September 1940.
Hannes Meyer: C. Schnaidt, *Hannes Meyer, Bauten, Projekte und Schriften*, Stuttgart 1965.

10. Kapitel
Architektur und Revolution in Rußland

S. 132 Motto: A. und W. Wesnin, aus *Sovremennaya Architektura* (Zeitgenössische Architektur), 1926. Dieses Kapitel ist einer Arbeit Anatole Kopps verpflichtet: *Town and Revolution, Soviet Architecture and City Planning 1917–1935*, New York 1970, ursprünglich veröffentlicht als *Ville et Revolution*, Paris 1967.
Proletkult: vgl. El Lissitzky, *Russia: An Architecture for World Revolution*, London 1970 (ursprünglich veröffentlicht als *Rußland, Die Rekonstruktion der Architektur in der Sowjetunion*, Wien 1930), S. 14 ff.; vgl. auch Camilla Gray, *The Great Experiment: Russian Art, 1863–1922*, London 1962; dt. *Das große Experiment, Die russische Kunst 1863–1922*, Köln 1974.
S. 135 Tatlins Monument: N. Punin, »Tatlin's Monument«, 1922; zitiert nach Benton and Benton, *Architecture and Design*, S. 86. Weitere Informationen über die Symbolik der Spirale in Berthold Lubetkin, »Architectural Thought since the Revolution«, in: *Architectural Review*, Mai 1932, S. 201–14.
S. 138 F. Yalowkin: »OSA, Vopra und OSA«, 1929, zitiert nach Benton, *Documents*, S. 30. Über die unterschiedlichen ideologischen Positionen der zwanziger Jahre in der Sowjetunion informiert Berthold Lubetkin, »Architectural Thought since the Revolution«; vgl. auch Tafuri und Dal Co, *Architektur der Gegenwart*, S. 218.

S. 143 Palast der Sowjets: Zur Diskussion um den Wandel der offiziellen Politik vgl. Hans Schmidts Beitrag über die Sowjetunion und die moderne Architektur in El Lissitzky, *Rußland, Die Rekonstruktion der Architektur in der Sowjetunion.*

11. Kapitel
Wolkenkratzer und Vorstadt:
Amerika zwischen den Kriegen

S. 144 Motto: Sullivan, »The Tall Office Building Artistically Considered«, in: *Lippincott's Magazine,* März 1896; vgl. auch Sherman Paul, *Louis H. Sullivan,* Berlin-Frankfurt/M. 1963, S. 144.
»291«: Dies war der Name der Galerie, die Alfred Stieglitz 1908 eröffnete und in der er die avantgardistischen Arbeiten der »Fotosezessionisten« zeigte.
Marsden Hartley: »Art – and the Personal Life«, in: *Creative Art,* 2, Juni 1928.
Lewis Mumford: *The Brown Decades: A Study of the Arts in America, 1865–1895,* New York 1931.

S. 146 Le Corbusier: *Ausblick auf eine Architektur,* S. 46.
Wolkenkratzer: vgl. Carl Condit, *The Chicago School of Architecture,* Chicago 1964, vor allem für die frühen Beispiele des Typus. Vincent Scully, *American Architecture and Urbanism,* London 1969, gibt einen nützlichen Überblick, ebenso J. Burchard und Bush Brown, *American Architecture: A Social and Cultural History,* Boston 1961; vgl. auch W. Weisman, »A New View of Skyscraper History«, in: *The Rise of an American Architecture,* Hrsg. Edgar Kaufmann jr., New York 1970.
Tribune: *Chicago Tribune Competition,* 1922, Neuaufl. London 1980, mit Illustrationen der Beiträge und dem Entwurfsprogramm.

S. 147 Glas-Hochhäuser: Zu den ideologischen Unterschieden zwischen Europa und den USA vgl. Curtis, »Der Wolkenkratzer – Realität und Utopie« (Anm. zu S. 123), und Manfredo Tafuri, »La Dialectique de l' absurde Europe–USA: Les avatars de l'idéologie du gratte-ciel 1918–1974«, in: L'Architecture d'aujourd'hui 178, März/April 1975, S. 1–16.

S. 149 Reliance Building: vgl. Giedion, *Raum, Zeit, Architektur,* S. 254.
Wolkenkratzer in New York: vgl. Rosemary Bletter und Cervin Robinson, *Skyscraper Style – Art Deco New York,* New York 1975; außerdem Jordy, *American Buildings and Their Architects,* Bd. 4, und W.A. Starrett, *Skyscrapers and the Men who Built Them,* New York 1928.

S. 151 Louis Sullivan: *Kindergarten Chats and Other Writings,* New York 1947, S. 77 (geschrieben 1918).
Wolkenkratzer als Werkzeug: Le Corbusier, *Quand les cathédrales étaient blanches: Voyage aux pays des timides,* Paris 1937, S. 62.

S. 153 Hugh Ferriss: *The Metropolis of Tomorrow,* New York 1929.
Rockefeller Center: vgl. Jordy, *American Buildings and Their Architects,* Bd. 4, und C. Krinsky, *Rockefeller Center,* London und New York 1978.

S. 154 Frank Lloyd Wright: *A Testament,* New York 1972; dt. *Ein Testament,* München 1966, S. 85–86.

S. 155 Schindler: vgl. E. McCoy, *Five California Architects,* New York 1960; David Gebhard, *Schindler,* London 1971; Reyner Banham, *Los Angeles, The Architecture of Four Ecologies,* Harmondsworth 1971.

S. 157 Richard Neutra: *Wie baut Amerika?* Stuttgart 1927.

S. 158 PSFS: George Howe, zitiert nach Jordy in *American Buildings and Their Architects,* Bd. 4, S. 47–83. Hitchcock und Johnson: *Der Internationale Stil,* Braunschweig 1985, S. 26.

12. Kapitel
Die ideale Gemeinschaft:
Alternativen zur Industriestadt

S. 159 Motto: Karel Teige, »Zeitgenössische internationale Architektur«, in: *Red* (Prag) 5, 1928.
Industriestadt: vgl. L. Benevolo, *Le Origini dell'Urbanistica Moderna,* Bari 1963; Françoise Choay, *The Modern City, Planning in the 19th Century,* New York 1969.
Friedrich Engels: *Die Lage der arbeitenden Klasse in England,* München 1973, S. 68.
Kritik an der Industriestadt: vgl. Benevolo, *Geschichte der Architektur,* Bd. I, S. 175 ff. und Egbert, *Social Radicalism,* S. 133–43 zu Fourier, S. 67–77 zu Marx, S. 104 zu Marx, außerdem S. 117–19. Zu Fouriers Phalanstère vgl. Charles Fourier, *Traité de l'association domestique-agricole* in: *Oeuvre complète,* Paris 1841, Bd. 4, S. 500–02.

S. 160 Camillo Sitte: *Der Städtebau nach seinen künstlerischen Grundsätzen,* Wien 1889. Vgl. G. und C. Collins, *Camillo Sitte and the Birth of Modern City Planning,* London 1965. Zu Soria y Mata und der linearen Stadt vgl. G. Collins, »Linear Planning Throughout the World«, in: *Journal of Society of Architectural Historians,* 18. Oktober 1959, S. 74–93.
Ebenezer Howard: *Tomorrow: A Peaceful Path to Reform,* London 1898, mit leichten Veränderungen neu aufgelegt als *Garden Cities of Tomorrow (1902);* dt. *Gartenstädte von morgen,* Berlin/Frankfurt/Wien 1968.

S. 161 John Ruskin: *Sesame and Lilies,* London 1865.
Garnier: *Une Cité Industrielle,* Paris 1917; vgl. auch D. Wiebenson, *Tony Garnier: The Cité Industrielle,* New York 1969.

S. 162 Tafuri und Dal Co: *Architektur der Gegenwart,* S. 111.

S. 164 Le Corbusiers Stadtplanung: vgl. Le Corbusier, *Urbanisme,* Paris 1925; dt. *Städtebau,* Stuttgart l979; Norma Evanson, *The Machine and the Grand Design,* New York 1969; Robert Fishman, *Urban Utopias in the Twentieth Century,* New York 1977; P. Boudon, *Lived-In Architecture,* Cambridge, Mass. 1972; Brian Taylor, *Le Corbusier at Pessac,* Cambridge, Mass. 1972.

S. 166 Kloster Ema: vgl. Peter Serenyi, »Le Corbusier, Fourier and the Monastery of Ema«, in: *Art Bulletin* 49, 1967, S. 277–86. Frankfurt: vgl. Barbara Miller-Lane, *Architektur und Politik in Deutschland,* Tafuri und Dal Co, *Architektur der Gegenwart* und G. Uhlig, »Town Planning in the Weimar Republic«, in: *Architectural Association Quarterly* 11, Nr. 1, 1979, S. 24 ff.

S. 170 Oud: Hitchcock, *J.J.P. Oud,* Paris 1931.
Sowjetischer Städtebau: vgl. Berthold Lubetkin, »Recent Developments of Town-Planning in the USSR«, in: *Architectural Review,* Mai 1932, S. 215 ff.; K. Frampton, »Notes on Soviet Urbanism 1917–32«, in: *Architects' Year Book* 12, 1968.
El Lissitzky: *Rußland – Architektur für eine Weltrevolution,* Neuaufl. Berlin 1965, S. 162.
Karl-Marx-Hof: Tafuri und Dal Co, *Architektur der Gegenwart,* S. 193.
CIAM: »Erklärung von La Sarraz«, 1928. Vgl. Ulrich Conrads, *Programme und Manifeste,* S. 103 f.

S. 173 Charta von Athen: zitiert nach Martin Steinman (Hrsg.), *CIAM, Dokumente 1928–1939,* Basel 1980, S. 160–63. Zu Gropius über Hochbauten vgl. »Flach-, Mittel- oder Hochbau«, in: *Rationelle Bebauungsweisen,* Stuttgart 1926, S. 26. Die Doktrinen der Charta von Athen tauchten später in José Luis Sert, *Can Our Cities Survive?,* Cambridge, Mass. 1942, wieder auf.

13. Kapitel
Der Internationale Stil, das individuelle Talent und der Mythos des Funktionalismus

S. 174 Motto: Gombrich, *Art and Illusion,* London 1960; dt. *Kunst und Illusion,* Köln 1967, S. 113.
Hitchcock und Johnson: *The International Style,* 1932; dt. *Der Internationale Stil,* Braunschweig 1985, S. 26.

S. 177 El Lissitzky: *Rußland – Architektur für eine Weltrevolution,* S.170.
Van Nelle: zu Le Corbusiers Lobeshymne vgl. *Plans* 12, Februar 1932, S. 40.

S. 180 Kenneth Frampton: »The Humanist versus the Utilitarian Ideal«, in: *Architectural Design* 38, 1968, S. 134–36.
Hannes Meyer: vgl. Claude Schnaidt, *Hannes Meyer,* Stuttgart 1965, S. 22.
R. Buckminster Fuller: zitiert nach Banham, *Revolution der Architektur,* S. 274. Vgl. auch R.W. Marks, *The Dymaxion World of Buckminster Fuller,* New York 1960. Banham teilte offenbar Fullers Gefühle, denn er schrieb gegen Ende seines Buches (S. 279): »Es ist durchaus möglich, daß das, was wir bisher als Architektur angesehen haben, und das, was wir beginnen, unter Technologie zu verstehen, miteinander unvereinbare Disziplinen sind. Der Architekt, der beabsichtigt, mit der Technologie zu gehen, weiß, daß er sich in einer rasch voranschreitenden Bewegung befindet und daß er, um mit ihr Schritt zu halten, es möglicherweise den Futuristen gleichtun und seinen ganzen Kulturballast abwerfen muß.« Hier handelt es sich um einen klassischen Fall der Verwechslung von Mitteln und Zweck: Wie sollte die Kunst mit dem technischen Wandel Schritt halten? Im übrigen hat Fullers Dymaxion House durchaus symbolische Anklänge, wie funktional es auch erscheinen mag, wenn es auch vom ästhetischen Erscheinungsbild her wenig inspirierend wirkt.

S. 182 William Jordy: zu »Sachlichkeit« vgl. *American Buildings and Their Architects,* Bd. 4, S. 182; vom gleichen Autor vgl. »The Symbolic Essence of Modern European Architecture of the Twenties and its Continuing Influence«, in: *Journal of the Society of Architectural Historians* 22, Oktober 1963, S. 177–87. Zwar ist ein »reiner Funktionalismus« wohl kaum zu verwirklichen, doch läßt sich nicht behaupten, daß die führenden Architekten der Moderne ästhetische Willkür befürworteten. Um einen ästhetischen und symbolischen Ausdruck zu erzielen, gingen sie von rigorosen funktionalen und konstruktiven Prinzipien aus. Vgl. Le Corbusier, *Ausblick auf eine Architektur,* S. 151: »Mit rohen Stoffen im Rahmen eines mehr oder weniger zweckbestimmten Programms, über das ihr *hinausgegangen* seid, habt ihr Beziehungen hergestellt, die im Innern ergriffen haben. Das ist Architektur.«

S. 183 Henri Focillon: *The Life of Forms in Art,* New York 1958, S. 74.

S. 185 Mies van der Rohe: Der Absatz wurde 1928 geschrieben, bezieht sich aber offensichtlich auf den Barcelona-Pavillon. Vgl. auch J. Bier, »Mies van der Rohes Reichspavillon in Barcelona«, in: *Die Form,* August 1929, S. 23–30. Eine Analyse der kritischen und historischen Reaktionen auf den Pavillon gibt J. Bonta, *Anatomia de la interpretacion in arquitectura: Resegne semiotica de la critica de la Pabellon de Barcelona de Mies van der Rohe,* Barcelona 1975.

14. Kapitel
Le Corbusiers Villa Savoye in Poissy

S. 186 Motto: Le Corbusier, *Ausblick auf eine Architektur,* S. 165. Für detaillierte Informationen über die Villa vgl. Curtis, »Le Corbusier: The Evolution of his Architectural Language and its Crystallisation in the Villa Savoye at Poissy«, in: *Le Corbusier/English Architecture 1930s,* Milton Keynes 1975.

S. 191 frische Luft: In Le Corbusiers eigener Beschreibung der Villa Savoye in *Précisions sur un état présent de l'architecture et de l'urbanisme,* Paris 1930, heißt es auf S. 136: »Die Luft zirkuliert frei, Das Licht strömt ein und dringt überall durch.«

S. 192 Typen: Le Corbusier, *Ausblick auf eine Architektur,* S. 105. Entwurfsprozeß: vgl. Tim Benton, »Radiovision, Villa Savoye: Preliminary Drawings«, Milton Keynes 1975, und Max Risselada, »Le Corbusier and Pierre Jeanneret, Ontwerpen voor de woning 1919–1929«, Ausstellungskatalog der Architekturfakultät, Delft 1980.

S. 194 Le Corbusier: *Ausblick auf eine Architektur,* S. 153.

S. 195 Idealismus, Rationalismus: vgl. P. Turner, »The Beginnings of Le Corbusier's Education«, in: *Art Bulletin,* Juni 1971, und Curtis, »Le Corbusier: The Evolution of his Language and its Crystallization in the Villa Savoye at Poissy«.

15. Kapitel
Wright und Le Corbusier in den dreißiger Jahren

S. 196 Motto: Frank Lloyd Wright, »Broadacre City, A New Community Plan«, in: *Architectural Record* 77, Nr. 4, April 1935, S. 243–44.

S. 199 Edgar Kaufmann jr.: Einführung zu D. Hoffmann, *Frank Lloyd Wright's Fallingwater, The House and its History,* New York 1978.

S. 200 Frank Lloyd Wright: »The Cardboard House«, 1931; vgl. Benton and Benton, *Architecture and Design,* S. 61.
Frank Lloyd Wright: zitiert nach Olgivanna Lloyd Wright, *Frank Lloyd Wright: His Life, his Work, his Words,* New York 1966, S. 159.
Frank Lloyd Wright: über Felsenriffe vgl. »The Meaning of Materials – Stone«, in: *Architectural Record* 63, April 1928, S. 350,356.
Falling Water und Johnson Wax: ausführliche Interpretationen dieser Bauten in Smith, *Frank Lloyd Wright.*

S. 202 Usonia-Häuser: vgl. J. Sergeant, *Frank Lloyd Wright's Usonian Houses,* New York 1976.

S. 203 Aufheizung: vgl. Reyner Banham, *The Architecture of the Well-Tempered Environment,* London 1969, mit Informationen über Le Corbusiers Verglasung.

S. 204 Formale Veränderungen: vgl. Peter Serenyi, »Le Corbusier's Changing Attitude toward Form«, in: *Journal of Society of Architectural Historians* 24, März 1965, S. 15–23.

S. 205 Pavillon Suisse: Ausführliche Analyse in W. Curtis, »Ideas of Structure and the Structure of Ideas: Le Corbusier›s Pavillon Suisse, 1930–31«, in: *Journal of the Society of Architectural Historians* 40, Dezember 1981.

S. 206 Maurin: in *Oeuvre complète 1929–34*, S. 84. Zur *A-redent*-Bebauung vgl. Le Corbusier, *Ville radieuse*, Paris 1933, S. 158. Le Corbusier: in *Oeuvre complète 1929–34*, S. 19.

S. 207 Syndikalismus und Ville Radieuse: vgl. Kenneth Frampton, »The City of Dialectic«, in: *Architectural Design* 39, Oktober 1969, S. 515–46; außerdem R. Fishman, *Urban Utopias in the Twentieth Century*, New York 1977, mit Erläuterungen von Le Corbusiers Strategie in den dreißiger Jahren; und Serenyi, »Le Corbusier, Fourier and the Monastery of Ema«, in: *Art Bulletin*, 1967.

S. 208 Reyner Banham: Eine ausführliche Darstellung der CIAM-Doktrinen und der Reaktionen, die sie hervorriefen, findet sich in *The New Brutalism*, dt. *Brutalismus in der Architektur*, Stuttgart 1966, insbesondere S. 70 ff.
Algier: Stanislaus von Moos, »Von den Femmes d'Alger zum Plan Obus«, in: *Archithese* 1, 1971, S. 25–37; vgl. auch den unpublizierten Essay von Catherine J. Dean über die verschiedenen Projekte für Algier, ihren politischen Kontext und Le Corbusiers Sensibilität gegenüber der Umgebung und dem kulturellen Zusammenhang, MIT, School of Architecture, 1978. Eine syndikalistische Interpretation Algiers gibt M. Macleod, »Le Corbusier's Plans for Algiers 1933–1936«, in: *Oppositions* 16/17, 1980.

S. 209 Manhattan: vgl. W. Curtis, »Le Corbusier, Manhattan et le rêve de la ville radieuse«, in: *Archithese* 17, 1976, s. 23–28. Le Corbusier: *Quand les cathédrales etaient blanches: Voyage aux pays des timides*, Paris 1937.

S. 210 Broadacre City: zu Wrights städtebaulichen Vorstellungen vgl. Frank Lloyd Wright, *The Disappearing City*, New York 1932; vgl. auch Fishman, *Urban Utopias in the Twentieth Century*. Frank Lloyd Wright: *When Democracy Builds*, Chicago 1945, S. 67.

16. Kapitel
Totalitäre Kritik an der Moderne

S. 211 Motto: Adolf Hitler, »Kunstrede«, 11. September 1935; zitiert nach Max Domarus, *Hitler-Reden und Proklamationen 1932–1945*, München 1965, S. 528.

S. 212 Kritik am Bauhaus: K. Nonn, 1924, zitiert nach Hans M. Wingler, *Das Bauhaus*, Bramsche 1962, S. 91; vgl. auch Barbara Miller-Lane, *Architecture and Politics in Germany 1919–1945*, Cambridge, Mass., 1968; dt. *Architektur in Deutschland 1918–1945*, Braunschweig 1986, S. 77 ff.
Antisemitismus: vgl. zum Beispiel P. Schultze-Naumburg, *Kunst und Rasse*, München 1929; zu bolschewistischen Anklängen vgl. Alexander von Senger, *Krisis der Architektur*, Zürich 1928.

S. 214 Kunsthistorische Argumente: vgl. Taylor, *The Word in Stone*, S. 83 ff.
Speer: Seine eigene Version der Ereignisse liefert Albert Speer in *Erinnerungen*, Frankfurt/M.-Berlin 1969.

S. 215 Regionalismus: Es ging darum, lokale Stile und Baumuster direkt zu imitieren. Das Walmdach erhielt eine stark nationalistische Note, im Gegensatz zu dem »internationalistischen« Flachdach, das als wurzelloser Auslandsimport galt. Diese Wiederbelebung eines »Heimatstils« steht visuell und ideologisch im Gegensatz zum »modernen Regionalismus« der fünfziger Jahre, der die besten Elemente der modernen Architektur mit lokalen Traditionen zu verbinden suchte.

S. 217 Sowjetunion in den dreißiger Jahren: vgl. Anatole Kopp, *L'architecture de la période stalinienne*, Grenoble 1978. Zur Reaktion gegen die Avantgarde und das Neuaufleben des Klassizismus vgl. die Analyse des Wettbewerbs für den Palast der Sowjets von M.P. Tsapenko, *O Realisticheskykh Osnovakh Sovietskoi Arkhitektury*, Moskau 1952, S. 73 ff. Das verantwortliche Komitee verkündete am 28. Februar 1932, von nun an sollten sowohl neue Techniken als auch die die besten Methoden der klassischen Architektur verwendet werden. Offizielle Kritik an der Avantgarde: registriert von Vzik, dem Zentralen Exekutivkomitee der Kommunistischen Partei, 1930; zitiert von Lubetkin, »Recent Developments of Townplanning in the USSR«, in: *Architectural Review*, Mai 1932.

S. 218 Mussolini und Stadtplanung: vgl. Spiro Kostoff, *The Third Rome*, Berkeley, Calif., 1977. Der beste Überblick über die italienische Architektur in der faschistischen Periode findet sich in Benevolo, *Geschichte der Architektur*, Bd. 2, S. 223 ff.
Gruppo 7: vgl. »Architettura«, in: *Rassegna italiana*, Dezember 1926. Zu den Leitsätzen der Gruppe gehörte, daß die neue Architektur sich mit der Baukunst der fernen Vergangenheit vergleichen könne. Vgl. auch S. Danesi und L. Patetta, *Rationalisme et architecture en Italie 1919–1943*, Venedig 1976, und A. Sartoris, *Gli elementi dell'architettura funzionale*, Mailand 1941.

S. 219 Terragni: vgl. P. Koulermos, »The Work of Terragni, Lingeri and Italian Rationalism«, in: *Architectural Design*, März 1963; vgl. auch E. Mantero, *Giuseppe Terragni e la città del razionalismo italiano*, Bari 1969.

S. 221 Danteum: Thomas Schumacher, »From Gruppo 7 to the Danteum: A Critical Introduction to Terragni's Relazione Sul Danteum«, in: *Oppositions* 9, 1977, S. 92–105; zum Terragni-Zitat vgl. dort, S. 92.

17. Kapitel
Die Verbreitung der modernen Architektur in England und Skandinavien

S. 223 Motto: Hitchcock, *The International Style*, Vorwort zur Ausgabe von 1966, S. 18.
England in den dreißiger Jahren: H.R. Hitchcock und L.K. Bauer, *Modern Architecture in England*, New York 1937, Ausstellungskatalog des Museum of Modern Art; J.M. Richards, *An Introduction to Modern Architecture*, Harmondsworth 1940; Anthony Jackson, *The Politics of Architecture, A History of Modern Architecture in Britain*, London 1970; W. Curtis, »The Modern Movement in England 1930-39: Thoughts on the political content and associations of the International Style«, in: *Le Corbusier/English Architecture 1930s*, Milton Keynes 1975.

S. 225 Lubetkin: vgl. W. Curtis, »Berthold Lubetkin or ›Socialist‹ Architecture in the Diaspora«, in: *Archithese* 12, 1974, S. 42–48; vgl. auch R. Furneaux Jordan, »Lubetkin«, in: *Architectural Review*, Juli 1955, S. 36–44.

S. 226 Le Corbusier: »The Vertical Garden City«, in: *Architectural Review* 79, Januar 1936, S. 9–10.

S. 227 Lucas, Connell, Ward: vgl. *Architectural Association Journal*, November 1956, Sonderheft.

S. 228 J.M. Richards: »The Condition of Modern Architecture and the Principle of Anonymity«, in: *Circle*, Hrsg. N. Gabo, J.L. Martin, B. Nicholson, London 1937.

414 Anmerkungen

High Point II: *Architectural Review* 83, Oktober 1938, S. 161–64; vgl. auch Anthony Cox, »High Point Two, North Hill, Highgate«, in: *Focus* 2, 1938, S. 76–79.
S. 229 Aaltos Verhältnis zur modernen Architektur: vgl. P.D. Pearson, *Alvar Aalto and the International Style*, New York 1978. Einen allgemeinen Überblick geben Giedion, *Raum, Zeit, Architektur* und Benevolo, *Geschichte der Architektur*, Bd. 2, S. 205. Zu Paimio vgl. P. Morton Shand, »Tuberculosis Sanatorium, Paimio, Finland«, in: *Architectural Review*, September 1933, S. 85–90.
S. 230 Aalto und Duiker: vgl. Pearson, *Alvar Aalto and the International Style*, S. 87.
S. 232 Alvar Aalto: vgl. den Essay »National Planning and Cultural Goals«, 1949, mit Reflexionen über die Natur; Exzerpt in G. Schildt (Hrsg.), *Alvar Aalto, Sketches*, Cambridge, Mass., 1978.

18. Kapitel
Die Kontinuität älterer Traditionen

S. 234 Motto: Reginald Blomfield, »Is Modern Architecture on the Right Track?«, in: *The Listener* 10, 1933, S. 124.
S. 236 Art Deco: vgl. G. Veronesi, *Style and Design 1909–29*, New York 1968; D. Gebhard, *The Richfield Building 1926–1928*, Los Angeles 1970; Bevis Hillier, *Art Deco in the 1920s and 1930s*, London 1968.
S. 237 Amerikanischer Eklektizismus zwischen den Kriegen: W. Kidney, *The Architecture of Choice, Eclecticism in America, 1880–1930*, New York 1974.
S. 238 Lincoln Memorial: zu Details des Auftrags vgl. U.S. Office of Public Buildings and Public Parks of the National Capital, *The Lincoln Memorial, Washington, D.C.*, Washington 1927.
S. 239 Neu-Delhi: Der nach wie vor interessanteste Bericht über Lutyens' Entwurf stammt von Robert Byron, in: *Architectural Review* 69, Januar 1931.
S. 241 Asplund, Metaphern: Ein faszinierender Versuch, Metaphern in Asplunds Werk zu deuten, findet sich in S. Wrede, *The Architecture of Eric Gunnar Asplund*, Cambridge, Mass., 1979.
S. 243 Blomfield: »Is Modern Architecture on the Right Track?«. Die Tatsache, daß Blomfield die moderne Architektur mit »Funktionalismus« identifizierte, ist nicht allein ihm zuzuschreiben. In England legten die Anhänger der modernen Architektur mehr Wert auf die funktionalen und moralischen Aspekte der modernen Architektur als auf ihre formalen und symbolischen Qualitäten. Vgl. zum Beispiel die kritischen Schriften von N. Pevsner und J.M. Richards aus dieser Zeit oder F.R.S. Yorke, *The Modern House*, London 1934.

19. Kapitel
Moderne Architektur in Amerika: Immigration und Konsolidierung

S. 258 Motto: zu Giedion über die Tradition vgl. *Architecture You and Me*, Cambridge, Mass., 1958.
S. 259 Gropius und Breuer in Amerika: vgl. insbesondere Giedion, *Raum, Zeit, Architektur*; außerdem W. Curtis, *Boston: Forty Years of Modern Architecture*, Boston 1980, mit Informationen über die Diaspora. Zu Breuers Problemen, die Ideen der modernen Architektur von Europa nach Amerika zu übertragen, vgl. Jordy, *American Buildings and Their Architects*, Bd. 4.

S. 260 Harvard: Zu den frühen Schülern von Gropius zählten Barnes, Rudolph, Johnson und Pei. Die Version der modernen Architektur, die sie sich aneigneten, war eher puritanisch und drohte stets in einen glatten, abstrakten Formalismus oder in einen oberflächlichen Utilitarismus abzugleiten.
Was Robert Venturi später (in *Compexity and Contradiction in Architecture*, 1966; dt. *Komplexität und Widerspruch in der Architektur*, Braunschweig 1978) als »orthodoxe moderne Architektur« anprangerte, litt an eben diesen Übeln. Die moderne Architektur mußte einen Irrweg gehen, wenn sie sich von der emotionalen und utopischen Weltanschauung entfernte, aus der sie hervorgegangen war. Es zeugt von der mythenbildenden Kraft des Architekturhistorikers, daß Giedion Gropius so interpretieren konnte, als vertrete er die Kernpositionen der Moderne, obwohl Gropius' Arbeiten in den späten dreißiger Jahren wie eine degenerierte Version des »Internationalen Stils« aus den zwanzigern wirkten – vor allem im Vergleich zu den erfindungsreichen Bauten Le Corbusiers und Aaltos aus der gleichen Zeit.
S. 261 Mies: Eine Einführung in Mies van der Rohes Werk gibt Peter Blake, *Mies van der Rohe: Architecture and Structure*, New York 1960; vgl. auch P. Carter, *Mies van der Rohe at Work*, New York 1974.
S. 262 Mies und Klassizismus: Colin Rowe, »Neoclassicism and Modern Architecture«, in: *Oppositions* 1, 1973, S. 1–26.
S. 263 Colin Rowe: Einführung, *Five Architects*, New York 1975.
S. 264 Lake Shore: Eine subtile Analyse dieses Bauwerks und Mies van der Rohes Verwendung des Stahlrahmens gibt Jordy, *American Buildings and Their Architects*, Bd. 4, S. 221 ff.
Mies van der Rohe: Vorwort zu Werner Blaser, *Mies van der Rohe, die Kunst der Struktur*, Zürich und Stuttgart 1965.
S. 266 Imitationen Mies van der Rohes: Es ist charakteristisch für alle Traditionen, daß Schlüsselwerke nachgeahmt werden, bis eine Art Slang entsteht. Falls dieses Argument zu arrogant klingt, so sei gesagt, daß gerade Mies viel von den traditionellen Industriebauten lernte. Die Beziehung zwischen »hohen« und »niedrigen« Architekturtraditionen scheint also immer in beide Richtungen zu wirken.
Mechanische Ventilation: vgl. Banham, *The Architecture of the Well-Tempered Environment*, London 1969, S. 226 ff., mit Hinweisen auf die Wechselbeziehung zwischen Klimaanlagen und Curtain Wall.
S. 267 UN: vgl. Le Corbusier, *UN Headquarters*, New York 1947.
S. 268 Modulor: Le Corbusier, *Le Modulor*, Paris 1950; dt. *Modulor*, Stuttgart 1953.
Guggenheim: detaillierte Analyse in Jordy, *American Buildings and Their Architects*, Bd. 4, S. 279.
Frank Lloyd Wright: in: *Solomon R. Guggenheim Museum* (Museumsbroschüre, New York 1960).
S. 270 Wright: in: Solomon R. Guggenheim Museum.
Wright: zum Unity Temple vgl. *Autobiography*, New York 1932, S. 138 ff.

20. Kapitel
Form und Bedeutung im Spätwerk Le Corbusiers

S. 271 Motto: Focillon, *The Life of Forms in Art*, S. 74.
Surrealismus: Der Primitivismus, der sich in Le Corbusiers Bildern und Bauten der dreißiger Jahre zeigt, ist offenbar von der Totem-Faszination der Surrealisten beeinflußt. Auch sein Interesse an Mehrdeutigkeit und hermetischen erotischen Anspie-

lungen könnte auf den Surrealismus zurückgehen. Zu den bizarren »Ubu«-Skulpturen vgl. Le Corbusier, *New World of Space*, New York 1948, S. 23.

S. 273 James Stirling: »Ronchamp: Le Corbusier's Chapel and the Crisis of Rationalism«, in: *Architectural Review* 119, März 1956, S. 155–61. Zu den Bauherren von Ronchamp vgl. Martin Purdy, »Le Corbusier and the Theological Program«, in: Walden (Hrsg.), *The Open Hand*, S. 286.
Le Corbusier: *Oeuvre complète 1946–52*, S. 73.
Le Corbusier: Zu Einflüssen auf Ronchamp vgl. von Moos, *Le Corbusier, Elemente einer Synthese*, S. 322 ff.

S. 274 La Tourette: vgl. Serenyi, »Le Corbusier, Fourier and the Monastery of Ema«, in: *Art Bulletin* 1967; außerdem Purdy, »Le Corbusier and the Theological Program« und Colin Rowe, »Dominican Monastery of La Tourette, Eveux-sur-Arbresle, Lyons«, in: *Architectural Review* 129, 1961, S. 400–01.
Le Corbusier: *Oeuvre complète 1957–1965*, 5.49.

S. 275 A. und P. Smithson: *Ordinariness and Light*, London 1970, S. 169.
James Stirling: »Garches to Jaoul: Le Corbusier as Domestic Architect in 1927 and 1953«, in: *Architectural Review* 118, 1955, S. 145–51.

S. 276 Sarabhai: zu Informationen über die Bauherren in Ahmedabad vgl. Peter Serenyi, »Le Corbusier in India«, Ausstellungskatalog der Northeastern University, Boston 1980.
Chandigarh: zu den städtebaulichen Prinzipien vgl. Norma Evenson, *Chandigarh*, Berkeley, Calif., 1966. Eine skeptische Analyse liefert Sten Nilsson, *The New Capitals of India, Pakistan and Bangladesh*, Lund 1973.

S. 277 Offene Hand: vgl. Patricia Sekler, »Le Corbusier, Ruskin, the Tree and the Open Hand« und S. von Moos, »The Politics of the Open Hand: Notes on Le Corbusier and Nehru at Chandigarh«, in: Walden (Hrsg.), *The Open Hand*, S. 42 ff. und S. 412 ff. Le Corbusiers Äußerung stammt aus einem Brief, den von Moos zitiert, Anm. 65.

S. 279 Parlament, Symbolismus und Assoziationen: vgl. von Moos, »The Politics of the Open Hand«, außerdem W. Curtis, *Fragments of Invention: The Sketchbooks of Le Corbusier*, Cambridge, Mass., 1981. Der letztere Artikel behandelt das Thema Portikus/Kuppel, den Ursprung und die Bedeutung des Belichtungstrichters und die Transformation indischer Phänomene wie Ochsenkarren und Stierhörnern in Le Corbusiers Skizzenbüchern.

S. 280 Observatorium, Sonne: vgl. Le Corbusier, *Oeuvre complète, 1952–57*, S. 94.
P. Nehru: aus der Einweihungsrede, 1963; vgl. von Moos, »The Politics of the Open Hand«

S. 281 Carpenter Center: vgl. Curtis, *Le Corbusier at Work*, mit einer detaillierten Analyse des Gebäudes; siehe auch 3. und 11. Kapitel.

S. 282 Le Corbusier: *Oeuvre complète 1957–65*, S. 54.

21. Kapitel
Die Unité d'Habitation in Marseille als kollektiver Wohnungsbautyp

S. 284 Motto: Kubler, *The Shape of Time*, Yale 1962, S. 33.
Unité: vgl. Le Corbusier, *L'Unité d'Habitation de Marseille*, Souillac 1950.

S. 286 Lewis Mumford: »The Sky Line: The Marseille »Folly«, in: *New Yorker*, 5. Oktober 1957, S. 76 ff.

S. 287 Dampfer: vgl. von Moos, »Wohnkollektiv, Hospiz und Dampfer«, in: *Archithese* 12, 1971, S. 30–41.
Beton brut: vgl. Curtis und Sekler (Hrsg.), *Le Corbusier at Work*, S. 166, mit einer Erläuterung der Intentionen des Architekten in Marseille.
Aix: Zur Bedeutung dieses Treffens für die neue, jüngere Generation vgl. Banham, *Brutalismus in der Architektur*, S. 70.

S. 288 Team X oder »Team Ten«: vgl. Smithson (Hrsg.), *Team 10 Primer*, mit einer Sammlung von Maximen und Theorien.
ATBAT: »Atelier de Batisseurs«. Der marokkanische Wohnungsbau sah Höfe im Freien vor. Die Architekten waren sich darüber im klaren, daß viele künftige Nutzer aus dem Süden des Atlas kommen würden, und studierten deshalb bei der Vorbereitung ihres Entwurfs die einheimischen Traditionen dieser Region.
New Brutalism: Die Bezeichnung wurde offenbar erfunden, bevor es Bauten gab, die sich einer Bewegung zuordnen ließen. Vgl. A. und P. Smithson, »The New Brutalism«, in: *Architectural Review*, April 1954, S. 274–75; vgl. auch Banham, *Brutalismus in der Architektur*.

S. 289 Alison and Peter Smithson: »The Built World, Urban Re-Identification«, zuerst veröffentlicht in *Architectural Design*, Juni 1955, dann in *Ordinariness and Light*, S. 105–06.

S. 290 Cluster: vgl. William Curtis, »A Language and a Theme«, in: Denys Lasdun (Hrsg.), *A Language and a Theme, The Architecture of Denys Lasdun and Partners*, London 1976, S. 9 ff. Die Smithsons publizierten einen Artikel mit dem Titel »Cluster City – A New Shape for the Community«, in: *Architectural Design, 1957*, drei Jahre nach Lasduns ersten Clusters.
Van Eyck: vgl. Oscar Newman (Hrsg.), *CIAM '59 in Otterlo*, Stuttgart 1961. Zu seinen Ideen vgl. Smithson, *Team 10 Primer*; zum Interesse am »Ort« vgl. Jencks, *Modern Movements*, S. 301 ff.

S. 291 Atelier 5: Die Architekten waren Erwin Fritz, Samuel Gerber, Rolf Hesterberg, Hans Hostettler, Niklaus Morgenthaler, Alfredo Pini.

S. 292 Sert, Peabody Terraces: vgl. Catherine J. Dean, »The Design Process and Meaning of J.L. Serts Peabody Terraces at Harvard«, unpublizierte Abschlußarbeit, Harvard, Fine Arts, 1976.

S. 294 Pruitt-Igoe: Der Komplex, 1952–55 von Minoru Yamasaki entworfen, wurde am 15. Juli 1972 gesprengt. Bis mehr über die Gründe dieses Scheiterns bekannt ist, wäre es irreführend, vom »Tod der modernen Architektur« zu sprechen, wie es Jencks in *Die Sprache der postmodernen Architektur*, S. 9, getan hat.
Lillington Street: vgl. W. Curtis, »A Century Spanned: Lillington Street Housing, Pimlico by Darbourne and Darke«, in: *Connoisseur*, Mai 1970, S. 45; zu Gordon Cullens Ideen vgl. *Townscape*, London 1966.

22. Kapitel
Alvar Aalto und die skandinavische Tradition

S. 296 Motto: Aldo van Eyck, in: Smithson (Hrsg.), *Team 10 Primer*, S. 9.
Neuer Regionalismus: vgl. zum Beispiel Sigfried Giedion, »The New Regionalism«, 1954, Essay in: *Architecture You and Me, Diary of a Development*, Cambridge, Mass., 1958, S. 138.

S. 299 Karelisches Haus: vgl. Alvar Aalto, »Karjalan rakennustide«, in: *Uusi Suomi*, 1941, ins Englische übersetzt als Alvar Aalto, *Sketches*, Hrsg. G. Schildt, Cambridge, Mass., 1968, S. 82. Der kleine Band gibt einen erstaunlichen Einblick in Aaltos Interesse an Landschaftsformationen, Ruinen und einheimischen Formen und in eine Weltsicht, die Harmonie von Mensch und Natur in den Vordergrund stellt. Die nützlichste Einführung zu Aalto ist sonst immer noch G. Baird, *Alvar Aalto*, London 1970. Vgl. auch R. Glanville, »Finnish Vernacular Farmhouses«, in: *Archietctural Association Quarterly* 9, Nr. 1, 1977, S. 36–52, mit einer Analyse der Umfriedungen im lokalen nordischen Vokabular.

S. 301 Delphi: vgl. Aalto, *Sketches*, vor allem Abb. 9 und 11, 1953 gezeichnet. Aalto war offenbar fasziniert von den Erdformationen, den Plattformen, Treppen und öffentlichen Plätzen in Delphi. Wieder einmal kehrte ein »moderner« Architekt zu den archaischen Quellen der Architektur zurück.

S. 303 Utzon: Über den Architekten ist wenig geschrieben worden. Eine Einführung gibt Giedion, »Jørn Utzon und die dritte Generation«, in: *Raum, Zeit, Architektur*, S. 406 ff.

S. 304 Plattformen: vgl. »Platforms and Plateaux: Ideas of a Danish Architect«, in: *Zodiac* 14, Mailand 1962.

S. 305 Philip Drew: *Dritte Generation*, S. 45. Jørn Utzon: »The Sydney Opera House«, in: *Zodiac* 14, Mailand 1965, S. 49.

23. Kapitel
Louis I. Kahn und die neue Monumentalität

S. 306 Motto: Louis I. Kahn, zitiert von Jordy, *American Buildings and Their Architects*, Bd. 4, S. 361.
Monumentalität: vgl. Giedion, *Architecture You and Me*, Cambridge, Mass., 1958, S. 25, zu »The Need for a New Monumentality«, formuliert 1943–44. »The Core of the City« war das Thema für CIAM 8 in Hoddesdon, England, im Juli 1951. Giedion beschrieb seine Reaktion auf die Vorgänge in seinem Essay »The Humanization of Urban Life«, 1951, in: *Architecture You and Me*, S. 125. Andere Aspekte über die Monumentalität dieser Zeit sind erläutert in Henry Hope Reed, »The Need for Monumentality«, in: *Perspecta* 1, 1950.

S. 307 Niemeyer: vgl. S. Papadaki, *Oscar Niemeyer: Works in Progress*, New York 1956. Anläßlich einer Vorlesung in São Paulo stellte Max Bill fest: »Die Architektur Ihres Landes steht vor der Gefahr, in einen kritischen Status des anti-sozialen Akademismus zu verfallen. Ich möchte dagegen von der Architektur als einer sozialen Kunst sprechen – einer Kunst, die sich nicht einfach beiseite schieben läßt...« Vgl. »Report on Brazil«, in: *Architectural Review* 116, 1957, S. 234.

S. 308 »Aktions«-Architektur: vgl. G. Kallmann, »The ›Action Architecture‹ of a New Generation«, in: *Architectural Forum* 3, Oktober 1959, S. 132–37. Zum Rathaus Boston und einer Skizze des Entwurfs vgl. W. Curtis, *Boston: Forty Years of Modern Architecture*, Boston 1980, S. 10.

S. 309 Kahn: Die beste allgemeine Einführung ist immer noch Vincent Scully, *Louis I. Kahn*, New York 1962; vgl. auch Jordy, *American Buildings and Their Architects*, Bd. 4, S. 361 ff., mit Hinweisen auf die Entwurfsphilosophie des Architekten und einer detaillierten Analyse der Richards Medical Laboratories.

S. 313 Kahn: zum Zitat und anderen Äußerungen vgl. J. Rowan, »Wanting To Be«, in: *Progressive Architecture*, April 1961, S. 130–49.

S. 315 Scully: *Louis I. Kahn*, S. 37.
Dacca: zu einer ausführlicheren Analyse der Symbolik und der Zeichnungen vgl. William Curtis, »Modern Architecture, Monumentality and the Meaning of Institutions: Reflections on Authenticity«, in: *Harvard Architectural Review*, 1983. Kahns Zeichnungen sind großzügig illustriert in R. Giurgola und J. Mehta, *Louis I. Kahn*, Boulder, Col., 1975.

24. Kapitel
Architektur und Anti-Architektur in England

S. 317 Motto: Peter Smithson in: Smithson (Hrsg.), *Team 10 Primer*, S. 42.
Englische Architektur in den fünfziger Jahren: Die nützlichsten Studien über diese Zeit sind Jackson, *The Politics of Architecture*, Banham, *Brutalismus in der Architektur* und Jencks, *Modern Movements*. Einen guten Überblick über die Debatten dieses Jahrzehnts geben die Hefte der *Architectural Review*. Reyner Banham publizierte einen Artikel mit dem Titel »The New Brutalism«, in: *Architectural Review*, Dezember 1955, S. 355–62. In dieser Zeit waren «Ismen» in England im Schwange (vgl. »New Empiricism«). Zu weiteren Kommentaren über Hunstanton vgl. Philip Johnson, »Comment on School at Hunstanton Norfolk«, in: *Architectural Review*, September 1954, S.148–62; vgl. auch A. und P. Smithson, «The New Brutalism», in: *Architectural Review*, April 1954, S. 274–75.
Smithsons: Zu ihren Vorstellungen von einer »städtischen Neuidentifikation« in den fünfziger Jahren vgl. Artikelserie in *Architectural Design*, nachgedruckt in *Ordinariness and Light*.

S. 319 Rudolf Wittkower: Der Architekturhistoriker lehrte in den vierziger Jahren am Warburg Institute und übte einen starken Einfluß auf Theorie, Praxis und Historiographie der modernen Architektur aus. So wendete sein Schüler Colin Rowe ähnliche Methoden auf Le Corbusier an (»The Mathematics of the Ideal Villa«, 1947), wie sie sein Mentor zur gleichen Zeit bei Palladio benutzte. Beide setzten sich mit symbolischen Geometrien als Ausdruck einer idealistischen Weltanschauung auseinander. Wittkowers Buch *Architecture in the Age of Humansism*, London 1949, rief in bestimmten englischen Architekturkreisen eine wahre neopalladianische Obsession hervor. Die Architekten erkannten schnell Parallelen zwischen den harmonischen Proportionen Palladios und den mathematischen Gesetzen von Le Corbusiers Modulor, der zu Beginn der fünfziger Jahre bekannt wurde. Vgl. H. Millon, »Rudolf Wittkower; Architectural Principles in the Age of Humanism: Its Influence on the Development and Interpretation of Modern Architecture«, in: *Journal of the Society of Architectural Historians* 31, Nr. 2, Mai 1972, S. 83–91.
Economist: zu der Rolle, die die früheren städtebaulichen Theorien der Smithsons in diesem Entwurf spielen, vgl. Kenneth Frampton, »The Economist and the Hauptstadt«, in: *Architectural Design*, 1965, S. 61–62. Zum Einfluß pittoresker ästhetischer Ideen vgl. Reyner Banham, »Revenge of the Picturesque: English Architectural Polemics 1945–65«, in: J. Summerson (Hrsg.), *Concerning Architecture*, Baltimore 1968, S. 265.

S. 320 Robin Hood: vgl. Peter Smithsons Artikel in *Architecture d'aujourd'hui*, Januar 1979.

S. 322 Neofuturismus: Dieses Schlagwort zirkulierte in den späten sechziger Jahren in London, doch seine Quelle ist nicht bekannt. Freilich läßt es an Banhams »Neuentdeckung« des Futurismus in *Revolution der Architektur* denken und an seine »neofuturistischen« Argumente zur progressiven Rolle der Technologie. Stirlings farbige Stahl- und Glasbauten aus den sechziger Jahren könnten geradezu Sant'Elias Schrift von 1914 illustrieren, den »Messaggio«. Nach außen hin trat Stirling weiterhin für die Vorherrschaft der programmatischen Logik bei seinen Entwürfen ein; in Wirklichkeit war er aber offenbar mehr an eklektizistischen Kommentaren zur Bilderwelt der früheren modernen Architektur interessiert. Die Manierismen seiner Bauten aus den siebziger Jahren zeigten sich in subtilerer Form schon viele Jahre früher. Zu Stirlings Quellen vgl. J. Jacobus, *James Stirling, Buildings and Projects, 1950–1974*, New York 1975, Einleitung.

S. 323 James Stirling: »Architect's Approach to Architecture, in: *Zodiac* 16, Mailand 1966, S. 161.
Typologie: zum Einfluß des Pavillon Suisse auf spätere Studentenwohnheime vgl. W. Curtis, »L'université, la ville et l'habitat collectif, rélections sur un thème de l'architecture moderne«, in: *Archithese* 14, 1975, S. 29. In demselben Artikel habe ich darauf hingewiesen, daß Wohnbauten der Universität häufig dazu benutzt wurden, kollektive und städtebauliche Ideen zu demonstrieren.

S. 325 Warren Chalk: »Architecture as Consumer Product«, in: *The Japan Architect* 165, 1970, S. 37. Weitere Informationen über die Polemik von Archigram in: *Archigram I-IX* (1961–1970, London), und Peter Cook, *Experimental Architecture*, London 1970.

S. 326 Thinkbelt: vgl. C. Price, »Potteries Thinkbelt«, in: *Architectural Design*, November 1967, S. 507 ff.

S. 327 Denys Lasdun: Eine Zusammenfassung seines Werks und seiner Philosophie der Stadtlandschaft gibt W. Curtis, »A Language and a Theme«, in D. Lasdun (Hrsg.), *A Language and a Theme, The Architecture of Denys Lasdun and partners*, London 1976. Mein Interesse an Lasduns Ideen geht auf zahlreiche Diskussionen mit dem Architekten seit 1969 zurück.

S. 329 Denys Lasdun: »The Evolution of a Style«, in: *Architectural Review*, Mai 1969. Es ist schwer zu sagen, wann der Architekt das Wort »Schichten« zum erstenmal benutzte, um seine Ideen über Plattformen zu übermitteln. In der Mitte der sechziger Jahre setzte sich Lasdun intensiv mit geologischen Spaltungen und Felsformationen auseinander. »Städtebau auf der zweiten Ebene« war in dieser Zeit im Gespräch, vor allem in den Kreisen des Team X, mit dem Lasdun freilich wenig Kontakt hatte. Immerhin spielte aber die »Schichtung« bei seinen eigenen Entwürfen von den frühen fünfziger Jahren an eine wichtige Rolle. Horizontale Terrassen, die durch die Auskragungen von Beton ermöglicht wurden, hatten schon zu Beginn der dreißiger Jahre seine Aufmerksamkeit erregt, als er Le Corbusiers *Ausblick auf eine Architektur* las. Das Wort »Schichten« sollte vielleicht als Kürzel für eine ganze Philosophie gelesen werden, die sich mit der Reintegration des Menschen, der Natur und der Stadt befaßt.
National Theatre: vgl. »Building Vistas/I«, eine Gespräch zwischen Lasdun und Peter Hall, in: *The Complete Guide to Britain's National Theatre*, Hrsg. J. Goodwin, London 1977, S. 25; vgl. auch W. Curtis, »Description«, »Past Perspective«, »Criticism«, in: *Architectural Review*, Januar 1977, Sonderausgabe des *National Theatre*.

25. Kapitel
Das Problem der regionalen Identität

S. 331 Motto: Noboru Kawazoe, »Modern Architecture Confronts Functionalism, New Buildings of Japan«, in: *Zodiac* 3, Mailand 1958, S. 117 ff.

S. 333 Oscar Niemeyer: aus der Einführung zu S. Papadaki, *The Work of Oscar Niemeyer*, New York 1950; vgl. auch P.L. Goodwin, *Brazil Builds*, New York 1943; Oscar Niemeyer, *Work in Progress*, New York 1956; H.R. Hitchcock, *Latin American Architecture*, New York 1955. Einen allgemeinen Überblick gibt Benevolo, *Geschichte der Architektur*, Bd. 2, XIX. Kapitel, »Neues internationales Bauen«.

S. 336 Harry Seidler: *Houses, Interiors and Projects*, Sydney 1954, S. IX. Zu Paul Rudolphs Kritik an Seidler vgl. »Regionalism in Architecture«, in: *Perspecta* 4, 1957, S. 13.
Zur modernen Architektur in Australien vgl. D.L. Johnson, *Australian Architecture 1901–51, Sources of Modernism*, Sydney 1980, sowie die zahlreichen Schriften Robin Boyds über die australische Szene.
Regionalismus: zu den Orts- und Identitätsproblemen vgl. Jennifer Taylor, *An Australian Identity, Houses for Sydney 1953–63*, Sydney 1972.

S. 337 Moderne Architektur in Japan: zur ersten Hälfte des 20. Jahrhunderts vgl. A. Drexler, *The Architecture of Japan*, New York 1955. Die Ansichten eines modernen Architekten zur japanischen Tradition vertritt Bruno Taut in *Grundlinien japanischer Architektur*, Tokyo 1935. Zur neueren Entwicklung vgl. M. Tafuri, *L'Architettura moderna in Giappone*, Bologna 1965, und R. Boyd, *New Directions in Japanese Architecture*, New York 1968.

S. 339 N. Kawazoe: Zu Analogien zwischen moderner Architektur und japanischer Tradition vgl. »Metabolism 1«, in: *The Japan Architect* 44, Dezember 1969, S. 191–98; »Metabolism 2: The Progress of Modern Architecture: Architectural Values and Pragmatic Values«, ibid., Januar 1970, S. 97–101. Vgl. auch »Modern Architecture Confronts Functionalism«, wo der Autor auf die Schwierigkeit hinweist, unter neokolonialistischem amerikanischem Einfluß eine authentische Architektur zu schaffen: »Es ist eine Tatsache, daß in einer kapitalistischen Gesellschaft konkrete Produkte als abstrakte Werte betrachtet werden. Deshalb ist die moderne Architektur unmenschlich und dem nationalen Leben entfremdet...«

S. 341 Metabolismus: Das Zitat Kikutakes stammt aus J. Donat (Hrsg.), *World Architecture 2*, London 1965, S. 13. Vgl. auch K.N. Kurokawa und K. Kikutake, *Metabolism, Proposals for a New Urbanism*, Tokyo 1960, und Kurokawa, »Metabolism: The Pursuit of Open Form«, in: Donat (Hrsg.), *World Architecture 1*, London 1964.

S. 342 K.N. Kurokawa: »Two Systems of Metabolism«, in: *The Japan Architect*, Dezember 1967, S. 80.

26. Kapitel
Krisen und Kritik in den sechziger Jahren

S. 344 Motto: Robert Venturi, *Complexity and Contradiction in Architecture*, New York 1966; dt. *Komplexität und Widerspruch in der Architektur*, Braunschweig 1978, S. 23.
Dritte Generation: In den fünfziger Jahren suchte Giedion eine neue Nachkriegsströmung zu definieren, die von den Erben der Moderne ausging. Da er Architekten wie Perret und Behrens als Pioniere und Künstler wie Le Corbusier und Gropius als nächste Generation betrachtete, mußten jene, die um 1950–60 zur Reife gelangten, als »dritte Generation« gelten. In einem Aufsatz mit dem Titel »Spatial Imagination«, 1957, bezeichnete Giedion die Betonwölbetechniken Catalanos und Utzons als Beweis für eine neue Dimension des »Raum-Zeit«-Konzepts in

der modernen Architektur. Zum Vergleich zog er die Gewölbe und die großen Innenräume der römischen Antike heran. In der Einführung zur Neuausgabe von *Raum, Zeit, Architektur* (1962) setzte er seine Reflexionen zur neueren Weltarchitektur fort. Er bezog Tange ein und sprach von einem neuen Bewußtsein, das die Traditionen von Ost und West verbindet. Außerdem wies er auf eine neu erwachende Monumentalität und auf eine Synthese zwischen rationalen und organischen Elementen hin. Zum Helden der dritten Phase wurde Jørn Utzon in einem Artikel von 1962-63 mit dem Titel »Jørn Utzon and the Third Generation«, der in der Ausgabe von *Raum, Zeit, Architektur* aus dem Jahre 1967 nachgedruckt wurde. Wahrscheinlich stammt Drews Buchtitel aus dieser Quelle.

S. 345 Zwei Jahrzehnte nach dem Krieg: Giedions und Benevolos relativ fragmentarische Berichte werden ergänzt durch J. Jacobus, *Twentieth Century Architecture: The Middle Years 1940-65*, New York 1966; dt. *Die Architektur unserer Zeit: Zwischen Revolution und Tradition*, Stuttgart 1966, und J. Joedicke, *Geschichte der modernen Architektur*, Stuttgart 1958. Drews *Dritte Generation* ist besonders im Hinblick auf die sechziger Jahre interessant. Nützlich ist auch die Serie *New Directions in Architecture*, in den späten sechziger Jahren von Braziller veröffentlicht (zum Beispiel *New Directions in Swiss Architecture, in British Architecture, in Italian Architecture* und so weiter). vgl. auch G.E. Kidder Smith, *The New Architecture of Europe*, New York 1961.

S. 346 Historismus in Italien: vgl. R. Banham, »Neoliberty, The Italian Retreat from modern Architecture«, in: *Architectural Review* 125, April 1959, S. 230-35.

S. 347 Aldo van Eyck: in Smithson (Hrsg.), *Team 10 Primer*, S. 43. Zu weiteren Informationen über diesen bemerkenswerten Künstler vgl. »Labyrinthine Clarity«, in J. Donat (Hrsg.), *World Architecture 3*, London 1966, S. 121-22; »Interior Time/A Miracle in Moderation«, in: *Meaning in Architecture* (Hrsg. Jencks, Baird), London 1969, S. 171 ff.

S. 348 Superstudio: vgl. A. Natalini, »Description of the Micro-Event.«, in: E. Ambasz (Hrsg.), *Italy: The New Domestic Landscape*, New York 1972, S. 242.

S. 349 Amerikanische Architektur in den sechziger Jahren: Einen informativen, wenn auch polemischen Überblick gibt R.M. Stern, *New Directions in American Architecture*, New York 1969. Stern war offenbar von Venturis Ideen beeinflußt. Paramilitärisches Dandytum: vgl. V. Scully, *American Architecture and Urbanism*, New York 1969, S. 200.

S. 351 Venturi: *Komplexität und Widerspruch*, S. 23, 37; vgl. auch R. Venturi, D. Scott-Brown, S. Izenour, *Learning from Las Vegas*, Cambridge, Mass., 1972; dt. *Lernen von Las Vegas*, Braunschweig 1979.

S. 352 Venturi: *Komplexität und Widerspruch*, S. 187.

S. 354 New York 5: vgl. Eisenman (Hrsg.), *Five Architects*. Zwanziger Jahre als Goldenes Zeitalter: Wieder einmal wird der Einfluß eines Historikers auf die Praktiker deutlich: Graves' manieristische Übungen über Elemente einer früheren Tradition illustrieren in gewisser Weise Colin Rowes Erkenntnisse in »Mannerism and Modern Architecture«, in: *Architectural Review* 107, Mai 1950, S. 289 ff. Rowe wies auf Parallelen zwischen den Traditionen der Moderne und der Renaissance hin. Vielleicht empfanden sich die New York 5 als neue Vasaris und Giulio Romanos, die »normative« Prinzipien eines früheren klassischen Zeitalters in neue Muster verwandelten?

27. Kapitel
Moderne Architektur und Entwicklungsländer seit 1960

S. 356 Motto: Hassan Fathy, *Architecture for the Poor, An Experiment in Rural Egypt*, Chicago 1973, S. 19. Die meisten Gedanken dieses Kapitels gehen auf eigene Erfahrungen zurück. Es müßte eine neue Weltgeschichte geschrieben werden, die Region nach Region die Einwirkungen des Kolonialismus, der Industrialisierung und des schnellen Wandels in der Architektur analysiert. Die Geschichtsschreibung der Architektur des 19. und 20. Jahrhunderts hat nach wie vor eine Tendenz zum Westen.

S. 357 Moderner Regionalismus: In den fünfziger Jahren wurden wichtige Strategien vorgeschlagen, zum Beispiel von J. L. Sert mit Wohnbauten für Südamerika oder von Maxwell Fry und Jane Drew für Westafrika; vgl. *Tropical Architecture*, New York 1956, und *Village Housing in the Tropics*, London 1953 von Fry und Drew.
Fathy: *Architecture for the Poor*, S. 24.

S. 358: Romantisierung der Bauern: zum Leben der Bauern und zum Nationalismus vgl. W. Curtis, »Typ and Variation: Berber Collective Dwellings of the Northwestern Sahara«, in: *Muqarnas* 1, New Haven 1982. Der Artikel untersucht auch die allmähliche Veränderung lokaler Typen in einem Jahrhundert der rapiden Wandlungen.
Selbstgebaute Häuser: vgl. J.F. Turner, *Housing By People, Towards Autonomy in Building Environments*, London 1976, mit Kritik an den offiziell auferlegten Wohnbaukonzepten und einer positiven Bewertung der selbst errichteten Bauten.
Barriadas: Im Jahre 1967 bat die Regierung Perus um Unterstützung des United Nations Development Programme für »PREVI« (Proyecta Experimental de Vivienda). Bekannte internationale Architekten wurden eingeladen, kostensparende Vorschläge für Infrastrukturen einzureichen, die von den Benutzern ausgebaut werden konnten. Zu den Teilnehmern gehörten Maki, Stirling und van Eyck. Bezeichnenderweise suchte van Eyck auf Lebensverhältnisse und Strukturen der vorhandenen Barriadas einzugehen. Vgl. *Architectural Design*, April 1970, S. 187 ff.; außerdem W. Mangin, »Urbanisation Case History in Peru«, in: *Architectural Design*, August 1963, S. 366-70. Das »PREVI«–Programm war möglicherweise von den Theorien Turners beeinflußt; er arbeitete in den späten fünfziger und frühen sechziger Jahren in Peru. Zu einem anderen Wohnbaukonzept, das auf der Idee einer festen Infrastruktur und variabler Komponenten basierte (in diesem Fall für Industrienationen) vgl. N.J. Habraken, *Supports, An Alternative to Mass Housing*, New York 1972.

S. 359 Z. Plocki: *Towards a Melanesian Style of Architecture*, Institute of Papua-New Guinea Studies, Boroko 1975, S. 22.

S. 360 B.V. Doshi und C. Correa: zur Philosophie Doshis vgl. »The Proliferating City and Communal Life: India«, in: *Ekistics* 25, Februar 1968, S. 67-69; zu Correa vgl. *Architecture in Hot Dry Climates*, 1973.

S. 361 Jean François Zevaco: Sein Frühwerk ist behandelt in Udo Kultermann, *New Directions in African Architecture*, New York 1969, S. 40. Die Wohnbebauung in Agadir erhielt 1980 den Aga-Khan-Preis; vgl. *Aga Khan Award for Architecture* (Broschüre), Genf und Philadelphia 1980.

S. 364 Smithsons: vgl. »Pahlavi National Library«, in: *Architectural Review* 164, August 1978, S. 79-85.

S. 365 Kulturelle Identität: vgl. zum Beispiel S.H. Nasr, »The Contemporary Muslim and the Architectural Transformation of the

Urban Environment of the Islamic World« in: *Proceedings of the Aga Khan Reward for Architecture* 1, Philadelphia 1978. Der Untertitel des Berichts war »Toward An Architecture in the Spirit of Islam«. Eine eingehende Untersuchung der Probleme der kulturellen Identität im Mittleren Osten liefert Abdullah Laroui, *The Crisis of Arab Intellectuals: Traditionalism or Historicism?*, Berkeley 1976.
China: vgl. J.L. Cohen, »Museums in the Service of Revolution«, in: *Art News,* Sommer 1980, S. 80 ff.

28. Kapitel
Die Traditionen der modernen Architektur in der jüngsten Vergangenheit

S. 367 Motto: Aldo van Eyck: »The Interior of Time«, in: Jencks and Baird (Hrsg.), *Meaning in Architecture,* New York 1969, S. 171.
Ablehnung des Absolutismus: Diese Einstellung machte sich offenbar auf verschiedenen Ebenen bemerkbar. Man denke an die Popularisierung der Ideen von Ivan Illich (zum Beispiel *De-schooling Society*) und Karl Popper (zum Beispiel *The Open Society and its Enemies);* an die zunehmende Skepsis gegenüber den Werten der westlichen Industrienationen; an die wachsende Zustimmung zu einheimischen Stilen (Bernard Rudofskys *Architecture Without Architects,* 1964, wurde zu einer Art Kultbuch); und auch an das Mißtrauen der kulturellen Elite gegenüber der sogenannten »Gegenkultur« der späten sechziger Jahre.
S. 368 Krisen: vgl. zum Beispiel M. MacEwen, *Crisis in Architecture,* London 1974. Zu einer eingehenderen Kritik von einem avantgardistischen und etwas konfusen marxistischen Standpunkt aus vgl. M. Tafuri, *Architecture and Utopia: Design and Capitalist Development,* Cambridge, Mass., 1976. Ein Beispiel für die allmähliche Aufweichung ästhetischer Prinzipien ist Leo Steinberg, *Other Criteria,* New York 1972. Seit den frühen siebziger Jahren waren die Hochglanzmagazine der Kunst- und Architekturpresse voll von der »Krise der Moderne«. Dabei galt die Ablehnung gewöhnlich einer Mischung von Stellungnahmen zur Kunst aus früheren Magazinen.
S. 369 Radikale Kritiker: vgl. zum Beispiel die in den Anmerkungen des letzten Kapitels zitierten Ideen John Turners; vgl. auch M. Pawley, *Architecture Versus Housing,* New York 1971, und Jane Jacobs, *The Death and Life of Great American Cities;* dt. *Tod und Leben großer amerikanischer Städte,* Frankfurt/M.-Berlin 1963.
Byker: Zum Entwurfsprozeß vgl. *Architectural Design,* November-Dezember 1974, Sonderheft über Ralph Erskine.
S. 370 Neuer Heimatstil: Ein Beispiel für Pop-Soziologie in Verbindung mit erdverbundenem architektonischem Ausdruck gibt Conrad Jameson, »Modern Architecture as An Ideology«, in: *Architectural Association Quarterly,* Oktober–Dezember 1975. Merkwürdigerweise sind die Argumente zugunsten eines »Heimatstils« im Gegensatz zu einer abstrakten, entfremdeten Form des Wohnens (wie sie angeblich von der modernen Architektur produziert wurde) in den letzten sechzig Jahren in unterschiedlichen ideologischen Verkleidungen immer wiedergekehrt.
Rossi: vgl. »An Analogical Architecture«, in *A+U,* Mai 1976, S. 74. Zu den städtebaulichen Theorien des Architekten vgl. *L'Architettura della Città,* Padua 1966. Eine engagierte Stellungnahme zu Rossi findet sich in R. Moneo, »Aldo Rossi: The Idea of Architecture and the Modena Cemetery«, in: *Opositions* 5, Sommer 1976, S. 1–30.
S. 371 Foster: vgl. T. Nakamura, *»Foster and Associates«, A+U* September 1975, vor allem auch den Aufsatz von R. Banham.
S. 372 Centraal Beheer: vgl. A. Colquhoun, »Centraal Beheer«, in: *Architecture Plus,* September–Oktober 1974, S. 49–54. Einen Überblick über Hertzbergers Ideen gibt »Place, Choice and Identity«, in: *World Architecture 4,* London 1967, S. 74 ff.
S. 373 European Investment Bank: vgl. Lasdun (Hrsg.), *A Language and A Theme,* London 1976, mit einem früheren Stadium des Entwurfs und einer kurzen programmatischen Erklärung.
S. 374 Postmodern: vgl. C. Jencks, »The Rise of a Post-Modern Architecture«, in: *Architectural Association Quarterly,* Oktober-Dezember 1975. Der Artikel enthielt im Kern bereits jene Ideen, die er später in *Die Sprache der postmodernen Architektur* veröffentlichte.
Beaubourg: Eine ungewöhnlich großzügige Kritik dieses problematischen Bauwerks liefert R. Banham, »The Pompidolium – Criticism«, in: *Architectural Review,* Mai 1977, S. 277 ff.
S. 376 Getty Museum: In seinem Buch über postmoderne Architektur illustriert Jencks das Gebäude auf S. 83 und nennt als Entwerfer Dr. Neuerburg u.a. Auch Langdon und Wilson und Stephen Garrett spielten eine Rolle.
Postmoderne und linguistische Analogien: vgl. zum Beispiel Jencks' Kritik an Hertzberger und van Eyck: »Der Architekt glaubt immer noch, daß er eine universale Identität mit seinen Formen herstellt, obwohl er in Wirklichkeit nur innerhalb seines eigenen *begrenzten, historischen* Kodes eine Identität schafft, die den meisten seiner Bauherren verschlossen bleibt ...« Später schreibt er über Bakemas Bauten mit ihrem »traditionell-modernen« Architektenkode: »Wenn er sich wirklich für Identität interessiert, warum benutzt er dann nicht historische Kodes, holländische Giebel oder sogar korinthische Plastik-Säulen?« (Beide Zitate aus »The Rise of a Post-Modern Architecture«.) Sein Argument verbindet sich mit der »realistischen« Kritik an der »Abstraktion« des 20. Jahrhunderts und erinnert zugleich an E. Gombrich, »The Vogue of Abstract Art«, in: *Meditations on a Hobby Horse,* Oxford 1963, S. 143. Doch die Architektur hat noch viele andere Kommunikationsmittel neben den Bildern. Es fragt sich sehr, ob durch die Zufügung von Plastiksäulen eine »allgemein verständliche« Architektur entsteht, geschweige denn eine Architektur mit jenen visuellen Qualitäten, die Bauwerke besitzen müssen, um über die Konventionen ihrer Zeit hinauszugelangen.
S. 377 Revisionistische Tendenzen: Ideologische Kritik blieb nicht allein der Linken vorbehalten. Die Position der Rechten spiegelt sich zum Beispiel in Watkin, *Morality and Architecture,* Oxford 1977, S. 115: »Ein kunsthistorischer Glaube an den allumfassenden Zeitgeist, verbunden mit einem historischen Glauben an den Fortschritt und die notwendige Überlegenheit des Neuen, hat die Gefahr mit sich gebracht, daß einerseits unsere Würdigung des schöpferischen Genius und andererseits die Bedeutung der künstlerischen Tradition unterminiert werden.« Zu Watkins eher karikierter Version der »modernen Architektur« vgl. eine Rezension meines Buches in *Journal of the Society of Architectural Historians* 38, Oktober 1979, S. 304 ff.
S. 378 Positive und negative Figur: Diese Methode der städtebaulichen Analyse geht offenbar auf Colin Rowe zurück, Stirlings früheren Mentor. Auch das Konzept der *bricolage* (nach Lévi-Strauss) ist von Rowe hergeleitet: eine Komposition aus bestehenden stilistischen und städtebaulichen »Fragmenten«.

S. 379 Graves: Sein allmählicher Übergang von einer manierierten Adaption der zwanziger Jahre zu einer manierierten Adaption der zwanziger Jahre und des späten 18. Jahrhunderts ist dokumentiert in *Architectural Design,* Nr. 5, 1979. Kritik an der zunehmend introvertierten amerikanischen Architekturszene der siebziger Jahre übte M. Tafuri, »Architecture dans le boudoir: The Language of Criticism and the Crisis of Language«, in: *Oppositions* 3, Mai 1974, S. 37–62.
Konsumerismus: Ein Kritiker, der Zusammenhänge zwischen oberflächlicher Stilisierung und gefälliger, konsumfördernder Verpackung sieht, ist Kenneth Frampton, Mitherausgeber der Zeitschrift *Oppositions,* eines Forums neuer Tendenzen.

S. 382 Kriers: vgl. R. Krier, *Stadtraum in Theorie und Praxis,* Stuttgart 1975, und L. Krier, *Reconstruction of the European City,* Brüssel 1978.
Collage City: Wie Gombrich und Colquhoun (»Typology and Design Method«) war auch Rowe deutlich von den Ideen Poppers (zum Beispiel *The Logic of Scientific Discovery*) beeinflußt, in diesem Fall als Kritiker der »funktionalistischen« These, daß Form aus der Funktion »folgen« kann. Doch in den falschen Händen kann die Obsession für »Schemata« zu einem leichtfertigen Spiel mit überkommenen Bildern und Fragmenten führen. Vgl. auch J. Silvetti, »The Beauty of Shadows«, in: *Oppositions* 9, Sommer 1977, S. 44 ff.

S. 385 A. van Eyck: »The Interior of Time«.

Zusammenfassung

S. 386 Motto: Heinrich Wölfflin, *Kunstgeschichtliche Grundbegriffe, Das Problem der Stilentwicklung in der neueren Kunst,* München 1915, S. 12.

S. 388 André Malraux: *La Voix du Silence,* Paris 1951; dt. *Stimmen der Stille,* Baden-Baden 1956.
Muthesius: »Wo stehen wir?«, 1911
Le Corbusier: *Ausblick auf eine Architektur,* S. 43.

Addendum
Die Suche nach der Substanz: neue Weltarchitektur

S. 389 Motto: Ribard de Chamoust, *L'Ordre françois trouvé dans la nature,* Paris 1783.
Prinzip, Imitation: William J.R. Curtis, »Principle versus Pastiche: Perspectives on Some Recent Classicisms«, in: *Architectural Review,* August 1984.
Postmoderner Klassizismus: Wann dieser merkwürdige »Ismus« zum erstenmal auftrat, steht nicht genau fest: Popularisiert wurde er zweifellos durch den Kritiker Charles Jencks, in *Post-Modern Classicism: The New Synthesis,* Sonderheft von Architectural Design, 1980.
Desillusionierte Äußerungen: vgl. zum Beispiel den Artikel von Paul Gapp, »Post-Modern Promise turns into a Hulking High-Rise Dud«, in: *Chicago Tribune,* 31. Oktober 1982, in dem Portland als Fehlschlag bezeichnet wird.

S. 390 Staatsgalerie: zu den Schwächen und Stärken des Bauwerks vgl. *Architectural Review,* Dezember 1984, insbesondere William J.R. Curtis, »Virtuosity around a Void«.

S. 391 Mies: Eine kritische Neubewertung liefert zum Beispiel Franz Schulze, *Mies van der Rohe: A Critical Biography,* Chicago 1985; dt. *Mies van der Rohe, Leben und Werk,* Berlin 1986.

S. 392 Wacker: Zu den Intentionen und den Analogien zu Brancusi vgl. Vorlesung von Bill Pedersen, Graduate School of Design, Harvard, Juli 1984.
Pazifisches Jahrhundert: vgl. den Artikel über die HKS-Bank von Chris Abel, »A Building for the Pacific Century«, in: *Architectural Review,* April 1986, S. 55.
Dschiddah: Zur NCB- wie zur HKS-Bank in Hongkong vgl. Arthur Drexler, *Three New Skyscrapers,* New York 1983. Außerdem William J.R. Curtis, »Towards an Authentic Regionalism«, in *Mimar* 19, Frühjahr 1986.

S. 393 Maki: »New Directions in Modernism«, in: *Space Design,* Nr. 256, Januar 1986, S. 6 ff.
Regionalismus: Vgl. zum Beispiel Kenneth Frampton, »Prospects for a Critical Regionalism«, in: *Perspecta* 20, Yale Architectural Journal, 1983, S. 147 ff.

S. 394 Eldem: vgl. die Publikation *Aga Khan Awards 1986,* Genf l986; außerdem Rifat Chadinji, *Concepts and Influences Towards a Regionalized International Architecture 1952–78,* London, New York, Sydney 1986.

S. 395 Islamische Dachkonstruktion: Jørn Utzon, »A House for Work and Decisions, Kuwait National Assembly Complex«, in: Denys Lasdun, *Architecture in an Age of Scepticism,* London 1984, S. 222 ff. Die Dau ist übrigens das nationale Symbol Kuwaits.
Außenministerium in Riad: Eine detaillierte Analyse gibt William J.R. Curtis, »Technical Review Report, Ministry of Foreign Affairs, Riiyadh«, 1986, Aga Khan Awards for Architecture, Genf.

S. 396 Patio: vgl. Teodoro Gonzalez de Leon, »On Two Constants in Our Work«, 1985 (unpubliziert).
Doshi: Curtis, »Towards an Authentic Regionalism«; außerdem William J.R. Curtis, *Modern Architecture in an Indian Tradition. Balkrishna Doshi,* Mapin, N.Y., Ahmedabad 1987.
Correa: *Charles Correa,* Mimar, Singapur 1984.
Rewal: William J.R. Curtis, »Architecture Moderne, Racines Indiennes: Raj Rewal«, in: *Raj Rewal,* Paris 1986.

S. 399 Bawa: vgl. Curtis, »Towards an Authentic Regionalism«; außerdem Brian Brayce Taylor, *Geoffrey Bawa,* Mimar, Singapur 1986.

S. 400 Anant Raje: Rajes bemerkenswertes Werk ist sehr wenig publiziert. Sein Urteil beruht auf detaillierten Studien seiner Projekte und auf Gesprächen mit dem Architekten.
Rotonda: vgl. Curtis, »Principle versus Pastiche: Perspectives on Some Recent Classicism«; außerdem *Mario Botta,* New York 1986.

S. 401 Merida: Aufschlußreich ist die Kritik von Peter Buchanan, »Rafael's Spanish Romans«, in: *Architectural Review,* November 1985, S. 43.

S. 403 Scarpa: zum Vokabular des Architekten vgl. Giuseppe Zambonini, »Process and Theme in the Work of Carlo Scarpa«, in: *Perspecta* 20, 1983, S. 147 ff. Skizzen von Brion, Francesco Dal Co und Giuseppe Mazzariol in *Carlo Scarpa: The Complete Works,* New York 1985, S. 284 ff. Das Wort vom »Ruhepunkt der veränderlichen Welt« stammt natürlich aus T.S. Eliots *Four Quartets.*

Bildquellen

Copyright A.C.L. Brüssel 2.3, 2.4, 2.5; © ADAGP 1987 9.2; Aeronautica Militaire-Doc. 16.10: Aga Khan Awards for Architecture, Genf (P. Maréchaux) A8, A9, A 10; Albertina, Wien, Loos-Archiv 2.19; Alekan, Paris 2.6; Glen Allison A7; Wayne Andrews 4.11; The Architects Collaborative Inc. (Robert Damora) 19.1, 19.2; Ove Arup 22.10,22.11: Herman Hertzberger 28.4, 28.5 (© Aerophoto Shiphol); The Architects' Journal 17.7; Art Institute of Chicago 6.18; Atelier 5 21.11; Australian Information Service 28.4; Morley Baer 26.12; Daniel Bartush 27.9; Bauhaus-Archiv 5.6, 5.7, 5.9, 9.2, 9.4, 9.10, 9.12, 9.14, 9.15, 11.5, 13.9, 13.12; Tim Benton 2.13, 2.16, 3.7, 5.2, 5.4, 9.16, 9.17, 12.8, 13.2, 14.3, 16.8, 16.11, 17.4, 18.1, 24.7, 26.2, 28.1; Raccolta Bertarelli, Mailand 5.13; Ted Bickford 28.12; Bildarchiv Foto Marburg 16.1; Bildarchiv Preußischer Kulturbesitz 23.3; D. Billington 3.12; Brecht-Einzig Ltd 24.5, 24.6; British Museum, 2.1; Richard Bryant/Arcaid A1, A13; Busch-Reisinger Museum, Cambridge/Mass., Harvard University 9.11; Geremy Butler 1.4, 3.4, 3.6, 6.7, 6.15, 9.1, 11.2, 12.1, 12.11, 21.4; Caisse nationale des Monuments Historiques et des Sites 1.5, 28.2; G. Candilis 21.6; Giancarlo de Carlo 21.10; Chicago Tribune 11.2, 11.3, 11.4, 11.5, 11.6; Civico Museo Storico G. Garibaldi, Como 5.14, 5.15, 5.16; Peter Cook, Archigram 24.9; Country Life 18.7; Courtauld Institute of Art 13.10, 17.6, 17.8; J.A. Cox S 256 f.; Dennis Crompton, 24.9; William Curtis 2.7, 3.5, 3.8, 4.6, 4.7, 4.8, 6.1, 6.2, 6.8, 6.12, 6.13, 6.16, 6.17, 11.8, 11.9, 11.16, 11.17, 13.4, 13.5, 14.4, 14.7, 16.13, 17.2, 17.5, 18.6, 19.4, 19.8, 20.8, 20.14, 21.14, 22.8, 23.2, 24.3, 24.12, 26.8, 28.16, 28.19, A11, A15, A16, A18, A19, Tafeln 2–7, 9, 10, 12–15, Frontispiz: © DACS 1987 7.1, 7.2, 7.10; Danske Arkitektens, Kopenhagen 18.8; Dienst Verspriede Rijkscollection, Den Haag 17.11; Douglas Dickens 25.6; John Donat 28.3, 28.11; B.V. Doshi, 27.6; Ray Eames 19.6; Stephen Estock 26.10, 26.11; Mary Evans Picture Library 3.2; Foster Associates 28.3, A4; Lionel Freedman, New York 23.6; Frank O. Gehry (Tim Street-Porter) A2; Joseph Giovannini 14.6; Glasgow School of Art 2.14, 2.15, Tafel 1; Michael Graves 26.13, 28.12; Greater London Council, Department of Architecture and Civil Design 18.11; Guggenheim Museum 19.13, 19.14; Harvard University 18.5; Hedrich-Blessing 3.3, 9.7, 9.8, 9.9, 15.2, 28.7; Heinrich Helfenstein, Zürich 28.2; Keld Helmer-Petersen, Kopenhagen 28.18; Lucien Hervé/Fondation Le Corbusier/© DACS 1987 14.8, 14.9, 15.8, 15.9, 15.10, 15.12, 15.14, 19.12, 20.1, 20.3–20.6, 20.10, 20.13, 20.15, 21.1–21.4, 21.9, 22.3, 23.1, 25.2; Japan Architect Co., Ltd. 25.10, 25.13, 28.5, A6; E.R. Jarrett 12.15; Sharad Jhaveri, Zürich 27.5; R.N. Johnson 25.5; Johnson Wax 15.4–25.7; Albert Kahn Associates, Detroit 3.11; Anthony Kersting 2.8, 4.1, 4.2, 4.3, 4.5, 16.2, 17.1; Kimbrell Museum 28.9; KLM Aerocarto 12.4; Kohn Pedersen Fox Associates (Barbara Karant) A3; Leon Krier 28.15; Kröller-Müller Rijksmuseum, Otterlo 7.2; Kunstmuseum, Basel 7.1; Ladies Home Journal 6.3; Denys Lasdun 21.8, 24.11, 24.13, 24.14, 27.12, 28.6; M. Lindsay, 28.14; Christopher Little (Aga Khan Foundation) 27.2, 27.7, 27.8; Loewy International Ltd. 18.4; MAS, Barcelona 2.9, 2.10, 2.11, 2.12, S. 11–12; Laurin McCracken 26.13; Madan Mahata A12; Robert E. Mates 19.13, 19.14; Ricardo Moncalvo, Turin 26.1; Rafael Moneco A17; David Moore, Sydney 25.5; Museum of Finnish Architecture 17.9–17,15, 22.2–22.5, 22.7, Tafel 11; Collection the Museum of Modern Art, New York 5.12, 6.4, 6.6, 6.14, 8.4, 11.15, 11.18; National Monuments Record 18.3; Nederlands Documentatiecentrum voor de Bouwkunst, Amsterdam 7.6, 7.7, 7.8, 7.9, 12.10–12.13; New York Historical Society 11.7; Brenda Norris 1.2, 1.3, 1.6, 2.2, 3.3, 3.10, 3.13, 3.14, 6.11, 11.1, 16.5, 26.4; Novosti 10.3–10.12, 10.14–10.18, 13.6; Paul Ockrassa 21.13; Open University 5.11, 7.4, 7.5, 7.14, 13.11. 14.5; Papua New Guinea University of Technology 27.4; Phokion Karas und Sert, Jackson and Gourley Associates 21.12; George Pohl, Philadelphia 23.11; Publifoto Notizie, Mailand 26.3; R.I.B.A. 1.4, 3.3, 3.4, 3.6, 6.7, 6.15, 9.1, 11.12, 12.1, 12.11, 23.9, 23.13; Anant Raje A14; Retoria, Tokio 25.12; Raj Rewal Tafel 16; Gordon Robertson (A.C. Cooper) 14.2, 14.10; Kevin Roche, John Dinkeloo Associates 26.7; Royal Academy, London 9.13; A. Salas Portugal 25.1; Sandak, Inc. 11.11; Scandinavian Airline System 22.1; Joseph E. Seagram & Sons, Inc. 19.9; Harry Seidler Associates 25.3; Mona Serageldin 27.3; Julius Shulman 4.9, 4.12, 11.13, 11.14, 28.9, 28.10; S 102 f. (Carlos von Frankenberg); W.H. Sims 15.3; Skidmore, Owings & Merrill A5; Alison & Peter Smithson 21.7, 24.2, 24.4, 27.10; Stedelijk Museum, Amsterdam 7.10, 7.12, 7.15; James Stirling & Partners 24.8, 24.11; Ed Stoecklein 28.13; Franz Stoedtner, Düsseldorf 5.1, 5.10; Erza Stoller 19.5, 23.5, 26.9; Todd Stuart 20.16; Swedish Museum of Architecture 18.9; Toshio Taira 25.10, 28.5; Kenzo Tange 15.9, 25.11, 25.14; Toledo Museum of Art 1.1; Ullstein Bilderdienst, Berlin 12.9, 16.3, 16.4, 16.6; United Nations 19.11; University of Glasgow 4.4; Venturi, Rauch & Scott Brown 26.10, 26.11; Victoria & Albert Museum 1.2, 1.3, 1.6, 2.2, 3.1, 3.10, 3.13, 3.14, 4.10, 6.11, 16.5, 26.4; Jorgen Watz 18.8; Western Pennsylvania Conservancy 15.1 (Bill Hedrich), 15.2, 15.3 (W.H. Sims), Tafel 8 (H. Corsini); Kurt Wyss 23.12; Xinhua News Agency 27.11; Minoru Yamasaki 27.9; F.R. Yerbury 2.17, 2.18, 3.9, 8.8, 8.9, 8.13, 8.16, 9.6, 12.5, 13.1, 18.2

Index

Aalto, Alvar 196, 221, 224, 229, 230, 231, 232, 234, 241, 258, 260, 270, 291, 296, 297, 298, 299, 300, 301, 302, 303, 305, 306, 323, 334, 345, 350, 368, 377, 379, 383, 386, 388, 390
  Abb. 17.9, 17.10, 17.11, 17.12, 17.13, 17.14, 17.15, Tafel 11 (S. 251), 22.2, 22.3, 22.4, 22.5, 22.6, 22.7
Abbott *Abb. 18.5*
Abramovitz, Max 261, 266, 307, 308
  Abb. 19.11
Albers, Josef 121, 131, 334
Alexander, Christopher 349
Ancher, Sydney 334
Ando, Tadao 393
Anstuc, Gabriel 43
Apollinaire, Guillaume 107
Archigram 324, 340, 347, 348, 374
Archizoom 347
Arup, Ove 225, 304
Ashbee, Charles Robert 48, 96
Ashmole, Bernard 225
Asplund, Erik Gunnar 229, 241, 302
  Abb. 18.9, 18.10
Atelier 5 291
  Abb. 26.11
Augustus, Kaiser 217, 218

Bacon, Henry 238
  Abb. 18.6
Baillie-Scott, Mackay Hugh 48, 51, 54
Bakema, Jacob B. 290, 349
Baker, Herbert 197
Balat, Alphonse 22
Ballio-Morpugo, V. 218
  Abb. 16.10
Baltard, Victor 37
Banham, Reyner 10, 96, 207, 288, 317, 326, 374
Barnes, Edward L. 260
Barr, Alfred 131, 157
Barragán, Luis 333, 396
  Abb. Tafel 14 (S. 253), 25.1
Barstsch, Michail O. 137, 170
Bartning, Otto 121
Basset-Lowke, J. 225
Baudelaire, Charles 71
Baudot, Anatole de 39, 40
  Abb. 3.5
Bauer, Otto 171
Bawa, Geoffrey 399, 400
  Abb. A 13

Beardsley, Aubrey 22
  Abb. 2.1
Behne, Adolf 119, 123
Behrens, Peter 11, 42, 46, 60, 61, 63, 64, 65, 66, 70, 73, 74, 105, 122, 123, 171, 225, 234, 241, 386
  Abb. 5.1, 5.2, 5.3
Belluschi, Pietro 266
Benevolo, Leonardo 10
Benscheidt, Carl 66
Berenson, Bernard 180
Berg, Max 44
Bergson, Henri 71
Berlage, Hendrik Petrus 94, 95, 123, 159
  Abb. 7.5, 12.4
Bijvoet, Bernard 147, 177, 182
  Abb. 13.5, 13.12
Bing, Samuel 25
Blackie, Walter 51
Blake, William 22
Blomfield, Reginald 234, 241, 242
  Abb. 18.11
Bo, Jørgen 301
  Abb. 22.8
Boccioni, Umberto 71, 72
  Abb. 5.13
Bodiansky, Wladimir 288, 360
  Abb. 21.6
Bofill, Ricardo 370, 389
Botta, Mario 370, 389, 400, 401
Boullée, Etienne-Louis 19, 135, 215, 370
Bourgeois, Victor 130
Braque, Georges 93, 107, 387
Breuer, Marcel 127, 131, 158, 226, 227, 259, 334
  Abb. 9.15
Brinkman, Johannes A. 177
  Abb. 13.4
Brunelleschi, Filippo 373
Bryggman, Erik 229
Bulfinch, Charles *Abb. 18.5*
Bunshaft, Gordon 266, 392, 397
  Abb. A 5
Burges, William 22
Burnham, Daniel 148, 238, 264
  Abb. 11.1
Butler, Samuel 202

Calini, Leo 345
Callicrates 195
  Abb. 14.11

Camus, Albert 319
Candilis, Georges 291, 345
  Abb. 21.9
Carlo Giancarlo de 291, 303, 328, 346
  Abb. 21.10
Caro, Anthony 354
Castagnola, U. 218
Cézanne, Paul 93, 107, 287
Chadirji, Rifat 395
Chalk, Warren 324
Chamoust, Ribard de 389
Chareau Pierre 182
  Abb. 13.12
Chafee Judith 394
  Abb. A 7
Cheney, Mamah Borthwick 89
Chermayeff, Serge 227
  Abb. 17.5
Chirico, Giorgio de 333, 370
Chochol, Josef 196
Choisy, Auguste 37, 38, 105
  Abb. 3.1
Chrysler, Walter 150
Cizek, Franz 121
Claudius-Petit, Eugène 286
Coates, Wells 226, 327
  Abb. 17.4
Cobb, Henry 349
  Abb. 26.8
Cole, Thomas 15
  Abb. 1.1
Collins, Peter 10, 19
Connell, Amyas 225, 227, 241, 242
  Abb. 17.6
Cook, Peter 324
  Abb. 24.9
Cook, William E. 112
Cooke, Bernard 197
Coolidge, Charles Allerton
  Abb. 18.5
Corbett, Harold Wiley 151
Correa, Charles 360, 397
Costa, Lúcio 196, 307, 331, 333
Courbet, Gustave 216
Couturier, Alain 273
Cox, Anthony 228
Crabtree, W. 227
Cranston, Kate 30
Crompton, Dennis 324
Cullen, Gordon 293

Dali, Salvador 29
Daly, César 8

Dante Alighieri 221
Darbourne, J. 293, 294
 Abb. 21.14
Darke, G. 293, 294
 Abb. 21.14
Debuysson, Jules 22
Demidow, Anatoly N. Graf 132
Devetsil 196
Dinkeloo, John 349, 352, 370
 Abb. 26.7
Doshi, Balkrishna 280, 360, 396, 397
 Abb. 27.6, A 11
Downing, Andrew Jackson 55
Drew, Jane 276
Dubois, Max 46, 105
Dubuffet, Jean 288, 317
Dudok, Willem 180, 225
 Abb. 13.10
Duiker, Johannes 147, 177, 230
 Abb. 13.5
Durand, Jean-Nicolas 17

Eames, Charles 263, 334
 Abb. 19.6
Eaton, Leonhard K. 78
Ehn, Karl 171
 Abb. 12.15
Einstein, Albert 122
Eisenman, Peter 354
Eisenstein, Sergej 135
Eisler, Otto 197
Eldem, Sedad Hakki 394
El Lissitzky 93, 96, 124, 126, 133, 136, 139, 140, 170, 177
 Abb. 10.1, 10.3, 10.6
Ellwood, Craig 263, 334
Emberton, Joseph 225
Endell, August 33, 92
Engels, Friedrich 133, 159, 170
Ernst, Max 121
Ernst Ludwig, Großherzog von Hessen 63
Erskine, Ralph 297, 369
 Abb. 28.1
Etchells, Frederick 225

Fassler, John 197
Fathy, Hassan 356, 357, 358
 Abb. 27.1, 27.2
Feininger, Lyonel 119
 Abb. 9.2
Ferriss, Hugh 151
 Abb. 11.10
Fiedler, Konrad 92
Figini, Luigi 218, 219
Finkelstein, N. 197
Flégenheimer, Julien 178
Focillon, Henri 271
Ford, Henry 43, 66, 109
Foster, Norman 370, 371, 392f
 Abb. 28.3, A 4
Fouilhoux, André 153

Fourier, Charles 16, 111, 159, 160, 170, 207, 286
 Abb. 12.1
Fox, Charles 391
 Abb. A 3
Frampton, Kenneth 179
Frank, Josef 171
French, Daniel Chester 238
Frette, Guido 218
Frey, Albert 158
Freyssinet, Eugène 44
Frick 145
Fröbel. Friedrich 76, 78, 209, 268, 388
 Abb. 6.9
Frugès, Henri 110
Fry, Maxwell 276
Fuchs, Bohuslav 197
Fuller, Richard Buckminster 158, 180, 260, 324, 348
 Abb. 13.11
Furner, Stanley 197

Gabo, Naum 133, 225
Gallé, Emile 25
Gannets, William Channing 77
Garnier, Charles 20, 226
 Abb. 1.5
Garnier, Tony 44, 45, 109, 159, 161, 162
 Abb. 3.13, 3.14, 12.3
Gaudí, Antoni 11, 22, 26, 27, 28, 29, 30, 91, 234, 284, 370
 Abb. S. 12, 2.8, 2.9, 2.10, 2.11, 2.12
Gauguin, Paul 22, 25
Gehry, Frank 390, 391
 Abb. A 2
Getty, Paul 374
Giacometti, Alberto 302
Giedion, Sigfried 9, 10, 148, 236, 242, 258, 260, 296, 304, 306, 344
Gilbert Abb. 18.3
Gill, Irving 58, 59, 153, 154
 Abb. 4.12
Ginsberg, R. 225
Ginzburg, Moisej O. 137, 138, 170
 Abb. 10.9, 12.14
Giotto di Bondone 146, 147
Giulio Romano 354
Giurgola, Romaldo 380, 381
 Abb. 28.14
Godwin, E.W. 48
Goff, Bruce 349
Golossow, Ilja 175, 177
 Abb. 13.6
Gombrich, Ernst H. 174
Goncourt, Edmond de 25
Gonzalez, Teodoro 396
Göring, Hermann 215
Gowan, James 320
 Abb. 24.5
Graves, Michael 11, 354, 378, 389
 Abb. 26.13, 28.12

Greenberg, Allen 354
Greene, Charles 56
 Abb. 4.9
Greene, David 324
Greene, Henry 56
 Abb. 4.9
Griffin, Walter Burley 90, 334, 380, 381
Gropius, Walter 8, 11, 48, 60, 64, 65, 67, 70, 73, 97, 100, 104, 105, 118, 119, 120, 121, 123, 124, 125, 126, 127, 129, 130, 131, 132, 142, 147, 148, 158, 159, 167, 171, 178, 185, 197, 212, 226, 230, 258, 259, 260, 261, 270, 271, 297, 298, 334, 337, 349, 352, 363, 386
 Abb. 5.6, 5.7, 5.8, 5.9, 9.4, 9.10, 9.13, 9.14, 9.17, 11.5, 19.1, 19.2
Gruzman, Neville 336
Guadet, Julien 40, 44
Guggenheim, Solomon R. 268
Guimard, Hector 25, 26, 27, 30, 37
 Abb. 2.6, 2.7
Gullichsen, Harry 231
Gullichsen, Maire 231
Gwathmey, Charles 354

Hamilton, Richard 324
Handlin, David 89
Hanson, Norman 197
Harmon, Arthur L. 151
Harrison, Wallace 151, 261, 266, 267, 307, 308
 Abb. 19.11
Hartley, Marsden 144
Haussmann, Georges 217
Hawksmoor, Nicholas 54, 327, 328, 351
Hejduk, John 354
Hénard, Eugène 207
Henderson, Nigel 288, 317
Hennebique, François 39, 43, 46
 Abb. 3.4
Hentrich, Helmut 345
Herriot, Edouard 162
Herron, Ron 324
Herzberge, Herman 371
 Abb. 28.4, 28.5
Hilberseimer, Ludwig 130, 147
Hildebrand, Adolf von 19
Hitchcock, Henry-Russell 9, l0, 21, 157, 158, 174, 185, 224, 225, 236, 242, 260, 354
Hitler, Adolf 142, 211, 212, 214, 215, 217
Hoffmann, Josef 11, 33, 34, 35, 37, 42, 104
 Abb. 2.17, 2.18
Hofmeister, Henry 151
Hölzel, Adolf 121
Hood, Raymond 147, 148, 149, 153, 157 , 234
 Abb. 11.6, 11.7, 11.8, 11.11

Ransome, Ernest 39, 43
Rasmussen, Steen Eiler 302
Rathenau, Emil 63, 121
Rauschenberg, Robert 301, 351, 391
Rava, Carlo Enrico 218
Ravereau, André 361, 362
  Abb. 27.8
Raymond, Antonin 196, 337, 338
Reilly, Charles Herbert 227
Reinhard, L. Andrew 151
Rewal, Raj 397, 398
  Abb. A 12
Richards, James Maude 228
Richardson, Henry Hobson 17, 55, 56, 94, 144, 229
  Abb. 4.7
Ridolfi, Mario 345
Rietveld, Gerrit 8, 11, 93, 94, 96, 97, 98, 99, 100, 101, 110, 126, 132, 170, 174
  Abb. 7.10, 7.13, 7.14, 7.15, Tafel 4 (S. 246)
Rimpl, H. 216
Roche, Kevin 349, 352, 370
  Abb. 26.7
Rockefeller, Nelson 71, 145
Rogers, Ernesto 345
  Abb. 26.3
Rogers, Richard 326, 373
  Abb. 28.8
Root, John Wellborn 144, 148, 264
Rosenberg, Léonce 99
Rosenquist, James 324
Rossi, Aldo 11, 368, 369, 370, 389
  Abb. 28.2
Rowe, Colin 10, 262, 320, 354, 382
Rudolph, Paul 260, 280, 334, 348, 349, 350, 352
  Abb. 26.9
Ruskin, John 15, 22, 26, 29, 48, 160

Saarinen, Eero 261, 266, 308, 340, 393
  Abb. 23.4
Saarinen, Eliel 148, 149
Sabsowitsch, L. 170
Safdie, Moshe 291
Saint-Simon, Henri 16, 111, 151, 159, 165
Sakakura, Junzo 331, 337
Salk, Jonas 313, 314, 315
Sansovino, Jacopo 241
Sant'Elia, Antonio 60, 70, 72, 73, 74, 135, 165
  Abb. 5.14, 5.15, 5.16
Sarabhai, Gautam 275
Sarabhai, Marorama 275
Sartre, Jean Paul 319
Scarpa, Carlo 346, 400, 402
  Abb. A18, A19
Scharoun, Hans 130, 175, 309, 345
  Abb. 13.1

Scheerbart, Paul 70, 118, 119, 123
Schindler, Rudolf 154, 155, 156, 158, 258, 260, 334
  Abb. 11.14, 11.16
Schinkel, Karl Friedrich 17, 34, 61, 63, 185, 214, 262, 279, 378, 390
Schlemmer, Oskar 121, 127
Schoenmaekers, A. 93
Schröder, Truus 99
Schütte-Lihotzky, Grete 166
Schwippert, Hans 345
Schwitters, Kurt 121
Scott, Geoffrey 92, 264, 328
Scott, George 17
Scott-Brown, Denise 351
Scully, Vincent 55, 313, 349
Seidler, Harry 334
  Abb. 25.3
Semper, Gottfried 61
Sennett, Richard 351
Sert, José Luis 196, 291, 306, 344, 349
  Abb. 21.12
Shaw, Richard Norman 48, 52
Sheeler, Charles 144
Shepley, George Foster Abb. 18.5
Shinohara, Kazuo 393
Shreve, Richmond Harold 151
Sikri, Fathpur 277
  Abb. 20.8
Silsbee, Joseph Lyman 75, 77
Silvetti, Jorge 382
Sitte, Camillo 160, 291, 382
Skidmore, Louis 266, 348, 364, 392, 395
  Abb. 19.10, A 5
Slater, J.A. 227
Smith, David 271
Smith, Norris Kelly 77
Smithson, Alison 288, 289, 317, 319, 320, 347, 363
  Abb. 21.7, 24.2, 24.3, 24.4, 27.10
Smithson, Peter 275, 288, 289, 317, 319, 320, 347, 363
  Abb. 21.7, 24.2, 24.3, 24.4, 27.10
Soltan, Jerzy 349
Sommerfeld, Adolf 121
Soria y Mata, Arturo 160
Speer, Albert 214, 215, 216, 221
  Abb. 16.1, 16.3, 16.4, 16.6
Spence, Sir Basil 309
Stalin, Josef W. 132, 142
Stam, Mart 127, 177
Steichen, Edward 144
Stein, Gertrude 115
Steiner, Rudolf Abb. 18.2
Stella, Joseph 144
Stern, Robert 379
  Abb. 28.13
Stickley, Gustav 56
  Abb. 4.10
Stieglitz, Alfred 144

Stirling, James 11, 275, 320, 322, 323, 324, 344, 347, 368, 377, 389, 390
  Abb. Tafel 12 (S. 252), 24.5, 24.6, 24.7, 24.8, 28.11, A1
Stone, Edward Durrell 261, 308
Street, George Edmund 293
Stschussew, Alexej V. 216
Stubbins, Hugh 372
Sullivan, Louis 11, 22, 24, 38, 39, 58, 75, 76, 77, 78, 124, 144, 146, 148, 150, 151, 309
  Abb. 3.3
Summerson, John 14
Superstudio 347, 348
  Abb. 26.6

TAC (The Architects Collaborative) 260, 263
  Abb. 19.2
Tafuri, Manfredo 10, 161
Tait, Thomas Smith 225
Tange, Kenzo 11, 280, 304, 339, 340, 341, 344, 380, 387, 393
  Abb. 25.9, 25.11, 25.14
Tatlin, Wladimir 134, 135, 306
  Abb. 10.2
Taut, Bruno 66, 70, 118, 119, 121, 123, 129, 130, 146, 147, 167, 170, 303, 337
  Abb. 5.10, 5.11, 9.1, 12.9
Team X 11, 280, 288, 289, 290, 324, 334, 345, 346, 347, 349, 362, 368, 369, 381, 387
Tecton 225, 317
  Abb. 17.1, 17.2, 17.3, 17.8
Teige, Karel 159, 196
Terragni, Giuseppe 196, 218, 219, 220, 221, 224, 354, 370, 386
  Abb. 16.11, 16.12, 16.13, 16.14, 16.15
Tessenow, Heinrich 106
Thapar, P.N. 276
Thomson, Benjamin 260
Thonet, Michael 34
Thorp 380
  Abb. 28.14
Tiffany, Louis Comfort 25, 56
Tomkin 197
Toorop, Jan 22
Toyu, Katayama 336
Transvaal 196
Troost, Paul Ludwig 212, 214
  Abb. 16.2

Unwin, Raymond 161
Utzon, Jørn 11, 296, 297, 302, 303, 304, 308, 328, 340, 344, 368, 383, 387, 393, 395
  Abb. 22.9, 22.10, 22.11, 28.16, 28.17, 28.18, 28.19, A 8

Valdameri, Rino 221
Van Alen, William 149, 150, 234
  Abb. 11.9, 5 (S. 247)

Van der Vlugt, Leendert Cornelis   177
   Abb. 13.4
Van de Velde, Henry   25, 26, 30, 43, 65, 119
Van Doesburg, Theo   91, 93, 94, 96, 98, 99, 124, 126, 147, 353
   Abb. 7.12
Van Eyck, Aldo   11, 290, 296, 303, 346, 347, 367, 387
   Abb. 26.4, 26.5
Vanbrugh, John   54
Van t'Hoff, Rob   96
   Abb. 7.7
Varma, P.L.   276
Venturi, Robert   11, 344, 350, 351, 352, 353, 354, 376, 381
   Abb. 26.10, 26.11
Vessar, Carl   215
   Abb. 16.5
Villard, Francisco del   28
Viollet-le-Duc, Eugène-Emmanuel   8, 14, 16, 18, 19, 20, 22, 26, 37, 38, 40, 46, 47, 105, 193
   Abb. 1.3, 2.2
Voysey, Charles Francis   22, 48, 49, 50, 51, 54, 55
   Abb. 4.2, 4.3

Wagner, Martin   167, 170
Wagner, Otto   21, 33, 154
Wallis   *Abb. 18.3*
Ward, Basil   227
   Abb. 17.6
Warentsow, T.   10.15
Warhol, Andy   324
Wasmuth, Ernst   84, 89, 90, 94, 96, 106
Webb, Michael   324
Webb, Philip   48, 49, 52, 55
   Abb. 4.1
Werber, Eduard   66
Wesnin, Alexander   132, 133, 135, 137, 177
   Abb. 10.4, 10.7
Wesnin, Viktor   132, 133, 137, 177
   Abb. 10.4, 10.7
White, Stanford   266
Wilford, Michael   389
   Abb. A1
Williams, Owen   227
   Abb. 17.7
Willitts, Ward   79, 80, 81
Wilson   374
   Abb. 28.10
Wittkower, Rudolf   319
Wladimorow, A.   137
Wölfflin, Heinrich   19, 64, 92, 158, 386
Woods, Shadrach   288, 291, 328, 345, 349 360
   Abb. 21.6, 21.9
Woodward, Calvin   56

Wright, Frank Lloyd   10, 11, 19, 42, 43, 44, 55, 56, 57, 58, 66, 75, 76, 77, 78, 79, 80, 81, 82, 83, 84, 85, 86, 87, 88, 89, 90, 91, 94, 95, 96, 97, 104, 117, 121, 124, 140, 144, 145, 153, 154, 155, 156, 158, 196, 197, 198, 199, 200, 201, 202, 203, 205, 207, 208, 209, 212, 224, 241, 260, 261, 262, 268, 270, 271, 299, 301, 309, 310, 313, 315, 322, 327, 334, 336, 337, 346, 372, 377, 379, 386, 387, 388, 402
   Abb. 4.8, 6.1, 6.2, 6.3, 6.4, 6.5, 6.6, 6.7, 6.8, 6.10, 6.12, 6.13, 6.14, 6.15, 6.16, 6.17, 6.18, 7.3, 7.4, S. 102/103, 11.12, 11.13, 11.15, 15.1, 15.2, 15.3, 15.4, 15.5, 15.6, 15.7, 15.15, Tafel 3 (S. 246), Tafel 8 (S. 249), 19.13, 19.14
Wright, Ogilvanna   197
Wurster, William   334

Yalowkin, F.   137
Yamada, Mamoru   237
Yamasaki, Minoru   293, 363
   Abb. 21.13, 27.9
Yokoyama, Kimio   341
Yorke, Francis R.S.   226, 227

Zelenko   170
Zevaco, J.F.   360
   Abb. 27.7
Zevi, Bruno   345
Zholtowsky, I.V.   142